D1693482

PRO DEO

Das Bistum Basel vom 4. bis ins 16. Jahrhundert

DANK

Die Veröffentlichung des vorliegenden Buches wurde durch die finanzielle Unterstützung mehrerer Institutionen, Unternehmen und Privatpersonen ermöglicht, deren Verzeichnis im Anhang steht.

Dieser Band erscheint im Zusammenhang mit vier Ausstellungen, die 2006 stattfinden:

Im Zeichen der Kirche. Das frühe Bistum Basel: Archäologie und Geschichte
(Museum Kleines Klingental, Basel)

WESEN zwischen Himmel und Erde
(Musée jurassien d'art et d'histoire, Delsberg)

Feiern, leben, beten. Eine Pfarrei am Ende des Mittelalters
(Musée de l'Hôtel-Dieu, Pruntrut)

Ketzer unter dem Krummstab. Glaubensspaltung im Bistum Basel
(Museum Neuhaus, Biel)

TEXT- UND BILDREDAKTION
Laurent Auberson

ÜBERSETZUNGEN AUS DEM FRANZÖSISCHEN
Alice Holenstein-Beereuter, Sabine Kraut

LEKTORAT
Staatsarchiv des Kantons Basel-Landschaft, Staatsarchiv des Kantons Bern

GRAFISCHE GESTALTUNG
Yves Juillerat, Moutier

SATZ
Imprimerie du Démocrate SA, Delsberg

Pro Deo. Das Bistum Basel vom 4. bis ins 16. Jahrhundert
Herausgegeben von Jean-Claude Rebetez, in Zusammenarbeit mit Jürg Tauber, Reto Marti, Laurent Auberson und Damien Bregnard
ISBN 2-9700338-2-8 (französische Ausgabe: 2-9700338-1-X)

© Editions D+P SA 2006. Route de Courroux 6, 2800 Delsberg sowie
Stiftung Archiv des ehemaligen Fürstbistums Basel, Pruntrut
Alle Rechte, auch die des auszugsweisen Nachdrucks, der fotomechanischen Wiedergabe und der Übersetzung, für sämtliche Beiträge vorbehalten.
Druck: Imprimerie du Démocrate SA, 2800 Delsberg
Titelblatt: Voser Publicité, Zürich/Delsberg

PRO DEO

Das Bistum Basel vom 4. bis ins 16. Jahrhundert

Herausgegeben von Jean-Claude Rebetez
in Zusammenarbeit mit
Jürg Tauber, Reto Marti, Laurent Auberson und Damien Bregnard

Stiftung Archiv des ehemaligen Fürstbistums Basel - Pruntrut
Editions D+P SA - Delsberg
2006

REGULA NEBIKER

Vorwort

Das Archiv des ehemaligen Fürstbistums Basel ist eine privatrechtliche Stiftung, getragen durch die Kantone Bern und Jura und, seit 1997, Basel-Landschaft. Sie entstand 1985 nach der Gründung des Kantons Jura aus der Notwendigkeit heraus, eine Zersplitterung der historisch wertvollen gemeinsamen archivischen Überlieferung des ehemaligen Fürstbistums Basel zu verhindern. Die Stiftung kümmert sich um die Aufbewahrung und Vermittlung der Archivbestände des ehemaligen Bistums Basel (Diözese und weltliche Herrschaft), der ehemaligen Stifte und Abteien Moutier-Grandval, Saint-Ursanne, Bellelay usw., sowie des Département du Mont-Terrible und der Arrondissements Delsberg und Pruntrut, des Département du Haut-Rhin (Französische Revolution). Die Geschichte des Birsecks und des Laufentals, welche zum Fürstbistum Basel gehörten, ist bis zum Jahr 1815 in den Beständen des ehemaligen Fürstbistums Basel dokumentiert.

Das 20-jährige Jubiläum der Stiftung ist der willkommene Anlass, die Schätze des Archivs und seinen Wert für die Geschichte der Christianisierung in unserer Region mit einer gross angelegten Ausstellung und dem vorliegenden Begleitband in den beteiligten Kantonen einem möglichst breiten Publikum bekannt und zugänglich zu machen. Vom 8. April bis Herbst 2006 finden gleichzeitig vier Ausstellungen statt in Delsberg (Musée jurassien d'art et d'histoire), Pruntrut (Musée de l'Hôtel-Dieu), Biel (Musée Neuhaus) und Basel (Museum Kleines Klingental in Zusammenarbeit mit der Kantonsarchäologie BL).

Der Begleitband versteht sich weniger als Katalog zu den Ausstellungen, er soll vielmehr Gelegenheit geben, die angesprochenen Themen zu vertiefen und auszuweiten. Seine grosszügige grafische Gestaltung und die leicht lesbaren Texte sollen einen weiteren Zugang zur interessanten Geschichte des Christentums und seiner Institutionalisierung in der Region der Nordwestschweiz vermitteln, einer langen Epoche, die sich notabene über beinahe 1000 Jahre erstreckt.

Die Ausstellungen und die Publikation sind das gelungene Produkt einer vielfältigen fruchtbaren Zusammenarbeit über die Kantonsgrenzen und über die Sprachgrenzen hinweg. Sie bilden einen Höhepunkt im Bestehen der Stiftung. Den Erfolg des Projektes ermöglichten das persönliche Engagement und die grosszügigen finanziellen Beiträge zahlreicher Partnerinnen und Partner, denen wir hiermit ganz herzlich danken möchten.

Liestal, im Februar 2006

Für den Stiftungsrat des Archivs des ehemaligen Fürstbistums Basel
Regula Nebiker

JEAN-CLAUDE REBETEZ

Vorbemerkungen

Der Titel des vorliegenden Werks könnte anmassend und doppeldeutig wirken. Anmassend, weil in diesem Buch selbstverständlich nicht die gesamte, mehr als ein Jahrtausend dauernde Geschichte des Bistums Platz finden kann. In Anbetracht des so weit gespannten Themas haben wir uns entschlossen, nicht eine unmögliche Synthese zu versuchen, sondern eine abwechslungsreiche Auswahl sehr verschiedenartiger, aber sich ergänzender Beiträge vorzulegen. Kürzere oder längere Darstellungen allgemeiner Art stehen so neben eng umrissenen Einzelstudien. Es ist unvermeidlich, dass gewisse Aspekte kaum zur Sprache kommen, etwa die religiöse Baukunst, das Brauchtum oder der Volksglaube. In einem Gebiet, das sich von Biel bis nach Colmar erstreckt, wurde zudem der Akzent auf die Region Basel und den Jura gelegt. Das Oberelsass nimmt daher in diesem Buch wohl nicht ganz den Platz ein, der ihm vom Thema her zukommen würde.

Wir wollten der Leserschaft auch ein paar Betrachtungen von Spezialisten bieten: So präsentieren die Archäologen ihre Art, materielle Überreste zu «dechiffrieren»; eine Spezialistin alter Textilien legt Reliquien frei; man lernt einen liturgischen Kalender lesen und folgt dem Historiker bei der Interpretation seiner Quellen… Wir hoffen, diese Vielfalt stachle die Neugierde der Leser an und verführe sie dazu, einige der angesprochenen Themen zu vertiefen!

Es war unser Bestreben, das Buch mit einer reichen Bebilderung attraktiv zu gestalten. Die Bilder haben nicht nur einen ästhetischen Eigenwert, wir wollten sie dem Leser auch verständlich machen, indem wir ihre Bedeutung so weit wie möglich erklärten oder gewisse charakteristische Merkmale hervorhoben.

Zurück zu unserem Titel: Der informierte Leser wird sich fragen, ob der Begriff «Bistum Basel» die alte, auch unter diesem Namen bekannte Diözese bezeichnet oder das im Laufe des Mittelalters entstandene, gemeinhin Fürstbistum genannte bischöfliche Fürstentum. In der Tat stehen die alten Basler Prälaten zwar einer Diözese vor, aber sie besitzen in einem bestimmten Gebiet auch weltliche Herrschaftsrechte. Die Kumulation dieser Funktionen in der Hand des Bischofs mag uns heute erstaunen, dies umso mehr als die Grenzen der beiden Gebilde nicht übereinstimmen (s. Karte)! Diözese und Fürstentum gehen dann aber gemeinsam unter, als die Französische Revolution die Zerschlagung der archaisch gewordenen Strukturen bewirkt. Dennoch ist es spannend festzustellen, dass die Grenzen der alten Diözese Basel uns nicht unberührt lassen, heute, da die Bedeutung der Landesgrenzen relativiert wird und im europäischen Rahmen regionale Pole entstehen… Die Wahl des Titels ist sehr bewusst getroffen worden, denn wir werden uns weder auf die Diözese noch auf das Fürstbistum beschränken – vom historischen Standpunkt aus ohnehin eine unhaltbare Trennung.

Nach einer Einleitung, die in grossen Zügen die Entwicklung und die Organisation der Diözese und der bischöflichen Herrschaft umreisst, erzählt das erste Kapitel auf Grund von archäologischen Funden die Entstehung der Diözese und die Errichtung des kirchlichen

Netzes im Hinterland von Basel. Das folgende Kapitel besteht aus zwei Teilen: Der erste beschreibt die monastische Bewegung, der zweite erklärt die Rolle der Heiligen- und der Marienverehrung in der mittelalterlichen Frömmigkeit, die Bedeutung der Reliquien, die Funktion der Wallfahrten und der berühmten Ablässe. Das dritte Kapitel konzentriert sich auf das Leben in einer Pfarrei am Ende des 15. Jahrhunderts: Wie spielen sich die Feste und die Prozessionen ab, warum gibt man ein Vermögen aus für prächtige heilige Geräte? Was weiss man über das religiöse Leben der Laien, über ihre Abwege… und wer sind die Ausgeschlossenen? Und schliesslich befasst sich das vierte Kapitel mit der Reformation; am Beispiel des Berner Juras und von Biel erklärt es deren Entstehung, die oft erstaunliche und unterschiedliche Art der Durchführung, ihre Folgen. Das Werk schliesst mit einem kurzen Ausblick auf die katholische Reform.

Wir hoffen, die Vielfalt all dieser Texte erlaube es der Leserschaft, die Vergangenheit besser zu verstehen, sei es, indem sie ihr – ausgehend vom Besonderen – das Allgemeine begreiflich macht, sei es, indem sie ihr Zugänge zu einem immer ferneren Kulturerbe erschliesst. Wenn zum Beispiel die Archäologie Informationen über ein bestimmtes Kloster oder eine Kirche liefert, so ist dieser lokale Sachverhalt in einen weiteren Zusammenhang eingebettet. Auch das Taufregister von Pruntrut – das älteste der Schweiz – gibt uns die Möglichkeit, ein Bild zu skizzieren, das über diese Kleinstadt hinausreicht. Die religiöse Bedeutung Marias und

der Heiligen nicht zu kennen heisst, die zahllosen Statuen, die sie darstellen, nicht verstehen zu können. Wenn man nicht weiss, was die Eucharistie für die Katholiken und die Protestanten bedeutet, kann man weder von den prächtigen Monstranzen Jörg Schongauers noch von der Reformation etwas verstehen… das Thema ist übrigens noch immer aktuell! Ebenso stellt uns der mittelalterliche Status der Juden, der den Hintergrund für Dramen in jüngerer Zeit bildet, schonungslos vor ganz direkte Fragen.

Abschliessend laden wir die Leserschaft ein, das Unverständnis zu überwinden, mit dem sie zuerst auf gewisse Züge der mittelalterlichen Kultur, wie etwa das Fehlen einer Spaltung zwischen Sakralem und Profanem, reagieren mag. Das Narrenfest findet manchmal in der Kirche statt, manche tanzen am Sonntag auf den Friedhöfen, viele machen Geschäfte – oder treiben sich auf der Suche nach Liebesabenteuern bei den Wallfahrtsorten herum… wenn dort nicht gerade feindliche Soldaten – und gute Katholiken bei sich zu Hause – Altäre und heilige Gerätschaften mit Kanonenschüssen zerstören! Der Handel mit den Reliquien oder dem Ablass und die im Aberglauben verhafteten Schutzrituale spielen in den Augen der meisten Gläubigen eine zentrale Rolle. Der heutige Leser wird darüber wohl schockiert sein, doch wir hoffen, er gelange über das Zerrbild hinaus zu einem tieferen Verständnis einer verschwundenen und immer ferneren, aber faszinierenden Gesellschaft.

Diözese Strassburg

Diözese Toul

Rappoltsweiler

Kaysersberg

I
Ultra Colles

Colmar

Enklaven
der Diözese
Strassburg

Neubreisach

II
Citra Colles

Murbach

Issenheim

III
Citra
Rhenum

Ensisheim

Thann

Masmünster

Schliengen

Diözese Konstanz

IV
Sundgau

Mülhausen

Kembs

Istein

V Inter
Colles

Binzen

Altkirch

XII
Vagantes

Diözese
Besançon

Blotzheim

Basel

Rheinfelden

IX
Frickgau

Frick

VI
Leimental

Pfirt

Arlesheim

VII
Elsgau

Mariastein

Liestal

Schinznach

Lützel

Laufen

VII
Sisgau

Pruntrut

Delsberg

Beinwil

Enklave
der Diözese
Besançon

Saint-Ursanne

Saigne-
légier

Bellelay

XI
Salisgau

Moutier

Balsthal

X
Buchsgau

Olten

Tramelan

Solothurn

Wangen a. A.

Saint-Imier

Courtelary

Pieterlen

Diessc

Biel

Diözese Konstanz

Neuenstadt

Diözese Lausanne

Legende:

- Diözese Basel
- Dekanatgrenzen
- Fürstbistum
- Herrschaftsgrenzen
- Gemeinsame Gebiete des Fürstbistums und der Diözese

1 Die Diözese und das Fürstbistum Basel im Spätmittelalter.

JEAN-CLAUDE REBETEZ

Einleitung
Die Kirche von Basel:
Fürstbistum und Diözese

AUFBAU

Diözese

Über die Ursprünge und die Entstehung der Diözese – Thema des ersten Kapitels – ist wenig bekannt, aber es steht fest, dass die Diözese in der Mitte des 8. Jahrhunderts in jenen Grenzen reorganisiert wird, die sie bis zur Französischen Revolution mehr oder weniger behält und die sich von jenen der heutigen Diözese Basel stark unterscheiden. Am Ende des Mittelalters zählt sie mehr als 400 Pfarrgemeinden, zusammengefasst in zwölf Archidiakonaten (darunter auch der Sonderfall der Stadt Basel und ihrer Umgebung), die den Landkapiteln oder Dekanaten entsprechen. Sie umfasst mehr oder weniger das heutige Departement Haut-Rhin, einen Teil der Kantone Aargau, Solothurn, Jura und des Berner Juras (Münstertal) sowie die beiden Basel (s. Karte). Die Bischofskirche befindet sich in Basel, das trotz der Spannungen zwischen Bürgern und Bischof bis zu Beginn des 16. Jahrhunderts auch die «Hauptstadt» des weltlichen Fürstbistums bleibt. Die Diözese liegt, wie jene von Lausanne und von Belley, in der Kirchenprovinz Besançon.

Fürstbistum oder bischöfliche Herrschaft

Zur Zeit der Reformation ist der Bischof Fürst eines Territoriums, das den Kanton Jura, den Berner Jura mit Biel, einen Teil von Basel-Landschaft und kleine Enklaven in Deutschland umfasst. Die Grenzen dieses Gebiets decken sich nicht mit jenen der Diözese; im Norden (Elsgau) greift das Territorium auf die Diözese Besançon über, im Süden (Teil des Berner Juras und Biel) auf das Bistum Lausanne, und im Nordosten (Deutschland) reicht es in Konstanzer Diözesangebiet hinein. Umgekehrt liegt der grösste Teil der Diözese Basel im weltlichen Hoheitsgebiet anderer Landesherren als dem Bischof (der Habsburger, Solothurns, der Stadt Basel usw.), was oft zu Zuständigkeitskonflikten zwischen den verschiedenen Gerichtsbarkeiten führt.[1] Während zu Beginn des 16. Jahrhunderts ein grosser Teil der Diözese deutschsprachig ist, sprechen die meisten Untertanen des Fürsten Französisch. Doch obwohl Diözese und Fürstbistum sich in vielem unterscheiden, sind die beiden Gebilde untrennbar miteinander verknüpft; sie hängen beide von der Basler Kirche ab, und ihr gemeinsames Oberhaupt ist der Bischof. Dieser ist daher automatisch weltlicher Fürst.

ENTSTEHUNG DER HERRSCHAFT

Ursprünge

Um ihren materiellen Unterhalt zu sichern und auch den ihres Kapitels – über Basel wissen wir leider nur wenig –, erwerben alle Bischöfe vom Frühmittelalter an weltliche Güter, besonders in der Bischofsstadt. Da sie bedeutende Persönlichkeiten sind, werden sie von den Herrschern zudem mit besonderen Aufgaben

2 Krönung Heinrich II. durch Christus, dargestellt in der Mandorla, die rechte Hand zum Segen erhoben. Zwei heilige Bischöfe, Ulrich und Emmeram, stützen die Arme des Königs. Heinrich empfängt von zwei Engeln die heilige Lanze und ein Schwert. Letzteres ist das Zeichen der weltlichen Macht. Die Lanze, von der Christi Leib am Kreuz durchbohrt wurde, hat einen knorrigen Schaft wie von lebendigem Holz und erinnert so an das Kreuz, durch welches das Heil kommt. Der zukünftige Kaiser erhält also einen göttlichen Auftrag, aber er ist vor allem der bevorzugte Empfänger der Heilsverkündigung. Die Inschrift rechts auf der Mandorla bestätigt es: *CLEMENS CHRISTE TUO LONGUM DA VIVERE CHRISTO* («Gnädiger Christus, schenk langes Leben dem Gesalbten, den du erwählt hast»). Sakramentar, angefertigt in Regensburg für König Heinrich II., um 1000 (BSB, Clm 4456, fol. 11r).

betraut oder erhalten Kompetenzen zugesprochen. Karl der Grosse, dessen Macht sich auf die Römische und die regionale Kirche stützt und durch diese ausgeübt wird, weist ihnen eine Vertrauensstellung zu, indem er sie zu seinen Repräsentanten ernennt.[2] Im Jahr 843 wird die Diözese Basel ins Mittelreich Lotharingien integriert. Aus den Trümmern des karolingischen Reichs entsteht das Königreich Burgund (888-1032), das die Westschweiz, die Freigrafschaft Savoyen, Aosta und später das Königreich Arles umfasst. 912 werden Basel und der südliche Teil der Diözese ins Königreich Burgund integriert, während der Rest der Diözese unter germanische Herrschaft gerät.[3] Im Jahr 999 übergibt König Rudolf III. von Burgund – vielleicht unter dem Einfluss des deutschen Kaisers – Bischof Adalbero die Abtei Moutier-Grandval mit all ihren Besitzungen. Man nimmt an, dass diese Schenkung von 999

3-4 Bulle (Bleisiegel), die einen Brief von Papst Luzius III. an den Bischof von Basel verschliesst, 13. März 1185 (AAEB).
Die päpstlichen Bullen enthalten immer die gleichen Elemente. Auf der Vorderseite sieht man die Köpfe der beiden Apostel Petrus und Paulus, auf der Rückseite den Namen des Papsts und die Zählung: *LUCIUS PP III (Lucius papa tertius)*.

Die Päpste und ihre Macht bis zum 16. Jahrhundert

Papst Gregor VII. (1073–1085) arbeitet eine theokratische Lehre aus, welche die Kirche und den Papst über die Laien und die Herrscher stellt; daraus ergibt sich eine heftige Konfrontation mit den Königen und vor allem mit dem Kaiser um den Machteinfluss auf die Bischöfe (Investiturstreit). Die gregorianische Reform kritisiert zudem heftig jede Einmischung von Laien in kirchliche Angelegenheiten (Besitz von Kirchen, Vorladung von Geistlichen vor nicht religiöse Gerichte) und verstärkt die Disziplin der Priester (Verpflichtung zur Keuschheit, Kaufverbot für kirchliche Pfründen). Zu Beginn des 14. Jahrhunderts verfügt die Kirche über eine starke Zentralverwaltung, die sich vom 11. bis zum 13. Jahrhundert herausgebildet hat – ein Prozess, der auch in den Diözesen und innerhalb der grossen religiösen Orden stattgefunden hat. Die Kirche ist zu einer rechtlichen Körperschaft geworden, deren Hierarchie von einem «Monarchen», dem Papst, beherrscht wird. Im 14. und 15. Jahrhundert nehmen die Dinge eine negative Wendung; der Papst verliert seinen Einfluss auf die Könige, und die Kurie von Avignon entfaltet eine immer schwerfälligere Verwaltung und ein immer belastenderes Steuersystem. Das Grosse Schisma empört die Christenheit: Zwischen 1378 und 1417 ist sie zwei-, ja sogar dreigeteilt durch die konkurrierenden Päpste! Das Schisma geht erst 1417 zu Ende, als das Konzil zu Konstanz einen einzigen Papst, Martin V., durchsetzt und damit die oberste Autorität beansprucht (Konziliarismus). Begünstigt durch den verworrenen Verlauf des Konzils von Basel (1431-1449), stellt jedoch Eugen IV. den päpstlichen Vorrang in der Kirche wieder her. Der um sich greifende Antipapismus wird zu einer Ursache der Reformation, aber schliesslich gelingt es den Päpsten, ihre Autorität und ihr Ansehen wieder herzustellen, indem sie sich auf die reformistischen Kräfte in der Kirche stützen (insbesondere die Jesuiten); das Konzil von Trient bestimmt, dass jeder Katholik in seinem Glaubensbekenntnis dem Papst, Nachfolger Petri und Stellvertreter Christi, Gehorsam zu versprechen hat.

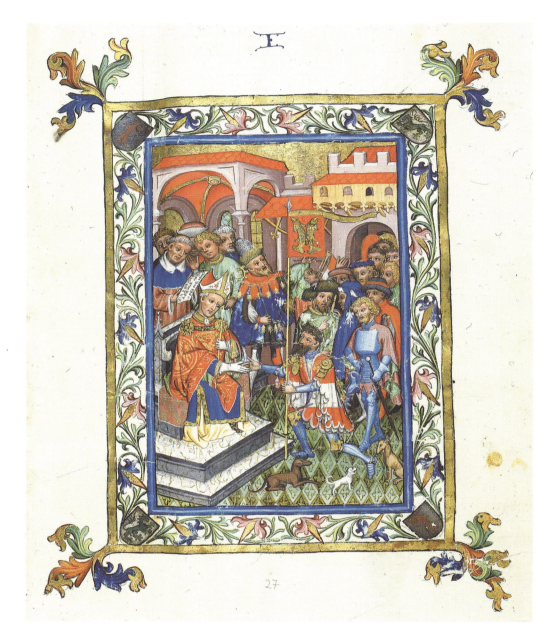

5 Der Bischof Johann Senn belehnt 1361 den Herzog von Österreich mit der Grafschaft Pfirt. Dieses Lehen hätte 1324, nach dem Erlöschen der männlichen Linie der Grafen von Pfirt, an die Bischöfe fallen sollen. Der Inhaber war einer der grossen Vasallen des Fürstbistums, aber seine Huldigung gegenüber dem Bischof ist rein formeller Art (GLAK).

den Beginn des langsamen Prozesses markiert, der zur Errichtung der weltlichen Macht der Bischöfe auf jurassischem Gebiet führt (die Bedeutung der Klöster auf politischer und wirtschaftlicher Ebene wird in Kapitel 1 beleuchtet). Die Entstehung der bischöflichen Herrschaft erfolgt also zeitlich nach der Errichtung der Diözese und ist vom politisch-religiösen Kontext der folgenden Jahrhunderte bestimmt.

1032 wird das Königreich Burgund dem Reich einverleibt, doch die germanischen Herrscher üben auf die Diözese schon viel früher einen starken Einfluss aus: Im Jahr 1025 ernennt Konrad II. den Nachfolger von Bischof Adalbero, seinerseits ein Vertrauter Heinrichs II. (1002–1024), der später zu einem der Schutzheiligen der Diözese wird. Vom Anfang des 11. Jahrhunderts an sind die Bischöfe von Basel ins Reichskirchensystem integriert: Die vom Herrscher ernannten Reichsbischöfe verfügen neben ihren geistlichen Befugnissen über Obrigkeitsrechte und Grundeigentum.[4] Im Rahmen ihres Bischofsamts müssen sie diese Rechte ausüben zum Nutzen sowohl des Reichs als auch der Kirche, deren beider Interessen sich vermischen. Die Reichsmacht wird sakralisiert; der Herrscher wird nicht nur von Gott einge- setzt (was seine Salbung durch den Papst ver- deutlicht), er hat auch die Aufgabe, die Kirche und den Papst zu schützen, von dem er seine Legitimität bezieht. Wenn die Bischöfe welt- liche Aufgaben übernehmen und dem Kaiser dienen, so hat Letzterer heilige Verpflichtungen. Unter seiner Schutzmacht müssen Reich und Kirche zusammenarbeiten, um den göttlichen Plan zu verwirklichen. Die Päpste des 10. und der ersten Hälfte des 11. Jahrhunderts nutzen diese Situation, indem sie sich dem Zugriff der grossen römischen Familien entziehen und ihre Autorität in der Kirche stärken. Dann aber stre- ben sie danach, sich zu emanzipieren und den Vorrang vor dem Thron zu erhalten.

Trotz einiger Zusammenstösse erfüllen die Bas- ler Bischöfe treu ihre Aufgabe in der Zusam- menarbeit mit den Kaisern, die dafür deren bescheidene materielle Grundlage weiter auf- bessern. Bis gegen Ende des 13. Jahrhunderts unterhalten sie ausgezeichnete Beziehungen zueinander (ausser unter den letzten Hohen- staufen).

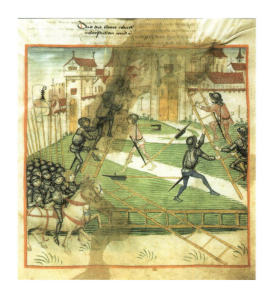

6 Die Truppen des Bischofs Johann von Vienne grei- fen 1367 die Stadt Biel an. Diebold Schilling, *Berner Chronik*, 1474-1483 (BBB, Mss.h.h.l.1, S. 187).

Entwicklung

Im 11. Jahrhundert erhalten die Basler Bischöfe zahlreiche kaiserliche Schenkungen in Gebieten, die nicht immer in ihrer Diözese und zudem weit verstreut liegen (u.a. die gräf- lichen Rechte in Augst), denn die Basler Kir- che ist ein Stützpunkt der Herrscher am Ober- rhein.[5] Auf mittlere und längere Frist gehen diese Schenkungen den Bischöfen später al- lerdings verloren, insbesondere die Güter im

Das Konzil von Basel (1431-1449)

Ziel des Konzils ist es, die ganze Kirche zu reformieren, sowohl die Hierarchie als auch den gesamten Klerus. Kritik wird nämlich seit langem laut, und die Vorwürfe von Seiten der Geistlichen wie der Laien sind zahlreich: Man prangert die päpstlichen Steuern an, den Luxus der Kardi- näle, den Absentismus der Bischöfe, die Anhäufung von Pfründen, den Ablasshandel, die Unwissenheit und die Sittenlosigkeit eines zu gros- sen Teils der Priester und ihrer Oberen… Das Konzil von Basel, widerwillig vom Papst einberufen, gerät zur Machtprobe. Die Konzilsväter grei- fen in erster Linie den römischen Zentralismus, die Kurie und die päpstlichen Steuern an. Da sich der Papst verhärtet, setzt ihn das Konzil 1439 ab und wählt Felix V. an seiner Stelle. Doch Eugen IV. gelingt die politische Isolierung der Konzilsversammlung, die nach und nach zum Symbol der neuen Spaltung der Christen wird. Die Konzilsväter erreichen nicht nur ihre Ziele nicht, sie bringen auch die seit 1415 anerkannte Idee vom Vorrang des Konzils über den Papst in Verruf.[9] Der Papst und die Kurie erhalten dadurch wieder die Oberhand, und das römische Lehramt setzt sich wieder in der Kirche durch. Im Jahr 1448 verlässt das Konzil Basel und geht nach Lausanne, wo es am 25. April 1449 aufgelöst wird.

Basel liegt also für einige Jahre im Zentrum der Christenheit, doch die Wahl der Stadt als Konzilsort hat weder mit ihrem Ansehen noch mit jenem des Diözesanklerus zu tun, sondern allein mit der idealen geografischen Lage Basels (Zentralität, gute Lebensmittelzufuhr, kaiserlicher Schutz). Der Anteil der Basler Geistlichen an den Konzilsvätern beläuft sich auf 2 %; damit ist die Basler Diözese zwar am stärksten vertreten, aber ihr Einfluss ist relativ schwach, und viele der Teilnehmer verteidigen eher Eigeninteressen, als dass sie sich um die Reform der Kirche kümmern.[10] Zudem ist Kardinal Cesarini – kaum in Basel eingetroffen – schockiert über den Zustand der Ordens- und der Weltgeistlichkeit; er nimmt eine kanonische Visitation der verschiedenen religiösen Institutionen der Stadt vor und ordnet zahlreiche Reformen an – angefangen beim Domkapitel, dem er eine zu weltliche Lebensweise vorwirft!

7 Miniatur aus dem Buch der adligen Lehen des Fürstbistums mit dem Wappen des Bischofs Friedrich zu Rhein, 1441 (AAEB).

Elsass und im Breisgau. Das vorbehaltlose Engagement des Bischofs auf der Seite Heinrichs IV. während des Investiturstreits hält nach dem Wormser Konkordat (1122) an: Die Bischöfe von Basel werden weiterhin von den Herrschern ernannt und unterstützen diese, besonders Friedrich Barbarossa, im Kampf gegen den Papst (Schisma von 1159-1179). Dank

der Kaiser tritt die Kirche von Basel in der Region bald als gewichtige politische Kraft auf, die auch auf den eigenen Vorteil bedacht ist: Ihre weltliche Macht entfaltet sich.

Im 13. Jahrhundert ist der Bischof einer der grossen Feudalherren der Region, doch die als Lehen übertragenen Rechte gehen ihm oft verloren (Abb. 5). Das Ende des Jahrhunderts ist geprägt vom Aufschwung der Städte, der vom Bischof gefördert wird; das Beispiel Laufen zeigt, wie dieser vorgeht, um eine unstabile Stelle zu festigen, die für den territorialen Zusammenhalt der bischöflichen Herrschaft – diese erstreckt sich schliesslich von den Ufern des Bielersees bis zur Stadt Basel, vom Doubs bis zu den Übergängen des Hauensteins – von grosser Bedeutung ist.[6] Ein wesentliches Element der bischöflichen Strategie besteht darin, den Rahmen des Lehenswesens – gekennzeichnet durch gefährliche Machtübertragungen und ein Gewirr von konkurrierenden Gerichtsbarkeiten auf ein und demselben Territorium – zu sprengen und eine zusammenhängende Territorialherrschaft zu errichten, in welcher der Bischof alle Obrigkeits- und Herrschaftsrechte in seiner Hand vereinigen und die Landeshoheit im Rahmen eines Territorialstaates in vollem Umfang ausüben kann. Diese letzte Etappe

8

9 Bulle des Konzils von Basel, 21. Oktober 1434 (AAEB). Vorderseite: Dieses Bild illustriert die Vision des Konzils, das sich direkt von Gott inspiriert glaubt und sich über den Papst stellt (Konziliarismus): Vom Himmel herab segnet Gott die Konzilsväter, während der Heilige Geist (Taube) auf die Versammlung herabkommt, in der man oben links den Papst erkennt (Tiara), überragt von einem Kreuz, einen Kardinal (flacher Hut), dann Mitren tragende Bischöfe und Äbte und schliesslich, unten, weitere Teilnehmer (Prediger, Gelehrte usw.). Rückseite: Die Inschrift bestätigt diese Interpretation: *SACRO / SCA: GENE / RALIS: SINO / DUS: BASI / LIENSIS* (Hochheiliges Generalkonzil von Basel).

10 Zug des Gegenpapsts Felix V.
1440, Diebold Schilling, *Berner
Chronik*, 1474-1483 (BBB,
Mss.h.h.I.2, S. 7).
Nachdem das Konzil von
Basel Eugen V. abgesetzt hat,
wählt es den mächtigen und
sehr frommen Herzog Ama-
deus VIII. von Savoyen zum
neuen Papst. Dieser ist Laie
(ein Witwer mit Kindern), aber
er lebt auf halbklösterliche
Weise auf dem Schloss von
Ripaille (aus dem die Gegenreformation später unter
dem Einfluss von Franz von
Sales eine Kartause macht).
Nach seiner Ordination und
der Weihung wird er am 24.
Juni 1440 in Basel zum Papst
gekrönt; der letzte Gegenpapst der Geschichte verzichtet aber 1449 auf sein Amt
gegen eine komfortable Pen-
sion und einen Kardinalshut.

11 Miniatur aus dem Pontifikalbuch des Erzbischofs von
Besançon Charles de Neuf-
châtel, die den Empfang der
Tonsur durch einen Geistlichen darstellt, um 1463-
1498 (BiCJ).

12 Miniatur aus dem Pontifikalbuch des Erzbischofs von
Besançon Charles de Neuf-
châtel, die die Einsegnung
einer Kirche durch einen
Bischof darstellt, um 1463-
1498 (BiCJ).

wird erst am Ende des 16. Jahrhunderts, nach einem langen und schwierigen Prozess erreicht, wenn auch nur unvollständig.[7]

Trotz eines viel versprechenden Anfangs mit der Erwerbung von Liestal, Homberg und Waldenburg im Jahr 1305 – diese schon 1374 verpfändeten Herrschaften werden im Jahr 1400 an die Stadt Basel verkauft –, geht das Fürstbistum im 14. Jahrhundert beinahe unter. Die Krise hat mehrere Ursachen. Diese Zeit ist geprägt von den Doppelwahlen: Die anfangs des Jahrhunderts von Rom ernannten Bischöfe müssen sich gegen die Kandidaten des Kapitels durchsetzen, und zu Beginn des Grossen Schismas (1378-1417) treibt der Kampf zwischen Imer von Ramstein und Werner Schaller (1382-1385) die Basler Kirche vollends in den finanziellen Ruin. Dazu kommen die politischen Schwierigkeiten: Konfrontation mit den Habsburgern, Bedrohung durch die Städte. Basel emanzipiert sich immer mehr, während Biel, gestärkt durch sein schon 1279 mit Bern abgeschlossenes Bündnis (1352 immerwäh-

13 Ansicht des Basler Münsters.

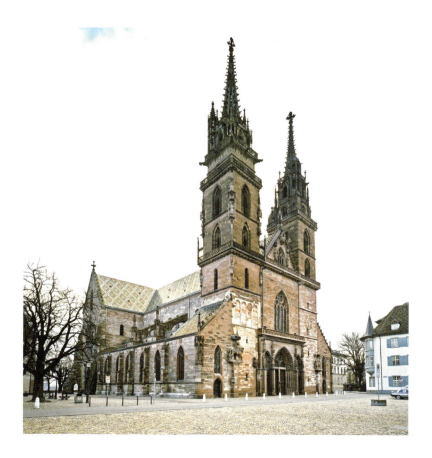

rendes Burgrecht),[8] im Tal von Saint-Imier in den bischöflichen Machtbereich übergreift. Der Versuch des Bischofs Johann von Vienne, diesen Prozess aufzuhalten, endet mit einem militärischen und finanziellen Desaster (Abb. 6). Hoch verschuldet müssen die Bischöfe die Städte und Herrschaften des Fürstbistums verpfänden – im Jahr 1420 ist dieses praktisch zu nichts zusammengeschmolzen! Das 15. Jahrhundert wird geprägt vom ausserordentlichen Ereignis des Konzils von Basel, es ist vor allem aber die Zeit der Wiedererrichtung des Fürstbistums. Mit einer rigoros sparsamen Verwendung der kirchlichen und der weltlichen Einnahmen sowie einer starken Verwaltung gelingt es den Bischöfen, ihre Herrschaft wieder herzustellen, allerdings nicht ohne ein paar schmerzliche Opfer: Der Sisgau und die Stadt Basel (seit 1501 ein eidgenössischer Ort) gehen endgültig verloren, und im Süden des Fürstentums ist die bischöfliche Macht begrenzt durch den Einfluss, den Solothurn und vor allem Bern dort ausüben… ganz zu schweigen von Biel! Durch einen glücklichen Zufall kommen die Herrschaften von Zwingen (1459) und von Pfeffingen (1522) ans Fürstbistum; die Familien, die sie als Lehen hielten, sind erloschen. Kurz und gut: Die Grenzen des Fürstbistums am Ende des 15. Jahrhunderts bleiben praktisch unverändert bis zur Französischen Revolution. Die Verwaltungsstrukturen werden ebenfalls verbessert: Der lange Prozess des Zugriffs auf die Gerichtsbarkeit geht weiter; in den verschiedenen Herrschaften des Fürstbistums werden ergebene und absetzbare Verantwortliche (Kastellane, Vögte, Meier, Steuereinnehmer) ernannt, die kontinuierlich für die Stärkung der Autorität und der bischöflichen Rechte kämpfen; die Kontrolle über die bescheidene Zentralverwaltung und die regionalen Stellvertreter üben der Kanzler und der Hofmeister aus, die gerichtliche und militärische Funktionen innehaben.

Die Reformation trifft die Diözese, aber auch das Fürstbistum hart. Von nun an befindet sich der Bischofssitz in Pruntrut (Diözese Besançon) und das Kapitel in Freiburg im Breisgau (Diözese Konstanz)! Die bischöflichen Finanzen sind erneut in katastrophalem Zustand, und das Fürstbistum verdankt sein Überleben nur den divergierenden Interessen seiner wichtigsten Nachbarn und der Eidgenossen (Habsburg, Bern, Basel, Solothurn, andere Orte…). Doch das mit den katholischen Orten 1579 abgeschlossene Bündnis verändert die Lage vollständig. Dank diesem erringt der berühmte Bischof Blarer von Wartensee 1585 in Baden einen ausserordentlichen Sieg über die Basler: Sie müssen auf ihre Burgrechte mit seinen Untertanen verzichten und ihm eine Entschädigung von 200 000 Gulden bezahlen – eine

gewaltige Summe, mit der der Bischof seine Schulden begleicht, ein Jesuitenkolleg in Pruntrut gründet, sein Schloss vergrössert usw.[11] Er nutzt die Gunst der Stunde, nimmt die katholische Reform der Diözese in Angriff und rekatholisiert das Birseck und das Laufental – im südlichen Teil des Fürstbistums, wo der Einfluss Berns und Biels zu gross ist, gelingt ihm dies nicht. Reformation und Rekatholisierung waren also weitgehend von der politischen Situation abhängig.

14 Darstellung der Gründung der Universität Basel durch Bischof Johann von Vienne 1460. *Matrikelbuch der Universität* (UB BS).

DIE DIÖZESE

Während die Pfarrei den Rahmen für das religiöse Leben im Alltag der Gläubigen bildet, stellt die Diözese die Grundlage der kirchlichen Territorialgliederung dar. Es handelt sich dabei um ein Gebilde, das zahlreiche Kirchen auf dem Land und in der Stadt umfasst – deren Erste die Kathedrale ist – und das von einem Bischof, unterstützt von seinem Hochstift, geleitet wird. Trotz einiger spezifischer Merkmale der Diözese Basel ist die Organisation überall vergleichbar und findet sich, *mutatis mutandis*, in allen Diözesen wieder.

Der Bischof

Die Kirchenrechtler unterteilen die geistlichen Gewalten der Bischöfe in drei Kategorien: [12]
– Weihegewalt: In der Diözese ist es der Bischof, der die Kandidaten zum geistlichen Stand zulässt (eine oft an den Vikar delegierte Aufgabe) und ihnen die Weihen erteilt, wobei zu den unteren die niedrigen Weihegrade des Klerus gehören, nämlich Tonsurierter, Pförtner, Lektor, Exorzist und Akolyth, zu den oberen Subdiakon, Diakon (er darf predigen und nimmt an der Liturgie teil) und schliesslich Priester (Abb. 11). Während die Priester fünf der sieben Sakramente, nämlich die Taufe, die Eucharistie, die Busse, die Krankensalbung und das Sakrament der Ehe, spenden dürfen, erteilen allein der Bischof oder der Weihbischof die Sakramente der Firmung und der Priesterweihe. Nur sie dürfen auch die Kirchen, Friedhöfe, Altäre (Abb. 12) und sogar die heiligen Messgeräte, wie die Kelche, einsegnen.

– Lehrgewalt: Der Bischof muss die korrekte Vermittlung der Lehre und des Glaubens an die Gläubigen kontrollieren und daher insbesondere die Rechtgläubigkeit des Klerus überwachen.

– Rechtsgewalt: Als Administrator setzt er die Inhaber von kirchlichen Pfründen, Pfarrer oder andere, in ihre geistliche Macht ein (auch wenn längst nicht immer er sie auswählt; das Frühmittelalter kannte zum Beispiel das System der Eigenkirchen); er bewilligt die Errichtung oder die Aufhebung von Pfarreien und Kirchen und wacht gleichzeitig über deren materielle Integrität. Als Gesetzgeber verbreitet er die von den Päpsten oder den Konzilien bekannt gegebenen Texte und setzt die für seine Diözese gültigen Reglemente, die Synodalstatuten, fest. Die ersten Basler Statuten datieren von ca. 800 und sind unter Bischof Haito entstanden; weitere sind für das ausgehende 13. Jahrhundert, das 14. und das 15. Jahrhundert vorhanden (Abb. 18); die letzten stammen von 1503 und 1583. Ihr je nach Epoche unterschiedlicher Inhalt bezieht sich oft auf die Erteilung der Sakramente, aber auch auf eine Reihe anderer Themen: Segregation der Juden, Disziplin des Klerus, Exkommunikation, Feier- oder Fastentage usw. Im Namen des Bischofs wird kirchliches Recht gesprochen (Abb. 17), wenn er seine Pflicht zur Kontrolle von Volk und Klerus durch Pfarreivisitationen und an den Synoden wahrnimmt.

15 Weihe eines Abts durch einen Bischof (Pontifikalbuch von Charles de Neufchâtel, BiCJ).

Was die soziale Herkunft der Bischöfe betrifft, so sind sie praktisch alle Adlige – wie übrigens auch die Mitglieder des Domkapitels[13] – und stammen vorwiegend aus dem regionalen Adel.

Das Kapitel

Die Domherren, die das Domkapitel bilden, müssen den Bischof in der Ausübung seiner Pflichten unterstützen: ihn beraten, junge Geistliche ausbilden und vor allem den Gottesdienst im Münster versehen. Die anfänglich stark vom Bischof abhängigen Domherren emanzipieren sich allmählich im Verlauf des 11. und des 12. Jahrhunderts, und zwar sowohl in finanzieller als auch in organisatorischer Hinsicht.[14]

Im 12. und 13. Jahrhundert führt das Kapitel diesen Prozess fort. Spätestens seit 1183 verfügt es über ein eigenes Siegel und organisiert sich zu einem guten Teil selbst (erhaltene Statuten ab 1289). Diese Autonomie manifestiert sich auch im Bereich der Rekrutierung: Während die Chorherren ursprünglich von den Bischöfen gewählt wurden, zeigt eine päpstliche Bulle von 1185, dass sich das Kapitel zu diesem Zeitpunkt selbst ergänzt. Im 14. Jahr-

16   Siegel des Domkapitels, 12. März 1275 (AAEB).

hundert werden die päpstlichen Bestallungen zur allgemein üblichen Praxis, doch die Basler Domherren halten Stand: Von den 29 Kandidaten mit einer Anwartschaft von Johann XXII.

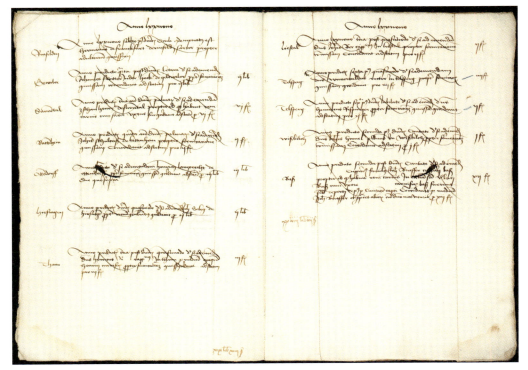

17   Auszug aus dem Register des Offizialats, 1479-1480, 1. Heft, fol. 4r-5v (AAEB). Man findet darin die Auflistung der von den Fehlbaren bezahlten Strafen. Zum Beispiel: Ein Mann zahlt sechs Gulden, weil er mit der Schwester seiner Frau geschlafen hat; in Liestal und in Delsberg verurteilt man Priester, die Unzucht getrieben haben.

treten tatsächlich nur fünf ins Kapitel ein.[15] Letzteres zählt 24 Pfründen, zu denen ab 1334 nur die Adligen Zugang haben, mit Ausnahme von fünfen, die den Graduierten der Universität vorbehalten sind (sechs nach 1453).[16] Die Domherren haben Anrecht auf die Einkünfte ihrer Pfründe, auf einen Platz im Chor und eine Stimme im Kapitel. Im Gegenzug dafür müssen sie den Gottesdienst im Münster versehen – in Wirklichkeit wird er weitgehend an die Kapläne delegiert – und mindestens neun Monate im Jahr in Basel residieren, um die gesamten Einkünfte ihrer Pfründe zu erhalten. Ihre Lebensweise ist allerdings eher die des Adels als des Klerus. Das Kapitel besteht aus sechs Dignitären: einem Vorsteher – der Propst; einem Verantwortlichen für die Disziplin des Domklerus – der Dekan; einem Leiter des Chordiensts – der Kantor; dem Grossarchidiakon, der gerichtliche Funktionen über den Stadtklerus ausübt; einem Kustos und schliesslich einem Scholaster, der für die Domschule zuständig ist.

Mit der Zeit beteiligt sich das Kapitel immer stärker an der bischöflichen Regierung. Dies erklärt sich leicht aus dem Umstand, dass es das Wahlgremium bildet, das den neuen Bischof bestimmt. Theoretisch werden die Bischöfe von «Volk und Klerus» der Diözese gewählt (d.h. von den Mächtigen der beiden Gruppen), aber der Kaiser spielt in Wirklichkeit eine entscheidende Rolle, sogar nach Worms (1122). Im 13. Jahrhundert erringen die Domherren das Monopol auf die Bischofswahl. Ab 1275 ermöglicht die Zentralisation jedoch dem Papst, seine Kandidaten gegen jene der Domherren durchzusetzen, und dies bis ins Jahr 1382, in dem das Kapitel sein Wahlrecht endgültig zurückerlangt; diese Entwicklung steht in deutlichem Kontrast zu jener in Lausanne, wo die letzte Kapitelwahl von 1431 datiert. Ausserdem übernimmt das Kapitel beim Tod eines Bischofs die Regierung des Fürstbistums bis zur Wahl seines Nachfolgers. Von 1261 an kann dieser sein Amt nicht antreten, ohne vorher eine so genannte Wahlkapitulation unterschrieben zu haben, durch die er sich verpflichtet, gewisse vom Kapitel festgelegte, die bischöfliche Macht einschränkende Bedingungen einzuhalten (1261: keine Besteuerung des Klerus ohne Zustimmung des Kapitels und keine Belehnung der Schlösser des Fürstbistums ausser an Familien des Ministerialadels, aus denen ein grosser Teil der Domherren stammt). Vom Ende des 15. Jahrhunderts an verpflichtet das Kapitel den neu gewählten Bischof, es eng an seiner Verwaltung zu beteiligen, indem es Einblick in die Rechnungen, ein Aufsichtsrecht bei der Ernennung der hohen Amtsträger und die Teilnahme am Bischofsrat fordert.

Vom religiösen Standpunkt aus ist die Rolle der Domherren ebenfalls nicht gering einzuschätzen: Die Dekretalen verlangen zwingend ihr Einverständnis bei verschiedenen Entscheidungen, so den Inkorporationen von Kirchen. Zudem sind einige von ihnen automatisch zuständig für die Aufsicht über ein Archidiakonat der Diözese (s. unten). Und schliesslich sind sie mit der Feier der Liturgie im Münster betraut.[17]

18 Auszug aus den Synodalstatuten von 1434 (Liber marcarum, S. 68) (AAEB).
Unter anderem gibt es eine Bestimmung, die Geistlichen das Würfelspiel verbietet.

Die bischöfliche Kurie

Vom Ende des 12., bzw. Anfang des 13. Jahrhunderts an errichten die Bischöfe nach dem Vorbild der römischen Kurie eine zentralisierte Verwaltung, besetzt mit kompetenten Spezialisten, die fähig sind, die wachsenden und zunehmend komplexeren Angelegenheiten zu behandeln. Die wichtigsten Posten sind die des Generalvikars und des Offizials. Der Weihbischof nimmt einen besonderen Platz ein: Er vertritt den Bischof in den Funktionen, die mit der Weihegewalt verbunden sind, und ist seinerseits Bischof, meistens *in partibus infidelium*, das heisst, einer verloren gegangenen Diözese. Henricus Albus zum Beispiel ist Erzbischof von Navarzan in Armenien (wo er sich nie aufgehalten hat) und Weihbischof von Lausanne (1345-1347) und Basel (1346-1348) – der Posten wird oft unter zwei Diözesen aufgeteilt.[18]

Der Generalvikar: Er nimmt eine wesentliche, obwohl ab 1335 auf die kirchlichen Angelegenheiten beschränkte Funktion wahr,[19] indem er hauptsächlich die Verantwortung über den Klerus übernimmt: Er ist es, vor dem die Priesteramtskandidaten ihre Prüfung ablegen, der den Eid aller mit einer Pfründe betrauten Geistlichen abnimmt, der darüber wacht, dass die neuen Pfarrer nicht simonistisch sind und vom Patronatsherrn ihrer Kirche genügend Einkünfte für ihren Unterhalt bekommen, der die Erhebung gewisser Abgaben leitet, die geistliche Justiz überwacht usw.! Oft hat er auch die Funktion des *sigillifer*, der damit beauftragt ist, die von der bischöflichen Kurie erstellten Dokumente zu siegeln, was seine Kontrollmöglichkeiten noch verstärkt.

Der Offizial: Bis zum Beginn des 13. Jahrhunderts wird kirchliches Recht an der Synode gesprochen, in der Art der lehensherrlichen Gerichtsversammlung;[20] dann führen der wachsende Einfluss des römischen Rechts und die Entwicklung der kirchlichen Strukturen zur Schaffung eines Fachgerichts unter der Leitung des Offizials (in Basel bezeugt ab 1252; in Lausanne oft Personalunion von Offizial und Vikar). Dazu gehören der Fiskal (betraut mit Verfahren gegen Konkubinate), Notare, Kanzlisten usw., deren Anzahl veränderlich ist. Das Offizialgericht ist zuständig für alle «geistlichen Belange» im weiteren Sinn (Abb. 17): Einhalten der Gelübde, Verletzung der Klerusdisziplin (Absentismus, Trunkenheit, Gewalttätigkeit usw.), Streitfälle im Zusammenhang mit Pfründen und Zehnten oder auch mit der Erteilung der Sakramente). Laien werden daher oft vor dieses Gericht zitiert, weil sie sich geweigert haben, den Zehnten zu bezahlen oder wegen Religionsvergehen wie Verstoss gegen das Sak-rament der Ehe (Konkubinat, Unzucht usw.), Wucher, Sakrileg und Blasphemie… Die Geistlichen erscheinen nicht nur aus den gleichen Gründen vor dem Offizialat wie die Laien, sondern auch wegen eines Privilegs, wonach sie nur der Gerichtsbarkeit eines kirchlichen Gerichts unterstehen, sogar dann, wenn sie eine Bluttat begangen haben – was ihnen eine mildere Strafe einträgt. Schliesslich übt das Offizialat auch eine freiwillige Gerichtsbarkeit aus, was bedeutet, dass es als Urkundenbüro für Private amtet: Ein Notar des Offizialats setzt z.B. einen Ver-

19 Bischofsstab. Vergoldetes Holz und Plattierung mit emailliertem Kupfer. Fund aus dem Grab von Johann von Venningen, gestorben 1478. Die Bischöfe liessen sich mit alten Krummstäben begraben (HMB).

kaufsvertrag zwischen Privatpersonen auf, der Offizial prüft ihn und lässt ihn siegeln. Die Gebühren aus dieser freiwilligen Gerichtsbarkeit bringen der bischöflichen Kurie erhebliche Einnahmen.[21]

Die Kontrolle des Diözesangebiets

An der Synode von Basel vom Jahr 1296 zeigt der Dekan des Landkapitels Ultra colles (nördlicher Oberrhein) vor dem Bischof den Mord an einem Priester der Pfarrei Ungersheim an, welcher vom Dorfmeier wegen eines Streits im Zusammenhang mit dem Altardienst verübt worden ist. Die Synode verurteilt den Meier und die Bewohner einstimmig zu schweren Strafen, verhängt das Interdikt über die Pfarrgemeinde (Verbot, Messen und Sakramente zu feiern ausser Taufe und letzter Ölung) und bedroht die Leute mit der Exkommunikation, wenn sie sich nicht fügen. Die Akte ist vom verfahrensführenden Offizial verfasst.[22] Dieses Beispiel zeigt, wie sich die Kirchenjustiz mit Hilfe der geistlichen Strafen durchsetzen kann in einem Gebiet, das ausserhalb des politischen Zuständigkeitsbereichs des Bischofs liegt. Im 14. und 15. Jahrhundert stützt sich

20   Bei den Visitationen muss man oft das Taufbecken ausbessern (Taufbecken von Saint-Ursanne).

der Bischof zur Kontrolle des Kirchenvolks auf seine Zentralverwaltung (bischöfliche Kurie), die Diözesansynode und die Pfarreivisitationen.

Die Diözesansynode: Hier versammelt der Bischof die Priester, um mit ihnen bestimmte Angelegenheiten der Diözese zu besprechen, vor allem aber auch, um ihnen ihre Aufgaben in Erinnerung zu rufen und sie über neue Bestimmungen der Statuten zu informieren. Die Synode ist also ein wichtiges Element der priesterlichen «Weiterbildung». Theoretisch findet sie seit dem 4. Laterankonzil (1215) jährlich statt, in Wirklichkeit variiert ihre Häufigkeit aber von einer Epoche und einer Diözese zur andern. In Basel scheint sie ziemlich regelmässig stattgefunden zu haben.

Die Pfarreivisitationen: Sehr früh sehen die Konzile vor, dass die Bischöfe ihre Pfarrgemeinden jährlich visitieren sollen, um den Klerus und die Gläubigen sowie den Zustand des Gotteshauses zu überprüfen. In der Praxis sind diese Visitationen viel seltener oder finden gar nicht statt. Während sie in der Diözese Lausanne ziemlich häufig vorkommen – von 1382 bis 1523 gab es hier mindestens sechs, darunter zwei, für die die Berichte erhalten sind –,[23] findet man davon in Basel keine Spur. Hier, wie auch in Strassburg, werden die Visitationen im Rahmen der Dekanate, in der Verantwortlichkeit der Erzdiakone durchgeführt.

Dekanate, Landkapitel

Wir haben gesehen, dass das Diözesangebiet in zwölf Dekanate unterteilt ist. Das Dekanat ist ein Bezirk, der die Gesamtheit der Pfarrgemeinden eines bestimmten Territoriums zusammenfasst, deren Priester obligatorisch einem Landkapitel angehören.[24] Letzteres erlaubt es dem ländlichen Klerus, sich periodisch zu versammeln, eine gewisse Solidarität zu pflegen (Unterstützung der kranken Priester, Totenmessen usw.), Ratschläge und Informationen auszutauschen – und natürlich ein Festmahl miteinander zu teilen. Die Kapitel lindern daher ein wenig die Abgeschiedenheit des Pfarrers in seiner Gemeinde. Nach der Wahl[25] wird der Dekan vom Bischof bestätigt, für den er eine Art Transmissionsriemen und eine Informationsquelle darstellt. Der Dekan kontrolliert den Klerus des Kapitels, zeigt dem Generalvikar oder dem Offizial die nicht ermächtigten Almosenbettler, die herumziehenden oder die unfähigen Priester an; er wacht über die Ausbildung der Jungpriester, nimmt die Klagen seiner Kollegen oder deren Pfarrkinder entgegen und kann in einfachen Fällen abschliessend entscheiden; und schliesslich muss der Dekan die Verbreitung der bischöflichen Weisungen und Anordnungen gewährleisten. Es handelt sich somit um eine wichtige Persönlichkeit – so wichtig, dass der Bischof der Diözese Lausanne vom Papst 1451 die Abschaffung der Dekane zu seinen Gunsten erwirkt, denn sie beeinträchtigen seine Macht.[26] In Basel behalten sie eine grosse Bedeutung.

Pfarreivisitationen und Sendgericht

Da die Pfarrgemeinden im Süden des Fürstbistums vom Lausanner Bischof abhängig sind, übernimmt dieser die Visitationen. Für den Elsgau sind die Berichte der Erzbischöfe von Besançon nicht erhalten. In der Diözese Basel nehmen die Archidiakone (oft ein Dignitär des Domkapitels) die Visitationen vor oder, noch häufiger, delegieren diese Aufgabe an die Dekane. Sie finden alle vier Jahre statt, und dank mehrerer Vorlagen aus dem 15. Jahrhundert kennt man die Art und Weise, wie sie sich abspielten. Im Idealfall beginnt der Visitator, der sein Kommen mindestens zwei Sonntage vorher angekündigt hat, mit einer Predigt, dann, während des so genannten Sends, befragt er den Pries-ter und die Gläubigen – zusammen oder getrennt je nach Materie – und prüft darauf den Zustand der liturgischen Bücher, der Sakramente, der Gebäude und schliesslich die Sittlichkeit und den Lebenswandel jedes Einzelnen.[27] In Wirklichkeit ist die Visitation jedoch oft sehr summarisch, wie die Kluft zwischen diesen Vorlagen und den Instruktionen an den Stellvertreter des Visitators für seinen Besuch des Salsgaus (Teile des Juras und des Berner Juras) im Jahr 1496 mit aller Deutlichkeit zeigt.[28] Man interessiert sich vor allem für die Gebäulichkeiten und für die Aufbewahrung des Altarsakraments, und gemäss den wenigen erhaltenen Berichten (Salsgau) sind die Mängel in der Tat erschreckend: Praktisch überall streift das Vieh durch die Friedhöfe, das Tabernakel ist nicht erleuchtet, liturgische Bücher müssen gekauft werden; in Glovelier droht der Chor einzustürzen; in Courfaivre gibt es keine Monstranz; in Undervelier wimmelt es von Fliegen in den Pyxiden, die das Chrisam und die Öle enthalten; ein Altarteppich, ein Standleuchter und ein Altaraufsatz fehlen (1516, 1520)!

Bei der Visitation werden alle Gläubigen zum Send versammelt, einer Art Gericht, vor dem die Verstösse gegen Sitten und Religion sanktioniert werden. Die Bussgelder kommen den Visitatoren zu, die die nötigen Änderungen veranlassen und die schlimmsten Fälle dem Offizial melden. In den anderen Jahren ist es der Pfarrer, der in dieser Region das Gericht durchführt, die Fehlbaren verfolgt und die Bussen einzieht. Es gibt da gar keine Vermischung mit der Beichte, aber in gewissem Mass eine Konkurrenzierung des Offizialats, da dieses Sendgericht (das man nicht überall findet) ein Kontrollinstrument darstellt, das näher bei den Pfarreimitgliedern ist. Letztere ziehen übrigens diese lokale Justiz vor – sie sind an ihr beteiligt und sie ist weniger kostspielig als die des Offizialats –, wie 1464 eine Untersuchung im Münstertal zeigt,[29] wo die Bewohner das Monopol ihres *pledenal* für Fälle wie gebrochene Ehen oder Hexerei verlangen, oder die Forderungen der Untertanen im Bauernkrieg (1525).

Man darf nun nicht glauben, dass dieses mehrstufige Überwachungssystem eine gute Kontrolle gewährleistet hätte – der Absentismus und die Priesterkonkubinate zeigen dies deutlich; in Wirklichkeit stellt das Offizialat für die Bischöfe mehr eine Einkunftsquelle als ein echtes Mittel zur Besserung von Klerus und Bevölkerung dar. Überdies gehen die Bischöfe und vor allem das Domkapitel manchmal mit schlechtem Beispiel voran: Luxus, illegitime Kinder, Absentismus – ihr Leben ist nicht immer ein Vorbild.

Kapitel 1

IM ZEICHEN DER KIRCHE

Das frühe Bistum Basel. Archäologie und Geschichte

21 Eines der frühesten Zeugnisse für das Christentum
in der Schweiz: ein silberner
Zahnstocher mit Chris-
togramm aus dem Silber-
schatz von Kaiseraugst (erste
Hälfte 4. Jh.). Länge 20,8 cm.

RETO MARTI

Die Anfänge des Bistums: eine Geschichte in Fragmenten

DAS CHRISTENTUM UND DAS RÖMISCHE REICH

Der christliche Glauben begann sich bereits im 1. und 2. Jahrhundert an verschiedenen Orten im römischen Reich festzusetzen. Die ungewohnte Kombination von Philosophie und Nächstenliebe, Armenfürsorge und Heilsgedanke, aber auch die Verweigerung gegenüber dem Staat zog damals viele Menschen in ihren Bann. Dass sich die gottgleichen römischen Kaiser von dieser Entwicklung zuweilen bedrängt oder gar gefährlich bedroht fühlten, belegen die zahlreichen blutigen Verfolgungen. Dennoch gelang es den Christen, ihre Gemeinden zu vergrössern und ihre Besitztümer zu mehren. In vielen Städten des Reiches setzten sich Bischöfe an die Spitze der Glaubensgemeinschaften. Bis im 3. Jahrhundert besassen bereits mehrere Städte des südlichen und mittleren Galliens einen eigenen Bischof.[1]

Um 185 n. Chr. berichtet Irenäus, Bischof in Lyon, von Christengemeinden in den Provinzen Ober- und Untergermanien, die damals von der nordalpinen Schweiz bis in die Niederlande reichten. Ob er dabei konkret das Gebiet der Schweiz im Auge hatte, ist ungewiss. Historische oder archäologische Zeugnisse für das Christentum gibt es in diesem Raum jedenfalls nicht vor dem 4. Jahrhundert (Abb. 21).[2] Sie gehören damit bereits in eine neue Ära des Christentums: Von Kaiser Galerius in einem Edikt von 311 endlich toleriert und von Konstantin dem Grossen 313 zu «seiner» Religion erhoben, begann der unaufhaltsame Siegeszug des neuen Glaubens. Die seit jeher enge Verflechtung von Politik und Kult brachte der christlichen Kirche nun staatliche Privilegien und den Einbezug in die kaiserliche Propaganda. Sie wurde zur unentbehrlichen Reichskirche.[3] Anstelle antiker Tempel liessen die Kaiser fortan christliche Sakralbauten errichten. Kaiser Theodosius (Abb. 22) vollendete den religionspolitischen Wechsel, indem er im Jahre 380 das nicaenische Christentum per Reichsgesetz zur alleinigen Staatsreligion erhob und praktisch alle abweichenden Glaubensrichtungen, also nicht nur die heidnischen Kulte, sondern auch andere christliche Sekten, verbot. Das nicaenische Christentum geht auf das erste ökumenische Konzil von Nicaea in der heutigen Türkei (heute Iznik) im Jahre 325 zurück, das von Kaiser Konstantin einberufen worden war, weil die zunehmende Heterogenität christlicher Glaubensrichtungen begann, die Einheit des Staates zu gefährden. Das Konzil verabschiedete ein verbindliches Glaubensbekenntnis und bekannte sich klar zur Dreieinigkeit von Vater, Sohn und Heiligem Geist. Wer das offizielle Glaubensbekenntnis nicht annahm, wurde exkommuniziert.

Die enge Verbindung von Reichspolitik und Kult führte dazu, dass sich die kirchliche Organisation mehr und mehr den Verwaltungsstrukturen des Staates anpasste. Aus den Stadtterritorien *(civitates)*, den wichtigsten regionalen Verwaltungseinheiten des römischen Reiches, die oft vorrömischen Stammesgebieten entsprachen, wurden die Sprengel der Bistümer.

22 Münzporträts der Kaiser Diokletian (284–305) und Theodosius I. (379–394).

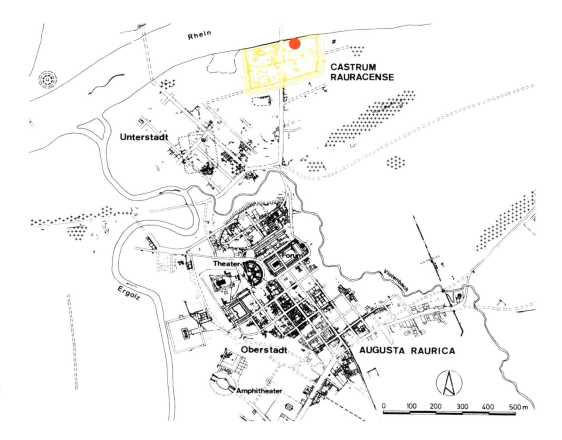

23 Gesamtplan der römischen Koloniestadt Augusta Raurica (1.-4. Jh.). Das spätantike *Castrum Rauracense* am Rhein (gelb) nimmt nur noch einen kleinen Teil des ursprünglichen Stadtgebiets ein. Die Lage der Kastellkirche ist rot markiert.

DER BISCHOFSSITZ IN RAURACI

Mittelpunkt einer solchen *Civitas* war die Römerstadt *Augusta Raurica* am Hochrhein, nach dem Stamm der Rauriker benannt.[4] *Rauraci*, wie sie der Geschichtsschreiber Ammianus Marcellinus nach spätantiker Mode nannte, gehörte im 4. Jahrhundert zu den wichtigsten Städten der Region. Dennoch war sie nur noch ein Schatten ihrer selbst: Eine Zeit schwerer wirtschaftlicher und sozialer Krisen, von Bürgerkriegswirren und Alamanneneinfällen, hatte der Region im späteren 3. Jahrhundert Tod und Verzweiflung gebracht. Die einstmals blühende Koloniestadt lag in Trümmern, die verbliebene Bevölkerung suchte in einem reduzierten Siedlungsbereich auf dem Sporn von Kastelen Schutz, den sie mit einer Mauer behelfsmässig sicherte.

Erst Kaiser Diokletian (Abb. 22) schaffte es, das Reich wieder zu stabilisieren. Er schuf neue Verwaltungseinheiten und regelte die Zuständigkeiten neu. Die *Civitas* der Rauriker kam zusammen mit denjenigen von *Aventicum* (Avenches) und *Noviodunum* (Nyon) in die neu geschaffene Provinz Sequanien, später *Maxima Sequanorum* genannt. Um 290 wurde unmittelbar am Rhein, in der ehemaligen Augster Unterstadt, das *Castrum Rauracense* errichtet. Die kleine Festungsstadt im Gebiet des heutigen Kaiseraugst umfasste kaum mehr als einen Zehntel des ehemals bebauten Stadtareals (Abb. 23). Von den vielleicht etwas allzu grosszügig geschätzten 15–20 000 Einwohnern in der Blütezeit des 2. und 3. Jahrhunderts sind vermutlich nur wenige Hundert geblieben.[5]

Die Bedeutung des Ortes im 4. Jahrhundert dürfte demnach weniger auf seiner Grösse beruht haben als auf der Stärke seiner Befestigung und auf seiner militärischen und administrativen Zentrumsfunktion. Mit fast 4 m dicken und ursprünglich 8-10 m hohen

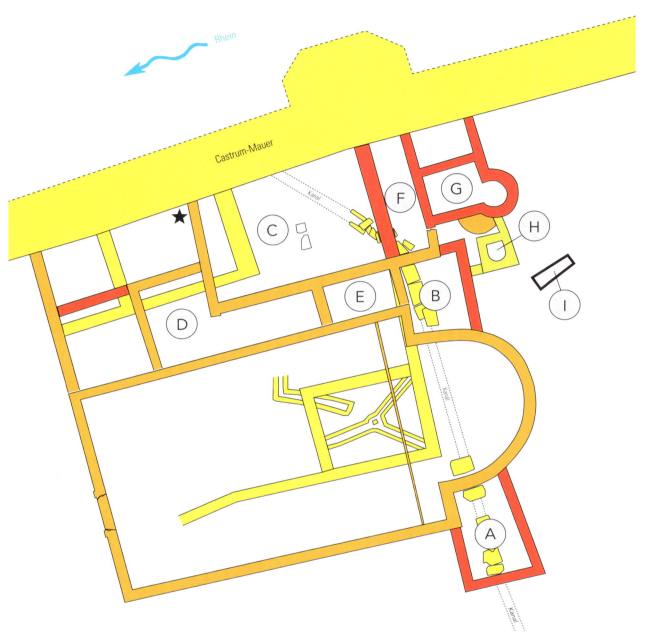

Rhein

Castrum-Mauer

Kanal

Kanal

Kanal

F G

C

H

E B

D

I

A

älter als Kirche

Phase 1 (Ende 4. Jahrhundert?)

Phase 2 (5. Jahrhundert?)

Phase 3 (5./6. Jahrhundert?)

24 Rekonstruierter Grundriss
der 1960-1966 ausgegrabe-
nen Gebäude im Bereich der
Kastellkirche von Kaiseraugst.
Die Farben markieren unter-
schiedliche Bauetappen.
A, B: Anbauten beidseits
der Apsis
C–E: Räume und Innenhof
der Bischofsresidenz
F, G: Badeanlage
H: Kaltwasserbecken oder
Baptisterium
I: Steinplattengrab

25 Kaiseraugst, Kastellinneres mit Kirche. So könnte die Bebauung ungefähr zu Beginn des 5. Jh. ausgesehen haben, als man beidseits der Kirchenapsis kleine Nebenräume anfügte. Das *opus africanum*, die vertikale Gliederung der Mauern mit Sandsteinquadern, ist auf dieser Rekonstruktion noch nicht berücksichtigt.

Befestigungsmauern, mindestens 18 Türmen und vier mächtigen Toranlagen war das an einem Flussübergang gelegene *Castrum Rauracense* ein wichtiges Glied in der spätrömischen Grenzverteidigung an Ober- und Hochrhein. Zu einem solchen Zentrum gehörten neben den Einrichtungen der zivilen und militärischen Verwaltung auch eigene Märkte und Handwerksbetriebe.

Iustinianus – erster bekannter Bischof der Schweiz

Die Bedeutung *Rauracis* zeigt sich auch in der Wahl des Ortes zum Bischofssitz. Noch vor Martigny oder Genf, deren Bistümer erst um 380 fassbar werden, tritt Kaiseraugst in den Schriftquellen als Sitz eines Bischofs in Erscheinung. Dies ist zugleich einer der frühesten Nachweise von Christen in der

Schweiz: In den Akten des Kirchenkonzils von Serdica (Sofia, Bulgarien) von 343/344 wird ein Bischof *Iustinianus* aufgeführt – wohl derselbe, der in den Konzilsakten von Köln von 346 präzisierend *episcopus Iustinianus Rauracorum* – Justinian, Bischof der Rauriker – genannt wird. Die Echtheit dieser zweiten Quelle ist zwar nicht restlos klärbar, ihre Bischofsnennungen sind aber plausibel.[6]

Zwar ist mit *Iustinianus* nur ein einzelner Name überliefert und wir wissen auch weder, ob er der erste Bischof in Kaiseraugst war, noch ob das Bistum die Kriegszerstörungen der Jahre 351/352, in denen unter anderem der berühmte Silberschatz vergraben und nie mehr hervorgeholt worden war, überstanden hatte. Der Dürftigkeit der Schriftquellen darf man allerdings nicht allzu viel Gewicht beimessen: Viele andere frühe Bistümer nörd-

lich der Alpen, die weniger nahe an der un-
sicheren Reichsgrenze lagen, sind keineswegs
besser dokumentiert. Mehr als die Nennung
von Bischöfen ist kaum je bekannt, und diese
setzt in aller Regel erst mit den Konzilsakten
der Frankenzeit, also im 6. und 7. Jahrhundert
wieder ein. Dennoch ist nicht auszuschliessen, dass das Augster Bistum zwischenzeitlich eingegangen war und durch die fränkischen Merowingerkönige im früheren
7. Jahrhundert neu eingerichtet werden
musste. Erst für diese Zeit ist wieder ein
Bischof nachgewiesen: *Ragnacharius* von
Augst und Basel (s. unten).

Die schwierige Suche
nach der Bischofsstadt

Die Erforschung der spät- und nachrömischen
Besiedlung des *Castrum Rauracense* ist allerdings schwierig, weil sie nur wenige Spuren
im Boden hinterlassen hat.[7] Dies liegt zum
einen daran, dass die jüngsten Kulturschich-
ten auch am höchsten liegen und deshalb am
stärksten durch Erosion, landwirtschaftliche
Nutzung oder Überbauung bedroht sind. Die
Probleme haben ihre Ursache zum Teil aber
auch in einer veränderten Siedlungsweise in

26 Kaiseraugst, Kirche. Die alte
Fotografie zeigt den Zustand
der Notgrabungen im Boden
der Kirche. Zu sehen sind die
Westwand (hinten) sowie die
Reste der mit Ziegeln gemauerten Heizkanäle des Rau-
mes, der vor dem Bau der
ersten Kirche womöglich als
Versammlungsraum für die
Christen genutzt wurde.

der damaligen Zeit: Feste Steinhäuser wichen
bereits in spätrömischer Zeit einfachen Fach-
werkbauten aus Holz und Lehm, also aus
vergänglichen Materialien. Mörtelböden
wurden durch Naturböden ersetzt, Ziegel-
dächer durch Bedeckungen aus Stroh, Schilf
oder Schindeln. Hühner, Schweine und andere Tiere, die wahrscheinlich wieder häufiger auch im Innern von städtischen Siedlungen gehalten wurden, dürften den Boden
zusätzlich durchwühlt und so ihren Beitrag

27 Kaiseraugst, «archäologische Krypta» am Rhein. So präsentiert sich die Nordostecke
des Kirchenschiffs heute. Die
mächtigen Sandsteinquader
des *opus africanum* sind nicht
mit der restlichen Mauer verzahnt. Rechts davon schliesst
die jüngere, weniger quali-
tätvolle Wand des Anbaus
an. Links am Bildrand ist der
Ansatz der Chorapsis zu sehen.

28 Kaiseraugst, Kirche. Detail einer weiteren Gliederung aus Sandsteinquadern in der Nordwand des Schiffs. Von rechts stösst die (jüngere?) Wand eines Anbaus an die Quader.

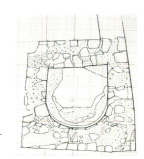

29 Kaiseraugst, Kirche. Das mögliche Taufbecken mit knapp einem Meter Durchmesser in der zeichnerischen Aufnahme.

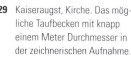

zur Zerstörung der archäologischen Schichten geleistet haben. So wuchs im Laufe der Jahrhunderte über den römischen Mauern eine mehr oder weniger strukturlose «dunkle Schicht», die man früher vorschnell auf das Ende der Besiedlung zurückführte.

Eine für die Erforschung Kaiseraugsts bahnbrechende Entdeckung gelang den Archäologen indes in den Jahren 1960-1966: Man stiess auf die spätantike Bischofskirche!

Ein Bischofspalast im Kleinen

Die Gebäude um die Bischofskirche von Kaiseraugst muten im Vergleich zu den komplexen Kirchen- und Palastbauten grösserer Städte Galliens bescheiden an (Abb. 24, 25 und 31). Dies hängt nicht nur mit den ungünstigen Umständen der Erhaltung zusammen, sondern auch mit den wirtschaftlichen Möglichkeiten und damit wohl auch mit der Bedeutung des spätantiken Raurikerbistums: Die Räume liegen – soweit wir heute wissen – gedrängt zwischen Kirche und Kastellmauer (Abb. 30). Hier befanden sich offenbar die Räume des Bischofs, ein Innenhof (Atrium) sowie ein kleines Badegebäude.

Ein kleines Kaltwasserbecken ist womöglich erst im Laufe des 5. oder 6. Jahrhunderts aussen an das Badegebäude angebaut worden (Abb. 29 und 30). Stellt es ein *Baptisterium*, ein christliches Taufbecken, dar? Eine solch

30 Kaiseraugst, Reste des nördlich der Kirche (links) gelegenen Gebäudekomplexes mit der kleinen Badeanlage. Das offenbar erst nachträglich angefügte Kaltwasserbecken, das womöglich als Taufbecken diente, befindet sich links des Rundtürmchens. Ganz rechts ist der Ansatz der rheinseitigen Kastellmauer zu erkennen, links der Bogenansatz der Chorapsis.

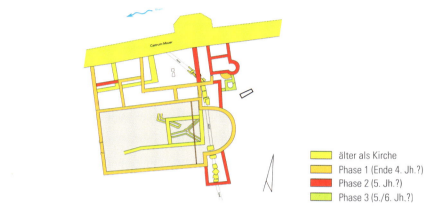

31 Grössenvergleich der «groupes épiscopaux» von Kaiseraugst (oben) und Genf (unten). Die jeweils ältesten Bischofskirchen sind grau hervorgehoben. Erst durch die immense Bautätigkeit seit dem 5. Jh. begann sich Genf deutlich abzusetzen.

älter als Kirche
Phase 1 (Ende 4. Jh.?)
Phase 2 (5. Jh.?)
Phase 3 (5./6. Jh.?)

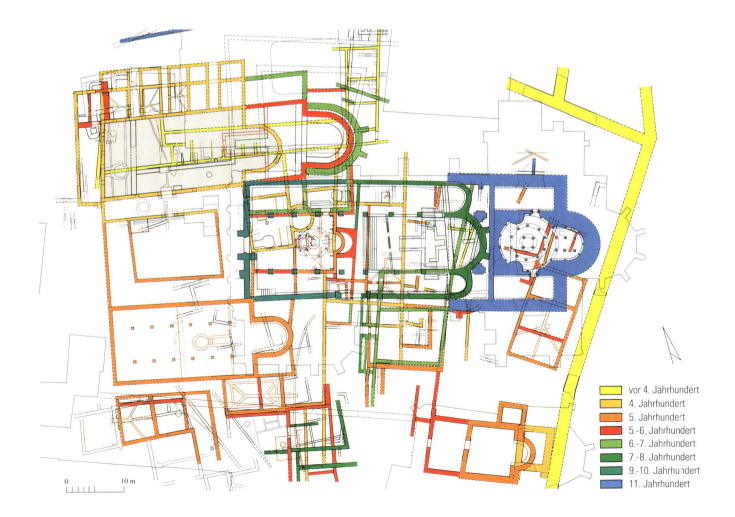

0   10 m

vor 4. Jahrhundert
4. Jahrhundert
5. Jahrhundert
5.-6. Jahrhundert
6.-7. Jahrhundert
7.-8. Jahrhundert
9.-10. Jahrhundert
11. Jahrhundert

wichtige Einrichtung wäre an einem Bischofssitz durchaus zu erwarten. Die ganze
Anlage erscheint aber zumindest ungewöhnlich, zumal das Becken von der Kirche aus
nur über Umwege zugänglich war. Wie dem
auch sei: Die Badeanlage mutet in ihren geringen Dimensionen äusserst bescheiden an.
Allerdings muss man bedenken, dass man
in unserer Region in der Spätzeit des ausgehenden 4. und 5. Jahrhunderts sonst kaum
mehr solche mehrräumigen, beheizten Anlagen baute. Dass es trotz allem um Prestige-
bauten ging, zeigt auch der Umstand, dass
man die Gebäude in bester römischer Tradition noch in massiver Steinbauweise errichtete, was ebenfalls längst nicht mehr die
Regel war.

Die erste «Kathedrale» – bescheiden,
aber nicht unbedeutend

Vollends keinen Vergleich zu scheuen braucht
die Kirche selbst. Wie andere Gotteshäuser
der Zeit bestand sie aus einem grossen Saal
von mindestens 17 Metern Länge und etwa
11,5 Metern Breite, dem im Osten ein weiter
halbrunder Chor angefügt war (Abb. 24 und
25). Der leicht erhöhte Chor war durch eine
Schrankenmauer vom Laienraum getrennt.
Die Kirche besass einen qualitätvollen Mör-
telboden, den man mit Ziegelschrot versetzt
hatte, um ihn dauerhafter zu machen. Das
solide Mauerwerk bestand in guter römischer
Manier aus schönen Handquadern, stellenweise durchsetzt mit Ziegellagen.
Nach heutigem Kenntnisstand – und solange
in Basel keine frühe Kirche archäologisch erfasst ist – war die Kastellkirche von Kaiseraugst in den ersten vier Jahrhunderten ihrer
Geschichte der grösste und bedeutendste
Sakralbau des Bistums. Erst das so genannte
Rundturm-Münster in Basel, das gemeinhin Bischof Haito (ca. 805-823) zugewiesen
wird, sollte den Bau an Grösse und Bedeutung überragen: Dieses erste Basler Münster
war 25 m breit und mindestens 46 m lang
(s. unten).
Stellt man dem Kaiseraugster Befund den
gut erforschten, wesentlich bedeutenderen
Kathedralkomplex von Genf zur Seite, so

zeigen sich in einer ersten Phase erstaunlich
geringe Unterschiede.[8] Das Schiff der Genfer
Kathedrale ist mit 24 x 13 m nicht wesentlich grösser. Erst im Laufe des 5./6. Jahrhunderts, als Genf Königsresidenz der Burgun-
der wurde, begann dort eine beeindruckende
Bautätigkeit, während in die Kaiseraugster
Anlage kaum mehr investiert wurde (Abb.
31). Der Vergleich mit Genf liegt nicht nur
aus kulturräumlich-geografischen Überlegungen nahe, sondern auch aufgrund eines bemerkenswerten Details: Auf alten Grabungs-
fotos sind an zwei Stellen im Mauerwerk und
einmal abgekippt davor «Pfeiler» aus Sandsteinquadern zu erkennen (Abb. 27 und 28).
Diese Sandsteinpfeiler funktionierten offenbar als tragende Stützen, während das übrige
Mauerwerk kaum mit ihnen verzahnt war. Es
scheint sich demnach um eine Konstrukti-
onsweise gehandelt zu haben, die dem klassischen Fachwerk – mit Holzbalken anstelle
der Steinpfeiler – nahe stand. Diese als *opus
africanum* bekannte, vor allem im Mittel-
meerraum verbreitete Bautechnik ist nördlich der Alpen bisher erst ganz vereinzelt
nachgewiesen – neben Kaiseraugst etwa in
Genf.
Es ist theoretisch möglich, dass diese erste
Kirche bereits in der Zeit Bischof Justinians,
also in den 340er-Jahren erbaut wurde. Eine
so frühe Entstehung ist aber weder gesichert
noch nötig: Die ersten Bischöfe hätten ihren
Dienst durchaus in Räumen versehen können, die nicht eigens für den Gottesdienst
errichtet worden sind. Dies zeigt wiederum
das gut untersuchte Kathedralviertel von Genf
deutlich: Am Ort der späteren Kathedrale in
der nordöstlichen «Oberstadt» standen zuvor
prächtige Privathäuser der städtischen Oberschicht, vielleicht auch einige Verwaltungs-
gebäude. Man nimmt an, dass einer der dort
ansässigen *Curiales* (Stadtherren) in der ersten Hälfte des 4. Jahrhunderts zum Christentum übertrat und seinen Glaubensgenossen
zuerst einen Raum in seiner Residenz für Zu-
sammenkünfte zur Verfügung stellte. Etwa um
380 wurde dann ein Teil des Gebäudekomplexes abgerissen, um dem Bau der ersten
Kathedrale Platz zu machen.

32 Kaiseraugst, Kirche. Wenige
Meter östlich fand sich dieses
Steinplattengrab. Die ungewöhnliche Lage im Innern der
Stadt und so nahe der Kirche
lässt auf eine bedeutende
Persönlichkeit schliessen,
die hier wohl im 8./9. Jh.
bestattet wurde.

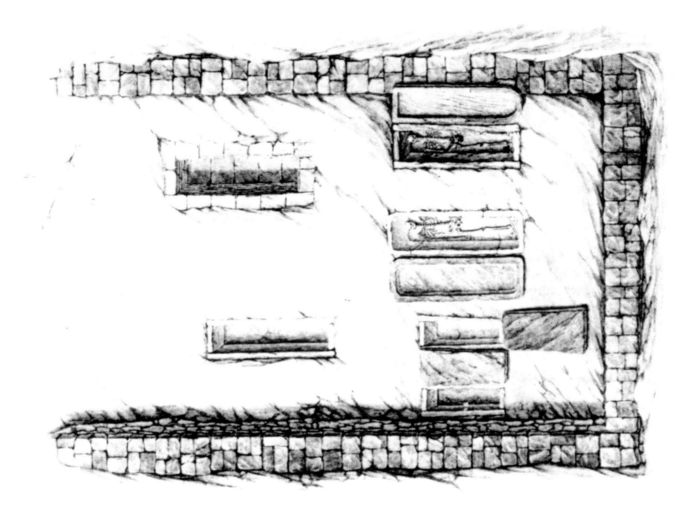

Auch in Kaiseraugst sind unter der ersten, frühchristlichen Kirche Spuren eines monumentalen Gebäudes nachgewiesen. Ein nachträglich in einer Ecke dieses Baus eingefügter, beheizbarer Raum lag dabei so exakt vor dem Chor der späteren Kirche, dass sich eine kultische Verbindung von Kirche und Vorgängerbau geradezu aufdrängt (Abb. 26). Spätestens gegen 400 dürfte die Kirche gestanden haben. Danach wurde sie verschiedene Male um- und ausgebaut (Abb. 24).

Ein früher Untergang?

Die Gebäudereste im Umkreis der Kaiseraugster Kastellkirche tragen Spuren zahlreicher Veränderungen. So erhielt die Kirche selbst beidseits des Chors kleine Anbauten, wohl Räume für den Priester und seine liturgischen Gerätschaften. Mehrere Münzfunde unter dem

Boden dieser Anbauten zeigen, dass sie nicht vor der Zeit um 400 entstanden sind. Vielleicht sind sie aber auch etliches jünger. Das kleine Badegebäude nördlich davon wurde zweimal umgebaut, bevor man mit dem Anfügen eines kleinen Wasserbeckens möglicherweise einen Taufraum schuf. Dies kann frühestens im 5. Jahrhundert erfolgt sein.

Auch wenn die Umbauten sehr bescheiden ausfielen, so sind sie doch ein Zeugnis dafür, dass man die Gebäude über Generationen hinweg unterhielt und nutzte. Ein Beweis, dass auch das Bistum selbst die schwierige Zeit des Untergangs des römischen Reiches überlebte, ist dies indes ebenso wenig wie der Nachweis eines zweiten Kirchenbaus des 7. Jahrhunderts im grossen Gräberfeld vor den Toren der Stadt (Abb. 33). Auch die viel jüngere Legende, die von einem Basler

33 Kaiseraugst, Kastellnekropole Gstaltenrain ausserhalb der Stadt. Ein Aquarell der frühen Grabungen von 1840 gibt die Fundsituation einiger besonders reich ausgestatteter Gräber wieder. Sie lagen innerhalb der Fundamente einer kleinen Friedhofkirche, die den Funden zufolge wohl um 620/630 errichtet wurde (vgl. Abb. 45).

34 Pantalus soll die hl. Ursula und ihre 11 000 Jungfrauen nach Rom geleitet und 451 in Köln durch die Hunnen das Martyrium erlitten haben. Sein Haupt kam 1270 nach Basel, wo man dafür ein kunstvolles Reliquienbehältnis anfertigte, das sich noch heute im Basler Münsterschatz befindet. Nach dem Verständnis des Hochmittelalters war Pantalus ein Basler Bischof. Wir müssten im Falle seiner Existenz aber davon ausgehen, dass er in Kaiseraugst residiert hätte (HMB).

35 Kaiseraugst, Kastellnekropole Gstaltenrain. Spuren christlicher Grabgebäude (Mausoleen) fanden sich während der Grabungen 1832-1911 auch in der grossen, ursprünglich über 2000 Bestattungen umfassenden Kastellnekropole des 4.-7. Jh.
Im Plan sind die datierbaren Gräber des 4./5. Jh. hervorgehoben, drei kleinere Grabgebäude wohl des 4./5. Jh. sowie die frühmittelalterliche Friedhofkirche aus dem 7. Jh.

Bischof Pantalus berichtet, der 451 in Köln von den Hunnen erschlagen worden sein soll, hilft in dieser Frage kaum weiter (Abb. 34). Weitere Nachrichten zum Bistum gibt es bis ins 7. Jahrhundert nicht.[9]

Mit der dürftigen Quellenlage steht das Bistum nicht allein da. Mehr als die Nennung von Bischöfen ist kaum je bekannt, und diese setzt zumeist erst mit den Konzilsakten der Merowingerzeit, d. h. im 6. und 7. Jahrhundert wieder ein. Doch auch in den Konzilien von Lyon (518), Orléans (549) oder Paris (573), besonders aber in den letzten grossen gallischen Konzilien von Paris (614) und Clichy (626/627) fehlt ein Augster Bischof. Erst im früheren 7. Jahrhundert wird wieder einer genannt: Ragnachar von Augst und Basel. Der Einbezug Basels weist auf eine Bedeutungsverlagerung hin, die sich auch im archäologischen Fundbild in dieser Zeit abzuzeichnen beginnt: Die Verbindungen ins Oberrheintal wurden stark intensiviert, was Basel immer mehr ins Zentrum rückte, während Kaiseraugst verkehrsgeographisch ins Abseits geriet (s. unten).

Es ist nicht auszuschliessen, dass das Augster Bistum zwischenzeitlich eingegangen und durch die Merowinger im früheren 7. Jahrhundert neu eingerichtet worden war. Darauf weisen zwei karolingische Urkunden von 891 und 894, in denen die Kaiseraugster Kirche im Besitz des ostfränkischen Königs Arnulf von Kärnten erscheint.[10] Dies erstaunt, denn spätantike Bistümer waren kein Staatseigentum und fielen normalerweise auch nie dem Fiskus anheim. Als plausible Lösung kommt eigentlich nur in Betracht, dass das Bistum zeitweilig – am ehesten im 5./6. Jahrhundert – nicht besetzt war. Die fränkischen Könige hätten dann nach der Herrschaftsübernahme um 534/537 das *Castrum Rauracense* wie allen anderen römischen Staatsbesitz in ihre Gewahr gebracht, ohne Ausscheidung der Bischofskirche. Das neu eingerichtete Bistum wäre dann mit merowingischem Königsgut ausstaffiert worden, genau gleich, wie es für

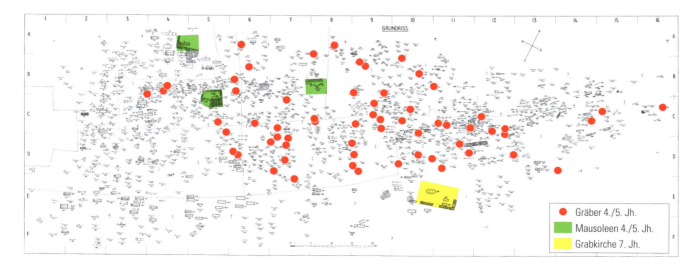

GRUNDRISS

Gräber 4./5. Jh.
Mausoleen 4./5. Jh.
Grabkirche 7. Jh.

das benachbarte Bistum Konstanz zumindest legendenhaft überliefert ist. Da auch diese Neubegründung keinen langen Bestand hatte, dürfte die Kirche bald wieder an die Krone gefallen sein. Erst im dritten Anlauf, im Laufe des 8. Jahrhunderts, konnte sich das Bistum endgültig etablieren. Sein Zentrum lag nun aber nicht mehr am Ort seines spätantiken Ursprungs, sondern endgültig im aufstrebenden Basel. Dies dürfte erklären, weshalb die Kaiseraugster Kirche im Besitz des Königs geblieben war.

Auch wenn die Tage der vormals «bedeutendsten Stadt des Sequanerlandes» damit gezählt waren: Das *Rauraci* des Ammianus, in den Quellen seit dem 8. Jahrhundert wieder *Augusta* genannt, ging nie unter. 752 und 824/825 wurden dort noch Urkunden ausge-

stellt, was auf eine gewisse Bedeutung des Ortes hinweist. Die jüngere der beiden Urkunden verwendet sogar noch ausdrücklich die Bezeichnung *civitas* (Stadt). In den erwähnten Urkunden von 891 und 894 ist indes nur noch von *villa* (Dorf) die Rede. Auch wenn der urkundende König Arnulf die Bedeutung Kaiseraugsts dabei womöglich absichtlich etwas herunterspielte, war der Trend damit vorgegeben. Der Ort versank für lange Zeit im schriftlosen Dunkel.[11]

36 Frenkendorf, Schauenburger Fluh. Im weithin sichtbaren gallorömischen Höhenheiligtum wurde mindestens bis in die Zeit um 400 den Göttern geopfert.

VOM RÖMISCHEN GÖTTERTEMPEL ZUR CHRISTLICHEN KIRCHE

Aus den römischen Provinzen ist eine Vielzahl von Göttern überliefert, die ihrerseits häufig bereits Latinisierungen älterer, einheimischer Gottheiten darstellen. Der christliche Monotheismus ging gezielt und handgreiflich gegen diese «Götzen» vor, wie zahlreiche Lebensbeschreibungen von Missionaren wie dem Heiligen Columban berichten. Eine der erfolgreichsten Strategien der frühen Missionare im Kampf gegen alteingesessenes «Heidentum» bestand darin, die vorchristliche Götterwelt und insbesondere ihre Kultplätze schlicht umzudeuten. So gehen viele unserer heutigen Feiertage letztlich auf römische, germanische oder keltische Ursprünge zurück. Ein archäologisch greifbarer Ausdruck dieser Vorgehensweise sind zudem heutige Kirchen, die auf den Fundamenten römischer Tempel ruhen.

In der Basler Region sind römische Tempelanlagen bekannt, die noch bis in die späteste Römerzeit und darüber hinaus in irgendeiner Form weiter genutzt wurden.[12] Das berühmte Höhenheiligtum auf der Schauenburger Fluh bei Frenkendorf (Abb. 36), in Sichtverbindung zu Augusta Raurica und zur grossen Römervilla in Liestal-Munzach, scheint in der späten Römerzeit sehr beliebt gewesen zu sein, wie die vielen Münzen des späten 3. und 4. Jahrhunderts zeigen. Die jüngste Fundmünze wurde unter Kaiser Magnus Maximus (383-388) geprägt, also in einer Zeit, in der das Christentum offiziell bereits Staatsreligion war. Auch in der Tempelanlage vom Furlenboden bei Bad Bubendorf (Abb. 37), in der man offenbar den Göttervater Jupiter verehrte, wurde bis in die Spätzeit Opfergeld deponiert. Dieser Ort scheint seine Kraft in der Folge nicht verloren

37 Bubendorf, Furlenboden, Fundamente der 1959 freigelegten Tempelanlage. Münzfunde belegen, dass auch sie bis ans Ende der Römerzeit zu Kultzwecken aufgesucht wurde.

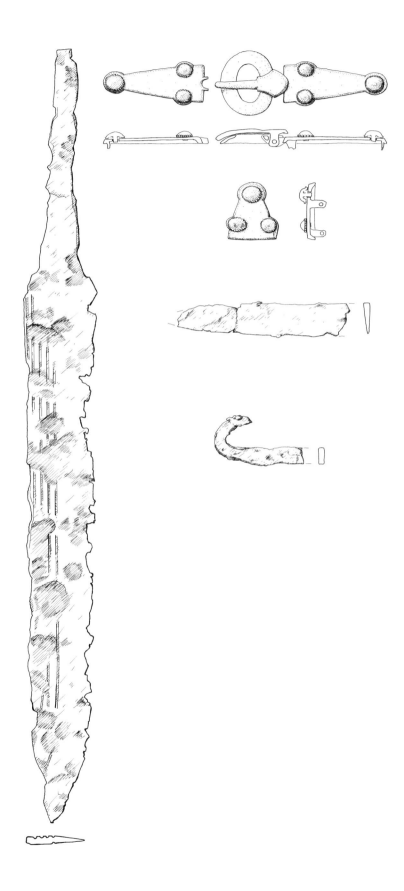

38 Bubendorf, Furlenboden, Beigaben aus dem Grab eines um 630 n. Chr. verstorbenen Mannes: Kurzschwert (Sax), Beschläge einer bronzenen Gürtelgarnitur, Messer und Feuerstahl. Länge des Kurzschwerts 55 cm.

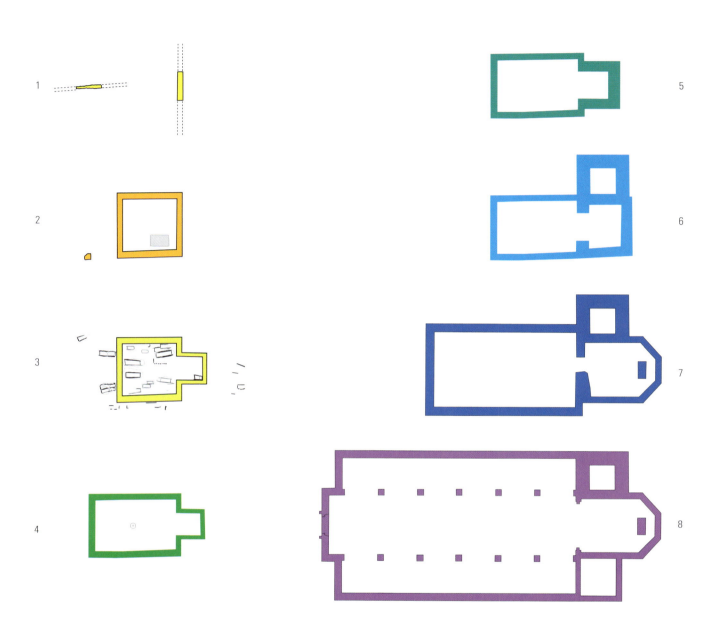

39 Oberwil, Kirche St. Peter und
Paul. Die archäologisch fest-
gestellten Bauphasen:

1 Reste römischer Gebäude (1.-3. Jh.)
2 spätrömischer Grabbau (?) (um 400)
3 frühmittelalterliche Kirche mit Steinplattengräbern
(ab zweiter Hälfte des 7. Jh.)
4 Vergrösserung der frühmittelalterlichen Kirche
(Anfang 8. Jh.)
5 Vergrösserung und Verstärkung des
Chors (als Turm?) (12./13. Jh.?)
6 Vergrösserung Chor, Kirchturm (14. Jh.)
7 spätgotischer Neubau (1696)
8 Vergrösserung Schiff, Sakristei (1896)

zu haben, wie ein paar Gräber zeigen, für die man noch im 7. Jahrhundert die Nähe des heiligen Ortes suchte (Abb. 38).

Eine wesentlich direktere Verbindung von Spätantike und frühem Christentum findet sich in Oberwil: Auf dem markanten Sporn der Kirche St. Peter und Paul errichtete man in der Zeit um 400 einen kleinen quadratischen Steinbau von rund 8 x 8 Metern, der aufgrund seiner Form durchaus als gallorömischer «Vierecktempel» bezeichnet werden könnte (Abb. 39).[13] Ob er in dieser Spätzeit heidnisch oder christlich genutzt wurde, ist indes unbekannt. Indizien weisen darauf hin, dass er als Mausoleum, als Grabbau für eine bedeutende Person, gedient haben könnte (Abb. 40). Das Gebäude stand mehrere Generationen lang unverändert, bevor um 650 eine wohlhabende Familie begann, darin ihre Toten beizusetzen. Es ist durchaus möglich, dass dies immer noch dieselben alteingesessenen Grundbesitzer waren, die den Bau seinerzeit errichtet hatten. Erst mit den Gräbern, die man ganz in der Mode der damaligen Zeit anlegte, wird das Gebäude als christliche Grabkirche fassbar (Abb. 41). Mit dem Anbau eines Rechteckchores nur kurze Zeit später gab es sich dann auch architektonisch als christlicher Sakralbau zu erkennen.

Etwa ein Kilometer nordwestlich der Liestaler Altstadt liegt der römische Gutshof von Munzach, wohl eine der bedeutendsten Anlagen dieser Art im Hinterland von Augusta Raurica.[14] Der *ficus (vicus) Monzacha* überlebte die Römerzeit als mittelalterliches Dorf mit einer nicht unbedeutenden Pfarrkirche, der auch die Nachbarorte Frenkendorf, Füllinsdorf und Liestal unterstanden (Abb. 42). Beim Abbruch des unmittelbar oberhalb des luxuriösen Herrenhauses der Villa gelegenen spätmittelalterlichen Baus fanden sich Indizien für einen römerzeitlichen Begräbnisplatz, vielleicht der Gutsbesitzerfamilie. Der Übergang zur christlichen Kirche könnte demnach ähnlich verlaufen sein wie in Oberwil, denn auch in Munzach gibt es Indizien für Bestattungen des 7. Jahrhunderts, und als 1950 der Chorbereich und Teile des Kirchenschiffes freigelegt wurden, zeigte sich, dass deren

40 Oberwil, Kirche St. Peter und Paul. Fragment eines spätrömischen Bleisarkophags. Das über 4 kg schwere, zurechtgeschnittene und gelochte, kostbare Stück wurde später als Gewicht – vielleicht einer frühen Turmuhr – verwendet. Höhe 24 cm.

41   Oberwil, Kirche St. Peter und Paul, Grabungen 1964/1965. Im Vordergrund die massiv fundamentierte Westwand des spätrömischen Steinbaus. Inner- wie ausserhalb des Baus sind Steinplattengräber des 7./8. Jh. zu erkennen.

42   Liestal, Munzach. Emanuel Büchel hielt 1751 die kurz danach abgebrochene Pfarrkirche St. Laurentius zeichnerisch fest. Eine erste Kirche dürfte an dieser Stelle schon im 7. Jh. an Stelle eines römischen Heiligtums (Grabbau?) errichtet worden sein (Öffentliche Kunstsammlung Basel).

Fundamente exakt der Ausrichtung eines darunter liegenden römischen Gebäudes (Tempels?) folgten (Abb. 43).

Auch unter der Kirche von Ettingen fanden
sich Reste eines quadratischen, römerzeitlichen Steinbaus von rund 8 x 8 Metern, der
womöglich sogar einen hölzernen Vorgänger besass (Abb. 44). Wie in Oberwil spricht
in dem Fall neben dem charakteristischen
Grundriss die attraktive Lage dafür, den Befund als gallorömischen Tempel zu interpretieren. Diese Anlage wurde Funden zufolge
ebenfalls bis weit ins 4. Jahrhundert hinein
aufgesucht. In Ettingen ist eine nachrömi-
sche Besiedlungs- oder gar Kultkontinuität
des Platzes indes weniger wahrscheinlich als
in den bisher genannten Fällen, denn eine erste Kirche entstand hier frühestens im Laufe
des 8. Jahrhunderts. Das Areal diente in der
Zeit davor auch nicht als Bestattungsplatz.
So bleibt die Frage offen, ob die Leute im
8. Jahrhundert den Ort zum Bauplatz wählten,
einfach weil er günstig lag, oder ob sie damit
vielleicht nicht doch noch altem, heidnischem
Treiben an Ort ein Ende bereiten wollten.

43 Liestal, Munzach. Die Grabungen von 1950 zeigten, dass
die Fundamente des Kirchen-
chores (Mitte und links) genau
gleich ausgerichtet waren wie
die ein wenig tiefer liegenden
und etwas schlankeren römischen Mauerreste (rechts).

44 Ettingen, Kirche St. Peter und
Paul. Unter mehreren Phasen
von älteren Chorfundamenten
ist in der Bildmitte ein Mauer-
rest des römischen Baus (grün)
zu erkennen, der eine völlig
andere Ausrichtung aufweist
als die späteren Kirchen
(ältester Kirchenbau: rot).

RETO MARTI

Kirche und Raum: Basel und die Christianisierung des Hinterlandes

Nach Bischof Justinian und dem legendären Pantalus des 5. Jahrhunderts versanken die ehemaligen römischen Provinzen am Rhein für längere Zeit in schriftlosem Dunkel. Pantalus, der um 451 sein Martyrium erlitten haben soll, war nicht das einzige Opfer der Hunnen. Attilas wilde Heerscharen verbreiteten im mittleren 5. Jahrhundert in ganz Gallien Angst und Schrecken. Erst nach dem Tod des Hunnenfürsten (453) entspannte sich die Lage. Doch die Herrschaft der Römer war nördlich der Alpen danach endgültig gebrochen. Dies führte zu einem weitgehenden Versiegen der schriftlichen Nachrichten. Erst als die fränkischen Merowingerkönige ihre Hand auf die Region am Basler Rheinknie

legten, rückte die Gegend wieder ins Blickfeld einiger Chronisten.

Da die Merowinger die Gegend schon in den 530er-Jahren in ihre Hand gebracht hatten, wäre eigentlich zu erwarten gewesen, dass ein Augster Bischof gelegentlich auf fränkischen Konzilien aufgetreten wäre, insbesondere in den gesamtgallischen Zusammenkünften von Paris (614) und Clichy (626/627). Da dies nicht der Fall war, nimmt man an, der Bischofsstuhl sei vor dieser Zeit nicht besetzt gewesen. Zu Beginn des 7. Jahrhunderts veränderte sich aber die Situation. Dies begann damit, dass der Bischof von Besançon seit dem Konzil von Paris wieder als Metropolit zeichnete, was darauf hinweist, dass man da-

45 Christliche Grabsteine des Baudoaldus (1) und der Radoara (2) aus der Kastellnekropole von Kaiseraugst AG (7. Jh.). Nach Fundlage und Abnützungsspuren zu schliessen waren die Gräber im Boden einer Friedhofkirche verlegt, die sich am Rande der Kastellnekropole befand (vgl. Abb. 33). Die übrigen, inschriftlosen Steine aus der Kastellnekropole (3-4) und aus der Kirche von Muttenz BL (5) stammen aus Friedhöfen. Unterschiedliche Massstäbe.

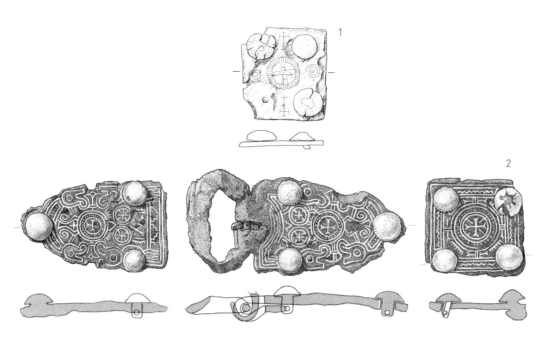

46 Christliche Ornamente auf frühmittelalterlichen Gürtelbeschlägen aus Eisen: Ritzverzierter Rückenbeschlag Therwil BL Grab 40, um 600 (1); messingtauschierte Garnitur aus Bassecourt JU, frühes 7. Jh. (2). Länge der Schnalle 10,8 cm. – Zur Interpretation der drei Kreuze auf der Gürtelgarnitur von Bassecourt vgl. Abb. 47.

mit begonnen hatte, die auf spätantiken Verwaltungsstrukturen beruhende Bistumsorganisation wiederherzustellen. Es ist denkbar, dass im Zuge dieser Reorganisation auch das Bistum Augst wieder instand gestellt wurde, das gemäss der spätantiken Vorgaben dem Metropolit von Besançon unterstand.

Nach den schwierigen Zeiten der Spätantike, in der die Bevölkerung der nordalpinen Provinzen unter vielfältigen Krisen und Auseinandersetzungen zu leiden hatte, setzte im Laufe des 6./7. Jahrhunderts allgemein eine gewisse Erholung ein. Die Bevölkerungsdichte nahm wieder zu. Neue Siedlungen wurden gegründet, mittlerweile überwuchertes römisches Altsiedelland wieder erschlossen, bestehende Orte ausgebaut. Mit dieser Phase des Auf-

schwungs fasste auch das Christentum stärker Fuss. In den Provinzen des römischen Reiches war der neue Glaube noch weitgehend eine Religion der Oberschicht und der städtischen Zentren gewesen. Nun aber setzte er sich immer mehr auch auf dem Land fest: in den geschützten Regionen Galliens und der Westschweiz schon ab dem 5. Jahrhundert, in den stärker exponierten Grenzregionen wie der Nordwestschweiz erst mehrere Generationen später. Mit den Spuren erster christlicher Sakralbauten auf dem Land wird diese Entwicklung archäologisch greifbar. Vereinzelt sind christliche Grabsteine überliefert (Abb. 45). Doch auch auf Gegenständen des Alltags beginnt sich christliches Gedankengut niederzuschlagen.

DAS CHRISTENTUM EROBERT DEN ALLTAG

Totenkult – Reliquienkult

Eine der wichtigsten Quellen des frühen Mittelalters sind die Grabfunde. Dies hängt damit zusammen, dass die Menschen im 6. und 7. Jahrhundert ihre Toten oft in ihrer Kleidung und mit persönlichen Gegenständen versehen bestatteten. Die so erhalten gebliebenen Gegenstände vornehmlich aus unvergänglichen Materialien – wie Glasperlen, Ring-

schmuck, Gürtelschnallen, Waffen und dergleichen – bieten eine Fülle an Informationen zu Handwerkstechniken, Kleidermoden, Bewaffnung etc.

Daneben offenbaren die Auswahl der Grabbeigaben und die Art und Weise der Deponierung auch spezifische Bestattungssitten, die letztlich auf religiösen Vorstellungen beruhen. Dabei ist es keineswegs so, dass die

47   Herleitung des Motives der «drei Kreuze». Auf einer Gürtelschnalle von Fondremand (Haute-Saône) (1) huldigen die Porträts von Petrus und Paulus Jesus in ihrer Mitte, die Personen sind durch die Umschrift (Paulus, Emmanuhil = alttestamentarischer Name Jesu, Petrus) identifiziert. Auf einer verwandten Schnalle aus Ursins VD (2) ist das Christusporträt durch ein Kreuzsymbol ersetzt. Auf einer weiteren Schnalle aus Maynal (Jura) (3) erinnert nur noch die Inschrift über dem hervorgehobenen mittleren Kreuz an die Herkunft des Motivs (MUSOI spiegelverkehrt für IOSUM = Jesus).

 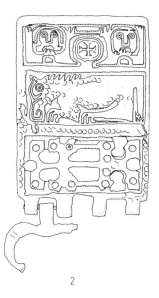 

1   2   3

48   Scheibenförmige Mantelschliesse (Fibel) aus einem Frauengrab aus Aesch BL. Die Vorderseite besteht aus einem dünnen Blech mit Reliefverzierung. Zu erkennen ist eine sitzende weibliche Figur mit «Mauerkrone» und Korb, zu ihren Füssen ein Mann mit einer Art Füllhorn, zu beiden Seiten je eine Viktorie (Siegesgöttin) mit Lorbeerkranz. Als Vorbild dient offenbar eine apokryphe Legende: Die Jungfrau Maria mit Wollkorb, am Tempeltuch spinnend, wird von Joseph umworben, dessen mitgebrachter Stab als Zeichen der Erwähltheit zu blühen beginnt. Als Bildvorlage wurde offensichtlich das römische Münzbild einer Stadtgöttin verwendet. Spätes 7. Jh., Durchmesser 4,5 cm.

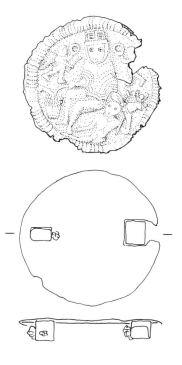

Kirche die Grabbeigabensitte an sich abgelehnt oder gar verboten hätte. Die vielen reich ausgestatteten Kirchengräber zeigen vielmehr, dass sich christlicher Glaube und üppige Grabausstattung fürs Jenseits keineswegs ausschlossen.

Wichtiger war dem Christen jedoch der Ort der Bestattung: In der Römerzeit war es ein Gebot, die Toten ausserhalb der Siedlungen zu bestatten. Die Gräberfelder legte man deshalb vor den Mauern der Stadt bzw. der Gutshöfe an, meist nahe viel begangener Strassen. Im Frühmittelalter veränderte sich dies. Die Nähe zu den Toten und insbesondere zu Heiligengräbern wurde wichtiger, in erster Linie für das Seelenheil der Verstorbenen, immer mehr aber auch für die Lebenden: Je näher *ad sanctos*, beim Grab eines Heiligen oder bei einem geweihten Altar, in dem die wundertätigen Reliquien eines Heiligen ruhten, desto besser. Die christlichen Bestattungsplätze vor den Toren der Städte erhielten dadurch eine neue Bedeutung. Nicht selten entwickelten sich wichtige vorstädtische Siedlungskerne um die Gräber bedeutender Personen oder eben Heiliger in antiken Bestattungsplätzen. Umgekehrt führte der Brauch vornehmer Familien, ihre Angehörigen in Kirchen zu bestatten, allmählich dazu, dass die Toten immer öfters auch im Innern der Siedlungen beigesetzt wurden. Dies markierte den Beginn der heutigen Ortsfriedhöfe.

Heilszeichen auf Gegenständen

Die Gegenstände, die aus Gräbern geborgen werden, liefern einen weiteren Nachweis des sich ausbreitenden Christentums: Ab dem 7. Jahrhundert werden vermehrt christliche Bildthemen und christliche Symbolik, immer häufiger auch auf Gegenständen des Alltags, greifbar. Oft handelt es sich um einfache Kreuzdarstellungen (Abb. 46). Gelegentlich verraten aber Inschriften oder typologische Herleitungen, dass hinter der Anordnung simpler Symbole mehr steckt: Ein Kreuz im Kreis ist als Jesus zu verstehen, wird es von weiteren Kreuzen flankiert, sind damit Petrus und Paulus gemeint (Abb. 47).[1] Dem Betrachter können und konnten sich diese Bildinhalte nur erschliessen, wenn ein entsprechendes Hintergrundwissen vorhanden war oder – wahrscheinlicher – wenn die Bildthemen bereits derart verbreitet waren, dass die Leute sie beispielsweise von Kirchenbesuchen her kannten. Die christliche Symbolik auf Gegenständen des Alltags lässt demnach auf eine reiche Bilderwelt schliessen, die heute weitgehend verloren ist (Abb. 48).

Der Grund, weshalb man christliche Symbole und Bildnisse auf Gegenständen des Alltags anbrachte, war handfest: Für den ur- und frühgeschichtlichen Menschen gab es keinen Unterschied zwischen Religion und Alltag. Die Götter waren allgegenwärtig, jedes Denken und Handeln geschah in diesem Bewusstsein. Daran hatte sich bis ins Frühmittelalter wenig geändert. Ein Gegenstand mit dem Bildnis von Jesus oder einem Heiligen bot deshalb unmittelbaren Schutz, hatte womöglich die Kraft eines Gebetes. Viele der dargestellten Themen befassen sich mit der Überwindung des Todes und der Hoffnung auf ewiges Leben, eine der wichtigsten Botschaften des

Christentums. Das Kreuz steht für Tod und Auferstehung Christi. Beliebt ist auch die Darstellung von Daniel in der Löwengrube, der die Todesgefahr betend meistert (Abb. 49). Welche Kraft man dergestalt dekorierten Gegenständen zumass, zeigt der Umstand, dass selbst Grabräuber diese Objekte mieden, währenddem sie keinerlei Anlass sahen, den Rest einer solchen Grabausstattung zu verschonen. In Aesch BL legten vornehme Familien im Verlaufe des 7. Jahrhunderts am Rande eines Gräberfeldes einen Separatfriedhof an, der von vier mächtigen Grabhügeln dominiert wurde. Während die vormals reichen Kammergräber unter diesen Hügeln praktisch restlos ausgeräumt wurden, blieb eine hölzerne Grabkapelle mit drei Innenbestattungen unberührt (Abb. 50). Dass diese Leute Christen waren, zeigt die im einen Grab gefundene Kreuzfibel deutlich. Wurden die Gräber in der Kapelle deshalb verschont, oder wurden die Personen unter den «heidnischen» Hügelgräbern gar nicht ausgeraubt sondern exhumiert, um ihre Gebeine ebenfalls in einem christlichen Gebäude beizusetzen?

49   Eiserne, silber- und messingtauschierte Gürtelschnalle aus einem Frauengrab aus Bonfol JU. Die Figur mit zum Gebet erhobenen Armen stellt Daniel dar, flankiert von zwei stark stilisierten Löwen. Die Szene mit dem Propheten, der dank seines Gebets eine tödliche Gefahr überwindet, war im frühen Mittelalter ein beliebtes Motiv. Länge 14,5 cm.

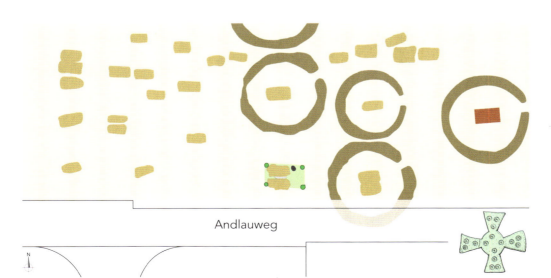

Andlauweg

50   Aesch BL, Planausschnitt des frühmittelalterlichen Gräberfeldes im Steinacker. In einer Gruppe von Grabhügeln, deren Grabeneinfassungen sich im Boden ringförmig abzeichneten, sind die Spuren eines hölzernen Grabbaus (grün) zu erkennen. Eine dunkle Verfärbung in der Nordostecke des kleinen Pfostenbaus könnte den Standort eines Altars oder Gabentisches anzeigen. Die kreuzförmige Mantelschliesse (unten rechts) lag in einem Frauengrab im Innern des Gebäudes.

VON AUGST NACH BASEL

51 1931 wurde am Basler Berner-ring ein kleines Gräberfeld ent-deckt und nahezu vollständig untersucht. Die Analyse zeigte, dass der Bestattungsplatz einer fränkischen Sippe gehörte, die um 540 mitsamt Gefolgschaft aus dem nördlichen Oberrhein-gebiet oder dem südmainischen Hessen zugewandert war und sich hier, keine zwei Kilome-ter vom Castrum auf dem Müns-terhügel entfernt, niederliess. Die Fotografie zeigt das Kam-mergrab eines fränkischen Krie-gers, über dem Bauch Gürtel mit Kurzschwert (Sax), links neben ihm ein Langschwert, rechts von ihm die Reste eines Schil-des, ein Keramiktopf und Kno-chen eines Ferkels, am Fuss-ende eine Lanzenspitze.

«Ragnachar von Augst und Basel»: ein gescheiterter Neubeginn?

Aus der Zeit des mutmasslichen Neubeginns des Bistums ist nur ein Name überliefert: Ragnachar, ein Schüler Columbans. Zweimal wird er – bzw. ein nicht namentlich genann-ter Amtsträger – als Bischof von Augst (bzw. *Augustodunum*) bezeichnet, einmal jedoch als Vorsteher der Augster und Basler Kirche. Erstmals kommt hier demnach – wenn auch bloss an zweiter Stelle – der Name Basels ins Spiel. Dies lässt vermuten, dass sich an-lässlich der Reorganisationen in fränkischer Zeit eine Standortfrage stellte. Denn nicht nur Kaiseraugst, sondern auch die in der Römer-zeit weniger bedeutende Siedlung am Rhein-knie war in der Spätantike befestigt worden und über den Untergang des römischen Rei-

ches hinaus bewohnt geblieben. Bedeuten-den Grabfunden in Kleinbasel und Kleinhü-ningen zufolge trieb man dort reichen Handel mit den unmittelbar am gegenüberliegenden Rheinufer siedelnden Alamannen. Mit der Er-schliessung des linksufrigen Oberrheintals im Laufe des 6. Jahrhunderts war Basel zudem auch seitens der fränkischen Herren stärker ins Blickfeld gerückt. Das Gräberfeld von Ba-sel-Bernerring, wo in dieser Zeit Angehörige einer fränkischen, aus dem nördlichen Ober-rheingebiet zugezogenen Adelsfamilie mit ih-rem Gefolge bestattet wurden, ist ein beredtes Zeugnis hierfür (Abb. 51). Auch der Umstand, dass in Basel – und nicht etwa in Kaiseraugst – um 600 Münzen geprägt wurden, zeigt den Bedeutungsanstieg Basels (Abb. 52): Münz-stätten wurden in der Regel an Orten einge-richtet, die für Verkehr und Handel wichtig waren. Nicht selten waren diese Orte auch Bischofssitze.

Die dürftige Quellenlage macht es leider schwer, die Wirkenszeit Bischof Ragnachars genauer zu umreissen. In der Lebensbeschrei-bung des Heiligen Gallus wird ein Augster Bi-schof (*Augustudensis praesul*) erwähnt, der an der Wahl des Konstanzer Bischofs Johan-nes zugegen gewesen sei. Diese ist um das Jahr 640 anzusetzen. Unklar ist, ob damit tatsächlich Ragnachar gemeint war. Jonas von Susa erwähnt in seiner um 640 verfassten Vita des heiligen Eustasius von Luxeuil unter dessen Schülern explizit Ragnachar, allerdings ohne präzisere Daten zu liefern. Immerhin ist bekannt, dass Eustasius 614 Abt von Luxeuil wurde und um 629 verstarb.[2]

Die eher zufällige Überlieferung eines Augster (und manchmal auch Basler) Bischofs lässt auch offen, ob Ragnachar in der Zeit nicht so-gar der Einzige war. Da wir bis tief ins 8. Jahr-hundert nichts Weiteres mehr hören, ist durch-aus denkbar, dass es mit der Neueinrichtung des Bistums beim einmaligen Versuch geblie-ben war. Der starke Einfluss, den im 7./8. Jahr-hundert insbesondere das Herzogtum Elsass auf die Täler des Jura ausübte, der sich auch in Besitzungen des Bistums Strassburg oder des Klosters Murbach äusserte und der sich sogar in archäologischen Fundstücken niederschlug (Abb. 53), könnte ein Indiz dafür sein, dass sich das neu begründete Raurikerbistum nicht lange gehalten hatte.[3]

Baldobert oder Walaus?
Basel wird Hauptsitz

Wenn die obigen Schlussfolgerungen richtig sind, bedurfte es eines dritten Anlaufs, um das Bistum fest zu etablieren. Nun, im 8. Jahrhundert, war der Standort Kaiseraugst indes definitiv aus dem Rennen. In der Liste der Basler Bischöfe, die im 11. Jahrhundert im elsässischen Kloster Münster im Gregoriental verfasst wurde, figuriert an erster Stelle ein *archiepiscopus* Walaus. Vielleicht hat ihn der Verfasser deshalb als «Erzbischof» bezeichnet – ein Amt, das klar dem Bischof von Besançon zustand –, weil er ihn als Neubegründer des Bistums wähnte. Ob Walaus tatsächlich der Erste war, ist freilich umstritten. In der genannten Liste wird seine Amtszeit unter Papst Gregor III. (731-741) angesetzt. Andernorts wird behauptet, er habe unter Zacharias und Stephan II. (741-752) gewirkt. Und schliesslich taucht sogar in einer Strassburger Zeugenliste von 778 ein Bischof Walachus auf. Dies alles führte dazu, dass viele Historiker heute geneigt sind, den zweiten der Liste, Baldobert (ca. 749-762), als eigentlichen ersten Bischof von Basel zu bezeichnen.[4]

Eine Neubegründung des Bistums um 749 und nicht schon in den 730er-Jahren würde durch-

aus Sinn machen. Der Hintergrund dürfte in politischen Machtverschiebungen im Innern des Karolingerreichs selbst zu suchen sein: im Erstarken der Zentralgewalt unter den aufstrebenden fränkischen Hausmeiern, den Pippiniden. Diese nahmen in der Zeit auch das Herzogtum Elsass ins Visier, dessen Macht bis weit in den Jura reichte. Bereits 734 scheint Karl Martell den Reichenauer Abt Heddo auf den Strassburger Bischofsstuhl gebracht zu haben. Um 735/737 trat der Bruder des letzten Herzogs Liutfried ins Kloster ein, von 739 stammt die letzte Urkunde des Herzogs selbst.[5] Kurz danach (746) bereiteten die Karolinger auch dem alamannischen Herzogtum ein gewaltsames Ende. 751 setzte der Sohn Karl Martells, Pippin der Jüngere, den letzten, völlig machtlosen Merowingerkönig Childerich III. ab und liess auch ihn ins Kloster verweisen. Damit war die Grundlage gegeben für eine Umverteilung der Macht in den Randregionen des Reiches, die man nun wieder stärker ans – nunmehr karolingische – Reich zu binden suchte.

Wie wichtig den Karolingern in dem Zusammenhang die Stadt am Rheinknie war, zeigt die Wahl zweier Bischöfe mit grossen Namen: Waldo und Haito. Der vermutlich mit dem karolingischen Königshaus verwandte Waldo war Abt in den bedeutenden Klöstern St. Gallen und Reichenau und Bischof in Pavia, bevor er um 800 Bischof von Basel wurde. Wie eng der Kontakt zum Herrscherhaus war, zeigt sich darin, dass ihn Karl der Grosse

52 Die kleine Goldmünze wurde in BASILIA (Basel) geprägt, wie die schwer lesbare Umschrift auf der Vorderseite verrät. Das Kreuz auf drei Stufen, das die Rückseite wiedergibt, hat burgundische Münzen zum Vorbild. Als Münzmeister (M[onetarius]) wird ein GVNSO genannt. Um 600. Durchmesser 1 cm.

53 Die so genannte «gelbtonige Drehscheibenware» fällt durch ihre charakteristische gelblichweisse Farbe im lokalen Fundstoff aus dem Rahmen. Sie wurde aus dem nördlichen Oberrheingebiet, insbesondere aus dem Strassburger Raum, importiert.

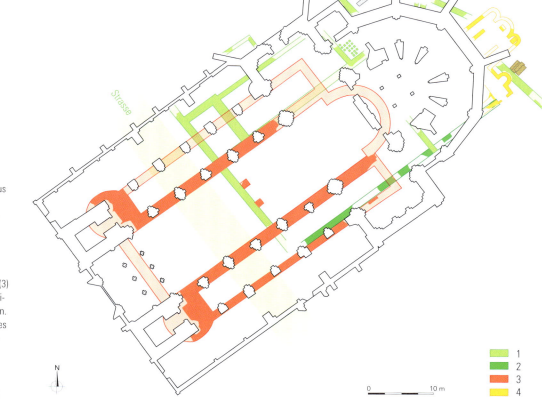

54 Unter dem heutigen Basler Münster liegen die Fundamente eines grossen Steinbaus aus der Zeit des spätrömischen Castrums (1), der mehrfach, womöglich bis in frühmittelalterliche Zeit (2) umgebaut wurde. Doch erst das so genannte Haito-Münster aus der Zeit um 800 (3) lässt sich eindeutig als christliches Gotteshaus interpretieren. Es nimmt zwar die Fluchten des spätrömischen Gebäudes teilweise auf, liegt aber weiter südwestlich und überlagert die alte Kastellstrasse. Eine «Aussenkrypta» wurde wenig später hinzugefügt (4).

1
2
3
4

0   10 m

Der alte Kaiser Karl der Grosse empfängt um 812 Gesandte aus Byzanz

«Stabat autem gloriosissimus regum Karolus juxta fenestram lucidissimam, radians sicut sol in ortu suo, gemmis et auro conspicuus, innixus super **Heittonem; hoc quippe nomen erat episcopi** *ad Constantinopolim quondam destinati. In cuius undique circuitu consistebat instar militiae coelestis, tres videlicet iuvenes filii eius, iam regni participes effecti, filiaeque cum matre non minus sapientia vel pulchritudine quam monilibus ornatae, pontifices forma et virtutibus incomparabiles praestantissimisque nobilitate simul et sanctitate abbates; duces vero tales, qualis quondam apparuit Iosue in castris Galgalae; exercitus vero talis, qualis de Samaria Siros cum Assiriis effugavit…»*

Da stand nun der ruhmreiche Karl an einem hellen Fenster, strahlend wie die Sonne beim Aufgang, geschmückt mit Gold und Edelsteinen, gestützt auf **Haito, so hiess der Bischof,** den er einst nach Konstantinopel geschickt hatte. Rings um ihn standen wie eine Heerschar des Himmels seine drei jungen Söhne, die schon Mitherrscher geworden waren, die Töchter mit ihrer Mutter, ebenso durch Klugheit und Schönheit geziert wie durch Geschmeide, die Bischöfe unvergleichlich an Gestalt und Tugend, und die Äbte, ausgezeichnet durch Adel und Ehrwürdigkeit. Dazu die Herzöge, so wie einst Josua im Lager von Gilgal erschien, und die Kriegsleute gleich denen, welche die Syrer und Assyrer aus Samaria verjagten…

(Notker, *Gesta Karoli*, nach: *Ausgewählte Quellen zur deutschen Geschichte des Mittelalters* 7, Darmstadt, 1969, 384 f.)

806 zum Abt und Hausbischof des mächtigen Reichsklosters St-Denis bei Paris erhob. Sein Nachfolger Haito wurde ebenfalls als Abt der Reichenau auf den Basler Bischofssitz berufen. Auch er, der Spross einer bedeutenden südalamannischen Adelsfamilie, war ein enger Vertrauter Kaiser Karls des Grossen, unterzeichnete zum Beispiel dessen Testament. Unter ihm kam das Bistum zur Blüte, die im Bau einer ersten Kathedrale – des so genannten Haito-Münsters – gipfelte.

Das erste Wahrzeichen Basels – das Haito-Münster

Anders als in Kaiseraugst wurde in Basel bisher keine Kirche aus der Spätantike oder der Zeit der fränkischen Merowinger gefunden. Bei den umfangreichen Grabungen im Münster 1965/1966 und 1974 kamen zwar die Fundamente eines mächtigen, repräsentativen Baus zutage (Abb. 54). Dieser gehört aber in die Zeit des spätrömischen *Castrums*. Spuren mehrerer Umbauten zeigen, dass dieser

Bau längere Zeit aufrecht stand. Doch konkrete Hinweise, dass er den Untergang des römischen Reichs überdauert hätte oder dass Teile davon für den christlichen Kult genutzt worden wären, gibt es nicht. Ein einzelnes Steinplattengrab und weitere 14C-datierte Erdbestattungen ausserhalb des Münsters (Abb. 55), im Bereich der heutigen Pfalzterrasse, sind nicht zwingend älter als der erste fassbare Bau: das Haitomünster der Karolingerzeit.[6]

Was bedeutet es denn, wenn eine Reichenauer Inschrift behauptet, Bischof Haito habe die neue Bischofskirche an der Stelle zerfallener Ruinen errichtet (s. Kasten)? Bezieht sich diese Stelle womöglich auf das spätantike Gebäude? Wie auch immer: Das neu begründete Bistum existierte in dieser Zeit mindestens bereits ein halbes Jahrhundert, und es ist kaum anzunehmen, dass Haitos bedeutende Amtsvorgänger in Ruinen gewirkt hätten. Will man den Text nicht als reine Fantasie oder eine übertriebene Redewendung abtun, bleibt nur der Schluss, Haito habe für seinen Bau einen neuen Standort ausgesucht, den – wie wir heute noch feststellen können – prominentesten des ganzen Münsterhügels.

Eine ältere Bischofskirche wäre sicher innerhalb des spätrömischen *Castrums*, des befestigten Münsterhügels, zu suchen. Beim heutigen Kenntnisstand kommt als alternativer

55 Die beigabenlosen Erdgräber aus dem Bereich der «Aussenkrypta», entdeckt 1965, gehören zu den ältesten bisher im Umkreis des Basler Münsters nachgewiesenen. Sie sind mit der Radiokarbon-Methode ins 8./9. Jh. datiert.

Ausschnitt aus einem Reichenauer Lobgedicht auf Bischof Haito

«…*moenia quae cernis quandoque elevata labore olim convulsa agnoscuntur et undique lapsa nudatosque trabes paries vacuatus habebat at nunc aula potens divino plena sereno quae disjecta solo rursus fundavit ab imo Haito completus divino nutu sacerdos fecitque ut libeat cunctos huc currere cives…*»

… die Mauern, welche Du nunmehr erblickst, mit grossem Aufwand errichtet, einst sah man sie eingestürzt und überall zerfallen, nackte Balken nur zeigte die geplünderte Wand, jetzt aber ist's eine mächtige Halle, erfüllt von göttlicher Heiterkeit, was zerfallen war, hat von Grund aufs neue errichtet Haito, der wahre Priester nach göttlichem Willen. Er hat es gemacht, dass alle Bürger gerne hier zusammenkommen sollten…

(Übersetzung Martin Steinmann, nach Sennhauser 1983)

56 Ist der prominente Martinsturm am Basler Münster ein letztes Indiz dafür, dass die erste Bischofskirche nicht hier, sondern an der Stelle der heutigen Martinskirche am anderen Ende des Münsterhügels lag?

57 Basler Münster, Rekonstruktionsversuch des ersten Kirchenbaus, der Bischof Haito zugeschrieben wird. Rechts oben die so genannte «Aussenkrypta» (nach Sennhauser).

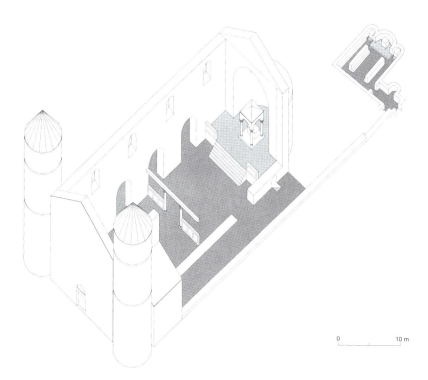

reich des Münsterhügels im Frühmittelalter dicht besiedelt war, und es gibt Indizien für bedeutende, frühe Steinbauten in der Umgebung.[7] Bemerkenswert ist zudem der prominente Martinsturm des romanischen Münsters: Wurde er – beziehungsweise sein Vorgänger des Haito-Baus – dem Heiligen geweiht, um seinen Schutz und sein Angedenken auch auf die neue Kathedrale zu übertragen (Abb. 56)?

Zurück zum Münster: Ausgegrabene Reste von Haitos Bau geben eine grobe Vorstellung von dessen Aussehen (Abb. 57).[8] Das stolze Bauwerk von gut 50 m Länge ragte so weit nach Westen, dass es die alte Kastellstrasse, die von der Rittergasse zur Augustinergasse führte, unterbrach. Zwei mächtige, vermutlich runde Türme flankierten den Eingang – eine der frühesten Doppelturmfassaden ihrer Art. Im Innern öffnete sich ein grosser Saal, der durch eine Schranke zweigeteilt war. Hinter der Abschrankung begann der Chorraum, der im Osten um mehrere Stufen erhöht war und eine halb eingetiefte Krypta überdeckte. Links und rechts des Kirchenschiffs führten Durchgänge zu Nebenräumen. Eine merkwürdige, ebenfalls halb eingetiefte zweite «Aussenkrypta» östlich der Kirche wurde offenbar etwas später hinzugefügt. Vermutlich handelte es sich dabei nicht um eine eigentliche, zweite Krypta des Münsters, sondern um eine eigenständige zweigeschossige Kapelle, die sowohl vom Münster als auch vom südlich angrenzenden *palatium*, der noch kaum bekannten Pfalz des Bischofs, zugänglich war.

Der ungewöhnliche Haito-Bau diente den Basler Bischöfen rund 200 Jahre, bis das Bistum nach dem Übergang ans römisch-deutsche Reich einen Neubau erhielt, der nach dem grossen Förderer des Bistums, dem späteren Kaiser Heinrich II. (973-1024) auch Heinrichs-Münster genannt wird. Nach und nach entstanden weitere Kirchen in Basel, über die man indes noch wenig weiss. So könnten die ersten Kirchen von St. Alban, St. Peter und evtl. St. Theodor durchaus noch in der Karolingerzeit gegründet worden sein. Erst 1083 aber erhielt die Stadt bei der Kirche St. Alban ein erstes Kloster.

Standort nur der Bereich der Martinskirche in Betracht. Martin von Tours war der wichtigste Schutzheilige der Merowinger, dem zahlreiche Kirchen des Reiches geweiht wurden. Das Innere der Martinskirche ist archäologisch noch nicht untersucht. Einzelne Funde sowie die jüngsten Grabungen in der Martinsgasse zeigen aber, dass auch dieser Be-

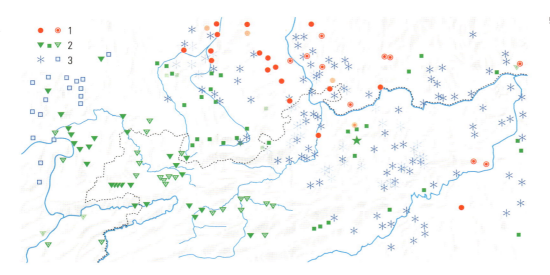

58 An der Verbreitung der im frühen Mittelalter gebildeten Ortsnamen lässt sich die Entwicklung der Besiedlung ungefähr nachzeichnen. Ortsnamen auf -heim (1, ohne Personennamen gefüllt) sind im Oberrheintal heimisch; Ortsnamen auf -court (2, romanische Fügung gefüllt) sind vor allem im westlich angrenzenden, romanisch-fränkischen Raum verbreitet; Ortsnamen auf -ingen (3, im französischsprachigen Raum auf -ans) waren länger in Mode und reichten bis in die Phase des Landesausbaus des späteren 7. und 8. Jh.

ERSTE KIRCHEN AUF DEM LAND

Im Rahmen des so genannten Landesausbaus kam es ab dem 7. und 8. Jahrhundert zu zahlreichen Siedlungsneugründungen. Viele unserer heutigen Dörfer haben ihre Ursprünge in Höfen und Weilern dieser Zeit, woran noch die alten Ortsnamen erinnern (Abb. 58). Da diese Namen mehrheitlich althochdeutsch geprägt sind, liegt auf der Hand, dass sich mit diesem Prozess zugleich der Sprachwechsel vom Keltisch-Lateinischen zum Deutschen endgültig vollzogen hat.

Diese eigentliche «Gründerzeit» zog auch eine ganze Reihe von Kirchenneubauten nach sich. Nach zögerlichen Anfängen im 5. oder 6. Jahrhundert (Lausen) entstanden im früheren 7. Jahrhundert erste Kirchen auf dem Lande, die mit der Neubegründung des Bistums in Zusammenhang stehen dürften. Anschliessend verdichtete sich das Netz der Talkirchen. Von einer flächendeckenden Organisation in Pfarreien war man indes noch weit entfernt. Erst die vertiefte Christianisierung und die Einführung des «Zehnten», der Kirchensteuer des Mittelalters, in der Zeit Karls des Grossen führte allmählich dazu, dass jeder Gläubige einer Pfarrgemeinde und damit auch einer Kirche zugewiesen wurde.[9]

Der enge Zusammenhang zwischen politischer Herrschaft, wirtschaftlicher Dynamik und Kirchenbau zeigt sich ansatzweise am Beispiel von Oberwil: Just in der Zeit, als eine vornehme Sippe anfing, den alten, mutmasslichen römischen Grabbau als christliche Familiengrablege zu verwenden (Abb. 39-41), nahm im Talgrund, nur wenige hundert Meter entfernt, eine bedeutende Töpferei ihren Betrieb auf (Abb. 59). Die Erzeugnisse dieser und benachbarter Töpfereien in Therwil und Reinach wurden in der ganzen Nordwestschweiz, vom Fricktal bis in die Ajoie und an den Jurasüdfuss, vertrieben. Die kleine Oberwiler Kirche dürfte deshalb den sakralen Mittelpunkt einer frühmittelalterlichen Grundherrschaft gebildet haben, in deren Abhängigkeit nicht nur das Töpfergewerbe im Tal, sondern selbstredend auch die landwirtschaftlichen Betriebe standen.[10]

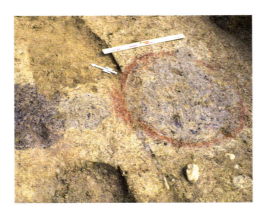

59 Grabungsbefund eines Töpferofens aus Oberwil BL, Lange Gasse. Im erst oberflächlich freigelegten Befund ist links die mit Holzkohle und Asche verfüllte Arbeitsgrube zu erkennen, die über ein (hier noch nicht sichtbares) Schürloch mit der Brennkammer (rechts) verbunden ist. Der rot verziegelte Lehm von der Wand der Brennkammer zeugt von grosser Hitzeeinwirkung.

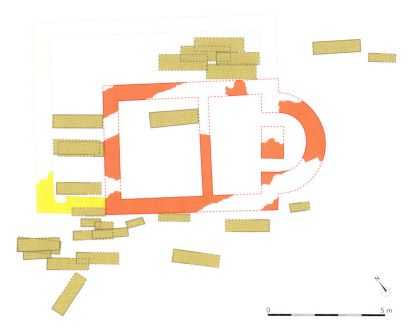

60 Lausen BL, Bettenach, frühmittelalterliche Grabkapelle
(rot) mit jüngerem Anbau (gelb)
unter der heutigen Kirche. Plan
der erhaltenen Fundamentreste und der zu diesem Bau gehö-
renden Bestattungen (braun)
(s. Abb. 85).

Grabkapelle über die Eigenkirche eines mächtigen Grundherrn bis hin zur Tauf- und Pfarrkirche für eine grössere Gemeinschaft. Auch
die Zuständigkeit und die Rolle des Bischofs
waren in der Frühzeit noch keineswegs überall geklärt.[11] Dies sind allerdings Fragen, die
sich anhand der schriftlichen Quellen im Einzelfall kaum klären lassen und die auch mit
archäologischen Mitteln nur in Ansätzen ge-
löst werden können.

Nach dem Vorbild der Grossen – eine Grabkapelle in Lausen

Die Kirche von Lausen steht am Rande einer
Hangterrasse der Ergolz, auf der sich im Früh-
und Hochmittelalter die Siedlung Bettenach
erstreckte. Der Ort, dessen Name nur in einer Flurbezeichnung aus dem 14. Jahrhundert
überliefert ist, entstand aus einer bedeutenden römischen Ansiedlung an der Fassungs-
stelle der Wasserleitung, welche die Koloniestadt *Augusta Raurica* mit Frischwasser aus
der Ergolz versorgte. Die besondere Bedeutung des Ortes ging nach dem Untergang der
Stadt und der Zerstörung der Leitung nicht
verloren: Historische Überlegungen zum Ni-
kolaus-Patrozinium der Kirche sowie einige
bedeutende Funde aus den Grabungen in der
Siedlung deuten darauf hin, dass hier ein bedeutender Herrenhof stand, der vielleicht sogar zum Besitz des Königs gehörte.[12]
Archäologische Grabungen von 1971 wiesen
unter der ungewöhnlich grossen Nikolaus-
Basilika des 11./12. Jahrhunderts die Fundamente eines kleinen Apsidenbaus nach
(Abb. 60). Aufgrund der Funde und typolo-
gischer Vergleiche datiert er wohl ins 5. oder
eher 6. Jahrhundert. Damit ist er der früheste
bisher nachgewiesene christliche Sakralbau
im Hinterland von Kaiseraugst und Basel!
Da die räumlichen Verhältnisse im Innern
ziemlich bescheiden waren, ist der Bau weniger als Kirche denn als Kapelle anzusprechen,
die vielleicht sogar einer einzigen vornehmen Familie vorbehalten war. In die Richtung weist auch die einzelne Bestattung einer offensichtlich privilegierten Person, die im
Westteil unmittelbar vor einer Chorschranke
beigesetzt worden war. Zahlreiche weitere

Die folgend vorgestellten Beispiele der ältesten christlichen Sakralbauten von Lausen
und Sissach deuten an, wie unterschiedlich
diese Zeugnisse sind. Nicht nur die Architektur ist verschieden und weit entfernt von einer Standardisierung, auch die Nutzung und
der rechtliche Status der Gebäude war sehr
unterschiedlich und reichte von der privaten

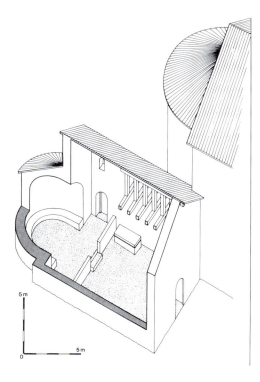

61 Rekonstruktion der Grabkapelle St-Georges in Vienne,
die Bischof Pantagathus (gest.
542/549) als sein Grabmal
unmittelbar neben der Kathedrale errichten liess. Wie
im Lausener Bau trennt eine
Schrankenmauer Laienraum
und Chor. Das Gebäudeinnere
ist einigen wenigen Bestattungen vorbehalten, zum Teil sichtbar aufgestellten Sarkophagen.

Gräber legte man in einer nachträglich ange-bauten Vorhalle oder um die Kapelle herum an. Sie unterstreichen die Bedeutung als Be-stattungsplatz.

Die wichtigsten Vergleiche zeigen, dass der Bau sogar eigens als Grabkapelle, als Raum für die Verehrung eines besonderen To-ten, konzipiert gewesen sein könnte.[13] Sehr nahe kommt ihm beispielsweise die Kapelle St-Georges neben der Kathedrale von Vienne, die als Grabmal für den 542/549 verstorbe-nen Bischof Pantagathus errichtet wurde (Abb. 61). Auch andernorts weisen die In-dizien bis in die höchsten Schichten der da-maligen *classe politique*. – Wer indes an der Ergolz derart prominent im Zeichen eines neuen Zeitgeistes beigesetzt wurde, lässt sich allein mit archäologischen Mitteln nicht he-rausfinden.

Sissach-St. Jakob –
Kirche und Familiengrablege

Die Bedeutung der alten Pfarrkirche von Sis-sach im Ergolztal lässt sich schon daran er-kennen, dass im Mittelalter eine ganze Reihe von Nachbardörfern von ihr abhängig war: Itingen, Itkon (Wüstung), Böckten, Thürnen, Diepflingen, Rümlingen und Zunzgen. Zudem

ist schon 835 eine Landschaft – der *pagus si-sigauensis* – nach dem Ort benannt. Unter diesem Aspekt erstaunten die ausserordent-lich bedeutenden Entdeckungen, die 1965 bei Grabungen in der Kirche gemacht wur-den, eigentlich wenig.

Eine erste Kirche entstand den Funden zu-folge spätestens um 620/630 n. Chr. Sie ge-hörte damit zu den frühesten Landkirchen in unserer Region. Vom Bau selbst, der mit ei-nem Saal von gut 11 x 9 m und einem 3,5 m tiefen Rechteckchor deutlich grösser war als die Grabkapelle von Lausen, blieben nur ge-ringe Fundamentreste erhalten. Umso spek-takulärer waren die in dieser ersten Kirche entdeckten Gräber, denn auch dieser Sakral-bau diente nebenbei als exklusiver Bestat-tungsplatz. An ihnen lässt sich verfolgen, wie eine vornehme Familie über mindestens drei Generationen hinweg in einer differenzier-ten Rangfolge ihre Angehörigen bestattete (Abb. 62).[14]

Die erste und zweite Generation begrub ihre Toten in reicher Kleidung: Perlenketten, kost-bare Gürtelteile, Schuh- und Wadenbinden-beschläge, auch ein reich verzierter Armring, ein Silberohrring und eine Amulettbüchse blieben erhalten. Ein wohlhabender Mann

62 Sissach BL, Pfarrkirche St. Jakob, Reste des früh-mittelalterlichen Gründungs-baus (rot) mit den zugehö-rigen Erdgräbern (1) und Steinplattengräbern (2) unter der heutigen Kirche. Gelb markiert sind Spuren von nachträglichen Einbau-ten (Chorschranke, Altarfun-dament, kreisrunde Scheibe eines mechanischen Mör-telmischwerks). Sie gehö-ren zusammen mit vier Deck-plattengräbern (3) in eine zweite Bauphase, als man die Böden höher legte und damit wohl auch die alten Grabmarkierungen zum Verschwinden brachte.

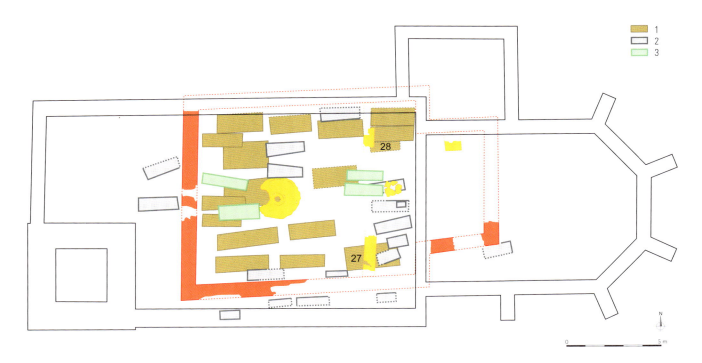

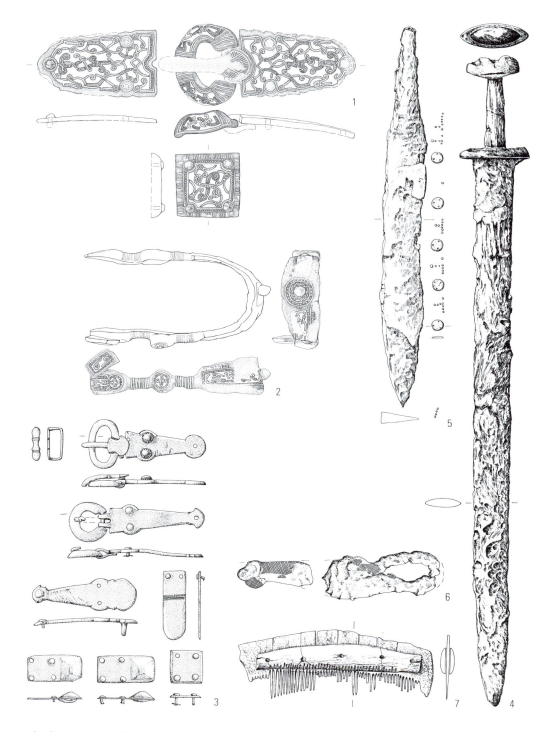

63 Sissach BL, Pfarrkirche St. Jakob, Beigaben aus dem einzigen reich ausgestatteten Männergrab vermutlich des Kirchengründers (Grab 27): mit Messing- und Silbereinlagen verzierte eiserne Gürtelgarnitur (1), ebensolche Sporengarnitur (2), bronzene Schnallen und Beschläge des Wehrgurtes (3), Langschwert (Spatha) (4), Kurzschwert (Sax) mit Nieten der Scheide (5), eisernes Rasiermesser mit Resten einer Stoffumwicklung (6), Kamm aus Hirschgeweih (7). Um 650 n. Chr., zur Fundlage vgl. Abb. 62. Länge der Gürtelschnalle 12,5 cm; die Waffen sind halb so gross dargestellt.

erhielt Lang- und Kurzschwert ins Grab, ein Sporn weist ihn als berittenen Krieger aus (Abb. 63). Über einem besonders reich ausgestatteten Mädchengrab war sogar ein Bodenmosaik angelegt worden, das die Grabstelle bezeichnete und ursprünglich wohl eine Inschrift trug (Abb. 64 und 65). Die re-

gelmässige Anordnung der Gräber und die geringen Überschneidungen lassen vermuten, dass auch die anderen im Kirchenboden markiert waren.

Bemerkenswerterweise bettete man in den ersten beiden Generationen fast ausschliesslich Frauen in der Sissacher Kirche zur letz-

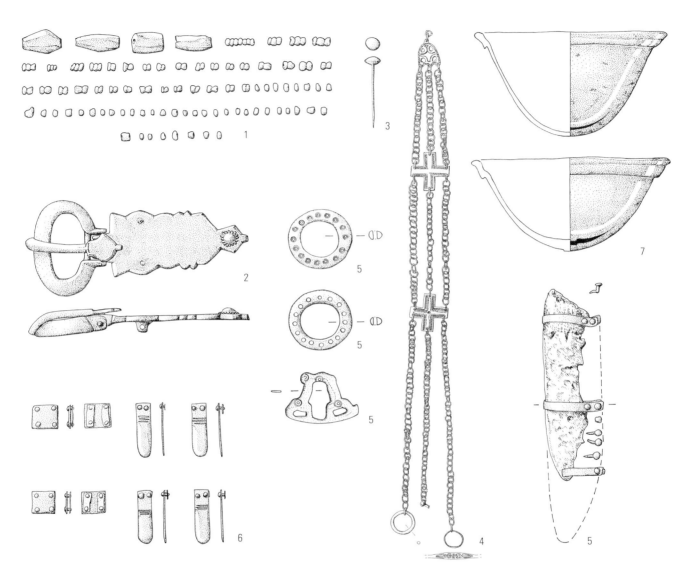

ten Ruhe. Dass die meisten männlichen Familienmitglieder – mit Ausnahme des «Reiters» und eines Knaben – in dieser Zeit auf den vornehmen Bestattungsplatz verzichteten und sich mit einer Grablege ausserhalb der Kirche begnügten, ist wenig wahrscheinlich. Es scheint vielmehr, dass die Familie irgendwo eine zweite Kirche besass, in der bevorzugt Männer beigesetzt wurden. Das wäre durchaus nicht ungewöhnlich: Die Macht der einflussreichen Familien ruhte damals in erster Linie auf riesigem Grundbesitz, der sich über weite Distanzen und verschiedene Regionen erstrecken konnte. Aufgrund der Verbindungen, die sich aus den Parallelen zu den Fundobjekten aus den Gräbern ergeben, wäre

beispielsweise gut denkbar, dass die «Sissacher» Grossgrundbesitzerfamilie weitere Ländereien im Elsass besass, zum Beispiel im Raum um Strassburg.

Spätestens im Laufe des 8. Jahrhunderts kam es zu grossen Veränderungen im Innern der Kirche. Die alte Grabordnung wurde aufgegeben, der Kirchenboden etwa 15 cm angehoben und mit Mörtel ausgestrichen. Damit verschwanden die im Boden sichtbaren Grabmarkierungen. Gleichzeitig trennte man den östlichen Teil des Schiffes mit einer gemauerten Schranke ab und schuf so einen vergrösserten Chorraum. Die Reste eines mechanischen Mischwerkes im Zentrum des Kirchenschiffs weisen auf einen enormen

64 Sissach BL, Pfarrkirche St. Jakob, Beigaben aus einem ungewöhnlich reich ausgestatteten Mädchengrab (Grab 28): Glas- und Bernsteinperlen (1), bronzene Haubennadel (2), Gürtelschnalle (3), Kettengehänge (4) und verschiedene Bestandteile eines Gürtelgehänges (5: Ringe, Messer), bronzene Beschläge einer Strumpfgarnitur (6) und als besondere Exklusivität zwei Glasbecher (7). Um 650 n. Chr., zur Fundlage vgl. Abb. 62. Länge des Kettengehänges 59 cm.

Mörtelbedarf hin, der zum Beispiel beim Verputzen (und Ausmalen?) des Kirchenschiffs entstanden sein könnte. All diese Veränderungen scheinen darauf abzuzielen, das Kircheninnere liturgisch neu zu gestalten und ihm den Nimbus des Bestattungsplatzes zu nehmen. Mit anderen Worten: Mit diesen Veränderungen dürfte der Wechsel von einer mehr oder weniger privaten Adelsgrablege zu einer offeneren Gemeindekirche vollzogen worden sein. Damit wird in der Kirche von Sissach eine Entwicklung archäologisch greifbar, von der andernorts in dieser Zeit immer dezidiertere schriftliche Gebote zeugen (s. Kasten).[15]

65 Sissach BL, Pfarrkirche St. Jakob, Grab 28. Dank einer Absenkung des Bodens blieb über dem Grab des Mädchens das Fragment eines Mosaiks erhalten, mit dem die Stelle im Fussboden markiert war. Oberhalb einer Kreuzdarstellung findet sich eine rechteckige Fehlstelle (grün): Hier dürfte bei der Anlage des wesentlich jüngeren Grabes 26 eine Inschriftplatte in der Art des Radoara-Steins von Kaiseraugst (Abb. 45,2) herausgeschlagen worden sein. Die untere Darstellung zeigt, wie das Mosaik über dem Grab und seinen Beigaben lag. Die Fehlstelle befand sich über Oberkörper und Kopf der Toten.

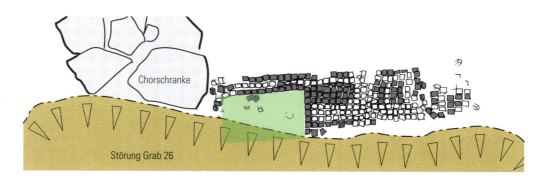

«Antiquus in his regionibus in ecclesia sepeliendorum mortuorum usus fuit, et plerumque loca divino cultui mancipata et ad offerendas deo hostias praeparata cimiteria sive poliandria facta sunt. Unde volumus, ut ab hac re deinceps abstineatur et nemo in ecclesia sepeliatur, nisi forte talis sit persona sacerdotis aut cuiuslibet iusti hominis, quae per vitae meritum talem vivendo suo corpori defuncto locum acquisivit. Corpora vero, quae antiquitus in ecclesiis sepulta sunt, nequaquam proiciantur, sed tumuli, qui apparent, profundi in terram mittantur, et pavimento desuper facto, nullo tumulorum vestigio apparente ecclesiae reverentia conservetur. Ubi vero tanta est multitudo cadaverum, ut hoc facere difficile sit, locus ille pro cimiterio habeatur ablato inde altari et in eo loco constituto, ubi religiose et pure deo sacrificium offerri valeat.»

Es ist in der Gegend ein alter Brauch geworden, in den Kirchen Tote zu bestatten, und Orte, die für den Gottesdienst erworben und für die Spende des Abendmahls eingerichtet worden waren, wurden weiterhum zu Friedhöfen gemacht. Daher verlangen wir, dass man von jetzt an davon absehe und niemand in der Kirche bestattet werde, ausser vielleicht ein Priester oder eine andere gerechte Person, die dank ihres würdigen Lebenswandels diesen Ort verdient hat. Die Leichname der schon früher in den Kirchen Bestatteten hingegen sollen nicht entfernt werden, vielmehr sollen ihre sichtbaren Grabstellen tiefer gelegt und mit einem festen Boden überdeckt werden, auf dass keine Spur der Gräber mehr zu sehen sei. Wo aber die Gräber derart zahlreich sind, dass dieses Vorgehen schwierig wird, soll der Altar abgebrochen und an einem anderen Ort wieder errichtet werden, der es wert ist, für Gott eine fromme und reine Messe zu halten. Die Kirche aber soll als Begräbnisstätte bestehen bleiben.

(Theodulf von Orléans, *Capitula* I,9, ca. 798–817/818)

LANDESAUSBAU – AUSBAU DES KIRCHENNETZES

Das 8. Jahrhundert ist die Zeit, in der sich das Bistum Basel endgültig etablierte, auch wenn es noch rund 250 Jahre dauerte, bis die Stadt mit dem Übergang ans Deutsche Reich endlich eine kritische Grösse und Bedeutung erreichen sollte. In diesem Zeitraum entstanden im Hinterland der Bischofsstadt zahlreiche weitere Kirchen. Ob sie auf Initiative des Bischofs oder privater Grundherren gebaut wurden, bleibt ungewiss. Die zumindest im 8. Jahrhundert noch geläufigen Innenbestattungen lassen indes vermuten, dass die ortsansässigen Familien bei der Nutzung der Bauten ein gewichtiges Wörtchen mitzureden hatten.

Im Kanton Baselland ist die archäologische Untersuchung von Kirchen vergleichsweise weit fortgeschritten, was zumindest einen ansatzweisen Überblick über die frühmittelalterliche Kirchenbautätigkeit ermöglicht (Abb. 66 und 67).[16] Zwei Drittel der bisher rund 30 untersuchten Kirchen sind vor der Jahrtausendwende entstanden. Zu einer ältesten Gruppe des 7. Jahrhunderts gehört neben den Kirchen von Sissach, Liestal-Munzach (?) und Ober-

wil beispielsweise Buus-St. Michael, die einzige Kirche des Bistums, die in einer ersten Phase als Holzbau errichtet wurde – etwas, das im benachbarten Bistum Konstanz gang und gäbe war (Abb. 69). Aus dem 8. Jahrhundert sind mehrere Steinkirchen überliefert, oft schlichte Saalbauten (Diegten, Wintersingen, Muttenz, Oberdorf, Bennwil, Ettingen). Bemerkenswert ist das Beispiel von Bennwil, weil hier beträchtliche Wandpartien

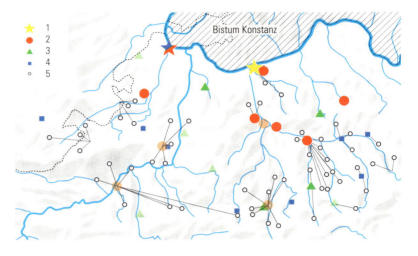

66 Verbreitung christlicher Sakralbauten (Kirchen und Grabgebäude) im unmittelbaren Hinterland von Kaiseraugst und Basel (Sterne): spätantiker Bischofssitz (1), 7. Jh. oder älter (2), um 700 oder Anfang 8. Jh. (3), 8./9. Jh. (4). Mitkartiert sind Dörfer oder Filialkirchen, die gemäss spätmittelalterlich-neuzeitlichen Quellen von einer älteren Kirche abhängig sind (5).

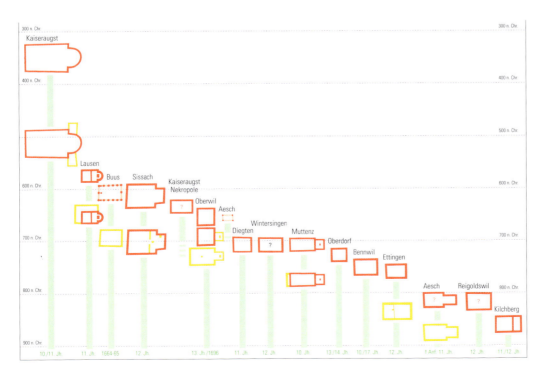

67 Die archäologisch nachgewiesenen Kirchengrundrisse im Basler Hinterland in zeitlicher Abfolge: Gründungsbauten (rot) und erste Um- und Neubaumassnahmen (gelb). Die Jahresangaben rechts (grün) bezeichnen das Datum des nächsten grösseren Um- oder Neubaus (zum Teil gibt es unterschiedliche Daten für Chor und Schiff).

68 Die 1982 renovierte Kirche von Bennwil BL zeigt in der Südwand des Schiffs neben den spätgotischen Fenstern zwei kleine hochsitzende Rundbogenfenster. Sie datieren in die Zeit des ersten Kirchenbaus. Die vor der Renovation erfolgte archäologische Bauanalyse hat gezeigt, dass bedeutende Teile des heutigen Schiffs noch aus dem 8. Jh. stammen !

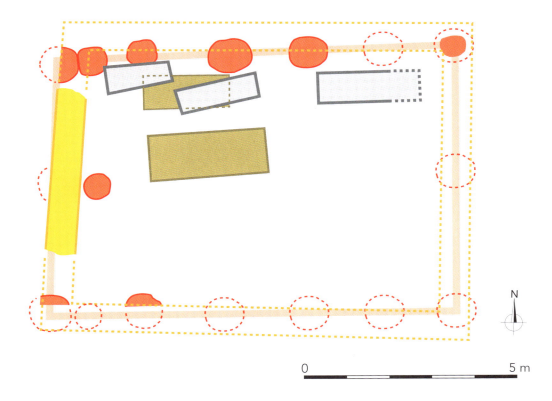

0   5 m

69 Eine Kirche «versteinert»: Die erste, im frühen 7. Jh. gegründete Kirche von Buus war ein reiner Holzbau (rot), von dem in der archäologischen Ausgrabung die Löcher für die mächtigen Wandpfosten zeugten. Etwa drei Generationen später – um 700 – wurde derselbe Grundriss des schlichten Saalkirchleins in Stein ausgeführt. Zwei Erdgräber (braun) gehören zum Gründerbau, drei zum Teil mehrfach verwendete Steinplattengräber (grau) zur ersten Steinkirche. Sie enthielten zum Teil noch Beigaben.

des Gründungsbaus bis heute aufrecht stehen (Abb. 68 und 70). Die schlichte Architektur bleibt auch ein Merkmal des 9. Jahrhunderts, doch kommen in dieser Zeit die Innenbestattungen endgültig aus der Mode. Ausserdem scheint die Zahl von Neugründungen (und Erweiterungsbauten) nun doch deutlich abgenommen zu haben.

Im Laufe des frühen Mittelalters vollzog sich somit der Wandel von einer «Gründerzeit», die sich wohl noch über weite Strecken einer Kontrolle der weltlichen und insbesondere geistlichen, bischöflichen Obrigkeit entziehen konnte, in die geordneten Bahnen eines hochmittelalterlichen Pfarrkirchennetzes, das jede und jeden erreichte. Bemerkenswert ist, wie nachhaltig sich gewisse Grundsteine hielten, die im Frühmittelalter gelegt worden waren: Einige damals gegründete Landkirchen blieben bis ins Spätmittelalter, andere gar bis ins 17. Jahrhundert nahezu unverändert bestehen (Abb. 67). Nicht allfällige Baufälligkeit, sondern erst das beträchtliche Bevölkerungswachstum der Neuzeit führte dazu, dass sie abgerissen und durch grössere Neubauten ersetzt werden mussten. Im Baselbiet

hatte sich die Zahl der Menschen in der frühen Neuzeit (16.-18. Jahrhundert) versechsfacht. Mit Reformation und Gegenreformation kamen religiöse Spannungen hinzu, die zuweilen ebenfalls ein «Zeichen» in Form einer neuen, grösseren und schöneren Kirche erforderten.

70 Bennwil BL, Kirche St. Martin, Aussenansicht eines der karolingischen Rundbogenfenster aus der Südwand des Kirchenschiffs. Für die Gestaltung des Bogens verwendete man Ziegel, die wohl aus dem Areal des nahen römischen Gutshofs stammen.

JÜRG TAUBER

Kirche und Raum: kirchliche Organisation und Landesausbau

Das Beispiel Schöntal: ein Streit um den Zehnten

Das Benediktinerkloster Schöntal bei Langenbruck (BL) wurde in der ersten Hälfte des 12. Jahrhunderts durch Graf Adalbero von Frohburg, dessen Frau Sophia und ihre beiden Söhne Ludwig und Volmar gegründet (Abb. 71). Schon kurz darauf, im Jahre 1145, trat es mit einem handfesten Streit ins Licht der Geschichte: Der Priester Konrad von Onoldswil (Oberdorf BL) verlangte von den Mönchen den Zehnten auf dem von ihnen neu gerodeten Land. Diese intervenierten bei Papst Eugen III., der den Basler Bischof Ortlieb beauftragte, die Mönche von der Entrichtung des Zehnten zu befreien. Konrad liess aber offenbar nicht locker, denn wenige Jahre später wurde erneut eine Urkunde ausgestellt, die einen Vergleich beinhaltet: Konrad erhält eine Abfindung für den entgangenen Zehnten, muss sich im Gegenzug aber verpflichten, keine Forderungen mehr an das Kloster zu stellen (Abb. 72).[1]

71 In diesem landwirtschaftlich geprägten Weiler haben sich die Überreste des Klosters Schöntal erhalten. Zu erkennen sind die Kirche (mit Dachreiter) und der rechtwinklig anschliessende Flügel der Klostergebäude (mit weisser Giebelwand).

An diesem Streit waren beteiligt:
– Die Mönche des Klosters Schöntal
– Der Priester Konrad von Onoldswil
– Graf Ludwig von Frohburg, Kastvogt des Klosters Schöntal und Kirchherr von Onoldswil
– Der Basler Bischof Ortlieb
– Papst Eugen III.

Ob Papst Eugen sich wirklich jemals intensiv mit dem Problem Schöntal auseinandergesetzt hat, muss offen bleiben. Sicher ist, dass er in jenem Jahr gewiss grössere Sorgen hatte. Erst im Februar 1145 war er zum Papst gewählt worden und stand in einer erbitterten Auseinandersetzung mit Arnold von Brescia, der mit Unterstützung der Römer Bevölkerung die weltliche Herrschaft des Papstes über Rom bekämpfte. Eugen musste gar aus der Stadt fliehen. Ausserdem war er mit den Ereignissen im Nahen Osten beschäftigt, insbesondere dem Verlust von Edessa Ende 1144, die schliesslich gegen Ende des Jahres 1145 in seinen Aufruf zum Zweiten Kreuzzug mündeten. Nehmen wir den Wortlaut der ersten Schöntaler Urkunde aber ernst, so hat er (oder wohl besser: seine Kanzlei) dem Basler Bischof den Auftrag gegeben, die Sache im Sinne des Klosters zu regeln.

Sicher aber hat sich Bischof Ortlieb, der in der Forschung als Frohburger gilt,[2] intensiver mit dem Streit auseinandersetzen müssen, handelte es sich doch um einen Streit zwischen zwei kirchlichen Institutionen in seinem Bistum. Um die Mitte des 12. Jahrhunderts war der Basler Bischof längst nicht mehr in erster Linie geistlicher Hirte seiner Schäfchen, sondern ein mächtiger Grundherr, dem auch die weltlichen Seiten der Macht bestens bekannt waren.

Graf Ludwig vertrat als Mitgründer und Vogt die Interessen der damals wohl noch als Frohburger Hauskloster gedachten Institution.[3] Die Tatsache, dass er sowohl Kastvogt des Klosters als auch Kirchherr in Onoldswil war, dürfte ihn in eine verzwickte Lage gebracht haben, hatte er doch die Interessen beider Kontrahenten zu schützen.

72 Bischof Ortlieb bestätigt in einer feierlichen Urkunde den Vergleich zwischen dem Kloster Schöntal und dem Priester von Onoldswil im Streit um den Novalzehnten (s. Kasten auf S. 66) (StABS, Schönthal, Nr. 1).

Bischof Ortlieb bestätigt in einer feierlichen Urkunde den Vergleich zwischen dem Kloster Schöntal und dem Priester von Onoldswil im Streit um den Novalzehnten. Der Text lautet, sinngemäss übersetzt:

Im Namen der heiligen und unteilbaren Dreieinigkeit.

Wer Ohren hat zu hören, der höre. Graf Adalbero seligen Angedenkens und seine Frau Sophia sowie seine Söhne Graf Volmar und Ludwig übergaben Eigengut, nämlich einen Teil des Waldes zwischen Langenbruck und Onoldswil, als Schenkung an die Heilige Maria, zu deren Ehren die hiesige Kirche gegründet worden war.

Da aber Konrad, der Priester von Onoldswil, die Armen in Christo wegen der Zehnten des neu gerodeten Waldes wiederholt durch heftige Angriffe bedrängt hatte, haben die in besagter Kirche das Lob Gottes Singenden den Streitfall vor den Papst Eugen IV. (sic!) gezogen. Dieser leiht auch den Geringsten seiner Herde Gehör und erliess ihnen den Zehnten.

Als danach der vorgenannte Vertreiber sie immer häufiger und heftiger beunruhigte, hielten sie Rat mit seinem Verteidiger Graf Ludwig, dem ehrwürdigen Dekan der Basler Kirche Albero, wie auch mit Bernero, dem Dekan von Lostorf, Ritter Ulrich von Rifenstein, Ritter Reinbot von Hägendorf und Dietrich, dem Meier von Onoldswil, und beschlossen, eine halbe Hufe der Kirche von Onoldswil und 30 Solidi dem Priester von Onoldswil zu übergeben, um die Streitsache für immer und ewig zur Ruhe zu bringen, im Sinne, dass sie Äcker, die ihnen gehörten oder jemals gehören würden, zwischen dem Ort Langenbruck und dem Ort, an dem einst ein Markt errichtet war, neben dem gemeinhin Holznach genannten Berg, in Frieden und ohne jede Abgabe von Zehnten besitzen dürfen. Dies wurde vereinbart zur Zeit König Konrads.

Ludwig aber, Graf und Vogt der Kirche von Onoldswil, stärkte dieselbe kraft seiner Weisungsbefugnis aufgrund des Vogtsrechts und der väterlichen Vorsorge, indem er die vorgenannten Zeugen, nämlich seine Ministerialen und Angehörige der Pfarrei, dazu drängte, mit einem Eid zu bezeugen, dass es für diese Kirche nützlicher sei, den Acker zu akzeptieren als Zehnten einzuziehen.

Ich Ortlieb, Bischof von Basel, habe den Vertrag über diesen Tausch abgeschlossen und eine übereinstimmende Bestätigung verfasst und mit meinem Siegel bekräftigt, damit von nun an niemandem erlaubt sei, die unermüdlich im Dienste Christi stehenden Mönche im Kloster Schöntal mit anmassenden Forderungen zu bedrängen. Wir wünschen wahrhaftig allen, die Christus dienen und ihren Blick auf ihn richten, die Gnade der göttlichen Barmherzigkeit. Wer aber die Übereinkunft verletzen sollte und in den vorgenannten Ort und allem was dazu gehört eindringt, dem entziehen wir bis zur entsprechenden Abbitte die Sakramente und alle kirchlichen Ehren und übergeben ihn dem Satan, indem wir ihn exkommunizieren im Namen des Vaters, des Sohnes und des Heiligen Geistes. Amen.

Der Priester Konrad schliesslich berief sich
auf das Zehntrecht, nach welchem der Zehnten eben auch auf neu gerodetem Gelände
– als «Novalzehnten» – geschuldet war. Aufgrund der spärlichen schriftlichen Quellen
kann erschlossen werden, dass Onoldswil
eine so genannte «Urpfarrei» war, das heisst
eine Kirche mit Tauf-, Begräbnis- und eben
auch Zehntrecht. Rein juristisch befand sich
also der Priester Konrad mit seiner Forderung im Recht.

Die Mönche des Klosters, die Wälder gero-
det und in Acker- und Weideland verwan-
delt hatten, wiesen diese Forderung zurück,
wobei sie sich möglicherweise auf die Stelle
in der Gründungsurkunde[4] beriefen, welche
eine Belastung des Klosters mit Frondiensten oder Abgaben untersagte. Möglich wäre
auch, dass auf gerodetem Land wenigstens
für einen befristeten Zeitraum Abgabenfrei-
heit gewährt wurde, ein damals durchaus ge-
läufiges Privileg.

Das Beispiel Schöntal lässt erkennen, wie die
verschiedenen beteiligten Parteien bei der
Aufteilung des besiedelten und (noch) nicht

besiedelten Raumes in gegenseitiger Konkurrenz standen, einer Konkurrenz, die mitunter auch zu handfesten Konflikten führen konnte.

73 Bei den Grabungen kamen
mehrere wohl aus dem Kreuzgang stammende Säulenfrag-
mente und Kapitelle zum Vorschein. Ein Würfelkapitell mit
11 cm Kantenlänge ist besonders fein ausgearbeitet.

74 Langenbruck – Kloster
Schöntal. Grundrissplan der
Kirche nach den Ausgrabungen
1987/1988. Die 1187 geweihte
Klosterkirche zeichnet sich
durch einen Ostabschluss mit
drei heute nicht mehr vorhandenen Apsiden aus.

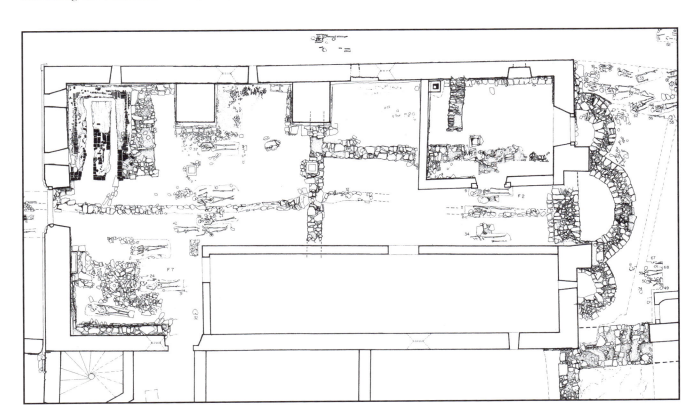

Das Bistum: gehemmte Entwicklung und Neubeginn

Die frühe Entwicklung des Basler Bistums zeigt alles andere als prosperierende Kontinuität.[5] Karl der Grosse unterstellte es bei seiner Neu-Einrichtung um die Mitte des 8. Jahrhunderts dem Erzbistum Besançon. Die Grenzen wurden neu gezogen: Gegen Osten und Süden waren es Rhein und Aare sowie der Jurakamm, gegen Norden – zu Lasten des Bistums Strassburg – der Landgraben zwischen Colmar und Schlettstadt, im Westen der Doubs.

Die frühen, von den Karolingern eingesetzten Bischöfe kamen aus der Welt des Mönchtums: Baldobert (vor 749-762) war gleichzeitig Abt in Murbach im Elsass, Waldo (um 800) und Haito (805-823) Äbte des Klosters Reichenau am Bodensee. Vor allem Letzterer, dem der Bau des karolingischen Münsters zugeschrieben wird, war ein hoch geachteter, gelehrter Mann, der nicht nur – etwa durch seine Diözesanstatuten – die Qualität des kirchlichen Lebens förderte und vereinheitlichte, sondern auch in der Reichspolitik eine wichtige Rolle spielte. Seine Nähe zum

75 In den 1860er-Jahren wurden im Bereich der Kirche Sainte-Marie in Moutier Fragmente frühmittelalterlicher Bauplastik gefunden. Sie gehörten mit grosser Wahrscheinlichkeit zum baulichen Schmuck des Klosters Grandisvallis (Moutier-Grandval). Der Bergbauingenieur und aufmerksame Geschichtsforscher Auguste Quiquerez hat sie in seinem Skizzenbuch zeichnerisch festgehalten (UB BS).

Moutier-Grandval.

76 Kaiser Heinrich II. und seine Frau Kunigunde gelten als grosse Förderer des Basler Münsters. Sie wurden dem Brauch gemäss am gotischen Bau als Stifterfiguren geehrt (um 1290). Heinrich, der 1146 heilig gesprochen wurde, war neben Maria Patron des Münsters. Die 1200 heilig gesprochene Kunigunde erhielt das Kreuz erst bei einer Aussenrenovation von 1880/1890.

Kaiser wird durch die Tatsache unterstrichen, dass seine Unterschrift unter dem Testament Karls des Grossen steht.

Trotz dieses Neuanfangs gehörte das Bistum Basel nun nicht plötzlich zu den reichen Diözesen mit grosser Ausstrahlung, zu schmal war seine materielle Basis. Dies änderte sich erst an der Wende vom ersten zum zweiten Jahrtausend, konkret mit der Schenkung des Klosters Moutier-Grandval durch den burgundischen König Rudolf III. im Jahre 999,[6] kurze Zeit später mit der gezielten Förderung durch die Kaiser des römisch-deutschen Reiches, insbesondere durch Heinrich II. und seine Nachfolger (Schenkung der Elsässer Hard, von Jagdrechten im Breisgau, von Silbergruben bei Sulzburg, Verleihung von Grafschaft im Sisgau usw.). Die Wertschätzung Heinrichs für das Bistum äusserte sich unter anderem auch in der Stiftung einer goldenen Altartafel und eines kostbaren Reliquienkreuzes[7] sowie durch die persönliche Anwesenheit des Kaiserpaares bei der Weihe des neuen Münsters 1119.

Wie schon unter Karl dem Grossen wurden auch jetzt die Bischöfe, die häufig Angehörige mächtiger Adelsgeschlechter waren, durch den König eingesetzt. Dies änderte sich (jedenfalls in der Theorie) erst mit dem Wormser Konkordat 1122, das dem so genannten Investiturstreit, dem jahrzehntelangen Kampf der Kirche gegen die Krone um das Einsetzungsrecht der Bischöfe, ein Ende machte: Der Papst setzte von nun an einen neuen Bischof mit Verleihung von Stab und Ring ein, der König verlieh ihm die weltliche Macht durch Überreichung des Szepters.

Die innere Organisation des Bistums vom 8. bis zum 12. Jahrhundert ist nur schwer und lückenhaft nachzuweisen. Im 13. Jahrhundert sind zwölf Dekanate belegt. Deren Vorsteher, die Dekane, übten unter anderem eine allgemeine Aufsichtspflicht über den Klerus aus, setzten diesen über Synodalbeschlüsse in Kenntnis und präsidierten die Landkapitel.

Für den Gottesdienst im Dom und die Verwaltung des Bistums berief der Bischof eine Anzahl Kleriker. Nach dem Vorbild der Mönche waren sie spätestens seit der Synode von Aachen (816/817) gehalten, in Gemeinschaft zu leben, waren aber nicht den Forderungen nach Askese unterworfen und durften auch eigenen Besitz haben. Die Verbrüderungsbücher der Klöster St. Gallen und Reichenau nennen 830 für Basel die Namen von 22 Domherren. Aus dieser Klerikergemeinschaft entwickelte sich das Domkapitel.

Die Domherren wurden in der Frühzeit vom Bischof berufen und waren wirtschaftlich von ihm abhängig. Sehr bald begann jedoch eine Entwicklung, die zu einer Teilung des Kirchengutes führte, indem ein Teil klar für den Unterhalt des Domkapitels ausgeschieden und auch von diesem verwaltet wurde. Ausserdem beanspruchte es zunehmend Rechte für sich, etwa die Wahl von Domherren auf die frei werdenden Stellen, die dann der Bischof bestätigen musste, und die Mitsprache bei Veräusserungen von Kirchengut durch den Bischof. Die anfänglich rigide Forderung nach dem gemeinsamen Leben wurde fallen gelassen. 1185 treten uns die Domherren sehr selbstbewusst entgegen: Sie haben eigene, individuelle Pfründen und leben jeder in seinem eigenen Haus. Ausserdem beanspruchen sie das Recht, bei einer Vakanz den Bischof zu wählen. In die gleiche Zeit fällt auch ein Streit darüber, wie die vom Dompropst den Domherren auszurichtenden Festessen zu Weihnachten und Ostern auszusehen hätten.

Der Adel und seine Herrschaften

Wenn man die Entwicklung der kirchlichen Organisation im Mittelalter betrachten will, kommt man nicht umhin, die Rolle des Adels gebührend zu würdigen. Adel und Kirche sind, was den massgebenden Personenkreis angeht, nicht voneinander zu trennen. Die meisten Bischöfe entstammen Geschlechtern des hohen Adels und unterhielten meist schon vor ihrer Wahl beste Beziehungen zu den Königen. Nonnen und Mönche in den Klöstern waren ebenfalls oft Angehörige dieser Familien. Und nicht zuletzt war es der Adel, der mit zahlreichen Kirchengründungen auf seinen Grundherrschaften

Ein Festmahl für die Domherren

Um 1185-1190 wurde in der bischöflichen Kanzlei in Basel ein Statut über die vom Dompropst zu Weihnachten und zu Ostern den Domherren zu reichenden Festmahlzeiten verfasst. Ein sinngemäss aus dem lateinischen Original übersetzter Ausschnitt daraus zeigt, dass die Domherren Wert auf standesgemässe, sprich üppige, Festmähler legten:

«Zu Weihnachten sollen täglich drei gut geweidete, erwachsene Schweine geschlachtet werden. Man bereite sie auf folgende Weise zu: eines rechne man für acht Brüder, und demgemäss sollen drei Schweine unter die 24 Domherren verteilt werden. Und, wie gesagt, soll ein Schwein auf vier Platten (scutellas) so aufgeteilt werden: der erste Gang ist eine Sülze, zwei Vorderbeine mit den Füssen und dem Kopf sollen entzweigeteilt werden, womit die Sülze der kleineren Schweine serviert wird.

Der zweite Gang ist Gehäck («gehechide», d.h. in mundgerechte Portionen zerteiltes Fleisch), das auf neun Arten zubereitet ist, und es gibt vier Arten Wurst, nämlich Magenwurst, Lungenwurst, Bratwurst, Brühwurst (Schüblig), die kranzförmig um jede Platte garniert werden, ferner ein halbes Huhn, eine Haxe, eine Zunge, ein Rückenstück, ein Rippenstück («chrumpein») mit Pfeffer gut gewürzt.

Die dritte Platte besteht aus grossen Mengen geräucherten Rindfleisches mit Öl.

Die vierte Platte ist Feistfleisch («feiztfleisc»), dessen vier Stücke aus je einer Seite des Schweines geschnitten werden, ausserdem das Schulterstück (Schüfeli), in Schweineschmalz geschmort und mit Pfeffer bestreut, womit auch das Feistfleisch des kleinen Schweines, wie oben erwähnt, gegeben wird.

Die fünfte Platte ist Schlauchbraten («sluchbrato») und Schmerbraten («smerbrato»).

Die sechste ist zubereitet aus einer Bache, über und über mit Pfeffer gewürzt und mit Wildfleisch garniert.

Die siebte Schüssel besteht aus Feistfleisch derselben Quantität wie oben, mit Senf.

Die achte ist Hirsebrei, mit Schafsmilch und Blut gekocht.

Die neunte sind zwei geviertelte Schulterstücke, zuerst gesotten, dann geschmort, und diese Schulterstücke müssen gespickt sein.

Jedem soll zu einem Mahl ein Stauf (das ist ein Becher) weissen Weines von Schiltberg und ein Drittel Quartale (ca. 2 Liter) roten Weines, und dazu ein Klosterbrot, das 6 Mark (ca. 1,5 kg) wiegt, vorgesetzt werden.

Zum Abendessen sind zwei Hühner zu servieren, von denen eines geschmort und das andere ähnlich zubereitet wird, und dazu gibt es Äpfel und zwei Stäufe Wein, wie oben, und ein Drittel Quartale vom Claret-Wein.

Zu Ostern gilt die gleiche Speisenfolge, mit der Ausnahme, dass statt des Rindfleischs ein getrocknetes Schulterstück mit Essig serviert wird und statt der Bache eine Osterspeise, aus Lammfleisch und Eiern im Schweineschmalz geschmort.»

Es folgt eine Speisefolge für Samstag mit Fischen, die ebenfalls in acht Gängen serviert werden. Genannt werden Felchen, Salm, Lachs, Forelle, Hecht, Albelen (Weissfische). Der Hirsebrei wird mit Öl und Schafsmilch aufgetischt, zum Nachtessen gibt es ein Gericht mit Waffeln und Äpfeln.

(Urkundenbuch der Stadt Basel 3, Nachträge, S. 327-328)

die flächendeckende geistliche Versorgung der Bevölkerung ermöglichte. Diese Gründungen bedeuteten immer den Verzicht auf einen Teil von Gütern und Einkünften, musste doch jedes Gotteshaus auch mit den nötigen materiellen Mitteln ausgestattet sein.

Mindestens so wichtig wie als Kirchengründer waren Adelige, wenn sie die Funktion des Vogtes ausübten. Geistliche waren wenigstens in der Theorie dem Grundsatz unterworfen, dass sie sich nicht mit weltlichen Dingen abgeben sollten und vor allem kein Schwert führen durften. Deshalb waren sie jeweils auf einen Beauftragten angewiesen, der als «advocatus» all die mit Besitz verbundenen Aufgaben im Sinne der kirchlichen Institution übernahm: Er übte die Herrschaft aus, verwaltete Güter und Einkünfte, zog die fälligen Abgaben ein, hielt Gericht und übernahm bei Prozessen die rechtliche Vertretung der kirchlichen Institution.

Fast regelhaft stammten die Vögte aus den Familien der Stifter und Kirchengründer, die oft noch mehr Besitz in der engeren und weiteren Umgebung innehatten. In der Wahrnehmung der gewöhnlichen Bevölkerung erschienen sie deshalb oft als Repräsentanten grossflächiger Herrschaftskomplexe.

Die Pfarreien

Noch vor der Jahrtausendwende muss im Bistum Basel bereits ein relativ dichtes Netz von Pfarrkirchen bestanden haben, deren typische Merkmale die Tauf- und Begräbnisrechte sowie das Zehntrecht sind. Vor allem Letzteres, zur Zeit Karls des Grossen eingeführt, erforderte eine flächendeckende Pfarrorganisation: Jedes bebaute Land war dem Zwang unterworfen, einer Pfarrkirche den Zehnten abzuliefern. Viele dieser Pfarrkirchen waren ursprünglich Eigenkirchen, das heisst Kirchen, die von Grundherren für ihre «familia»[8] und oft wohl auch als Grablege des Geschlechts erbaut worden waren.

Das Eigenkirchenwesen war damals noch durchaus der Normalfall: Auf Eigengut («Allod») gegründete Kirchen waren Eigentum des Grundherrn, der den Pfarrer einsetzte und über die Einnahmen der Kirche verfügen konnte. Dem Bischof stand nicht viel Einflussnahme zu, er weihte lediglich das Gebäude und den vom Kirchherrn jeweils eingesetzten Priester. Erst gegen Ende des 11. Jahrhunderts begann die Kirche, konsequent die Rechte weltlicher Herren an geistlichen Institutionen in Frage zu stellen, und erreichte, dass vom 12. Jahrhundert an das Eigenkirchenwesen

77 Der als «Römerstrasse» bezeichnete Abschnitt der alten Hauensteinstrasse. In dieser Form dürfte es sich um einen Ausbau des 18. Jh. handeln. Dass aber bereits im Mittelalter ein ausgehauener Hohlweg bestanden haben muss, bezeugt der Name «Howenstein» in der Gründungsurkunde von Schöntal.

durch das Patronatsrecht verdrängt wurde, das dem Grundherrn lediglich ein Mitsprache-recht bei der Besetzung der Pfarrei einräumte. Neben den als Pfarrkirchen etablierten Gotteshäusern existierten aber noch zahlreiche andere kleine Kirchen und Kapellen ohne Tauf- und Begräbnisrecht, die auch als «Filialkirchen» bezeichnet werden. Manche rückten im Laufe der Zeit ebenfalls zu Pfarrkirchen auf, etwa wenn die Bewohner der entsprechenden Siedlung nachweisen konnten, dass es zu beschwerlich sei, mit den kleinen Kindern zur Taufe und zur Bestattung der Toten auf dem Friedhof weite Strecken zurückzulegen.

Klöster und Stifte

Die Geschichte von Kirche und Raum im Bistum Basel wäre unvollständig ohne die Berücksichtigung der Klöster. Nach den mönchischen Idealen hatte die Gründung eines Klosters in Abgeschiedenheit und Wildnis zu erfolgen. Das Vorbild waren ursprünglich die Eremiten der Spätantike, die sich in die Wüste zurückzogen; dieses Ideal spielte bei den iroschottischen Mönchen noch eine grosse Rolle, als sie begannen, Klöster auf dem Kontinent zu gründen, etwa Luxeuil im Burgund (Columban) oder St. Gallen (Gallus). Wenn wir die Klostergründungen unserer Region bis ins 13. Jahrhundert betrachten, so stellen wir denn auch fest, dass nicht selten Standorte weitab von den dicht besiedelten Gegenden gewählt wurden; dennoch muss die Frage nach der Weltabgeschiedenheit von Fall zu Fall überprüft werden, denn oft trifft die ideale Vorstellung nur teilweise und vordergründig zu.[9]

Nehmen wir das Fallbeispiel Schöntal: Zwar liegt es tatsächlich idyllisch in einem kleinen Tälchen auf einer Höhe von 734 Metern inmitten der bewaldeten Jurahöhen, was auf den ersten Blick die Forderung nach mönchischer Abkehr von der Welt bestätigt. In knapp 15 Minuten Fussmarsch gelangt man jedoch zur Passstrasse des Oberen Hauensteins, einem der wichtigsten Übergänge auf der Nord-Südroute vom Rheintal ins Schweizerische Mittelland (Abb. 77). Und dort liegt denn auch

78 Reste der «Langen Brücke» aus Holzbohlen, mit welcher ein Hochmoor überquert wurde, kamen 1957 zum Vorschein.

ein Ort «Langenbruck», der seinen Namen einem über ein Hochmoor führenden Bohlenweg verdankt und bereits in der Gründungsurkunde erwähnt ist (Abb. 78).

Ähnliches lässt sich vom Kloster Moutier-Grandval sagen. Der elsässische Herzog Gundoin übergab dem Abt Walbert von Luxeuil um 640 das Gebiet im hinteren Birstal zur Gründung eines Klosters. Dieses Gebiet war sicher nicht sehr dicht besiedelt, aber aufgrund verschiedener Indizien[10] auch nicht menschenleere Wildnis. Und auch hier verlief eine wichtige Passstrasse, nämlich jene über die Pierre Pertuis, die eine ähnliche Bedeutung hatte wie der Obere Hauenstein.

Dennoch ist nicht zu leugnen, dass in der «relativen» Wildnis angelegte Klöster eine wohl noch wichtigere Aufgabe zu erfüllen hatten als die Offenhaltung oder Pflege der Passstrassen. So wie die Adeligen im bewaldeten Niemandsland ihre Burgen gründeten und einen Umschwung rodeten, so gründeten sie auch Klöster, die dieselbe Aufgabe hatten: die Rodung der Wälder und die Urbarmachung bisher landwirtschaftlich ungenutzter Flächen. Sie trugen somit dazu bei, die Fläche des Acker- und Wieslands zu vergrössern. Im Falle von Schöntal zeigt der Streit um die Novalzehnten, dass die Mönche kurz nach der Gründung in diesem Sinne ge-

79 Siegelpetschaft des Propstes Burkard von Schöntal (1260-1281).

worden waren. Die Erwähnung einer Wiese namens «Rüti» (= gerodetes Land) bei der Umschreibung des Schöntaler Umschwungs[11] und jene eines Ortes «Chalchofen» zeigt, dass die Gegend vor Ankunft der Mönche bereits genutzt wurde. Ähnliches gilt etwa auch für das Kloster Lucelle, wo in der Gründungsurkunde ebenfalls von gerodeten Wäldern und Novalzehnten sowie von einem «alten Ofen» die Rede ist.[12]

Trotz der anfänglichen Anstrengungen scheint das Kloster Schöntal nicht besonders gut gediehen zu sein. Die Weihung der Kirche 1187[13] und die Neubesetzung des Klosters 1189[14] kann als Versuch gewertet werden,

dem verarmten Kloster wieder mehr Rückhalt zu geben. Es gibt Indizien dafür, dass Schöntal ein Doppelkloster war, dass also neben dem Männerkonvent auch eine Gemeinschaft von Nonnen existiert hat. Später (erstmals nachgewiesen 1266) war es dann aber ein Kloster von Benediktinerinnen, die einem Propst unterstellt waren.

Das Besitzverzeichnis von 1226[15] zeigt Güter und Rechte, die von Fulenbach (SO) bis Wintersingen (BL) und von Münchenstein (BL) bis Gösgen (SO) verteilt sind. Schöntal muss als bescheidenes, kleines Kloster gelten, das nie eine herausragende Bedeutung besass.

Neben Klostergründungen in echter oder vermeintlicher Wildnis gab es aber auch andere, zum Beispiel St. Alban[16] vor den Toren Basels, das Bischof Burkhard von Fenis im Jahr 1083 gründete. Von diesem Kloster ist ein Zinsbuch aus dem Jahr 1284 erhalten, das Besitz von Cormoret im Tal von St. Imier über Sutz am Bielersee und Härkingen (SO) westlich von Aarburg bis Biesheim und Steinbrunn bei Colmar ausweist. Die Streuung der Güter ist wesentlich grösser als jene des Klosters Schöntal, dennoch gilt auch St. Alban nicht als besonders reich, vor allem, wenn man es mit Murbach oder Lucelle vergleicht.

Neben den Pfarrkirchen und Klöstern gab es eine weitere Form kirchlicher Institutionen, die Kanoniker- oder Chorherrenstifte. In karolingischer Zeit wurden die an einer Kirche tätigen Kleriker zu gemeinsamem Leben verpflichtet, ohne dem Ideal der klösterlichen Askese nachleben zu müssen. Im Laufe der Zeit veränderte sich diese Form der Organisation, indem einerseits Eigenbesitz möglich war, andererseits die Pfründen nicht an das Stift, sondern an die einzelnen Chorherren vergeben wurden. Im Hochmittelalter war nicht einmal mehr die Pflicht zur Wohnsitznahme bei der Kirche verlangt. Ähnlich wie bei den Klöstern und beim Domstift war auch bei diesen Stiften eine materielle Ausstattung nötig, die den Unterhalt der Mitglieder sicherte. Als Gegenleistung waren sie verpflichtet, den Chordienst in der Kirche zu gewährleisten, eine Herberge und manchmal auch eine Schule zu unterhalten.

80 Karte mit den Besitzungen der Klöster St. Alban und Schöntal, nach Gilomen 1977 und Rippmann 1991.

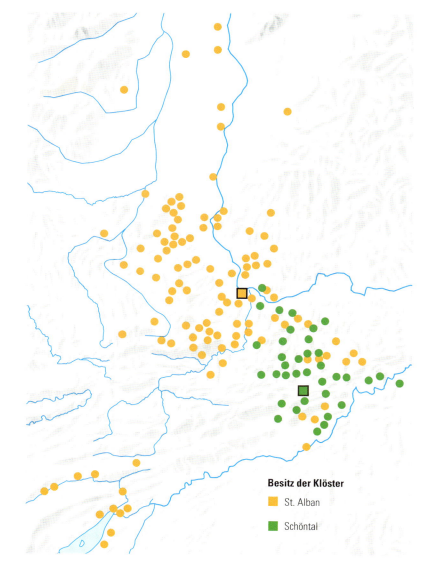

Besitz der Klöster

■ St. Alban

■ Schöntal

Was die Bischöfe von Basel im 11. und 12. Jahrhundert dazu bewogen hat, die Juraklöster Moutier-Grandval, Saint-Ursanne und Saint-Imier in Kollegiatstifte umzuwandeln, ist nicht bekannt. Möglicherweise ist diese Umwandlung mit einer Intensivierung der bischöflichen Administration in einem der Kerngebiete des späteren Fürstbistums zu erklären.

Die Kirche als Grundherr

Wir sind eigentlich von der Frage ausgegangen, welche Rolle die mittelalterliche Kirche oder besser die kirchlichen Institutionen bei der Organisation des besiedelten (und unbesiedelten) Raumes gespielt haben. Das Fallbeispiel Schöntal hat zunächst gezeigt, dass durchaus ein Konfliktpotenzial auch unter kirchlichen Institutionen vorhanden war. Auf der anderen Seite ist aber auch klar ersichtlich, dass nicht sauber zwischen kirchlicher und weltlicher Sphäre getrennt werden kann: Das Eigenkirchenwesen kann Laien zu Besitzern von Kirchen und Klöstern machen, als Vögte haben sie grosse Einflussmöglichkeiten auf die Verwaltung und rechtliche Vertretung dieser Institutionen. Umgekehrt beschränken sich die Aufgaben von Bistum und Domkapitel, von Stiften und Klöstern nicht ausschliesslich auf Belange der Religion. Die mehr oder weniger umfangreichen Schenkungen an Kirchen und Klöster ergaben Herrschafts- und Besitzkomplexe, die aus oft weit verstreuten Gütern und Rechten bestanden, ganz ähnlich wie bei den Adelsherrschaften.

Die ländliche Bevölkerung erlebte die Kirche auf zweierlei Arten, zum einen als organisierte Pfarrei, die für die geistliche Betreuung verantwortlich war und in der das religiöse Leben mit seinen Ritualen stattfand, der man aber auch den Zehnten als einen Teil des Arbeitsertrags schuldete. Zum anderen aber wurde die Kirche nicht viel anders als die adeligen Grundbesitzer empfunden: Kirche wie Grundherr lebten von den Frondiensten und Abgaben der Frauen und Männer, die dem Boden den allzu oft kärglichen Ertrag abrangen. Kirchenbesitz und Adelsherrschaft waren in vielfältiger Weise miteinander vermengt. Die Entwicklung des 13. Jahrhunderts zeigt denn auch bei beiden Formen der Herrschaft eine ähnliche Entwicklung: Durch Abtausch und Kauf wurde versucht, den eigenen Besitz zu arrondieren und zu einer territorial möglichst geschlossenen Herrschaft zu vereinigen. Besonders erfolgreich waren die Bischöfe von Basel, die zwar einen grossen Teil des rechtsrheinischen Besitzes wieder verloren hatten, aber bei der Konsolidierung ihrer Macht in der Gegend südlich und westlich von Basel sich umso mehr durchsetzen konnten.

81 Um die Kirche des Chorherrenstiftes Saint-Ursanne entwickelte sich eine Siedlung, die erst im späteren 14. Jh. mit städtischen Rechten ausgestattet wurde. Die Kirche, deren älteste Teile in die Zeit nach 1179 zurückgehen, dient heute als Pfarrkirche des Städtchens.

| JÜRG TAUBER

Kirche und Macht: Politik und Wirtschaft

Das Beispiel Lausen: ein Besitzwechsel und seine Folgen

Weshalb die Kirche von Lausen weitab des Dorfes auf der anderen Talseite steht, war lange Zeit ein Rätsel. Erst die Entdeckung von Siedlungsspuren in den 1960er-Jahren und die Ausgrabungen von 1987 bis 1992 brachten die Erklärung: Ursprünglich stand hier am Ufer der Ergolz ein Dorf namens «Bettenach», das um 1200 verlassen wurde. Nur die Kirche blieb damals stehen, flankiert von einem im 13. Jahrhundert errichteten Pfarrhaus.[1]

Die Wurzeln von Bettenach gehen in römische Zeit zurück. Im 1. Jahrhundert entstand hier ein Gutshof, von dem allerdings nur ein grösseres Gebäude oberhalb der Kirche bekannt ist. Nur wenige Meter weiter östlich muss die Stelle gewesen sein, an welcher das Wasser der Ergolz aufgestaut und in die Wasserleitung nach Augst abgeleitet wurde.[2] Der

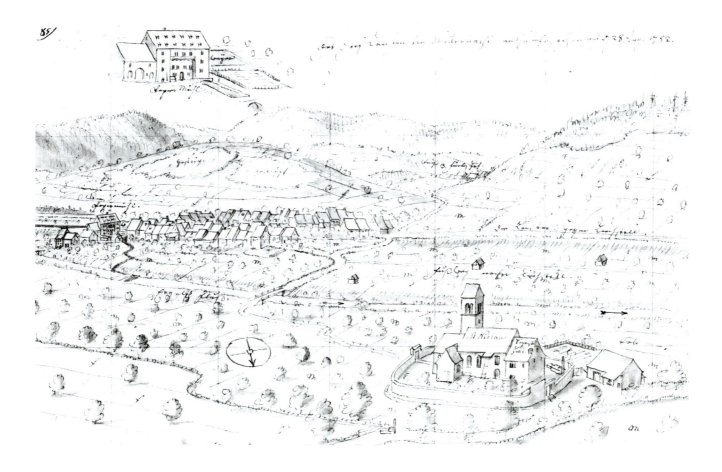

82 Die Kirche von Lausen und das Dorf von Norden. Federzeichnung Emanuel Büchels von 1752 (StABS).

Gutshof dürfte somit oberhalb eines kleinen Stausees gelegen haben. Ein Zusammenhang mit der Wasserleitung würde auch bedeuten, dass diese Siedlung römisches Staatsgut war. Unter der Herrschaft der Franken wurde sie dann folgerichtig zum merowingischen Königsgut geschlagen.

Reste eines grossen Steinbaus aus dem 5. oder gar 6. Jahrhundert zeigen, dass die Siedlung kontinuierlich weiter bewohnt wurde.[3] Die Dimensionen des in den Fundamenten erhaltenen Grundrisses lassen an eine Hofummauerung mit innen angelehnten Gebäuden

83 Lausen – Bettenach: Reste des Steinbaus aus dem 9. Jh., der im 11. Jh. wieder abgebrochen wurde. Die Mauer überschneidet ihrerseits ein Grubenhaus des späteren 7. und 8. Jh.

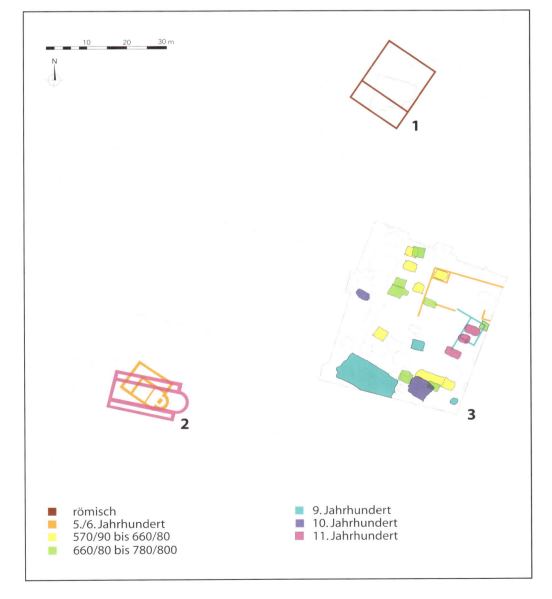

■ römisch	■ 9. Jahrhundert
■ 5./6. Jahrhundert	■ 10. Jahrhundert
■ 570/90 bis 660/80	■ 11. Jahrhundert
■ 660/80 bis 780/800	

84 Plan der Ausgrabungen in Lausen.
1 römisches Gebäude (1935)
2 Kirche (1970/1971)
3 Gartenweg / Friedhoferweiterung (1985 bis 1992)

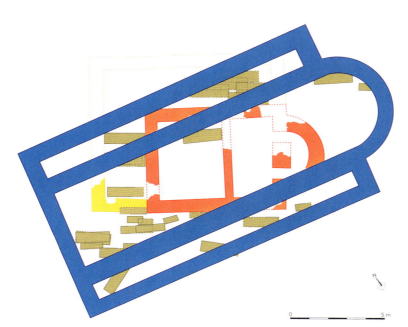

85 Lausen – Bettenach: Der
Bau der dreischiffigen Kirche
des 11. Jh. mit ihrer vom
Vorgängerbau stark abweichenden Orientierung muss als
bewusster Traditionsbruch
gesehen werden
(s. Abb. 60).

denken. Dieses Gemäuer wurde im 8. Jahrhundert aufgegeben; ob man es abbrach oder
zerfallen liess, kann aufgrund der Grabungen
nicht sicher erschlossen werden.

Im 9. Jahrhundert wurde ein weiterer Steinbau
errichtet, ebenfalls von erheblicher Grösse;
er hatte bis ins 11. Jahrhundert Bestand
(Abb. 83). Die Bauweise in gemörteltem
Mauerwerk anstelle des sonst üblichen Holzes
lässt den Schluss zu, dass Bettenach eine
Siedlung von besonderer Bedeutung, eben
ein königlicher Hof, gewesen sein muss.

Alle anderen Spuren sind solche von Holz-
häusern. Pfostengruben zeigen an, wo einst
die das Dach tragenden Pfosten eingelassen
waren. Besonders auffällig waren die so genannten Grubenhäuser, kleine, bis zu einem
Meter in den Boden eingegrabene Gebäude,
die häufig als Webkeller dienten. Neben der
Siedlung mit ihren Wohn- und Wirtschafts-
gebäuden stand seit dem 6. Jahrhundert eine
kleine Kirche, zu der einige Bestattungen
gehörten.[4]

Die Siedlung erfuhr im 11. Jahrhundert eine
grundlegende Umgestaltung: Die Steinbauten
des 9. Jahrhunderts verschwanden; an ihrer
Stelle kamen Grubenhäuser zu stehen, die
noch im 11. Jahrhundert bereits wieder ver-
füllt worden sind. Die kleine Kirche wurde
abgetragen und an ihrer Stelle entstand eine

neue, dreischiffige Anlage von wesentlich
grösseren Ausmassen. War die ältere Kirche
noch nach dem römischen Gebäude orien-
tiert, so ist der Neubau anders und sehr viel
exakter nach Osten ausgerichtet.

Ob das Verschwinden der Steinbauten in der
Siedlung und der Neubau der Kirche gleichzeitig sind und damit in einem kausalen Zusammenhang stehen, muss beim derzeitigen
Stand der Auswertung offen bleiben. Auf jeden Fall ist der Bau der neuen Kirche als bewusster Traditionsbruch anzusehen. Als Auslöser dieser Veränderung kann eigentlich nur
ein Besitzerwechsel in Frage kommen.

Es bestehen gewichtige Gründe für die Hypothese, dass es Graf Rudolf von Rheinfelden
war, der nach der Mitte des 11. Jahrhunderts in
den Besitz des vormaligen Königsgutes Lausen gelangte: 1057 ernannte Kaiserin Agnes
ihn zum Herzog von Schwaben. 1059 heiratete er ihre Tochter Mathilde; gleichzeitig
übertrug ihm die Kaiserin die Verwaltung des
burgundischen Reichsteils. Mathilde starb allerdings schon wenige Monate nach der Eheschliessung.

Der Besitzerwechsel des Königshofes von
Bettenach könnte eine Folge dieser Heirat
sein; er wäre dann ein Teil der Mitgift gewesen. Auch das erst im 17. Jahrhundert über-
lieferte Nikolauspatrozinium spricht für den
Rheinfelder: Er ist nachweislich Anhänger eines frühen Nikolauskultes und war im Besitz
weiterer dem Heiligen aus Myra geweihten
Kirchen und Kapellen. Im Kloster St. Blasien
(Schwarzwald), das sich in jener Zeit der vom
italienischen Kloster Fruttuaria ausgehenden
Reformbewegung anschloss, liess er in der
Nikolauskapelle einen seiner Söhne sowie
dessen Mutter Adelheid von Turin begraben,
die er zwei Jahre nach Mathildes Tod geheiratet hatte.

Der Bau der Lausener Nikolauskirche darf somit einerseits als Zeugnis einer tiefen Verehrung für diesen Heiligen gelten. Auf der anderen Seite dokumentiert sie aber auch den
Anspruch auf den neu erworbenen Rheinfelder Besitz. Es gibt Hinweise darauf, dass der
1066 für mündig erklärte Kaiser Heinrich IV.
auf Rudolf Druck ausgeübt hat, damit dieser

ihm übertragenes ehemaliges Reichsgut zurückgebe. Die Schenkung der Nikolauskirche von Niedererlinsbach (SO) von 1070 ans Kloster Einsiedeln könnte vor diesem Hintergrund gesehen werden: Rudolf von Rheinfelden beugte sich den Forderungen Heinrichs IV. zwar nicht; aber durch die Schenkung an Einsiedeln, dessen oberster Schirmherr der Kaiser war, erfüllte er dennoch dessen Forderung, sich von diesem ehemaligen Reichsgut wieder zu trennen. So konnten beide Kontrahenten ihr Gesicht wahren.[5]

Kaiser und Bischof gegen Papst und Herzog

Im Investiturstreit, als Kaiser Heinrich IV. und Papst Gregor VII. darum stritten, ob die weltliche oder die geistliche Macht die Bischöfe einsetzen dürfe, nahm Herzog Rudolf von Schwaben dezidiert Partei für die Anliegen des Papstes. 1077 wurde er von den päpstlich gesinnten Reichsfürsten als nächster Verwandter des salischen Herrscherhauses und de facto mächtigster Mann im süddeutschen Raum zum Gegenkönig gewählt. Damit rückte die Region Basel in das Licht der Weltgeschichte, sass doch in Basel mit Burkhard von Fenis ein treuer Gefolgsmann des Kaisers auf dem Bischofsstuhl – auch er ein burgundischer Adliger, dessen Familie mit jener Rudolfs schon früher in ihren Stammlanden – vielleicht nicht immer friedlichen – Kontakt gehabt haben muss. 1080 verlor Rudolf von Rheinfelden in einer Schlacht seine rechte Hand; an den Folgen dieser Verletzung ist er gestorben. Dass er die Hand verlor, mit der er einst seinem Kaiser Gefolgschaft geschworen hatte, hielten seine Gegner für eine Strafe Gottes. Er wurde im Dom von Merseburg (Sachsen-Anhalt) beigesetzt, wo noch heute sein Grabmal zu sehen ist.

Viele seiner Güter wurden vom Kaiser eingezogen und an Getreue verschenkt. In unserer Region haben die Grafen von Alt-Homberg, die sich auch nach der Burg (Alt-)Tierstein oder dem Ort Frick nannten, offenbar unbestritten einen grossen Teil seines Erbes angetreten. Diese Familie tritt uns ab 1082 in der schriftlichen Überlieferung entgegen und ist von Anfang an im Kreis des hohen Reichsadels zu finden. Dieser nahtlose Übergang sowie die Tatsache, dass der Name Rudolf der Leitname der Alt-Homberger war, lassen eine Verwandtschaft mit Rudolf von Rheinfelden erschliessen, die am wahrscheinlichsten so zu erklären ist, dass Rudolf vor seiner Vermählung mit der Kaiserstochter Mathilde bereits einmal verheiratet war; diese erste Frau wäre dann eine Alt-Hombergerin gewesen. Der Kirchenbau von Lausen war mit Sicherheit Ausdruck einer tiefen Frömmigkeit und der Vorsorge für das Seelenheil. Gleichzeitig ist er aber auch politisches Programm: Das Nikolauspatrozinium demonstriert Sympathien für die von Fruttuaria ausgehende Reformbewegung, die auch im Umkreis des Schwarzwaldklosters St. Blasien ihre Anhänger fand, unter anderem die Zähringer, die zu den treuesten Parteigängern des Papstes und damit Rudolfs von Rheinfelden gehörten. Mit dem Kirchenbau setzte Rudolf aber auch eine unübersehbare Besitzmarke, die seine Macht deutlich demonstrierte und seinen Anspruch auf das ehemalige Königsgut Bettenach in Stein dokumentierte.

86 Grabplatte Rudolfs von Rheinfelden im Dom zu Merseburg, wo er nach seinem Tod 1080 begraben wurde. Sie zeigt ihn als König mit den Reichsinsignien. Die Umschrift lautet: «König Rudolf, gestorben für das Gesetz der Väter, zu beklagen nach seinem Verdienst, ist in diesem Grab bestattet. Als König war ihm, hätte er in Friedenszeiten geherrscht, niemand seit Karl dem Grossen ähnlich in Geist und Kampf. Während die Seinen siegten, ist er hier gestürzt – der Tod ward ihm Leben – als heiliges Opfer des Krieges für die Kirche ist er gefallen».

Kirche und kaiserliche Politik

Seit der Karolingerzeit wurde die Kirche zunehmend ein Machtinstrument des König- und Kaisertums. Besonders ausgeprägt war das so genannte «Reichskirchenwesen» unter Kaiser Otto I. (dem Grossen) und seinen Nachfolgern. Bei der Wahl von Bischöfen und von Äbten der Reichsklöster gaben die Herrscher den Ausschlag, was seinen zeremoniellen Ausdruck in der Einsetzung mit dem Stab fand. Die Bistümer und Reichsklöster wurden mit Reichsgut ausgestattet, waren im Gegenzug aber zum *Servitium Regis* verpflichtet, was etwa die Aufnahme und Verpflegung des wandernden Königshofes mit seinem Tross, aber auch die Stellung von Truppen für das Reichsheer und die Übernahme diplomatischer Aufträge bedeutete. In mancher Hinsicht wurden damit Bischöfe und Äbte den Herzögen und Grafen gleichgesetzt.

Auf das Bistum Basel wirkte sich die Politik der ottonischen Herrscher jedoch nicht aus, da es im 10. Jahrhundert zum Königreich Hochburgund gehörte. Erst kurz vor der Jahrtausendwende ist eine Änderung zu verzeichnen. Wohl unter dem Einfluss Kaiser Ottos III. schenkte König Rudolf III. (der Faule) von Burgund dem Bistum die Abtei Moutier-Grandval mit allem, was dazu gehörte. Damit war der Basler Bischof Adalbero zu einer bedeutenden Grundherrschaft gekommen, die den Grundstein zum Fürstbistum legte. Die etwas späteren Schenkun-

gen Kaiser Heinrichs II. und seiner Nachfolger verhalfen dem Bistum zu einer materiellen Basis, die es vom frühen 11. Jahrhundert an zu einem bedeutenden Machtfaktor machten. Die Förderung des Bistums durch das Kaisertum hatte durchaus auch politische Zwecke, war es doch ein Stützpunkt des römisch-deutschen Reiches in seinen Bemühungen, das Königreich Burgund und dessen mächtige Adelsgeschlechter zu gewinnen und zu kontrollieren. Ausserdem band das erstarkte Bistum Basel den übermächtigen Einfluss der Diözese Strassburg sowie der elsässischen Grafen zurück.

Die enge Bindung der Bischöfe an das römisch-deutsche Kaisertum zeigte sich im Investiturstreit. Bischof Burkhard von Fenis stellte sich zusammen mit seinem Namensvetter Burkhard von Oltingen, dem Bischof von Lausanne, entschieden auf die Seite des Kaisers und wurde folgerichtig vom Papst exkommuniziert. Als kaiserlicher Parteigänger focht er zahlreiche Kämpfe mit dem Exponenten der päpstlichen Partei, Rudolf von Rheinfelden, aus. Er tritt uns in dieser Zeit also als machtbewusster Angehöriger eines bedeutenden Adelsgeschlechts entgegen.

Der Bischof als Stadt- und Grundherr

Burkhard von Fenis zeigte sich aber auch seinen Aufgaben als Grundherr gewachsen: Er liess um seine Bischofsstadt eine Stadtmauer erbauen (Abb. 87) und erfüllte so die Verpflichtung, die Bevölkerung in seiner Grundherrschaft zu schützen. Seine Treue zum Kaiser brachte ihm 1080 die Grafschaft Härkingen (SO), 1084 die Burg Rappoltstein im Elsass und 1095 die Abtei Pfäfers (SG) ein.

Auch unter den Nachfolgern Burkhards finden wir Bischöfe, die im Gefolge des Kaisers unterwegs waren: Ortlieb von Frohburg begleitete Konrad III. auf dem 1145 ausgerufenen 2. Kreuzzug und brachte aus dem Heiligen Land zahlreiche Reliquien mit, die er mindestens zum Teil auf die Altäre des Klosters Schöntal verteilte. Heinrich von Hornberg zog 1189 im Heer Kaiser Friedrichs I. Barbarossa mit, das Akkon eroberte, verstarb aber auf dem Rückweg.

87 Bei Bauarbeiten am Leonhardsgraben kamen 1995 bedeutende Reste der Burkhardschen Stadtmauer zum Vorschein.

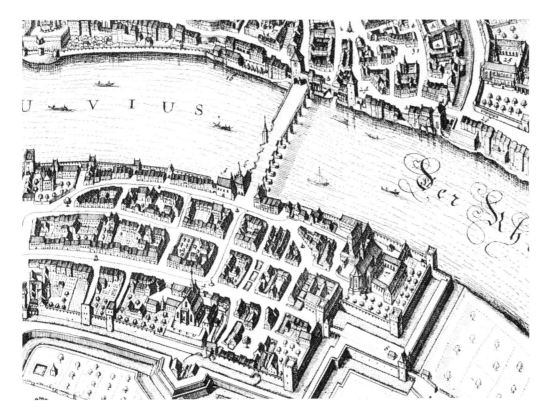

88 Der Bau der Rheinbrücke zwischen 1225 und 1240 war ein wichtiger Schritt für Basels Wirtschaft. Während sie auf der seichteren Kleinbasler Seite auf Steinpfeilern steht, waren die Brückenjoche gegen den Prallhang zu aus Holz. Erst 1905 wurde die ganze Brücke in Stein gebaut. Ausschnitt aus dem Plan von Matthäus Merian von 1615.

Die Bischöfe waren aber nicht nur im Reichsdienst mit Ausübung von durchaus weltlicher Macht beschäftigt, auch ihr eigenes Fürstbistum wussten sie zu stärken. Ob die Umwandlung von Moutier-Grandval zu einem Kollegiatsstift zwischen 1049 und 1120 in diesem Zusammenhang zu sehen ist,[6] muss offen bleiben. Saint-Ursanne und Saint-Imier mit den dazu gehörigen Gütern und Rechten hingegen, die ebenfalls im 11. Jahrhundert in Stifte umgewandelt wurden, bedeuten aber sicher einen direkten Machtzuwachs für den Fürstbischof. In Saint-Ursanne tritt damals der Basler Bischof als weltlicher und geistlicher Besitzer auf, und das Stift wechselte von der Erzdiözese Besançon ins Bistum Basel. Saint-Imier, das im Bistum Lausanne lag, war als Besitz Moutier-Grandvals schon 999 an Basel gelangt.

Auch der Bau der Basler Rheinbrücke, die 1225 mindestens als Projekt geplant war und nach 1240 eindeutig belegt ist, und damit verbunden die Gründung der Stadt Kleinbasel ist eine Erweiterung des Territoriums, diesmal im Bistum Konstanz (Abb. 88). Damit konnte der Umstand, dass im Laufe des 12. Jahrhunderts die meisten rechtsrheinischen Güter und Rechte an die Herzöge von Zähringen verloren gegangen waren, wenigstens zu einem gewissen Grad wettgemacht werden. Dass die Gründung Kleinbasels in die Jahrzehnte nach dem Aussterben der Zähringer 1218 fällt, ist wohl klar als Absichtserklärung zu interpretieren, rechts des Rheins wieder eine grössere Rolle zu spielen.[7]

Gleichzeitig wurde aber mit dem Brückenbau die Bedeutung der Stadt Basel, die bereits seit dem 11. Jahrhundert eine beträchtliche Grösse besass und in der Gewerbe und Handel blühten, massiv gesteigert.

Das 13. Jahrhundert sah eine Verdichtung der fürstbischöflichen Herrschaft im Jura. Einerseits waren es Schenkungen wie jene des Herrn von Hasenburg (Asuel JU) 1241, der seinen ganzen Besitz dem Bischof übertrug und damit dessen Einflussgebiet Richtung Elsgau erweiterte. Verpfändungen (etwa die Vogtei über die Stadt Biel 1234 durch Berthold von Neuenburg) oder Verkäufe (wie 1264 die Vogteirechte im Schüsstal durch

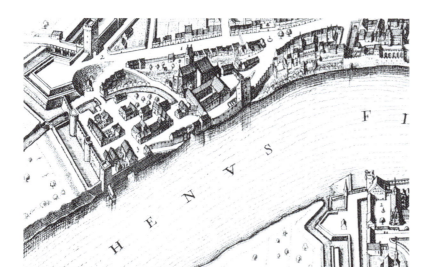

89 Auf dem Ausschnitt aus dem Vogelschauplan Matthäus Merians von 1615 ist das Kloster St. Alban mit der zugehörigen, vom Gewerbe geprägten Siedlung in der linken Bildhälfte gut zu erkennen. Vom linken Bildrand fliesst der «St. Alban-Teich», ein Industriekanal zum Antrieb der Mühlräder, in das Quartier hinein.

90 Das Kloster St. Alban legte um die Mitte des 12. Jh. einen Industriekanal an, der vor allem als Energielieferant für die Mühlräder diente. Noch im 20. Jh. stehen entlang des Kanals alte Fabrikbauten wie auf dieser Aufnahme von 1969.

Otto von Erguel) brachten einen weiteren Zuwachs des Herrschaftsgebiets im Jura. Häufig zu beobachten ist auch, dass Adelige ihren Besitz dem Bischof übertrugen und ihn dann als Lehen zurücknahmen (so der Graf von Pfirt 1271). Eine militärische Aktion (mit Unterstützung König Rudolfs von Habsburg) gegen den Grafen von Montbéliard brachte 1283 Pruntrut und den Elsgau unter bischöfliche Herrschaft. Zu Beginn des 14. Jahrhunderts stand das Fürstbistum auf dem Höhepunkt seiner weltlichen Macht.

Adelsherrschaften, Klöster und Pfarreien

So wie Bischöfe, Klöster, ja selbst Pfarreien sich nicht ausschliesslich in der geistlichen Welt bewegten, beschränkte sich die Funktion des Adels nicht allein auf rein weltliche Aspekte. Die Gründung von Kirchen und Klöstern und deren Ausstattung mit Gütern, Rechten und Einkünften aller Art sind zunächst Zeichen der Frömmigkeit und der Vorsorge fürs Seelenheil der jeweiligen Stifterinnen und Stifter. Wenn Bischof Burkhard den Adel der Umgebung bittet, das 1083 vor den Toren der Stadt gegründete Kloster St. Alban (Abb. 89) mit Schenkungen zu bedenken, so bleibt dies nicht ohne Echo.[8] Graf Adalbero von Frohburg schenkt das Dorf Appenweiher (bei Colmar) mit seiner Kirche, der Basler Vitztum Hupold seinen ererbten Besitz in Rheinweiler (Baden) sowie die Kirche von Hägendorf (SO), Graf Ulrich von Saugern (Soyhières JU) seinen Besitz in Kembs (Elsass). Mit diesen Besitzübertragungen wurden die Klöster einerseits mit Einkünften ausgestattet, die ihr wirtschaftliches Überleben sichern sollten, andererseits aber auch den adeligen Herren gleichgestellt: Sie übten die Grundherrschaft und die Gerichtsbarkeit aus, traten den hörigen Bauern damit in gleicher Weise entgegen wie der Adel. Ähnlich wie die adeligen Grundherrschaften waren auch jene der Klöster nicht territorial geschlossen, sondern bestanden aus verstreuten Besitzungen unterschiedlicher Art. Um den Überblick nicht zu verlieren, wurden Urbare und Zinsverzeichnisse angelegt, die Güter und Einkünfte minutiös aufzeichneten. Im Falle des Klosters St. Alban verleitet die eindrückliche Verbreitung der Güter dazu, das Kloster als besonders reich einzuschätzen; die Analyse der Zinsbücher ergab jedoch, dass auf zahlreichen Besitztümern nur sehr kleine Abgabenlasten zu verzeichnen waren.[9]

Eine Schenkung an ein Kloster oder an eine Kirche musste indes nicht bedeuten, dass das betreffende Gut völlig aus dem Einflussbereich der Schenkenden verschwand. Häufig enthielten die Urkunden wie im Falle der Gründung des Klosters Schöntal die Bestim-

91 Die beiden Öfen von Boécourt (JU, 6.-7. Jh.) nach der Freilegung. In der linken Arbeitsgrube ist der letzte Schlackenfluss noch gut erkennbar.

mung, dass ein Mitglied der Schenkerfamilie als Vogt eingesetzt wurde. Da die Vogtei in vielen Fällen erblich war, bedeutete dies, dass der Einfluss der Schenkenden bestehen blieb. Die Macht der Vögte war bedeutend, auch wenn sie «lediglich» aus der Stellvertretung einer geistlichen Institution entstanden war. Zahlreich sind die Beispiele, wo Vögte sehr frei über das Kloster- und Kirchengut verfügten und zum Beispiel Einfluss auf die Wahl der Äbte nahmen.

Wirtschaft und gewerblicher Aufschwung

Neben der politischen Macht gab es aber noch eine weitere: die wirtschaftliche. Aus zahlreichen klösterlichen Besitzungen flossen lediglich geringe Einkünfte an Feldfrüchten, Wein oder auch schon einmal ein Geldbetrag. Die wirtschaftliche Bedeutung solcher Einkünfte darf im Allgemeinen nicht allzu hoch veranschlagt werden. Begehrt war der Besitz von Kirchen, war dies doch mit dem lukrativeren Zehnten verbunden, und auch Mühlen warfen deutlich mehr ab.

Mitunter sind gezielte innovative Aktivitäten zur Steigerung der klösterlichen Wirtschaftskraft zu beobachten. Das Kloster St. Alban etwa baute einen Gewerbekanal von der Birs ins St. Albantal. 1152 bestätigte König Friedrich I. dem Kloster all seine Besitzungen und das Recht, das Wasser der Birs für seine Mühlen zu nutzen.[10] Dies setzt die Existenz eines solchen Kanals oder mindestens einen konkreten Plan zu seinem Bau voraus. In der Folge entwickelte sich die kleine Siedlung, die bisher primär für die Versorgung des Klosters gesorgt hatte, zu einer Industriezone vor den Toren der Stadt Basel, die sich an der städtischen Wirtschaft orientierte. Das Zinsbuch von 1284 nennt als Bewohner im Tal zwei Schmiede, einen Bäcker und einen Schiffer; auf dem Gelände oberhalb des Klosters einen Schuster, einen Schneider, zwei Bäcker und einen weiteren Schmied. Das Kloster tritt uns hier als Unternehmer entgegen, ebenso wie im 13. Jahrhundert, in welchem es bei der Gründung der Stadt Kleinbasel als wichtiger Grundbesitzer und Inhaber der Kirche St. Theodor ebenfalls an einer

92 Develier-Courtételle (JU, 6.-7. Jh.), Schmiedegrube mit kalottenförmigen Schlacken, wie sie bei den Arbeitsprozessen nach der Verhüttung entstehen. In zwei der vier freigelegten Gehöfte scheint diese Arbeit sehr intensiv betrieben worden zu sein.

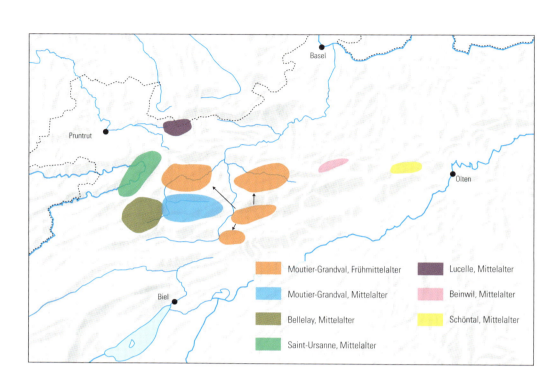

Moutier-Grandval, Frühmittelalter	Lucelle, Mittelalter
Moutier-Grandval, Mittelalter	Beinwil, Mittelalter
Bellelay, Mittelalter	Schöntal, Mittelalter
Saint-Ursanne, Mittelalter	

93 Die Eisenverhüttung in der Umgebung von Klöstern. Auf der Grundlage von GHMR 2003 mit Einträgen des Verf.

94 Blick in den Schlot eines Verhüttungsofens vom Typ Bellelay in der Gemeinde Monible (BE). Die Markierung folgt der korkenzieherförmigen Struktur.

wirtschaftlich bedeutenden Innovation beteiligt ist.

Die Nutzung von Bodenschätzen: das Eisen im Jura

Die Betätigung in wirtschaftlich lukrativen Bereichen ist aber auch andernorts festzustellen. Die gegenüber St. Alban doch eher abgelegenen Klöster im Jura wandten sich, wie dies Forschungen der letzten Jahre zeigen, ebenfalls einer (vor)industriellen Tätigkeit zu: der Verhüttung von Eisenerz.[11] Moutier-Grandval zum Beispiel, dessen Hauptaufgabe – gemäss der Tradition – die Wiedereröffnung oder Offenhaltung des Weges über die Pierre Pertuis war, wurde nach Ausweis der archäologischen Prospektion in einem Gebiet gegründet, in dem bereits im 6. Jahrhundert Anlagen zur Verhüttung von Eisenerz in Betrieb waren. Nach der Klostergründung um 640 nahm diese Tätigkeit einen ungeheuren Aufschwung; das Gebiet um das Kloster muss im 7. Jahrhundert ein wichtiges Zentrum der Eisengewinnung mit überregionaler Ausstrahlung gewesen sein. Verhüttet wurde in relativ kleinen Rennöfen mit Blasebälgen nach dem direkten Verfahren. Die Erkenntnisse der neuesten eisenarchäologischen Forschungen haben gezeigt, dass darin wahlweise und sehr gezielt Weicheisen oder aber leicht mit Kohlenstoff angereicherter Stahl produziert werden konnte. Weiter verarbeitet wurde das gewonnene Eisen wohl in Siedlungen wie Develier-Courtételle, wo zwei der insgesamt vier ausgegrabenen Gehöfte auf diese Arbeit spezialisiert gewesen sind. Die Intensität dieser Aktivitäten nimmt Ende des Jahrhunderts wieder etwas ab, ohne jedoch ganz zu verschwinden. Im 12. und 13. Jahrhundert lässt sich eine neuerliche Intensivierung feststellen, wobei

Öfen gleichen Typs, aber von grösseren Dimensionen verwendet werden.

Ebenfalls ins Hochmittelalter datieren entsprechende Aktivitäten bei anderen Klöstern, wobei eigentliche «Reviere» unterschieden werden können (Abb. 93). Anders als im Einzugsgebiet von Moutier-Grandval, wo Öfen an einzelnen Lokalitäten gehäuft vorkommen, ist im Gebiet von Saint-Ursanne eine eher lockere Verteilung festzustellen, was auf eine andere Organisation schliessen lässt. Beim Zisterzienserkloster Lucelle wird ein «alter Ofen» in der Urkunde von 1136 genannt, in der Erzbischof Humbert von Besançon und Bischof Adalbero von Basel dem Kloster seinen Besitz bestätigen.[12] Verschiedene Überlegungen führen zur Vermutung, dass hier vielleicht von Anfang an Öfen mit von Wasserkraft betriebenen Blasebälgen in Gebrauch gewesen sind. Im Gebiet von Bellelay schliesslich setzt die Verhüttung in grossem Stil im dritten Viertel des 13. Jahrhunderts ein. Eingesetzt werden hier Öfen mit natürlichem Zug, also ohne Blasebalg. Die Besonderheit dieses Ofentyps ist ein korkenzieherartig ausgebildeter Schlot (Abb. 94), was vermutlich eine verbesserte Thermodynamik und einen höheren Durchsatz an Erz erreichen sollte. Die untersuchten Befunde zeigen jedoch, dass dies nicht vollständig gelungen ist, zeigen die Schlacken doch einen deutlich höheren Anteil an nicht reduziertem Erz, also eine deutlich schlechtere Ausnutzung des Rohmaterials, als dies bei konventionellen Öfen mit Blasebälgen der Fall ist. Dennoch hat man diesen Ofentyp über mehrere Jahrzehnte verwendet, was darauf schliessen lässt, dass Erz in unerschöpflichen Mengen zur Verfügung stand.

An all diesen Verhüttungsplätzen des Zentraljuras war das Ausgangsmaterial Bohnerz, das reichlich und in guter Qualität vorhanden war. Etwas anders sieht dies in den Gebieten östlich davon aus, insbesondere in der Siedlung Liestal-Röserntal (Abb. 95 und 96), wo zwischen dem 9. und dem 12. Jahrhundert von der Verhüttung bis zum Schmieden von Gegenständen der ganze Arbeitsablauf der Eisenverarbeitung nachgewiesen ist.[13]

Auch wenn hier kein Kloster in der Nähe ist, könnte dennoch eines die Hand im Spiel gehabt haben: Die Siedlung entsteht lediglich 300 Meter vom damals als Gerichtsort fungierenden Munzach entfernt in dem Augenblick, als ein gewisser Uppert im Jahre 825 einen Teil seines Besitzes dem Kloster St. Gallen überträgt.[14]

Die Verbindung Klöster und Eisenverarbeitung lässt sich aber auch im Solothurner und Baselbieter Jura sehr viel direkter beobachten: Schlackenhalden aus dem 12. Jahrhundert und Spuren des Erzabbaus finden sich im Bogental in unmittelbarer Nähe des Klosters Beinwil, Verhüttungsöfen und durch das Graben nach Erz verursachte Geländeveränderungen in jener des Klosters Schöntal (Abb. 99). Bei Letzterem wurde 1995 ein Rennofen ausgegraben; wenig davon entfernt und unmittelbar am Dürstelbach gelegen, kam später gar ein Ofen zum Vorschein, in dem Eisen mit dem indirekten Verfahren

95 Liestal-Röserntal: Esse eines Schmiedes in einer Arbeitsgrube. Der brandgerötete Lehm ist an der Grubenkante stark verziegelt, was die Rekonstruktion eines Blasebalges an dieser Stelle nahelegt.

96 Liestal-Röserntal: Rest eines Eisenbarrens von 800 g Gewicht.

97 Langenbruck – Dürstel (BL): Überreste eines rund zu ergänzenden Verhüttungsofens von 4 Meter Durchmesser. Es handelt sich um einen der ältesten Hochöfen Europas, in denen Eisenerz im so genannten indirekten Verfahren reduziert wird.

kleineren Rennöfen.[15] Dank der Datierung mittels radioaktivem Kohlenstoff kann der Ofen zweifelsfrei ins 13. Jahrhundert datiert werden und ist damit eine der ältesten Anlagen dieses Typs, die bisher in Europa nachgewiesen werden konnten.

Das zahlreiche Vorkommen von Verhüttungsanlagen auf dem Gebiet oder zumindest in der Umgebung von Klöstern kann kein Zufall sein. Weshalb dies so ist, und wer denn diese Arbeiten geleistet hat, kann vorderhand nicht pauschal erklärt werden. Man darf aber wohl davon ausgehen, dass die Klöster wirtschaftlich von diesen Aktivitäten profitiert haben. Auf der anderen Seite wissen wir aber, dass auch der Adel aktiv an der Verhüttung von Eisenerz interessiert war. Im Falle der Grafen von Frohburg zeigt dies eine Urkunde von 1241. Hermann von Frohburg, der gegen Ritter Heinrich von Kienberg in einer Fehde die Oberhand behalten hatte, nötigte diesen zu einem Sühnevertrag, in dem Heinrich auf die Ausbeutung einer Erzgrube bei Wölflinswil im Fricktal verzichten musste.[16] Das Interesse der Frohburger an der Eisengewinnung könnte auch ein Grund gewesen sein, dass unmittelbar neben ihrem Hauskloster ein Ofen – der erwähnte frühe Hochofen – in Betrieb genommen wurde, der damals dem neuesten Stand

erzeugt wurde: Das Produkt war Gusseisen mit einem hohen Kohlenstoffgehalt, das nicht geschmiedet werden konnte. Es musste deshalb in einem zweiten Arbeitsgang «entkohlt» werden. Die Anlage ist als frühe Form der Hochöfen anzusprechen und unterscheidet sich mit ihren rund vier Metern Aussendurchmesser deutlich von den wesentlich

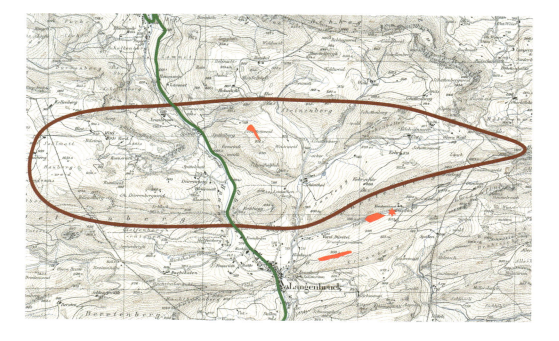

98 Der bei der Gründung dem Kloster Schöntal zugewiesene Besitz. Grün markiert ist die heutige Passstrasse des Oberen Hauensteins. Der rote Stern bezeichnet den Standort des Hochofens, die roten Flächen die Spuren des Erzabbaus. Topographische Karte von 1940.

99 Langenbruck – Spittelweid (BL). Die Spuren des Erzabbaus im Tagebau mittels so genannter Pingen sind im Gelände deutlich zu erkennen. Sie folgen einer Erz führenden Schicht des oberen Doggers, auch «brauner Jura» genannt (mittlerer Abschnitt der Periode des Jura, ca. 180 bis 160 Mio. Jahre alt), die an dieser Stelle an die Oberfläche stösst.

der Technik entsprach. Er stand knapp ausserhalb jenes Gebietes, das bei der Gründung als Besitz des Klosters umschrieben worden war. Waren es somit die Frohburger selbst, die diesen Ofen betreiben liessen?

Angesichts des Erzreichtums am Oberen Hauenstein ist überdies zu fragen, ob die Gründung des Klosters Schöntal nicht sogar teilweise mit der Absicht erfolgt ist, das ganze Gebiet dem Zugriff der Konkurrenz zu entziehen, von denen namentlich die Grafen von Bechburg genannt seien. Als Kastvögte des Klosters hätten demnach die Frohburger weiterhin einen Einfluss auf das Eisengewerbe ausüben und von ihm profitieren können.

Die Frage kann mangels schriftlicher Quellen nicht abschliessend geklärt werden. Die Verbindung von Eisengewinnung und klösterlicher Ansiedlung ist aber vor dem Hintergrund der neueren archäologischen Forschungen nicht mehr zu leugnen, auch wenn die genauen Umstände nicht bekannt sind. Das Beispiel dieses einen Gewerbes zeigt, dass wirtschaftliche Macht, die durch die Verfügung über die natürlichen Ressourcen entsteht, nicht zwingend einen reichhaltigen Niederschlag in den schriftlichen Quellen hinterlassen muss.

Kapitel 2

DIE WEGE ZUM SEELENHEIL

Heilige, Mönche, Reliquien und Wallfahrten

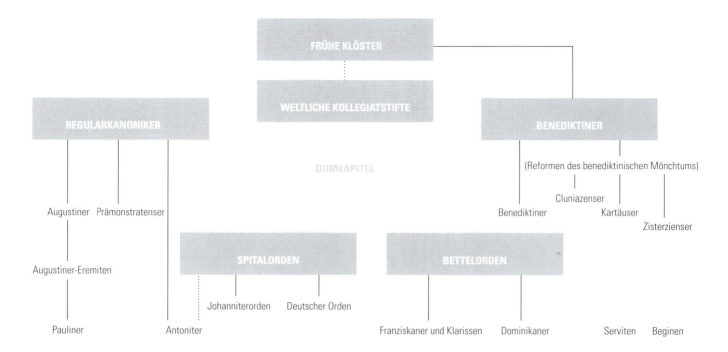

100 Überblick über die wichtigsten Ordensfamilien.

Dieses Schema lässt sich wie ein genealogischer Baum lesen: Die frühen Klöster, zu Beginn noch nicht oder kaum nach der Benediktinerregel organisiert, bilden eine erste Kategorie von Gotteshäusern. Sie sind noch unabhängig von jeglichem Mönchsorden im eigentlichen Sinne.

Aufgrund besonderer Umstände im Bistum Basel werden diese Abteien im Laufe des 11. Jahrhunderts in weltliche Kollegiatstifte umgewandelt (keiner Ordensregel unterworfen). Andere Stifte werden von Regularkanonikern geführt, die der Augustinerregel folgen: die Augustiner (mit der Unterkategorie der Augustiner-Eremiten), die Prämonstratenser (sie widmen sich besonders der Seelsorge) und die Antoniter (Spitalorden, der sich im 13. Jahrhundert nach der Augustinerregel organisiert).

Parallel dazu bleiben auch die Benediktiner präsent: zuerst die eigentlichen Benediktiner, danach die verschiedenen Orden, die nach Reformen des benediktinischen Mönchtums entstanden, in chronologischer Reihenfolge: die Cluniazenser (10. Jh., Betonung der Liturgie, Gründung eines ausgedehnten Netzes an Prioraten), die Kartäuser (Ende des 11. Jh., Vereinbarung von eremitischem und gemeinschaftlichem Leben, Kargheit, geringe Anzahl) und die Zisterzienser (Ende des 11. Jh., Entfernung von Schmuckwerk aus Kirche und Liturgie, Organisation eines mächtigen Landwirtschaftssystems).

Erst spät (zu Beginn des 13. Jh.) erscheinen die so genannten Bettelorden, die jeglichen Besitz ablehnen, von Almosen leben und sich in den Städten niederlassen. Diese eigenständige Ordensfamilie ist mit zwei Zweigen vertreten: Zum einen gibt es die Franziskaner, auch «Minderbrüder» oder

«Barfüsser» genannt (die Nonnen dieses Ordens heissen Klarissen), und zum andern die Dominikaner, auch Predigerbrüder genannt.

Die Pauliner sind eine im Ungarn des 13. Jh. gegründete Eremitenbruderschaft, die sich später als autonomer Orden unter der Augustinerregel organisieren. Sie gehören damit zur grossen Familie der Kanonikerorden (Unterkategorie Augustiner-Eremiten).

Die Serviten sind ein städtischer Orden von bescheidener Grösse, der sich im 13. Jh. in Italien konstituiert.

Die Spitalorden bilden ebenfalls eine besondere Kategorie; sie sind das Ergebnis einer während der Kreuzzüge entstandenen «Arbeitsteilung». Der erste Spitalorden ist der Johanniterorden, im 12. Jh. zur Pflege von Pilgern gegründet. Das Modell wird kurze Zeit später vom Deutschen Orden übernommen. Die beiden Orden bauen in Städten und auf dem Land ein ganzes Netz an Spitälern und Siechenhäusern auf.

Die Beginen sind Frauen, die in kleinen Eremitengemeinschaften ein religiöses Leben führen, ohne durch eine Regel gebunden zu sein. Man findet sie ab dem 13. Jh. in der Nähe von Städten. Ihr Aussenseitertum macht sie der Kirche suspekt, welche sie schliesslich verbietet. Die Beginen verschwinden im frühen 15. Jh.

Das Domkapitel ist ein eigenes Gremium. Die wiederholt unternommenen Bemühungen, die Chorherren zu einem Gemeinschaftsleben in Bischofsnähe analog zum mönchischen Vorbild aufzufordern, haben keinen Erfolg. Das Kapitel wird nach und nach zu einer Pfründenvergabestelle für einflussreiche Familien, die ihren Nachwuchs dort unterbringen.

LAURENT AUBERSON

«Blitzableiter der Gesellschaft». Formen mönchischen Lebens in der Diözese Basel während des Mittelalters

Die Ursprünge der monastischen Welle

Am Anfang stand eine wörtlich genommene Aufforderung aus dem Evangelium. Jesus, der zum reichen Jüngling redete, «gewann ihn lieb» und sprach zu ihm: «Eines fehlt dir. Geh hin, verkaufe alles, was du hast, und gib's den Armen, so wirst du einen Schatz im Himmel haben, und komm und folge mir nach!» (Markus 10,21) Dieser Appell, bei dessen Auslegung rasch die Forderung nach weltlicher Abgeschiedenheit und Keuschheit hinzu kam, ist die eigentliche Grundlage der mönchischen Berufung.[1] Innerhalb der historischen Entwicklung des Christentums kann das Mönchtum als Nachfolgephänomen des Verfolgungsmartyriums aufgefasst werden, dem die frühen Christen bis zu den ersten Toleranzmassnahmen zu Beginn des 4. Jahrhunderts ausgeliefert waren. Im Laufe von fast dreihundert Jahren an Verfolgungen hatte das Urchristentum dem Martyrium einen zentralen Platz eingeräumt, wobei es sich stets auf das Modell des Erlösungsopfers berufen konnte, das Jesus selber dargebracht hatte. Als aber die Zugehörigkeit zum christlichen Glauben dessen Anhänger nicht mehr automatisch und überall an Leib und Leben gefährdete, wurde die einsiedlerische oder mönchische Askese zu einer Alternative zum Martyrium, zu einer Möglichkeit, ein vollkommenes Leben zu führen oder danach zu streben. Die Legalisierung der christlichen Praxis weckte bei den Strenggläubigen allerdings Zweifel ob der Motivation der neuen Bekehrungen und liess sie ein Nachlassen bei der geistigen Suche befürchten.

Die christliche Askesebewegung, die damals im Nahen Osten entstand, nahm sich sogleich eine emblematische Figur zum Vorbild, deren Ausstrahlung bis heute anhält: den heiligen Antonius, einen ägyptischen Bauer, der als über Hundertjähriger nach langen Jahren des Eremitendaseins in der Wüste im Jahr 351 starb. Er erlebte die Zeit noch, als sich das Christentum nicht mehr verbergen musste. Die Biografie Antonius' von Athanasios (um 295-373), Bischof von Alexandrien, stiess sofort auf grosse Beachtung und wurde viele Male ins Lateinische übersetzt, was diesem mönchischen Vorbild im Abendland zu noch mehr Ansehen verhalf. Aber die unerreichte moralische Autorität der ersten Eremiten aus der ägyptischen und syrischen Wüste, die der heilige Augustinus, Bischof im nordafrikanischen Hippo Regius, wirksam zu vermitteln verstand, kann nicht über die fundamentalen Differenzen hinwegtäuschen, die das Mönchtum im Sinne eines Antonius von seinem abendländischen Verständnis trennt.

Das mönchische Ideal des Morgenlands – gefördert durch klimatische Bedingungen, die sich bestens für Entbehrungen und asketische, oftmals spektakuläre und leicht zur Übertreibung neigende Kasteiungen eigneten –,[2] war auch eine Antwort auf eine gesellschaftliche Realität: Der riesige totalitäre Apparat des Römischen Reichs im 4. Jahrhundert hatte viele ägyptische Kleinbauern an den Rand des Ruins getrieben, und die kleinen, sehr informellen Einsiedlergemeinschaften mitten in der Wüste stellten für sie einen Ort der Zuflucht dar. Im westlichen Teil des Römischen Reichs war das Christentum hingegen vorerst ein städtisches Phänomen, und die ersten Bewunderer der Wüstenaske-

101 Der hl. Benedikt, «Patriarch der abendländischen Mönche», kehrt nach Vollbringung eines Wunders in die Wüste zurück: Er fürchtet Popularität und will nur Gott allein gefallen. Kirchenfenster der Benedikt-Kirche in Biel, 1457.

ten waren Gebildete, oftmals Bischöfe: Hieronymus, Ambrosius, Martin von Tours, Eusebius von Vercelli. Aber ausser den kleinen Zentren gemeinschaftlichen Lebens rund um diese Bischofspersönlichkeiten des 4. Jahrhunderts gab vor allem das von Honoratus, dem späteren Bischof von Arles, gegründete Kloster auf den der Stadt Cannes vorgelagerten Lérins-Inseln den Anstoss für die Klosterbewegung, die entlang des Rhonetals nach Lyon und weiter nach Norden bis in den südlichen Jura vorstiess.[3]

Von der Einöde der Wüste in die Einöde der Wälder

Die Etappen dieses Vordringens lassen sich sehr genau verfolgen; es geschah zu einer Zeit, als das abendländische Mönchtum noch keine eigene Regel hatte.[4] So liess sich Romanus um das Jahr 435, von Lyon kommend, in der einsamen «Wildnis» *(heremus)*[5] des jurassischen Waldes nieder – die Verbindung zu den Wüstenvätern wurde also explizit hergestellt – an einem Ort, der später Saint-Oyend und danach Saint-Claude hiess. Von diesem Stützpunkt im Jura[6] ausgehend breitete sich das Klosterwesen weiter aus: Romainmôtier wurde um 450 gegründet, wobei die-

sem Kloster vielleicht eine bescheidene Einsiedelei in Le Lieu voraus ging (Lac de Joux). Und diese jurassischen Mönche gründeten 515 die Abtei Saint-Maurice d'Agaune, die für unser Thema von doppelter Bedeutung ist: Zum einen, weil sie mit ihrer Niederlassung am Ort des Martyriums der Soldaten der Thebäischen Legion den Bogen schliesst, der, implizit und entfernt, Martyrium (und damit Reliquienverehrung) und mönchische Berufung verbindet; zum zweiten, weil sie als Stiftung des Königs Sigismund von Burgund zum ersten Mal die Verbindung zwischen mönchischer Gemeinschaft und weltlicher Macht konkretisierte,[7] eine Verbindung, die stets ambivalent war und das gesamte abendländische Klosterwesen des Mittelalters stark prägte.

Die Konsolidierung der Lehre, die das lateinische Mönchtum Mitte des 6. Jahrhunderts mit der Einführung der Benediktinerregel erfuhr, scheint in den Klöstern der (heutigen) Westschweiz zunächst keine bedeutsamen Spuren hinterlassen zu haben. Die eigentliche Erneuerung kam – wenigstens für eine gewisse Zeit lang und paradoxerweise – von einer rauen Insel, die von der Romanisierung verschont geblieben war: von Irland. Von da an, und diese Feststellung kann als grobe Zusammenfassung dieser historisch-geografischen Entwicklung gelten, machte die vormals von Süden nach Norden gerichtete Bewegung dem Einfluss aus dem Nordwesten Platz. Und mit der Ankunft von Columban und seinen Gefährten in Luxeuil um das Jahr 590 begann auch im nördlichen Jura die Geschichte des Mönchtums. Zwanzig Jahre später gründete Ursicinus (Ursanne), ein Schüler des strengen irischen Mönchs, im Doubs-Tal eine Einsiedelei *(cella sancti Ursicini)*, deren Erfolg dazu führte, eine Mönchsgemeinschaft unter der Benediktinerregel einzurichten, die bald schon, so scheint es, von Wandregisilus geleitet wurde – ein vergleichbarer Vorgang wie bei den ersten koinobitischen Niederlassungen in der Wüste. Das Beispiel des ersten Klosters im Clos du Doubs illustriert in aller Deutlichkeit diesen Übergang vom ursprünglich anachoretischen Ideal zur gemeinschaftlichen Organisation unter Aufsicht einer weltlichen Macht, so wie dies schon in Saint-Maurice der Fall gewesen war, mit all den Ambivalenzen, die sich unweigerlich einstellten.[8]

Die Organisation des merowingischen Klosterwesens

Zwar wurden die Alamannen, die sich im Elsass und in Teilen der Schweiz – beides gallorömisch besiedelte Gebiete – niederliessen, recht spät christianisiert (536, nach ihrer Eingliederung ins Merowingische Königreich), aber sie übernahmen die Religionspolitik der fränkischen Herrscher. Während der Festigung ihres Herzogtums über einen Zeitraum von 150 Jahren hinweg, zwischen Anfang des 7. und Mitte des 8. Jahrhunderts, begriffen die Herzöge von Elsass bald, wie die Klöster ihnen bei der Ausdehnung ihrer territorialen Macht eine Stütze sein konnten. Die politischen Beweggründe, die von Historikerinnen und Historikern manchmal gerne in den Vordergrund gestellt werden, schmälern aber keineswegs die religiöse Motivation der Klostergründer und kirchlichen Wohltäter, die im Bewusstsein handelten, ein Werk der Barmherzigkeit zu vollbringen und mit ihrer Grosszügigkeit gegenüber der Kirche zugunsten ihres eigenen Seelenheils zu wirken.[9] Und zudem war im 7. und 8. Jahrhundert das Christentum noch ein vorwiegend städtisches Phänomen, und die Niederlassung eines Klosters auf dem Land kam einer missionarischen Tat gleich. Die älteste mönchische Stiftung auf dem Territorium, das später zur Diözese Basel werden sollte (Saint-Ursanne unterstand dem Erzbistum Besançon), war eine kleine Einsiedelei, um 625 mit Einwilligung des Hausmeiers Warnachar vom heiligen Amarin in einem Vogesental gegründet.[10] Unter Karl dem Grossen kam sie an das Kloster Murbach, von dem weiter unten noch die Rede sein wird. Um 640 förderte Gunduin, erster Herzog von Elsass, die Gründung eines Klosters durch Walbert, den dritten Abt von Luxeuil, im fruchtbaren Tal *Grandisvallis* (Moutier-Grandval) an der südwestlichen Grenze seines Herrschaftsgebietes. Rund zwanzig Jahre später beteiligte sich sein Nachfolger Herzog Bonifaz an der Gründung der Abtei Münster (Gregoriental), in die man auf Geheiss König Childerichs II. Benediktinermönche aus Rom kommen liess.[11] An dieser Gründung beteiligte sich auch der Bischof von Strassburg. Der gewaltsame Tod von Abt Germanus aus Moutier-Grandval um 675[12] weist auf Konflikte hin, die sich recht bald zwischen

102 Urkunde, 967 in Moutier-Grandval verfasst, mit der eine Schenkung eines Privatmannes an die Abtei vermerkt wird. Als erstes «jurassisches» Dokument steht diese Urkunde trotz der groben Lateinfehler für die Pflege der Schriftkultur in den Klöstern (AAEB).

der autoritären Politik Herzogs Etichos von Elsass und den moralischen Forderungen des Abtes einstellten; beim Versuch, die Bevölkerung vor der herzoglichen Repression zu schützen, kamen er und sein Gefährte Randoald ums Leben.

Vor der karolingischen Erneuerung der Kirche kam es in der Diözese Basel – kaum konstituiert und vermutlich noch mit unklaren Grenzen – zu einigen bemerkenswerten Gründungen, von denen an erster Stelle Murbach zu nennen ist, 727 gegründet und reich dotiert an Grundbesitz, sowie Masevaux (Masmünster), das erste Frauenkloster der Diözese. Äbte und Bischöfe standen in enger Verbindung zueinander, wie dies seit Beginn des abendländischen Mönchtums der Fall war. Viele Bischöfe waren ehemalige Mönche oder waren bei einem bekannten Abt geschult worden, so wie Bischof Heddo von Strassburg, ehemaliger Schüler von Pirmin, welcher im Jahr 727 kurzzeitig Abt von Murbach war und das Mönchtum in den alamannischen Gebieten nach dem benediktinischen Vorbild regelte. Die monastischen Niederlassungen, die sich auf dem Land immer besser etablieren konnten, dienten den bischöflichen Missionaren zudem als Stützpunkte zu einer Zeit, als das Heidentum noch lebendig war (vor allem bei den Alamannen) und noch kein Netzwerk an Pfarreien existierte.

In der unruhigen und oftmals gewalttätigen Epoche des Frühmittelalters entstand, parallel zur Entwicklung des Feudalsystems, der in den folgenden Jahrhunderten stark verbreitete soziale Typus des «reuigen Kriegers», der am Vorabend seines Todes eine ostentative Grosszügigkeit Klöstern gegenüber an den Tag legt. Eticho von Elsass, vermutlich mitbeteiligt am Mord des heiligen Germanus, schenkte etwa das Kastell Hohenburg seiner Tochter Odilie, die dieses mit ihrer spirituellen Ausstrahlung zum Vorzeigekloster des Elsass machte: zum Kloster Odilienberg.

Die Einsiedelei Saint-Imier

Saint-Imier, obwohl in geistlicher Hinsicht den Bischöfen von Lausanne unterstellt, ist für die Geschichte des Bistums Basel trotz-

dem von einigem Interesse, und sei es nur deswegen, weil 884 der Abt von Moutier-Grandval den Ort erhielt.[13] Die Schenkungsurkunde spricht von einer *cella Sancti Himerii*, ein Ausdruck, der ein kleines Dorf rund um eine bestehende oder ehemalige Einsiedelei zu bezeichnen scheint, deren Mönchsgemeinschaft noch keinem Ordenszweig angehörte und deren Entstehung sehr schwer zu datieren ist (frühestens um die Wende vom 6. zum 7. Jahrhundert).[14] Dass sich die Abfassung der *Vita* des heiligen Himerius zumindest teilweise aus dem Interesse des Bischofs von Lausanne erklären lässt, seine Vorrechte im St. Immertal gegen Basler Begehrlichkeiten zu verteidigen, wie dies Gérard Moyse mit grosser Wahrscheinlichkeit nahe legt,[15] tut weder der Authentizität der Verehrung dieses Heiligen, der kein Märtyrer war, Abbruch, noch schmälert sie dessen regionale Bedeutung. Die Eingliederung von Saint-Imier in die weltliche Herrschaft der Abtei Moutier-Grandval zeigt den von den karolingischen Reformen übernommenen Willen zur territorialen und religiösen Organisation.

Von den Karolingern bis zu Cluny

Mit der gleichen Energie, mit der Karl der Grosse sein Reich konsolidierte, machte er sich an die Reform der ihm unterstellten religiösen Institutionen.[16] Die Klosterreform war zur Hauptsache das Werk Benedikts von Aniane, der sich unermüdlich dafür einsetzte, das Bildungsniveau der Mönche zu verbessern (der Anteil an geweihten Priestern nahm denn auch stark zu) und die Regel des Benedikt von Nursia systematisch anzuwenden. Die Reform zielte auf mehrere Formen der Abweichung: «Karl der Grosse misstraute Männern, die isoliert lebten und sich von der Welt absonderten, selbst wenn sie sich zu einem heiligmässigen Leben verpflichtet hatten. Er wünschte stabile, von einer Abtspersönlichkeit geleitete Mönchsgemeinschaften, die sich körperlicher und geistiger Arbeit widmeten, insbesondere aber grosse Sorgfalt auf die Liturgie verwandten, zählte er doch für den Erfolg seiner Vorhaben auf die Wirksamkeit der an Gott gerichteten Mönchsgebete.»[17] Die Einhaltung des

Mönchsgelübdes (Keuschheit, Armut, Gehorsam) wurde zur allgemein gültigen Norm. Dank der Zentralisierungsbemühungen konnten sich die Abteien etwas vom grundherrlichen Einfluss befreien, vor allem mit der Einführung der Immunität, mit der die Klöster nun vor amtlichen Eingriffen geschützt waren. Aber die königliche Macht wurde auch und explizit dafür eingesetzt,[18] aus Klöstern Orte der Kultur und der Bildung zu machen, was den Grundstein legte zu berühmten Klosterschulen, darunter jene von Murbach, welche Alkuin so rühmt und die um das Jahr 870 ein Bücherverzeichnis mit rund dreihundert Werken vorweisen konnte.[19] Moutier-Grandval verfügte nicht über die gleiche Ausstrahlung, war aber in nicht geringerem Masse ein Ort, wo man die Schriftkultur hegte, wovon die

wunderbare, anfangs des 9. Jahrhunderts in Tours verfasste Bibel zeugt (zweitälteste Bilderbibel der Welt), die sich im Besitz der Abtei befand.[20] Die Stärkung des Klosterwesens führte zu mächtigen Abteien, die untereinander häufig mittels Gebetsverbrüderungen verbunden waren und die sich mit ihrem Umfang an Besitztümern und der dazu nötigen Verwaltung kaum von grossen weltlichen Grundherrschaften unterschieden. Immer häufiger liessen sich Äbte deshalb von Vögten unterstützen, was allerdings eine zweischneidige Angelegenheit war, da dies die Unabhängigkeit der Gotteshäuser oftmals beeinträchtigte. Dieser Übergriff der weltlichen Macht auf religiöse Einrichtungen zeigte sich sogar auf der obersten Hierarchiestufe, denn 792 ernannte sich Karl der Grosse selbst zum Laien-

103 Nekrologium der Abtei St. Cyriakus in Sulzburg (Baden-Württemberg), Ende 12. Jh. (mit Notizen des Bischofs Lüthold von Aarburg, gest. 1213, und von Friedrich Barbarossa) (AAEB). Das Nekrologium (Totenregister) führt die Namen der Stifter auf, die einen Geldbetrag bezahlt haben, damit die Mönche Gedenkgottesdienste für sie halten. Auf diese Weise nahmen die Geistlichen typischerweise ihre Fürbittfunktion wahr.

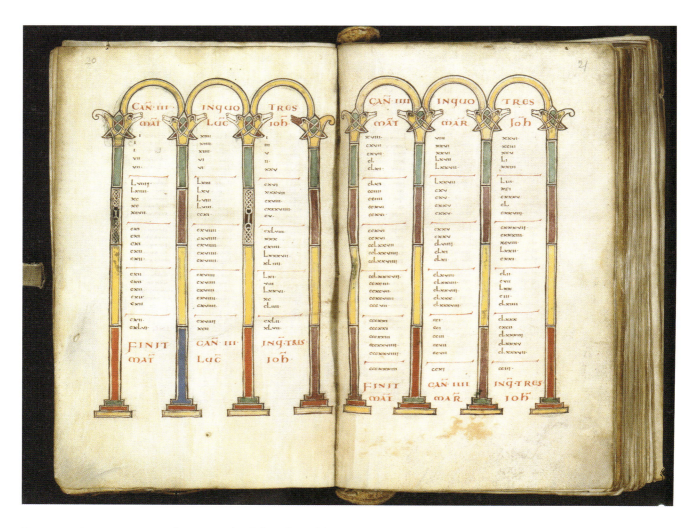

104 Evangeliar von Saint-Ursanne, kopiert in der Abtei Saint-Bertin (Nordfrankreich), zweites Drittel 9. Jh. (BiCJ). Die Abbildung zeigt einen Teil des eusebischen Kanons (Tabelle mit einem System von Querverweisen der Evangelien).

abt von Murbach,[21] während die Herzöge von Elsass sich zu Laienäbten von Moutier-Grandval machten.[22]

Cluny und die Geburt der religiösen Orden

Zu Beginn des 10. Jahrhunderts wurde das benediktinische Mönchtum, das durch den Einfluss der karolingischen Herrscher sehr klerikal und missionarisch geworden war, einer tiefgreifenden Wandlung unterzogen, deren imposantester Ausdruck die vom burgundischen Cluny ausgehende Reformbewegung war. Hier, in Cluny, entstand der erste eigentliche Mönchsorden unter zentraler Leitung. Die beiden wichtigsten Merkmale der cluniazensischen Reform waren die Betonung der Liturgie (auf Kosten von stärker nach aussen gerichteten Aufgaben) sowie die Unabhängig-

keit gegenüber bischöflicher und grundherrlicher Macht. Die Abtei Cluny, völlig frei in der Wahl ihrer Äbte, bildete ein Netz an unterstellten Prioraten, das rasch über die Grenzen des Burgunds hinaus wuchs. Wie René Locatelli bemerkt, hatte dieses System mit kleinen Prioraten – auch dies eine Neuerung – den Vorteil, dass monastische Stiftungen finanziell eher erschwinglich wurden: Die meisten der kleinen Grundherren konnten sich nun selber ein Priorat leisten, während die Stiftung einer grossen Abtei ausserhalb ihrer finanziellen Möglichkeiten gelegen hatte.[23] Diese ländlichen Priorate waren sehr bescheidene Einrichtungen, bewohnt einzig von einigen Klerikern; die Anlagen verfügten meist über keinen Kreuzgang und oftmals übernahmen die Mönche Seelsorge- und Verwaltungsaufgaben für ein Gut (Landwirtschaft oder Weinbau) von einer grösseren Abtei oder vom Mutterkloster (wie beispielsweise Romainmôtier oder Payerne). Um sich ungestört der Liturgie widmen zu können, verfügten die cluniazensischen Mönche (wegen der Farbe ihres Gewandes auch die «schwarzen Mönche» genannt) über grosse Güter, die von vielen Laienbrüdern bewirtschaftet wurden, die zwar durch das Mönchsgelübde gebunden, aber nicht als Priester geweiht waren.

Mit der Zersplitterung der Macht im feudalistischen System waren Könige und Herzöge nicht mehr die Einzigen, die ihre Frömmigkeit mit der Stiftung eines Klosters oder mit Schenkungen von Land oder Renten unter Beweis stellen wollten. Die kleinen regionalen Grundherren waren nicht weniger um ihr Seelenheil besorgt, und mit der zunehmenden Festigung der klösterlichen Organisation wurde auch die Kraft der Fürbitte der Klosterkleriker, dieser Vermittler zwischen Gott und Menschen, als wirksamer aufgefasst, und darauf zielte das Interesse der Stifter. Das mächtige Wirtschaftssystem der Klöster, deren Stellung sich durchaus mit weltlichen Grundherrschaften vergleichen lässt, spielte im Übrigen eine nicht zu vernachlässigende regulierende Rolle, da hier ein Überschuss an landwirtschaftlicher Arbeitskraft absorbiert wurde. Cluny war das Zentrum eines grossen klerikalen Netzwerks, das ausgedehnte Ländereien besass, die Gerichtsbarkeit ausübte und seine militärische Verteidigung mit Hilfe der lokalen Grundherren organisierte. Diese akzeptierten ihre Dienstpflicht, da sich die Abtei dafür im Tausch der spirituellen Betreuung der Verstorbenen annahm, eine «Spezialität» des Klosters, die zudem eine grosse Einkommensquelle darstellte.[24]

Im schweizerischen Teil der Jurakette betraf die Reformbewegung vorerst nur Romainmôtier, eine indirekte Folge einer Schenkung innerhalb der burgundischen Königsfamilie. Sehr häufig waren nämlich Angliederungen an Mönchskongregationen an politische oder familiäre Traditionen gebunden. Motive dieser Art führten zur ersten cluniazensischen Klostergründung in der Diözese Basel: Das Priorat Saint-Pierre in Colmar, Kern der heutigen Stadt, wurde gegen Ende des 10. Jahrhunderts

auf einer ehemaligen Krondomäne erbaut, die Abt Mayeul von Kaiserin Adelheid für Payerne erhielt. Die ottonischen Herrscher unterhielten gute Beziehungen mit der grossen burgundischen Abtei. Ende des 11. Jahrhunderts nahm sich Bischof Burkhard das cluniazensische Modell zum Vorbild, als er 1083 vor den Toren Basels in einer noch ländlichen Umgebung das Benediktinerkloster St. Alban gründete; allerdings schien er keine Affiliation zum Orden von Cluny im Auge gehabt zu haben, dazu kam es erst später.[25] Wichtigster Bezugspunkt und bedeutendste Stifterin im Oberelsass war für den Cluniazenserorden die Familie der Grafen von Pfirt-Mömpelgard, die insbesondere 1105 das Priorat Saint-Morand gründete.

Im 11. oder 12. Jahrhundert wurde das benediktinische Mönchtum nicht vollständig von

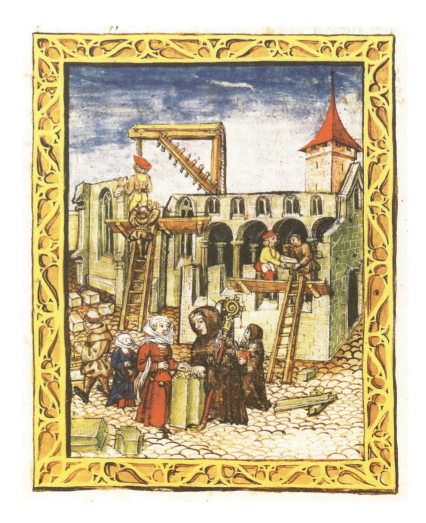

105 Bau der Franziskanerkirche in Luzern. In einer hübschen Verkürzung wird die Klostergründung durch die Baustelle und die Übergabe der klingenden Münzen im Vordergrund dargestellt. *Luzerner Chronik* von Diebold Schilling, 1513, fol. 7r.

106 Klöster und die Pflege der Künste: Geistliche oder Mönche beim Singen (UB BS, A N VIII/29 Brevier des Basler Bischofs Friedrich zu Rhein, Basel, um 1437/1439, Sommerteil, fol. 53r).

um 1100 das Benediktinerkloster Beinwil (SO) gründeten, das 1648 nach Mariastein transferiert wurde, einer bereits im 15. Jahrhundert belegten Wallfahrtsstätte.

Asketische Strenge: Zisterzienser und Kartäuser

Die reich dotierten cluniazensischen Klöster pflegten am Ende den Luxus, vor allem in der Liturgie und in der künstlerischen Ausstattung (sie spielten eine wichtige Rolle bei der Verbreitung der romanischen Kunst), was jenen zuwider lief, die in Bezug auf mönchische Askese höhere Ansprüche stellten und darauf bedacht waren, zur Kargheit der Benediktinerregel zurückzukehren. In der spektakulärsten Kontroverse standen sich ab 1130 Bernhard, Abt von Clairvaux, und die Cluniazenser hinsichtlich des Kirchenschmucks gegenüber.[26] Die Forderungen Bernhards, der den entscheidenden Impuls zur Entwicklung des Zisterzienserordens lieferte (1098 von Robert von Molesme gegründet), lassen sich wie folgt zusammenfassen: abgeschiedene Lage der Klöster, Kirchen mit äusserst nüchterner Ausstattung, landwirtschaftliche Selbstversorgung mit

Cluny kontrolliert, im Gegenteil. Andere Klöster, im Anschluss an Cluny und mit ähnlicher Absicht, hatten ebenfalls mit Reformen begonnen. Dies war insbesondere der Fall für Hirsau (Württemberg), von wo aus Mönche

107 Die hl. Margarethe, der hl. Johannes der Täufer und die hl. Dorothea. «Klappaltar», vielleicht aus der Stadtkirche Biel, von der Benediktinerabtei St. Johannsen in Erlach, der Patronatsherrin der Kirche, in Auftrag gegeben. Werk eines Berner Meisters, Ende des 15. Jh.

einem von Laienbrüdern betriebenen Grangiensystem, solide zentrale Organisation mit einem Generalkapitel und einem Filiationssystem (Mutterabteien). Wie Georges Duby betont, eignete sich dieses System ideal für eine Zeit des landwirtschaftlichen Wachstums und der Urbarmachungen. Die Zisterzienserabteien pflegten ein Ideal der wirtschaftlichen Autarkie und der biblisch begründeten Aufwertung von Handarbeit (im Gegensatz zur Haltung der weltlichen Herren). Sie waren aber trotzdem teilweise abhängig von ihren weltlichen Stiftern und öffneten ihre Kreuzgänge immer häufiger für Bestattungen von Angehörigen der Stifterfamilien.

Der Erfolg der «weissen Mönche» setzte rasch ein und war spektakulär. Ab 1123 findet man Zisterzienser auch in der Diözese Basel, in Lützel, nahe des Flusses, der die heutige französisch-schweizerische Grenze bildet. Die Stiftung erfolgte durch Amadeus, Hugo und Richard von Montfaucon mit Einwilligung und Beteiligung des Basler Bischofs Berthold von Neuenburg. Als zweite zisterziensische Gründung im Reich schuf sich die Abtei Lützel auf noch nicht urbar gemachtem Boden eine be-

trächtliche Domäne: 2000 Hektaren, 17 Höfe oder Grangien mit einem Personalbestand von rund 200 Mönchen im Jahr 1200.[27] Nach Murbach war Lützel die reichste Abtei im Elsass. Die Invasion der Gugler im Jahr 1375 setzte ihrem Wohlstand jedoch stark zu. Im Norden der Diözese zeugt die Tochterabtei Pairis, 1138 von den Grafen von Egisheim gegründet, ebenfalls von der zisterziensischen Dynamik. Der Orden besass auch einige Frauenklöster in der Region, allerdings erfolgten diese Gründungen erst spät (Zisterzienserinnenkloster Engental bei Muttenz vor 1450). Im Bestreben um asketische Strenge war den Zisterziensern ein anderer Orden vorausgegangen, und dies nicht nur in zeitlicher Hinsicht. 1084 hatte Bruno von Köln in der Dauphiné, einer einsamen Gebirgsgegend bei Grenoble, mit Unterstützung von Bischof Hugo von Grenoble den Kartäuserorden gegründet. Die Besonderheit dieses Ordens liegt in der Kombination zwischen einem äusserst strengen Einsiedlerdasein (jeder Mönch lebt in einer Einzelzelle) und einem Minimum an Gemeinschaftsleben, das für Stabilität sorgt und vor Abweichungen aller Art schützt. Die

108 Kreuzigungsszene auf dem gleichen Altaraufsatz. Diese Schauseite wurde nur in der Karwoche gezeigt. (Städtische Kunstsammlung Biel. Sammlung Museum Schwab).

Gründe sind unklar, weshalb der Kartäuserorden trotz seiner spirituellen Ausstrahlung in unserer Gegend keine weitere Stiftung verzeichnen konnte ausser jener aus dem Jahr 1401 im St. Margarethental in Kleinbasel, das heisst eigentlich auf Boden der Diözese Konstanz (s. weiter unten den Beitrag von Brigitte Degler-Spengler zu den Stadtklöstern von Basel). Die Ausbreitung dieses Ordens im Reich geschah generell eher spät (mit Ausnahme Sloweniens).

Die Kanoniker und die Kanonikerorden

Kanoniker waren ursprünglich Kleriker im Dienste einer Bischofskirche. Ab dem 6. Jahrhundert organisierten sie sich in Gemeinschaften, die sich das mönchische Ideal zum Vorbild nahmen. Kanonikerorden verfügten über eine eigene Regel (die Regel des heiligen Chrodegang, 755/757 für die Kanoniker von Metz verfasst), die jedoch im Laufe der Zeit immer weniger streng befolgt wurde: 816 musste das Konzil von Aachen den Kanonikern die Verpflichtung zum Gemeinschaftsleben in Erinnerung rufen, wobei ihnen freilich eigener Besitz zugestanden wurde. Diese Ausnahmeklausel wurde zum Usus, so dass man seit dem Ende des 10. Jahrhunderts zwischen zwei Gruppen unterschied, zwischen den Regularkanonikern einerseits, die sich gemäss ihrer Regel in Mönchsgemeinschaften organisierten und die Augustinerregel annahmen (Augustiner-Chorherren und Prämonstratenser), und den Säkularkanonikern andererseits (darunter die Domkapitel), die sich der Verpflichtung zum Gemeinschaftsleben entledigten und deren Mitglieder, meist aus Adelsfamilien stammend und mit grosszügigen Pfründen versehen, manchmal reiche Grundherren wurden.[28]

Das Domkapitel Basel entwickelte sich genau nach diesem Schema. Mit der späten Stabilisierung des Bischofssitzes (s. den Beitrag von Reto Marti am Anfang dieses Bandes) erscheint das *Capitulum ecclesiae maioris sanctae Mariae Basiliensis* erst zur Zeit der Karolinger in der Liste der Bruderschaften, und der erste bekannte Propst wird im 11. Jahrhundert erwähnt. Das ursprünglich gepflegte Ideal des Gemeinschaftslebens, das in den Begriffen *claustrum* und *monasterium* zum Ausdruck kam, wurde im 12. Jahrhundert völlig aufgegeben, und das Kapitel oder die einzelnen Mönche wurden in Basel und Umgebung sowie im Elsass zu grossen Grundbesitzern.[29]

Der gleiche Prozess lässt sich bei den alten Abteien Saint-Imier, Saint-Ursanne und Moutier-Grandval beobachten, als diese im Laufe des 11. Jahrhunderts in weltliche Kollegiatstifte umgewandelt wurden,[30] höchstwahrscheinlich als Folge der Schenkung von Moutier an das Bistum, die König Rudolf III. von Burgund im Jahr 999 im Rahmen einer Konsolidierungspolitik der weltlichen Macht der Basler Bischöfe

109 Der hl. Augustin als Bischof. Einige seiner Schriften dienten als Vorgabe für die Organisation des kanonischen Lebens. Steinfigur, frühes 15. Jh., ehemalige Brunnenfigur des Augustinerklosters Basel (HMB).

vornahm.[31] Dieses Ereignis stellt innerhalb der Geschichte des Mönchtums eine Besonderheit dar, die den Südjura vom Rest der Westschweiz unterscheidet. Mit ihrem territorialen Einfluss – das Gebiet war ganz einfach gesättigt – hinderten die drei jurassischen Klöster andere Mönchsorden – Cluniazenser, Kartäuser, Zisterzienser – an der Ausbreitung in der Region, so wie dies anderswo im 12. oder 13. Jahrhundert der Fall war. Schob also das Bistum Basel dem Vordringen der «Puristen» der benediktinischen Klosterreform einen Riegel, so förderte es hingegen kurz vor 1142 die Niederlassung der Prämonstratenser in Bellelay.[32] Die Stiftung selbst erfolgte durch Siginand, Propst von Moutier, aber Bischof

Ortlieb beanspruchte die Klostervogtei unverzüglich für sich. Das Ideal des 1120 gegründeten Prämonstratenserordens bestand in der Verbindung von benediktinischer Strenge und Kargheit mit Seelsorge. Der heilige Norbert, der Ordensgründer, verzichtete als Folge einer inneren Einkehr auf seine Pfründe als Chorherr von Xanten und liess sich mit einigen Gefährten im unwegsamen Tal von Prémontré in der Diözese Laon nieder, wo sich die kleine Gemeinschaft der Augustinerregel verschrieb. Norberts Ansinnen hatte gleich in zweifacher Hinsicht Folgen: Zum einen schuf er damit einen eigenständigen Orden, der sich rasch entwickelte, und zum anderen rief er die moralische Autorität des heiligen Augus-

110 Darstellung des heute verschwundenen Kreuzgangs der alten Barfüsserkirche in Basel. Der Kreuzgang ist als architektonisches Element in fast allen mittelalterlichen Klosterbauten des Westens vorhanden. Stich aus Adolf Sarasin, *Mittheilungen der Gesellschaft für Vaterländische Alterthümer*, III: Die Barfüsserklosterkirche, Basel, 1845.

111 Romantische Nachzeichnung des Lebens innerhalb der Barfüsserkirche in Basel. Die Franziskanermönche waren erkennbar an ihrem Strickgürtel (daher die frz. Bezeichnung «Cordelier», von «corde»). Aufgrund ihres Armutsgelübdes gingen sie barfuss in Sandalen, deshalb auch die Bezeichnung «Barfüsser». Hier erhält ein Bettler Almosen, ein Amtsträger unterhält sich mit einem Mönch. Aus dem Werk Adolf Sarasins (s. vorherige Abbildung).

Bewirtschaftung ihrer Güter nahm sie, zumindest während einer gewissen Zeit, mittels Laienbrüdern wahr, die ab dem 12. Jahrhundert nachgewiesen sind. Im elsässischen Teil der Diözese liessen sich die Prämonstratenser übrigens erst spät nieder, im 14. Jahrhundert, und einzig in Kientzheim nahe Colmar. Der Reformgeist der Kanonikerorden wurde aber früh schon von der Abtei Marbach wahrgenommen, die westlich von Colmar im Jahr 1089 gegründet worden war.

Im 13. Jahrhundert kam es auf dem ganzen Gebiet der abendländischen Kirche zu einem Aufschwung der Stadtklöster, der so genannten Bettelorden, und zwar hauptsächlich der Dominikaner und der Franziskaner. Die Ausrichtung dieser Orden war radikal neu, und zwar nicht so sehr wegen des Armutsgebots, das (idealerweise) bis zur Ablehnung jeglichen Grundbesitzes für die Klöster gehen konnte, sondern wegen der aktiven Präsenz mitten in der Welt, in den umtriebigen Städten, was das genaue Gegenteil zum anachoretischen Wüstendasein darstellte. Das Phänomen nahm eine solche Dimension an, dass sich auch die anderen Mönchsorden ab 1200 in den Städten niederliessen und ihre Bestimmung neu auslegten, um mit der Zeit Schritt zu halten.

Franziskaner und Dominikaner lebten von Almosen der Bevölkerung und von den liturgischen Diensten, die sie anboten, insbesondere von Totenmessen. Die Dominikaner findet man ab 1200 in Colmar (Unterlinden), die Franziskaner ab 1231 in Basel. Danach kam es zu mehreren Gründungen in den wichtigsten Städten: Mülhausen, Gebweiler, Thann usw. In ihrem Beitrag zu den Basler Stadtklöstern geht Brigitte Degler-Spengler näher auf die Rolle der Bettelorden (einschliesslich der Frauenklöster) sowie auf die Beziehungen ein, die diese untereinander und mit anderen Klerikern unterhielten. Erwähnt sei noch, dass die Dominikaner zu einer entscheidenden Aufwertung des Studiums beitrugen.

Der heilige Franziskus hatte selber nie einen Orden gründen wollen, aber das Beispiel der «Minderbrüder» führte zu einer heftig umstrittenen monastischen und theologischen Vervielfältigung, die vom Papst kritisch überwacht

tinus in Erinnerung und zwar so erfolgreich, dass Papst Innozenz II. die Regel des Bischofs von Hippo Regius im Jahr 1139 allen Regularkanonikern vorschrieb.[33] Die Gründung von Bellelay, einem Tochterkloster der Abtei Lac-de-Joux, war Teil der Siedlungspolitik in Richtung Freiberge und der Konsolidierung der Pfarreiseelsorge. Das Bistum hegte stets reges Interesse am Ergehen der Abtei. Um 1180 war Bellelay mächtig genug, um ein Tochterkloster (Priorat) im elsgauischen Grandgourt zu gründen. Als Abtei mit Regularkanonikern verfügte die Institution über ein erhebliches Ansehen in der Diözese; sie übte Patronatsrechte in verschiedenen Pfarreien aus und bestimmte deren Priester. Die

wurde: Die Aufwertung der von einigen Franziskanern gepredigten absoluten Armut war ihm ein Dorn im Auge. Diese Spannungen bekamen auch die Basler Klöster zu spüren, denn auch sie waren betroffen von der Konkurrenz zwischen Pfarrklerus und den verschiedenen Bettelorden bei der Erhebung von Abgaben auf geistlichen Dienstleistungen. Die Sache wurde noch verkompliziert durch die Präsenz vieler Beginengemeinschaften, meistens Frauen, die ein kontemplatives Leben verbunden mit karitativer Tätigkeit führten (Krankenpflege und Hilfe an Bedürftige), ohne dass sie durch ein Gelübde gebunden oder einer Ordensregel unterstellt gewesen wären, was zu Misstrauen ihnen gegenüber und allmählich zu ihrer Repression führte. Und die geistige Verwandtschaft mit den Franziskanern trug nicht gerade zu einer Verbesserung ihrer Situation bei.

Die Gemeinschaften der Beginen, eine der originellsten und spannendsten Ausdrucksformen weiblicher Religiosität, die sich damals in Flandern und im Rheingebiet ausbreiteten, tauchten um die Mitte des 13. Jahrhunderts in der Diözese Basel auf, wo man, meist in der Nähe von Städten, ein gutes Dutzend Beginenhöfe fand. Es war aber die Zeit der Ketzerverfolgungen (Katharer, Waldenser), und die zunehmend dem Vorwurf der Häresie ausgesetzten Beginen wurden 1411 schliesslich aus Basel verbannt. Einige schlossen sich Bettelorden an, aber im Übrigen war die Bewegung am Ende, ein Opfer ihres am Rande der Gesellschaft gelebten reinen Ideals, was sie heute genau aus diesem Grund zu einem beliebten Forschungsgegenstand macht.

Dieser kurze Überblick über die religiösen Einrichtungen wäre nicht vollständig ohne, zum einen, die Erwähnung weiterer städtischer Orden, wozu die Augustiner-Eremiten, die kleine, ebenfalls der Augustinerregel gehorchende Gemeinschaft der Pauliner (Muttenz, 1353) und die Serviten gehören, ein Eremitenorden mit einem Ordenshaus in Langenbruck (1415), sowie, zum andern, ohne den Hinweis auf die Spitalorden, die während der Zeit der Kreuzzüge zur Pflege von Pilgern und Kranken entstanden und ab Beginn des 13. Jahr-

hunderts auf dem Land und in den Städten ein Netz an Hospitälern und Siechenhäusern schufen. Dazu gehörten der Antoniter-Orden, der in Form von regularkanonischen Stiften organisiert war, die Johanniter und der Deutsche Orden. Die monastische Landschaft der mittelalterlichen Diözese Basel war Ende des 13. Jahrhunderts im Wesentlichen geformt mit Ausnahme einiger Gotteshäuser und Priorate und des späteren Verschwindens der Beginenhöfe. Die späteste und spektakulärste Gründung war zweifelsohne jene der Kartause St. Margarethental in Basel im Jahr 1401. Zeichen der Zeit: Die Gründung erfolgte in einer Stadt mit prosperierendem Handel durch einen Bankier (der bald danach Bankrott ging). Aber vor allem wurde dieser Ort, weit entfernt von der Kargheit der gebirgigen Einsiedelei Brunos, zu einem einzig von den Dominikanern konkurrenzierten geistig-intellektuellen Zentrum ersten Ranges, das sich der freundschaftlichen Zuwendung grosser Humanisten und Drucker wie Sebastian Brant, Johannes Amerbach (der in der Kartause begraben liegt) und Johannes Froben erfreuen konnte.[34] Im Gegensatz zum ursprünglichen Schlichtheitsgebot des Ordens lebte die Kartause von der Grosszügigkeit reicher Adliger und hoher kirchlicher Würdenträger, insbesondere von derjenigen herausragender Besucher, die während des Konzils (1431–1449) empfangen wurden. Eine prächtige Votivplatte aus Messing erinnert an die freigebige Schenkung, die Isabella von Portugal, Herzogin von Burgund, 1433 der Kartause machte, die, im Gegenzug zu täglichen Lesungen von Messen, zum Bau neuer Zellen verwendet wurde (Abb. 112).[35]

Stellte die Kartause von Basel zur Zeit der Reformation ein Beispiel unerschütterlicher Treue zum katholischen Glauben dar, so lässt sich dasselbe von den anderen Klöstern der Stadt nicht behaupten. Insbesondere das Franziskanerkonvent wurde zu einer Brutstätte der Lutheraner: Der Guardian des Klosters, Konrad Pellikan, bereitete Luthers Schriften für die Druckerei vor und der Prädikant Johannes Lüthard verbreitete die lutherischen Ideen in seinen Predigten. Die

Nähe neuer Ideen ist eben stets mit Gefahren verbunden.

Der Übertritt zur Reform bedeutete einen definitiven Einschnitt. Was der ehemalige Augustinermönch Martin Luther mit seiner Schrift *Urteil über die Mönchsgelübde* von 1521 kritisierte – wobei er gleichzeitig seiner Bewunderung für den heiligen Antonius und den heiligen Franziskus Ausdruck gab –, war der privilegierte Zugang der Kleriker zum Seelenheil. Und da Zweifel ob der absoluten Wirksamkeit klerikaler Fürbitte im Himmel auf-

kamen, wurden diese Mittelsmänner suspekt, selbst jene, die als «Blitzableiter der Gesellschaft» fungierten, wie dies Joris-Karl Huysmans mit seiner von der niederländischen Mystik inspirierten Sprache formulierte.

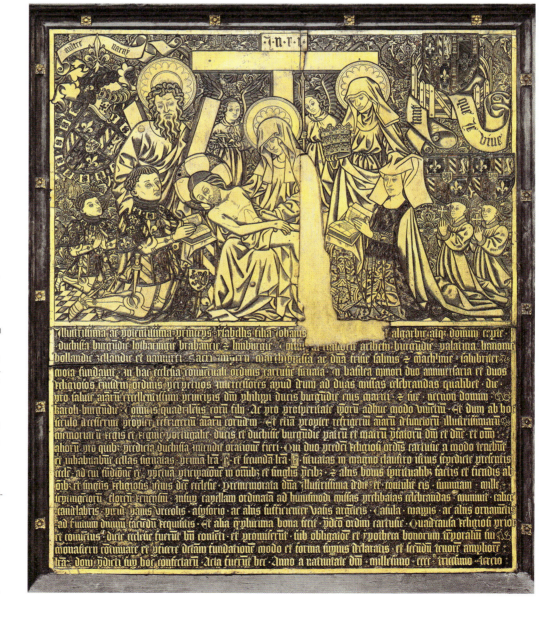

112 Votivtafel aus Messing, die an die grosszügige Schenkung der Herzogin von Burgund, Isabella von Portugal, zugunsten der Kartause Basel erinnert. Mit den Mitteln konnten im grossen Kreuzgang neue Zellen gebaut werden (*«cellas signatas primata litera E et secunda litera F situatas in magno claustro»*). Die Stifterin, kniend auf der rechten Seite der Pietà, wird in einfacher Aufmachung und in der gleichen Grösse wie die Heiligenfiguren dargestellt, was im Mittelalter unüblich war und auf ihre Vertrautheit mit Christus und den Heiligen (Maria, Elisabeth, Andreas) hindeutet. Die beiden knienden Männer auf der linken Seite sind Herzog Philipp der Gute und, hinter ihm, der junge Karl der Kühne. Der lange Text gibt als Datum 1433 an. In Tournai ausgeführt, heute im HMB.

BRIGITTE DEGLER-SPENGLER

Die Klöster der Stadt Basel[1]

Bischof Burkhard von Fenis errichtete 1083 das Kloster St. Alban (heute in der St. Alban-Vorstadt). Die Klostergründung stand im Zusammenhang mit den damaligen kirchlichen Reformbestrebungen und wurde der Abtei Cluny im Burgund übertragen, einem Zentrum für die Erneuerung des Mönchtums. Die Cluniazenser von St. Alban in Basel befolgten die Benediktsregel und die klösterlichen Gewohnheiten von Cluny. Ihre Hauptaufgabe war die Feier der Liturgie.

St. Alban war die erste klösterliche Niederlassung Basels, vor seiner Gründung hatte nur die Kanonikergemeinschaft am Münster (Domstift) bestanden und eine kleine Priestergemeinschaft auf dem gegenüberliegenden Hügel bei der Kirche St. Leonhard. Bischof Adalbero errichtete 1133/1135 bei St. Leonhard ein Augustiner-Chorherrenstift, indem er dem dort bestehenden Priesterkollegium die Augustinusregel gab. Auch diese Regulierung geschah im Rahmen der Kirchenreform. St. Leonhard übernahm die klösterlichen Bräuche des elsässischen Stifts Murbach, die sich eng an die Ideale des Reformmönchtums anlehnten. Murbach war eine Hochburg der Kanonikerreform.

Waren zwischen den Gründungen der beiden ersten Basler Klöster 50 Jahre vergangen, so beschleunigte sich der Rhythmus im 13. Jahrhundert beträchtlich. Vor 1206 errichteten die Johanniter, ein aus der Kreuzzugsbewegung hervorgegangener Ritterorden, neben dem heutigen St. Johanns-Tor eine Kommende. Vielleicht beabsichtigten auch die Templer, sich in Basel niederzulassen, und gaben das Vorhaben dann auf. Vor 1220 verkauften sie

jedenfalls Güter, die sie in der Stadt erworben hatten, an St. Leonhard und traten dann nicht mehr in Erscheinung. Erst gegen Ende des Jahrhunderts, zwischen 1282 und 1286, fand sich der Deutsche Orden, ein weiterer Ritterorden, in Basel ein, und errichtete sein Haus in der St. Ulrichsvorstadt, an der heutigen Rittergasse. Die Kommenden der verschiedenen Kreuzzugsorden hatten in Europa die Aufgabe, für die Rückeroberung des Heiligen Landes Ressourcen bereitzustellen und Kämpfer zu rekrutieren.

Die Antoniter, ein bei Vienne in Südfrankreich entstandener Spitalorden, kümmerten sich um Pilger und Kranke. Nach Basel kamen die Antoniusbrüder zu einem unbekannten Zeitpunkt, vermutlich etwa gleichzeitig mit den Johannitern um 1206, und errichteten in der heutigen St. Johanns-Vorstadt gegenüber den Johannitern ein Spital. In Kleinbasel übernahmen sie 1462 ein zweites zwischen Rheingasse und Utengasse gelegenes Haus. Ritterorden wie die Antoniter lebten nach der Augustinusregel und je eigenen Konstitutionen, die ihren Ordenszielen angepasst waren.

Am dichtesten folgten die Klostergründungen in den dreissiger Jahren des 13. Jahrhunderts aufeinander, verursacht durch die Frömmigkeitsbewegung der Frauen und durch die Bettelorden. Noch vor 1230 stiftete der bischöfliche Ministeriale Burkhard Vitztum das erste Basler Frauenkloster, St. Maria Magdalena an den Steinen (heute Steinenberg). Es gehörte dem Frauenorden der Reuerinnen an und besass enge Verbindungen sowohl zum Domstift als auch zum Stift St. Leonhard, das vermutlich mit der Seelsorge der Nonnen

113 Die ehemalige Franziskanerkirche von Basel (Barfüsserkirche). Die schlanke und ele-
gante Architektur der ersten
Hälfte des 14. Jh. ist typisch
für Bettelorden. Das Fran-
ziskanerkloster hatte damals
sechzig Mönche. Auf der grü-
nen Fläche rechts befand
sich der Kreuzgang.

betraut war. 1304 wurde das Kloster dem Dominikanerorden angeschlossen.

Kurz nach 1230 liessen sich die Bettelorden
der Dominikaner (Prediger) und Franziskaner (Barfüsser) in Basel nieder und brachten
ein neues Konzept des Ordenslebens in die
Stadt. Anders als die älteren Orden der Benediktiner und Augustiner-Chorherren, deren vornehmstes Ziel der Gottesdienst war,
stellten sie Predigt, Seelsorge und Studium
in den Mittelpunkt. Dazu verzichteten sie
nicht nur wie Mönche und Chorherren auf
persönliches Eigentum, sondern auch weitgehend auf gemeinsamen Besitz der Kon-
vente (Armutsgebot). Sie waren daher auf
Almosen angewiesen, das sie sich teilweise
durch Betteln verschafften. Durch die Bettelorden verbesserte sich die Seelsorge in den
stark wachsenden Städten, es entbrannte

aber auch unzählige Konflikte mit dem Pfarrklerus. Die Dominikaner kamen, von Bischof
Heinrich von Thun gefördert, 1233 nach Basel und fanden ihren Standort am Anfang der
heutigen St. Johanns-Vorstadt. Vor 1238, vielleicht bereits 1231, erschienen auch die Franziskaner und bezogen zunächst ein Haus in
der heutigen Spalenvorstadt. 1250 erhielten
sie von Bischof Berthold von Pfirt einen Platz
im Stadtinnern und verlegten ihr Kloster dort-
hin (heute Barfüsserplatz). Während die Dominikaner ihrem Orden die Augustinusregel
zugrundelegten, befolgten die Franziskaner
eine eigene, von ihrem Gründer Franziskus
von Assisi konzipierte und von den Päpsten
mehrfach überarbeitete Regel.

Fast wie ein Fremdkörper und ein Gegengewicht wirkt im betriebsamen Zuziehen,
Umziehen und wieder Wegziehen der Bet-

telordenskonvente und der Gemeinschaften religiöser Frauen in dieser Zeit die Konstituierung des Kollegiatstifts St. Peter im Jahre 1233 bei der bereits bestehenden gleichnamigen Pfarrkirche auf dem Petersberg. Sie geschah auf Initiative des Domdekans und des Leutpriesters von St. Peter. Diese Institution gehört nicht unbedingt in diese Aufzählung der Basler Klöster, folgten ihre Angehörigen doch keiner Ordensregel, sondern bildeten ein so genanntes weltliches Stift (wie das Domstift). Seine Aufgabe war ausser der Pfarrseelsorge der feierliche Gottesdienst am Dom (Münster) und in St. Peter.

Nach der Jahrhundertmitte setzte sich der Zuzug von Frauenkonventen und Bettelordensgemeinschaften in rascher Folge fort. Aber nicht jeder Versuch sich niederzulassen gelang. Obwohl sie von Bischof Berthold von Pfirt gerufen worden waren, mussten die Schwestern aus Tänikon im Thurgau, die zwischen 1250 und 1253 im ehemaligen Kloster der Barfüsser in der heutigen Spalenvorstadt ein Zisterzienserinnenkloster einrichten wollten, Basel wieder verlassen. Die Gründe für diesen Fehlschlag sind nicht bekannt. Die Schwestern begaben sich 1261 an den 5 km entfernten Ort Michelfelden (heute Saint-Louis, Haut-Rhin, F) und wurden bald darauf dem Zisterzienserorden angeschlossen. Ihre endgültige Bleibe fanden sie in Blotzheim (Haut-Rhin, F).

Die verlassenen Gebäude in der Spalenvorstadt bezogen 1266 Klarissen aus dem Kloster Paradies im Thurgau. Ihr Name geht auf die heilige Klara, die Gefährtin des Franz von Assisi, zurück. Wie dieser gab sie ihrer Gemeinschaft eine Regel mit strengem Armutsgebot. Doch befolgten die späteren Klarissen eine vom Papst überarbeitete, hinsichtlich der Armutsforderung gemilderte Regel. Auch die Klarissen blieben nicht lange in der Spalenvorstadt, sondern erhielten 1279 von Bischof Heinrich von Isny das ehemals von den Sackbrüdern bewohnte Haus im kurz vorher gegründeten Kleinbasel zugewiesen (heute Claraplatz mit Clarakirche). Die Klarissen wurden von den Barfüssern (Franziskanern) in Grossbasel seelsorgerlich betreut.

Die Sackbrüder sassen seit 1268 in Kleinbasel. Ihre Gemeinschaft, auch sie ein Bettelorden, wurde in der Provence gegründet und befolgte die Augustinusregel sowie Konstitutionen, die weitgehend mit denen der Dominikaner übereinstimmten. Als das 2. Konzil von Lyon 1274 die jüngeren Mendikantenorden verbot, hob Bischof Heinrich von Isny das Kleinbasler Kloster 1279 auf. Vielleicht hat noch eine weitere Bettelordensgemeinschaft, die Karmeliter, versucht, sich in Basel vor dem Aeschentor niederzulassen. 1274 nahmen jedenfalls acht Brüder am Empfang König Rudolfs von Habsburg teil, ihre Spuren verlieren sich dann aber.

1274 zogen die Dominikanerinnen des Klosters Klingental von Wehr (im Wehratal zwischen Rheinfelden und Bad Säckingen, D) in die nordwestliche Ecke Kleinbasels (heute Unterer Rheinweg). Von seinem Stifter, dem Minnesänger Walter von Klingen, zur Grablege der Familie bestimmt und grosszügig gefördert, entwickelte es sich zum reichsten Kloster Basels. Seine Seelsorger waren die Prediger (Dominikaner) in Grossbasel. Wie diese befolgten die Frauen die Augustinusregel, verbunden mit dominikanischen Konstitutionen für Frauenklöster.

1279 liess sich eine religiöse Frauengemeinschaft aus dem Aargau für immer in der Spalenvorstadt nieder. Sie nannte ihr Kloster «Gnadental» und wurde 1289 dem Klarissenorden verbunden, also der Aufsicht und Seelsorge der Barfüsser (Franziskaner) unterstellt. Daraufhin bemühten sich die Dominikaner um das Reuerinnenkloster St. Maria Magdalena, das 1304 ihrem Orden angeschlossen wurde. Beide Mendikantenklöster, die in einer gewissen Konkurrenz zueinander standen, waren nun geistliche Obere über zwei Frauenklöster Basels: die Franziskaner beaufsichtigten Gnadental und St. Clara, die Dominikaner St. Maria Magdalena und Klingental.

Die Augustiner-Eremiten gründeten 1276 das dritte Bettelordenskloster in Basel. Sie kamen aus Mülhausen und erhielten einen Bauplatz auf dem Burghügel in der Nähe des Münsters (heutige Augustinergasse). Ihr Kloster errichteten sie also nicht in einem Volksquartier wie die Dominikaner und Franziskaner. In der Folge waren die Augustiner denn auch eng mit den führenden Familien Basels, dem Rat und dem Domstift verbunden. Wie der Name sagt, richtete sich auch dieser Orden nach der Augustinusregel aus, der eigene Konstitutionen beigefügt wurden.

Nach der bereits erwähnten Niederlassung des Deutschen Ordens 1282/1286 kam es 120 Jahre lang in Basel zu keiner Klostergründung mehr. Doch setzte sich die religiöse Dynamik auf andere, sozusagen bescheidenere Weise fort. Im 14. Jahrhundert enstanden über 20 Beginengemeinschaften und zwei Begardenhäuser in der Stadt. Es waren Vereinigungen von Laien, die ein religiöses Leben führen wollten. Sie wurden von den Franziskanern und Dominikanern beaufsichtigt.

Schliesslich gründete Oberstzunftmeister Jakob Zibol als letztes Basler Kloster 1401 die Kartause in Kleinbasel (am Brückenkopf der heutigen Wettsteinbrücke). Die Kartäuser, ursprünglich eine Eremitengemeinschaft, lebten nach den «Consuetudines Cartusiae», mehrmals überarbeiteten Statuten, und lehnten sich in der Liturgie an die Benediktiner an. In Basel hatten die Mönche nach dem finanziellen Ruin ihres Stifters Zibol und durch die Bedenken des Domkapitels gegen eine weitere klösterliche Niederlassung jahrzehntelang grosse Schwierigkeiten, ihr Kloster in Basel einzupflanzen. Jedoch festigte sich die Niederlassung in der zweiten Hälfte des 15. Jahrhunderts und wurde zu einem religiösen und wissenschaftlichen Zentrum der Stadt.

Im 15. Jahrhundert besass Basel 14 klösterliche Institutionen, die oft nur wenige Schritte voneinander entfernt lagen. Dazu kamen bis zu ihrer Aufhebung 1411 die zahlreichen Beginen- und Begardenhäuser. Weitere Einrichtungen verstärkten die Präsenz der Orden in der Stadt, z. B. die Wirtschaftshöfe von benachbarten Klöstern wie der Benediktinerabtei St. Blasien im Schwarzwald, der Zisterzienserabteien Lützel im Elsass und Wettingen im Aargau. Sicher war es neben vielen ande-

ren Gründen auch eine Frage des nicht mehr vorhandenen Bedarfs, dass im 15. Jahrhundert bis zur Reformation in Basel kein Kloster mehr gegründet wurde. Doch die Klosterszene der Stadt blieb in Bewegung und veränderte sich in diesem Jahrhundert, das eine Zeit der Ordensreformen war, nochmals stark. Die Bettelorden spalteten sich in einen konventualen Zweig, der die Regeln milder auslegte, und einen observanten Zweig, der eine strikte Interpretation forderte. Als Erstes der Basler Klöster wandte sich das Dominikanerinnenkloster St. Maria Magdalena an den Steinen 1423 der strengeren Richtung zu, gefolgt vom Predigerkloster 1429. Das Barfüsserkloster trat 1443/1447 zur Observanz über, und 1447 folgte das Klarissenkloster Gnadental seinen Oberen. Die Reformierung war überall mit verbissenen Kämpfen verbunden, an denen sich Rat und Bevölkerung der Stadt engagiert beteiligten. Nicht immer gelang die Erneuerung. Die beiden Frauenklöster Kleinbasels verweigerten sich standhaft jeder Reform. In Klingental zogen sich die Streitigkeiten mit grossem Getöse bis Anfang des 16. Jahrhunderts hin und führten schliesslich dazu, dass der Konvent den Dominikanerorden verliess und zum Augustinerorden wechselte (Augustiner-Chorfrauen). Auch St. Leonhard konnte 1462/1466 nur reformiert werden, indem ein anderer Orden, die Windesheimer Kongregation, das Kloster übernahm.

In der Basler Reformation 1529 wurden die Klöster aufgehoben. Mönche und Nonnen, Brüder und Schwestern bekehrten sich entweder zum neuen Glauben oder verliessen die Stadt. Nur die Ordenshäuser der Johanniter und des Deutschen Ordens bestanden als Verwaltungszentren bis zu Beginn des 19. Jahrhunderts weiter, ebenso existierte das Kollegiatkapitel von St. Peter als Professorenkollegium der 1459/1460 gegründeten Universität bis 1816 weiter. Die Klöster Kartause und Klingental konnte die Stadt erst nach dem Tode ihrer letzten Oberen an sich bringen, die Kartause fiel ihr 1545, Klingental 1559 zu.

Zeittafel der Basler Klöster

1.	1083	St. Alban, Cluniazenser
2.	1133/1135	St. Leonhard, Augustiner-Chorherren
3.	vor 1206	Johanniter (1806 aufgehoben)
4.	13. Jh. (1206?)	Antoniter, Haus in Grossbasel; Haus in Kleinbasel 1462
5.	vor 1230	St. Maria Magdalena an den Steinen, Reuerinnen (Magdalenerinnen), seit 1304 Dominikanerinnen
6.	1233	Prediger (Dominikaner)
7.	1233	St. Peter, Kollegiatstift (1816 aufgehoben)
8.	vor 1238, vermutlich 1231	Barfüsser (Franziskaner)
	1250/1253	Schwestern aus Tänikon (Zisterzienserinnen), 1261 Wegzug nach Michelfelden (heute Saint-Louis F), dann nach Blotzheim F, vor 1264 dem Zisterzienserorden angeschlossen.
9.	1266	St. Clara, Klarissen
10.	1268	Sackbrüder (1279 aufgehoben) (nicht auf der Stadtansicht der folgenden Seite)
11.	1274	Klingental, Dominikanerinnen (1559 aufgehoben)
12.	1276	Augustiner-Eremiten
13.	1279/1289	Gnadental, Klarissen
14.	1282/1286	Deutscher Orden (1805 aufgehoben)
15.	1401	Kartäuser

Wo kein Aufhebungsdatum angegeben ist, wurde das Kloster 1529 während der Reformation aufgelöst.

Vgl. dazu den Plan Abb. 114.

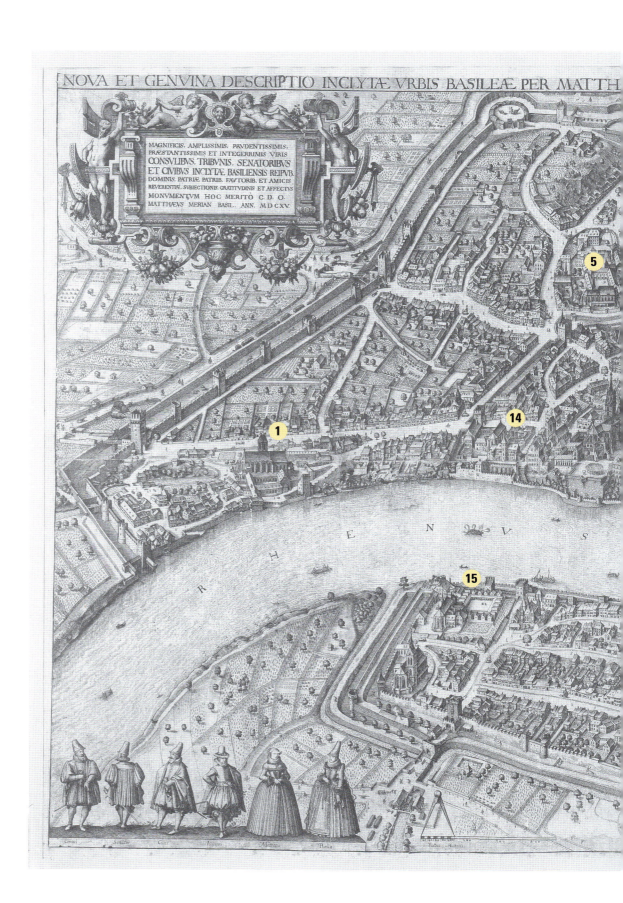

114 Die Klöster der Stadt Basel
auf dem Vogelschauplan
Matthäus Merians von 1615
(s. Zeittafel S. 109).

JEAN-CLAUDE REBETEZ

Entstehung und Entwicklung der Heiligenverehrung

115 Der hl. Stephanus, der erste Märtyrer, wird hier durch einen Juden gesteinigt. Basler Münster, Schlussstein des südlichen Querschiffs. Um 1400, Farbfassung 19. Jh.

Die Heiligen waren für die Katholische Kirche seit jeher äusserst wichtig. Dies gilt bis heute: Papst Johannes Paul II. hat während seinem Pontifikat nicht weniger als 482 Heiligsprechungen vorgenommen – mehr als seine Vorgänger in den 500 Jahren zuvor![1] Auch heute noch benützt die Kirche die Heiligen zu pastoralen Zwecken und zur Verbreitung des Glaubens. Im Mittelalter spielte die Heiligenverehrung im Gegensatz zu heute aber eine zentrale Rolle in der Volksfrömmigkeit und wurde durch die Ablasspraxis noch verstärkt.[2]

Ursprung der Heiligenverehrung: die Märtyrer

Bis zu Beginn des 4. Jahrhunderts wurden Christen vom Römischen Staat verfolgt: Sie galten als Bedrohung der bestehenden Ordnung. Im Frühchristentum spielen die Märtyrer eine wesentliche Rolle als Glaubensbekenner:

Mit ihrem Tod, Beweis ihrer Tugend und ihrer Überzeugung, werden sie Jesus gleichgestellt, der ebenfalls den Opfertod erlitt.[3] Zudem öffnet dieser Tod die Pforte zum Himmel; als bereits Gerettete und Vertraute von Jesus können sie bei ihm für andere Gläubige eintreten und sind somit wichtige Fürbitter. Als die Verfolgungen aufhörten, entwickelte sich die Heiligenverehrung selbstständig weiter: Auf den Gräbern von Märtyrern baute man Basiliken, die zu Wallfahrtsorten wurden. Zudem wurden Märtyrer seit Mitte des 4. Jahrhunderts auch mittels Wundern aktiv. Schnell sah man in ihren Knochen ein Pfand ihrer Präsenz auf der Erde und ein bevorzugtes Mittel der Kommunikation mit Gott. Fortan wurde mit Reliquien ein ausgeprägter Kult betrieben, der seinen Höhepunkt im Mittelalter fand. Natürlich bergen solche Praktiken ein erhebliches Risiko abergläubischer Verirrungen, und die Kirche versuchte, die statthafte Verehrung von Heiligen (Respekt und Ehre: Heiligenverehrung) von der erfüllten Anbetung, die Gott allein gebührt (Gottesverehrung), zu unterscheiden. Das Ende der römischen Verfolgungen bedeutet nicht, dass es keine Märtyrer mehr gegeben hätte (vgl. beispielsweise die Ermordung des heiligen Germanus und des heiligen Dizier im 7. Jahrhundert), aber deren Anzahl nahm ab und vor allem wurde die Verbindung zwischen Martyrium und Heiligkeit schwächer. Neue Arten von Heiligen konnten nun auftreten.

Die Bekenner, ein klerikales Monopol

Bekenner sind Personen, die ihren Glauben so unfehlbar bezeugen, dass sie bewundert und verehrt werden. Es handelt sich dabei in erster

Linie um Asketen, Mönche und Eremiten, die ein exemplarisches Leben führen. Sie auferlegen sich Kasteiungen und schwören der Welt ab, wie die Märtyrer dem Leben abschworen. Antonius und später Kolumban oder Benedikt von Nursia sind Beispiele für Bekenner, und die legendären, viel später niedergeschriebenen *Vitae* der beiden jurassischen Eremiten Himerius und Ursicinus gehören *mutatis mutandis* ebenfalls zu diesem sehr klassischen Typ. Unter den Bekennern gibt es auch Bischöfe, Pfeiler des Glaubens gemäss dem Vorbild des heiligen Martin, eines zum Mönch bekehrten Soldaten, der schliesslich Bischof von Tours wurde (4. Jahrhundert). Im Heiligenverzeichnis der Diözese Besançon befinden sich eine beeindruckende Anzahl lokaler Bischöfe,[4] während die Bilanz der Bischöfe von Basel in dieser Hinsicht recht mager ist.

Während der merowingischen und karolingischen Epoche (6.–9. Jahrhundert) stammten viele neue Heiligen aus der politischen Elite. Dies ist etwa der Fall für Eligius (ein hoher Beamter von König Dagobert, Klostergründer und späterer Bischof), für Donatus (Sohn des *pagus Ultrajuranus* im Teilreich Burgund,

Bischof von Besançon) oder des ersten Abts von Moutier-Grandval, Germanus, der aus einer hohen Familie aus Trier stammte. Diese Tatsache beruht nicht auf Zufall, sondern hat mit dem Machtstreben und dem Propagandawillen der Kirche zu tun und zeigt die Verbindung zwischen der Idee der Heiligkeit und adliger Abstammung: Die soziale Schicht, welche die politische und wirtschaftliche Macht innehatte, verstärkte damit ihre Kontrolle auf der religiösen Ebene,[5] und die Kirche als Institution konnte von diesem Zusammengehen profitieren, umso mehr, als der hohe Klerus – Äbte oder Bischöfe – aus der gleichen sozialen Schicht kam.

Laien wurden also nur sehr selten zu Heiligen. Ab Ende des 10. Jahrhunderts förderte die Kirche allerdings das Bild des «heiligen Königs»: Es waren dies Herrscher, deren Bekehrung jene des Volkes nach sich zog (z.B. Wenzeslaus in Böhmen, Olaf in Norwegen, Stefan in Ungarn) oder die bekannt dafür waren, gemäss kirchlichen Grundsätzen zu regieren oder regiert zu haben, wie dies für einen Schutzheiligen der Diözese Basel, Kaiser Heinrich II., der Fall war. Auch hier war

116 Die letzte Kommunion des hl. Benedikt. Aus dem Benedikt-Zyklus im Chorfenster der Stadtkirche Biel, 1457.

117 Der hl. Vinzenz von Valencia, ein exemplarisches Märtyrerschicksal. Relief im Basler Münster, um 1085-1100. Vinzenz erscheint vor seinen Richtern, die ihn geisseln lassen; danach wird er eingesperrt und gemartert; sein Leichnam wird aus dem Grab entfernt und den Wölfen ausgesetzt; Raben vertreiben diese; der Leichnam wird ins Meer versenkt und von Vinzenz' Glaubensbrüdern gefunden, die für ihn ein Grab errichten.

118

119 Zwei gekrönte Häupter und ihr Heiligenvorbild. Die Darstellung Kaiser Heinrichs II., 1146 heilig gesprochen, und seiner Gemahlin Kunigunde, 1200 heilig gesprochen (links), zeigt eine auffallende Ähnlichkeit mit jener der Krönung Marias durch Christus (rechts). Die beiden Medaillons befinden sich nebeneinander im Chorgewölbe des Basler Münsters. Um 1363, Farbfassung 19. Jh.

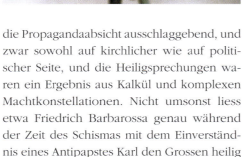
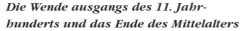

120 Der hl. Dominikus (1170-1221), Gründer des Predigerordens (Dominikaner). Der Stern auf seiner Stirn symbolisiert Weisheit und nimmt Bezug auf einen visionären Traum seiner Mutter während ihrer Schwangerschaft (BiCJ, *Der Heiligen Leben*, von Johann Schönsperger, 1499).

die Propagandaabsicht ausschlaggebend, und zwar sowohl auf kirchlicher wie auf politischer Seite, und die Heiligsprechungen waren ein Ergebnis aus Kalkül und komplexen Machtkonstellationen. Nicht umsonst liess etwa Friedrich Barbarossa genau während der Zeit des Schismas mit dem Einverständnis eines Antipapstes Karl den Grossen heilig sprechen, sein politisches Vorbild.

Die Wende ausgangs des 11. Jahrhunderts und das Ende des Mittelalters

Die Gregorianische Reform und die Erneuerung des Klosterlebens im 11. und 12. Jahrhundert veränderten die Vorstellung von Heiligkeit, indem nun der religiös-spirituelle Aspekt mehr Gewicht erhielt.[6] Vorbild an Heiligkeit ist Jesus Christus mit seiner gelebten christlichen Liebe, die ihn mit Gott vereint. Vollkommen erfüllt wird dieses Modell von Franz von Assisi, dessen Leben, der Reue und dem evangelischen Bekenntnis gewidmet, in der Apotheose endet: Er bekommt Stigmata, Zeichen seiner Vereinigung mit Gott. Ab diesem Zeitpunkt werden vermehrt auch Laien Heilige, und wenn diese auch nach wie vor als Fürbitter bei Gott gelten, so werden sie nun nicht mehr als ferne «Helden», sondern als Beispiele innerer Bekehrung angesehen, denen es nachzufolgen gilt. Dieser Internalisierungsprozess erfolgt übrigens zeitgleich mit der allgemeinen Entwicklung der religiösen Sensibilität.

Ab Ende des 13. Jahrhunderts sind die meisten neuen Heiligen Mystiker und Visionäre (heilige Brigitte von Schweden), grosse Theo-logen (Thomas von Aquin) und Prediger (Vincent Ferrier). Auch diese Entwicklung stimmt überein mit dem Unterweisungswillen der Kirche. Die Bevölkerung hing aber nach wie vor stark an Heiligen, die näher an ihrem Alltag waren und von denen sie konkrete Hilfe erhoffte. Ein gutes Beispiel dafür ist im 15. Jahrhundert die enorme Entwicklung der Verehrung des heiligen Rochus, der den vierzehn heiligen Nothelfern zugeordnet wurde. Man rief ihn zu Zeiten der Pest an, wie etwa in Pruntrut um 1511.[7]

Die Beschlagnahme durch Rom

Sehr bald machte die Kirche die Heiligen- und Reliquienverehrung zur Sache der Bischöfe, was nicht ohne Konflikte abging, wie die vielen Verbote für die Bevölkerung bezeugen, ohne Bewilligung neue Heilige oder Reliquien zu verehren.[8] 993 griff der Papst ein erstes Mal ausserhalb von Italien ein, um Bischof Ulrich von Augsburg heilig zu sprechen, aber erst während der Gregorianischen Reform begannen die Päpste eine zentrale Rolle zu spielen.[9] Am 4. Laterankonzil (1215) wurde die öffentliche Verehrung von neu entdeckten Reliquien verboten, so lange sie nicht vom Papst genehmigt worden waren.[10] Mit dieser Massnahme wollte man die vielen Fälschungen bekämpfen und sie sollte auch zur Etablierung eines juristischen Verfahrens dienen, das dem Papst das Monopol für neue Heiligsprechungen sicherte. Ende des 11. Jahrhunderts wandten sich die lokalen Kirchen bereits an Rom, um eine Verehrung bewilligen zu lassen, und 1234 führte Gregor IX. in den Dekretalen das

päpstliche Exklusivrecht der Heiligsprechung
ein. Das Verfahren der Heiligsprechung wird
zu Beginn des 13. Jahrhunderts festgelegt: Ge-
prüft wird die Tugendhaftigkeit des «Kandidaten», die während seines Lebens vollbrachten
Werke und seine Wunder *post mortem*. Das
Verfahren ist in vier Phasen gegliedert: Nach
der Anfrage beim Papst führen die lokalen Au-
toritäten eine Untersuchung durch (Bischof,
Abt usw.) und senden die Ergebnisse an die
Kurie; drei Kommissare werden anschliessend
delegiert, um die Angelegenheit vor Ort zu
prüfen (Zeugenaussagen usw.); danach wird
das Gesuch in Rom bereinigt und schliesslich
diskutiert der Papst den Fall mit den Kardinälen und die Entscheidung wird im Konsisto-
rium veröffentlicht. Fällt sie positiv aus (was
von 1198 bis 1268 für 23 von 47 Kandidatu-
ren der Fall war), so nimmt der Papst den neu
Gewählten ins Heiligenverzeichnis auf und
schreibt eine Kanonisierungsbulle.[11]

Die protestantische Reformation bedeutete einen schweren Einschnitt für die Verehrung
von Heiligen: Deren Rolle als Fürbitter bei
Gott wird nicht akzeptiert, und die Kirche stellt
nach 1523 ihre Heiligsprechungen fast vollständig ein. Am Konzil von Trient wird die

121 Der hl. Rochus. Detail einer
Ablasserteilung von 1517
(StABS).

Bedeutung und die Funktion der Heiligen
für die Kirche aber erneut bekräftigt, wobei
es zu einer besseren Definition ihrer Rolle
kommt.[12] Der Kalender wird reformiert und
die 1588 geschaffene Ritenkongregation ist
nun für das Heiligsprechungsverfahren verantwortlich, mit dem denn auch Ende des
16. Jahrhunderts wieder begonnen wird. Es
wird aber verändert und man unterscheidet
nun klar zwischen Seligen (deren Verehrung
räumlich begrenzt ist) und Heiligen, die überall verehrt werden können.[13]

122 Krypta der Stiftskirche von
Saint-Ursanne (Ende 12. Jh.):
Bis 1323 lag hier der Sarkophag des hl. Ursicinus, Eremit
und Bekenner aus dem 7. Jh.,
dessen Verehrung bereits vor
der Einführung des Verfahrens
zur Heiligsprechung einsetzte.

JEAN-CLAUDE REBETEZ

Ablässe:
von der Gemeinschaft der
Heiligen bis zur Handelsware

123 Von zwei Erzbischöfen und elf Bischöfen in Avignon ausgestellter kollektiver Ablassbrief (15. Oktober 1346), welcher der Pfarrkirche von Dürlinsdorf (Haut-Rhin) einen vierzigtägigen Ablass gewährt. Dieses schöne Pergamentschriftstück entspricht einem Standardmodell aus jener Zeit. Der mit Miniaturen verzierte Initialbuchstabe zeigt die beiden Schutzpatrone der Kirche (Petrus und Nikolaus) zusammen mit Priester Hugo, der das Privilegium erhalten hat (Abb. 188). Kniend hält er ein Spruchband, auf dem sein Gebet steht («erhöre mich, Hugo, der ich bin dein Diener»). Die Schrift ist sorgfältig ausgeführt und sehr weit gesetzt, denn das Dokument war ein richtiggehendes «Werbeplakat», mit dem die Gläubigen zu Freigebigkeit aufgefordert wurden. Der Ablass wird all jenen gewährt, die an einem Sonntag oder an einem der zahlreichen Feiertage in die Kirche kommen (alle Feiern zu Ehren Christi, Marias, der Apostel und einiger Heiligen), die beim abendlichen Angelus-Gebet drei Ave Maria beten, der Kirche Schenkungen oder Legate vermachen, einem Trauerzug folgen oder in dem Zug mitgehen, mit dem einem Kranken das heilige Sakrament gebracht wird, die für Priester Hugo und die Seinen oder für die Wohltäter der Kirche beten. Einen Ablass kann man also auch erhalten, ohne einen Pfennig auszugeben; hingegen wird deutlich festgehalten, dass Beichte und Bussfertigkeit unabdingbare Voraussetzungen dafür sind (AAEB).

Ablässe, dieses faszinierende Phänomen, haben in der heutigen katholischen Kirche kaum mehr eine Bedeutung, aber im Mittelalter stellten sie ein zentrales Element des religiösen Lebens dar. Im Frühmittelalter konnte man mittels Ablässen nur die Busse für auf Erden begangene Sünden mildern, etwa indem man für ein Verbrechen statt ein strenges Fasten bloss Gebete und festgesetzte Almosen zu leisten hatte. Ab Ende des 11. Jahrhunderts begann sich die Wirksamkeit von Ablässen auch auf das Jenseits zu erstrecken, zur gleichen Zeit also, als die Kreuzzüge aufkamen (den im «heiligen Krieg» Gefallenen wurde das Heil versprochen). In der Folge konnte man mit

Ablässen die Strafe im Fegefeuer mildern oder gar verhindern und damit diesen Zeitraum *post mortem*, der Ende des 12. Jahrhunderts eingeführt wurde, angenehmer gestalten.[1]

Was ist ein Ablass?

Mit der Beichte erhält der Gläubige Vergebung für seine Sünden und entgeht damit der Hölle. Aber die göttliche Gerechtigkeit auferlegt ihm als Busse noch eine Strafe, die er auf Erden oder im Fegefeuer zu leisten hat. Diese Strafe – und nur die – kann mit einem Ablass verkürzt oder aufgehoben werden. Voraussetzung dafür ist, dass dem Sünder nach aufrichtiger Beichte Absolution erteilt worden ist, und je

nach Art des Ablasses muss er noch weitere Bedingungen erfüllen: Besuch einer Kirche, Gebete, Wallfahrten, gute Werke, Almosen, Zahlungen… Dieser letzte Punkt pervertiert das ganze System, denn die Ablässe werden für die Kirche zu einer Geldquelle und einige Gläubige meinen sogar, sich auf diese Weise ihr Seelenheil erkaufen zu können.

Schlüsselgewalt und Gemeinschaft der Heiligen

Ablässe erteilen dürfen Bischöfe, Kardinäle und vor allem der Papst. Als Nachfolger des heiligen Petrus ist der Papst Stellvertreter Christi auf Erden und hält damit die Schlüsselgewalt zum Himmelreich in den Händen:[2] Er hat in dieser Funktion Zugang zum «Gnaden-

Consideratio. XIIII. 97

	Urban⁹	Martin⁹	Eugeni⁹	Summa diez
Jeiunantib⁹ in pfesto		c	c	cc
Interessentib⁹ vespis	c	cc	cc	ccccc
Completorio	xl	lxxx	lxxx	cc
Matutinis	c	cc	cc	ccccc
Primis	xl	lxxx	lxxx	cc
Tertijs	xl	lxxx	lxxx	cc
Sextis	xl	lxxx	lxxx	cc
Nonis	xl	lxxx	lxxx	cc
Misse	c	cc	cc	ccccc
Processioni		c		cc
Vesperis	c	cc	cc	ccccc
Completorio	xl	lxxx	lxxx	cc

Summa dierum omniu / Tria millia octingenti.

Per octauam indulgentie p festo Corporis Christi.

	Martinus	Eugeni⁹	Summa diez
Interessentib⁹ matutinis	c	c	cc
Primis	xl	xl	lxxx
Tertijs	xl	xl	lxxx
Sextis	xl	xl	lxxx
Nonis	xl	xl	lxxx
Misse	c	c	cc
Vesperis	c	c	cc
Completorio	xl	xl	lxxx

Summa oim diez p octauâ: Sex milia dies indulgentiarum.
Singulis enim diebz habentur mille dies indulgentiarum.

Celebrantibus	c	c	cc
Comunicantibus	c	c	cc
Nihil negligentibz	c	c	

Summa oim diez p totâ octauâ: Undecim milia 7 centu dies.

Indulgentie festi sctê Trinitatis.

Benedict⁹ papa. xii. largitus est oibz 7 singulis q in matutina li:misse:vespertino:tâ in vigilia q die:nec nô prime/tertie/sexte/none cöpletoriû in ecclesijs in quibz celebrabunt intereru officijs: similes indulgentias p Urbanû papa. iiii. ad festuz Corpis Cri cessas. i. p matutinis festi cêtu:p missa totidem:p primis vespis centu/pro secundis vesperis totidê/ac qualibet boraz minorum quadraginta. et boc in die festo.

124 Aufstellung mit der Anzahl Ablässe, die von den verschiedenen Päpsten für das Fronleichnamsfest gewährt wurden. Gläubige, die an allen Zeremonien teilnehmen, kommen in den Genuss von Tausenden von Ablasstagen (die Teilnahme an der Messe und an der Prozession bringt allein 700 Tage ein). Johannes Surgant, *Manuale curatorum*, 1503 (BiCJ, Ausgabe von 1520, fol. 97).

schatz von Christus und allen Heiligen» und kann diesen mittels Ablässen zugunsten aller katholischen Gläubigen verwalten. Noch heute wird der Ablass erklärt mit dem «Mysterium der Kirche als Leib Christi und Gemeinschaft der Heiligen, die (…), in der Gnade und in der Verfehlung, alle miteinander verbunden und füreinander verantwortlich sind.»[3] Gemäss dieser optimistischen Auffassung sind alle Kirchenmitglieder, ob tot oder lebend, Heilige oder Sünder, durch ein ewiges Band vereint, und die Verdienste der einen kompensieren die Vergehen der anderen; die Kirche kann für ihre Gläubigen also vertrauensvoll aus diesem Gnadenschatz schöpfen. Diese Auffassung erscheint umso «natürlicher», als im Mittelalter die Heiligenverehrung gang und gäbe war.

Die verschiedenen Ablassarten

Ablässe kommen in vielerlei Gestalt vor. Sie können allgemein sein (überall auf der Welt gültig) oder lokal (nur an einem bestimmten Ort gültig, in Rom, Jerusalem oder in einer Dorfkirche); sie können ewig gelten oder nur für eine bestimmte Frist (für einige Tage oder für einen bestimmten Zeitraum); sie können sachgebunden sein (an die Verwendung eines bestimmten Gegenstandes wie Kruzifix, Rosenkranz, Medaillon usw. gekoppelt) oder personengebunden (z.B. Mitglieder einer Bruderschaft), vollkommen (die ganze Strafe wird erlassen – einen solchen Ablass kann aber nur der Papst erteilen) oder partiell (begrenzte Anzahl Tage oder Jahre an Straferlass).

Eine Handelsware

Im 14. und 15. Jahrhundert kam es zu einer richtiggehenden Inflation an Ablässen aller Art. Die Produktion lief sozusagen auf Hochtouren, zum einen, weil ein um sein Seelenheil besorgtes und schutzbedürftiges Publikum eine starke Nachfrage schuf, zum andern, weil die Kirche damit Geld machen konnte. Nicht selten geriet die Sache zu einer Parodie, wenn nicht gar zu einem zynischen Stück. Diese Entgleisung war der ursprüngliche Grund für Luthers Reaktion. 1517 veröffentlichte er seine 95 Ablassthesen, mit denen er die Reformation einläutete. Er war zutiefst schockiert über die

Art und Weise, wie 1515 mit den Ablässen zugunsten des Wiederaufbaus der St. Petersbasilika in Rom umgegangen wurde: Die Gläubigen waren tatsächlich der Auffassung, sie könnten damit bei Gott ihr Seelenheil erkaufen. Eine solche Auffassung führt die Gläubigen in die Irre, da sie sich in vermeintlicher Sicherheit glauben und ihre spirituelle Suche vernachlässigen. Die Vorwürfe Luthers waren allerdings nicht neu, denn Ablässe wurden schon lange kritisiert, unter anderem von John Wyclif (1324–1384).

Was bringt ein Ablass ein?

1500 kauft die mit der Weberzunft verbundene religiöse Bruderschaft in Pruntrut einen Ablass zugunsten ihrer Kapelle: Alle Gläubigen, die eines der Marienfeste besuchen, kommen in den Genuss eines hunderttägigen Ablasses, der von dreizehn römischen Kardinälen erteilt worden ist.[4] Diese sehr verbreitete Art von Ablass kostete damals 10 Basler Pfund plus Nebenkosten von 5 Pfund 3 Schilling und 8 Pfennig (Bestätigung des Erzbischofs usw.). Die Abrechnung der von den Gläubigen gespendeten Almosen ist erhalten. Sie zeigt, dass die gesamte Investition in weniger als 15 Jahren amortisiert war, die Almosen aber ab 1508 empfindlich zurückgingen: Der «Ertrag» fiel innerhalb von 25 Jahren von 9% auf 3%. In diesem Fall diente der Ablass aber vermutlich weniger zu Investitionszwecken als vielmehr dazu, eine von Seiten einer Bruderschaft als normal empfundene «spirituelle Dienstleistung» anzubieten.

Es wäre aber falsch, die Ablässe auf ihren Handelsaspekt zu reduzieren. Natürlich kommt es zu schreienden Missbräuchen, aber da ist auch Anderes. Der humanistisch geschulte Basler Bischof Christoph von Utenheim ist äusserst gewissenhaft auf eine richtige Erfüllung seiner Funktion bedacht. In seinen bemerkenswerten Diözesanstatuten aus dem Jahr 1503 zögert er nicht, allen Priestern (kostenlose) Ablässe in Aussicht zu stellen, welche dieses neue Reglement genau studieren, oder auch jenen Laien, die jeden Freitag gewisse Gebete lesen. Der Ablass dient hier also als Mittel, die Gläubigen zum Guten hin zu führen und ist keine Einkommensquelle. Aber sogar mit so uneigennützig zur geistigen Erziehung eingesetzten Ablässen kommt es manchmal zu Exzessen, die uns heute absurd erscheinen, etwa wenn ein Stundenbuch aus Besançon jedem 2000 Jahre Ablass verspricht, der nach der Zurschaustellung der Hostie ein gewisses Gebet rezitiert![5] Der rechnerische Umgang mit dem Heiligen ist auch Ausdruck der vorherrschenden religiösen Stimmung – zugleich ängstlich, überspannt und utilitaristisch – und findet sich in vielen gängigen Praktiken jener Zeit; ein Beispiel dafür sind die zahllosen Messstiftungen für Tote, die ebenfalls zum Loskauf der Seelen eingesetzt wur-

den. Unabhängig von seiner Entgleisung stellt das Ablasswesen ein Mittel der Kirche dar, um bei ihren Schützlingen den Glauben zu vertiefen, sie zum Guten anzuhalten und ihre Angst vor Tod und Verdammnis zu kanalisieren – eine Angst, welche die Kirche im Übrigen für nötig hält, damit die Sorge um das Seelenheil nicht vergessen geht. Die Ablässe erzeugen eine massive Exaltation in der Gesellschaft und sind ein religiös wie auch wirtschaftlich äusserst komplexes Phänomen, für dessen Verständnis eine tiefgreifende Kenntnis der Epoche unerlässlich ist.

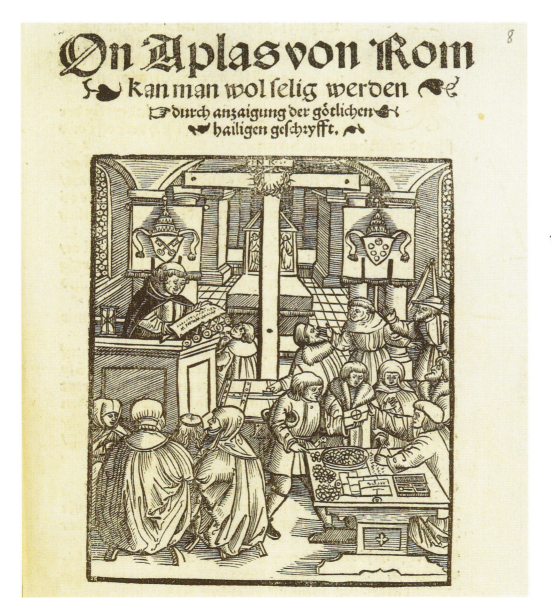

125 Die Ablasserteilung aus Sicht der protestantischen Polemik. Holzschnitt, Flugschrift herausgegeben von Melchior Ramminger, Augsburg, 1520 (Stiftsbibliothek Einsiedeln). Der Prediger links ist ein Dominikaner. Er liest einen Ablassbrief vor. Die Szene rechts findet um einen Zahltisch statt. Dahinter versucht ein Mönch, vielleicht Luther persönlich noch in der Augustinerkutte, einen Gläubigen von der Nutzlosigkeit seiner Geldspende für einen Ablass zu überzeugen. Oft stellte man während der ganzen Dauer der «Vergebung» ein Kreuz in der Kirche auf, in welcher der Ablass gepredigt wird, so in Pruntrut von Ostern 1506 bis Ostern 1507. Die Legende lautet: «On Aplas von Rom kan man wol selig werden durch anzaigung der götlichen hailigen geschryfft».

FRANCIS RAPP

Der Marienkult

Die als Hyperdulie bezeichnete Marienverehrung stellt die Heilige Jungfrau über die Engel und die Heiligen. Dieser Rang, den die griechische und die römische Kirche der Jesusmutter einräumen, fiel ihr nicht von Anfang an zu, sondern erst nach einem langwierigen, von einer ständig wachsenden Frömmigkeit unterstützten Reflexionsprozess. Dieser stützte sich auf die in der Heiligen Schrift, insbesondere im Lukasevangelium und in der Offenbarung des Johannes enthaltenen Angaben. Er kam zuerst in der Ostkirche in Gang, wo die Debatten über die Beziehungen zwischen der menschlichen und der göttlichen Natur in der Person Christi im Jahr 431, am Konzil von

126 Sitzende Maria mit dem Jesuskind, byzantinische Tradition. Stiftskirche Saint-Ursanne, Ende 12. Jh.

Ephesus, zur Bejahung der göttlichen Mutterschaft Marias führten; sie hat in ihrem Leib nicht nur die menschliche Hülle des Erlösers getragen, sondern diesen Erlöser selbst; sie ist *Theotokos,* Mutter Gottes (Abb. 126). Dies war nicht die einzige Eigenschaft, die ihr zuerkannt wurde. Schon Irenäus († um 202) hatte sie als neue, heilsbringende Eva betrachtet, während die alte den Sündenfall verursacht hatte. Die immerwährende Jungfräulichkeit Marias sowie ihre vollkommene Heiligkeit wurden noch nicht von allen anerkannt, aber die Theologen stellten diese Probleme in engen Zusammenhang mit der Frage nach der Aufnahme Marias in den Himmel (Mariä Himmelfahrt) und nach der Unbefleckten Empfängnis. Früher als die lateinischen beantworteten die Väter der Ostkirche die erste Frage allgemein positiv. Mariä Himmelfahrt wurde erst 1950 von Papst Pius XII. zum Dogma erhoben. Aus dieser zeitlichen Verschiebung darf nicht geschlossen werden, die Westkirche habe die Mariologie vernachlässigt. Die Unbefleckte Empfängnis löste so heftige Diskussionen aus – vor allem nachdem sich Duns Scotus († 1308) dafür ausgesprochen hatte –, dass der Entscheid des Konzils von Basel im Jahr 1439 wirkungslos blieb. Papst Sixtus IV. begnügte sich 1476 damit, das Fest vom 8. Dezember zu erlauben; zugleich bat er die «Unbefleckten», die «Befleckten» nicht als Häretiker zu bezeichnen. In der Frage der Aufnahme Marias in den Himmel trug eine anonyme Schrift, die ihr Autor unter den Namen Augustins stellte, viel dazu bei, um am Ende des 11. Jahrhunderts die etwa dreihundert Jahre früher von Radbertus, Abt von Corbie, ausgelösten Bedenken zu beseitigen.

127 Gottvater und Jesus Christus krönen Maria. Holz, polychrom, Kapelle Saint-Eloi in Courtemautruy, um 1530.

Der ureigene Beitrag des Abendlands zur Mariologie betrifft hauptsächlich die Rolle der Heiligen Jungfrau im realen Leben der Kirche. Indem die lateinischen Theologen auf der Anwesenheit Marias beim Leiden Christi beharrten, stellten sie eine Verbindung zwischen der Mutter des Heilands und dem Erlösungsopfer her. Dieses «Mitleid» im eigentlichen Wortsinn erhob sie in die Funktion der «Miterlöserin» – der Begriff *Redemptrix* wird zunächst nur vorsichtig verwendet, verbreitet sich dann aber am Ende des Mittelalters. Maria, oft als Gesicht der Kirche betrachtet, wird auch als ihr Hals bezeichnet: Durch sie fliesst die Gnade Christi in die Kirche; sie ist die Vermittlerin. Dieser Platz verschafft ihr den Ruhm der Krönung; ihr Sohn macht sie zur Himmelskönigin (Abb. 127). Aber im Paradies bleibt sie nicht untätig. Das Wort des sterbenden Christus macht aus ihr viel mehr als die Mutter von Jesu Lieblingsjünger: die Mutter aller Menschen. Sie ist die Fürsprecherin *par excellence;* von ihr erhalten die Sünder Beistand.

Die Förderer dieser neuen Form von Mariologie waren zahlreich; noch verhalten bei Fulbert von Chartres († 1031) und Odilo von Cluny

128 Maria mit dem Kind (stehend) von Habsheim (Oberelsass). Nach traditioneller Darstellung steht Maria auf einer Mondsichel. Holz, polychrom, Ende 15. Jh./anfangs 16. Jh.

129 Pietà von Masevaux (Oberelsass). Holz, polychrom, Ende 15. Jh./anfangs 16. Jh.

Marienfeste in seinem ganzen Reich. Die Klöster waren starke Zentren der Marienfrömmigkeit. In ihnen entstand auch ein Mariendienst, der bald Teil der gewohnten Gebete zunächst der Mönche, dann der frommen Gläubigen wurde. Die Innigkeit des Glaubens und das dichterische Talent regten Hermann Contractus († 1054), einen Behinderten mit genialer Begabung, zu Texten an, die sich weit über seine Abtei von Reichenau hinaus verbreiteten: *Alma redemptoris mater* und *Ave maris stella* (11. Jahrhundert). Nur wenig später wurde in Le Puy das *Salve Regina* zum ersten Mal gesungen; das *Magnificat* ertönte täglich am Ende der Vesper, und das *Ave Maria* wurde fast im gleichen Mass wie das *Pater noster* zum Gebet, das jeder Gläubige kennen musste. Vom 13. Jahrhundert an ordneten die Bettelorden die Verbreitung und die Veranschaulichung all dieser Formen der Marienverehrung an. Ihre Predigten konnten sich so auf die unzähligen Bilder, diese «Bücher der Laien», beziehen, die den Regeln einer immer reicheren Ikonographie folgten. Am Ende des Mittelalters wurde die Menschlichkeit Christi immer stärker betont. Maria wurde, obwohl sie weiterhin als Unsere Liebe Frau hieratisch und glorreich auf dem Thron der Weisheit sass (Abb. 126), vor allem als glückliche Mutter mit dem Kind (Abb. 128, 130) und als Pietà, als schmerzerfüllte Gottesmutter (Abb. 129), betrachtet. Die Gläubigen trachteten danach, ihr nahe zu kommen an den Orten, wo sie gern verehrt wurde: Die Marienwallfahrten nahmen zu. Gleichzeitig lud der Rosenkranz zur Verinnerlichung der Frömmigkeit ein. Am Vorabend der Reformation hatte der Marienkult nichts von seiner Kraft eingebüsst, und Luther widmete einen seiner schönsten Texte dem *Magnificat*.

(† 1049), verstärkte sich die Bewegung dank Petrus Damiani († 1072), vor allem aber durch den Einfluss zweier Geistesgrössen, Anselm von Canterbury († 1109) und Bernhard von Clairvaux († 1153).

Doch die theologische Reflexion ist nicht das ganze Leben der Kirche. Der Kultus ist dessen wichtigster Teil. Sehr früh nahm darin Maria, die im Messkanon seit der Mitte des 4. Jahrhunderts erwähnt wird, einen Platz ein, und die Liturgie teilte ihr bestimmte Gedenktage zu: In Rom gab es vor Ende des 7. Jahrhunderts schon deren vier: Mariä Lichtmess am 2. Februar, Mariä Verkündigung am 25. März, Mariä Entschlafung (oder Himmelfahrt) am 15. August sowie Mariä Geburt am 8. September. Als Karl der Grosse den römischen Ritus annahm, verbreiteten sich die

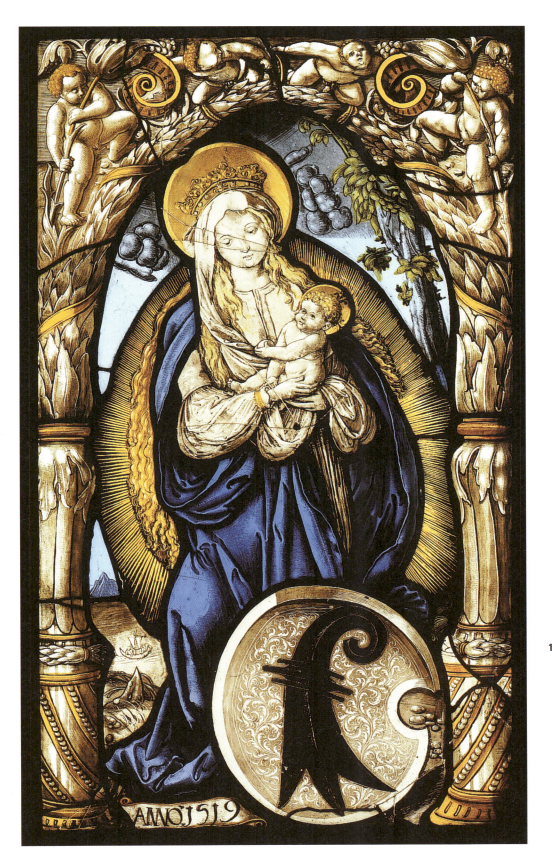

130 1519 vermutlich nach einer Zeichnung Hans Holbeins d.J. ausgeführte Glasmalerei (HMB). Der Bildrahmen im Renaissance-Stil verleiht dem Werk einen modernen Anstrich, wobei die dargestellte Situation bald überholt sein sollte: die Verbindung zwischen Bischof, Stadt und deren Schutzpatronin Maria. 1521 beschloss der Rat von Basel, sich der weltlichen Macht des Bischofs zu entledigen und übernahm 1529 die Reformation.

JEAN-CLAUDE REBETEZ

Inszenierte Frömmigkeit

Für das Titelblatt seiner 1503 gedruckten Synodalstatuten wählte der humanistische Bischof Christoph von Utenheim[1] eine sehr bedeutsame Darstellung von Frömmigkeit und zeigte damit implizit, welche Art von Vorbild er dem Klerus der Diözese von Basel zu geben gedachte (Abb. 131).[2] Auf diesem reichen Kupferstich sind sieben Figuren zu sehen, die mit Bedacht angeordnet sind. In der linken Hälfte ist die Muttergottes mit ihrem Kind abgebildet, während die restlichen Figuren die rechte Bildhälfte einnehmen. Der kniende Mann mit den gefalteten Händen ist ein Bischof (Utenheim selber?); als irdischer Sünder nimmt er in der Komposition den tiefsten Platz ein. Über ihm befinden sich der heilige Hieronymus und die heilige Maria Magdalena, die an ihren Attributen zu erkennen sind. Laut der *Legenda aurea* hatte Hieronymus einem Löwen einen Dorn aus der Tatze entfernt, weshalb nun dieses Tier auf der Abbildung neben ihm liegt; da Hieronymus zudem Sekretär von Papst Damasus war, wird er oftmals mit dem Kardinalshut abgebildet; und da er schliesslich eine Neuübersetzung der Bibel vorgenommen hat, ist er einer der vier Doktoren der Kirche und der Schutzheilige der Intellektuellen; nicht zufällig hat er deshalb die eine Hand auf die Schulter des gebildeten Bischofs gelegt und macht mit der anderen Hand die Jungfrau Maria auf ihn aufmerksam. Maria Magdalena trägt ihrerseits ein Salbengefäss, mit dem sie nach der Kreuzigung die Grabstätte Christi aufsuchte, um diesen einzubalsamieren. Senkrecht oberhalb des heiligen Hieronymus sind, von einem Strahlenkranz umgeben, der Heilige Geist in sei-

ner herkömmlichen Darstellung als Taube und Gottvater als Torso auf einer kleinen Wolke zu sehen;[3] er hält die Weltkugel in seiner Hand und segnet Maria und Jesus.

Die Hauptperson der Komposition ist aber natürlich Maria zusammen mit ihrem göttlichen Sohn;[4] ihre Krone deutet übrigens darauf hin, dass sie mit der göttlichen Allmacht ihres Sohnes in Verbindung gebracht wird. Die Darstellung zeigt Maria als Jungfrau der Offenbarung («mit der Sonne bekleidet, und der Mond unter ihren Füssen», Off. 12), wie sie Ende des Mittelalters sehr häufig zu sehen war; die Jungfrau steht laut Augustin auch für die Kirche, was bestens zu der Schutzheiligen der Diözese passt. Maria ist untrennbar vom Jesuskind auf ihren Armen; als einzige Figur schaut dieses in Richtung des Bildbetrachters. Umrahmt wird die ganze Darstellung von Insignien, die auf die Passion Christi und seine Auferstehung hindeuten: Das süsse, diskret bekrönte Kind versinnbildlicht die Auferstehung, die Brombeerranken am oberen Bildrand weisen deutlich auf die Dornenkrone und damit auf den Leidensweg Christi hin, während Maria Magdalena mit ihrem Gefäss daran erinnert, dass sie als Erste den auferstandenen Jesus erblickte.[5]

Das Bild verdeutlicht also eine wohl geordnete und hierarchisierte Frömmigkeit: Der Bischof richtet sein Gebet demütig an die barmherzige Muttergottes, die Schutzheilige der Kirche von Basel, die den Weg frei macht für die Kontemplation ihres Sohnes. Die anwesenden Heiligen sind Zeugen, sie werden nicht eigens verehrt, sondern wirken als wichtige Fürbitter, deren Unterstützung beim Zugang zu Gott hilfreiche Dienste leisten kann.

¶ Pudiciſsima dei mater María / ſacræ Baſilienſis ædis patrona: per ineffa-
bilem tuam clementiam (qua nullius unquã mortalium preces aſpernata
es) indigno mihi famulo tuo / curæq meæ creditis / fida ſis adiutrix: ut per
priſca ſanctorum patrum inſtituta / perq ſuaue filij tui iugum / uitam trãſi-
gentes / iucundiſsimo ipſius aſpectu perfrui mereamur.

Virgo parens miſerere mei: miſerere meorum:
Sis precor in noſtro mitis agonę comes.

131

JEAN-CLAUDE REBETEZ

Wallfahrten

132 Darstellung eines Pilgers
mit seinen Attributen: Stab,
Quersack auf dem Rücken,
Hut und Jakobsmuschel;
hier der hl. Sebald (Ere-
mit und Missionar aus dem
8. Jh.), Schutzpatron der
Stadt Nürnberg. Holzschnitt
Ende 15. Jh. (BiCJ, *Der Heiligen Leben*, von Johann
Schönsperger, 1499).

133 Jakobsmuschel und Minia-
tur-Pilgerstab (am Hut getragen) von einem mittelalterlichen Grab der Kirche
St. Martin in Vevey (MCAH).

Wallfahrten sind bei weitem nicht nur ein Phänomen des Christentums: Muslime, Buddhis-
ten und Hinduisten haben ebenfalls heilige
Orte, die sie aus Gründen der Frömmigkeit
besuchen. Im Westen stellten Wallfahrten ein
wichtiges Merkmal des mittelalterlichen religiösen Lebens dar.[1] Dabei hatten die Pilger unterschiedliche Motive: reine Frömmigkeit, Hoffnung auf Heilung, Erfüllung eines
Wunsches, auferlegte Busse oder auch die
Lust auf ein Abenteuer – die *Canterbury
Tales* von Chaucer geben ein äusserst buntes
Bild der Pilger im 14. Jahrhundert. Die Kirche unterstützte diese Praxis, versuchte aber
zugleich, sie unter Kontrolle zu behalten. So
verbot beispielsweise Bischof Haito von Ba-

sel anfangs des 9. Jahrhunderts seinen Priestern, ohne seine Erlaubnis zu einer Wallfahrt
nach Rom aufzubrechen, und verpflichtete die
Gläubigen vor der Abreise zu einer Beichte bei
ihrem Priester; 1503 verbot einer seiner späteren Nachfolger für die ganze Diözese jegliche
neue Wallfahrt ohne ausdrückliche vorherige
Bewilligung.[2] Grund für solche Verbote war
die Angst vor Übertreibung, vor Unruhe und
Idolatrie (Bilderanbetung).

Wallfahrtsorte haben immer einen Bezug zu Jesus, zur Jungfrau Maria oder zu Heiligen, wobei die Orte unterschiedlich häufig besucht
werden. Es gibt internationale Pilgerdesti-
nationen – die bedeutendsten sind Rom,

Santiago de Compostela[3] und Jerusalem – sowie nationale, regionale oder sogar lokale. In der Diözese Basel gab es viele Wallfahrtsorte von geringer Bedeutung. Einzig die Verehrung des heiligen Theobald von Thann zog viele Pilger aus dem Ausland an,[4] wobei zu sagen ist, dass Thann an einer der Pilgerrouten lag, die von Norden nach Rom und Santiago führten und diese Routen mit einem ausgeprägten Gespür für Anpreisung angelegt wurden (Präsentation von Gebäuden und Reliquien, Ablässe, Wunder). Nur selten unternahmen Gläubige Reisen zu den weiter entfernten Destinationen; die meisten besuchten allein oder in Gruppen die nahe gelegenen Orte. In der Diözese gab es ein dichtes Netz an Wallfahrtsorten, die unterschiedlich alt waren und unterschiedlich häufig bzw. lange besucht wurden: Vermochten Ende des Mittelalters die «jurassischen Heiligen» kaum Gläubige anzuziehen, so erfuhren neu aufkommende Wallfahrten dafür einen markanten Aufschwung, so etwa jene zur Chrischona (Bettingen, Basel), einer obskuren Lokalheiligen, die in den Rang

einer Gefährtin der heiligen Ursula gehoben wurde.[5] Das dichte Vorkommen von Heiligtümern führte Ende des Mittelalters zu einer starken Entwicklung der Wallfahrten in die unmittelbare Umgebung;[6] die Marienpilgerfahrten ins Elsass sind ein gutes Beispiel dafür (s. Artikel Francis Rapp weiter unten).

134 Die gotische Wallfahrtskirche St. Chrischona in Bettingen (BS).

135 Reich verziertes Tympanon über dem Hauptportal der Stiftskirche St. Theobald in Thann (Leben der Maria, um 1400).

MIREILLE OTHENIN-GIRARD

Die Jerusalemfahrt des Hans Bernhard von Eptingen

Familienbuch der Eptinger in vier Manuskripten überliefert. Im ältesten reichlich illustrierten Manuskript von 1621 bildet der Bericht über die Pilgerfahrt des Hans Bernhard von Eptingen nach Jerusalem im Jahr 1460 den Haupttext (fol. 55v-110r).

Im Jahr 1460 unternahm der Adelige Hans Bernhard von Eptingen eine vier Monate dauernde Fernwallfahrt nach Jerusalem. Anlass dazu waren die Vorsorge für sein Seelenheil, sein Verlangen nach Busse und Absolution, Lust auf Reiseabenteuer sowie auf Kontakt mit fremden Menschen und Neugierde auf fremde Landschaften. Er nahm dafür grosse Unkosten und Mühen auf sich.

Am 5. Mai 1460 verlässt Hans Bernhard von Eptingen mit einer 25-köpfigen Pilgergruppe, welcher u.a. auch Herzog Otto von Bayern angehört, Venedig auf einer Pilgergaleone.

136 fol. 110r Darstellung des Heiligen Grabes in Jerusalem mit einer Beschreibung der Grabeskapelle.

Zuvor hatte er beim Papst die Erlaubnis zur Pilgerfahrt eingeholt. Die 50-tägige Seefahrt führt entlang der dalmatinischen Küste über die Inseln Korfu, Kreta, Rhodos und Zypern nach Jaffa. Dort muss der Reisevertrag erneuert werden, die Reise wird dann auf Eseln bis Jerusalem fortgesetzt.

In Jerusalem erhalten die Pilger eine Stadtführung, unternehmen Tagesausflüge nach Bethlehem und Judäa sowie einen dreitägigen Ausflug nach Jordan. Die Pilger erwerben durch den Besuch von heilsgeschichtlich bedeutenden Orten Ablässe, die Bernhard von Eptingen detailliert registriert. Dreimal übernachten die Pilger in der Grabeskirche, in der Nacht vom 3. zum 4. Juli wird Hans Bernhard von Eptingen dort zum Ritter geschlagen.

Die Aufenthaltsdauer an den heiligen Stätten ist kurz, die Bewegungsfreiheit der Pilger ist eingeschränkt. Die Pilger bewegen sich immer nur als Gruppe, dürfen keine Waffen tragen, werden aber von bewaffneten Geleitleuten geführt, für deren Schutz sie bezahlen müssen.

Aufmerksam notiert Hans Bernhard von Eptingen seine Beobachtungen, beschreibt die Kleidung von Frauen, die Trachten verschiedener sozialer Gruppen, schildert die Landschaften und nennt die jeweils zurückgelegten Distanzen.

Am 10. Juli sticht das Pilgerschiff von Jaffa in See. Nach einer sehr entbehrungsreichen Rückfahrt (Hunger, Krankheiten, Todesfälle, Stürme und Windstille) erreichen die Pilger am 9. September Venedig. Hans Bernhard reist durch Norditalien, über den Gotthard und trifft am 1. Oktober wieder in Pratteln ein.[1]

137 fol. 55v Pilgerschiff: Für den Transport mit der venezianischen Pilgergaleere, einem dreimastigen Ruderschiff, musste jeder Pilger dem Patron, dem Reiseleiter, ein Weggeld von 22 Dukaten bezahlen. Das Zelt, in welchem sich wohl der Patron, Herzog Otto und Hans Bernhard von Eptingen aufhalten, trägt das Eptinger Wappen.

Die Bildlegende besagt dass, «Ich Hanns Bernhart von Eptingen Ritter bin Inn solcher Schiffung wie dise Form gestalt ist, gefahren, unnd gewessen über Mehr bey dem heylligen Grabe, unnd sechtzigsten Jahre geschehen, Inn halt der Nachgemelten geschrifften».

FRANCIS RAPP

Die Marienwallfahrten im Oberelsass

Die im Jahr 1503 von Bischof Christoph von Utenheim veröffentlichten Synodalstatuten der Diözese Basel[1] geboten den Pfarrern, ihm «Ansammlungen von Gläubigen um bestimmte Bilder herum oder an entlegenen Orten in den Bergen und Wäldern» zu melden, denn dieses Zusammenströmen von Leuten werde nicht immer von Berichten echter Erscheinungen ausgelöst; es könne auch von «diesen Täuschungen, die eine verwirrte Fantasie hinausschreit» hervorgerufen werden. In diesem Fall würde die Frömmigkeit früher oder später zwingend lächerlich gemacht. Daher sollten diese Bewegungen von Menschenmengen kontrolliert und nur jene bewilligt werden, die gerechtfertigt seien. Der Bischof, der über die Qualität des religiösen Lebens seiner Pfarrkinder wachte, befasste sich im vorliegenden Fall mit einem schon sehr alten Phänomen. Wenn wir unseren Quellen Glauben schenken können, so hatte die Suche nach Orten, an denen sich das Wohlwollen des Himmels manifestierte, schon am Ende des 13. Jahrhunderts begonnen, und das Phänomen hatte zweihundert Jahre später nichts von seiner Kraft eingebüsst. Am Vorabend der Reformation zählte man im Oberelsass, das damals unter der Autorität des Bischofs von Basel stand, mindestens fünfzig Wallfahrtsorte.[2] Sie waren mehrheitlich der Jungfrau Maria geweiht, und wohl wegen dieser Schirmherrschaft schien es wünschenswert, zu wissen, wie sie entstanden waren. Reliquien, deren Echtheit überprüfbar gewesen wäre, konnten es in der Tat nicht sein, welche die Gläubigen anzogen, aber eine Einwirkung des Überirdischen, das auf diese Weise den Wunsch der Muttergottes anzeigte,

lieber an diesem als an jenem Ort angerufen zu werden. Im Spätmittelalter versuchten nun die Theologen, die wahren Wunder, Werke Gottes, von den falschen, vom Satan gestellten Fallen, zu unterscheiden. Christoph von Utenheim hatte, als ernsthafter Gelehrter, dieses Anliegen zum seinigen gemacht.

Im Oberelsass ist der Ursprung zweier Wallfahrtsorte dank des vorschriftsgemäss beglaubigten Wunderberichts genau datiert: In Kientzheim hatte 1466 das von einer Feuersbrunst bedrohte Bild Marias zu weinen begonnen. In Les Trois Epis (Drei Ähren) erschien die Jungfrau 1491 einem dort vorbeigehenden Schmied und trug ihm auf, seine Zeitgenossen zur Besserung aufzurufen; drei Ähren symbolisierten die Belohnung für aufrichtige Büsser, drei Eisstücke die Strafe für verstockte Sünder. Andernorts sind die Wunder nur mündlich überliefert, ohne Datum oder Zeugennamen, und erinnern stark an Legenden. So war in Blotzheim, in Friesen, in Oderen und in Thierhurst eine kleine Marienfigur entdeckt worden, und zwar an einem Ort, an dem niemand sie vermutet hätte, in einem Busch oder zwischen den Wurzeln eines abgebrannten Baums. In Sewen war sie hartnäckig wieder in die Kapelle zurückgekehrt, aus der sie die Gläubigen der Gemeinde, ganz stolz darüber, für sie eine schöne Kirche gebaut zu haben, herausgenommen hatten. Im Schaeferthal hatte Maria einem dürstenden Hirten und seinen Tieren eine Quelle gezeigt. Sogar wenn kein aussergewöhnliches Ereignis die Aufmerksamkeit der Bevölkerung auf sich gezogen hatte und die Leute nur hergekommen waren, um vor einer Muttergottesstatue zu beten, waren sie schliesslich überzeugt, dass Maria für diesen Ort eine Vorliebe hatte und sie da wundersame Gnade in Hülle und Fülle ausschütten werde. Der «Mutter der Barmherzigkeit» vertrauten die Christen ihre Ängste und ihre Hoffnungen an, welcher Art sie auch waren, denn sie war, im Unterschied zu den gewöhnlichen Heiligen, nicht auf die Behandlung eines bestimmten Leidens spezialisiert; sie nahm sich aller Formen von Not an. Sie war die Mutter der Menschen, aber auch – und das machte sie zur erfolgreichen Fürsprecherin in allen Fällen – die Mutter Jesu. Daher stellte man sie fast immer mit ihm zusammen dar, als glückliche Mutter mit einem strahlenden Kind im Arm in Friesen oder in Tränen aufgelöst, sich an den Leichnam ihres hingerichteten Sohnes klammernd, in Oderen.

Wer kam zum Beten an diese geweihten Stätten? Es waren in der grossen Mehrzahl der Fälle wohl Leute aus der näheren Umgebung, die höchstens ein paar Stunden und oft auch viel weniger für die Reise brauchten. Die Quellen geben uns nur karge Auskünfte über die Besucher. Waren es im Elsass zahlreiche Frauen und Mädchen, die, wie Jeanne d'Arc und ihre Begleiterinnen, am Samstag, dem traditionell Maria geweihten Tag, zu ihr beten gingen in einer Kapelle, die unter ihrem Schutz stand? Es gibt kein Schriftstück, das diese Möglichkeit bekräftigen oder entkräften würde. Doch wir können immerhin annehmen, dass diese «Nahwallfahrten» entstanden, weil sie einem Bedürfnis entsprachen, dem Bedürfnis, sich «wohlfeil» zur Für-

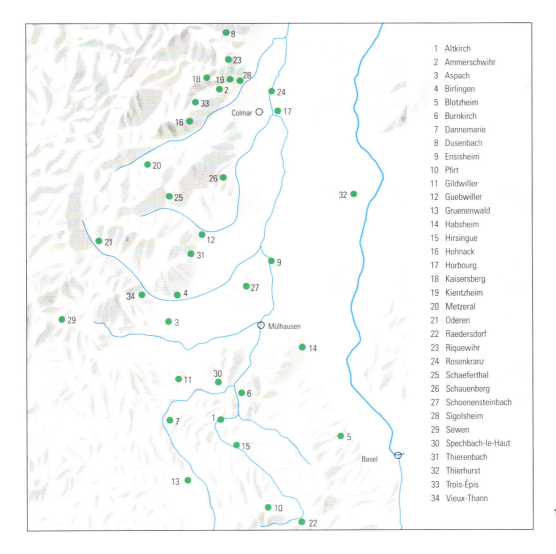

1	Altkirch
2	Ammerschwihr
3	Aspach
4	Birlingen
5	Blotzheim
6	Burnkirch
7	Dannemarie
8	Dusenbach
9	Ensisheim
10	Pfirt
11	Gildwiller
12	Guebwiller
13	Gruenenwald
14	Habsheim
15	Hirsingue
16	Hohnack
17	Horbourg
18	Kaisersberg
19	Kientzheim
20	Metzeral
21	Oderen
22	Raedersdorf
23	Riquewihr
24	Rosenkranz
25	Schaeferthal
26	Schauenberg
27	Schoenensteinbach
28	Sigolsheim
29	Sewen
30	Spechbach-le-Haut
31	Thierenbach
32	Thierhurst
33	Trois-Épis
34	Vieux-Thann

138 Marienwallfahrten im Oberelsass.

sprecherin *par excellence* begeben zu können. Wir sind besser informiert über den Besuch jener Wallfahrtsorte, deren Ausstrahlung über die unmittelbare Umgebung hinausreichte, Kientzheim und Dusenbach, deren Ruf Pilger sowohl aus dem Ober- als auch dem Unterelsass anzog, und die, versicherte man vielleicht ein wenig übertreibend, im ganzen Tal des Rheins und der Mosel bekannt waren.

Die ordnungsgemäss aufgezeichneten Wunderheilungen trugen entscheidend zum Ruf des Wallfahrtsorts bei, an dem sie sich ereignet hatten. In Kientzheim nahm das *Liber miraculosorum* zwischen 1466 und 1507 deren 187 auf. In Les Trois Epis geschah es zweimal, 1493 und 1511, dass die Eltern eines totgeborenen Kindes von Maria «Aufschub» erhielten, d.h. die wenigen Lebenszeichen, die es ihnen erlaubten, das Kind taufen zu lassen. Die so begünstigten Wallfahrtsorte waren allerdings selten. Um die andern bekannt zu machen, musste zu gewöhnlicheren Mitteln gegriffen werden. Hier ein nicht ganz gewöhnliches: Der Rektor von Sewen, Bergmann von Olpe, war ein Kleriker mit Geschäftssinn; in Basel hatte er sich mit dem Humanisten Sebastian Brant befreundet, der eines seiner Gedichte dem Ruhm jener Stätte widmete, die Bergmann bekannt machen wollte. Bescheidener waren da die Erinnerungsbilder, die den Pilgern in Les Trois Epis angeboten wurden, oder die Abzeichen, die sie sich in Dusenbach an die Hüte hefteten. Zünfte sicherten gewissermassen eine stabile Kundschaft, so in Vieux-Thann und in Dusenbach, wo sich die fahrenden Musikanten versammelten. Die Gottesfürchtigen

139 Bild der Wallfahrt der «Trois-Épis» (Drei Ähren), Ende 15. Jh. (Schlettstatt, Bibliothèque Humaniste).

von Sewen hatten sich schon im Jahr 1400 als Bruderschaft organisiert. Ablässe, die in dieser Zeit äusserst begehrt waren, konnten an den meisten Wallfahrtsorten erworben werden; in der Regel wurden sie in Tagen gezählt, normalerweise vierzig. Kientzheim bildete eine Ausnahme: Papst Paul II. hatte dort den Pilgern einen Busserlass von drei Jahren und dreimal vierzig Tagen versprochen. Wer nicht bettelarm war, schloss seine Gebete mit einer Opfergabe ab. Die Rechnungsbücher von Dusenbach liefern uns Näheres zu diesen Einkünften, die aus Geld, aber auch Schmuck und Kleidern bestanden.[3] Sie waren manchmal so beträchtlich, dass sie die Bildung eines wahren Vermögens gestatteten, das hunderte von Gulden einbrachte. Aber der Hauptteil dieser Summen ging in den Unterhalt und die Verschönerung der heiligen Stätten. Der Herr von Ribeaupierre, Beschützer von Dusenbach, steckte in zehn Jahren nahezu 1300 Gulden in den Bau und die Ausschmückung zweier Kapellen. Die Verwaltung dieser Reichtümer wurde einem «Provisor» anvertraut, während die Betreuung vor Ort durch die ständige Anwesenheit eines Eremiten in Les Trois Epis und zweier Klosterbrüder in Dusenbach gewährleistet war. Wenn die Mittel zur Gründung einer Kaplanei ausreichten, übernahm ein Priester den liturgischen Dienst, so 1483 auf dem Schönenberg. Wieder aus der Buchführung von Dusenbach erfahren wir, dass die Wallfahrer nur an den Feiertagen zahlreich waren, selbstverständlich an den Marienfesten vom 2. Februar, 25. März, 15. August und 8. September. Auf die angeregte Atmosphäre der Feierlichkeiten folgte dann wieder die friedliche Ruhe des Alltags, kaum gestört von ein paar vereinzelten Besuchern.

Die durch ihre Entstehung und ihre Entwicklung sehr populären Marienwallfahrten blieben stets in der Gunst der Gläubigen. Die stürmische Zeit der Reformation änderte daran nichts. Es bedurfte des Entscheids der protestantischen Obrigkeit, dass zwei oder drei Wallfahrtsorte aufgegeben und dann zerstört wurden. Überall sonst blieb dieser Ausdruck der Marienfrömmigkeit lebendig, und die katholische Reform bewirkte sogar noch eine Verstärkung.

140 Eingang der Wallfahrt von Dusenbach (Ribeauvillé, Oberelsass). Kolorierter Stich von F. Walter, um 1785 (aus Grandidier-Walter, *Vues pittoresques de l'Alsace*, Strassburg, 1785).

JEAN-CLAUDE REBETEZ

Der Heiligenhimmel der Basler Diözese

Am Ende des 18. Jahrhunderts lassen die Bischöfe von Basel grosse Wandkalender drucken. Das Exemplar, aus dem wir hier einen Ausschnitt wiedergeben, datiert von 1779, mit Ausnahme einiger Hinzufügungen von 1786 (Abb. 141-142).[1] Die Heiligen sind im oberen Teil dargestellt; sie umrahmen das Medaillon des Bischofs Joseph Sigismund von Roggenbach und überragen die Allegorien der Tugenden. Wer sind denn diese elf Heiligen, die als besonders repräsentativ und würdig genug erachtet wurden, um in dieses Prestigedokument aufgenommen zu werden? Zuerst ist da natürlich einmal Maria. Als wichtigste Patronin der Diözese seit dem Mittelalter wird sie traditionell als Jungfrau mit dem Kind dargestellt, und zwar sowohl auf den Siegeln des Domkapitels als auch in den offiziellen Schriftstücken; ihre Anwesenheit versteht sich daher von selbst. Spruchbänder liefern uns – etwas ungeordnet – die Namen der zehn anderen Heiligen. Mit Erstaunen stellt man fest, dass es sich ausschliesslich um Figuren aus dem Ende des Altertums und vor allem aus dem Mittelalter handelt. Der Stich zeigt zwar eine moderne Darstellung dieser Heiligen – ein für das 18. Jahrhundert typisches Szenenbild –, doch tatsächlich hat kein einziger von ihnen (ob legendenhaft oder nicht) nach dem Beginn des 12. Jahrhunderts gelebt. Das mittelalterliche Vermächtnis bleibt also bis zum Ende des Ancien Régime massgebend – und man vermerkt mit Erstaunen das Fehlen von Heiligen der katholischen Reform (etwa Ignatius von Loyola, Franz von Sales oder Louis de Gonzague). Auch wenn die Zahl der Frauen bescheiden ist (nur zwei, doch dieses Verhältnis hat nichts Besonderes an sich), haben diese zehn Heiligen dennoch sehr unterschiedliche Profile: drei Märtyrer in Gestalt eines Papstes, eines Bischofs und einer Jungfrau; zwei Mönche, die als Märtyrer starben; drei Bekenner; zwei Herrscher, die Laien waren – das typologische Gesamtbild ist reich, auch wenn Lücken bestehen. Dagegen gibt es wenige «Berühmtheiten» unter unseren zehn Heiligen, mit Ausnahme von Ursula und Heinrich, deren Kult sehr verbreitet ist, während Randoaldus ausserhalb eines sehr eng begrenzten Gebiets unbekannt ist. Die Erklärung für diese Bescheidenheit liegt darin, dass die himmlischen Patrone Basels nicht wegen ihres Ruhms in der Universalkirche, sondern wegen ihrer Bedeutung und ihrer Repräsentativität für die Diözese Basel ausgewählt wurden.

Heinrich und Pantalus: zwei «importierte» Patrone

Am 13. Juli 1501 feiert die Stadt Basel ihren Eintritt in die Eidgenossenschaft. Das Datum ist nicht zufällig gewählt: Es handelt sich um Sankt Heinrich, ein wichtiges Fest für die Stadt. Kaiser Heinrich II. (1002-1024) wird hier ganz besonders verehrt, ist er doch dafür berühmt, zum Neubau des Münsters im Jahr 1019 wesentlich beigetragen und der Kirche von Basel reiche Geschenke gemacht zu haben, unter anderem das berühmte «Heinrichskreuz» oder die goldene Altartafel, die heute im Musée de Cluny (Paris) aufbewahrt wird.[2] Dennoch setzt sein Kult in Basel spät ein und entwickelt sich erst richtig, als 1347 einige Reliquien Heinrichs aus Bamberg in der Stadt eintreffen. Heinrich hat die Diözese Bamberg

141 Grosser Wandkalender der
Diözese und des Fürsttums
Basel (Ausschnitt, oberer
Teil) 1779 (1786) (OCC JU).

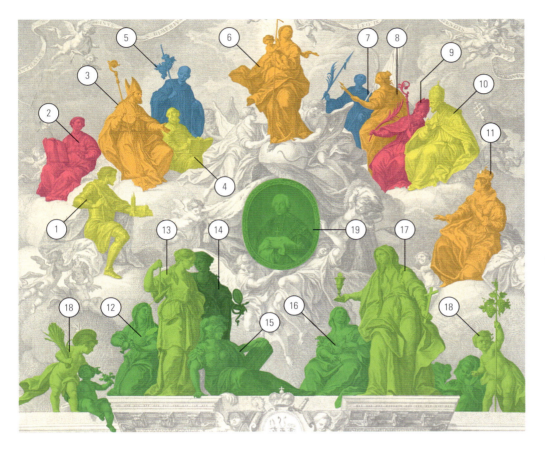

142 Der Kupferstich des Hintergrundes ist zwei Meter hoch und datiert von 1779, zur Zeit Bischof Friedrichs von Wangen. Das Bild diente bis zur Französischen Revolution. Jedes Jahr konnte der neue Kalender aufgeklebt werden (hier für das Jahr 1786). Bischof Joseph Sigismund von Roggenbach liess auch das Medaillon mit seinem Porträt anstelle desjenigen seines Vorgängers anbringen.

Namen der Heiligen

1 Heinrich II., Kaiser, † 1024; Attribute: Szepter, Krone (von einem Engelchen gehalten), Basler Münster (dessen Neubau er 1019 gefördert haben soll)

2 Ursicinus, Bekenner, Eremit aus dem Jura, 7. Jh.; Attribute: Fleur de Lys (Schwertlilie) als Symbol der Keuschheit

3 Pantalus (legendär), Märtyrer, Bischof von Basel, Ursulas Gefährte; Attribute: bischöfliche Insignien (Bischofsstab, Mitra)

4 Himerius, Bekenner, Eremit aus dem Jura, 7. Jh.; Attribute: Evangelien

5 Morandus, Bekenner, Prior des cluniazensischen Priorates zu Altkirch, † um 1115; Attribute: benediktinische Mönchskutte, Traube (Schutzpatron der Rebberge)

6 Jungfrau Maria

7 Randoaldus, Märtyrer, Gefährte von Germanus; Attribute: benediktinische Mönchskutte, Lanze (Werkzeug seines Martyriums), Martyriumspalme

8 Ursula (legendär), Jungfrau und Märtyrerin, Königstochter, die um 451 mit 11 000 Gefährtinnen getötet wurde; Attribute: Krone, Pfeil (Werkzeug ihres Martyriums), Martyriumspalme, weisse Fahne (mit rotem Kreuz als Symbol des Sieges über den Tod)

9 Germanus, Märtyrer, erster Abt von Moutier-Grandval, um 675 getötet; Attribute: Martyriumspalme, Abtsstab und -mitra (Letztere ungewöhnlich bei Germanus)

10 Leo IX., einziger Papst (1049–1054), der aus der Diözese Basel stammt; Attribute: Tiara (mit drei Kronen versetzt), Pontifikalkreuz (dreiarmig), das von einem Engelchen gehalten wird

11 Kunigunde, Kaiserin, Gattin Heinrichs II., † 1039; Attribute: fürstliches Gewand, Krone, Szepter, das von einem Engelchen getragen wird

Allegorien der Tugenden (von links nach rechts)

12 Mässigkeit (Krug)
13 Gerechtigkeit (Waage, verbundene Augen)
14 Klugheit (Spiegel, Schlange)
15 Mut und Tapferkeit (Rüstung)
16 Unschuld (Lilie, Taube)
17 Glaube (Kelch mit Hostie, Kreuz)

Jahreszeiten

18 Dargestellt durch die Attribute der Engelchen im unteren Bildteil: Sommer (Ähren), Frühling (Blumen), Winter (Feuer), Herbst (Traube)

Mitte

19 Medaillon mit Bildnis von Bischof Joseph Sigismund von Roggenbach (1782–1794)

143 Die drei Patrone der Basler Kirche: Jungfrau Maria, Heinrich II.
(der Heilige), Sankt Pantalus.
Holzstich von Urs Graf (1514),
Titelblatt des Basler Breviers,
in Basel gedruckt von Jakob
von Pforzheim, 1515 (AAEB).

gegründet, und seine sterbliche Hülle wird in dieser Stadt aufbewahrt, die daher das eigentliche Zentrum seines Kults bildet, während Basel nur ein sekundärer Standort ist.

Heinrich ist der einzige deutsche Herrscher, der heilig gesprochen wurde – und dazu noch mit seiner Frau Kunigunde. Die Kirchenoberen der Diözese Bamberg senden 1145 – unterstützt von König Konrad III. – eine Auf-

zeichnung aller Taten und Wunder Heinrichs nach Rom, die in ihren Augen seine Heiligsprechung rechtfertigen. Eugen III. schickt darauf zwei Legate zur Prüfung nach Bamberg und kanonisiert Heinrich auf deren Bericht hin.[3] Es handelt sich um eine eminent politische Entscheidung: Das Papsttum ist seit einigen Jahren mit den deutschen Herrschern versöhnt, und Eugen braucht dringend die Hilfe Konrads, um die Erhebung der römischen Bevölkerung niederzuschlagen, welche die weltliche Macht des Papsts ablehnt… Für Konrad ist die Kanonisierung eines deutschen Herrschers ein Prestigegewinn und trägt zur kaiserlichen Propaganda bei, die auf der Autorität der Kaiser in religiösen Belangen beharrt. Eugen ist übrigens bemüht, in seiner Bulle diesen letzten Punkt herunterzuspielen – der Investiturstreit ist nicht so fern! Tatsächlich anerkennt der Papst voll und ganz die Heiligkeit Heinrichs, indem er argumentiert, dieser habe mehr das Leben eines Klerikers denn eines Kaisers geführt, wobei er besonders auf dessen Keuschheit hinweist, die er zeitlebens bewahrt habe, sogar in seiner Ehe mit Kunigunde (kanonisiert im Jahr 1200). Dieses sehr klerikale Argument erstaunt wenig aus dem Mund des Mönchs Eugen III., doch es ist falsch: Man weiss, dass die Unfruchtbarkeit des Paars nicht von dessen Keuschheit herrührt, sondern vermutlich von einer Krankheit

144 Ursula und Pantalus. Figuren-
gruppe in Holz, farbig gefasst,
1472 (HMB).

145 Der Basler Bischof Ragnachar (hier *Rachnacarius* geschrieben, mit dem Datum von 640), Fantasieporträt auf einem Medaillon des 18. Jh. als Teil einer Serie von Darstellungen der Bischöfe (OCC JU).

146 Der Basler Bischof Rudolph II., der 917 von den Ungarn getötet wurde. Fantasieporträt auf einem Medaillon des 18. Jh. mit einem falschen Datum (OCC JU).

Heinrichs II., der im Übrigen beklagt, keinen Erben zu haben. Die anderen Elemente, welche die Kanonisierung Heinrichs rechtfertigen, sind seine Gesten zu Gunsten der Kirche: die Restaurierung zahlreicher Kirchen, die Errichtung der Diözese Bamberg – eine entscheidende Tat für die Bekehrung der Ungarn. Auch in dieser Frage sind einige Vorbehalte anzubringen: Bestimmt ist Heinrich ein tief christlicher Herrscher, der überzeugt ist von der Notwendigkeit, die Kirche zu reformieren und zu unterstützen.

Aber er erweist sich auch als überaus pragmatisch und ehrgeizig, und er zögert nicht, sich mit den Heiden zu verbinden, um die Polen in Schach zu halten, oder mehrfach Krieg zu führen. Ausserdem steht in seiner Vorstellung die Kirche deutlich in einem Abhängigkeitsverhältnis zum Kaiser.

Die bildlichen Darstellungen Heinrichs des Heiligen bieten zwei Interpretationen seiner Heiligkeit an: Da ist einerseits der junge, bartlose König mit den feinen und reinen ideali-

147 Ansicht der Grotte der hl. Kolumba, Undervelier (JU), mit einer neueren Figur von Kolumba, ihrem Brunnen und Exvotos aus dieser Zeit. Kolumba (Jungfrau und Märtyrerin des 3. Jh.) wird von der Bevölkerung an vielen Orten verehrt, oft im Zusammenhang mit Quellen oder Grotten. Kolumba ist seit dem Mittelalter eine Patronin der Kirche von Undervelier. Im 18. Jh. ist die Quelle der Sankt-Kolumba-Grotte dafür bekannt, dass sie schwächlichen Kindern Kraft gibt; vermutlich stammt dieser Glaube aus der Zeit des Mittelalters, als die Heilquellen hoch geschätzt und vor- oder parachristliche Praktiken christianisiert wurden…

sierten Zügen, die auf den Begriff der Keusch-heit hinweisen (vgl. die Statue am Portal des Basler Münsters, Abb. 76, 118), und andererseits der gestrenge bärtige Herrscher, realistischer, männlich und besonnen (Abb. 143). Dieses letzte Bild setzt sich, so scheint uns, am Ende des Mittelalters durch. Heinrich wird darge-stellt mit dem Zepter, Zeichen seiner Macht, und einer Kirche, die an seine zahlreichen Stif-tungen erinnert – in Basel weist man immer auf seine Hilfe beim Münsterneubau hin.

Der Basler Bischof Pantalus hingegen ist ein fiktiver Heiliger, eine Nebenfigur aus der my-thischen Reise der Elftausend Jungfrauen, die mit der heiligen Ursula den Märtyrertod star-ben.[4] Nach der *Legenda aurea* wird Ursula, die

148 Das liturgische Gedenken für Germanus und Randoaldus wird am 21. Februar, dem Jahrestag ihres Martyriums, gefeiert. Nekrologium des Chorherrenstifts von Moutier-Grandval (AAEB).

Tochter eines Königs in der Bretagne, auf der Rückreise von einer Pilgerfahrt nach Rom mit-samt ihren zahlreichen Gefährtinnen, Papst Cy-riacus und weiteren Begleitern, darunter Pan-talus, von den Hunnen ermordet. Die Leichen der Opfer werden in Köln «entdeckt», das so zum Zentrum eines bedeutenden Kults wird. Die Pantalus zugeschriebenen Reliquien wer-den dort im 12. Jahrhundert exhumiert, und der Basler Bischof Heinrich von Neuenburg erhält 1270 ein Fragment seines Kopfes, das heute in einem prächtigen Büstenreliquiar im Histo-rischen Museum von Basel aufbewahrt wird.[5] Da die Überführung der Reliquie am 12. Ok-tober stattfand, wird Pantalus an diesem Tag in Basel gefeiert. Aber auch in diesem Fall ist Basel nur ein sekundäres Zentrum des Kults, und die Pantalusverehrung ist hier jüngeren Da-tums – wie sein Fehlen im Kalender des ältes-ten noch vorhandenen Basler Messbuchs be-legt (um 1300).[6] Auch setzt sich Pantalus nicht so gut durch wie Heinrich II., der in der Basler Diözese sehr populär ist, und sein Kult bleibt im Vergleich dazu immer stark zurück.

Ragnachar, Rudolph II., Leo IX.: verkannte Heilige

In seinem köstlichen, den Heiligen des Ju-ras gewidmeten Buch «kanonisiert» Pierre-Oli-vier Walzer humorvoll zwei Basler Bischöfe, Ragnachar (Anfang 7. Jahrhundert) und Ru-dolph II. († 917), die nie diese Ehre hatten! Es gibt zwar Autoren – besonders Pfarrde-kan Louis Vautrey 1884 –, welche die Heilig-keit Ragnachars mit dem Argument rechtferti-gen, dass die andern Bischöfe aus dem Kloster Luxeuil auch alle als Heilige gelten.[7] Nach Walzer hat anderseits auch Rudolph als «Mär-tyrer» Anspruch auf seinen Nimbus, da er am 20. Juli 917 von den Ungarn getötet wurde, wie die Inschrift auf seinem Sarkophag be-weist.[8] Warum haben die folgenden Bischöfe nie versucht, diese beiden Vorgänger heilig zu sprechen, die sich doch gut dafür anbo-ten? Ein solches Verfahren, das in vielen an-deren Diözesen üblich ist (besonders in Besan-çon), hätte dem Basler Bischofssitz beträcht-liches Ansehen gebracht. Unserer Meinung nach gibt es dafür eine doppelte Erklärung:

Zunächst einmal entwickeln sich die Diözese und die Basler Kirche im Frühmittelalter nur langsam. Manchmal verschwinden sie gänzlich oder erleben Zerstörungen, die ihre materielle Grundlage schwächen und ihnen kaum gestatten, eine eigene starke Identität auszubilden. Die Liste der bekannten Bischöfe des ersten Jahrtausends ist wenig zuverlässig, und die Informationen sind spärlich. Man kann daher annehmen, dass diese schwierige Entstehung die Entwicklung einer soliden baslerischen Tradition verhindert hat – aus Mangel an vertrauenswürdigen dokumentarischen Quellen und vor allem aus Mangel an materiellen oder personellen Möglichkeiten. Heiligen*viten* zu verfassen und deren Verbreitung sicherzustellen, setzt in der Tat den Einsatz beträchtlicher Mittel voraus.[9] Um die Öffentlichkeit zu überzeugen, muss der auftraggebende Bischof auch genügend Autorität und Ansehen geniessen, was bei den Basler Bischöfen vielleicht nicht der Fall war. Das erstaunliche Fehlen von Klöstern in der Bischofsstadt bis zum Ende des 11. Jahrhunderts stärkt diese Hypothese. Später, als sich der Basler Bischofssitz allmählich festigt, haben vermutlich die politischen Schwierigkeiten, welche die Päpste und die Basler Bischöfe (treue Ergebene der deutschen Kaiser) trennten, alle eventuellen Ansätze von dieser Seite, einen der Ihren heilig zu sprechen, im Keime erstickt. In der Tat hätte Rom einer solchen Legitimation von so unfolgsamen Bischöfen kaum zugestimmt.

Der politische Faktor erklärt wahrscheinlich auch die erstaunliche Langsamkeit, mit der sich der Kult des heiligen Leo IX. (1049–1054) in der Diözese durchsetzte. Bruno, Graf von Egisheim und von Dagsburg, ist Bischof von Toul und wird von Kaiser Heinrich III. im Jahr 1049 zum Papst ernannt. Leo IX. ist der der bedeutendste der deutschen Päpste, und obwohl er dem Kaiser immer nahe steht, wird er oft als der erste «prä-gregorianische» Papst bezeichnet: Er leitet Reformen ein (Kampf gegen Simonie usw.), die von seinen Nachfolgern neu ausgerichtet und ausgeweitet werden und diese in Opposition mit den Herrschern bringen.[10] Leo wird sehr bald nach seinem Tod heilig gesprochen, und man könnte erwarten, dass sich

seine Verehrung in der Diözese, aus der er kommt und die nie mehr einen anderen Papst hat, weit ausbreiten würde. Dem ist aber nicht so: Leo fehlt in den Basler Kalendern des Mittelalters; erst 1587 findet er Eingang ins Basler *Martyrologium*, und seine offizielle Verehrung wird in der Diözese erst durch Bischof Johann Franz von Schönau (1651-1656) angeordnet.[11] Wir denken, dass auch da der politische Faktor stark mitgespielt hat. Tatsächlich betreibt am Ende des 11. Jahrhunderts hauptsächlich die elsässische Familie der Egisheim die Verbreitung des Kults von Leo, ihrem Verwandten; nun stehen die Egisheimer in der Gegend aber auch an der Spitze der Papstanhänger im Kampf gegen Kaiser Heinrich IV., dem der Bischof von Basel sehr verbunden ist… Später, als die politischen Streitigkeiten vergessen sind, ist auch die Erinnerung an Leo verblasst – im 15. Jahrhundert weiss der Basler Kaplan Nicolas Gerung nicht einmal mehr, dass Leo mit der Diözese verbunden war.[12]

Morandus: eine späte Anerkennung

Fünf der Heiligen im Kalender von 1779 sind Mönche oder Eremiten, die im Mittelalter in

149 Siegel des Kapitels von Saint-Ursanne (30. April 1479, AAEB).

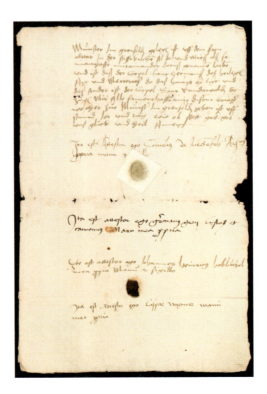

150 Bestätigung der am 26. März 1530 heimlich und bei Nacht erfolgten Rettung der Gebeine von Germanus und Randoaldus durch vier Stiftsherren von Moutier-Grandval, um zu vermeiden, dass die Reliquien von den Reformierten zerstört würden wie in Saint-Imier. Dieses Protokoll ist in fünf Exemplaren abgefasst worden, von denen jedes das Siegel und die Unterschrift der anwesenden Stiftsherren zur Bestätigung der Echtheit trägt – eine solche Verlegung ist nach kanonischem Recht eigentlich untersagt, drängte sich in Anbetracht der Situation hier aber auf. Die Protestanten sind nicht die einzigen Bilderstürmer: Im Jahr 1499 haben die französischen Soldaten die Stiftskirche völlig zerstört und geschändet – nur die Gebeine der Heiligen, die durch ihr steinernes Grabmal geschützt waren, entgingen der Zerstörung. Diese Freveltaten kommen häufig vor und sind nicht mit religiösen Motiven zu erklären, sondern mit dem Wunsch, den Gegner zu demütigen und zu zerstören, indem man dessen Denkmäler und die identitätsstiftenden Heiligen niederreisst (AAEB).

der Diözese wirkten. Als Einziger von ihnen hat Morandus (gestorben um 1115) nach dem 7. Jahrhundert gelebt. Sein Leben ist bekannt durch ein «mittelalterliches Werklein von mässigem Wert».[13] Der heilige Abt Hugo von Cluny (1049-1109) überzeugt Morandus, Cluniazensermönch zu werden, und schickt ihn dann, auf die Bitte des Grafen von Pfirt hin, nach Altkirch, wo er die Leitung des Priorats übernimmt. Morandus vollbringt dort mehrere Wunderheilungen, so dass sein Grab bald nach seinem Tod zu einem lokalen Wallfahrtsort wird. Ausserhalb des Sundgaus verbreitet sich der Kult aber kaum – dies lässt sich zumindest aus dem Fehlen von Morandus in den meisten liturgischen Kalendern der Diözese Basel schliessen, die Romain Jurot studiert hat.[14] Wenn Morandus heute im Sundgau als der traditionelle Patron des Weinbaus gilt – er soll eine ganze Fastenzeit lang nur von einer einzigen Weintraube gelebt und ein Fass

mit dem Saft einer einzigen Traube gefüllt haben –, so ist die Sache im Mittelalter weniger klar, als der wichtigste Weinbaupatron sicherlich Urban ist. Die Statue von Morandus steht immerhin neben jener Urbans auf dem Pfeiler der Weinbauern am Nordportal des Münsters St. Theobald von Thann, und wahrscheinlich ist er schon der Patron der Winzer des Klosters St. Morand in Altkirch und der umliegenden Dörfer.[15] Infolge der cluniazensischen Bestrebungen, Morandus besser zur Geltung zu bringen – ab 1437 findet sein Fest in allen von Cluny abhängigen Kirchen statt –, verstärkt sich sein Kult zusehends.[16] Morandus setzt sich vermutlich als Winzerpatron durch, weil er als solcher von den Rebbauern des Klosters St. Morand in Altkirch angenommen wird und sein Fest auf den 3. Juni fällt, das heisst auf das Ende einer heiklen Periode für den Weinbau und die Reben. Urban wird übrigens einige Tage vorher gefeiert, am 25. Mai: Schönes Wetter an diesem Tag bedeutet, dass der Frost vorbei ist; wenn es regnet, wird die Ernte schlecht…[17]

Die «Pflanzstätte» der jurassischen Heiligen

Himerius, Ursicinus, Germanus und Randoaldus sollen alle im 6./7. Jahrhundert auf dem Gebiet des heutigen Berner Juras und des Kantons Jura gelebt haben; als Eremiten oder Mönche stehen sie am Ursprung der drei ehemaligen Klöster Moutier-Grandval, Saint-Ursanne und Saint-Imier (Diözese Lausanne). Dieser Liste können noch Desiderius und Fromund hinzugefügt werden, zwei mit dem Elsgau (Diözese Besançon) verbundene Heilige, die ebenfalls im 7. Jahrhundert gelebt haben sollen. Gewiss haben nicht alle den gleichen historischen Status: Während es über die Existenz von Germanus und Randoaldus keinen Zweifel gibt, ist jene von Himerius und Ursicinus weniger sicher (auch wenn die jüngere Forschung eher von ihrer Existenz ausgeht). Das gleiche Problem stellt sich für Desiderius, während Fromund – nach einem Ausdruck von Walzer – ein «papierloser» Heiliger ist! Wie dem auch sei, wir stellen hier eine recht aussergewöhnlich grosse Zahl von «zeitgleichen» Heiligen auf einem sehr eng begrenzten Gebiet fest.

151 Prächtiges romanisches Portal der Stiftskirche von Saint-Ursanne (Ende 12. Jh.). Der Heilige ist auf der rechten Seite dargestellt, im Priestergewand unter einem Baldachin sitzend.

Das Martyrium des Germanus von Moutier-Grandval

Die *Passio* oder *Vita* von Germanus ist uns bekannt durch einen Text vom Ende des 7. Jahrhunderts aus der Feder des Mönchs Bobolenus (von Luxeuil?), der angibt, die Aussagen von Mönchen in Moutier-Grandval, die Germanus noch gekannt hatten, zusammengetragen zu haben.[18] Es handelt sich demnach um eine *Heiligenvita,* die auf Auskünften aus erster Hand beruht. Germanus kommt um 620 (?) in einer einflussreichen Senatorenfamilie in Trier zur Welt; er tritt ins angesehene Kolumban-Kloster Luxeuil ein, wo er Priester und bald darauf Abt des von Luxeuil neu gegründeten Klosters in Grandval wird, für das der elsässische Herzog den Boden gegeben hat. Herzog und Abtei haben beide aus politischen, strategischen und wirtschaftlichen Motiven ein Interesse an dieser Gründung, was die *Vita* natürlich nicht darlegt. Dagegen betont sie die Bedeutung und den Adel der Familie von Germanus – was den Wert seines Verzichts auf die Güter dieser Welt erhöht – und zählt alle Etappen seiner Ausbildung bei angesehenen Lehrern auf. Die Ernennung von Germanus zum Abt wird mit seinem Adel, seinem heiligen Leben, seiner Autorität und der göttlichen Inspiration erklärt. Sein hoher politischer Status beweist zudem die politische Bedeutung der Wahl des ersten Abts von Moutier-Grandval. Um 675 führt Eticho, ein Nachfolger des elsässischen Herzogs, mit alemannischen Truppen einen militärischen Überfall in der Region durch. Germanus eilt mit seinem Gefährten Randoaldus herbei, um die christliche Bevölkerung zu beschützen, wahrscheinlich vor allem aber, um den Einflussbereich seines Klosters zu verteidigen. Nach einer stürmischen Unterredung mit Eticho werden die beiden Männer von Soldaten eingeholt, entkleidet und getötet. Die Mönche können nur die Leiche und den Gürtel von Germanus zurückholen. Gott zeigt seine Liebe für den Heiligen durch «zahlreiche Wunder» – von denen drei in der *Vita* beschrieben sind: Im Augenblick des Martyriums ertönt die Stimme Gottes, der Germanus ins Paradies aufnimmt; zur folgenden Weihnachtszeit beleuchtet ein starkes Licht den Ort der Untat und schafft so

eine offensichtliche Parallele zwischen dem Heiligen und Jesus; und schliesslich wird ein Kranker am ersten Jahrestag von Germanus' Tod durch dessen Gürtel geheilt.

Die *Passio* von Germanus zeigt deutlich die verschiedenen Stufen der «Schaffung» eines Heiligen. Schon in seiner Kindheit weist Germanus die typischen Merkmale des zukünftigen Heiligen auf: Der Text betont ausdrücklich seinen Adel und seine Frömmigkeit – sozialer Status und religiöse Würde sind im ideologischen System jener Zeit nicht voneinander zu trennen und ergänzen sich. Alle Etappen von Germanus' Leben werden darauf nach Gottes Plan vollendet, in einer logischen Abfolge bis zur Apotheose seines – von Gott selbst begrüssten – Märtyrertodes. Die *Vita* beschreibt

152 Die Abtei von Moutier-Grandval entwickelt sich und spielt bald eine bedeutende Rolle im jurassischen Raum; König Rudolph III. von Burgund schenkt sie im Jahr 999 dem Bischof von Basel – dies ist der Beginn der Entwicklung, die zur Errichtung der weltlichen Macht des Bischofs in der Region führt. Das Original der Urkunde ist verloren gegangen, ebenso die Bestätigung vom Jahr 1000; hier eine Kopie davon, die im 15. Jh. für einen Prozess zwischen dem Bischof und dem Chorherrenstift von Moutier-Grandval angefertigt worden ist (AAEB).

153 Der hl. Fromund. Farbig gefass-
te Holzfigur aus dem 16. Jh.,
Kirche Saint-Laurent in Bonfol.

154 Ein Stück der Eiche, die – nach
der Legende – aus dem von
Fromund geworfenen Stock hervorgegangen ist (aufbewahrt
auf dem Altar der Sankt-
Fromund-Kapelle, Bonfol).

wahrscheinlich bei oder unter dem Altar, dem Ort, der die Reliquien behüten soll. Germanus' Gürtel, der einzige erhaltene Bestandteil seiner Kleidung, wird mit höchstem Respekt behandelt und am Tag nach seinem Tod zu den Reliquien der anderen Heiligen gelegt, die schon in der Klosterkirche aufgestellt sind. Gott selbst erklärt die Deutung der Mönche durch die zwei im folgenden Jahr vollbrachten Wunder für «gültig». Das Gürtelwunder ist zudem ein Beleg dafür, dass die Menschen von Germanus' Heiligkeit schon überzeugt sind – der kranke Laie bittet darum, die Reliquie berühren zu dürfen, was ihm nicht gewährt wird; doch ein Diakon gibt ihm vom Wasser zu trinken, in das er den Gürtel getaucht hat (vgl. die Beiträge von Pierre-Alain Mariaux und Regula Schorta). Diese Heilung ist die Erste aus einer Reihe von Wundern, die in der *Vita* nicht näher ausgeführt werden, die aber wichtig sind, um die Popularität des Kults zu sichern. Darüber hinaus kann die Erklärung, Germanus habe mit seinem Tod die Bevölkerung schützen wollen, seiner Stellung als heiliger Beschützer der Region nur förderlich sein.[19] Ein anderer Fall liegt bei Randoaldus vor: Da dieser nur zur Heiligkeit gelangt, weil er das Martyrium von Germanus geteilt hat, bleibt er immer in dessen Schatten, obwohl er in der Stiftskirche von Moutier einen Altar hat.[20]

Die Viten von Himerius und Ursicinus

Die Eremiten Himerius und Ursicinus stehen beide am Ursprung jeweils eines Klosters, um das herum sich dann eine gleichnamige Ortschaft entwickelt hat, doch sie haben nicht gleich nach ihrem Tod einen Geschichtsschreiber gefunden. Es gilt allgemein als gesichert, dass ihre *Viten* späteren Datums sind (10. oder 11. Jahrhundert) und stark legendenhafte Züge aufweisen, auch wenn sie vermutlich wahrheitsgemässe Elemente enthalten oder doch solche, die auf einer älteren Tradition beruhen[21] – und sehr wohl eine gründliche Studie verdienten.[22] Die *Vita* von Ursicinus ist zudem verloren gegangen und nur aus späteren Zusammenfassungen bekannt.

Wir können diese beiden *Viten* hier nicht ausführen. Nur so viel: Sie enthalten alle beide

hier ein implizites Modell von Heiligkeit und informiert uns nicht über die wahren religiösen und moralischen Qualitäten von Germanus; vielmehr entwirft sie davon ein hagiographisches Bild, das für seine Zeitgenossen annehmbar war.

Schon gleich nach seinem Tod betrachten die Mönche von Moutier-Grandval Germanus als Heiligen. Sie begraben seine sterbliche Hülle

zahlreiche pittoreske Elemente mit viel Kolorit – die üblichen hagiographischen Motive, die in der *Vita* von Germanus fehlen: das Hervorsprudeln von heilenden Quellen, die Zähmung eines Greifs (Himerius) oder eines Bären (Ursicinus), aussergewöhnliche Kasteiungen, spektakuläre Heilungen… Die Reliquien von Himerius enthalten auch zahlreiche Gegenstände, die auf seine Erlebnisse verweisen.[23] Zu den in diesen *Viten* «belegten» Wundern kommen andere hinzu, erlebte oder in der Folge erfundene und mündlich weitergegebene, doch wir verfügen hier leider nur über sehr spärliche Hinweise.[24] Es steht zudem fest, dass die Bevölkerung viele Erzählungen im Zusammenhang mit diesen «Landesheiligen» erfunden hat. Dazu als Beispiel aus späterer Zeit die Legende vom Büstenreliquiar des heiligen Ursicinus (angefertigt 1519, vgl. den Beitrag von Eva Helfenstein): Nach Fidèle Chèvre erzählen alte Leute von Saint-Ursanne im 19. Jahrhundert, ein Jude, der als Züchtigung für seine Gotteslästerun-

155 Sankt-Fromund-Brunnen in Bonfol; das Wasser ist für seine heilende Kraft bekannt, die es dank der Wirkung des Heiligen hat.

Fromund: ein populärer und geheimnisvoller Heiliger

Fromund stellt den interessanten Fall eines nicht offiziell beglaubigten, bei der lokalen Bevölkerung aber sehr beliebten Heiligen dar, der die Kirche in eine gewisse Verlegenheit stürzt. Nach der gänzlich unauthentischen und unwahrscheinlichen Tradition ist Fromund ein Schüler von Ursicinus und gehört zusammen mit Himerius zum Trio der Neuland erschliessenden Eremiten des Juras. Von den Höhen des Mont-Repais herab (bei Les Rangiers, JU) werfen die drei Männer ihren Stock, um zu entscheiden, wo sich jeder niederlassen soll.[27] Derjenige von Fromund fällt auf Bonfol, wo er Wurzeln bildet und zu einer grossen Eiche heranwächst, die von der Bevölkerung verehrt wird (gleicher Fall in Saint-Ursanne, wo die Pilger Zweige vom heiligen Baum reissen)[28] (Abb. 154). Fromund lässt sich also in Bonfol nieder, wo er in einer Hütte aus Zweigen ein karges Leben als Eremit führt und das Evangelium predigt; er stirbt in hohem Alter, ermordet durch zwei Wegelagerer. Die ihm zugeschriebenen Gebeine werden in der Pfarrkirche aufbewahrt. Der Schädel zeigt die Spuren einer Trepanation – daher vielleicht die Geschichte des Verbrechens als Erklärung für dieses Loch in der Schädeldecke.

Das Leben Fromunds wird durch keine schriftliche Quelle bestätigt, und die Ursprünge seines Kults sind völlig unbekannt. Die erste Erwähnung datiert von 1606: Bei einer Pfarreivisitation stellt der Suffragan des Erzbischofs von Besançon verlegen fest, dass die Bevölkerung von Bonfol einen gänzlich unbekannten Heiligen verehrt; er befiehlt, dessen Reliquien zu verbergen, bis ein Wunder deren Wert beweise…[29] Im Laufe der Zeit fördern die Obrigkeiten die Verehrung Fromunds zwar nicht, verbieten aber den Kult, der durch eine alte Tradition Gültigkeit bekommen hat, auch nicht, während die Meinungen der lokalen Pfarrer immer geteilt sind zwischen Misstrauen und – meistens – warmer Zustimmung.

Im 18. Jahrhundert wird Fromund am Tag nach Auffahrt gefeiert – also zwischen dem 1. Mai und dem 4. Juni – erstaunlicherweise an einem beweglichen Datum, das seinen Kult überdies an die Verehrung Christi bindet (vielleicht ein Mittel der Kirche, das Fehlen von Fromunds Todesdatum zu verschleiern?). Da sein Fest auf einen wichtigen Zeitpunkt im Zyklus der bäuerlichen Arbeiten fällt, ist Fromund in erster Linie ein «ländlicher» Heiliger. Er ist im Übrigen Menschen und Tieren wohlgesinnt, und die ländliche Bevölkerung der Region lässt auch das Vieh an seiner Prozession teilhaben – sehr zum Entsetzen der gestrengen Puristen![30] (Abb. 156)

156 Exvoto an Fromund. Die Kirche von Bonfol enthält etwa vierzig Exvotos, vor allem aus dem Anfang des 19. Jh.: Als volksnaher Heiliger ist Fromund als Bauer dargestellt, und Tiere kommen oft auf den Bildern vor (Fromund wird im Falle von Tierseuchen angerufen).

gen vom hl. Ursicinus geblendet worden sei, habe darauf diese Büste gespendet, um sein Augenlicht wieder zu erlangen![25]

Auf ganz natürliche Weise wird Germanus schon zum Zeitpunkt seines Todes von seinen Mönchen und der umliegenden Bevölkerung als Heiliger anerkannt, ganz ohne Kontrolle des Prozesses durch kirchliche, bischöfliche oder andere Obrigkeiten. Die Tatsache, dass ein nicht zu Moutier-Grandval gehörender Mönch sehr früh die *Passio* von Germanus verfasst, deutet darauf hin, dass die aktive Verbreitung seines Kults zu diesem Zeitpunkt nicht mehr in den Händen des Klosters liegt, sondern im Rahmen der Ausbreitung von Luxeuil von diesem übernommen wird. So kommt Germanus auf die Liste der Mönche, die aus diesen verwandten Klöstern hervorgegangen

sind. Nach der Tradition soll Ursicinus ein Gefährte des heiligen Kolumban (Gründer von Luxeuil) gewesen sein, bevor er sich am Ufer des Doubs niederliess. Nun präzisiert aber die *Passio* von Germanus, dieser habe zu Ehren von Ursicinus eine Basilika errichten lassen – wir finden also *mutatis mutandis* wieder die gleiche Sorge um Legitimation und Verbreitung eines Heiligen der Luxeuil-Familie auf regionaler Ebene.

Himerius hingegen ist kein Heiliger aus dem Schoss der Luxeuil-Gründungen, doch sein Kult ist stärker als der von Ursicinus und Germanus: Himerius hat einen Altar im Basler Münster, und Reliquien von ihm befinden sich in Muri, Engelberg, Murbach, St. Blasien (Schwarzwald), Sankt Alban, Moutier-Grandval, Lützel, Luzern, Erlach, Biel und anderen Orten.[26] Dieser Erfolg lässt sich vermutlich zum Teil erklären mit dem Kampf zwischen den Basler und den Lausanner Bischöfen um die Kontrolle über das Kapitel von Saint-Imier, das zwar in der Diözese Lausanne liegt, aber unter enger Kontrolle der Basler Kirche steht. Die Bischöfe von Basel fördern wohl zur Bekräftigung ihres Anspruchs die Versendung von Reliquien in die Kirchen und Klöster ihrer Diözese oder deren Umgebung, während die Lausanner Bischöfe sich vor allem mit der Verfassung der *Vita* verteidigen – wenn man annimmt, dass sie der Lausanner Propaganda dient. Nach der Reformation besteht der Himerius-Kult in der Diözese Basel weiter; sie wird zu seiner wichtigsten Bewahrerin – wie das Bild des Kalenders von 1779 beweist. Himerius ist umso würdiger, darin an der Seite von Ursicinus und Randoaldus zu stehen, als seine Anwesenheit daran erinnert, dass er wie diese aus einer Region stammt, in welcher der Bischof die weltliche Macht im Rahmen seines Fürstentums ausübt. Das Bild der «autochthonen» Heiligen ist daher sowohl auf politischer wie auf religiöser Ebene emblematisch.

PIERRE-ALAIN MARIAUX

Reliquienverehrung und der Kirchenschatz von Moutier-Grandval

DIE RELIQUIEN

Reliquien (wörtlich: «Überreste») spielen in den christlichen Gesellschaften des Mittelalters eine zentrale Rolle, und dies nicht nur in geistlicher, sondern auch in wirtschaftlicher und politischer Hinsicht.[1] Als von Jesus und den Heiligen auf Erden zurückgelassene «Andenken» – dazu gehören der Leichnam, Gewänder, von ihnen verwendete Gegenstände, ihre Marterwerkzeuge, mit ihrem Blut benetzte Erde oder Stoffe, Gegenstände, die sie berührt haben oder mit denen sie in Kontakt kamen – werden Reliquien praktisch seit den Anfängen des Christentums verehrt. Kurz nach dem Märtyrertod von Bischof Polykarp († 155) bemächtigten sich die Gläubigen seiner Gebeine, um diese an einen angemesseneren Ort zu verbringen, denn «sie sind wertvoller noch als Gold, teurer noch als Edelsteine».[2] Nebst dem respektvollen Umgang mit dem Toten und der Pflicht, seiner zu gedenken, illustriert dieser Vorgang auch den Übergang vom Totenkult zur Heiligenverehrung.

Kuriositäten

Die heiligen Überreste bezeugen und bewahren die Tugenden des Heiligen, die er zu seinen Lebzeiten verkörperte. Deshalb ist es eine Pflicht, diese Erinnerungsstücke zu verehren und zu sammeln, wobei deren Grösse keinerlei Einfluss auf die Wirkung hat. François Jacques Joseph Chariatte, Probst von Moutier-Grandval, veröffentlichte 1764 eine Liste mit den Reliquien der Stiftskirche, die bei deren Plünderung im Jahr 1499 durch die Österreicher vernichtet worden waren.[3] Hierarchisch geordnet,

wie sich dies für ein Inventar gehört, werden die Reliquien ungefähr in der Reihenfolge ihrer sakralen Bedeutung aufgeführt: Reliquien von Jesus (Gürtelfragment und Stein des Heiligen Grabs), der Jungfrau Maria (Fragmente von Gürtel und Kleid), der Apostel Peter und Paul (Kleiderfragmente), der beiden

157 Der Basler Bischof Johann Senn von Münsingen schenkt der Jungfrau Maria eine Monstranz zur Aufbewahrung eines Zahns des heiligen Paulus, den er vom Heiligen selber erhält. Initiale einer Urkunde aus dem Jahr 1360 (StABS).

Evangelisten Markus und Matthäus, der Diakone Stefan und Laurentius usw. Das 1528 für die Stiftskirche Saint-Imier erstellte Inventar nennt vergleichbare Gegenstände: Aufgelistet sind hier nebst Reliquien des Schutzheiligen Himerius Kontaktreliquien von Jesus (Tücher, Schwamm, Kreuz, Kleidung, Säule, Dornen aus der Dornenkrone und überdies Andenken, vermutlich aus Stein, an die heiligen Orte der Passion) und der Jungfrau Maria (Haare, Milch, Kleid), der Arm des heiligen Simeon und Knochen von Johannes dem Täufer. Drei Jahre später waren alle genannten Knochen und Reliquien verschwunden mit Ausnahme der wertvollen Gegenstände, wozu die Reliquienbüste des heiligen Himerius, der Arm des heiligen Simeon, eine Monstranz und ein Kruzifix aus Silber, eine (eucharistische?) Taube sowie die Greifenklaue gehörten, auf die noch zurückzukommen sein wird.

Fragmentierung und Vermehrung

Das römische Recht verhindert die Profanierung von Gräbern, indem es die Umplatzierung von Toten oder deren Zerteilung zwecks Entnahme von Stücken verbietet. Dieses Verbot vermochte während einiger Zeit die Au-

thentizität von Reliquien zu gewährleisten, die jeweils in dem Gebäude liegen, das ihnen geweiht ist. So ruht Laurentius in seiner römischen Basilika San Lorenzo fuori le Mura; die anderen Gebäude, die ihm geweiht sind, enthalten hingegen nur einige Sekundärreliquien, das heisst Gegenstände, die in Kontakt mit seinem Grab oder mit dem Leichnam gekommen sind. Der Bau und die anschliessende Weihung einer neuen Kirche ist nur bei Vorhandensein von Primärreliquien gestattet, wobei aber auch darauf geachtet werden muss, dass an der gewählten Stelle nicht bereits andere Gebeine liegen. In einer symbolischen Vergegenwärtigung, mit der das Martyrium des Heiligen dem Opfertod Christi gleichgesetzt wird (im Sinne der Offenbarung 6,9), ruht der Körper des Heiligen unter dem Altar, auf dem das Eucharistieopfer zelebriert wird. Ab dem 9. Jahrhundert führten die massiven Überführungen von Heiligengebeinen innerhalb der Stadt Rom und danach die Reliquienüberführungen in den Norden der Alpen bald zu einer Verwirrung von Orten und Namen und förderten Akkumulation und Hortung. Die enorme Zunahme an Altären brachte es zudem mit sich, dass bisher intakt gebliebene Reliquien von Hei-

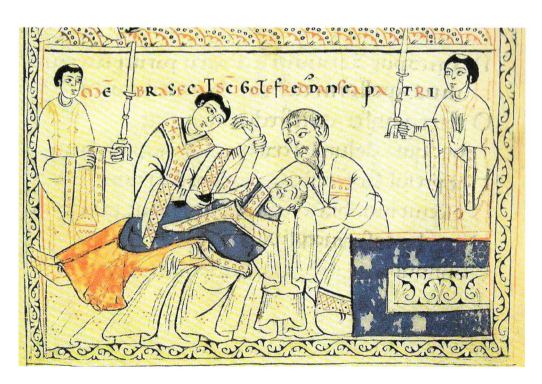

158 Bischof Gotefridus trennt den rechten Arm des heiligen Apollonius ab (Donizo, *Vita Mathildis*, Vatikanstadt, Biblioteca Apostolica Vaticana, Cod. Lat. 4922, Detail des fol. 19, um 1115).

159 Kardinallegat Raymundus Peraudi bewilligt die Überführung der Reliquien des hl. Germanus und des hl. Randoald in ihre neuen Gräber im Innern der Stiftskirche von Moutier-Grandval, die nach der Plünderung von 1499 wieder aufgebaut worden war. Er gewährt all jenen, die dem Zeremoniell beiwohnen oder Almosen spenden werden, fünf Jahre Ablass (AAEB, 17. Juli 1504).

ligengebeinen geteilt und verbreitet wurden (Abb. 158). Da die den Heiligen dargebrachte Verehrung «zu einer Kristallisierung von naiven Vorstellungen, Aberglauben, oberflächlichen und sinnlichen religiösen Veranstaltungen rund um sie»[4] führt, fördert die Anbetung von Reliquien einen materialistisch aufgefassten Kult: Nicht nur die sterblichen Überreste der Heiligen, sondern auch die materiellen Spuren, die sie hinterlassen haben, und die Gegenstände, die ihnen gehörten, haben an deren Tugend teil und sind daher mit wundersamen Kräften versehen. So hob man in Saint-Ursanne ein Ruhebett des Abts Wandregisel, dem Klostergründer, als Reliquie auf. Und die Überlieferung sprach einem Ende des 18. Jahrhunderts vor dem Friedhof von Courrendlin platzierten Stein besondere Kräfte zu: Wer sich darauf setzte, konnte von rheumatischen Leiden und Rückenbeschwerden geheilt werden.[5]

Zurschaustellung der Reliquien

Die Reliquien sind ein wichtiger Teil des Soziallebens: Bei Überführungen oder auch bei gewöhnlichen Gottesdiensten sowie an Feiertagen des General- und des Heiligenkalenders werden sie in Monstranzen an den Prozessionen mitgeführt (am Palmsonntag und an den Bitttagen erfolgt die Prozession mit dem Evangelium und den Reliquienphylakterien). Ein eigener Feiertag für die heiligen Reliquien ist nicht allgemein verbreitet, aber solche Anlässe gibt es in einem Rhythmus von fünf oder sieben Jahren zum Beispiel in Aachen und Maastricht. Die Feierlichkeit der Zeremonien erreicht einen Höhepunkt mit den normalen oder aussergewöhnlichen Zurschaustellungen wie dies bei der *inventio* (Auffindung), der *translatio* (Überführung) oder der Anerkennung von Reliquien geschieht. Die Präsentationen finden an verschiedenen Stellen der Kirche statt, beim Ambo, beim Altar, im Kirchenschiff oder beim Grab selbst. Oftmals kann das Volk sich den Reliquien nicht nähern und bekommt sie nicht einmal zu Gesicht; man verlegt die Angelegenheit deshalb nach draussen, stellt sich auf einen Absatz, man errichtet eine Estrade, schlägt ein Zelt auf. Die Translationen (Abb. 159) setzen sich aus mehreren, klar definierten Phasen zusammen: Der *adventus* signalisiert die Ankunft neuer Reliquien, manchmal die Folge eines frommen Diebstahls; die *inventio* ist das Auffinden der Grabstätte eines Heiligen (das heisst der Überreste), die bis zu diesem Zeitpunkt unbekannt oder übersehen worden war; die *elevatio* ist meistens eine lokale Überführung der Reliquien an einen geeigneten Ort. Dies war der Fall für den heiligen Germanus, dessen Gebeine kurz nach Mitte des 9. Jahrhunderts offenbar von der alten Kirche Saint-Pierre in eine andere, der Jungfrau Maria geweihten Kirche verbracht wurden, die vor Ende des 8. Jahrhunderts ganz in der Nähe erbaut worden war.[6] Die *ostensio*, die regelmässig oder gelegentlich durchgeführte Zurschaustellung, dient der Präsentation der Reliquien und gleichzeitig dem Beweis für deren Vorhandensein oder deren Authentizität (Abb. 160). Vielleicht war es eine leise Vorankündigung kommender Ereignisse: Die Jahre um 1500 scheinen für die Verehrung der Lokalheiligen im Jura entscheidend gewesen zu sein. Die Konkurrenz mit dem heiligen Ursus und dem heiligen Viktor, die in Zusammenhang mit den Märtyrern der thebäischen Legion stehen und deren Reliquien 1473 in Solothurn entdeckt wurden, die Reliquien der heiligen Ursula und der heiligen Chrischona und die beinahe schon überall verbreitete Verehrung der Gottesmutter drängen die lokalen Heiligen in den Hintergrund.[7] Zweifel werden laut ob deren Wunderkräfte, ja man fragt sich sogar, ob sie wirklich in ihren Grä-

bern liegen. Die Chorherren müssen deswegen die Gebeine exhumieren und die Reliquien herzeigen: so im Falle von Germanus und Randoald 1477 bzw. 1505, Himerius 1490 und Ursicinus 1507. Etwas spät versuchen die drei Kapitel, die Verehrung ihrer Schutzheiligen zu fördern, indem sie Graböffnungen vornehmen, Reliquienprozessionen veranstalten und neue Reliquiare herstellen lassen, um die Präsenz der Heiligen zu verstärken. Die Reformation schiebt dieser Erneuerungsbewegung abrupt einen Riegel.

Die Quelle für Wunder in Moutier-Grandval ist versiegt und die Wallfahrer fragen sich, ob Germanus nach so vielen Feuersbrünsten, Überfällen und Plünderungen wohl noch in seinem Grab liegen mag. Um jegliche Polemik zu unterbinden nimmt der Propst mit bischöflichem Einverständnis am 16. Juli 1477 die Öffnung des Grabes vor, das hinter dem Hauptaltar liegt. Man findet «die sorgfältig gesammelten Reste des Leichnams des heiligen, glückseligen und glorreichen Märtyrers Germanus».[8]

Die Graböffnung des heiligen Ursicinus am 25. Juni 1507 führt zu einem vergleichbaren und noch etwas präziseren Bericht. Das Gerücht geht um, die Gebeine seien nicht mehr anwesend, da es zu keinen Wundern mehr kommt; einige behaupten sogar, im Besitz seines Hauptes zu sein. Das Kapitel und der Propst nehmen die Öffnung des Sarkophags vor und finden auch hier, sorgfältig gesammelt, «die Knochen der Arme, der Beine, des Rückens, der Rippen, des Kiefers und alle übrigen Knochen». Nachdem dem Notar und dem versammelten Volk *alle* Knochen präsentiert worden sind, behält man eine Rippe, die man in eine silberne Monstranz legt, und einen Knochen mit Blutspuren zur Schaustellung für die Wallfahrer und schliesst das Grab wieder sorgfältig.[9] Einige Reliquien werden auf diesem Weg zu Zwecken der Zurschaustellung aus den Gräbern entfernt und in «sprechenden» Reliquiaren aufbewahrt (Abb. 161 und 162).[10]

Die Förderung eines neuerlichen Aufschwungs der Heiligenverehrung, manchmal auch im Verbund mit einer geeigneten Ablasspolitik,[11] bot die Gelegenheit, die Glaubensgemeinschaft wieder um die Lokalheiligen zu zen-

160 Mit der Darstellung der regelmässig stattfindenden Zurschaustellungen gibt das um 1460 datierte *Blokboek van Sint Servaas* Aufschluss über die Reliquien in der Servatius-Kirche in Maastricht. Die Präsentierungen fanden auf der äusseren Empore der Apsis statt, die auf den Friedhof geht (Brüssel, Königliche Bibliothek Albert I., Handschrift 18972, S. 24: Zurschaustellung des Hauptreliquiars des hl. Servatius, seiner Halskette und des Armreliquiars von Apostel Thomas).

trieren und den sozialen Zusammenhalt zu stärken. Georges Belorsier, Verfasser des lateinischen Protokolls von 1507, erstellte auch eine französische Reimfassung der *inventio* des heiligen Ursicinus, vermutlich zu Verkaufszwecken. Die Aufwertung dieses Heiligen wird aktiv vorangetrieben und 1519 lässt man eine Reliquienbüste anfertigen – eine offensive Antwort an jene, die behaupten, seinen Kopf zu besitzen?

Die Praxis der Reliquienfragmentierung führt zu einer Abtrennung der «edlen» Teile, die in transportierbare Kapseln *(capsae)* versorgt werden; den restlichen Reliquienteil legt man entweder zurück ins Grab des Heiligen oder bewahrt ihn in einem weniger wertvollen Schrein auf. Das «Inventar der Kelche, Ornate und anderen Reliquien der Stiftskirche» von Moutier-Grandval, am 24. Juli 1596 vom Schatzmeister Walther Jullerat erstellt, nennt diesbezüglich eine interessante Hierarchie. Die Reliquien von Germanus und Randoald liegen in drei verschiedenen Schreinen: Ein erster, vergoldeter und mit Edelsteinen verzierter Silberschrein enthält die Gebeine von Germanus, während zwei versilberte und vergoldete Holzschreine für die Gebeine von Randoald und für die gemischten «Aschen» (Staub? Erde?) der beiden Heiligen bestimmt sind. Jene Reliquiare, welche die «auserlesenen» Teile enthalten, werden am häufigsten zur Verehrung präsentiert und zu diesem Zweck an Feiertagen auf dem Altar aufgestellt, danach aber ausserhalb der Reichweite der Gläubigen verbracht und in Wandschränken (normale oder spezielle Reliquienschränke) in der Nähe des Hauptaltars oder in der Sakristei vor Blicken versteckt.

Sehen allein genügt nicht, man will auch die Berührung. So in Thann, wo die Gläubigen in Kontakt mit den Reliquiaren des heiligen Theobald kommen wollen, die auf dem Hauptaltar stehen: Der Priester nimmt die Monstranz und berührt die Gläubigen damit. Im Basler Münster erfolgt die Segnung der Kirchgänger durch die Berührung mit dem so genannten Kaiser Heinrichs-Kreuz oder mit einer Monstranz. Manchmal lässt man die Gläubigen auch die Reliquienhüllen küssen: Geschrei, Gezeter und Tränen begleiten diese Ostentationen,

denn zumeist werden die Reliquien dabei unverhüllt präsentiert. Teilweise wegen dieser Praxis, aber auch um eine Zurschaustellung zwecks Spendenförderung *(causa venalitatis)* zu vermeiden, regelt das 4. Laterankonzil von 1215 die Modalitäten der Präsentation: Von nun an werden die Reliquien nicht mehr ausserhalb ihrer Schreine gezeigt, was zur vermehrten Produktion von Monstranzen führt. Die Notwendigkeit, diese Vorschrift bis Ende des 18. Jahrhunderts immer wieder in Erinnerung zu rufen, lässt aber vermuten, dass die neue Regel nicht systematisch befolgt wurde. Nach dem Umzug des Kapitels von Moutier-Grandval nach Delsberg präzisieren die

161 Armreliquiar des hl. Bernhard aus dem Kirchenschatz der Abtei Saint-Maurice. Vergoldetes Silber, letztes Viertel des 12. Jh.

162 Reliquiarbüste der hl. Thekla (?).
Bleistiftzeichnung
aus dem 19. Jh. (AAEB,
Nachlass Kohler).

Statuten von 1551,[12] dass Chorherren, welche die Reliquien zeigen oder den Wein für die Wallfahrer segnen, für diese Dienste nichts verlangen dürfen; eine Geldspende bleibt für alle freiwillig (diese Praxis war vermutlich schon vor dem 16. Jahrhundert üblich). Der Schatzmeister *(custos)* spielt hier eine zentrale Rolle: An wichtigen Feiertagen stellt er die Reliquiare und die Paramente vor der Vesper auf den Altar. Auf Anfrage der Wallfahrer zeigt er ihnen die Reliquien und bringt diese anschliessend wieder in Sicherheit. Diese Anordnungen werden in den Statuten von 1613 und von 1632 wiederholt.[13]

Die Heiligen haben, so glaubte man im Mittelalter, die erstaunliche Fähigkeit, gleichzeitig auf Erden und im Jenseits präsent zu sein, weshalb sie äusserst effiziente Fürbitter sind. Ab dem 6. Jahrhundert und bis ins Hochmittelalter spielen die Reliquien eine aktive Rolle bei militärischen Strategien, bei Katastrophen (Epidemien, Naturereignisse usw.) oder bei Gerichtsverfahren (man legt den Eid auf die Reliquiare ab). Der heilige Germanus, alarmiert durch die kriegerischen Handlungen und die Bedrohung der Abtei durch Herzog Eticho von Elsass, geht diesem entgegen, wobei er «die Reliquien der Heiligen und die Bücher» mit sich führt *(ac-*

cepta secum pignora Sanctorum, cum libris).[14] Seit dem 10. Jahrhundert bezeugen die Quellen die besänftigende Wirkung von Reliquien, aber Germanus nimmt sie in diesem Fall mit, um die Rechte seiner Abtei zu behaupten, die bereits zu jener Zeit über ein geistliches Erbe verfügt, während die Bücher die unerlässliche rechtliche Grundlage zur Abwehr jeglicher Ansprüche liefern.

DER KIRCHENSCHATZ VON MOUTIER-GRANDVAL

Eine bewegte Geschichte

Der mittelalterliche Kirchenschatz umfasst das *ornamentum* (alle Gegenstände zur Verschönerung der Kirche) und das *ministerium* (die für die richtige Durchführung der Liturgie benötigte Ausstattung). Er setzt sich also aus sehr unterschiedlichen Elementen zusammen; dazu gehören Altarabdeckungen, tragbare Altäre, heilige Gefässe, Reliquiare in diversen Formen und Grössen, Paramente, liturgische Gewänder, Objekte der Verehrung, Kerzenhalter, Kronen, Prozessionskreuze, Handschriften mit goldverzierten Einbänden usw. Gefertigt sind diese Gegenstände aus wertvollen Stoffen, aus Gold oder Silber, verziert mit Email, alten Edelsteinen und Elfenbein. Hinzu kommen profane Gegenstände, die je nachdem auch religiösen Zwecken dienen, sowie Kuriositäten. Auf den ersten Blick bildet diese Ansammlung wertvoller Objekte, die für die religiöse Praxis nach wie vor eine gewisse Rolle spielen, den Hauptbestandteil des Kirchenschatzes, aber ausser den Schreinen sind die wirklich wertvollen Elemente die Heiligenreliquien. Der mittelalterliche Kirchenschatz erfüllt damit drei Funktionen: Er ist sichtbarer Ausdruck der Macht der (geistlichen oder weltlichen) Behörde, der er gehört; er ist eine Geldreserve, die man anzapfen kann, und er ist Aufbewahrungsort der Gegenstände.

Der Kirchenschatz der Abtei von Moutier-Grandval ist den gleichen Wechselfällen unterworfen wie die Institution, in der er aufbewahrt wird. Nach den Kriegen des ausgehenden 15. Jahrhunderts und nach der Reformation wird das zerstörte Chorkapitel samt seinem Kirchenschatz 1534 nach Delsberg verlegt. Die Chorherren verbringen den Schatz in die Kirche Saint-Marcel, die sie mit der Pfarrgemeinde teilen; dort bleibt er bis zur Revolution, bevor er am 13. Februar 1793 wieder eine neue Bleibe erhält (die Reliquien kommen im Februar 1805 definitiv zurück). Die Gebeine des heiligen Germanus und des heiligen Randoald – in der Nacht vom 26. März 1530 von vier Chorherren insgeheim aus ihren Grabstätten entfernt und aus Sicherheitsgründen in die Kirche Sankt-Ursus in Solothurn verbracht, gefolgt im Juli 1531[15] von den Archiven des Kapitels – waren bei diesen Verlegungen immer dabei. Mit den drei erhaltenen Inventaren lässt sich der Kirchenschatz der Stiftskirche als Ganzes erfassen und man kann ermessen, zu welchen Verlusten es im Laufe der Zeit kam. Das erste Inventar mit Datum kurz nach 1555[16] listet den Inhalt eines Schranks *(archa)* auf, der in der Sakristei (?) stand. Überraschenderweise werden fast nur Reliquien von Germanus genannt: Kelch, Armreliquiar, Strumpf, Gürtel, liturgische Sandalen, ein Bleischrein mit der Asche von Germanus und Randoald, ein zweiter Schrein (in der Sakristei aufbewahrt) mit den Gebeinen von Germanus und Randoald. Aufgeführt werden ferner ein Armreliquiar von Mauritius, die liturgischen Sandalen von Desiderius, ein «äusserliches Glied» *(articulus exterior)* eines Greifvogels angefüllt mit Reliquien – vielleicht handelt es sich um die «Kralle von Saint-Imier» –, ein silberner Hostienbehälter, ein Säcklein (?) mit Reliquien, vier Kelche, zwei kleine Silbervasen, eine Bibel (wahrscheinlich die berühmte Bibel von Moutier-Grandval),[17] ein «schwarzes Buch». Nicht genannt wird der Krummstab des heiligen Germanus: Befand er sich damals in einem der beiden Schreine? Das bereits erwähnte Inventar von 1596 zeigt, dass das Kapitel in der Zwischenzeit verschiedene liturgische Objekte angeschafft hatte, insbesondere Handschriften, Paramente, Altartücher, die hier nicht weiter im Detail beschrieben werden sollen. Im Vergleich zum ersten Inventar gibt es nun neue Gegenstände zu verzeichnen: Ein mit Edelsteinen verziertes Kreuzreliquiar aus vergoldetem Silber, das eine Reliquie des Kreuzes Jesu enthält, und der berühmte Krummstab. Nicht genannt werden die liturgischen Gewänder, die Germanus oder Desiderius zugeschrieben und offenbar woanders aufbewahrt wurden, und zudem fehlen auch die Armreliquien von Germanus und Mauritius sowie ein Kelch. Die Greifenklaue ist vorhanden und wird als Büffelhorn beschrieben. Das letzte bekannte Inventar stammt aus dem Jahr 1703[18] und gibt den Inhalt des Kirchenschatzes praktisch so wieder, wie er im Musée jurassien in Delsberg liegt (ausser den Gebeinen des heiligen Germanus und des heiligen Randoald, die immer noch in der Kirche Saint-Marcel ruhen). Genannt werden erneut der vergoldete Silberkelch von Germanus, sein aus dem ausgehenden 13. Jahrhundert stammender Hostienteller, sein Krummstab, seine liturgischen Sandalen, die ihm zugeschriebenen Strümpfe und der Gürtel, ein liturgischer, heute verschwundener Handschuh

(der womöglich identisch ist mit einem Ärmelfragment) sowie dem heiligen Desiderius zugeordnete liturgische Sandalen und ein Strumpf.[19] Erneut erscheint das Armreliquiar von Mauritius, das heute verschollen ist, gleich wie die Klaue mit ihrem Inhalt aus «mit Blut der Heiligen benetzter Erde».

Die Inventare

Das Inventar von 1596 verzeichnet «ein eisernes oder an vier Stellen mit Silber beschlagenes Büffelhorn mit einem Abbild des heiligen Germanus auf dem Deckel eben dieses, und darinnen befindet sich eine kleine Börse mit einigen Reliquiaren zusammen mit einem kleinen Kreuz aus vergoldetem Silber mit Edelsteinen geschmückt und ein Agnus Dei, ebenfalls aus vergoldetem Silber, in dem sich auch einige Reliquien befinden. Item ist der Inhalt des gen. Horns und ein weiteres Reliquiar in rote Seide gewickelt.» Im Inventar von 1555 wird das Horn als «äusseres Glied eines Greifs» beschrieben, während in jenem aus dem Jahr 1703 eine «riesige Greifenklaue» vorkommt. Diese Kuriosität erinnert an die Kralle der Stiftskirche von Saint-Imier, die im Inventar von 1528 erscheint (Abb. 163)![20] Die Legende berichtet, dass der heilige Himerius auf seiner Reise ins Heilige Land Inselbewohner bekehrte, indem er einen schrecklichen Greifen von ihrer Insel verjagte. Nach seinem Gebet «befahl Himerius dem Greif, mit seinem eigenen Schnabel die kleinste Kralle seines Fusses abzuhacken und sie ihm zu übergeben im Gedenken an das Vollbrachte»;[21] der Greif gehorchte der Aufforderung des Heiligen. Himerius brachte die Kralle zurück, angefüllt mit Reliquien, die ihm vom Patriarchen von Jerusalem geschenkt worden waren, wozu insbesondere auch der Arm des heiligen Simeon gehörte; sie wird aber in den Inventaren ausser in jenem von Moutier-Grandval aus dem 16. Jahrhundert nie als Reliquiar genannt. Nach der Zerstörung der Grabstätte des Heiligen samt der Reliquien durch die Bieler im Jahr 1530 wird im Auftrag des Bischofs von Basel ein neues Inventar erstellt, in dem die Greifenkralle nach wie vor erscheint (1531). Wurde sie danach womöglich den Chorherren von Moutier-Grandval ge-

163 Die «Greifenklaue» des Kirchenschatzes von Moutier ähnelte womöglich dem Büffelhorn von Maastricht, das im 15. Jh. zum Trinkgefäss gestaltet wurde (Maastricht, Kirchenschatz Sankt Servatius).

bracht? Es sei denn, beide Kirchenschätze hätten über eine Greifenkralle verfügt. In Moutier deutet aber nichts darauf hin. Die Verehrung der jurassischen Heiligen soll von den Rivalitäten zwischen den Diözesen Basel, Besançon und Lausanne profitiert haben. Könnte man nicht von einer *Ansteckung* der verschiedenen Stätten der Heiligenverehrung im Jura ausgehen, die sich durch eine Angleichung der jeweils vorhandenen Reliquien auszeichnet? Denn die Greifenkralle ist nicht das einzige Beispiel: Germanus werden liturgische Gewänder *(pontificalia)* zugeordnet, nachdem die Abtei Moutier-Grandval offenbar von der Abtei Murbach das Ornat des heiligen Desiderius erhalten hat. Die Kralle wird jedenfalls bis 1783 in der Sakristei von Saint-Marcel aufbewahrt, wo Pfarrer Frêne[22] sie noch sieht; danach verliert sich ihre Spur.

Der Krummstab des heiligen Germanus

Das berühmteste Stück des Kirchenschatzes von Moutier-Grandval ist der Krummstab des heiligen Germanus. Dieser Stab, er gleicht einem Spazierstock von rund 120 cm Länge, ist aus einem Ast eines Haselnussstrauchs gefertigt, dessen oberster Teil gekrümmt ist (Krümme) (Abb. 164). Er steckt in einer Silberscheide, deren Schaft mit Ringen aus Flechtwerk unterteilt und deren gekrümmter Teil mit Goldfiligranen verziert ist. Ein Teil der Verzierungen der Krümme wurde irgendwann mit Emailplättchen aus dem 8. Jahrhundert ersetzt, vermutlich als Folge der Abtrennung eines Reliquiars. Mit der 14C-Analyse des Haselnussholzes konnte der Krummstab ungefähr auf das Jahr 665 datiert werden, ein Datum, das auch mit dem ursprünglichen Verzierungsrepertoire der Goldschmiedearbeiten und mit der angewandten Technik übereinstimmt, und das zudem die Zugehörigkeit des Objekts zu Germanus untermauert.[23] Die Rolle und die symbolische Funktion des wahrscheinlich im Südwesten Deutschlands hergestellten Krummstabs geben allerdings Fragen auf. Als Krummstab einer Abtei ist das Objekt zweifellos ein Zeichen der Macht, und der Zustand des Holzes lässt vermuten, dass der Stab von der Glaubensgemeinschaft seit langer Zeit mit grosser Sorgfalt behandelt worden war. In den verfügbaren Quellen wird der Stab aber kaum vor dem 16. Jahrhundert erwähnt. Bobolenus nennt ihn in seiner *Vita* nicht und schreibt einzig dem Gürtel des Heiligen schützende Eigenschaften zu. Der Krummstab ist mithin ein Spezialfall.

Die Reliquien von Germanus sind ein äusserst wichtiger Bestandteil des Inventars. In allen drei Versionen stehen sie an erster Stelle und werden in zwei Kategorien unterteilt: zum einen die Gebeine und zum anderen, sehr viel zahlreicher, die Primär- und Kontaktreliquien. Dies ist leicht verständlich: Die Erzählung der *Passio* berichtet nur von einem einzigen Heilungswunder (obschon es deren so viele gegeben haben soll, dass sie, laut Bobolenus, mit Worten kaum zu fassen seien). Das Instrument dieses einmaligen Wunders war Germanus' Gürtel *(bracile)*, den ein Bruder den Händen des Feindes entriss und ins Vestiarium des Klosters zurückbrachte, wo das Stück von den Glaubensbrüdern als ein Geschenk des Himmels begrüsst wurde. Kaum hatte man ihn in der Kirche zu den andern Heiligenreliquien gehängt, vermutlich zwischen die Phylakterien, als sich ein Wunder ereignete: Ein Kranker, der auf der Schwelle der Kirche lag, sah die Reliquie und verlangte danach; ein Diakon füllte eine Schale mit Wasser, legte den Gürtel hinein und gab das Wasser dem Kranken zu trinken, der alsbald genas.[24] Mit dieser Praxis, die an die Ablution («Weinspülung») erinnert, beginnt die weitere Verehrung von Germanus: Die neu «erhaltenen» oder neu in einem Schrein eingelagerten Gebeine wurden mit Wein gewaschen und der wirkungsmächtige Trunk den Gläubigen gereicht.

Ende des 15. Jahrhunderts war die Zeremonie des geweihten Weines fest etabliert. Propst Chariatte beschreibt 1764 das Ritual: Am Geburtstag von Germanus, dem 21. Februar, gibt ein Priester den Gläubigen Wein zu trinken, der mit Wasser versetzt ist, in dem eine Reliquie des Heiligen gelegen hat. Der Wein wird aus dem Kelch genommen, mit dem der Überlieferung zufolge Germanus die Messe zelebriert haben soll.[25] Wenn man heute den Wein einzig weiht und ihn den Gläubigen aus einem anderen Kelch reicht, so bleibt die Idee doch die gleiche und erinnert an den mittelalterlichen Brauch, sich eines Teils der Tugenden des Schutzheiligen zu bemächtigen und gleichzeitig die Glaubensgemeinschaft um ihn herum zusammenzuschweissen.

164 Krummstab des hl. Germanus, um 665 (MJAH).

REGULA SCHORTA

Textil- und Lederreliquien aus der Kirche Saint-Marcel in Delsberg

Gewandstücke und Textilien aller Art gehören zu den häufigsten Sekundärreliquien. Bisweilen sind Gegenstände erhalten, die tatsächlich auf den betreffenden Heiligen zurückgeführt werden können. Häufiger aber handelt es sich um Tücher oder Reste davon, die zum Einhüllen der Gebeine gedient haben, oder um Gewänder, die dem Heiligen in späterer Zeit und fälschlicherweise zugeschrieben worden sind. In wie vielen Fällen dies fromme Fälschungen sind, entstanden aus ehrlicher Überzeugung, wie viele auf schlichte Missverständnisse zurückzuführen sind, welches Gewänder sind, die beispielsweise im Zusammenhang mit einer Reliquienerhebung oder zur Feier der Liturgie am Jahrestag des Heiligen benutzt und dadurch zu den «seinigen» wurden, dies alles ist kaum zu unterscheiden und in der Regel auch nicht nachzuweisen.

Zu den wichtigsten Reliquien der Abtei Moutier-Grandval gehörten nach Ausweis des ältesten erhaltenen Verzeichnisses, wohl aus der Zeit kurz nach 1555,[1] auch textile Reliquien, nämlich die Sandalen der heiligen Germanus und Desiderius, mit einem Teil des Gürtels des heiligen Germanus *(Sandalia s. Germani et s. Desiderii cum parte cinguli s. Germani)* sowie die Strümpfe des heiligen Germanus *(Tibie s. Germani)*. Mit dem heutigen Bestand, verwahrt als Leihgabe der Pfarrkirche Saint-Marcel im Musée jurassien d'art et d'histoire in Delsberg, fast identisch ist ein Verzeichnis von 1703:[2] «Zwei mit roter Seide bestickte Schuhe, mit welchen er [sc. der heilige Germanus] wie anzunehmen ist, bekleidet wurde, wenn er das Pontifikalamt feierte» *(4. Calcei duo serico rubeo acupicti, quibus induebatur,*

ut credibile est, cum celebraret in pontificalibus), «zwei vollständige und unversehrt erhaltene Strümpfe, zum vorgenannten Gebrauch [sc. beim Pontifikalamt]» *(5. Bina tibialia integra et illaesa ad praedictum usum),* «ein Handschuh, zum vorgenannten Gebrauch» *(7. Una chiroteca ad usum praedictum),* «ein Teil des Gürtels» *(8. Pars cinguli),* «die Strümpfe des hl. Märtyrers Desiderius, stellenweise mit Blut bespritzt» *(12. Tibialia s. Desiderii martyris sanguine partim aspersa)* und schliesslich «die Schuhe oder Sandalen desselben» *(13. Ejusdem calcei sive sandalia).*

Bei den beiden Heiligen handelt es sich um zwei Märtyrer des 7. Jahrhunderts, Germanus, den ersten Abt des Klosters Moutier-Grandval, und einen Bischof Desiderius oder Dizier, der im heutigen St-Dizier-l'Evêque (Frankreich), nahe der Schweizer Grenze bei Boncourt, den Märtyrertod erlitten haben soll.[3] Beiden werden je ein Paar liturgischer Schuhe und Strümpfe zugeschrieben, wobei für Germanus deren Vollständigkeit und Unversehrtheit betont wird. Nicht zu Unrecht – denn heute sind von den Desiderius-Schuhen nur noch einer, und von dessen Strümpfen nur noch einer vollständig und vom zweiten die Zehenspitze erhalten. Und obwohl die Reliquienlisten auch für die Desiderius-Gewänder die Pluralform verwenden, muss zumindest eines davon bereits im Mittelalter in die Stiftskirche St. Leodegar im Hof in Luzern gelangt sein, denn dort befanden sich bereits im 15. Jahrhundert unter anderem *«von sant Desiderien gewand* und *de caligula sancti Desiderii».*[4] Ein Fragment der Desiderius-Strümpfe befindet sich auch in St-Dizier-l'Evêque, allerdings erst seit 1883.[5] Es stellt sich natürlich die Frage, ob die Bekleidungsstücke in der Tat auf die beiden Heiligen zurückgehen können. Liturgische Strümpfe und Schuhe, als Bestandteil der Messkleidung, sind zwar seit dem 5./6. Jahrhundert belegt – nicht zuletzt in Abbildungen, zum Beispiel auf Mosaiken in Mailand, Sant'Ambrogio oder Ravenna, San Vitale –, sie werden nördlich der Alpen aber erst im Zuge der Liturgiereform unter Karl dem Grossen üblich. Etwa seit dem 10. Jahrhundert wurde daraus ein bischöfliches Privileg, das nur ausgewählten Äbten ebenfalls verliehen wurde.[6] Aufgrund ihrer Fundumstände sicher datierbare frühmittelalterliche Beispiele

von liturgischen Schuhen oder Strümpfen haben sich allerdings keine erhalten.

Der kunsthistorische Befund an den Delsberger Originalen bestätigt die Zweifel. Am einfachsten einzuordnen sind die Desiderius-Strümpfe.[7] Sie sind aus einem kostbaren, aufwändig Ton in Ton gemusterten, weissen Seidengewebe gearbeitet, das ein Muster aus reihenweise neben- und übereinander angeordneten, ornamental gegliederten Medaillons trägt, die durch Scheiben mit Mondsichel und pseudokufischen Zeichen miteinander verbunden sind. Vergleiche mit anderen, durch ihre Fundumstände besser datierbaren Seidengeweben legen nahe, dass es in Spanien ent-

165 So genannte Desiderius-Strümpfe (MJAH).

standen und nicht vor dem 12. Jahrhundert zu datieren ist. Wahrscheinlich älter ist das Gewebe der roten Besatzstreifen, dessen ebenfalls rein ornamentales Muster auf den ersten Blick wie eingeritzt wirkt. Auch wenn nur drei schmale Streifen der Seide erhalten sind, lässt sich das Muster zweifelsfrei identifizieren, und zwar als ein so genanntes Spitzovalmuster, das zu den typischen Seidendekors des 11. Jahrhunderts zählt.[8] Wahrscheinlich hat man also bei der Herstellung dieser Strümpfe, deren Zuschnitt anderen Pontifikalstrümpfen des 12. Jahrhunderts übrigens vollkommen entspricht, zur Ergänzung des weissen Seidengewebes auf ein bereits älteres Gewebe zurück-

gegriffen. Der dritte Seidenstoff, aus dem die Bindebänder genäht worden sind, zeigt ein unspezifisches Streifenmuster in einer geläufigen Webtechnik, so dass er nicht genauer datiert werden kann.

Die dem heiligen Germanus zugeordneten Strümpfe sind dagegen aus feinem Leinengarn und in einer heute fast völlig vergessenen Maschenschlingtechnik gearbeitet.[9] Mit endlichem Faden und einer einfachen Nähnadel werden spiralförmig Schlingen gestochen, die bei fortschreitender Arbeit in die jeweils drei bis vier vorhergehenden und schliesslich auch noch in die vorhergehende Reihe eingearbeitet werden. So entsteht ein dichtes,

166 So genannte Germanus-
Strümpfe (MJAH).

167 So genannter Desiderius-
Schuh (MJAH).

Ebenfalls in das 12. Jahrhundert zu datieren ist der einzelne, mit dem Namen des Desiderius verknüpfte Schuh.[12] Er ist aus einst dunkel gefärbtem Leder gearbeitet und geschmückt mit einer etwas grobschlächtig wirkenden Stickerei aus vergoldeten Lederriemchen, angeheftet mit roter Seide und mit weisser Seide konturiert.[13] Die typische Konstruktion – Sohle und Obermaterial aus je einem Stück geschnitten, bis zum Knöchel reichend, mit Zierlöchern über dem Vorderfuss und mit je drei tiefen Einschnitten auf jeder Seite versehen – lässt sich zum Beispiel mit Schuhen in Hildesheim, Prag oder Lausanne vergleichen, die alle aus der ersten Hälfte oder Mitte des 12. Jahrhunderts stammen.

aber dennoch flexibles Gewirk, das im prähistorischen und frühmittelalterlichen Europa weit verbreitet war, mit dem Aufkommen des Strickens aber zunehmend verdrängt worden ist.[10] Für Pontifikalstrümpfe und -handschuhe ist die Technik im 11. und 12. Jahrhundert mehrfach belegt, und zu einer solchen Datierung passt auch der rot und grün gemusterte, seidene Besatzstreifen. Die Webtechnik und das kleinteilige Spiralrankenmuster datieren diesen frühestens in die erste Hälfte des 12. Jahrhunderts.[11]

Uneinigkeit herrscht dagegen, was die Datierung der so genannten Germanus-Schuhe angeht; die Spanne der Vorschläge reicht vom 7. bis ins 12./13. Jahrhundert.[14] Für ihre Form, nur mit einer tropfenförmigen Sohle unter der Ferse, dafür mit einer Mittelnaht unter dem Vorderfuss, sind bisher nur zwei Vergleichsstücke bekannt, ein Paar und ein einzelner Schuh in Chelles (Frankreich).[15] Auch Details wie das weisse Futter, die angeschnittene dreieckige Zierlasche über dem Rist oder die ebenfalls angeschnittenen Ösen und Riemenansätze, die durch angenähte Wildlederstreifen weiterge-

168 So genannte Germanus-
Schuhe (MJAH).

führt werden, sind nahezu identisch, ebenso die Verzierung durch seidengestickte Blattrankenbäumchen. Eine historisch gesicherte Zuschreibung der Schuhe in Chelles existiert ebensowenig wie für diejenigen in Delsberg. Und auch die zwar nicht im Dekor, aber im Schnitt sehr ähnlichen Schuhe, die im 18. Jahrhundert im Pfarrhaus von Niederzell auf der Reichenau gefunden wurden, sind undatiert.[16] Vergleichbare, vielleicht allerdings etwas weiter ausgeschnittene Schuhe finden sich dagegen relativ häufig dargestellt auf römischen Mosaiken des 9. Jahrhunderts, zum Beispiel aus der Zeit der Päpste Paschalis I. (reg. 817-824, Sta Maria in Domnica) und Gregor IV. (reg. 827-844, San Marco). Das sorgfältig gestickte Bäumchen aus etwas wulstigen Blattranken auf den Delsberger Schuhen ist relativ unspezifisch und schwierig einzuordnen, das kleine Kreuzchen auf der dreieckigen Zierlasche, mit deutlich gabelförmig ausladenden Kreuzarmen, weist eher auf eine frühe Datierung hin. Auch in Anbetracht der oben knapp skizzierten Verbreitungsgeschichte von liturgischen Strümpfen und Schuhen scheint das frühe 9. Jahrhundert der frühestmögliche Entstehungszeitpunkt für die Schuhe sowohl in Delsberg als auch Chelles zu sein, ein Zeitpunkt also, zu welchem an keinem der beiden Orte ein «passender» Heiliger gelebt hat.

Um zu den eingangs gemachten Überlegungen zurückzukommen: Bei den Desiderius- und Germanus-Schuhen und -Strümpfen handelt es sich nicht um wirklich auf die Heiligen zurückzuführende Gegenstände. Sie wurden ihnen irgendwann im Verlauf des Mittelalters zugeschrieben, als pontifikale Gewänder einem heiligen Bischof bzw. Abt angemessen. Auch die gleichmässig-symmetrische Verteilung auf die beiden Heiligen mag in diesem Zusammenhang kein Zufall sein, sondern vielleicht einem gewissen Gerechtigkeitsgefühl entspringen.

Nur von Germanus haben sich noch weitere Textilreliquien erhalten. *«Manche d'une tunicelle et partie de la ceinture de S. Germain»* bezeugt eine Papierauthentik wohl des 19. Jahrhunderts, eine etwas Ältere spricht vom *Cingulum S. Germani Martiris*. In den frühe-

ren Listen kommt der Ärmel nicht vor, und was es damit für eine Bewandtnis haben soll, ist unklar. Das heute dieser Authentik zugeordnete Textil ist jedenfalls nichts weiter als ein Stück Stoff, frühestens aus dem 18. Jahrhundert.[17] Es könnte eine Verwechslung mit dem Handschuh des Germanus im Inventar von 1703 vorliegen,[18] oder aber, eher, eine Hülle vielleicht für den Gürtel sein, die mit den Jahren zu einer selbstständigen Reliquie geworden ist. Etwas anders stellt sich die Situation dar für den Abschnitt eines dicken Hanfseiles, das als Gürtel des heiligen Germanus gilt (Abb. 170).[19] Nicht nur wird er in beiden Reliquienverzeichnissen eigens erwähnt, er spielt auch in der am Ausgang des 7. Jahrhunderts verfassten Lebensbeschreibung des

169 So genannter Germanus-
Ärmel (MJAH).

170 Hanfseilabschnitt, so genannter Germanus-Gürtel (MJAH).

Heiligen[20] eine wichtige Rolle. Am Tag der Ermordung des heiligen Germanus wird das *cingulum, quod vulgo bracilem vocantur* vom Ort des Verbrechens in die Klosterkirche gebracht und von den Mönchen zwischen den Reliquien aufgehängt *(eum in ecclesia infra pignora sanctorum pendere fecerunt)*. Gleich geschieht auch ein erstes Wunder. Als nämlich ein Kranker den Gürtel an der Wand hängen sieht, bittet er darum, diesen berühren zu

dürfen. Dies wird ihm zwar nicht gewährt, dafür wird der Gürtel in den mit Wasser gefüllten Kelch getaucht und dieser dem Kranken zum Trinken gereicht, worauf er sogleich gesundet.[21] Bei dem erhaltenen Seilfragment handelt es sich um ein Schlauchgewebe, eine völlig unspektakuläre Technik, die per se keinerlei Anhaltspunkte für eine Datierung bietet. Die Reliquie wurde deshalb einer naturwissenschaftlichen Altersbestimmung durch 14C-Isotopenmessung unterzogen, die insofern eine Klärung ergab, als dass das Hanfseil nicht aus der Zeit des heiligen Germanus stammen kann. Es datiert vielmehr aus dem 12. Jahrhundert.[22] Noch einmal also haben wir es mit einem Gegenstand zu tun, der dem Heiligen nur zugeschrieben wurde, möglicherweise in bestem Treu und Glauben, möglicherweise aber auch in dem Bedürfnis, der so detailliert erzählten Lebensgeschichte des Germanus die passende Realie endlich (oder wieder) zur Seite stellen zu können.

Nachzutragen bleibt noch eine unscheinbare, kleine Textilreliquie des heiligen Himerius. Mit einer gleichen Papierauthentik versehen wie Ärmel und Gürtel des heiligen Germanus und als *«Reliques de S. Ymier, c.»* bezeichnet, werden kleine, stark zerknüllte Reste von zwei seidenen Schleiergeweben verwahrt,[23] eingehüllt in ein gestreiftes Gazegewebe wohl des 19. Jahrhunderts. Die Schleierstoffe sind typisch mittelalterlich, datieren aber sicher nicht aus der Zeit des Heiligen. Auch bei ihnen dürfte es sich am ehesten um Kontaktreliquien handeln.

171 Seidene Schleiergewebe in einer Gaze, so genannte Reliquien des heiligen Himerius (MJAH).

EVA HELFENSTEIN

Das Büstenreliquiar des heiligen Ursicinus

Die silberne Büste des heiligen Ursicinus ist eines der wenigen spätgotischen Objekte, welche sich im Kirchenschatz von Saint-Ursanne erhalten haben.[1] Sie wurde 1794 vom ehemaligen Kustos des Kapitels, Aloys de Billieux (1758-1830), aus den Revolutionswirren gerettet und 1815 der Stiftskirche zurückgegeben, nachdem er seine rettende Tat durch eine Inschrift auf der Rückseite des Nimbus verewigt hatte.[2] Die Vorderseite des Nimbus trägt die Inschrift CAPVT.SANCTI.VRSICINI.PATRONI. HVIVS.ECCLESIAE.1519. Die Büste wurde 1519 geschaffen, um die Schädelreliquie des heiligen Ursicinus aufzunehmen. Die Reliquie ist hinter der masswerkgeschmückten, mit Glas verschlossenen Schauöffnung auf der Brust der Büste untergebracht (Abb. 172, 174). Quellentexte dokumentieren, dass das Grab des Heiligen in der Stiftskirche 1507 mit Zustimmung des Bischofs von Basel geöffnet wurde, nachdem die Bevölkerung nach längerem Ausbleiben von Wundern an der Präsenz der Reliquien gezweifelt hatte. Das Protokoll der Graböffnung bezeugt, dass sämtliche Überreste des Heiligen vorhanden waren. Es wurden aber lediglich ein Beinknochen und eine Rippe entnommen, wobei Letztere in einer silbernen Monstranz untergebracht wurde.[3] Das zwölf Jahre später entstandene Büstenreliquiar scheint also nicht direkt mit der Reliquienentnahme von 1507 zusammenzuhängen. Wurde das Grab später nochmals geöffnet? Neuste Nachforschungen von Jean-Claude Rebetez förderten eine Notiz über ein Indult von Papst Leo (X.) zutage, welches eine erneute Öffnung des Grabes und die Entnahme weiterer Reliquien erlaubte.[4] Das ver-lorene Dokument kann nicht genau datiert werden; das Pontifikat von Leo X. 1513-1521 gibt aber einen Rahmen vor, in den sich auch das 1519 datierte Büstenreliquiar bestens einpasst. Während der Kontext so ziemlich genau rekonstruiert werden kann, ist zur Büste selber wenig bekannt: Schriftliche Quellen fehlen gänzlich, und ausser der Nimbusinschrift sind am Objekt keinerlei Inschriften, Signaturen oder Goldschmiedemarken angebracht.

Die in Silber getriebene Büste steht auf einem separat gearbeiteten Sockel. Sie zeigt den Heiligen als schönen jungen Mann in reich geschmückter priesterlicher Kleidung: Der Chormantel mit Granatapfelmuster evoziert schweren Brokatstoff, die aufliegenden Borten sind mit Blüten besetzt. In die Brust ist die masswerkverzierte Schauöffnung eingelassen. Die Rückseite wird fast gänzlich von einer grossen Strahlensonne eingenommen (Abb. 173). Im Vergleich mit anderen Büstenreliquiaren fällt die Grösse des Körpers sowie dessen reiche Gestaltung auf, zu dem der Kopf mit ungewöhnlich kurzem Hals verhältnismässig zu klein und gleichsam aufgesetzt erscheint.[5] Die feinen, ernsten Gesichtszüge finden sich auch in Beispielen der zeitgenössischen Holzskulptur in Basel.[6] Ebenfalls nach Basel führt die Analyse der ornamentalen Details: In der Sammlung Amerbach im Historischen Museum Basel finden sich Modelle der an spätgotischer Architektur inspirierten Dekorelemente, welche die Schauöffnung des Büstenreliquiars rahmen.[7] Goldschmiede besassen oftmals ganze Sammlungen von Modellen, welche als Reservoir für die Gestaltung der verschiedenen Werke dienten. Die Basler

Modellsammlung stammt aus den Nachlässen der Goldschmiede Jörg Schweiger (1507-1534 in Basel) und Hans Jakob Hoffmann (gestorben 1572). Die Büste wurde daher verschiedentlich Jörg Schweiger zugeschrieben. Angesichts der Tatsache, dass solche Modelle nicht werkstattspezifisch sein müssen und es

zur damaligen Zeit in Basel noch rund zwanzig andere Goldschmiede gab, sollten derartige Zuschreibungen aber mit Vorsicht behandelt werden.[8] Die Einordnung in die Basler Kunstlandschaft zumindest scheint aber gesichert, da nebst stilistischen auch historische Gründe dafür sprechen: Für die grossen Kunstzentren

172 Das Büstenreliquiar wurde 1519 zur Aufbewahrung der Schädelreliquie des hl. Ursicinus geschaffen, wie die Inschrift auf dem Nimbus bezeugt.

lassen sich Einzugsgebiete umreissen, wobei Basel für die westlichen Gebiete des Bistums zweifellos der Hauptbezugspunkt war.[9]

Eine weitere Perspektive öffnet sich im Fall der Ursicinus-Büste durch den Vergleich mit einer heute verschollenen Büste des heiligen Bernhard, welche 1519 ans Kloster St. Urban

Silber, teilvergoldet

Höhe 59 cm (mit Nimbus)

wohl Basel, 1519

Ehemalige Stiftskirche, Saint-Ursanne

173 Eine riesige Strahlensonne dominiert die Rückansicht der Büste. Auf der rückwärtigen Seite des Nimbus verewigte Aloys Billieux seine Rettung der Büste vor den Zerstörungen der Französischen Revolution.

174 Hinter der masswerkgeschmückten, mit Glas verschlossenen Schauöffnung ist die Schädelreliquie des hl. Ursicinus untergebracht. Die architekturförmigen Dekorelemente, welche die Öffnung nach oben und unten abschliessen, sind nach Basler Goldschmiedemodellen gearbeitet.

175 Lithografie des Büstenreliquiars des hl. Bernhard, aus einem Auktionskatalog von 1851. Die 1519 von Urs Graf für das Kloster St. Urban (Kanton Luzern) geschaffene Büste ist heute verschollen, nur die gestochenen Sockelplatten sind erhalten geblieben.

im Kanton Luzern geliefert wurde und die nur durch eine Lithografie von 1851 bekannt ist (Abb. 175).[10] Das Büstenreliquiar weist sowohl im Aufbau (Proportionen, Nimbus), wie auch in der Detailgestaltung verblüffende Analogien zur Ursicinus-Büste auf – und es ist signiert: «Ursus Graff von Solotorn 1519» war auf der Rückseite der Büste eingraviert.[11] Die Signatur findet sich als Monogramm nochmals auf fünf der acht gravierten Sockelplatten, welche nach 1851 abgetrennt wurden und sich heute in zwei verschiedenen Sammlungen befinden.[12] Der Verlust der Bernhard-Büste lässt einen genauen Vergleich der beiden Objekte nicht mehr zu, so dass über den Grad ihrer Verwandtschaft und die Entstehungsumstände nur spekuliert werden kann. Der Kupferstecher Urs Graf, Sohn eines Goldschmiedes aus Solothurn, musste nach einer Gewalttat 1518 aus seiner Wahlheimat Basel fliehen. 1518/1519 ist er in Solothurn belegt, wo er sich als Goldschmied betätigte. 1519 lieferte er die Bernhard-Büste nach St. Urban, im gleichen Jahr entstand auch die Büste des heiligen Ursicinus. Das Fehlen einer Signatur an der Ursicinus-Büste macht eine Zuschreibung an Urs Graf unwahrscheinlich, signierte dieser seine Werke doch durchgehend. Hatten die Geistlichen von Saint-Ursanne, welche um die Förderung des Kultes ihres Heiligen besorgt waren, die Bernhard-Büste oder ein gemeinsames Vorbild der Büsten gesehen und ein weitgehend identisches, wenn auch vereinfachtes Büstenreliquiar in einer Basler Werkstatt in Auftrag gegeben? Dass Vorbilder für die Auftraggeber von Goldschmiedewerken im Spätmittelalter eine grosse Rolle spielten, zeigt uns exemplarisch der erhaltene Vertrag der Grossen Monstranz von Georg Schongauer in Porrentruy (s. im nächsten Kapitel den Beitrag von Marie-Claire Berkemeier). In der Tat findet sich für den Sockel der Ursicinus-Büste, welcher anstelle der teuren, von Urs Graf gestochenen Reliefs der Büste für St. Urban ein einfaches gotisches Dekormotiv aufweist, ein Goldschmiederiss im Basler Amerbachkabinett.[13]

LAURENT AUBERSON

Heilige und Raubtiere: ein volkskundliches Element der Hagiographie

Ein beliebtes Thema der hagiographischen Literatur sind die nahen Beziehungen zwischen Heiligen, oftmals Eremiten, und wilden Tieren, die in der Gesellschaft ansonsten äusserst verfemt sind. Die Region, die uns hier interessiert, weist zwei bezeichnende Fälle auf.[1] Beim Ersten handelt es sich um den heiligen Ursicinus, den die Tradition als Eremiten darstellt. Weltabgewandtheit meint seit dem heiligen Antonius und seit Jesus selber (Rückzug in die Wüste) gleichzeitig die Auseinandersetzung mit Prüfungen aller Art, wozu auch die Begegnung mit Dämonen und furchterregenden Tieren gehört. Von der doch eher gemässigten «Wüste» des Clos du Doubs im 6. Jahrhundert berichtet die Tradition, der heilige Einsiedler habe regelmässig Besuch von einem Bären erhalten, der ihm Wurzeln und Kräuter brachte, damit der Asket überleben konnte (Abb. 176). Auch der Name des Eremiten (*Ursicinus* heisst «kleiner Bär») legt diese Begegnung nahe.[2] Die irische Herkunft, die Ursicinus in der Regel zugeschrieben wird, evoziert ihrerseits eine Parallele mit Gallus, der inmitten unwirtlicher Wälder ebenfalls auf Bären stiess, sie problemlos zu beruhigen und zu zähmen verstand und sie zu frommen Helfern machte.[3]

176 Der Bär des heiligen Ursicinus in der barocken Eremitage oberhalb der Stiftskirche Saint-Ursanne.

177 Der hl. Himerius und der Vogel Greif. Wandmalerei in der Kirche von Courtelary, um 1400.

Kraft der Heiligen zeigt, gesellt sich ergänzend eine dritte Szene, die ausserhalb der eigentlichen hagiographischen Literatur anzusiedeln ist. Die Szene führt uns wiederum nach Saint-Ursanne. Eines der Kapitelle des Südportals der Stiftskirche stellt eine mittelalterliche Fabel dar:[4] der Wolf in der Schule (sein Lehrer ist ein Priester oder ein Mönch), der sich von einem vorüberziehenden Schaf ablenken lässt, Beweis, dass dieses wilde Tier nie von seinen niederträchtigen Neigungen ablassen wird (Abb. 178)! Dies ist auch eine Anspielung auf die «falschen Propheten» der Evangelien, die in Wirklichkeit «reissende Wölfe» sind (Matth. 7,15).

Wir haben es also im einen Fall mit einem Bären zu tun, der die feindliche Natur symbolisiert (aber auch das wilde Heidentum), im anderen Fall mit einem mythischen Tier als Inkarnation der Feinde Gottes und im dritten Fall mit einem Wolf, der zum Protagonisten in einer moralisierenden Fabel wird.

Jenseits ihrer Unterschiede haben diese drei Bilder einen grundlegenden symbolischen Aspekt der mittelalterlichen Tierdarstellung gemeinsam: den Beispielcharakter.[5] Die Vertrautheit mit der Natur, so wunderbar deren Erscheinungsformen auch sein mögen, verweist auf ein Schöpfungsverständnis, in der das Tier nur als Träger einer – positiven oder negativen – symbolischen Bedeutung von Interesse ist, geeignet zur moralischen Erbauung des Menschen. Diese Auffassung findet man bereits in der christlichen Antike, spätestens seit dem *Physiologus*, einer anonymen griechischen Schrift aus dem 2. Jahrhundert, die Aufzeichnungen zur Tiersymbolik enthält. Der grosse Erfolg dieses Werks führte im Mittelalter zu vielen Imitationen, welche die damalige Tiersymbolik in hohem Masse prägten, selbst wenn man ab dem 13. Jahrhundert mit Albert dem Grossen die Tierkunde des Aristoteles am Rande allmählich wieder entdeckte.

Man sollte sich also nicht täuschen lassen: Die Inversion, die uns die Raubtiere als zahme Gefährten der heiligen Eremiten spiegeln, dient in Wirklichkeit nur dazu, den Glauben in die göttliche und natürliche Ordnung der Dinge zu bestärken.

Der zweite Fall, jener des Himerius, liegt ein bisschen anders, obwohl das fragliche Tier nicht weniger schreckenerregend ist: der Vogel Greif. Himerius begegnete ihm aber nicht bei der Urbarmachung der Wildnis, sondern auf einer Reise ins Heilige Land. Unterwegs hielt er sich auf einer Insel auf und befreite deren Bevölkerung von einem Greifen, indem er diesem befahl, bis ans Ende der Welt zu fliegen und nie mehr ein Wesen zu berühren, das Gott verehrte. Aber zuvor befahl er dem ungeheuerlichen Vogel noch, ihm eine Klaue zu überlassen (Abb. 177). Das künstlerische Motiv des Greifen stammt ursprünglich aus Zentralasien oder dem Mittleren Osten, wurde christianisiert und in die mittelalterliche Kunst übernommen. Der Sieg über den Vogel Greif kann also auch als Sieg über das Heidentum gedeutet werden.

Zu diesen beiden Begegnungen mit einem wilden Tier, bei denen sich die wundersame

178 Die Fabel vom Wolf in der Schule. Kapitell des Südportals der Stiftskirche Saint-Ursanne, Ende 12. Jh.

DIE PFARREI

Aufbau, Riten, Feste und Ausschluss

179 Der hl. Andreas. In jeder Pfarrei konnten die Gläubigen vor Heiligenfiguren beten. Holz, polychrom, von Martin Lebzelter, zwischen 1508 und 1510 (MJAH).

JEAN-CLAUDE REBETEZ

Pfarreien, Patronatsherren und Priester

PFARREIEN

Die Struktur der Pfarreien wird im Wesentlichen im 11./12. Jahrhundert gelegt mit Ausnahme weniger Regionen, die später besiedelt werden wie die Freiberge, wo die im 14./15. Jahrhundert gegründeten Kapellen erst in der frühen Neuzeit den Status von Pfarrkirchen erhalten.[1] Für den «Durchschnittschristen» bildet die Pfarrei das Zentrum seines religiösen Lebens. Hier, in seiner Pfarrei, wird er getauft, hier heiratet er, besucht sonn- und feiertags die Messe, nimmt an Prozessionen teil, hört Wanderpredigern zu, geht zur Beichte, erhält die Kommunion und wird am Ende begraben. Sein Pfarrer erteilt ihm die Sakramente, schult ihn (sofern er dazu fähig ist!)… und kontrolliert ihn.

Vielfalt der Pfarreien

Basel, die grösste Stadt der Diözese (1475 rund 8700 Einwohner),[2] umfasst sechs Pfarren; Stadt und Pfarrei sind hier also nicht deckungsgleich, wie dies anderswo häufig der Fall ist, sei es in Laufen, Liestal, Biel, Delsberg oder Neuenstadt. Zudem gibt es in Basel eine ganze Anzahl weiterer Kirchen, angefangen mit dem Münster und den Klosterkirchen, die zu den Pfarrkirchen in einer gewissen Konkurrenz stehen.[3] Auf dem Land verfügen die meisten Gemeinden über eine eigene Pfarrkirche oder mindestens über eine Kapelle; ist Letzteres der Fall, so verlangen die Einwohner oftmals den Pfarrstatus dafür, um mühselige Wege zu vermeiden und nicht Gefahr zu laufen, ohne letzte Ölung zu sterben. Im Jahr 1475 erlaubt der bischöfliche Vikar den Einwohnern des Dorfes

Iglingen beispielsweise, in ihrer Kapelle zur Messe zu gehen und dort auch das heilige Öl aufzubewahren, behält die anderen Rechte ihrer Pfarrkirche aber bei Magden (Aargau).[4] In einigen Sprengeln wohnen nicht mehr als ein paar Dutzend Seelen, während andere Pfarreien flächen- und bevölkerungsmässig recht gross sind. Als Extremfall gelten die Freiberge, wo die ganze Region (der heutige Bezirk umfasst 218 km[2]) eine einzige Pfarrei mit einer sehr verstreut wohnenden Bevölkerung (rund 1200 Personen um 1500) bildet.

In den Texten dieses Kapitels ist viel von der Pfarrei Pruntrut die Rede. Sie verfügt nicht nur über ein gut bestücktes Archiv, sondern stellt auch einen besonderen Fall dar (geistlich gehörte sie zur Erzdiözese Besançon, weltlich zum Fürstbistum Basel), ist aber trotzdem repräsentativ für das Bistum. Mit 1000 bis 1300 Einwohnern Ende des 15. Jahrhunderts war

180 Auszug aus einer Pfarreiliste der bischöflichen Verwaltung, hier der Rubrikentitel zu Salsgau, verziert mit einem Teufelchen. *Liber marcarum*, Mitte 15. Jh. (AAEB).

Pruntrut eine kleine Stadt, wie es sie damals zu Hunderten im Abendland gab (um 1500 hatte es in der Schweiz nur fünf Städte mit 5000 oder mehr Einwohnern).[5] Zwar verfügten die anderen Städte des Fürstbistums über weit weniger Einwohner (mit Ausnahme der ungefähr gleich grossen Stadt Biel), aber die Organisation der Pfarreien und die Formen des kirchlichen Lebens waren durchaus vergleichbar. Als politisches und wirtschaftliches Zentrum hatte Pruntrut zudem Einfluss auf die Nachbarregion, den Elsgau, wo im 16. Jahrhundert 30% der Bevölkerung in Städten lebte (was damals viel war).[6]

PATRONATSHERREN

Bischöfliche Aufgabe ist es, die Priester in ihr Amt einzusetzen, hingegen hat der Bischof in den meisten Fällen nicht das Recht, die Amtsträger auszuwählen. Das Präsentationsrecht für Priester obliegt dem Patronatsherrn der Kirche, ein aus dem Frühmittelalter übernommener Brauch. So können Laien Patronatsherren von Kirchen, Kapellen oder von geerbten oder von ihnen selber gestifteten Altären sein, was ihnen das Recht gibt, Kandidaten für das Priester- oder Pfarramt vorzuschlagen oder sogar einen Teil des Zehnten zu beanspruchen. Auch Geistliche sind oftmals Patronatsherren. Während der Bischof von Basel in dieser Funktion aber nur wenige Amtsträger bestimmt, beispielsweise die Pfarrer von Delsberg, Liestal, Arlesheim, Courrendlin oder Corgémont (Diözese Lausanne),[7] verfügen viele kirchliche Institutionen oder Würdenträger ebenfalls über dieses Recht: Die Abtei Lützel besitzt alleine im Sundgau sieben Pfarreien. In Pruntrut ernennt das Domkapitel von Besançon den Pfarrer, während die Kaplane von anderen Patronatsherren bestimmt werden (darunter der Bischof von Basel). Die Situation ist oftmals kompliziert: In Neuenstadt ist 1343 die Abtei von Bellelay Patronatsherrin der Pfarrei, und das Pfarramt wird von einem ihrer Chorherren wahrgenommen. Als die Burger in ihrer (heute nicht mehr existierenden) Kapelle *intra muros* eine tägliche Frühmesse stiften, müssen sie den Pfarrer, der dieses Amt übernimmt, aus der eigenen Tasche bezahlen, ernannt wird dieser aber vom Abt, und der Titularpfarrer erhält von ihm eine Rente![8]

PRIESTER

Ein grosser und vielfältiger Klerus

Der Klerus stellt mitunter einen beträchtlichen Anteil an der Bevölkerung dar: In Basel sind im 15. Jahrhundert nicht weniger als 10 bis 15 % der Einwohner Geistliche. Diese Situation lässt sich mit dem Status der Stadt als Diözesezentrum und mit der grossen Anzahl an kirchlichen Institutionen erklären.[9] In den Städten gibt es in der Regel jedoch überall viele Priester: In Neuenstadt wird der Pfarrer bei der Seelsorge für ein paar hundert Gläubige von vier Kaplanen unterstützt[10] und in Saint-Ursanne (Ende des 15. Jahrhunderts rund 400 Einwohner) gibt es nebst der Pfarrkirche ein Chorherrenkapitel (wobei nicht alle Chorherren im Ort wohnen), das ebenfalls auf die Entlastung durch Kaplane zählen kann. In Pruntrut wird im 14. Jahrhundert ein Kaplankollegium mit dreizehn Mitgliedern gegründet, und 1404 wohnen in der Stadt mit Sicher-

181 Chorgewölbe der Blanche-Eglise in Neuenstadt (vormals Kirche Saint-Ursanne), Mitte 14. Jh.

heit mindestens neun Priester,[11] hundert Jahre später womöglich rund doppelt so viele. Auf dem Land sieht die Lage weniger erfreulich aus: Der Titularpfarrer wohnt oftmals nicht in seiner Pfarrei und lässt sich durch einen Vikar vertreten.[12]

Die Ämter des Bischofs und der Chorherren des Domkapitels werden fast vollständig vom Adel beansprucht, der auch viele weitere der einträglichsten Pfründen besitzt, während der Pfarrklerus einen bescheideneren Hintergrund hat: Er rekrutiert sich zum grossen Teil aus dem Bürgertum und der wohlhabenden Bauernschaft. Die Einkünfte der Priester sind sehr unterschiedlich, je nach Anzahl und Gehalt der Pfründen, über die sie verfügen. Die nachfolgende Tabelle zeigt die wichtigsten Einnahmequellen eines Pfarrers (Abb. 183).

Ausbildung

Die Priesterausbildung im Mittelalter liess sehr zu wünschen übrig und war nicht einheitlich geregelt. Erst das Konzil von Trient verlangte die Schaffung von Seminaren; eingerichtet werden diese aber viel später. In der Diözese Genf halten die Inspektoren (die vorgesetzten Geistlichen) zu Beginn des 15. Jahrhunderts 35%

des ländlichen Klerus für zu ungebildet![13] Die Basler Statuten von 1483 zeigen auf, wie bescheiden die damaligen Anforderungen waren.[14] Bezeichnenderweise handelt der Text von den erforderlichen Fähigkeiten im Bereich der Seelsorge, sagt aber praktisch nichts zur nötigen Ausbildung, ausser dass die jungen Priester ein einjähriges Praktikum unter der Leitung eines erfahrenen Pfarrers absolviert haben müssen, bevor sie ein Amt übernehmen dürfen. Doch zuvor brauchen sie natürlich eine gewisse Ausbildung, sei es in einer Schule (viele kleine Städte verfügen seit dem 14. Jahrhundert über eine solche), sei es bei einem Priester. 1382 nimmt sich der Pfarrer von Neuenstadt und Chorherr von Bellelay der Schulung eines Knaben an, der danach entscheiden kann, ob er ins Kloster will oder nicht.[15] Zwar nimmt die Zahl der Universitätsabsolventen im Laufe des Mittelalters zu, aber noch 1586 sind Priester mit einer universitären Ausbildung stark in der Minderheit.[16]

Die Basler Satzungen von 1483 geben dem bischöflichen Vikar vor, welche Prüfungen Priester abzulegen haben, die aus anderen Diözesen kommen. Zuerst ist zu gewährleisten, dass sie älter als 25 Jahre sind, sittsam

182 Kirche Saint-Pierre in Pruntrut. Die grosse Seitenkapelle war für die Kaplane der Bruderschaft Saint-Michel reserviert, ein Zeichen für deren Bedeutung.

EINKÜNFTE DER PFARRER
Die Einkommensquellen der Pfarrer sind sehr variabel, aber in der Art vergleichbar (Zehnt, Temporalia, Stolgebühren, Bussen)

TEMPORALIA (DOTALGUT, *DOS ECCLESIAE*)
Renten oder Nutzungsrechte aus pfarrherrlichem Grundbesitz; verschiedene andere Rechte wie etwa das Weiderecht

Geld
Der Pfarrer erhält gewisse Renten

Priesterhaus
Der Pfarrer wohnt umsonst

Felder
Der Pfarrer verfügt über verschiedene Grundstücke, die er verpachten oder bewirtschaften lassen kann, vor allem wenn er Anrecht auf Frondienste hat

Weiderecht
Der Pfarrer kann seine Kuh und sein Pferd auf der Allmend weiden lassen, ohne eine Abgabe zu bezahlen

ZEHNT
Anteil von rund 10 % an der Ernte der Pfarrgenossen; der Pfarrer erhebt in der Regel nur einen Teil davon

Lämmer
Im Frühjahr erhält der Pfarrer einen Teil der neugeborenen Lämmer

Getreide
Der Pfarrer hat Anrecht auf einen Teil der Getreideernte

Wein
Dasselbe gilt für Weingegenden

STOLGEBÜHREN: EINKÜNFTE AUS DEM KIRCHLICHEN AMT
Almosen können die Gläubigen nach Belieben spenden. An gewissen Feiertagen wie Ostern oder bei Segnungen oder für einige Sakramente müssen sie aber gewisse festgesetzte Beträge bezahlen

Oblationen und Almosen
Sonn- und Feiertage

Verschiedene Segnungen
Zum Beispiel Stock und Quersack des aufbrechenden Pilgers

Taufe

Heirat

Begräbnis

BUSSEN DES SENDGERICHTS
Der Pfarrer erhebt die Bussen, zu denen man strafbare Gläubige vor dem Sendgericht verurteilt, in Geld oder Naturalien

Ehebruch

Sonntagsarbeit

Fluchen

Versetzen von Grenzsteinen

Schenkungen, Abgaben und Bussen können in Form von Geld oder Naturalien gemacht werden
Geld, Hühner, Eier, Wachslichter, Brot, Wein, Käse, usw.

183 Die Einkünfte eines Pfarrers im Spätmittelalter.

und ehrlich (sie müssen eine Bestätigung beibringen). Danach hat der Kandidat Auszüge aus dem Evangelium, den Episteln, dem Psalter oder aus anderen heiligen Schriften vorzulesen; liest er gut, so muss er den gelesenen Text erklären, so dass ihn seine künftigen Schützlinge verstehen. Dieses interessante Detail beweist, dass die Examinatoren nicht nur Wissen prüften, sondern auch die Fähigkeit der Prüflinge, dieses ungebildeten Laienpersonen zu vermitteln. Der Kandidat wird danach zu Form und Verabreichung jedes einzelnen Sakraments befragt, denn hier handelt es sich um die zentrale Verantwortung gegenüber seinen Gemeindemitgliedern, für die es unerlässlich ist, richtig getauft zu werden und die Kommunion vorschriftsgemäss zu erhalten. Ferner muss der Kandidat zu Feiertagen Bescheid wissen und er soll die Zehn Gebote, das Vaterunser und das Apostolikum in der Umgangssprache erklären können. Und schliesslich muss er noch seine Fähigkeiten in Gesang und Kalenderrechnung (Festlegung von mobilen Feiertagen) unter Beweis stellen. Es scheint sich also um ein rein mündliches und begrenztes Examen gehandelt zu haben. Zudem wissen wir nicht, wie ernsthaft die Sache durchgeführt wurde. Trotzdem nimmt der Wissensstand beim Pfarrklerus Ende des 15. Jahrhunderts zu, auch wenn die Anzahl wirklich kompetenter Kandidaten in dieser «unterentwickelten» Epoche gering war.[17]

Die einmal zugelassenen Priester liefen allerdings Gefahr, im Laufe der Zeit wegen der geistigen Isolierung in ihren Pfarreien das erworbene Wissen wieder zu verlieren. Synoden, Lokalvisitationen und ländlichen Kapiteln kam daher eine grosse Bedeutung zu: Sie unterstützten den Klerus dabei, sein Wissen so gut wie möglich auf dem Stand zu halten.

Auch wenn der Schluss zutrifft, dass das durchschnittliche Ausbildungsniveau des Klerus Ende des 15. Jahrhunderts stark zu wünschen übrig liess, so gab es doch viele kompetente, wenn nicht gar äusserst gebildete Priester. Zwei Beispiele seien genannt: Zum einen Johannes Surgant (ca. 1450-1503), Rektor der Universität Basel und äusserst gewissenhafter Pfarrer der Pfarrei St. Theodor in Klein-

basel, Verfasser unter anderem eines Handbuchs für Pfarrer, das 1503 zu den Büchern zählte, die der Basler Klerus zwingend besitzen musste.[18] Zum andern Wilhelm Graumeister (1436-1519) von Saint-Ursanne, ab 1460 Pfarrer von Vinelz und ab 1476 mit Sicherheit nachgewiesener Kaplan von Neuenstadt,[19] ein beeindruckendes Beispiel eines äusserst gebildeten Landpfarrers. Ein Teil seiner Bibliothek ist wie durch ein Wunder erhalten geblieben und wäre eine Untersuchung wert; sie umfasst rund 15 Inkunabeln und Handschriften und zeigt die intellektuellen Vorlieben Graumeisters.[20] Er ist übrigens kein Einzelfall: Für Pruntrut lässt sich auch Henri Monnier nennen (der bei seinem Tod 18 Bücher hinterliess, wovon mindestens sechs eigenhändig kopierte Handschriften) sowie zu Beginn des 16. Jahrhunderts ein kleiner humanistischer Zirkel, bestehend aus drei Priestern, von denen der eine mit Erasmus korrespondierte.[21]

184 Illustration einer Erbauungsschrift: Ein Pfarrer hatte einer Frau, die ihrer Feindin nicht vergeben wollte, keine Absolution erteilt. Die Frau verstarb danach im Zustand der Todsünde, aber der Pfarrer konnte seine Entscheidung rechtfertigen, denn man fand im Leichnam der Toten eine Kröte, ein Zeichen, dass sie vom Teufel besessen war. Ende 15. Jh. (BiCJ).

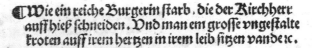

185 Wilhelm Graumeister, Pfarrer von Vinelz, war ein gelehrter Pfarrer. Er kopierte und besass viele religiöse Schriften, darunter dieses Brevier, an dessen Anfang er 1504 diese Darstellung mit Gottvater, Christus und dem Heiligen Geist klebte, die vom Heiliggeist-Orden in Bern gedruckt worden war. Graumeister notierte sich dazu eine fromme Anweisung: Es sei nicht das Bild anzubeten, sondern Christus selbst (ABLN).

JEAN-PAUL PRONGUÉ

Unterschiedliche Sitten und Gebräuche beim Pfarrklerus im 15. Jahrhundert

Studien zum Alltagsleben des Pfarrklerus sind selten; dies gilt auch für die alte Diözese Basel.[1] Zwar lassen sich Fernbleiben vom Amt, Ämterkumulierung und der Einsatz von bezahlten Stellvertretern in einzelnen Fällen quantifizieren, aber die seelsorgerischen Aktivitäten, die Sitten und Gebräuche des ländlichen und kleinstädtischen Klerus lassen sich nur andeutungsweise rekonstruieren. Sieht man sich zwei Beispiele aus in vielerlei Hinsicht unterschiedlichen Regionen an – das Dekanat Sundgau im Elsass und die freibergische Herrschaft Muriaux im 15. Jahrhundert – so wird klar, dass sich unmöglich allgemeine Schlüsse für die ganze Diözese Basel ziehen lassen.

Titularpfarrer und bezahlte Pfarrverweser

Im Dekanat Sundgau mit seinen 69 Landpfarreien gab es zwischen 1441 und 1500 mindestens 764 Priester. Ein solch riesiger Klerus führte zu Problemen, allein schon wegen sei-

nes Einsatzes in den Pfarreien oder anderswo. In diesem rheinischen Dekanat behielten die Titularpriester ihr Amt für eine lange Dauer, wobei die meisten von ihnen – zwischen 70 und 74 % – ihre Pfarrei selber führten. Die Absentisten liessen sich durch von Jahr zu Jahr vertraglich verpflichtete Verweser vertreten, die ein Jahresgehalt erhielten. Diese schlecht bezahlten «Auftragsnehmer» waren *de facto* für die Erfüllung der seelsorgerischen Aufgaben zuständig.

In der weitläufigen Pfarrei von Montfaucon lag eine besondere Situation vor. Die Pfarrkirche befand sich in Montfaucon, aber die Filialkirche in Saignelégier war grösser und wurde besser versehen, während die Kapelle von Le Noirmont an Bedeutung zunahm. Zwischen 1420 und 1511 lassen sich in Montfaucon nur gerade drei Pfarrer ausmachen. Sie wohnten in Saint-Ursanne bzw. in Pruntrut und in Delsberg, wo sie weitere geistliche Aufgaben wahrnahmen. Das Fernbleiben der Priester

186 Register des Basler Offizialats aus dem Jahr 1480. Bourcard Aubri, Vikar von Montfaucon, wird zu einer Busse von 4 Gulden verurteilt für ein nicht näher bezeichnetes Vergehen (1. Absatz) und zu einem Gulden, weil er einen Armen geschlagen hat (2. Absatz). Von 1469 bis 1480 erhält er Bussen wegen Gewaltanwendung (3 Gulden), Missbrauch des Absolutionssakraments (20 Gulden), Konkubinat (2 Gulden). Als er 1493 ermordet wird, lebt er immer noch im Konkubinat und hat mindestens einen Sohn (AAEB).

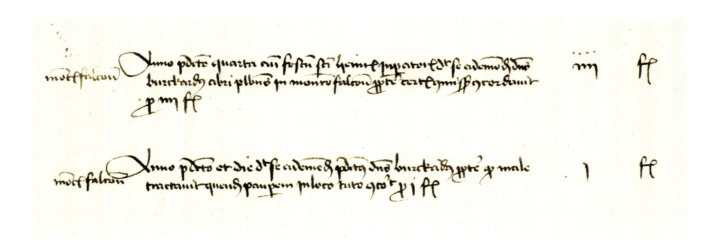

von der Pfarrei Montfaucon wog umso schwerer, als die Stelle des «Vikars von Montfaucon» im 15. Jahrhundert nicht besetzt war.

Die Kirche von Saignelégier wurde von beauftragten Lohnempfängern versehen. Abgesehen von einer unglücklichen Besetzung von 1470 bis 1493 (Abb. 186) lösten sich diese vertraglich verpflichteten Priester in rascher Folge ab: Zwischen 1493 und 1528 zählte man deren fünf. Es ist aber nicht sicher, ob sie ihre Aufgaben in der Kirche von Montfaucon auch wirklich regelmässig versahen.

Die beiden freibergischen Titularkaplane des Niklaus- und des Katharinenaltars in Saignelégier nahmen in der Region auch seelsorgerische Aufgaben wahr. Ende des 15. Jahrhunderts blieben diese Geistlichen offenbar lange im Amt, aber vermutlich wegen der schlechten Bezahlung erfüllten sie ihre Pflichten nur unzureichend.

In den Freibergen war das Fernbleiben vom Amt unter den Titularpfarrern weit verbreitet

und die Schlamperei der bezahlten Stellvertreter war offensichtlich. Diese Situation, die sich stark von jener im Sundgau unterschied, wurde durch die losen Sitten des jurassischen Klerus noch verstärkt.

Geordneter Betrieb im Sundgau, Schlendrian in den Freibergen

Das Basler Offizialat bestrafte Verfehlungen des Säkularklerus mit Bussen. Gewisse Fehltritte wurden aber nicht sanktioniert, weil die Betroffenen dank Unterstützung mehr oder weniger auf Straffreiheit zählen konnten. Zudem drückten die Basler Richter beide Augen zu bei Pfarrverwesern, die seit Jahren eine Familie unterhielten und büssten höchstens im Konkubinat lebende, nicht sehr bemittelte Priester wegen «Hurerei».

Im elsässischen Dekanat wurden zwischen 1441 und 1500 nur 20% der nachgewiesenen Priester von der Basler Gerichtsbarkeit bestraft. In 70% der Fälle wurden die Schuldigen wegen

187 Die Siegel der Pfarrer haben immer fromme Motive. Hier steht die Lilienblüte für jungfräuliche Reinheit. Siegel von Walter, Pfarrer von Tavannes, 1294 (AAEB).

188 Initiale eines Ablassbriefes für die Kirche Dürlinsdorf (Haut-Rhin), 1346: Hugo, der Priester der Pfarrei, der für den Ablass bezahlt hat, kniet zu Füssen der Heiligen und bittet um Erhörung; er lässt danach die Gläubigen bezahlen (AAEB).

189 Verhaftung der Konkubine eines Berner Priesters. Der Schuldige wird gebüsst. *Spiezer Chronik* von Diebold Schilling, 1485 (BBB, Mss.h.h.I.16, S. 539).

Unkeuschheit verurteilt. Gemäss den Quellen aus der Diözese schien Hurerei verbreiteter zu sein als das Konkubinat. Die am strengsten geahndeten Delikte waren Gewaltakte und vor allem die unregelmässige Austeilung der Sakramente. Das Verhalten des Sundgauer Klerus am Ende des Mittelalters war also relativ gut geregelt.

In der Herrschaft Muriaux stellte sich die Situation um einiges bedenklicher dar als im Oberelsass. Zwar wurde im 15. Jahrhundert kein einziger Pfarrer der grossen Pfarrei Montfaucon vom Offizialat bestraft, aber deswegen stellten diese unverbesserlichen Absentisten noch lange keinen Ausbund an priesterlichen Tugenden dar. Es gab beispielsweise einen Pfarrer von Montfaucon, der im Stift Saint-Ursanne lebte, wo er das Amt eines Schaffners versah; er erwähnte in einem 1431 abgefassten Testament diskret seine beiden Töchter. Von den in den Freibergen von 1470 bis 1518 registrierten «Auftragsvikaren» wurde die Hälfte vom Offizialat bestraft. Und um das Bild noch schwärzer zu malen: Alle auf der Freiberger

Hochebene zwischen 1464 und 1518 identifizierten Kaplane wurden durch das Offizialat verurteilt, in der Regel wegen «Hurerei».

Ende des Mittelalters präsentierte sich die Lage des ländlichen Klerus in der Herrschaft Muriaux also viel beunruhigender als im Sundgau. Die freibergischen Pfarrer sprachen nicht nur dem Konkubinat um einiges mehr zu als ihre Amtsbrüder im Elsass, sie waren zudem auch gewalttätiger und hielten sich weniger an die geistliche Disziplin.

Mit ihrem weit verbreiteten Fernbleiben vom Amt führten die freibergischen Pfarrer ein Leben wie niedrige Notabeln, desgleichen die Verweser. Mittellos, oftmals mit Frau und Kindern in einem Haushalt lebend, ergänzten diese Geistlichen ihre Einkünfte aus dem Kirchenamt mit bezahlten Arbeiten als Steuereintreiber, Notare, Gerichtssekretäre oder sogar als Händler. Da sie die Aufgaben ihres Kirchenamtes nicht wahrnahmen, wurden ihre weltlichen Einkünfte von den Gläubigen allerdings umso weniger akzeptiert.

JEAN-PAUL PRONGUÉ

Die *Fabrica ecclesiae* von Pruntrut von 1473 bis 1524

Ab Ende des Mittelalters verfügten die Pfarreien über eine Institution, die *Fabrica ecclesiae* (Kirchenfabrik), deren Aufgabe es war, die Einnahmen und Ausgaben für den Unterhalt der Kirchen und für religiöse Anlässe zu verwalten.[1] In Pruntrut sind die Rechnungsbücher mit den Einkünften ab 1350 teilweise überliefert, jene mit den Ausgaben ab 1408.[2] Die Pfarrei Pruntrut mit ihrem Schutzheiligen Germanus von Auxerre gehörte zur Diözese Besançon. Sie lag im Dekanat Elsgau, welches das ganze nordöstliche Gebiet dieses Bistums umfasste. Die Pfarrei besass zwei Kirchen: Die ältere, Saint-Germain, lag seit Ende des 13. Jahrhunderts ausserhalb der Ringmauern, während die jüngere, um 1350 erbaute Kirche Saint-Pierre die Hauptkirche der Pfarrei darstellte. Der Pfarrer von Pruntrut wurde vom Domkapitel Besançon eingesetzt. Die Chorherren wählten in der Regel einen der ihren, so dass der Pfarrer nicht in seiner Pfarrei wohnte und seine Aufgaben einem von ihm entlöhnten Vikar übertrug. Diese im Allgemeinen sittsamen, fähigen, ja gebildeten Geistlichen[3] unterhielten normalerweise gute Beziehungen mit ihrer Glaubensgemeinde und mit dem Kirchenfabrikrat.

Zwischen 1473, bei Ausbruch der Burgunderkriege, und dem Reformationsbeginn um 1524 geben die Rechnungsbücher der Kirchenfabrik von Pruntrut ein erhellendes Bild des Pfarreilebens Ende des Mittelalters ab.[4] Die in diesen Verzeichnissen vermerkten Ausgaben liefern wertvolle Aufschlüsse zum religiösen Leben des Hauptorts der Herrschaft Elsgau, nachdem diese 1461 wieder zum Fürstbistum Basel gelangt war.

Organisation der Fabrica ecclesiae

Die Kirchenfabrik wurde von einem kleinen Rat geleitet. In Pruntrut setzte er sich aus einem Kirchenvorsteher («*ambourg*») und drei Kirchengeschworenen («*jurés*») zusammen. Die Mitglieder wurden vom Stadtrat ernannt; berücksichtigt wurden nur ehemalige Ratsherren. Zwar war es untersagt, gleichzeitig ein Amt in der Stadtverwaltung und als Rat der Kirchenfabrik zu übernehmen, aber nicht selten wurde ein Mitglied des Fabrikrats nach Ende seiner Amtszeit wieder zum Stadtrat gemacht und umgekehrt. Jedes Jahr wurde der Kirchenvorsteher von den drei Kirchengeschworenen «gewählt», wobei diese zentrale Figur oftmals während mehreren Jahren im Amt blieb. Der Gotteshausvorsteher verzeichnete die Einkünfte und Ausgaben der Kirchenfabrik und legte am Ende der Abrechnungsperiode beim Bürgermeister und anderen städtischen Notabeln Rechenschaft über die Bücher ab. Weder der Titularpfarrer noch der eingesetzte Vikar wurden jedoch in die Organisation der Kirchenfabrik einbezogen. Das Budget der Kirchenfabrik kann unter verschiedenen Gesichtspunkten analysiert werden. Der Verlauf der Einkünfte und Ausgaben zeigt von Jahr zu Jahr erstaunliche Schwankungen.

Stabile Ausgaben, abrupte Zunahme der Einkünfte

Die Einkünfte der Kirchenfabrik waren zumeist Bareinnahmen. Die Gemeindemitglieder vermachten der Institution Geldrenten oder richteten solche zu Lebzeiten aus, wobei es sich in der Regel um kleine, leicht einzutreibende Summen handelte. Die Pruntruter zahlten manchmal auch Beträge zur Ausrichtung von Jahrtagsmessen; gehalten wurden diese von Priestern im Auftrag der Kirchenfabrik. Diese Einkünfte wurden ergänzt um die Jahr für Jahr in die Opferstöcke der Kirchen Saint-Germain und Saint-Pierre eingelegten Opfergaben. Bei aussergewöhnlichen Umständen (Bau eines Gebäudes, Giessen einer Glocke usw.) ging die Kirchenfabrik in der Stadt auf Geldbeschaffung: Vermutlich verpflichtete man jeden Haushalt zur Spende eines bestimmten Beitrags, der nach den äusseren Zeichen des Reichtums bemessen wurde.

Die Einkünfte und Ausgaben müssen mit Vorsicht analysiert werden (vgl. Grafik). Die Einträge für die Einnahmen geben im Prinzip das Total der Nettoeinnahmen aus den angelegten Kapitalien und den einkassierten Renten wieder. Allerdings sind die Details der Einkünfte nicht überliefert. Bei der Rechnungslegung wurden nur die Einnahmen, die dem Verwalter zur Verfügung standen, erwähnt. Die in den Rechnungsbüchern vermerkten Ausgaben dienten in erster Linie als Rechtfertigungsbelege für die Buchprüfer. Vermutlich wurde der beinahe systematisch positive Saldo dieser Abschlüsse teilweise reinvestiert, das heisst zu 5% Zins geliehen oder auch gespart, um von Zeit zu Zeit grössere Investitionen zu tätigen. Bedeutsam ist, dass diese Saldi nie auf die folgende Abrechnungsperiode übertragen wurden.

Vielfalt der Ausgaben

Das Rechnungsjahr entsprach im Prinzip dem Kalenderjahr und dauerte von Januar des einen bis zum Januar des folgenden Jahres. Die Ausgaben wurden täglich vermerkt, jedoch nicht thematisch geordnet. Unter die Verwaltungskosten der Kirchenfabrik fielen

190 Einnahmen und Ausgaben der Kirchenfabrik Pruntrut 1473-1524. Sie sind sehr ungleichmässig. Die Abschlüsse sind meistens positiv (theoretisch). Zu Beginn des 16. Jh. nehmen die Einnahmen abrupt zu.

Einnahmen und Ausgaben der Kirchenfabrik Pruntrut

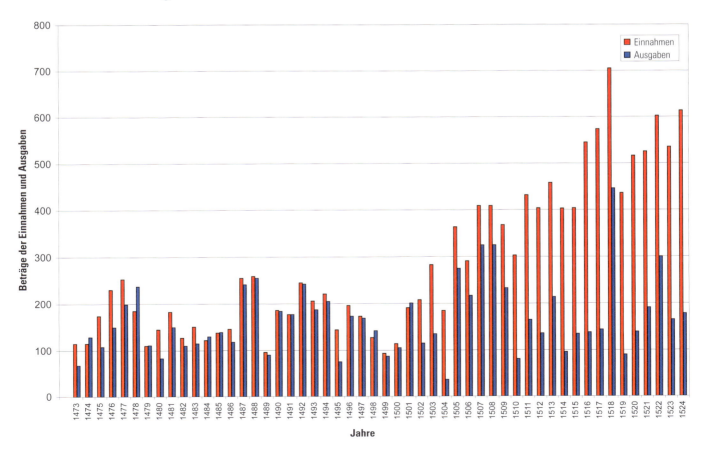

191 Taufbecken in der Kirche Saint-Pierre von Pruntrut, 1479.

etwa der Kauf von Papier oder von Rechnungsbüchern. Die jährlichen Sitzungen zur Rechnungslegung vor dem Bürgerrat und dem Vertreter des Fürsten waren Anlass für eine Mahlzeit, die beispielsweise im Jahr 1502 3 Pfund 16 Schilling kostete.[5] Die Entschädigung für die Kirchengeschworenen und den Klerus für die Einziehung der geschuldeten Renten und Zinsen betrug 1502 8 Schilling 6 Pfennige und auch die Einziehung der Kirchensteuer wurde abgegolten. 1524 belief sich die Entlöhnung des Kirchenvorstehers auf 8 Pfund 10 Schilling, während der Steuereinnehmer nur 2 Pfund erhielt.

192 Defäkierender Mann, Groteske des Chorgestühls im Basler Münster, Nussbaum, um 1375 (MKK). Hohnfiguren dieser Art gibt es in mittelalterlichen Kirchen recht häufig. In Pruntrut musste das für die Kirche Saint-Pierre vorgesehene Chorgestühl 24 «Chimären» aufweisen (ABP, VI/159, 1485, S. 24).

Auslagen im Rahmen religiöser Handlungen gingen in Pruntrut, wie in allen anderen Pfarreien auch, zu Lasten der Kirchenfabrik. Die Hostien und der so genannte Ablutionswein, ein nach der Kommunion ausgeteilter Wein zur Spülung des Mundes, wurden vom Kirchenvorsteher bezahlt, desgleichen der «venaige», ein geweihter Wein, der den Gläubigen am Fest des Pruntruter Schutzpatrons, des heiligen Germanus (begangen am 1. Oktober) ausgeschenkt wurde.

Jedes Jahr kaufte die Kirchenfabrik Wachs ein, um die für die Messen benötigten Kerzen herzustellen, sowie Öl für Lampen einschliesslich der Altarlampe, die ständig vor dem Tabernakel brennen muss. 1491 kaufte die Pfarrei 21 Pfund Wachs – wovon sieben Pfund bei einem Einwohner von Croix nahe Bure – für eine Gesamtsumme von 114 Schilling, d.h. zu rund 5 Schilling 6 Pfennig das Pfund. Weiter erstand sie in Basel für 13 Schilling und 2 Pfennig 3 Zinnkannen und einen «chavel»[6] (0,25 bis 0,5 l) Öl. Zur Beschaffung des Wachses übernahm die Kirchenfabrik Bienenschwärme und hielt diese in Bienenstöcken. Der Kauf von Fackeln und Talglichtern ging ebenfalls zu Lasten der Kirchenfabrik.

Die Glöckner, die den Kirchendiener sonntags und feiertags sowie bei Prozessionen oder bei Bitten um gutes Wetter beim Läuten der Glocken unterstützten, wurden für ihren Einsatz entschädigt und erhielten zu trinken. Einige Pfennige und Getränke erhielten auch die Gläubigen und Geistlichen, die bei den Pruntruter Prozessionen – Fronleichnam und Heiliger Markus (25. April) – und bei Bittgängen das Kreuz trugen. Dies galt auch für kleine regionale Wallfahrten, die in Zeiten mit Pest, Krieg oder ungünstigen Wetterbedingungen zur Kapelle von Sainte-Croix in Fontenais, zur Notre-Dame von Grandgourt, nach Bourrignon oder anderswohin führten.

Einige Gottesdienste wurden von der Kirchenfabrik finanziert, insbesondere die jährlich durchgeführte allgemeine Seelenmesse für die Seelenruhe aller Wohltäter der Kirchen Saint-Germain und Saint-Pierre.

Im Jahr 1477 erbat die Pfarrei vom päpstlichen Legat, der sich vorübergehend in Basel aufhielt, «Ablässe für unsere Kirchen». Die Kirchenfabrik bezahlte rund 15 Pfund dafür. 1482 beschloss die Bürgerschaft, Passionsspiele zu veranstalten, was für Pruntrut eine Ausnahme darstellte. Die Aufführung kostete die Kirchenfabrik 15 Schilling.

Der Unterhalt und der Kauf von liturgischen Gegenständen aller Art bildeten in den Rechnungsbüchern der Kirchenfabrik einen grossen, wenn auch unregelmässig anfallenden Posten. Die liturgischen Gefässe, Monstranzen und das liturgische Ornat wurden regelmässig von spezialisierten Handwerkern gepflegt. In Basel kaufte man beispielsweise 1477 zwei Chormäntel aus purpurfarbenem Samt, für die nahezu 95 Pfund bezahlt wurden. Im gleichen Jahr gab die Kirchenfabrik bei einem Goldschmied in der Rheinstadt eine Monstranz in Auftrag und bezahlte dafür mehr als 160 Gulden, d.h. fast 200 Pfund.[7] Und während dieser wohlhabenden Periode schloss die Kirchenfabrik auch einen Vertrag mit Jörg Schongauer von Basel zur Ausführung eines Silberkreuzes im Wert von über 120 Pfund. Bedenkt man, dass sich die Einkünfte im letzten Viertel des 15. Jahrhunderts auf jährlich 120 bis 220 Pfund beliefen, so lässt sich die Bedeutung der zwischen 1477 und 1493 erfolgten Prestigekäufe ermessen.

Die Messbücher und anderen liturgischen Bücher wurden in Besançon oder in Basel ausgebessert oder ergänzt. So bezahlte die Kirchenfabrik 1483 beispielsweise mehr als 100 Schilling für eine Kopie der «Anweisungen, die in den hiesigen Büchern nicht vorkommen».

Die ordentlichen Beziehungen der Pfarrgemeinde mit den verschiedenen Kirchenbehörden verursachten Kosten für Briefverkehr, Mahlzeiten, Pferdefutter usw. Der Dekan oder Unterdekan des Elsgaus besuchte die Pfarrei am ersten Fastensonntag. Der Würdenträger wohnte der Lesung des Kirchenweistums bei und speiste dann mit allen Notabeln der Stadt, wobei die Kosten zu Lasten der *Fabrica* gingen. Der Erzbischof von Besançon oder dessen Suffragan kamen von Zeit zu Zeit auf Besuch vorbei. 1478 nahm der Suffragan die Firmung junger Pruntruter vor; die Kirchenfabrik war der Auffassung, «man sollte ihm etwas geben»

und zahlte ihm 4 Basler Pfund. Bei gewissen Gelegenheiten kamen auch Ordensgeistliche – in der Regel aus der Freigrafschaft, sei es aus dem Franziskanerorden oder aus anderen Bruderschaften – nach Pruntrut, um Gebete zu verrichten, und erhielten für ihre Mühe ein paar Schilling. Andere illustre Besucher erhielten ebenfalls kleine Summen, beispielsweise «Seine Exzellenz der Glaubensinquisitor», der 1481 18 Schilling bekam.

Die Unterhaltskosten für die Immobilien, wozu die beiden Kirchen, der Friedhof, die Sakristei, die Schule und die *«Malatière»* (Aussätzigenhospiz) gehörten, waren erheblich. Jedes Jahr wurden verschiedene Handwerker

193 Kirchenfenster mit dem hl. Nikolaus in der Kirche Saint-Germain in Pruntrut, 60 x 42 cm, um 1450 (MHD).

194 Kirchenfenster mit der Jungfrau Maria und dem Kind in der Kirche Saint-Germain in Pruntrut, 63 x 39 cm, 1503 (MHD). «Man hat einen Glaser aus Basel kommen lassen, der an der erwähnten Stelle ein Kirchenfenster einbauen soll; für Weg und Auslagen wurden ihm gegeben: VI Pfennige.» «Er hat für das erwähnte Fenster zwei Bilder gemacht, eines Unserer Lieben Frau und eines des heiligen Germanus, welche kosten: XXX Pfennige.» (ABP, VI/159; 1503, S. 25).

mit Holz-, Steinmetz- oder Metallarbeiten beauftragt, die zu Lasten der Kirchenfabrik gingen. So kaufte man beispielsweise in Pfetterhouse im Jahr 1476 400 Ziegel zum Preis von 21 Schilling, um das Dach der Kirche Saint-Germain zu reparieren. 1498 finanzierte die Pfarrei die Instandsetzung der «fornats» (Öfen) der «Broihederie» («Bruderhaus»), des Hauses des Küster-Eremiten, und der «Malatière»; zudem übernahm die Kirchenfabrik alle Verfahrenskosten zur Vertreibung von Aussätzigen.[8] In einigen Geschäftsjahren wurden bedeutende Investitionen getätigt. 1479 gab die *Fabrica* mehr als 7 Pfund aus, um in der Kirche Saint-Pierre neue Taufbecken zu installieren (Abb. 191). Die Einrichtung eines Chorgestühls im Chor der Kirche Saint-Pierre im Jahr 1480 schlug mit mehr als 73 Pfund zu Buche (Abb. 192), und 1503 bezahlte man «einem Glaser aus Basel» 30 Schilling für «zwei Bilder» für die Kirchenfenster, eines der Jungfrau Maria und eines des Heiligen Germanus. Wie bei einigen anderen Investitionen deckte dieser Betrag aber vermutlich nur einen Teil der Gesamtkosten (Abb. 194-195). Einige Ausgaben betrafen einen beim Stadteingang errichteten Kalvarienberg (1503).

1485 liess die Pfarrei auf eigene Kosten das Pfarrhaus renovieren und wendete dafür mehr als 6 Pfund auf. Nahezu 200 Pfund wurden von 1491 bis 1493 für den Bau eines Schulgebäudes eingesetzt, ein Beweis, welche Bedeutung die Pfarrgemeinde – und damit die Pruntruter Bürger – der Kindererziehung beimassen.

Die Pfarrei übernahm weiter die Kosten, die im Zusammenhang mit ihrem Grundbesitz anfielen. So gab sie 1505 8 Schilling für den Kauf von Schuhen für den Bannwart aus[9] und zahlte 1524 allen Viehhirten einen Schilling als Neujahrsgeld. Die Kirchengeschworenen schätzten die kommende Ernte ab und legten im Hinblick auf die Zehntenerhebung das Erntedatum fest, überprüften die Marksteine der pfarreigenen Grundstücke und speisten anschliessend zusammen auf Kosten der Kirchenfabrik. Seltsamerweise beteiligte sich diese auch am Unterhalt der Metzgerei von Pruntrut: Für die Renovation des Gebäudes gab sie 1524 mehr als 9 Pfund aus. Um Raubtiere aus der

Region fern zu halten, die den Viehhaltern Schaden zufügten, bezahlte der Kirchenvorsteher regelmässig allen Dorfbewohnern, die ihm tote Wölfe brachten, einige Schilling. Zu Beginn des 16. Jahrhunderts betrug die Prämie für ein ausgewachsenes Tier 2 Schilling 6 Pfennig.

Die Rechnungsbücher der Kirchenfabrik von Pruntrut am Ende des Mittelalters lassen sich auf verschiedene Arten deuten: in religiöser, kultureller, sozialer und finanzieller Hinsicht.

195 Kirchenfenster mit dem heiligen Bischof Germanus von Auxerre in der Kirche Saint-Germain von Pruntrut, 64 x 42 cm, 1503 (MHD).

196 Zeichnung für den Altaraufsatz der Kirche Saint-Marcel in Delsberg, 52 x 23 cm, um 1500 (MJAH). Federzeichnung auf Papier für einen heute verschollenen Altaraufsatz. Für Pruntrut gibt es kein vergleichbares Dokument, aber im Archiv findet sich ein Vertrag mit dem Basler Bildhauer Martin Hoffmann aus dem Jahr 1520 über die Ausführung eines Altaraufsatzes für den Hauptaltar in Pruntrut. Das Dokument nennt den Preis, den Liefertermin und die verlangten Figuren (ABP, III E 8).

Die Schlüsse, die man aus der wirtschaftlichen Situation der Pfarrei ziehen kann, fallen allerdings weniger eindeutig aus, als man meinen könnte. Immerhin lässt sich feststellen, dass die *Fabrica ecclesiae* zu jener Zeit eine äusserst wohlhabende und gut verwaltete Institution war.

Die Untersuchung der Ausgaben zeigt, welchen Einfluss die weltlichen Notabeln in Pruntrut auf den Gang der Pfarreigeschäfte und sogar auf die religiösen Angelegenheiten hatten. Die Bestellung von liturgischen Gegenständen wurde beispielsweise von der Kirchenfabrik entschieden, die direkt mit den Basler Meistern verhandelte. Dieser Interventionismus zeigte sich deutlich im Jahr 1508, als der Maler, der für 22 Goldgulden in der Kirche einen Tisch ausführte, «in Anwesenheit von Humbert Choulat malen muss», dem Bürgermeister. Und wie der Klerus mussten sich auch die Handwerker den Wünschen der Bürger unterwerfen. Diese Situation führte allerdings zu keinen nennenswerten Konflikten innerhalb der kirchlichen Hierarchie, vielleicht auch deshalb, weil der Pfarrer nicht im Ort wohnte und der Vikar sich gegenüber dem lokalen Bürgertum allein auf weiter Flur befand: Der Erzbischof von Besançon war doch ein gutes Stück entfernt und «Seine Durchlaucht aus Basel» war nicht befugt, sich in diesen Bereich einzumischen.

Zudem hatten die kirchlichen Behörden kaum Anlass, die Bürger zu kritisieren. Deren religiöser Eifer war offensichtlich und die Ressourcen der Pfarrei wurden gemäss offizieller Bestimmung verwendet. Die Pruntruter Notabeln nahmen die korrekte Durchführung der Gottesdienste äusserst ernst und fanden ausgesprochen Gefallen an ordentlichen und ausserordentlichen Prozessionen. Der bürgerliche Stolz führte über den Umweg der Pfarrei vor allem dazu, dass die Kirchenfabrik bedeutende Summen in die Verschönerung der beiden Kirchen der Stadt investierte. Und die Frömmigkeit der Bürger hatte sogar zur Folge, dass die *Fabrica* 1477 den Kauf von Ablässen finanzierte, 1482 die Kosten für Mysterienspiele und 1520 für eine Wallfahrt (nach Chambéry?) zum Grabtuch Christi übernahm.

Die Rechnungsbücher illustrieren auch die Veränderungen in der kulturellen Ausrichtung, die sich in Pruntrut vollzog, nachdem die Stadt 1461 wieder zum Bistum Basel gehörte. Mit der neuen politischen Situation, bekräftigt durch die Niederlage Karls des Kühnen, geriet Pruntrut in den kulturellen Einflussbereich Basels und darüber hinaus des Heiligen Reichs. Ab 1477 fanden sich Goldschmiede und Bildhauer, Maler und die meisten der von der Kirchenfabrik Pruntrut angefragten Kopisten in Basel. Zum Glück für die Nachwelt zeigt der Kirchenschatz von Saint-Pierre Spuren des rheinischen Einflusses in diesem Teil des Bistums Basel.

197 Die Beleuchtungskosten machten im Budget der Kirchenfabrik einen bedeutenden Posten aus. Leuchter, 15. Jh. (HMB).

| JEAN-CLAUDE REBETEZ

Messe und Eucharistie

BEDEUTUNG DES HEILIGEN SAKRAMENTS

Im Mittelalter führte das Bedürfnis nach Zelebrierung der Eucharistiefeier zu einer enormen Aufwertung der Altäre und der Messgegenstände. Auch heute noch beeindrucken uns die erhaltenen Objekte – Altaraufsätze, Altarkreuze, Kelche, Monstranzen – mit ihrer Schönheit.[1] Betrachten wir sie mit unserem heutigen Empfinden allein als Kunstgegenstände, so vermögen wir ihre rituelle Bedeutung allerdings nicht mehr wirklich zu erfassen, und einigen mag die reiche Ausstattung sogar gegen den Strich gehen: Sie scheint mit dem Schlichtheitsgebot des Evangeliums kaum vereinbar zu sein. Die Interpretation der Eucharistie hat sich im Laufe der Zeit stark gewandelt und wird bis heute zwischen den verschiedenen Kirchen kontrovers diskutiert.

Von der Gedächtnisfeier zur Realpräsenz Christi[2]

Für die ersten Christen war die Abendmahlsfeier ein Gedenken an das letzte Mahl Christi und an sein Opfer, dessen Symbol, Brot und Wein, die Gläubigen miteinander teilen.[3] Im Laufe der Zeit wurde die Feier zunehmend sakralisiert, und ab dem 9. Jahrhundert verwendete die Lateinische Kirche nicht mehr das normale, mit Hefe gebackene Brot, sondern ungesäuertes Brot, im Gegensatz zur Tradition der Ostkirchen. Mitte des 11. Jahrhunderts setzte sich eine neue Norm durch: Das vormals symbolisch gedeutete Abendmahl wurde nun *realistisch* aufgefasst. Im Jahr 1059 bestätigte Papst Nikolaus II., dass sich Brot und Wein nach der Einsetzung durch den Priester zum «wirklichen Leib und Blut Christi» wandeln (Wesenswandlung, Transsubstantiation) und von den Gläubigen damit wirklich eingenommen werden.[4] Thomas von Aquin nahm eine leichte Nuancierung dieser Auffassung vor: Für ihn geschieht die Realpräsenz Christi in der Hostie auf unsichtbare, spirituelle und nicht auf materielle Weise, aber – und dies ist

198 Monstranz von Goldschmied Andreas Rutenzwig, 1508. Sie soll der Abtei Bellelay und später der Pfarrei Laufen gehört haben (BHM).

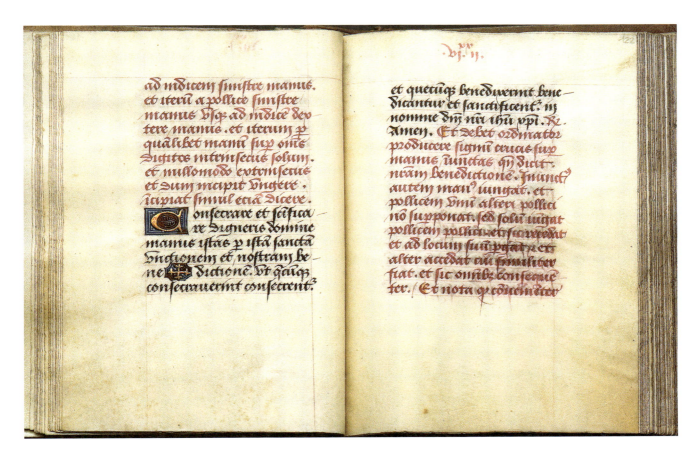

zentral – die substantielle Identität von Hostie und Leib Christi besteht auch bei ihm.[5] Weshalb konnte sich die Transsubstantiationslehre im 11. und 12. Jahrhundert mit solchem Nachdruck durchsetzen? Der Grund dafür ist darin zu sehen, dass sie sich bestens in den Kontext der Gregorianischen Reform einfügte. Diese führte zu einer bedeutenden Aufwertung der Rolle des Klerus und propagierte dessen Überlegenheit über die Laien. Die Realpräsenz Christi in beiderlei Gestalt nach den durch den Priester gesprochenen Einsetzungsworten verleiht dem Eucharistieritual eine beeindruckende sakrale Dimension, deren Erhabenheit auf die ausführende Person, den Priester, zurück strahlt. So ist es nicht weiter verwunderlich, dass zur gleichen Zeit den Gläubigen das Recht abgesprochen wurde, die Kommunion in *beiderlei* Gestalt zu nehmen: Das Privileg des Zugangs zum Weinkelch gebührt nunmehr allein den Priestern, was auch die Gefahr verringerte, die kostbare Flüssigkeit zu verschütten. Die Verehrung Jesu Christi, die während

des ganzen Mittelalters zunahm, trug ebenfalls zur Aufwertung der Eucharistie bei.

Neue Auffassung

Die Doktrin der Realpräsenz Christi in der Eucharistiefeier führte sowohl zu einer Angst vor diesem heiligen Mysterium wie auch zu einer innigen Verehrung. Mit der zunehmenden sakralen Aufladung des Zeremoniells liessen sich die Gläubigen aber paradoxerweise nicht häufiger die Kommunion reichen, da die Mehrheit unter ihnen befürchtete, beim Essen der Hostie ohne entsprechende Vorbereitung (Beichte, Fasten, Anbetung) ein Sakrileg zu begehen;[6] sie hielten sich deshalb an die Vorschrift des 4. Laterankonzils von 1215, das zu einer einzigen jährlichen Kommunion zu Ostern verpflichtet. Für diesen Anlass hielten die in der Diözese Basel vom 14. bis 15. Jahrhundert geltenden Synodalstatuten die Priester dazu an, den Gläubigen einzuschärfen, die Eucharistie nicht im Zustand der schweren Sünde einzunehmen und sich würdig zu

199 Text für das Ritual der Handsalbung bei der Priesterweihe: Nachdem der Bischof das Ritual ausgeführt hat, sind die Hände des Priesters würdig, Wein und Brot der Eucharistie auszuteilen. Pontifikale Erzbischof Charles de Neufchâtel, Ende 15. Jh. (BiCJ).

200 Reich verzierte Korporalien-
lade aus dem Kirchenschatz
des Basler Münsters, Köln (?),
um 1460. Damit kein Krü-
mel der Hostie verloren geht,
müssen die Altartücher (Korporale) in einer besonderen
Lade versorgt werden (HMB).

verhalten; den Priestern wurde zudem empfohlen, den Gläubigen wenn möglich «Ablutionswein» anzubieten, einen ungeweihten
Wein zur Spülung des Mundes für den Fall,
dass ein Krümel der Hostie im Mund verblie-

ben wäre.[7] In Pruntrut sind die Rechnungsbe-
lege für diesen Wein erhalten. Man ersieht daraus, dass Ende des 15. Jahrhunderts an Ostern
rund sieben Kannen dieses Weins erforderlich
waren, an anderen Anlässen aber nur deren
eine, ein Beweis, dass sich an den Feiertagen
ausser Ostern (das heisst an Pfingsten, Fronleichnam, Allerheiligen, Weihnachten und Mariä Verkündigung) nur die eifrigsten Gläubigen
die Eucharistie austeilen liessen.[8] Angesichts
des dem heiligen Leib Christi (geweihte Hostien und geweihter Wein) geschuldeten Re-
spekts wurden zahlreiche minutiös zu befol-
gende Vorsichtsmassnahmen festgelegt, um
jeglichen Verstoss zu vermeiden. So sahen die
Synodalstatuten vor, dass alle Gefässe und Gegenstände zur Aufbewahrung von Wein und

201 Prozession zu Fronleichnam.
Die Hostie wird im Tabernakel
mitgetragen. Abbildung aus
der Chronik des Konzils von
Konstanz (1414-1418) von
Ulrich Richental, Kopie von
1465 (Rosgarten Museum,
Konstanz).

Hostien selbstverständlich in gutem Zustand und von höchster Sauberkeit zu sein hatten. Zudem wurde ausgeführt, was im Falle eines Versehens zu tun war. Blutete der Priester aus der Nase und bestand die Gefahr, dass sein Blut auf die Hostie fiel, so musste er die Zeremonie unterbrechen; fiel eine Spinne oder eine Fliege in den Wein, so musste das Insekt abgewaschen und verbrannt werden, sofern es zu ekelerregend war, um heruntergeschluckt zu werden; wurde Wein auf den Boden geleert, so musste so viel wie möglich aufgeleckt, die Stelle abgeschabt und das zusammengekratzte Material an einen «heiligen Ort» verbracht werden; verschüttete man geweihten Wein auf das Korporale oder das Altartuch, so musste die verbleibende Flüssigkeit aufgeleckt, der Flecken gespült, das Spülwasser getrunken und die befleckte Stelle aus dem Stoff geschnitten und zu den anderen Reliquien gegeben werden, wobei eine Etikette mit der Aufschrift «Verschüttetes Blut Christi» (*«Cecidit sanguis Christi»*) daran anzubringen war.[9] In Köln bestand die Vorschrift, dass der Priester, musste ein Kranker nach der Kommunion erbrechen, das Erbrochene zu verbrennen hatte, wobei er zuvor die noch erkennbaren Reste der Hostie daraus entfernen und einem anderen Gläubigen zur Einnahme geben sollte![10]

Diese Detailverliebtheit und die vielen Vorsichtsregeln bezeugen die extreme Verehrung und den grossen Respekt vor dem Sakrament der Eucharistie. Die Entwicklung des liturgischen Rituals trug ebenfalls dazu bei. Ab dem 12. Jahrhundert wurde es üblich, dass der Priester nach den Einsetzungsworten die Hostie über seinen Kopf hob, um damit die reale Präsenz Christi anzuzeigen. Und um das Bedürfnis der Gläubigen zu befriedigen, zwecks Anbetung den Leib Christi tatsächlich zu *sehen*, führte die Kirche im Jahr 1264 offiziell den Feiertag des Fronleichnams ein, an dem die geweihte Hostie feierlich präsentiert und in einer Prozession durch die ganze Stadt geführt wird; diese Zelebrierung ist für die Diözese ab Ende des 13. Jahrhunderts bezeugt.[11] Wurde ein Priester zu einem Kranken gerufen, um ihm das Sakrament auszuteilen, so mussten die Menschen auf der Strasse dieses ver-

202 Eucharistischer Kasten aus dem Kirchenschatz des Basler Münsters mit Figürchen von Jesus, Maria und einigen Heiligen. Teilweise vergoldetes Silber. Um 1330-1340, mit späteren Änderungen (HMB).

203 Weihung eines Hostientellers durch einen Bischof. Die Liturgiegegenstände für die Eucharistie müssen geweiht werden. Pontifikale Erzbischof Charles de Neuchâtel, Ende 15. Jh. (BiCJ).

ehren, indem sie mit gefalteten Händen und gesenktem Kopf niederknieten; der Priester hatte dabei immer mehrere Hostien mitzunehmen, damit mindestens eine für seinen Rückweg übrig blieb und die Gläubigen nicht einen leeren Behälter verehrten, was Idolatrie bedeutet hätte.[12]

204 Liturgisches Becken der Kapelle Saint-Michel in der Kirche Saint-Pierre in Pruntrut. Das Becken wurde zerstört, aber man erkennt das Abflussloch.

205 Im heiligen Augenblick der Elevation der Hostie wird eine Frau bewusstlos, als Strafe für ihre Sünden. Stich Ende 15. Jh. (BiCJ).

Orte der Wesenswandlung: Altäre und Ausstattung

Messe und Eucharistie stehen im Zentrum des christlichen Lebens, insbesondere bei der Emporhebung der Hostie. Die grosse Sonntagsmesse wird vor dem Hauptaltar im Chor

gehalten, aber alle Kirchen verfügen über weitere, oftmals zahlreiche Altäre. Das Basler Münster hat 53 Altäre, wozu noch diejenigen des Klosters hinzukommen;[13] die Stiftskirche von Moutier hat deren zwölf,[14] und in der Kirche Saint-Pierre in Pruntrut (wo anfangs des 17. Jahrhunderts täglich fünf Messen gelesen wurden) stehen mehr als ein Duzend Altäre.[15]

Jeder Hauptaltar muss aus Stein gefertigt sein, Reliquien enthalten und geweiht sein.[16] Meist ist er mit einem bemalten oder geschnitzten Altaraufsatz versehen. Die Verwendung eines Tabernakels, das auf dem Altar thront, wird in unserer Gegend erst im 17. Jahrhundert gang und gäbe.[17] Im 15. Jahrhundert setzt sich die Norm durch, Eucharistiegegenstände, Öle und die Altartücher in einem Wandschrank zu versorgen, der auf der Evangelienseite (in Blickrichtung Altar links vom Altar) anzubringen war. Im Jahr 1458 mussten mehr als die Hälfte der Pfarreien des Erguel (Region von Saint-Imier, damals der Diözese Lausanne zugehörig) einen solchen Schrank einrichten oder in Stand setzen.[18] Vor und nach der Messe wäscht sich der Priester sorgfältig die Hände: Er leert das Waschwasser in die *piscina*, ein oftmals in eine Mauernische auf der Epistelseite (in Blickrichtung Altar rechts vom Altar) eingelassenes Becken mit einer Abflussrinne in die Erde, in die nur dieses Wasser gegeben werden darf oder die Asche von geweihten Gegenständen, die sich nicht aufbewahren lassen, wie etwa Hostien oder altes Salböl. Die Abflussstelle ist an der Aussenmauer der Kirche manchmal bezeichnet, um jegliche Verschmutzung zu vermeiden.[19] Zudem muss jede Kirche über einen Schrank für das liturgische Ornat verfügen, der sich im Chor befand, im Laufe der Zeit aber immer häufiger in der zunehmend verwendeten Sakristei installiert wurde.[20] Im Allgemeinen verbesserte sich die im 14. Jahrhundert noch sehr bescheidene materielle Ausstattung in den Pfarrkirchen im Laufe des 15. Jahrhunderts erheblich, wobei auch die Anforderungen an deren Zustand und Unterhalt zunahmen.[21]

Liturgiegegenstände der Eucharistie

206 Dem hl. Germanus zugeschriebener Kelch, Ende 13. Jh. Kirchenschatz der Pfarrei Saint-Marcel in Delsberg (MJAH). Der Kelch ist das heilige Gefäss, in dem beim Messopfer die Weihung des Weins vorgenommen wird. Der Hostienteller (Patene) ist ein runder Teller zur Darreichung der Hostie.

207 Ziborium aus Saint-Brais, 15. Jh. (HMB). Das Ziborium ist ein Speisekelch mit einem Fuss und einem Deckel, in dem die geweihten Hostien aufbewahrt werden.

208 Palla des Kapitels Moutier-Grandval, 15. Jh. Sie zeigt die Kreuzigungsszene mit Maria und dem hl. Johannes. Kirchenschatz der Pfarrei Saint-Marcel in Delsberg (MJAH). Die Palla ist ein weisses, viereckiges, versteiftes Stück Leinen zur Abdeckung des Messkelchs während der Messe.

209 Altarschelle aus Messing in Form einer Taube, 15. Jh. Kirchenschatz der Pfarrei Saint-Marcel in Delsberg (MJAH). Die Schelle ertönt in wichtigen Momenten der Zeremonie, zum Beispiel bei der Weihung als Zeichen für die Gläubigen, nun niederzuknien.

MARIE-CLAIRE BERKEMEIER

Zwei Meisterwerke von Jörg Schongauer

ALTARKREUZ

Jörg Schongauer, Basel 1487; Fuss 1509,
Knauf 17./18. Jh.
Silber, teilweise vergoldet
Höhe 77 cm, Breite 45 cm
Christus: Höhe 18 cm;
Maria mit Kind: Höhe 14,5 cm
Pfarrkirche Saint-Pierre, Pruntrut, als Depo-
situm im Musée de l'Hôtel-Dieu, Inv. Nr. 171

Das prächtige Altarkreuz (Abb. 210) aus dem Kirchenschatz von Saint-Pierre in Pruntrut ist nicht nur von hoher künstlerischer Qualität, sondern auch ganz besonders interessant. Es ist relativ hoch (55 cm ohne Fuss), vor allem wenn es als Prozessionskreuz verwendet wurde. Noch erstaunlicher ist die Tatsache, dass die Rückseite (Abb. 211) mit der vollplastisch gearbeiteten Marienfigur ebenso sorgfältig ausgeführt ist wie die Vorderseite, während normalerweise das Bildprogramm einer Kreuzrückseite nur ziseliert ist und sich so von der Hauptseite mit dem Kruzifix unterscheidet. Zudem kommt es äusserst selten vor, dass ein Vertrag aus dem Mittelalter, die Rechnungsbücher und das entsprechende Objekt erhalten geblieben sind, wie dies hier der Fall ist. Wir kennen also den Namen des Goldschmieds, das Datum und die Herstellungsfrist des Kreuzes, das von den Auftraggebern festgelegte Bildprogramm und die Zahlungsmodalitäten.

Der Vertrag, der in Pruntrut zwischen den Stadtbehörden und dem Goldschmied Jörg Schongauer – seit 1485 Bürger der Stadt Basel und Mitglied der dortigen Goldschmie-

dezunft – abgeschlossen wurde, datiert vom 20. März 1487.[1] Eine Delegation von Behördenvertretern aus Pruntrut hatte im Kirchenschatz von Sankt-Martin in Basel ein Kreuz gesehen, das ihr gefiel, und Schongauer sollte nun ein ähnliches, wenn möglich noch grösseres und schöneres herstellen! Gleichzeitig musste er die *«status et ordonnances de ladite citey de Basle»* (Statuten und Verordnungen der besagten Stadt Basel) einhalten. Das Kreuz der Kirche zu Sankt-Martin ist nicht mehr erhalten. Es handelte sich vermutlich um das 1451 in einem Kirchenschatzverzeichnis dieser Pfarrei erwähnte Kreuz, das ein Werk des Basler Goldschmieds Schach[2] gewesen sein soll. Dies erklärt, warum Schongauers Kreuz von seiner Form her den Kreuzen der ersten Hälfte des 15. Jahrhunderts gleicht, mit zum Quadrat verbreiterten Mitte und Balkenenden und in einen Dreipass auslaufenden Armen. Das am 29. Juli 1487[3] gelieferte Kreuz von Schongauer besteht aus einem hölzernen Kern von ungefähr 2,5 cm Dicke, der mit Silberblechen ummantelt ist (Abb. 212). Ein getriebener und ziselierter Blumendekor schmückt beide Seiten des Kreuzes; das Motiv auf der Seite der Marienfigur wirkt in seiner linearen Ausprägung moderner als das gotische Rankenwerk auf der Vorderseite. Die Auftraggeber wünschten ein Kreuz von mindestens 10 Mark[4] Silbergewicht und legten im Vertrag auch das Bildprogramm fest: um den gekreuzigten Christus herum die Darstellung der Evangelisten, auf der Rückseite die Krönung Marias durch Engel, über ihr der heilige Petrus und unten der heilige Germanus

210 Altarkreuz von Jörg Schon-
    gauer, Basel 1487, Vorder-
    seite mit Christus,
    Fuss von 1509 (MHD).

211 Altarkreuz von Jörg Schongauer, Basel 1487, Seite mit der Madonna, ohne Fuss (MHD).

sowie zwei verglaste Reliquienkapseln an den Enden des Querbalkens.

Auf der Vorderseite (Abb. 210) hat Schongauer einen vollplastisch gearbeiteten Christus aus Silber gefertigt (nur das Haar, die Dornen-krone und das Lendentuch sind vergoldet), der grosse Ähnlichkeit mit der Figur auf dem Sandstein-Kruzifix des Friedhofs in Baden-Baden hat, ein Werk von Niclaus Gerhaerts van Leyden († 1473) aus dem Jahr 1467. Dieser

berühmte Künstler war der Schwiegervater von Jörg Schongauer. In den getriebenen Medaillons in der Mitte der kleeblättrigen Enden der vier Kreuzarme sind die Evangelisten mit ihren Symbolen dargestellt. Über dem Kopf der Christusfigur ist ein silbernes Spruchband befestigt mit der Aufschrift INRI (*Jesus Nazarenus Rex Iudaeorum*, als Verhöhnung gemeinter Titel: Jesus von Nazareth, König der Juden). Das kleine kreuzförmige Reliquiar mit einem Holzpartikel vom Heiligen Kreuz ist eine spätere Hinzufügung, vermutlich aus der Barockzeit; es wurde im Vertrag auch nicht erwähnt.

Auf der Rückseite (Abb. 211) hat Schongauer auf einer Konsole eine anmutige Madonna aus getriebenem Silber platziert, die rückseitig ausgehöhlt ist; vor sich hält sie das Jesuskind, das von ihrem Mantel wie von einem Heiligenschein umhüllt wird (nur das Haar der Mutter und des Kindes sowie der Mantel sind vergoldet). Zudem hat der Goldschmied die Oberfläche des Gewandes mattiert, damit das Tageslicht oder der Kerzenschein darauf einen anderen Effekt ergibt als auf den glatten Flächen des Mantels und des Inkarnats.[5] Die beiden Engel aus vergoldetem Silber über der Madonna hielten – laut Vertrag – eine Krone, die heute nicht mehr vorhanden ist. Das Ganze wird von einem filigranen

212 Oberer Teil des Kreuzes von Jörg Schongauer, Seitenansicht.

213 Die bestickte Tasche, 14./15. Jh., in der Reliquienkapsel auf dem rechten Arm des Querbalkens (Seite mit der Madonna) enthält eine Reliquie des hl. Albuinus.

214

215 Die Heiligen Petrus und Germanus: auf dem Fuss des Kreuzes gravierte Figuren, Basel, 1509.

gotischen Baldachin in der Form eines polygonalen Turmhelmes überhöht. Unter dem Glas der beiden kreisförmigen Reliquienkapseln an den Enden der horizontalen Kreuzarme kann man ein golddurchwirktes und mit einem roten Stoff eingefasstes Textilstück erkennen. Die linke Kapsel enthält eine Reliquie der heiligen Jucundina, diejenige auf der rechten Seite eine Reliquie eines heiligen Bischofs namens Albuinus; diese befindet sich in einem hübschen bestickten Täschchen (Abb. 213)[6]. Die Medaillons aus getriebenem und teilweise vergoldetem Silber mit den Heiligen Petrus und Germanus oben und unten auf dem Kreuz nehmen Bezug auf die Schutzpatrone der beiden Kirchen von Pruntrut.[7] Diese Heiligen sind auch auf dem Fuss des Kreuzes graviert (Abb. 214 und 215), der aus dem Anfang des 16. Jahrhunderts stammt – ein in Basel angefertigter Kreuzfuss wurde in der Tat am 25. Oktober 1509[8] nach Pruntrut gebracht; er wog 5 Mark. Vermutlich wurden zu diesem Zeitpunkt die beiden Zeichnungen angefertigt, die im Kupferstichkabinett des Kunstmuseums Basel aufbewahrt werden und

skizzenhaft die beiden Seiten des Kreuzes von Schongauer darstellen.[9] Zwei weitere Zeichnungen,[10] die dem Goldschmied Jörg Schweiger (Mitglied der Basler Goldschmiedezunft ab 1507) zugeschrieben werden, stellen Kreuz- und Kelchfüsse mit ähnlicher Verzierung wie auf dem Fuss von Pruntrut dar. Der birnenförmige Knauf am oberen Ende des Fussschafts, der den ursprünglichen ersetzt hat, ist barocker Machart.

GROSSE MONSTRANZ [11]

Jörg Schongauer, Basel 1488; mit 5 Figuren von Hans Rutenzwig, Basel 1479; neuzeitlicher Fuss (um 1940)
Silber, teilweise vergoldet
Gesamthöhe 98 cm, Höhe des Fusses 30,5 cm, Durchmesser 25 cm, Gewicht 4474 g
Pfarrkirche Saint-Pierre, Pruntrut, als Depositum im Musée de l'Hôtel-Dieu, Inv. Nr. 196

Am 31. Juli 1487, zwei Tage nachdem Jörg Schongauer, Goldschmied in Basel, das Altarkreuz für die Kirche Saint-Pierre in Pruntrut geliefert hatte (s. oben), bestellten die Behörden dieser Stadt eine Turmmonstranz bei ihm (Abb. 216). Auch in diesem Fall sind sowohl der Vertrag[12] als auch die entsprechende Goldschmiedearbeit erhalten. Wieder muss Jörg

216 Grosse Monstranz von Jörg Schongauer, Basel, 1488; neuzeitlicher Fuss um 1940 (MHD).

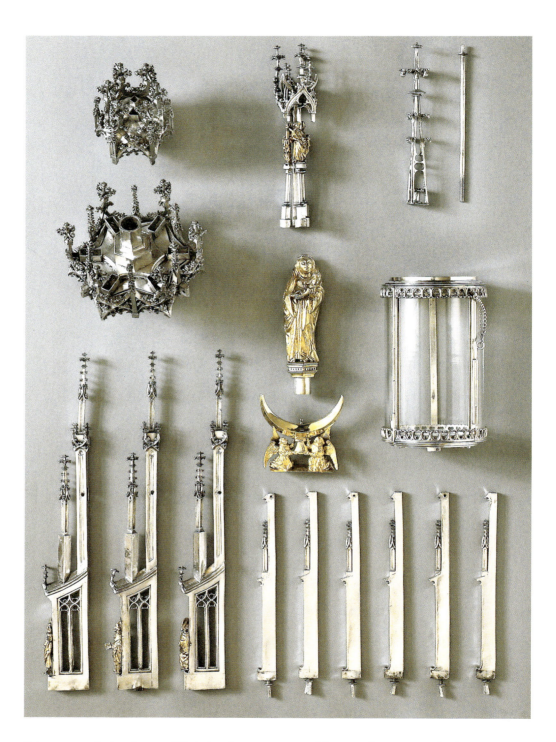

217 Die in Einzelteile zerlegte grosse Monstranz von Jörg Schongauer.

Schongauer ein bestimmtes Werk «kopieren», im vorliegenden Fall die zehn Jahre früher vom Goldschmied Hans Rutenzwig (Mitglied der Basler Goldschmiedezunft seit 1461) angefertigte Monstranz, die zusammen mit anderen liturgischen Geräten im Juni 1487[13] aus der Sakristei der Kirche Saint-Pierre in Pruntrut gestohlen worden war. Nach der Festnahme der Diebe in Bourg-en-Bresse konnte man von der alten Monstranz das zerbrochene Silber und fünf vergoldete Figuren (die Heiligen Petrus, Germanus, Bartholomäus, Katharina und Barbara) sowie die Maria mit dem Kind und zwei Engel wiedergewinnen. Man übergab das

Ganze Jörg Schongauer mit dem Auftrag, das Edelmetall wieder zu verwenden und die Figuren in sein Werk zu integrieren.

Die neue Monstranz sollte die Form eines Turms haben, eine Form, die offenbar in der zweiten Hälfte des 15. Jahrhunderts sehr beliebt war, dies vor allem in den deutschsprachigen Gegenden, da der Vertrag diesen Stil folgendermassen bezeichnet: *«en façon et maniere et ouvraige d'allemaigne»* (nach deutscher Weise und Machart). Sie musste daher einen Fuss haben mit einem Knauf in der Schaftmitte, der einen turmförmigen Aufbau mit drei Pfeilern trägt, der wiederum den transparenten Hostien- bzw. Reliquienzylinder umgibt.

Die Monstranz sollte nämlich zwei Funktionen erfüllen können: einerseits die eines Schaugefässes für die Hostie an Fronleichnam, anderseits die eines Reliquiars. Deshalb musste für den Turm eine zerlegbare Vorrichtung vorgesehen werden (Abb. 217) (ineinander gesteckte, geschraubte aber nicht verlötete Einzelteile),[14] die den Zugriff auf den Zylinder für das Auswechseln des Inhalts ermöglichte (das jetzige System mit einer Tür im gläsernen Behältnis ist neueren Datums). Schongauer musste die Madonna mit dem Kind über dem Glas, unter einem Baldachinaufbau platzieren und um

sie herum und über ihr die fünf wieder gefundenen Heiligenfiguren verteilen. Die beiden Engel stützen die *Lunula*, die halbmondförmige Halterung für die Hostie. Das fertige Werk sollte mindestens 13 Mark Silber (nach Basler Gewicht)[15] wiegen und vor dem folgenden Fronleichnamsfest geliefert werden. Für jede verarbeitete Mark Silber versprach man dem Goldschmied ein Gehalt von 3 Gulden (jeder mit einem Wert von 25 Basler Schillingen) und eine Summe von 7,25 Gulden für jede Mark Silber, die er zu den mit den Figuren schon übergebenen 11,5 Mark hinzufügen würde. Die Vergoldungen und das Glas wurden separat bezahlt.[16] Die Monstranz wog schliesslich mehr als 15 Mark (3 kg 679 g). Die detaillierte Rechnung und die von Schongauer unterzeichnete Quittung sind ebenfalls erhalten.[17]

Die grosse Monstranz von Pruntrut ist ein prächtiges, zartes Werk, eine filigrane Architektur aus Silber von Jörg Schongauer, in das Figuren von Hans Rutenzwig integriert sind. Nur die Figur des heiligen Stefan stammt von Jörg Schongauer (s. Abb. 217'); sie ist nach einem Stich seines Bruders (Abb. 218), des berühmten Martin Schongauer († 1491), angefertigt. Eine identische Figur (Abb. 219)

217' Der hl. Stefan, Figur von Jörg Schongauer aus der grossen Monstranz von Pruntrut, 1488 (MHD).

218 Der hl. Stefan, Kupferstich von Martin Schongauer, gest. 1491 (Kupferstichkabinett Basel).

219 Der hl. Stefan, Figur von Jörg Schongauer aus der so genannten Münch-Monstranz. Basler Münsterschatz um 1490 (HMB).

220 Die so genannte Münch-Monstranz von Jörg Schongauer, Basel, um 1490, Basler Münsterschatz (HMB).

befindet sich auf der so genannten Münch-Monstranz im Basler Münsterschatz. Dieser heilige Stefan sowie die stilistischen und technischen Ähnlichkeiten der beiden Monstranzen erlauben es, Jörg Schongauer auch diejenige aus dem Basler Münster zuzuschreiben (Abb. 220). Die Behandlung der Oberflächen, das Spiel zwischen den polierten und den matt belassenen oder durch Pun-

zierung bzw. Schraffur aufgerauten Teilen sind Qualitätsmerkmale des Meisters und seiner Werkstatt. Wenn man die Marienstatuette, die Jörg Schongauer für die Münch-Monstranz (Abb. 220) angefertigt hat, oder jene der kleinen Monstranz von Pruntrut (Abb. 221), die ihm auch zugeschrieben wird (s. weiter unten), mit der Madonna von Rutenzwig (s. Abb. 217) vergleicht, so ist die stilistische und

221 Maria mit dem Kind, Figur
aus Silber aus der kleinen
Monstranz von Jörg Schon-
gauer, Basel, 1493 (MHD).

ästhetische Überlegenheit der Arbeiten Schongauers frappierend. Man kann sich vorstellen, wie schwer es für diesen sein musste, einen Vertrag zu akzeptieren, der ihn dazu verpflichtete, in sein Werk Figuren seines Kollegen einzusetzen!

Der neuzeitliche Fuss der grossen Monstranz von Pruntrut hat ein barockes Exemplar von 1763[18] (Abb. 222) ersetzt, das im Depot des Musée de l'Hôtel-Dieu aufbewahrt wird; von den beiden Stempelzeichen am Fussrand ist das eine unleserlich und das andere (PF oder PP?) nicht identifiziert. Ein der gotischen Monstranz im Jahr 1689[19] hinzugefügter Strahlenkranz ist im Musée de l'Hôtel-Dieu in der Vitrine mit den liturgischen Geräten aus der Barockzeit ausgestellt.

1830 wurde die Monstranz zusammen mit anderen liturgischen Geräten erneut aus dem Kirchenschatz von Saint-Pierre gestohlen.[20] Der Dieb wurde gefasst, als er ein erstes Beuteobjekt zu verkaufen versuchte. Der ganze Schatz konnte so wieder beigebracht werden. Die Schäden wurden nicht festgehalten.[21]

Eine zweite Monstranz aus dem Kirchenschatz von Saint-Pierre in Pruntrut stammt vermutlich auch von Jörg Schongauer. Sie ist kleiner, hat ebenfalls eine gotische Turmform und datiert von 1493 (Abb. 223).[22] Die filigrane Architektur, die Marienfigur unter dem zentralen Baldachin sowie der Fuss sind von grosser künstlerischer Feinheit. Der am Ende des

17. Jahrhunderts hinzugefügte barocke Strahlenkranz, der an einem nicht zylindrischen Glas befestigt ist, beeinträchtigt jedoch den gotischen Charakter der Monstranz.

Das Kreuz und die grosse Monstranz aus dem Kirchenschatz von Pruntrut sind die beiden einzigen Werke Jörg Schongauers, deren Verträge man kennt und die man ihm daher mit Sicherheit zuschreiben kann. Stilvergleiche legen die Vermutung nahe, dass weitere Meisterwerke der Goldschmiedekunst aus der Werkstatt dieses grossen Meisters stammen: die kleine Monstranz von Pruntrut sowie die Münch-Monstranz,[23] die beide schon erwähnt wurden, und wahrscheinlich auch die ebenfalls turmförmige so genannte Hallwyl-Monstranz,[24] die zum Basler Münsterschatz gehört.

Jörg Schongauer ist einer der fünf Söhne des Goldschmieds Caspar II. Schongauer und dessen Ehefrau Gertrud, die sich um 1440 in Colmar niederliessen.[25] Die Familie Schongauer stammte ursprünglich aus Augsburg. Die fünf Brüder wurden vermutlich alle zu Goldschmieden ausgebildet; zwei von ihnen, Ludwig und der berühmte Martin, arbeiteten danach als Maler und Kupferstecher. Jörg (geboren um 1445?) zog 1482 nach Basel, wurde 1485 Bürger der Stadt und Mitglied der Goldschmiedezunft, der *Zunft zu Hausgenossen;* zwei Jahre später kaufte er mit seiner Frau Appolonia, Tochter des Bildhauers Niclaus Gerhaerts van Leyden, das Haus *zum Tanz* in der Eisengasse in Basel, nahe beim Fischmarkt. 1494 verliess Jörg Basel und liess sich in Strassburg nieder, wo er zwischen 1495 und 1514 starb. Nach seinem Wegzug folgte ihm ein anderer berühmter Goldschmied, Hans Nachbur, von Ulm, und nach diesem, 1507, der Goldschmied Balthasar Angelroth, von Thann, im Haus *zum Tanz* nach, in dem sich auch die Werkstatt befand. Angelroth war es auch, der bei Hans Holbein dem Jüngeren die berühmten Wandmalereien in Auftrag gab, die dieses Haus bis zu Beginn des 20. Jahrhunderts schmückten.

Als Albrecht Dürer 1492 den berühmten Martin Schongauer treffen wollte, waren es dessen Brüder – darunter Jörg –, die ihn in Colmar und in Basel in Empfang nahmen, denn Martin war kurz vorher verstorben.

222 Barocker Fuss von 1689 der grossen Monstranz von Jörg Schongauer (MHD).

223 Kleine Monstranz von Jörg
Schongauer, Basel, 1493
(MHD).

JEAN-CLAUDE REBETEZ

Der Kalender und die christliche Prägung

Unsere Zeiteinteilung ist zutiefst vom Christentum geprägt. Seit dem Frühmittelalter werden die Jahre von der Menschwerdung Christi an gezählt, die den Beginn unserer Zeitrechnung markiert;[1] unsere Jahreszahl bezieht sich also direkt auf die religiöse Geschichte. Im Mittelalter wird zudem der Jahreswechsel unbestritten mit Bezug auf die Geschichte Christi bestimmt. In den Urkunden beginnt das Jahr in der Diözese Basel im Prinzip am 25. Dezember (Weihnachten), in der Diözese Lausanne am 25. März (Mariä Verkündigung) und in der Diözese Besançon an Ostern. Dieser alte Stil ist sehr kompliziert, da das bewegliche Osterfest die Jahre ungleich macht: Im Jahr 1347 gibt es zum Beispiel zwei Monate April… Unser aktueller, Circumcisionsstil genannter Stil mit Jahresanfang am 1. Januar ist in den damaligen Urkunden sehr selten. Dennoch bezeichnet der 1. Januar, mit dem seit Julius Cäsar das römische Jahr beginnt, weiterhin den Anfang des astronomischen Jahrs, was erklärt, dass die mittelalterlichen Kalender mit dem Monat Januar beginnen. Auch wenn die Jahreszahl an einem anderen Datum wechselt, feiert und wünscht jedermann weiterhin am 1. Januar ein «gutes neues Jahr»![2]

Das Jahr ist gemäss dem im Altertum üblichen System in zwölf Monate unterteilt – die Monate tragen daher Namen heidnischen Ursprungs: Januar kommt vom Gott Janus, März vom Gott des Kriegs usw. Dagegen ist der siebentägige Wochenzyklus der Genesis entnommen; er stellt den Grundzyklus dar, der die Zeit jedes Einzelnen rhythmisiert: sechs Tage Arbeit gefolgt von der Sonntagsruhe, die dem Gottesdienst gewidmet ist.

Die Namen der Wochentage sind weitgehend heidnisches Erbe und beziehen sich in unseren europäischen Sprachen oft auf Götter (z.B. Donnerstag: Tag des Donar; Freitag: Tag der Freyja). In den romanischen Sprachen bedeutet *dimanche* «der Tag des Herrn» *(dies dominicus),* aber im Deutschen und im Englischen verweist der Tag auf die Sonne (Sonntag, *Sunday)…* Nur im Portugiesischen gelingt es der Kirche, diese mit dem Schwefelgeruch des Heidnischen behafteten Bezeichnungen zu ersetzen durch die vom sonntäglichen Feiertag an nummerierten Wochentage (Montag: *segunda feira* usw.).

Die Tagesdaten hingegen werden in Bezug auf ein nahes religiöses Fest bezeichnet: Ein Kind kommt nicht am 7. April 1331 oder am 14. Oktober 1392 zur Welt, sondern am Sonntag Quasimodo oder am Montag vor Sankt Gallus (16. Oktober) – was den Historikern die genaue Datierung von Urkunden ungemein erschwert.

Die Kirchenobern jeder Diözese bestimmen einen Kalender mit den obligatorischen Festen; zwar ist ein Grossteil davon der ganzen Christenheit gemeinsam, doch jede Diözese pflegt ihre lokalen Eigenheiten, indem sie etwa bestimmte Heilige ganz besonders ehrt (vgl. Kapitel 2). Die Tafel auf den Seiten 208 und 209 hilft, Aufbau und Inhalt eines solchen spätmittelalterlichen Kalenders zu verstehen (Abb. 225).

224 Madonna aus Delsberg, um 1330: ein Meisterwerk der gotischen Holzplastik des 14. Jh. in der Schweiz (MJAH).

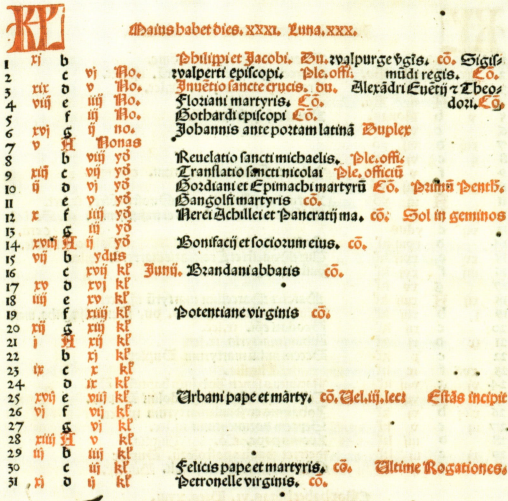

KL

Maius habet dies. xxxi. Luna. xxx.

1	xj	b			Philippi et Jacobi. Du. walpurge vgis. cō. Sigis=	
2		c	vj	No.	walperti episcopi. Ple. offi. mūdi regis. Cō.	
3	xix	d	v	No.	Inuētio sancte crucis. du. Alexādri Euētij z Theo=	
4	viij	e	iiij	No.	Floriani martyris. Cō. dozi. Cō.	
5		f	iij	No.	Gothardi episcopi Cō.	
6	xvj	g	ij	no.	Johannis ante portam latinā Duplex	
7	v	A		Nonas		
8		b	viij	yd	Reuelatio sancti michaelis. Ple. offi.	
9	xiij	c	vij	yd	Translatio sancti nicolai Ple. officiū	
10	ij	d	vj	yd	Gordiani et Epimachi martyrū Cō. Primū Penth.	
11		e	v	yd	Gangolfi martyris cō.	
12	x	f	iiij	yd	Nerei Achillei et Pancratij ma. cō. Sol in geminos	
13		g	iij	yd		
14	xviij	A	ij	yd	Bonifacij et sociorum eius. cō.	
15	vij	b		ydus		
16		c	xvij	kl	Junū. Brandani abbatis cō.	
17	xv	d	xvj	kl		
18	iiij	e	xv	kl		
19		f	xiiij	kl	Potentiane virginis cō.	
20	xij	g	xiij	kl		
21	j	A	xij	kl		
22		b	xj	kl		
23	ix	c	x	kl		
24		d	ix	kl		
25	xvij	e	viij	kl	Urbani pape et marty. cō. vel. iij. lect Estas incipit	
26	vj	f	vij	kl		
27		g	vj	kl		
28	xiiij	A	v	kl		
29	iij	b	iiij	kl		
30		c	iij	kl	Felicis pape et martyris. cō. Ultime Rogationes.	
31	xj	d	ij	kl	Petronelle virginis. cō.	

C Nox habet horas. viij. Dies. xvi.

Maius amat medicos: et balnea: scindere venas
Pinguis ager colitur: operitur vitis et arbor.
Tunc augentur apes: vituli castrantur: ovesq́
Tondentur: caseus premitur: lateres faciendi.

Gemini.
Calidum et humidū signū malum
Brachia non minuas cum lustrat luna Gemellos.
Unguibus et manibus cum ferro cura negetur.
Nunq́ portabis a pmissore petitum.

iiii

Wie lese ich einen Kalender?

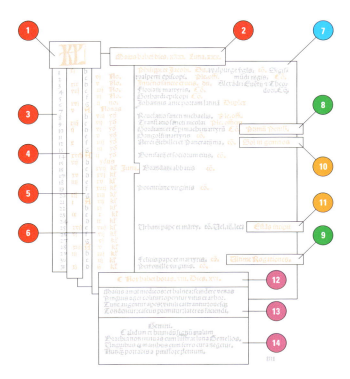

225 Kalender der Diözese Basel, der von Bischof Christoph von Utenheim an den Anfang seines 1515 gedruckten Breviers gestellt wurde. Es handelt sich um einen ewigen, nicht an ein besonderes Jahr gebundenen Kalender (AAEB).

🟥 Angaben zur Zahl der Monatstage (inklusive Mondwechsel oder Mondmonate).

🟦 Die Heiligen des Tages; rot: die feierlichen Feste (1. Mai: Apostel Philippus und Jakobus, 3. Mai: Auffindung des Heiligen Kreuzes) und die Feierlichkeitsstufe (*duplex*, doppelt usw.).

🟩 Angaben zu den Eckdaten der beweglichen Feste, fixiert in Abhängigkeit von Ostern (hier: Pfingsten und Bitttagprozessionen).

🟧 Astronomische und jahreszeitliche Angaben.

🟪 Charakteristische Merkmale des Monats.

1 KL: für *Kalendas;* die Kalenden sind der erste Tag eines jeden Monats.

2 *Maius habet dies XXXI. Luna XXX:* Mai hat 31 Tage; der Mondmonat 30 Tage.

3 1. Kolonne, arabische Ziffern: Tag des Monats.

4 2. Kolonne, römische Ziffern: Goldene Zahl und Angabe zum Mondzyklus; die Zahlen gehen von I bis XIX, denn der Mondzyklus wiederholt sich alle 19 Jahre am gleichen Datum. Die Zahl gibt für jedes Jahr die Mondphasen aller Monate an (Beispiel: Da die Goldene Zahl von 1492 XI ist, fielen die Neumonde auf den 1. und den 31. Mai).

5 3. Kolonne, Sonntagsbuchstaben: Mit ihrer Hilfe kann man den Wochentag bestimmen. Vom 1. Januar an (a) sind alle Tage mit einem der sieben Buchstaben von a bis g bezeichnet; wenn der 1. Januar ein Sonntag ist, sind alle mit einem a markierten Tage auch Sonntage. Im Falle eines Schaltjahres muss dementsprechend von März an korrigiert werden.

6 4./5. Kolonne: Tagesdaten gemäss römischem Kalender (1. Mai: Kalenden; 7. Mai: Nonen; 15. Mai: Iden; 16. Mai: XVII. Tag vor den Kalenden des Juni, d.h. dem 1. Juni).

7 Namen der Heiligen des Tages und Art des Festgottesdiensts: Am 1. Mai feiert man Philippus und Jakobus (*duplex*, doppeltes Fest), die Jungfrau Walburge und den König Sigismund (jeweils eine einfache Gedächtnisfeier, *commemoratio*).

8 *Primum Pentecoste* (10. Mai): erstmöglicher Tag für Pfingsten (7. Sonntag nach Ostern, also 50 Tage darauf; letztmögliches Datum: 13. Juni).

9 *Ultime Rogationes* (30. Mai): letztmögliches Datum für die Bitttage (Fest mit Prozessionen drei Tage vor Auffahrt in der fünften Woche nach Ostern). Das richtige Datum ist eigentlich der 31. Mai.

10 *Sol in geminos* (12. Mai): Die Sonne tritt ins Zeichen der Zwillinge ein.

11 *Estas incipit* (25. Mai): Sommeranfang.

12 *Nox habet*, etc.: Die Nacht hat VIII Stunden, der Tag XVI.

13 *Maius amat medicos*, etc.: Vier Zeilen, die den Monat Mai charakterisieren (Er mag die Ärzte und die Bäder, ist günstig für Aderlässe; man bestellt die Felder, pflegt Bäume und Reben, die Bienen vermehren sich; man kastriert die Kälber, schert die Schafe, presst den Käse; die Backsteine müssen hergestellt werden…).

14 *Gemini. Calidum et humidum, signum malum*, etc.: Vier Zeilen, die den Einfluss der Gestirne auf die Menschen im Zeichen der Zwillinge charakterisieren («Zwilling ist ein warmes und feuchtes, unheilvolles Zeichen…»). Die Kirche verurteilt zwar im Prinzip die Astrologie für wahrsagerische Zwecke (ein Sakrileg, da sie der Macht Gottes eine Grenze setzt), doch sie akzeptiert voll und ganz die Vorstellung, dass die Gestirne den menschlichen Organismus beeinflussen; eine gute ärztliche Diagnose setzt also die Kenntnis der Sternkonstellationen voraus.

JEAN-CLAUDE REBETEZ

Die Feste des Kirchenjahrs

Der liturgische Kreis – das Kirchenjahr – ist geprägt durch die religiösen Feste, deren Anzahl im Wesentlichen anfangs des Mittelalters festgelegt wurde. Die Gliederung des liturgischen Kalenders folgt dem Rhythmus der Jahreszeiten und damit den bäuerlichen Arbeiten und Festzeiten. Weihnachten wurde in Bezug auf die Wintersonnenwende festgelegt, sodass diese ursprünglich heidnischen Festivitäten zwischen dem 25. Dezember und dem 6. Januar zu liegen kommen;[1] der Johannistag ist eine Christianisierung der Sommersonnenwende, während die Bitttag-Prozessionen kurz vor Himmelfahrt für eine bäuerlich geprägte Gesellschaft eine zentrale Rolle spielen, da sie sich auf die kommende Ernte beziehen.

Die Festtage des liturgischen Kalenders lassen sich in zwei grosse Kategorien einordnen: Das Herrenjahr legt alle Feste zur Erinnerung an die Stationen des Lebens Jesu fest (plus die Zeiten des Jahreskreises), während der Heiligenkalender alle Gedenktage für Heilige enthält. Da das Datum für Ostern beweglich ist – das Fest fällt auf den ersten Sonntag nach dem Vollmond, der auf die Frühling-Tag- und Nachtgleiche folgt –, sind alle von Ostern abhängigen Feste ebenfalls beweglich (Fastenzeit, Palmsonntag, Himmelfahrt, Pfingsten, Trinitatis). Deren Berechnung war schwierig und der bischöfliche Vikar von Basel musste zwischen Weihnachten und Ende Januar allen Priestern die Daten der beweglichen Festtage und deren Auswirkungen auf die anderen Feiern mitteilen.[2]

Adventszeit und Weihnachten

Das liturgische Jahr beginnt aus gutem Grund mit der Weihnachtszeit, mit welcher der Geburt Jesu und dem Beginn seiner irdischen Präsenz gedacht wird.[3] Diese Zeit dauert *grosso modo* von Ende November bis Mitte Januar und teilt sich in zwei sehr verschiedene Phasen.

Sie beginnt mit dem Advent, einer vierwöchigen Busszeit, die ab dem vierten Sonntag vor Weihnachten, also zwischen dem 27. November und dem 3. Dezember, einsetzt. Die Gläubigen sollen sich geistig auf das Hochfest vorbereiten, Hochzeiten sind untersagt und empfohlen wird Fasten, vor allem für Priester.[4] Diese sollen ihren Gläubigen den Sinn des Weihnachtsfests erklären. Dazu verfügen sie über Handbücher mit Zusammenfassungen der an den Adventssonntagen zu lesenden Predigten. Eine vom Pfarrer von Vinelz und Kaplan von Neuenstadt Wilhelm Graumeister (von Saint-Ursanne) verfasste Handschrift gibt beispielsweise an, dass am ersten Adventssonntag das Mysterium der Fleischwerdung Gottes zu

Illustrationen aus einem kleinen Büchlein (48 x 73 mm; die Stiche messen 18 x 22 mm), das früher einem Priester aus Neuenstadt gehörte (ABLN, T12).
Serie zur Geburt Christi:
226 Die Krippe
227 Die Hirten
228 Der Kindermord zu Bethlehem
229 Die Beschneidung Christi
230 Epiphanias

226   **227**

228   **229**   **230**

231 Szene von Epiphanias: Die Heiligen Drei Könige bringen dem Christkind ihre Geschenke. Dieses wunderbare Gemälde mit einer sehr häufig dargestellten Szene ist von einem zwischen 1470 und 1480 datierten Stich von Martin Schongauer inspiriert; es gibt weitere, sehr ähnliche Bilder (z.B. in Colmar). Kirche von Lajoux (JU), Ende 15. Jh.

erklären sei und weshalb Maria als Gottesmutter auserwählt wurde.[5] Oftmals wird der Pfarrklerus in dieser Aufgabe von besser gebildeten Geistlichen unterstützt. Im Pruntrut des 15. Jahrhunderts ist dies ziemlich häufig der Fall, z.B. im Jahr 1473.[6] Die Busszeit im Advent ist aber auch von einigen Festivitäten begleitet, die uns heute erstaunen mögen. Ein Beispiel ist die zum St. Nikolaustag in Saint-Ursanne belegte Wahl des Bischofskindes (vgl. nachfolgenden Beitrag von Yann Dahhaoui).

Der Weihnachtstag wird mit viel Aufwand begangen und markiert den Beginn einer ganzen Reihe von religiösen Feiern und weltlichen Festen (als Detail sei hier erwähnt, dass in Pruntrut das weihnächtliche Aufstellen von Tännchen rund um den Altar bereits im Jahr 1504 bezeugt ist).[7] Für die Priester gibt es einiges zu tun: Auf den Weihnachtstag folgt der Tag der unschuldigen Kinder (28. Dezember), die Beschneidung Jesu (1. Januar) und insbesondere Epiphanias (6. Januar), ein wegen der Anbetung der Heiligen Drei Könige besonders beliebtes Fest. Aber zu jener Zeit gab es noch weitere Feste: Jene zu Ehren des heiligen Stephanus (26. Dezember) und des Evangelisten Johannes (27. Dezember), von denen auch der Oktavtag begangen wurde (2. und 3. Januar). Zu dieser stattlichen Anzahl kommt in Pruntrut noch die wichtige Feier des allgemeinen Jahrestags hinzu, die am Sonntag nach Epiphanias stattfand.[8]

Zu dieser Festzeit gehört auch der Austausch von Weihnachts- und Neujahrsgeschenken, die Fälligkeit von wichtigen «administrativen» Terminen und überhaupt ein sehr intensives gesellschaftliches Leben. Als Beispiel seien die Verpflichtungen des Bürgermeisters von

232 Letzte Schmähung Christi und Grablegung. Diese Wandmalerei illustriert die Schmerzensmystik, wie sie Ende des Mittelalters rund um die Passionsgeschichte entstand. Peterskirche Basel, zweite Hälfte 14. Jh.

Pruntrut genannt, der von der Vorweihnachtszeit bis Mitte Januar an zahlreichen Festivitäten teilnimmt. Zu den Festmahlzeiten innerhalb der Familie kommen die Anlässe *ex officio*: ein Bankett mit dem Bischof von Basel (das um die Weihnachtszeit oftmals in Pruntrut stattfand),[9] ein weiteres Essen anlässlich der Ernennung des neuen Stadtrates und bei der Vereidigung der Bürger (erster Sonntag nach Weihnachten) und noch ein weiteres bei der Präsentation der Rechnungslegung des Vorjahres anfangs Januar… An den beiden letztgenannten Anlässen treffen sich die Notabeln, die Adligen und alle männlichen Bürger, die dies wollen (man zählt rund zweihundert Teilnehmer, die sich auf die Säle des Stadthauses und bei weiterem Platzbedarf auf die Räumlichkeiten eines Wirtshauses aufteilen.)[10] Der Bürgermeister muss zudem die wichtigen durchreisenden Gäste bewirten, und mit den Mitgliedern des Rates trifft er sich zu einfachen Mahlzeiten, wenn es um die Besprechung von Geschäften und die Rechnungsprüfung geht.

Aber nicht nur er hat viel los. In Pruntrut treffen sich die Mitglieder der Weberzunft (in der Weber, Schneider, Seiler usw. vertreten sind) Ende Dezember und Anfang Januar beinahe täglich und nehmen zahlreiche Mahlzeiten gemeinsam ein.[11] 1525, am Sonntag nach Weihnachten, defiliert nach dem Mittagessen die ganze «Gesellschaft» unter ihrem Banner: Alle Bürger sind dabei, und nach der Vespermahlzeit schreitet man gemeinsam zum Abendessen; am Neujahrstag, nach dem Umzug der Stadtknechte, essen die meisten Zünftler am Abend wiederum zusammen. Man trifft sich auch an den folgenden Tagen, und am 4. Januar nehmen alle an einem grossen Umzug mit über dreihundert Personen teil (einschliesslich der Stadtknechte), in schöner Ordnung unter den Fahnen der vier Stadtzünfte. Anschliessend steigt ein Bankett für die Weber allein, vielleicht von Musik begleitet – mit anderen Worten: Man lässt es sich gut gehen.[12]

Der Dreikönigstag (Epiphanias) ist Anlass für äusserst profane – und ausdauernde – Freuden. Religiöse und laizistische Gemeinschaften, Städte und Dörfer ernennen oftmals einen «König» und richten ein Fest aus. So etwa die

Kaplane der Kirche Saint-Michel in Pruntrut oder die Jugendlichen und Gesellen. Die Stadt empfängt zudem mit mehr oder weniger Pomp die «Könige» der benachbarten Orte, die mit ihrem «Gefolge» zu Besuch kommen, zum Beispiel den «König» aus Suarce, Lepuix und Réchésy (7. Januar 1504), jenen aus Delle (14. Januar) oder jenen aus der Stadt Mömpelgard (1483, mit 27 Pferden).[13] Ein Besuch des «Königs» von Mömpelgard am 29. und 30. Januar 1514 kostet die Stadt ein kleines Vermögen (beinahe 31 Pfund bei jährlichen Gesamtausgaben von 278 Pfund!): Der König und seine Gefolgschaft werden an offiziellen Banketten reichlich bewirtet (Fleisch, Gewürze, Geflügel, Pasteten), danach untergebracht und mit einer

Eskorte nach Hause begleitet. Als Willkommensgruss erhält der König vier Gulden «Neujahrsgeld» – all dies bezahlt «zu Ehren unserer Stadt und aus Liebe zur Stadt Mömpelgard».[14] Die Stimmung ist ausgelassen und der religiöse Bezug zu den Heiligen Drei Königen ist kaum mehr spürbar. Der glanzvolle Empfang trägt zum Prestige der Stadt bei, und gleichzeitig pflegt man damit gutnachbarschaftliche Beziehungen zu Mömpelgard.

Die während dieser Jahreszeit begangenen zahlreichen religiösen Feiern und Festivitäten dienen natürlich auch dazu, die gemeinschaftlichen, familiären, beruflich-gesellschaftlichen und politischen Bande sowohl innerhalb wie ausserhalb der Stadt zu stär-

233 «Palmesel». In Süddeutschland, im Elsass und in der deutschen Schweiz wurde an der Palmsonntag-Prozession ein hölzerner Esel auf Rädern mit einer Christusfigur darauf mitgeführt. Holz, Ende 15. Jh., aus Kreuzlingen, Konstanz oder der Umgebung (HMB).

ken. Die freie Zeit (die bäuerlichen Arbeiten ruhen und die Nächte sind lang) und das Vorhandensein von Fleisch (im November und Dezember schlachtet man die Tiere, die man nicht durch den Winter füttern kann) schaffen die materiellen Voraussetzungen für die Schwelgereien und Feste dieser Zeit.

Osterzyklus

Die Osterzeit ist aus religiöser Sicht die wichtigste Zeit des Kirchenjahres. Sie wird in mehrere Phasen unterteilt und beginnt mit drei Wochen Septuagesimae (Beginn ist am neunten Sonntag vor Ostern), mit denen die Gläubigen auf die Fastenzeit vorbereitet werden. Im Jahr 1487 führten die Kaplane von Pruntrut auf dem Friedhof «Thais-Spiele» auf, ein «Moralspiel» zu den Kasteiungen, die sich die reuige Kurtisane Thais auferlegte – kein schlechtes Thema vor der Fastenzeit![15] Vor Beginn der Fastenzeit wird noch ein paar Tage lang gefeiert (dies ist der Ursprung des Karne-

234 Kirchenfenster zur Passionsgeschichte im Chor der St. Benedikt-Kirche (Stadtkirche) in Biel, 1457: Christus vor Pilatus, die Dornenkrönung, die Grablegung und die Auferstehung.

vals). Die Fastenzeit dauert vierzig Tage (vom Aschermittwoch bis zu Ostern), die der Sammlung und der Abstinenz dienen. Übrigens entsprach diese Zeit einer Phase im Jahr, in der die Vorräte zur Neige gingen, es auf den Feldern aber noch nicht viel Arbeit gab, und man deshalb auch nicht so hungrig war. Überall gibt es Fastenpredigten, und einige Tage vor Beginn der Fastenzeit werden der Chor und die Bilder der Kirche mit Fastentüchern verhüllt. Diese Verhüllung stellt eine Bussübung für die Gläubigen dar: Die Sicht auf den Altar wird ihnen verwehrt.[16] Am Karmittwoch öffnet man die Tücher vor dem Altar, wenn aus der Passion zitiert wird: *«et velum templi scissimum est medium»* («und der Vorhang des Tempels riss mitten durch»).[17] In Pruntrut verhängte man den Chor mit zwei Stoffbahnen, die mit Schnallen an gespannten Seilen befestigt wurden; die Mitglieder der Kirchenfabrik hängten diese Tücher immer am Montag nach dem Funkensonntag (Sonntag Invocavit) auf.[18] Am Aschermittwoch verbrennen die Priester die Palmzweige des Vorjahres und machen auf der Stirn der Gläubigen mit der gesegneten Asche das Kreuzzeichen: Damit werden diese an den einmal kommenden Tod erinnert und zu Bussfertigkeit ermahnt. Auch das Kreuz, das an der kleinen Prozession mitgetragen wurde, war mit Tüchern verhängt.

Der Einzug Jesu in Jerusalem wird am Palmsonntag, dem Sonntag vor Ostern, gefeiert, und zwar mit einem äusserst theatralischen Ritus, der auf Wirkung bedacht war. Der Priester segnet die vielen Zweige, welche die Kirchgänger mitbringen, worauf sich alle in einer Prozession zu einem reich geschmückten Kreuz begeben. Gläubige und Geistliche wedeln mit ihren Palmzweigen, wie die Juden dies zur Begrüssung Jesu getan hatten. Zur Darstellung des bevorstehenden Abfalls der Jünger von Christus legt sich ein Geistlicher mit gekreuzten Armen auf den Boden und wird von einem Diakon symbolisch drei Mal mit einer Rute geschlagen. In Basel fand diese Szene vor dem Münster statt, und das Ritual wurde anschliessend mit der Eucharistiefeier beendet. Die Priester erinnern an diesem Tag ihre Gläubigen daran, dass sie in der folgenden Woche beichten müssen, wenn sie die jährliche Kommunion erhalten wollen, und erklären die zu befolgenden Regeln.

Die letzten Tage der Karwoche stellen den Höhepunkt der Osterfeierlichkeiten dar. Erinnert wird an das letzte Abendmahl und an Christi Annahme des Todes (Gründonnerstag), an seine Verurteilung, seinen Tod und seine Grablegung (Karfreitag), an seinen Abstieg in die Hölle (Karsamstag) und schliesslich, am Ostersonntag, an seine Auferstehung.[19] Am Ende der Karwoche finden Abendgottesdienste statt, mit denen nach Christi Tod der Grabesruhe und der Zeit der Finsternis gedacht wird. Diese Gottesdienste werden im Liturgiebuch des Basler Münsters sehr präzise beschrieben:[20] Dreizehn Kerzen in der Mitte des Chors werden nach und nach im Rhythmus der erklingenden Psalmen gelöscht, mit Ausnahme der grössten, die in die Sakristei hinaus getragen wird. Danach ist die Kirche in vollständige Dunkelheit getaucht, bis nach einem Lobgesang die Kerze wieder in den Chor gebracht wird. Sie versinnbildlicht die Beständigkeit Marias im Gegensatz zu den zwölf Aposteln, die gezweifelt hatten (die Basler Statuten aus dem 14. Jahrhundert sehen fünfzehn Kerzen vor, welche die elf treuen Apostel, die drei Marien und Christus symbolisieren). Die Eleven singen deutsche Verse (mit denen am Karsamstag Judas in die Hölle verdammt wird), und während der Zeremonie machen die Priester und die Eleven vier Mal Lärm, der an den Krach der Soldaten bei der Verhaftung Jesu erinnern soll. Dunkelheit, Lärm, Dramaturgie und Theatralik: Diese sehr beliebten Gottesdienste regten zu jenen Ausuferungen an, welche die katholische Reform später unterdrücken sollte, ohne dabei jedoch das liturgische Gepränge anzutasten.[21]

Mit einer beeindruckenden Zeremonie vergibt der Bischof am Gründonnerstag den öffentlich Reumütigen seiner Diözese (Kriminelle, exkommunizierte Sünder) und lässt sie wieder zum Gottesdienst im Münster zu. Während der Messe weiht er das Chrisam und die heiligen Öle für Taufe und Firmung, die in der ganzen Diözese verwendet werden sollen. In den Pfarreien nimmt der Priester die Weihung dreier grosser Hostien vor: Mit der

235 Holzratschen. Von Gründonnerstag bis zum Ostersamstag schweigen die Glocken als Zeichen der Trauer. An ihrer Stelle wird mit Rasseln und Ratschen aus Holz ein grosser Lärm veranstaltet. 19. Jh., Herkunft unbekannt (MJAH).

236 An Ostern erhält das Kreuz besondere Bedeutung. Altarkreuz aus dem 14./15. Jh. aus der Pfarrei Saint-Ursanne.

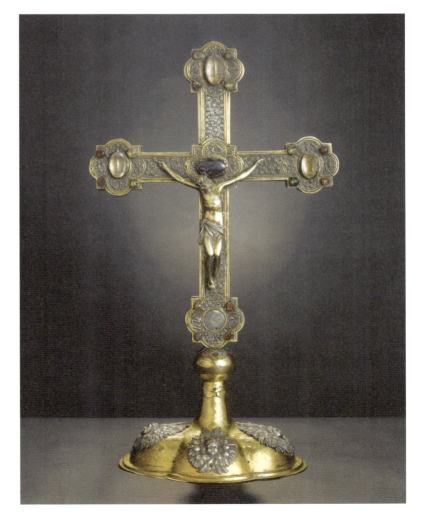

237 Frauen vor dem Grab Christi. Initiale eines Ablassbriefs von 1343. Mit der Stiftung wurde in der Kapelle des hl. Kreuzes und der hl. Katharina der Leonhardskirche in Basel ein Christus-Grabmal geschaffen (StABS).

ersten teilt er die Kommunion aus und behält die beiden anderen für den folgenden Tag zurück. Am Nachmittag waschen der Propst und der Dekan des Münsters die Füsse von zwölf Priestern, so wie Christus dies vor dem Abendmahl für die Apostel getan hatte. Dieses Ritual findet in vielen Pfarreien statt: Der Pfarrer wäscht die Füsse von zwölf Bedürftigen und teilt gesegnetes Brot und gesegneten Wein aus, um an die Pflicht zur Barmherzigkeit zu erinnern.[22]

Am Karfreitag kommen die Gläubigen ins Basler Münster, um das goldene Kreuz anzubeten oder vor der Messe ein Almosen zu spenden. In Pruntrut küssen die Kirchgänger nach der Messe das Kreuz, werden beweihräuchert und verschenken Eier.[23] Der Tod Christi ist der Grund für die düstere Stimmung dieses Tages mit seiner besonderen Messe. Der Priester teilt die Kommunion mit einer Hostie vom Vortag aus und weiht den Wein nicht, weshalb auch einige Formeln nicht gelesen werden. Am Ende dieser Feier wird die letzte der am Gründonnerstag geweihten grossen Hostien vorsichtig und feierlich in das österliche «Grab» gelegt – eine Nachahmung des Grabs Christi (oftmals ein bemalter oder mit

schwarzem Stoff beschlagener Holzkasten wie in Pruntrut),[24] der auf einem Seitenaltar liegt. An diesem «Grab» wird bis am Ostersonntag ununterbrochen Totenwache gehalten. Der Leidensweg Christi wird nicht nur in der Liturgie nachgezeichnet, sondern auch anlässlich von Mysterien- oder Passionsspielen, die oftmals in diesen Tagen von Zünften oder von Geistlichen gespielt werden. Die Predigten drücken die allgemeine Trauer aus und fordern jeden Gläubigen auf, den Leidensweg Christi nachzuvollziehen, nicht ohne bei der Gelegenheit die Juden zu stigmatisieren, die sich gemäss einem Beschluss des 4. Laterankonzils bis und mit Ostersonntag nicht zeigen durften.[25]

Zu den Riten des Karsamstags gehört auch die Segnung eines vor der Kirche angezündeten Feuers, der grossen Osterkerze und der Taufbecken. Die Osterkerze symbolisiert den auf Erden auferstandenen Christus und brennt bis zum Himmelfahrtstag: Wird sie dann an diesem Tag gelöscht, so bedeutet dies den Aufstieg Christi in den Himmel.

Kurz nach Mitternacht versammelt sich die ganze Gemeinde in der Pfarrkirche. Rund um das erwähnte «Grab» (die Priester entfernen zuvor das Kreuz und die grosse Hostie wie-

der) spielen und singen Geistliche und Chor-
knaben in den Rollen der Engel und der drei
Frauen, die Christus einsalbten, die Szene der
Entdeckung des leeren Grabes. Danach wird,
begleitet von vielerlei Lobgesängen, ein Bild
des auferstandenen Christus zur Anbetung
dargebracht. Die Messe geht am Morgen mit
Freude und reichlich Beiwerk weiter: Leuchter,
Weihrauch, Chorgesänge und Orgel gelangen
zum vollen Einsatz, während der Priester eine
Predigt liest, die von viel Hoffnung zeugt oder
sogar von Humor, wie es eine von den Puristen bekämpfte Tradition vorsieht.[26] Zur grossen Freude aller wird die Fastenzeit beendet.
Die Priester segnen vor oder nach der Hoch-
messe die Nahrungsmittel, welche die Gläubigen mitgebracht haben – Lämmer, Speck, Käse,
Eier oder Krapfen;[27] man beschenkt sich unter
Freunden mit Küchlein, und der tristen Fastenzeit folgen nun üppige Gelage.
Die Himmelfahrt Christi (vierzig Tage nach
Ostern) gibt ebenfalls Anlass zu einer äusserst
lebendigen Inszenierung: Während der Feier
wird ein Bild Christi mit einem Seil in den
«Himmel» hochgezogen. Für Pruntrut ist dies
spätestens ab 1458 bezeugt; 1509 stellt ein Ba-
der ein Gurtensystem her, «um unsren Herrn
am Himmelfahrtstag in den Himmel hinauf zu
ziehen» – vielleicht ist es die bemalte Leinwand
aus dem gleichen Jahr, die Christus zeigt, wie
er «am Ostertage auferstanden ist»?[28]

Fronleichnam und die Prozessionen

Prozessionen sind Ende des Mittelalters und im
16. Jahrhundert extrem häufig. In Basel gibt es
jährlich nicht weniger als 35 ordentliche Prozessionen![29] Die Gemeindepfarrer müssen die
Prozessionen ihren Schützlingen zum Voraus
ankündigen, sie über die daraus sich erge-
benden Ablässe informieren und hernach dafür sorgen, dass sich die ganze Angelegenheit
ordnungsgemäss abspielt.[30] Die Prozessionen
sind entweder Teil der Hochfeste oder werden zu einem bestimmten Zweck festgelegt,
sei es, um schlechtes Wetter oder Krankheiten
zu bekämpfen, einen Krieg abzuwenden oder
um eine wichtige Persönlichkeit zu empfangen. In Pruntrut führt die Pest von 1492/1493
zu mindestens fünf Prozessionen im Frühjahr

1493 (Woche nach Ostern: zum Priorat Sainte-
Marie von Grandgourt, zur Kapelle Sainte-
Croix in Fontenais und zur Kirche Saint-Germain; Montag und Dienstag vor Fronleichnam:
nach Courgenay und Chevenez). Bereits im
November 1492 hatte sich ein grosser Zug
nach Bourrignon begeben (über zwanzig Kilometer entfernt), um dort zum heiligen Sebastian zu beten, der für seine Hilfe zu Zeiten
der Pest bekannt war.[31] Auch die Burgunder-
und Schwabenkriege machen Angst: 1499 organisieren die Einwohner von Pruntrut dreizehn allgemeine Sonntagsprozessionen für
den Frieden, die sich allerdings auf das Stadtgebiet beschränken.[32]

238 Päpstliches Messbuch des
Basler Bischofs Johann
von Venningen, um 1462:
Ostersonntag (BiCJ).

Mit einigen jährlich wiederkehrenden Prozessionen wie jener zum heiligen Markus (25. April) oder den dreitägigen Bitttagen vor Himmelfahrt will man Gottes Schutz für die zukünftige Ernte erbeten, Frost oder Unwetter abwenden. In einer bäuerlich geprägten Welt sind sie von besonderer Bedeutung.

Die wichtigste Prozession ist jene von Fronleichnam (früher zehn Tage nach Pfingsten). Sie wird Ende des 13. Jahrhunderts eingeführt und verbreitet sich im Laufe des 14. und 15. Jahrhunderts im Zuge der zunehmenden Christusverehrung überall. In einer feierlichen Prozession, an der die ganze Bevölkerung teilnimmt, wird die geweihte Hostie durch den Ort getragen. In Basel versammeln sich das Volk und alle Priester der Pfarreien und aus

den Klöstern mit ihren Kreuzen, Fahnen und Reliquien vor dem Münster. Nach der Messe bildet sich ein riesiger Umzug (dessen Ordnung einer strengen religiösen und sozialen Hierarchie folgt), der das Tabernakel durch die ganze Stadt begleitet und wieder vor dem Münster endet.[33] Jede Pfarrei muss für Fronleichnam über eine schöne Monstranz verfügen, was Mitte des 15. Jahrhunderts trotz der Armut in vielen Dörfern im Allgemeinen der Fall ist.

Nach Fronleichnam nehmen die liturgischen Feiern ab, die schweren Feldarbeiten sind nun in vollem Gange und dauern bis Oktober. Die seltenen Hochfeste wie der Gedenktag zur Geburt Johannes des Täufers (24. Juni) oder Mariä Himmelfahrt (15. August) sind oft von profanen Riten oder Bräuchen begleitet, wozu etwa das Johannisfeuer oder das Pflücken von Heilpflanzen gehören. Ende des Herbstes, wenn die Tage kürzer werden und die Kälte einsetzt, künden die Feierlichkeiten zu Allerheiligen und zu Allerseelen (1. und 2. November) den Rückzug der Natur und den kommenden Winter an.

Besondere Feiern in den Pfarreien

Jede Pfarrei begeht mit viel Aufwand einige lokale Feste. Da ist einmal das Kirchweihfest («Chilbi»), mit der jedes Jahr an die Einweihung der Kirche erinnert wird. Die Kirchweihe des Basler Münsters findet am 11. Oktober statt und muss in der ganzen Diözese begangen werden, da es sich um die Mutterkirche handelt. In allen Städten und Dörfern ist die Kirchweihe ein sehr wichtiger Anlass. Dies beweist die Aufregung der Pruntruter Bevölkerung, als der lokale Klerus (vergeblich!) das Datum verschieben will.[34] Das lokale Ereignis kann sogar regionale Ausstrahlung haben: Die Kirchweihe von Alle im Elsgau zieht regelmässig die jungen Leute aus den benachbarten Orten, aber auch aus dem Tal von Delsberg und Saint-Ursanne an – vor allem, wenn ein Armbrustschiessen vorgesehen ist![35]

Das Fest zu Ehren des Schutzheiligen stellt einen weiteren wichtigen Anlass des Pfarreilebens dar. Der heilige Germanus von Auxerre, Schutzherr von Pruntrut, wird hier am 1. Ok-

239 An Auffahrt gab es Volksbräuche wie etwa das laute Schlagen von Ratschen, das den Sieg Christi über den Satan symbolisiert, oder das Verprügeln eines Hampelmanns in Gestalt eines Teufels. Zwar untersagte die katholische Reform solche Bräuche nicht gänzlich, verurteilte sie aber deutlich als «Exzesse», wie das *Sacerdotale* der Diözese Basel von 1595 beweist; hier S. 79 in Band 2 (BiCJ).

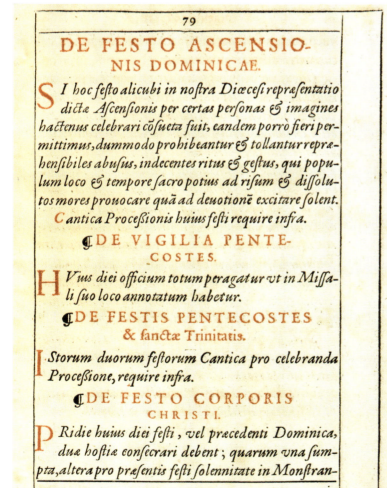

79

DE FESTO ASCENSIO-
NIS DOMINICAE.

SI hoc festo alicubi in nostra Dicecesi repræsentatio dicta Ascensionis per certas personas & imagines hactenus celebrari cōsueta fuit, eandem porrò fieri permittimus, dummodo prohibeantur & tollantur reprehensibiles abusus, indecentes ritus & gestus, qui populum loco & tempore sacro potius ad risum & dissolutos mores prouocare quā ad deuotiōē excitare solent. Cantica Processionis huius festi require infra.

¶ DE VIGILIA PENTE-
COSTES.

HVius diei officium totum peragatur vt in Missali suo loco annotatum habetur.

¶ DE FESTIS PENTECOSTES
& sanctæ Trinitatis.

IStorum duorum festorum Cantica pro celebranda Processione, require infra.

¶ DE FESTO CORPORIS
CHRISTI.

PRidie huius diei festi, vel præcedenti Dominica, duæ hostiæ consecrari debent; quarum vna sumpta, altera pro præsentis festi solennitate in Monstran-

tia

tober gefeiert (eine Besonderheit, da sein Namenstag auf den 21. Februar fällt).[36] Während
dieser Feier stellt man eine Statue des Heiligen zur Schau sowie dessen Reliquien, welche die Gläubigen und die Besucher küssen
dürfen (Pruntrut besitzt Stücke des Gewandes
und des Grabtuchs von Germanus).[37] Zudem
wird bei dieser Gelegenheit gesegneter Wein
ausgeteilt, was Pilger anzieht.[38] Die Gläubigen
schenken dem Heiligen Geld, Eier, Küken oder
sogar Kerzen und Kleidungsstücke – aber der
Opferstock wird abends aus Angst vor Dieb-
stählen vorsichtshalber geleert.[39]

Am Montag nach dem Dreikönigstag findet in
Pruntrut eine allgemeine Jahrestagsmesse für
die Verstorbenen statt. Es handelt sich um eine
jährlich begangene Feier zu Gunsten der Seelenruhe aller Stifter, das heisst all jener, welche
die bescheidene Summe von mindestens zehn
Schilling bezahlt haben, um auf der Liste der
Stifter eingetragen zu werden, seien sie in der
Pfarrei sesshaft oder nicht.[40] Der Anlass hat regionale Bedeutung, denn es nehmen nicht nur
die lokalen Priester an der Feier teil, sondern
auch zahlreiche Geistliche aus den umliegenden Orten. Oft sind es deren zwanzig (neun-
undzwanzig im Jahr 1509!),[41] und jeder liest
an diesem Tag eine Messe, wobei die gesun-
gene Messe Sache des Titularvikars ist.[42] Mit
Orgelbegleitung lesen die Kaplane zusammen
mit dem Schulmeister und den grossen Schülern die Totenvigilien, während die kleineren
Schüler (Mädchen und Buben) die «sieben
Psalmen» rezitieren. Viel Kerzenlicht, Schmuckwerk, eine Prozession und Almosen an Bedürftige und Leprakranke gehören zu diesem aufwändig begangenen Tag.

Die Liste der wichtigen Feiertage ist damit noch
nicht abgeschlossen. Viele Feste werden in einem kleineren Kreis begangen. In Pruntrut ehren die Kaplane der Bruderschaft Saint-Michel
am 29. September ganz besonders den Erzengel Michael (grosse Austeilung von Brot an
Arme), begehen in ihrer geräumigen Kapelle
aber auch noch zahlreiche andere Festtage. Die
Weberzunft unterstützt eine der Muttergottes
gewidmete Bruderschaft, und die Feiertage zu
Ehren Marias werden deshalb in dieser Kapelle
zelebriert: Der Vikar singt eine Messe und wird

240 Figürchen des hl. Germanus
von Auxerre, Schutzpatron
der gleichnamigen Kirche
in Pruntrut. Vielleicht handelt es sich um den «kleinen hl. Germanus, den man
am Feiertag des hl. Germanus auf den Tisch stellt».
1508 geschnitzt und bemalt
von Michel Glaser. Die Sta-
tuette wurde im 17. Jh. in
das neue Chorgestühl integriert und steht heute wieder frei (Pfarrei Pruntrut).

dabei von allen Priestern der Stadt unterstützt
(sechzehn an Mariä Lichtmess 1520)[43] oder sogar vom Schulmeister und seinen Schülern.
Die Zünftler treffen sich anschliessend mit ihren Gästen zu einer Mahlzeit, an der bis zu
siebzig Personen zugegen sein können.[44]

Ende des Mittelalters und zu Beginn des
16. Jahrhunderts spielen die unzähligen
kollektiven Feierlichkeiten eine zentrale
Rolle für die Disziplinierung und die religiöse
Hingabe der Gläubigen. Hier kann mit einer
Verschmelzung von Ritual und Liturgie der
ganze Prunk entfaltet werden, hier erhalten
Emotionen und Zugehörigkeitsgefühle ihren
gebührenden Platz. Dabei geht das Heilige
oftmals einher mit dem Profanen oder Gro-
tesken, eine Verbindung, die von den religiösen und weltlichen Eliten mit der Zeit immer
weniger verstanden und toleriert wird.[45] Ende
des 16. Jahrhunderts gelingt es der katholischen Reform denn auch, die beliebten zeremoniellen Riten zu entschlacken, wobei aber
der liturgische Prunk, verstanden als Ehrer-
bietung Gottes und als pädagogisches Instrument für das Volk, durchaus beibehalten,
wenn nicht gar noch verstärkt wird.

YANN DAHHAOUI

Der «Kinderbischof»: ein Knabe an der Spitze der Kirche!

«Er stürzt die Mächtigen vom Thron und erhöht die Niedrigen.» Dieser Vers aus dem *Magnifikat* (Lukas 1,52), der an jedem Abend des liturgischen Jahrs zur Vesper gesungen wird, findet in den meisten Kathedralen des mittelalterlichen Abendlands am Abend des Fests der Unschuldigen Kinder (28. Dezember) einen ganz besonderen Widerhall.[1] Von den Geistlichen beliebig um die Wette gesungen,

begleitet der Vers rhythmisch die jährliche Amtsenthebung des «Festbischofs», der seinem Nachfolger die Kennzeichen Mitra, Krummstab, Handschuhe und Ring übergibt, die er während des ganzen Fests getragen hat. Dieser «Bischof der Unschuldigen Kinder» – unter dieser Bezeichnung findet man ihn meistens in den Quellen – ist ein Bischof im vollen Wortsinn: Erwählt jedes Jahr um Sankt Niko-

241 *Liber ordinarius* der Kathedrale Saint-Etienne in Besançon, vor 1253. Fragen an den eben gewählten jungen Papst von Saint-Etienne und erwartete Antworten: *«Vis fieri papa? – Volo. – Vis regere et defendere Sanctam Romanam Ecclesiam cum filiabus suis? – Volo…»* («Willst du Papst werden? – Ich will. – Willst du die Heilige Römische Kirche und ihre Töchter leiten und verteidigen? – Ich will…») (Bibliothèque municipale de Besançon, ms. 98, fol. 26v).

laus herum (6. Dezember), wird er – kurz vor dem Tag der Unschuldigen Kinder – ordiniert und inthronisiert, d.h. feierlich auf seinen Bischofsstuhl gesetzt. Doch es handelt sich um einen Knaben!

Kaum ist am Abend des 27. Dezembers die Zweite Vesper vom Tag des Evangelisten Johannes zu Ende, übernimmt der Kinderbischof die Macht in der Kathedrale, indem er buchstäblich die Kirchenhierarchie umkehrt: Die Domherren werden von den jungen Klerikern, die jetzt deren Platz einnehmen, aus dem Chorgestühl vertrieben und müssen sich von nun an ihren Anordnungen unterziehen. Am folgenden Tag leitet der junge Bischof während des ganzen Offiziums anlässlich des Fests der Unschuldigen Kinder von seinem Bischofsstuhl herab die liturgische Feier in der Kathedrale, indem er Worte und Gesten des erwachsenen Bischofs nachmacht. Das Fest findet ausserhalb der Kirche seinen Fortgang mit dem Ritt des kleinen Bischofs und seines Gefolges durch die Stadt, ja gar das ganze Bistum, dies mit dem Ziel, die Steuer einzutreiben, die verschiedene klösterliche Institutionen dem festlichen Würdenträger schulden.

Das Fest der Unschuldigen Kinder von Besançon, das vom 13. Jahrhundert an sehr gut dokumentiert ist, zählt nicht weniger als fünf solcher Würdenträger, die in ihrer Organisation fast die vollständige Kirchenhierarchie widerspiegeln: Während die Jungkleriker des Domkapitels von Saint-Jean einen jungen Erzbischof wählen, ernennen jene von Sainte-Madeleine einen jungen Bischof, jene von Saint-Vincent einen jungen Abt und jene von Saint-Paul einen jungen Kardinal. Wenn einer der vier kleinen Prälaten den festlichen Würdenträger von Saint-Etienne trifft, muss er sich vor ihm verneigen, denn er ist niemand anders als – ein junger Papst! Dieser treibt die Imitation bis in die kleinste Einzelheit hinein; so hält er etwa in der Hand die goldene Rose, das traditionelle Attribut des erwachsenen Papstes seit dem 11. Jahrhundert bei einer Prozession zu Pferd durch Rom.

In Lausanne belegen einige Erwähnungen aus dem 15. Jahrhundert, dass die Chorschüler (oder Unschuldigen Kinder) der Kathedrale

für den 28. Dezember einen «Erzbischof der Starken» wählten. Obwohl die Statuten dieser Sängerschule eine solche Wahl untersagten, hatte der Dignitär anscheinend noch viele schöne Tage vor sich, wird er doch in den Lausanner Quellen noch im 16. Jahrhundert erwähnt.

Der Brauch ist auch in Pruntrut bekannt, wo man im Jahr 1492 einen von den Schülern der Kapitelschule von Saint-Ursanne gewählten Kinderbischof empfängt: «Ferner: Die Jungkleriker von Saint-Ursanne hatten winters an Sankt Nikolaus einen Bischof gekürt und waren hier vor Weihnachten; und es wurde geraten, dass man ihnen um der Ehre der Stadt willen dafür etwas schenken müsse: Also schenkte man einen Zentner Wein.»[2]

Sogar in Basel, wo zwischen 1431 und 1438 das ökumenische Konzil stattfindet, das später den Namen der Stadt annimmt und das als Erstes die Wahl von Kinderbischöfen anlässlich des Fests der Unschuldigen Kinder strikt untersagt, rennt ein junger Prälat in Begleitung eines kleinen Teufels durch die Strassen. Einige sehen in Letzterem den Vorfahren unseres Knechts Ruprecht, des Begleiters eines Nachfahren des Kinderbischofs: Sankt Nikolaus.

242 In der Tradition kommt der heilige Nikolaus von Myra mit den Unschuldigen Kindern zusammen. Holzstatue aus der Kirche Courroux (JU), 16. Jh. (HMB).

DOMINIK WUNDERLIN

Spuren eines spätmittelalterlichen Fastnachtgeschehens

Woher kommt die Fastnacht? Wie alt ist sie und wie ist fastnächtliches Brauchtum zu deuten? Dies sind häufig gestellte Fragen, auf die es viele Antworten gibt. Von jenen, die man auch heute hören und lesen kann, entstammen allerdings manche einer Fastnachtsforschung, die weit entfernt von modernen Ergebnissen und Erkenntnissen ist.[1] So bemühten sich manche Volkskundler bis über die Mitte des 20. Jahrhunderts hinaus, die fastnächtlichen Brauchformen auf ein vegetationskultisches Winter-Austreiben zurückzuführen und damit eine Kontinuität von vorchristlichem Brauchtum bis in die Gegenwart zu beweisen. Die Überwindung einer mythologischen Brauchdeutung verdankt die europäische Ethnologie dem Münchner Volkskundler Hans Moser, der seit den 1950er-Jahren mit seinen historisch-archivalischen Arbeiten zeigen konnte, dass die Fastnacht zwar bezüglich Termin, ihrer Benennung und mancher Erscheinungsformen den Ursprung in der kirchlichen Festlegung der Fastenzeit hat, aber dass das Narrenfest dennoch ein weltlich-städtisches Fest ist, getragen von Handwerkszünften und vergleichbaren Körperschaften. Dank ausgedehnter Quellenstudien verwies Moser die bisher behauptete agrarische Herkunft der Fastnacht in die Abstellkammer. Ausserdem konnte er einen Gebrauch von Masken nicht vor dem 15. Jahrhundert belegen.

H. Mosers Arbeitsweise gab historisch orientierten Brauchforschern neue Impulse und veranlasste Präzisierungen von quellenkritischen Analysen unter dem Gesichtspunkt sozial- und wirtschaftsgeschichtlicher Fragestellungen. In den 1960er-Jahren war es dann der Tübinger Arbeitskreis für Fastnachtsforschung, in dem Moser von Beginn an mitwirkte und dessen Mitglieder viele Untersuchungen vorlegten, die teilweise stark unter dem Einfluss der empirischen Sozialforschung entstanden. Ganz klar gegen Hans Mosers sozialgeschichtlich orientierte Fastnachtsforschung wandte sich in den 1980er-Jahren der damals in Freiburg/Br. lehrende Dietz-Rüdiger Moser, der die Ansicht vertrat, dass alle Elemente des Fastnachtbrauchtums theologisch begründbar sind und die Fastnacht letztlich nur ein christlich-katholisches Fest ist. Die These von einer Inszenierung der Fastnacht durch geistliche Instanzen und auf der Grundlage des Zweistaatenmodells des heiligen Augustinus löste einen heftigen akademischen Streit im Kreis der historisch arbeitenden Brauchforscher aus, welche die Fastnacht als komplexeres Gebilde sahen und deshalb eine Entstehung aller fastnächtlichen Bräuche als kirchliches Programm ablehnten. «Die Annahme einer ungebrochenen Kontinuität seit frühchristlichen Zeiten ist fast ebenso abenteuerlich wie die Annahme germanischer Kontinuität bis heute.»[2] Die neuere Forschung ist sich einig, dass Fastnacht wie Karneval als Brauchformen «ihren Ausgangspunkt voll und ganz im christlichen Jahreslauf haben, wo sie von Anfang an das Schwellenfest vor dem Anbruch der vierzigtägigen Fastenzeit vor Ostern bildeten, die mit dem Aschermittwoch beginnt.»[3]

Dafür sprechen allein schon die Bezeichnungen von Fastnacht und Karneval, die ja aus verschiedenen Sprachfamilien kommen: Fastnacht meint den Vorabend der Fastenzeit, während sich Karneval aus dem kirchenla-

teinischen Wort «*carnislevamen*» (Fleisch-wegnahme) resp. aus «*carnelevare*» (Fleisch-wegnehmen) entwickelte und den Anfang der Fastenzeit bezeichnet. Die vor allem im Patois der Freiberge bekannte Bezeichnung «*Carimentran*» für fastnächtliches Geschehen schliesslich kommt von «*carême-entrant*» (das Eintreten der Fastenzeit).[4]

Da früher zwischen Aschermittwoch und Ostern der Genuss von Fleisch von Warmblütern und ebenso der von Grossvieh und Geflügel gewonnenen oder produzierten Nahrungsmittel unter Androhung von Strafen verboten waren, kann man sich gut vorstellen, dass die letzten Tage vor dem Anbruch der Abstinenz-zeit entsprechend gelebt wurde. Wie vor dem Martinstag, welcher einst den Beginn der weih-

nachtlichen Adventszeit markierte, schlachtete man auch zur Fastnacht oft nochmals und ver-zehrte Fleisch in grossen Mengen; vielleicht ass man auch bereits auf Martini speziell für die Fastnacht hergestellte Würste wie die z. B. in Saulcy JU bezeugten «*saucisse de cari-motra*».[5] In der Küche eilends aufgebraucht wurden zudem die verderblichen Vorräte, de-ren Verzehr unter das Fastengebot fiel: Die traditionellen Fastnachtsgebäcke, hergestellt mit Eiern und Fett, sind schmackhafte Re-likte dieser einstigen Notwendigkeit. Auch Bezeichnungen wie «schmutziger» (= fetter) oder «feisser Donnerstag» und *mardi gras* erinnern daran.

Wenn wir uns nun fragen, wie wohl die Fast-nacht im Mittelalter ausgesehen hat, dann se-

243 Grün glasierte Ofenkachel mit fastnächtlich anmutenden Musikanten. Basel, Mitte 15. Jh. Dies ist die früheste Bilddarstellung von Masken im Basler Raum (Fricktaler Museum, Rheinfelden).

hen wir uns im Allgemeinen mit der Tatsache konfrontiert, dass die Quellen insgesamt nicht reichlich sprudeln und meist nur städtische Brauchvorgänge überliefern, so dass leicht die Gefahr der Spekulation besteht. Während wir dank entsprechenden Nachrichten die Fastnacht in der Stadt Basel schon im 14. und noch deutlicher im 15. Jahrhundert als eine Zeit der Ausgelassenheit wahrnehmen können, fehlen uns für das ländliche Umland weitgehend Berichte aus vorreformatorischer Zeit. Als Rechtstermin ist Fastnacht in Basel und ebenso im ländlichen Umland bereits im 13. Jahrhundert bekannt: Er wird erstmals 1237 als Termin für eine Zinszahlung genannt.[6] Als Festtermin wird die Basler Fastnacht erstmals 1376 aktenkundig: Ein Turnier, ein durchaus fastnächtliches Brauchelement, endet in einem blutigen Tumult und geht als «böse Fastnacht» in die Geschichte ein.

Was nun das bäuerliche Umland betrifft, so verdanken wir immerhin Daniel Bruckner den Hinweis auf einen Vertrag, den Hans Bernhard von Eptingen im Jahre 1460 mit seinen Untertanen im Dorf Pratteln abschloss und der unter anderem bestimmt: «Und vor Fassnachtzeit, als man gemeiniglich zur Ehe greift, solle der Ambtmann etwelche Knaben und Töchtern, die im Alter sind, besehen, und schaffen, dass sie heurathen.»[7] Diese Anweisung lässt sich dadurch erklären, dass die Fastenzeit den Verzicht auf Fleischspeisen und auch die Entsagung der Befriedigung fleischlicher Gelüste forderte. Um der Sünde zu entgehen, entwickelte sich die Fastnacht zu einem sehr beliebten Hochzeitstermin[8] mit entsprechend ausgelassener Feier, die dann ohnehin leichter zu begehen war. Dass die Fastnachtszeit auch in der Stadt Basel ein beliebter und willkommener Zeitpunkt zur Eheschliessung war, zeigt schon eine Quelle von 1411.[9]

Leider erst aus nachreformatorischer Zeit stammen eine lange Reihe von Fastnachtsverboten, in denen den Untertanen – so 1546 – das «Verbutzen» (Verkleiden), das Trommeln und Pfeifen und – so 1555 – die Fastnachtfeuer und das Prassen sowie «unzüchtig Butzenwerck» bei Strafe untersagt wurde.[10] Sehr ausführlich gehalten ist schliesslich das Fastnachtsmandat an die Untertanen der Basler Landschaft vom 10. Februar 1599. Danach soll sich jedermann enthalten «des vbermeesigen vnordentlichen Pancketierens Zächens vnd Prassens / Item des nechtlichen hin vnd wider lauffens vff den Gassen / des Küchlin holens Darumb singens des vmbziehens mit tromen vnd pfeiffen / bezündens der Fassnacht feuwren / des verkleidens verbutzens der Mummerien. Wie ebnergestalten des Brämens / sudlens vnd molens an der Eschermittwoch vnd ander gleichen erdichte Fassnacht spilen.»[11]

Diese Aufzählung lässt kaum etwas aus, was an fastnächtlichen Brauchelementen auch anderswo sowohl in Städten als auch in den Dörfern ebenfalls bekannt war und insbesondere für das 15. Jahrhundert vielfach belegt ist. Auf die Zeit vor der Reformation von 1529 weist zudem das «Brämen», das Schwärzen mit Russ am Aschermittwoch, das übrigens bereits 1442 in Basel als «unkristlich» verboten wurde.[12]

Die Annahme, dass die im vorstehenden Mandat aufgezählten Brauchelemente um 1500 oder auch schon zuvor ebenfalls auf dem fürstbischöflichen Gebiet bekannt gewesen sind, dürfte nur leicht gewagt sein. Das übermässige «Bankettieren», Zechen und Prassen, das heisst das gemeinsame Essen und Trinken vor Beginn der entbehrungsreichen Fastenzeit, gehören sicher zu den sehr alten Elementen der Fastnacht. Hier unerwähnt, aber zweifellos bereits früh ein substantieller Bestandteil des Festes, so es nicht nur Männer zusammenführte, war Musik und Tanz, was zum Beispiel auf Verlangen des Basler Konzils während der Fastnacht 1435 verboten wurde, was sogleich bei der weiblichen Bevölkerung grossen Protest auslöste.[13]

Das Küchleinholen und -singen ist ein verbreiteter Heischebrauch, der hierzulande klar vor 1500 belegt ist und auf einem Recht der Umziehenden beruht, Naturalien zu erbitten. Eingefordert wurden nämlich nicht nur Fastnachtsgebäck, sondern auch etwa Eier und Würste. Eine städtische Quelle von 1418 zeigt uns, dass das im engen Zusammenhang mit einer «Metzgete» (Tierschlachtung) stehende Wurstsingen als eine vom Land in die Stadt gedrungene Gewohnheit bezeichnet wird; und zwei andere Basler Quellen von 1418 und 1423 verdeutlichen zudem die Verbindung von Heischebrauch und Verkleidung.[14] Dass der Heischezug von Musikanten begleitet wurde, ist vielfach und auch im ländlichen Raum für das 15. Jahrhundert bezeugt. Trommel und Pfeife waren übrigens damals sowohl Musikinstru-

mente bei den Kriegern als auch die üblichen Tanzinstrumente. Wir dürfen auch davon ausgehen, dass auf dem Dorfe um 1500 ein einfaches Maskieren und Verkleiden verbreitet war.[15]

Ähnliches gilt auch für das fastnächtliche Feuer, das in der Regel – und wohl seit dem

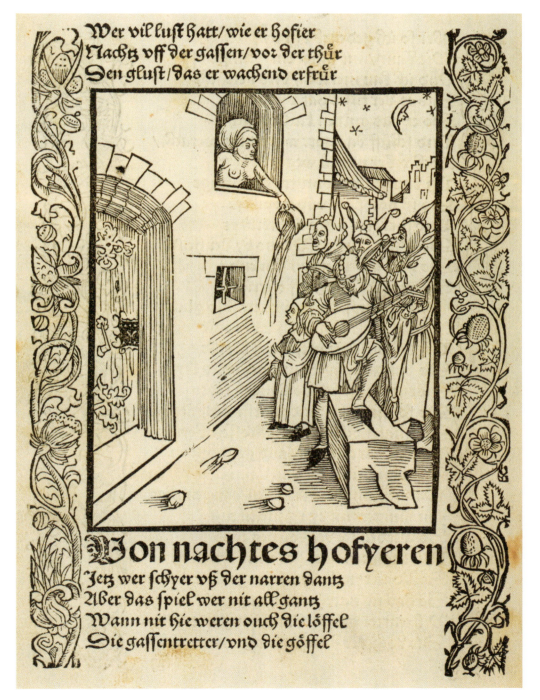

244 Eine Anwohnerin setzt sich gegen nächtliche Lärmbelästigung durch Maskierte zur Wehr, indem sie einen Nachttopf ausleert. Holzschnitt aus Sebastian Brant, *Das Narrenschiff*, 1494 (UB BS, Ao IX 91, fol. 76v).

245 Narr im Initial zu Psalm 52 (*«Dixit insipiens...»*). Breviarium des Basler Bischofs Friedrich zu Rhein. Basel, um 1437/1439 (UB BS, A N VIII, Sommerteil, fol. 31v).

Priester den Feuerstoss oder die *«brandons»*, wie die Fastnachtsfeuer u. a. im französischsprachigen Jura heissen, in Brand setzt, muss sehr offen bleiben.[18] Keine Zweifel dürften aber darüber bestehen, dass man sich auch im Jura schon um 1500 nach der Rückkehr ins Dorf dem Genuss von Fastnachtsgebäck hingegeben hat. Aus der Ajoie werden uns zu Beginn des 20. Jahrhunderts hierfür folgende Namen mitgeteilt: *«crapé»*, *«oriettes»*, *«tôtes»*, *«beignets secs»*, *«beignets levés»*.[19]

Abschliessend sei noch ein fürstbischöfliches Mandat vom 23. Februar 1618 erwähnt, das an den Vogt von Zwingen gerichtet ist. Danach seien in den Herrschaften Birseck und Pfeffingen das *«brunnen werfen, fassnacht feuwer, trommen schlagen und anders»* zwar verboten, aber dennoch weiterhin *«in Schwang»*.[20] Während die Erwähnung von Fastnachtsfeuer und von Trommelmusik für uns nichts Neues mehr ist, so ist es hingegen der Brauch des Brunnenwerfens, der in dieser Quelle explizit am Aschermittwoch stattfindet. Bekannt ist er bis heute in ganz Süddeutschland und gilt meist als Abschlussbrauch der Fastnacht, *«mit dem offenbar sowohl der Untergang der Narretei als auch eine Art Reinigungsritual an den Akteuren vollzogen werden sollte».*[21] Nicht selten steht das Brunnenwerfen mit Handwerksgesellen in Verbindung, so auch bereits in einem Basler Ratserlass von 1436, in dem – wie auch in späteren Belegen – jeweils Aschermittwoch als Brauchtermin genannt wird – also zeitlich vor dem auch schon in vorreformatorischer Zeit belegten Basler Fastnachtstermin Hirsmontag (Montag nach Invocavit); dieser Termin geht auf eine Berechnungsart der Fastenzeit zurück, die bis zum Konzil von Benevent im Jahre 1091 Gültigkeit hatte, als die Sonntage noch nicht vom Fastengebot ausgenommen waren.

Die Quellenlage zum mittelalterlichen Fastnachtsbrauchtum auf dem Gebiet des Fürstbistums Basel ist zwar – ausser für die Stadt Basel – recht bescheiden. Dennoch haben es immerhin manche Aktennotizen erlaubt, dass wir zumindest ein skizzenhaftes Bild des Geschehens vor Beginn der vorösterlichen Fastenzeit entwerfen konnten.

Mittelalter – am Abend von Sonntag Invocavit, also an der alten Fastnacht und somit bereits in der Fastenzeit abgebrannt wird.[16] Dank dem aus Breisach zugezogenen Pfarrer Johannes Gast ist uns überliefert, dass bereits in der ersten Hälfte des 16. Jahrhunderts rund um Basel Fasnachtsfeuer zu beobachten waren und das Volk die Nacht mit Zechen zubrachte.[17] Ob es allerdings schon im Mittelalter Brauch war, was noch zu Beginn des 20. Jahrhunderts berichtet wird, dass nämlich der katholische

JEAN-CLAUDE REBETEZ

Von der Geburt bis zum Tode: die Sakralisierung der Lebensübergänge

Die Taufe

Erblickt ein Neugeborenes das Licht der Welt, so ist im christlichen Verständnis des Mittelalters die Taufe unumgänglich, denn damit wird die Erbsünde von ihm abgewaschen und das Kind kann sich zu einem Christenmenschen entwickeln. Um 800 empfiehlt Bischof Haito, die Taufen am Ostersamstag oder an Pfingsten vorzunehmen, aber aus Gründen der Vorsicht kommt die sofortige Taufe auf. Denn wenn ein Säugling vor Erhalt dieses Sakraments stirbt, gelangt er nicht ins Paradies, sondern verbleibt in der Vorhölle;[1] zwar wird er dort nicht Höllenqualen erleiden, er wird aber auch nicht

Gottes angesichtig werden. Deshalb müssen Eltern und vor allem Hebammen für schwierige Geburten die Taufformel kennen.[2] Die Formel kann ausgesprochen werden, sobald der Kopf des Säuglings – und nicht ein Fuss oder eine Hand – erscheint. Der Priester ergänzt sodann die Zeremonie.

Ausser in solchen Extremfällen ist der Taufritus eine komplexe Angelegenheit. Der Priester hält sich an ein Buch, in dem alle Handlungen und Formeln vermerkt sind, einschliesslich der Exorzismen zur Verjagung böser Geister. Die Zeremonie beginnt vor der Kirche: Der Priester empfängt den Taufzug mit dem

246 Heft mit der vollständigen Beschreibung des Taufritus (Neuenstadt, 14. Jh.). Die Änderungen und Zusätze sowie das abgegriffene Pergament weisen auf eine häufige Benutzung dieses Hefts hin, in dem auch der Ritus der letzten Ölung vorkommt (ABLN).

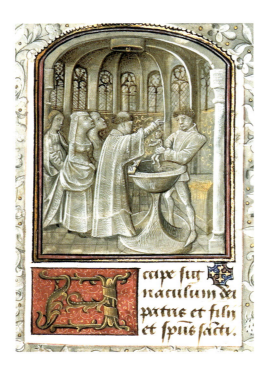

247 Taufszene: Männer und Frauen stehen immer getrennt und der gleichgeschlechtliche Pate hält den Täufling über das Becken. Hier fragt der Priester das Kind: «Willst du getauft werden?» und der Pate antwortet stellvertretend: «Ja, ich will», worauf der Priester mit einer dreifachen Bewegung die Taufformel ausspricht (falls nötig, nimmt er das neben ihm liegende Buch zu Hilfe). Das Weihwasser im Becken (es wird an allen Oster- und Pfingstsamstagen ausgewechselt und geweiht) ist mit einer Abdeckung geschützt, um jegliche Verschmutzung zu vermeiden. Pontifikale von Charles de Neufchâtel, Ende 15. Jh. (BiCJ).

stellt den Taufpaten die rituellen Fragen und befeuchtet am Ende Augen und Nasenlöcher des Säuglings mit seinem Speichel: Dieser Akt gemahnt an die Wunder Jesu, der Blinde sehend machte (Markus 8,23; Johannes 9,1), und symbolisiert die Öffnung der Sinne des Neugeborenen zur Wahrheit. Erst dann darf der Taufzug die Kirche betreten und begibt sich zum Taufbecken. Hier befragt der Priester erneut mehrmals die Paten (zum Glauben, zum Kindesnamen), salbt den Säugling mit heiligem Öl und macht drei Mal die Taufbewegung, wobei er die Taufformel ausspricht – der Schlüsselmoment. Danach salbt er das Kind mit Chrisam und gibt ihm eine brennende Kerze in die Hand (das Zeichen, dass es ein Kind des Lichts geworden ist) und lässt es schliesslich vor den Altar führen, um es, begleitet von *ad hoc*-Gebeten, ein weiteres Mal mit Weihwasser zu besprengen.

Unmittelbar nach der Salbung mit Chrisam wird das Kind in ein grosses weisses Tuch gewickelt oder es wird ihm ein Taufkleid übergelegt, um das heilige Öl zu bewahren. Da der Stoff Salböl aufnimmt, wird er selber beinahe heilig, weswegen die Kindsmutter das

Täufling, der von seinen Paten getragen wird, macht das Kreuzzeichen über verschiedenen Körperteilen des Kindes, segnet es, treibt die bösen Geister aus, gibt ihm etwas Salz unter die Zunge («erhalte das Salz der Weisheit»),[3]

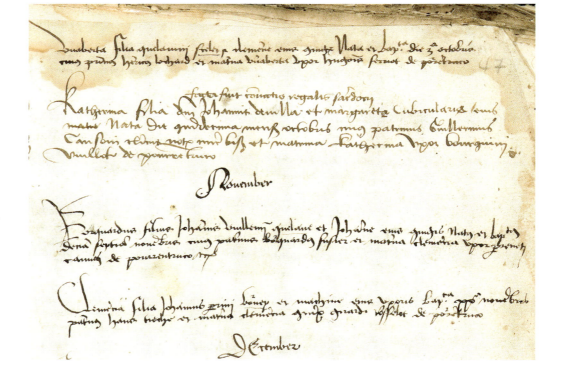

248 Detail einer Seite aus dem Taufregister von Pruntrut (S. 47, von Oktober bis Dezember 1487). Zu jedem Kind wird ein Eintrag gemacht, der seinen Namen, die Namen der Eltern, das Taufdatum und die Namen der Taufpaten enthält. Zweiter Absatz *(Katherina ilia…)*: Hier handelt es sich um ein uneheliches Kind (Archives cantonales jurassiennes).

Das älteste Taufregister der Schweiz

Das Taufregister von Pruntrut, das mit dem 26. Dezember 1481 beginnt, ist eines der ältesten in ganz Nordeuropa und das älteste der Schweiz.[6] Pierre Pégeot fand darin bis 1500 800 Kinder (nicht alle Jahrgänge sind vollständig), wovon 420 Buben und 380 Mädchen; die Geburtenrate liegt leicht über 40‰, was verhältnismässig wenig ist. Pégeot nennt drei totgeborene Kinder und sechs Fälle von Zwillingen. 16 Kinder sind unehelich, was einem Anteil von 2 % entspricht, doppelt so viel wie üblich. Es handelt sich um Kinder von Geistlichen (drei Priester zeugten fünf Kinder) oder von Adligen, aber hier stammt die Mehrheit von einfachen Bürgern und Hintersassen, was ungewöhnlich ist.

In 86 % der Fälle findet die Taufe am Tag der Geburt statt, und dies gilt auch für hohe Feiertage. Besteht die Gefahr, dass das Kind verstirbt, so weckt man den Priester selbst mitten in der Nacht, um sofort die Zeremonie vorzunehmen, wie dies etwa 1496 bei der kleinen Jeanne der Fall ist.[7] Laut den Synodalstatuten von Besançon sind zwei Taufpaten erlaubt, aber wenn die Eltern adlig sind und engere Beziehungen zum Bischof von Basel haben, so können sie sich nach den Bestimmungen der Basler Diözese richten und für ihr Kind drei Paten vorsehen. 1482 bestimmt Friedrich zu Rhein, Hofmeister des Bischofs, sogar deren fünf für seine Tochter.[8] Diese wird am Weihnachtstag mit viel Prunk auf den (seltenen) Namen Christine getauft, gewiss eine Referenz an die Geburt Christi; diese Namenswahl soll uns aber nicht darüber hinweg täuschen, dass sie vermutlich während der Fastenzeit gezeugt wurde, dass heisst zu einer Zeit, in der sexuelle Beziehungen untersagt sind!

In 95 % der Fälle erhält das Kind den Namen des gleichgeschlechtlichen Paten.[9] Zwar muss ein Vorname eines oder einer Heiligen gewählt werden,[10] aber die Kinder erhalten nur ausnahmsweise den Namen des oder der Heiligen ihres Geburtstages. In Pruntrut finden sich keine extravaganten Namen wie sie in den Synodalstatuten von Besançon als verboten aufgelistet sind.[11] Die Namen der Schutzpatrone der beiden Pruntruter Kirchen, Pierre und Germain d'Auxerre, werden selten verwendet. Der Name Pierre (und seine Varianten wie Perrin) wird zwar 33 Mal genannt (rund 8 % der männlichen Vornamen), aber es handelt sich dabei immer um den Namen des Paten, und zudem ist dieser Name allgemein beliebt. Weit an der Spitze steht übrigens der Name Jean und seine Varianten: Rund ein Drittel der Buben wird darauf getauft. Germain hingegen wird nur in drei Fällen gewählt, und in jedem dieser Fälle trägt der Pate einen anderen Vornamen, was nicht ohne Bedeutung ist. Vermutlich wollte man damit die besondere Hingabe an den Schutzpatron der alten Kirche bezeugen, dessen Namenstag und Reliquien für die ganze Stadt eine wichtige Rolle spielten.

Tuch bei ihrer Aussegnung rund einen Monat nach der Taufe in die Kirche zurückbringen muss, um zu verhindern, dass der Stoff zu abergläubischen oder magischen Zwecken benützt wird.[4]

Die Taufe bedeutet nicht nur den Eintritt des Kindes in die Gesellschaft (es erhält seinen Vornamen und Paten), sondern auch die Aufnahme in die christliche Glaubensgemeinschaft, in die Kirche. Nichts wird dabei dem Zufall überlassen, jede Handlung, jedes Wort hat im Rahmen dieser stark kodifizierten Zeremonie eine rituelle oder symbolische Bedeutung. Diese minutiös definierten Riten sind folgenreich; der junge Christenmensch erhält das Heilsversprechen und Schutz vor dem Teufel und kann damit nun das Leben bewältigen – und den Tod. Die zentrale Bedeutung, die das Volk diesem Sakrament zumisst, zeigt sich auch in der Beliebtheit von Wallfahrten zu Gnadenstätten, zu denen man mit totgeborenen Kindern pilgert, um sie für einen kurzen Moment – gerade lang genug für die Taufe – ins Leben zurückzubringen. An der westlichen Grenze der Diözese Konstanz, in Oberbüren (Büren a.A. BE) bezeugt der spektakuläre Fund von mehreren Hundert Skeletten totgeborener Kinder in der Nähe einer Wallfahrtskapelle der Muttergottes das Ausmass dieses Phänomens – die Marienstatue

249 Diese leider beschädigte Miniatur ist eine der seltenen Darstellungen einer Firmung. Die Taufpaten stehen hinter den knienden Firmlingen. Diese tragen ein weisses, sauberes Kopftuch zum Schutz des Chrisams, mit dem sie der Bischof gesalbt hat. Das Tuch ist während dreier Tagen zu tragen. Pontifikale von Charles de Neuchâtel, Ende des 15. Jh. (BiCJ).

war bekannt dafür, Totgeborene kurz ins Leben zurückrufen zu können.[5]

Die Firmung

Der Bischof spendet dieses Sakrament, wenn Kirchenmitglieder religionsmündig werden, um sie in ihrem christlichen Glauben zu bestätigen. Die Basler Synodalstatuten machen nur wenig Angaben zu diesem Sakrament und führen einzig aus, die Priester hätten das Kommen des Bischofs mitzuteilen und die Jugendlichen darauf vorzubereiten. Die Firmlinge werden von einem Taufpaten begleitet; einer genügt, damit es nicht zu unnötigen zusätzlichen Heiratsverboten kommt. Die Heirat mit einem Taufpaten ist nämlich untersagt, da diese sozusagen als Familienmitglieder gelten.[12] Die Firmlinge dürfen vor der Zeremonie nichts essen. Wer will, kann bei der Firmung seinen Vornamen ändern.[13] Es dürfen nur Kinder gefirmt werden, die bereits verständig genug sind, sich des Anlasses später zu erinnern; damit wollte man Mehrfachfirmungen verhindern.

Das Sakrament der Firmung wird nur in sehr unregelmässigen Abständen gespendet. In Pruntrut kommt der Suffragan des Erzbischofs

250 Ehering (?) aus Gold, der in einem Grab der alten Kirche Saint-Martin in Saint-Imier gefunden wurde. Vermutlich 16. Jh.

von Besançon zwischen 1473 und 1520 offenbar nur drei Mal zu einer Firmung in die Stadt.[14] Da dies keine Ausnahme darstellt, stirbt ein recht grosser Anteil der Gläubigen, ohne die Firmung erhalten zu haben.

Die Heirat

Die Geistlichen, die in den Pfarreien der Diözese Basel Visitationen vornehmen, müssen sich nach Paaren erkundigen, die den Ehebund eingegangen sind, ohne innerhalb eines Jahres den kirchlichen Segen dazu erbeten zu haben.[15] Diese seltsame Bestimmung zielt weniger auf heimliche (verbotene) Verbindungen als auf Paare, die nach Beginn des Zusammenlebens oder nach Abschluss des Ehevertrags nicht zur kirchlichen Heirat schreiten. Da das Sakrament der Ehe durch die Zustimmung der beiden Brautleute vollzogen wird, ist es der einzige Ritus, der nicht von Priestern abhängt. Natürlich droht die Kirche all jenen mit schweren Strafen, die heimlich heiraten, vor der Segnung sexuelle Beziehungen pflegen oder die kirchliche Heirat zu lange hinausschieben, aber allzu abschreckend wirken diese Drohungen nicht.

Mit dem Handbuch für Pfarrer, das Johannes Ulrich Surgant 1503 veröffentlichte, lassen sich die Etappen einer Heirat in Basel Ende des 15. Jahrhunderts rekonstruieren.[16] Alles beginnt mit dem Ehevertrag. Sobald die zukünftigen Eheleute diesen abgeschlossen haben (gemäss Surgant zusammen mit ihren Familien und Freunden), lässt man einen Priester kommen. Dieser führt die Heiratswilligen nach draussen auf einen Platz oder vor die Kirche, wo die Verlobung öffentlich vorgenommen wird. Die Anwesenheit des Priesters wie auch die Verlobung an sich sind fakultativ, werden aber sehr empfohlen.[17] Bereits jetzt können die beiden Familien ein Fest ausrichten, aber die beiden Verlobten dürfen noch keinen Geschlechtsverkehr haben. Anscheinend hielten aber einige Brautleute Vertrag und Verlobung für ausreichend, um bereits zu diesem Zeitpunkt gemeinsam unter ein Dach zu ziehen. Zwischen der Verlobung und der kirchlichen Heirat veröffentlicht der Pfarrer an drei Sonntagen das Aufgebot in der Kirche. Damit sollen all jene Personen informiert werden, denen ein allfälliges Ehehindernis bekannt sein könnte (frühere Ehen, Blutsverwandtschaft, Weihe usw.). Der Priester nimmt den beiden Verlobten die Beichte ab und lehrt sie – theoretisch – den Sinn der Ehe. Schliesslich kommt der Tag der feierlichen Segensspendung. Sie findet im Freien statt, vor dem Kirchenportal. Oftmals gibt es ein so genanntes «Brauttor» wie etwa in der Kirche Saint-Pierre in Pruntrut, das mit einem Vordach und einem kleinen Türmchen versehen ist.[18] Hier segnet der Priester den Ehering, nimmt den beiden Brautleuten das gegenseitige Eheversprechen ab und führt die Hand des Ehemanns, wenn dieser seiner Frau den Ehering über den Finger streift.[19] Der Hochzeitszug betritt sodann die Kirche, um der Messe beizuwohnen, an deren Ende die Frau gesegnet wird.

Die Aufgabe des Priesters endet oftmals mit der Segnung des Ehebettes (in Pruntrut erhält er dazu ein Huhn!),[20] aber den Eheleuten wird dennoch empfohlen, die erste Nacht aus Ehrfurcht vor dem Sakrament in Keuschheit zu verbringen. Der Tag wird natürlich mit einem grossen Fest begangen, zu dem der Priester eingeladen ist.

Während bestimmten längeren Zeiten des Jahres darf nicht kirchlich geheiratet werden (von Anfang Advent bis zur Oktave von Epiphanias, vom neunten Sonntag vor Ostern bis zum Sonntag nach Ostern, von den Bitttagen bis zur Pfingstoktave usw.), um Überschneidungen mit Andachten, der Fastenzeit oder grossen Feiertagen zu vermeiden.[21] Der Ehemann muss mindestens vierzehn, die Ehefrau zwölf Jahre alt sein, und niemand darf zu einer unerwünschten Verbindung gezwungen werden, sei es durch die eigene Familie oder durch den zukünftigen Gatten.

Die letzte Ölung und das Begräbnis

Im Angesicht des Todes versammeln sich Familie und Freunde eines Sterbenden an seinem Bett, um ihm beizustehen, für ihn zu beten, Maria oder den heiligen Michael, Erzengel des Jüngsten Gerichts, anzurufen.[22] Mit einem Gefolge bringt der Priester das heilige Sakrament und die heiligen Öle zum Kranken; bei sei-

251 Letzte Ölung: Die kranke oder sterbende Person, hier eine Frau, wird vom Priester mit heiligem Öl gesalbt. Dieser wird wenn möglich von mindestens einem Assistenten begleitet. Der Priester bestreicht die verschiedenen Körperteile, mit denen gesündigt wurde (Augen, Ohren, Mund, Hände, oftmals auch Nieren und, wie hier, die Füsse). Der Assistent wischt das Öl von jedem Körperteil mit einem Tuch weg, das nachher verbrannt wird. Pontifikale von Charles de Neufchâtel, Ende 15. Jh. (BiCJ).

nem Vorbeigehen knien die Menschen auf der Strasse nieder. Idealerweise nimmt der Priester dem Sterbenden die Beichte ab, spendet ihm die Kommunion und nimmt anschliessend das Sakrament der letzten Ölung vor.

Wird dieses Sakrament in Würde empfangen, so können dem Kranken mindestens die in

252 Zinnbehälter für die heiligen Öle zur Salbung der Kinder (O[LEUM] PUERORUM) und von Kranken.

253 Die Seele eines Verstorbenen wird vom Erzengel Michael gewogen, der den Teufel in Gestalt eines Drachens bekämpft. Umsonst versucht ein kleines Teufelchen zu erreichen, dass sich die Waage auf seine Seite neigt und die Seele zur Hölle fährt… Jeder Gläubige lebt im Wissen um diesen Schrecken erregenden Moment. Kirche Saint-Pierre in Pruntrut, Wandmalerei 15. Jh.

254 Exkommunizierte und Schwerverbrecher haben kein Anrecht auf eine christliche Bestattung. Hier wird der Leichnam eines Basler Mönchs, der Selbstmord begangen hat, zu einem Fass gezerrt: Er soll darin in den Rhein geworfen werden. *Luzerner Chronik* von Diebold Schilling, 1513.

der Beichte vergessenen lässlichen Sünden vergeben werden oder er erlangt sogar seine Gesundheit wieder.[23] Allerdings fürchtet sich die Bevölkerung ganz offensichtlich, dieses Sakrament zu beanspruchen, zweifellos aus der abergläubischen Angst heraus, damit den Tod anzuziehen, aber auch aus übertriebenem Respekt vor diesem Ritus: Man hat Angst, im Genesungsfall nicht das gewohnte Leben wieder aufnehmen zu können. Die Synodalstatuten betonen deswegen die Tatsache, dass die letzte Ölung wiederholbar ist und nicht bedeutet, dass ein «Entronnener» sein Leben danach drastisch ändern muss, etwa indem er auf sexuelle Beziehungen verzichtet.

Je nach Vermögensstand des Toten wird das Begräbnis mehr oder weniger prunkvoll begangen. In Altkirch sind 1475 mehr als siebzig Priester bei der Bestattung von Johannes von Morsberg zugegen, diesem «grossen Wohltäter des Klerus»![24] Bis zum Begräbnis wird beim Toten zu Hause Totenwache gehalten. Der Trauerzug geleitet den Sarg zur Pfarrkirche, wo die Messe stattfindet und die Tumbagebete gehalten werden; oft verfügt die Pfarrei über Prozessionskreuze, Leuchter und schwarze Tücher speziell für Begräbnisse.[25] Der Verstorbene wird sodann auf dem Friedhof bestattet. Sterben ist teuer: Die Priester erheben Gewohnheitsabgaben für jedes Begräbnis und die dazu gehörigen Gottesdienste (in den Freibergen sind innerhalb eines Jahres vier Messen zu lesen).[26] Während des Begräbnisses werden Almosen in Form von Geld, Wein und Brot verteilt, und dazu kommen noch weitere Kosten. Jeder Gläubige stiftet schon zu Lebzeiten Jahrtagsmessen, die jährlich für sein Seelenheil zu lesen sind; unzählige Nekrologien aus Pfarreien und Klöstern enthalten Listen dieser Stiftungen.

JEAN-CLAUDE REBETEZ

Die Pflichten des guten Christen

Grundbildung und elementare religiöse Praktiken

Im Verlauf des Mittelalters ändern sich die Anforderungen der Kirche gegenüber den Laien stark. In den Statuten, die der Basler Bischof Haito kurz nach 800 erlässt, interessiert sich

dieser für die Laien eigentlich nur in einem Abschnitt; er listet darin die Heiratsverbote unter Blutsverwandten auf, und tatsächlich kann die Kirche ihre Normen in dieser Materie nur mit Mühe durchsetzen. Doch mit der gregorianischen Reform des 11./12. Jahrhunderts neh-

255 Die Bedeutung der Beichte für das Seelenheil: Ein Ritter, dem im Kampf der Kopf abgehauen wurde, erhält die Gnade, gerade noch so lange zu leben, dass er zur Belohnung für sein eifriges Fasten die Beichte ablegen kann. Stich, Ende 15. Jh. (BiCJ).

Ridium Secundum Martum.
ewangely ihesu xpisti fily dei sicut
scriptum est in ysaia ppheta. Ecce

256 Jeden Sonntag erläutert der Pfarrer seinen Schützlingen – mehrheitlich Analphabeten – die Evangelien. Hier: Anfang des Markus-Evangeliums (Miniatur, Mitte 15. Jh., *Liber marcarum*, AAEB). Die vier Evangelisten sind symbolisch dargestellt in Form eines Menschen (Matthäus), eines Löwen (Markus), eines Stiers (Lukas) und eines Adlers (Johannes), gemäss den vier Lebewesen in der Apokalypse (4,6-7) und der Vision Ezechiels (1,10).

men die Anforderungen stetig zu. Das 4. Laterankonzil (1215) schreibt besonders die Pflicht zur jährlichen Beichte vor. Diese setzt sich zwar nur langsam und ungleichmässig durch, doch sie macht den Gläubigen direkt verantwortlich für sein Seelenheil, verpflichtet ihn, die geltenden Regeln der Moral zu kennen, und fördert so die eigene Gewissenserforschung sowie die Verinnerlichung des Glaubens – unter der Anleitung der Kirche selbstverständlich. Im 15. Jahrhundert wird von jedem Priester erwartet, dass er Bücher und Abhandlungen über die Busse besitzt, mit denen er die Gläubigen beim schwierigen Beichtgespräch führen kann.[1]

Die Basler Statuten von 1503 gestatten eine genaue Bestimmung dessen, was ein pflichtbewusster und auf Veränderungen bedachter Bischof kurz vor der Reformation von den Gläubigen verlangt.[2] Jeder muss die Zehn Gebote und die obligatorischen Gebete kennen: das Vaterunser, das Ave Maria und das Credo. Da es keine religiöse Unterweisung gibt, lehrt der Pfarrer die Gebete jeden Sonntag in der Messe, indem er sie deutlich artikuliert, so dass Kinder und Alte sie mühelos nachsprechen können, und zwar sowohl lateinisch wie deutsch. Diese Präzisierung ist wichtig. Noch im 16. Jahrhundert können einfache Leute ihre Gebete nur auf Lateinisch sagen (wie die

257 Frauen schwatzen und scherzen während einer Messe statt zuzuhören und in Andacht zu versinken – die Dämonen führen Buch über ihre Sünden. Oft gibt es keine Sitzgelegenheit in der Kirche, was eine gewisse Unruhe begünstigt. Die Frauen halten einen Rosenkranz in der Hand, denn es ist üblich, ihn während der Messe oder der Predigt aufzusagen – was manchen Predigern missfällt. Stich, Ende 15. Jh. (BiCJ).

258 Buch des gebildeten Stadtschreibers von Biel, Ludwig Sterner (1475-1541). Der Band enthält ein Heiligenleben von Johann Schönsperger und ein Handbuch zur richtigen Lebensführung für Mädchen, ins Deutsche übersetzt durch den Vogt von Mömpelgard, Marquard von Stein. Auf dem Kopfschnitt steht der Hinweis, dass es sich um das Buch Nr. 13 von Sterner handelt. Dieser ist zuerst ein Gegner Wyttenbachs, tritt dann aber zur Reformation über. Sein Buch ist zu einem unbekannten Zeitpunkt ins Kloster Bellelay gelangt (BiCJ).

unglückliche, 1589 der Hexerei bezichtigte Jeannette Coliat von Saint-Ursanne).[3] Das ist schade, denn ein mechanisches Aufsagen dieser Gebete verunmöglicht es, deren Sinn zu verstehen, während doch die Kirche davon ausgeht, dass sie in komprimierter Form alle Wahrheiten enthalten, die ihrer Meinung nach ein Christ kennen muss. Das Credo beispielsweise zählt die wichtigsten Dogmen auf wie die Dreieinigkeit, die Menschwerdung Gottes und die Erlösung.

Im Idealfall nimmt der Gläubige bei der Sonntagsmesse an der Eucharistie teil, hört das Evangelium – das nicht auf Lateinisch gepredigt werden soll – und die Predigt; der Pfarrer kündigt ihm die Feste der kommenden Woche an, die eventuellen Prozessionen, die Jahrtagsfeiern usw.[4] Aber die Priester sind nicht immer pflichtbewusst und die Gläubigen oft undiszipliniert: Manche schwatzen oder gehen vor der Predigt weg, vergessen niederzuknien beim heiligen Moment der Wandlung und der Erhebung der Hostie oder singen gar auf dem Friedhof während des Gottesdienstes! Die Pfarrer müssen sie daher über die Risiken, die ein solches Betragen für ihr Seelenheil haben kann, aufklären… und sie im Falle beharrlichen und schwerwiegenden Fehlverhaltens dem Offizialat melden.

Die Pfarrer sind auch gehalten, die Prozessionen zu überwachen: Mindestens eine Person pro Haushalt muss daran teilnehmen; Männer und Frauen marschieren getrennt und ins Gebet versunken. Die Priester führen eine Liste all jener Pfarreiangehöriger, die weder gebeichtet noch wenigstens einmal im Jahr – an Ostern – zur Kommunion gegangen sind. Die anderen Sakramente sind natürlich ebenfalls verpflichtend.

Ein vom Sakralen durchdrungener Alltag

Auch im täglichen Leben werden die Gläubigen immer wieder an das Sakrale erinnert: Das Öffnen und Schliessen der Stadttore richtet sich nach dem Läuten der Glocken, die mehrmals am Tag zum Gebet rufen, insbesondere zum Angelus-Gebet am Morgen und am Abend. Das Gebiet der Pfarrgemeinden ist übersät mit Kreuzen, Kalvarienwegen, kleinen Oratorien oder Kapellen, die den Vorübergehenden einladen, ein Gebet zu sprechen oder sich wenigstens zu bekreuzigen. In den Städten und sogar in den Dörfern werden Frühmessen gestiftet, um den Menschen zu ermöglichen, am Morgen vor der Arbeit an der Messe teilzunehmen.[5] In Pruntrut stiftet die Bruderschaft der Weberzunft 1395 drei wöchentliche Messen, die bei Tagesanbruch zu lesen sind: am Montag für die Verstorbenen, am Donnerstag für die Dreieinigkeit und am Samstag für die Jungfrau Maria.[6] Tatsächlich haben die Wochentage oft ein bestimmtes Gebets- und Andachtsthema; der Freitag beispielsweise ist immer dem Leiden Christi gewidmet.

Zu Hause besitzt praktisch jedermann Andachtsbilder. Reiche Leute und Prälaten haben sogar private Statuen, Gemälde oder Altarbilder, vor denen sie Andacht halten können… und die augenfällig von ihrem Luxus Zeugnis ablegen! Sie verfügen über schöne Stundenbücher mit den wichtigsten Gebeten des Breviers, die ihnen helfen, die täglichen Meditationen durchzuführen – wenn sie diese über-

haupt lesen![7] Am Ende des 15. Jahrhunderts haben viele wohlhabende und des Lesens kundige Handwerker Erbauungsliteratur zu Hause. Sogar bei den Armen findet man Wallfahrtszettel oder andere fromme Darstellungen, und viele besitzen einen Rosenkranz.

Wir wissen zwar sehr wenig über die privaten Formen der Frömmigkeit, sei es in der Familie oder im Leben des Einzelnen, aber es ist sicher, dass die Liturgie und die kollektiven Rituale eine zentrale Rolle spielen, nicht nur bei der religiösen Unterweisung, sondern auch bei der Religionsausübung und der individuellen Pflege des Glaubens. Die gewaltige Zunahme der Zahl und der Pracht der liturgischen Geräte, der Bildhauerkunst und der Ausschmückung der Kirchen im 15. Jahrhundert zeugt von der Kraft des religiösen Gefühls, das die ganze Gesellschaft durchdringt – von den Pfarreiverantwortlichen, die zu diesem Zweck beträchtliche Summen freigeben, bis zu den einzelnen Gläubigen, die mit ihren Almosen oft wesentlich dazu beitragen.

Im Übrigen schliessen sich die Laien häufig zu religiösen Vereinigungen zusammen, den Bruderschaften. Diese sind oft mit den verschiedenen Zünften verbunden und setzen sich stark für das Pfarreileben ein: In Pruntrut lässt

259 Johannes der Täufer mit Gläubigen, die ihm Opfergaben (Geflügel) bringen. Die Inschrift lautet: «Sant Johans /zu Biesesshein/, bit got für uns». Ab 1273 ist eine Wallfahrt nach Biesheim (Haut-Rhin) belegt, wo Johannes der Täufer um Hilfe gegen Epilepsie und Kopfschmerzen angerufen wurde. Der Name Biesheim steht auf einem Zettel, der über den Namen einer andern Ortschaft (Pasel) geklebt wurde; der Wallfahrtszettel wurde also wiederverwendet! Ende 15. Jh. (AAEB).

260 Christus am Kreuz. Basler Schule Ende 15. Jh. Diese ergreifende Darstellung betont die menschliche Natur Christi und macht sein Opfer anschaulich; sie illustriert die extreme Leidensfrömmigkeit im ausgehenden Mittelalter (MJAH).

261 Rosenkranz, Koralle, 16. Jh. (HMB). Die Armen haben Rosenkränze aus Holz oder Knochen. Die kurz vor 1476 gegründete Rosenkranzbruderschaft verbreitet den Gebrauch des Rosenkranzes weit herum. Jeder kann kostenlos Mitglied werden: Es genügt, sich einzuschreiben und jede Woche drei Rosenkränze von fünf Pater Noster und fünfzig Ave Maria zu beten.

zum Beispiel die Bruderschaft des barmherzigen Gottes (Schuhmacherzunft) an fünfzehn grossen Festen für die Vesper und das Hochamt auf ihre Kosten dreizehn Kerzen vor den Hauptaltar der Kirche Saint-Pierre stellen und ebenso viele in die Kapelle der Bruderschaft bei Feiern, die für sie wichtig sind (Auffindung und Erhöhung des heiligen Kreuzes, Sankt Nikolaus).[8] Die ältere und bedeutendere Marienbruderschaft (Weberzunft) tut ein Gleiches und begeht in ihrer Kapelle feierlich die sechs grossen Marienfeste (Verkündigung, Heimsuchung, Himmelfahrt, Christi Geburt und Mariä Empfängnis sowie Lichtmess). Sie erwirkt und erneuert Ablässe zu Gunsten jener, die in den

Jahren 1477 und 1500 daran teilnehmen.[9] Die Bruderschaften sind Gebetsgemeinschaften, die ihren Mitgliedern eine «spirituelle Familie» auf der Basis gegenseitiger Unterstützung bieten. Sie stellen eine Art «Todesfallversicherung» dar: Bei jedem Tod sprechen die Mitbrüder eine bestimmte Anzahl Gebete für die Seele des Verstorbenen und nehmen an seinem Begräbnis teil. Zudem organisiert die Bruderschaft zu seinen Gunsten Sondermessen und gedenkt seiner in den Jahrzeitfeiern. Diese Bruderschaften befolgen vollständig die damals vorherrschenden Formen der Devotion: Messen, Gebete, Prozessionen, Totengedenken. Über diese spirituelle Funktion hinaus stellen sie ein zentrales Element im gesellschaftlichen Leben dar.

Mit den Regeln «im Reinen»

Jeder Christ muss selbstverständlich die von der Kirche vorgeschriebenen Verhaltensnormen einhalten. Theoretisch wird von jedem Einzelnen die Teilnahme an den religiösen Feierlichkeiten des Sonntags und an den vom Bischof angeordneten Festen verlangt; an diesen Tagen ist es zudem verboten zu arbeiten. Die Liste der Feste variiert von Diözese zu Diözese, und ihre Zahl nimmt im Verlauf des Mittelalters tendenziell zu, parallel zur Entwicklung des Heiligen- und des Marienkults sowie zur Intensivierung der Verehrung Christi (Fronleichnam, Auffindung des Kreuzes usw.). In der Diözese Basel zählt man 1503 ungefähr 90 Tage pro Jahr – Sonntage eingeschlossen –, an denen aus religiösen Gründen jede Arbeit verboten ist, was nahezu zwei Tagen pro Woche entspricht (sie sind jedoch unregelmässig auf das ganze Jahr verteilt). Diese Zahl liegt durchaus im Rahmen des damals Üblichen. Während die Laien diese Feste schätzen, ist deren Häufigkeit Gegenstand der Kritik von Seiten einiger Geistlicher, welche die häufigen «Ausschweifungen» an diesen Feiertagen beklagen oder den zu grossen Platz kritisieren, den der Heiligenkult auf Kosten der Anbetung Gottes einnimmt.[10]

Eine andere wichtige und für das tägliche Leben der Menschen sehr harte Regel betrifft das Fasten und die Enthaltsamkeit. Das Christentum untersagt zwar keine Speise – im Unterschied zu den zahlreichen Restriktionen im Judentum –, doch die Kirche ermahnt zum Fasten, das als heilsame Busse und als Mittel betrachtet wird, die sexuellen Triebe zu bändigen. Der Verzehr von Fleisch ist untersagt am Freitag, am Vorabend gewisser Feste und während der Fastenzeit.[11] In der Basler Diözese sind zu Beginn des 16. Jahrhunderts zwischen einem Viertel und einem Drittel der Tage mit verpflichtenden Nahrungseinschränkungen belegt. Die Frömmsten fasten noch mittwochs und samstags (sogar noch montags) sowie während der vier Adventswochen! Dabei handelt es sich allerdings nicht immer um eine Wahl: Auf der Münsterbaustelle in Basel bekommen im Jahr 1437 die Arbeiter, die vor Ort von der Kirche verpflegt werden, am Samstag kein Fleisch, sondern Fisch und

262 Sonntags- oder Festtagsarbeit verletzt Christus: Auf dieser Wandmalerei aus dem 14. Jh. in der Kirche von Ormalingen (BL) stecken die verschiedenen Handwerkzeuge und Arbeitsgeräte buchstäblich in seinem Leib.

Eier;[12] der den Aussätzigen auferlegte Speiseplan ist ebenfalls sehr streng. Die Fastenzeit ist besonders hart, denn man muss nicht nur dem Genuss von Fleisch total entsagen, sondern auch Eier und Milchprodukte meiden. Diese Vorschriften sind sehr schwierig einzuhalten in einer Gegend, in der es kein Olivenöl gibt und Fisch selten ist. Aus diesem Grund ist die päpstliche Kurie bereit, «Butterbriefe» auszustellen, das heisst Regelabweichungen, die den Ersatz des Olivenöls durch Butter gestatten. 1463 erhält der Bischof von Basel ein solches Privileg für die gesamte Diözese: Mittels einer bescheidenen Gebühr von vier Pfennig pro Person können die Angehörigen der Diözese in der Fastenzeit Butter essen. Dieses Vorrecht wird später über die Diözese hinaus auf die bischöflichen Untertanen im Elsgau und im südlichen Fürstentum ausgedehnt; ausserdem bezieht sich die Erlaubnis rasch einmal auf sämtliche Milchprodukte einschliesslich Käse.[13]

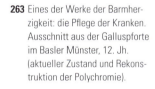

263 Eines der Werke der Barmherzigkeit: die Pflege der Kranken. Ausschnitt aus der Galluspforte im Basler Münster, 12. Jh. (aktueller Zustand und Rekonstruktion der Polychromie).

Neben den strengen und allen auferlegten Verpflichtungen muss der Gläubige, der die Verdammnis am Tag des Jüngsten Gerichts vermeiden und die Zeit seiner Busse im Fegefeuer

(zur jenseitigen Sühne seiner Verfehlungen) verkürzen will, zu Lebzeiten von der Kirche empfohlene Taten der Frömmigkeit vollbringen, insbesondere Andachts- und Bussübungen (Gebete, Wallfahrten, Stiftung von Messen, Fasten…) und gute Werke (Almosen, Kirchenspenden, gute Taten). Der Gläubige wird durch das Versprechen von Ablässen auch wirksam dazu angeregt. Es wird ihm eindringlich empfohlen, Gutes zu tun und Nächstenliebe zu üben gemäss den «sieben Werken der Barmherzigkeit»: Hungrige speisen, Durstige tränken, Nackte kleiden, Fremde beherbergen, Gefangene besuchen, Kranke pflegen und Tote bestatten – wobei dieses letzte Werk im 13. Jahrhundert zu den sechs im Evangelium beschriebenen (Matth. 25, 35-40) hinzugefügt wurde. Nächstenliebe ist also oft das Resultat eines nicht uneigennützigen Kalküls.

Fazit

Auch wenn die Gesellschaft am Ende des Mittelalters vollständig christianisiert ist und es Atheismus nicht gibt, so ist die Verinnerlichung des Glaubens und das Verständnis der Riten beim durchschnittlichen Gläubigen oft sehr be-

schränkt.[14] Die Erfahrung des Sakraments und das vorgetragene Gebet bilden die Grundlage des mittelalterlichen Glaubens. Die gläubigen Laien bleiben dabei meistens passiv: Sie sind beim Gottesdienst anwesend, «beten mit den Füssen» bei den Prozessionen, ja sogar mit ihrem Geld, wenn sie Feiern stiften. Die vor dem Mysterium der Eucharistie, den heiligen Bildern, den Reliquien oder den Zeremonien empfundene seelische Erregung wird als Mittel zur Erziehung des Volks betrachtet. Diesem bietet die Kirche ausserdem die «wirksamen Rituale», nach denen es begehrt, um ein wenig Sicherheit auf Erden zu bekommen, um sich gegen die Dämonen wappnen, die Häuser vor dem Feuer und die Ernten vor den Unwettern schützen zu können… Diese Rituale sind voll von Beschwörungs- oder Segensformeln – für die Häuser, die Nahrung, die Johanniskräuter, das Ehebett, den Pilgersack, die Mühlen, die Brunnen, die Quellen, die Brücken, die Kalkbrennöfen, den Müllerofen, das Salz, das Vieh, die Ernten, die junge Saat, die Andachtsbilder, das Weihwasser – die Liste ist unerschöpflich und zeigt das Ausmass des Schutzbedürfnisses in der Bevölkerung. Im Vertrauen auf den Schutz, den eine geweihte Kerze bringt, strebt jeder danach, an Lichtmess seine Kerze segnen zu lassen, und die Grenze zwischen geweihtem Objekt und Amulett ist manchmal ziemlich verschwommen!

Es wäre im Übrigen falsch, von der einheitlich christlichen Epoche auf eine Einheitlichkeit der Religionsausübung und der Überzeugungen zu schliessen. Es gibt im Gegenteil eine grosse Vielfalt an Haltungen im Verhältnis zum Heiligen, dem Glauben und den religiösen Gebräuchen, nicht nur zwischen den einzelnen Regionen und den verschiedenen sozialen Schichten, sondern auch innerhalb derselben. Es gibt überzeugte, gebildete, reformerische und fromme Prälaten wie Christoph von Utenheim, während andere im Konkubinat leben, sich nur mit administrativen Fragen beschäftigen, ja sogar im Ruf stehen, eher ungern die Messe zu lesen wie Friedrich zu Rhein![15] Bei den Laien herrscht das gleiche Bild: Manche sind wahre «Frömmler», reihen Gebete an Gebete, Fasten an Fasten und

gehen mehrmals im Jahr zur Kommunion. Die Mehrheit beschränkt sich auf die obligatorischen Gebete, doch es gibt auch solche, die sich schlichtweg gleichgültig verhalten, ja sogar vom rechten Weg abkommen, wie der Freibergler Jean Perrin, ein Exkommunizierter, der 1516 schon drei Jahre keinen Fuss mehr in die Kirche gesetzt hat, ohne dass man ihm viel anhaben kann![16]

Es gibt in der Tat Bereiche, in denen es der Kirche nur schlecht gelingt, ihre Disziplin durchzusetzen, insbesondere bei allem, was das Sexualleben betrifft. «Ausschweifung» ist gang und gäbe, wie die zahlreichen Fälle von Ehebruch zeigen. Die Kirche muss einerseits eine recht massive Prostitution dulden und anderseits den verheirateten Frauen verbieten, ohne die Zustimmung ihres Ehemannes Keuschheit zu geloben. Auch die Prediger selbst führen manchmal ein Leben im Widerspruch: Es kommt vor, dass ein Prediger von der Kanzel herab gegen die Unmässigkeit der Priester wettert und gleichzeitig zu Hause eine Konkubine unterhält – was eine Todsünde ist.[17] Die Angst vor Verdammnis verhindert also fehlerhaftes Verhalten, ja sogar frevelhafte Taten nicht. Dies erklärt zum Teil die «Heilsbuchhaltung» des 14./15. Jahrhunderts. Jeder weiss, dass er sündig ist, und sucht nach immer neuen Möglichkeiten, der Hölle und dem Fegefeuer zu entrinnen: Almosen, Wallfahrten, Messstiftungen, Ablässe – die Kirche bietet eine breite Palette von Mitteln und Wegen an, dieses Ziel zu erreichen.

264 Mischung aus Rosenkranz, Schmuck und Amulett: eigenartiges Objekt aus dem Grab der Ehefrau einer angesehenen Persönlichkeit. Kirche von Gelterkinden (BL), Anfang 16. Jh. Neben einem Goldstück besteht es wie ein Rosenkranz aus Perlen und frommen Darstellungen. Kleiner Sankt Sebastian aus Silber, Gagatperle in Form einer Jakobsmuschel (Archäologie Baselland).

JEAN-CLAUDE REBETEZ

Die Aussätzigen

Obgleich die Lepra nicht sehr ansteckend ist, versetzt sie im Mittelalter doch Bevölkerung und Behörden in grosse Besorgnis.[1] Die Aussätzigen werden mehr oder weniger streng von der Gesellschaft getrennt, in der ihr Bild sehr ambivalent ist: Als Kranke kommen sie zwar in den Genuss der christlichen Barmherzigkeit, und ihnen beizustehen stellt ein frommes Werk dar (nach dem Vorbild Jesu, der Lazarus gerettet hat),[2] aber anderseits wird die Lepra als Strafe Gottes angesehen, und die von der Krankheit Befallenen sind oft verdächtig. Nach einer weit verbrei-

265 Jesus erweckt den für aussätzig gehaltenen Lazarus von den Toten. Der 1119 im Heiligen Land gegründete Lazarus-Orden nimmt sich deshalb besonders der Leprakranken an. Aus: *Der Heiligen Leben*, Augsburg, 1499 (BiCJ).

teten Vorstellung tragen sie die Zeichen der Sünde, da sie in Zeiten empfangen wurden, die von der Kirche für die Zeugung verboten sind, insbesondere während der Fastenzeit und der Menstruation der Frau. Im Tristanroman (13. Jahrhundert) flössen sie sowohl physischen wie moralischen Abscheu ein, und zu Beginn des 14. Jahrhunderts werden sie manchmal der Brunnenvergiftung angeklagt und hingerichtet – ein Verdacht, der in Besançon noch im 15. Jahrhundert lebendig ist; die Leprösen müssen dort nämlich versprechen, jene unter ihnen anzuzeigen, die dieses Verbrechen begehen![3]

Nach einem Höhepunkt im 13. Jahrhundert geht die Krankheit zurück, allerdings je nach Region in unterschiedlichem Ausmass. In Pruntrut bleibt sie noch sehr präsent: Von 1475 bis 1520 werden noch mindestens 21 Verdächtige gemeldet (1490 sechs)[4] und zwei bis fünf Aussätzige wohnen in Quarantäne, d.h. ebenso viele wie in Besançon![5] Von den 1530er-Jahren an geht ihre Zahl jedoch stark zurück, und bis zum Ende des 16. Jahrhunderts steht das Siechenhaus von Pruntrut meist leer;[6] in der Mitte des 17. Jahrhunderts liegt es in Trümmern.[7]

Wer entscheidet über den Ausschluss? Wie kommt der Entscheid zustande?

Jede der Krankheit verdächtige Person muss gemeldet werden. In den Kirchenrödeln des Bistums Basel kommt diese Vorschrift deutlich zum Ausdruck, und bei ihren Visitationen müssen Erzdiakone und Dekane auf deren Einhaltung achten.[8] Die Isolierung der Aussätzigen hat zwar sicherlich zum Ziel, die Ansteckung zu verhindern, aber sie entspricht zuerst einmal einem Meidungsgebot aus dem Alten Testament[9] und ist daher Gegenstand eines minutiös geregelten Verfahrens, das überall von der Kirche kontrolliert wird.

In Pruntrut erlauben die näheren Angaben in den Rechnungsbüchern der Kirchenfabrik, die verschiedenen Phasen zu rekonstruieren: Zunächst werden die Verdächtigen den Pfarreivorstehern gemeldet, die dann beim Offizial des Erzbischofs von Besançon um Erlaubnis ersuchen, eine medizinische Untersuchung vorzunehmen. Wenn die Antwort positiv ist (sie ist es immer), untersuchen zwei bis drei Chirurgen oder Barbiere den Verdächtigen, worauf deren Schlussfolgerungen schriftlich festgehalten und nach Besançon geschickt werden. Im Falle einer positiven Krankheitsdiagnose schickt der Offizial ein Mandat zurück, das den Ausschluss des Unglücklichen in der vorgeschriebenen Form anordnet. Die Schwerfälligkeit dieses Verfahrens gewährt Schutz vor übereilten Ausschlüssen – sogar gegen den Willen der Kranken: 1477 verfügt der Offizial, dass man sich an das Verfahren zu halten habe, obwohl Jehan Clerc selbst anerkennt, aussätzig zu sein.[10] Manchmal rebellieren die Betroffenen und kämpfen, um sich «reinzuwaschen»; dann werden sie in Besançon untersucht.[11] Die Kosten für all diese Schritte, für welche die Pfarrgemeinde aufkommt, sind äusserst hoch: zwischen drei und vier Pfund für die einfachen Fälle, mehr als das Dreifache bei einem Streitfall!

Welche Stellung hat der Lepröse nach seiner Verstossung aus der Gesellschaft? Zu den im kanonischen Recht vorgesehenen Anordnungen kommen ergänzend die Massnahmen der zivilen Instanzen, welche die Beziehungen zwischen der Gesellschaft und diesen Kranken regeln. Überall werden Letztere aus ihrem Haus vertrieben und von ihrer Familie getrennt. Sie verlieren ihren Status als Mitglied einer Berufsvereinigung und können auch ihren Beruf nicht mehr ausüben. Rechtsfähigkeit und politische Rechte werden ihnen aberkannt: Sie können also nicht mehr an Bürgerversammlungen teilnehmen und müssen, im Falle eines Prozesses, durch einen Vogt vertreten werden, wie die Frauen, die Kinder und die geistig Behinderten. Ihr Sturz ist also radikal und erschütternd, ganz zu schweigen von den physischen Auswirkungen der Krankheit. Und doch muss betont werden, dass, wie wir für Pruntrut sehen werden, die soziale Isolierung in Tat und Wahrheit nicht so streng war, wie die Reglemente dies glauben lassen.

Vom kirchlichen Standpunkt aus betrachtet kann der Lepröse nicht Priester oder Mönch werden (und wenn er dies schon ist, wird er aus seinem Kloster ausgestossen). Selbstverständlich kann er nicht mehr heiraten – aber die Kirche untersagt auch die Wiederverheiratung des gesunden Ehepartners.[12] Ausserdem verliert der Aussätzige das Recht, die Pfarrkirchen zu betreten. Die kirchlichen Behörden betonen jedoch, dass der Kranke, auch wenn er von den Gesunden isoliert wird, «nicht von der Gnade Gottes getrennt ist

266 Formular der Basler Kurie für Lokalvisitationen: In der drittuntersten Zeile erkundigt man sich, ob jemand womöglich leprakrank ist (AAEB).

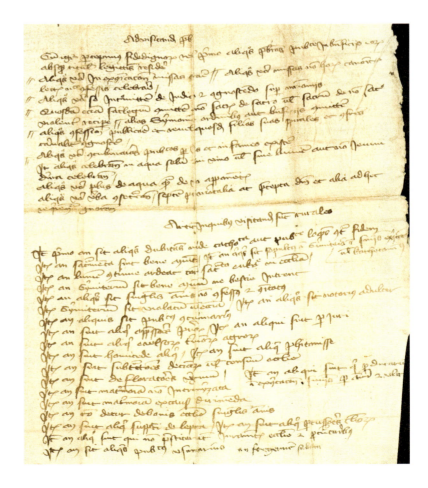

Dramaturgie eines Ausschlusses

Kurz nachdem sich der Lepröse der ärztlichen Untersuchung unterzogen hat, wird er in die Kirche seiner Pfarrgemeinde geführt, wo der Priester vor versammelter Gemeinschaft die rituelle Ausschlusszeremonie vornimmt, die von drei Höhepunkten geprägt ist:

– Übergabe der Kleider und der Habseligkeiten, die zum neuen Status des Kranken gehören (Mantel, Klapper, Handschuhe, Schuhe, Napf…)

– Aussprechen (gemäss Levitikus, dem 3. Buch Mose) der endgültigen Verstossungsworte, «Sieh hier das Gewand, das die Kirche dir leiht. […] damit jedermann dich erkenne und sehe, dass du durch diese Krankheit unrein bist…»[1]

– Worte des Trosts verbunden mit der Ermahnung, ein Leben in Busse zu führen.

Manchmal folgt auf diese Messe eine Art Scheinbegräbnis (bezeugt in Arlay, im französischen Jura): Der Lepröse wird in eine Grabesgruft gelegt, mit einer Schaufel Erde bestreut und so für «tot auf der Welt» erklärt.

Letzte Etappe auf diesem Leidensweg: Umgeben von den Seinen wird der Kranke, der alles hinter sich lässt, in einer Prozession zum Aussätzigenhaus, seiner letzten Bleibe, geleitet. Vor dem daneben stehenden Kreuz schwört er, die ihm auferlegten Regeln der Lebensführung einzuhalten, insbesondere «die Almosen zu teilen», keine Gaststätten oder andere öffentliche Orte aufzusuchen und sich nicht im Wasser der Gesunden zu waschen.

Nicole Brocard

noch von den Segnungen, die man in Unserer Heiligen Mutter Kirche empfängt».[13] Er muss seine Krankheit erdulden – und sogar Gott dafür danken –, denn sie gibt ihm die Möglichkeit, in der diesseitigen Welt Busse zu tun und dafür die Qualen des Fegefeuers zu verkürzen. Trotz des Begräbnischarakters, den die Ausschlusszeremonie hat (in den Freibergen bezahlt die Familie des Aussätzigen bei dieser Gelegenheit seine Seelenmessen),[14] bleibt der Lepröse in den Augen der Kirche ein sehr lebendiger Gläubiger; so sind denn die grossen Leprosorien immer mit Kapellen oder Kirchen verbunden.[15] In Pruntrut, wo ein solcher Luxus unmöglich ist, bricht man aus der Mauer der Kirche Saint-Pierre ein kleines Fenster heraus, hinter dem die Aussätzigen, durch ein Häuschen vor der Unbill der Witterung geschützt, der Messe folgen können.[16] Ebenfalls in Pruntrut erhalten die Leprakranken die heilige Kommunion an Gründonnerstag und an Fronleichnam – ein bemerkenswerter Eifer, gehen doch die meisten Gläubigen nur einmal im Jahr zur Kom-

munion.[17] Zudem nehmen die Aussätzigen an den religiösen Festen teil: An Lichtmess erhalten sie geweihte Kerzen, können sich für den allgemeinen Gedenktag eintragen[18] (an dem sie oft Wein als barmherzige Gabe erhalten) und wohnen dem Fest des Kirchenpatrons, des heiligen Germanus, bei, zu dem oft auch auswärtige Lepröse nach Pruntrut kommen. Wenn sie sehr krank sind, erhalten sie die letzte Ölung, auf die eine dreitägige Wache folgt; nach ihrem Tod haben sie Anrecht auf eine religiöse Bestattung mit Glockengeläut, aber man verwendet für sie besondere Sargtücher und Totenhemden, die nach der Zeremonie wieder zurückgenommen werden.[19]

Nicht alle Aussätzigen sind vor den Menschen gleich

Das Schicksal der Leprakranken ist sehr unterschiedlich. In allen grossen Städten gibt es gut organisierte (sogar prosperierende) Leprosorien, und im Prinzip besitzen auch die kleinen Ortschaften eine solche Institution, aber von bescheidenerem Zuschnitt. Die Kranken, die hier aufgenommen werden, führen ein angenehmeres Leben als jene, die zum Umherziehen verurteilt sind. Obwohl wir nur wenige Informationen haben, kann man doch am Ende des Mittelalters drei Kategorien von Aussätzigen für unsere Region annehmen: Da sind einmal jene, die in einem Zentrum wie Basel oder Pruntrut oder in der Nähe leben und die, mit oder ohne Aufnahmegebühr, ins Leprosorium der betreffenden Stadt aufgenommen werden – sie haben das beneidenswerteste Schicksal. Dann kommen die Kranken, die in einer kleineren Ortschaft ohne entsprechende Infrastruktur wohnen – ihre Lage war vermutlich recht prekär. Dies ist zum Beispiel der Fall beim Aussätzigen von Saint-Ursanne, für den die Stadt 1510 ein abgelegenes Häuschen baut. Dreissig Jahre früher (1478) bestand auf den Höhen, beim Col des Rangiers, ein kleines Siechenhaus, wo Kranke der umliegenden Landschaft Platz finden mussten;[20] fern von jeder Ortschaft lebten sie von den Almosen, die ihnen die Reisenden spendeten. Und schliesslich gab es in den verlassenen, armen oder unorganisierten Landstrichen noch die Unglücklichen, die dazu verdammt waren, ein elendes Leben als umherziehende Bettler zu fristen…

Das Leben im Siechenhaus von Pruntrut

Die Häufigkeit der Ortsbezeichnung *Maladière* und ihrer Varianten zeugt von der hohen Zahl an Siechenhäusern, die in unserer Gegend bestanden.[21] In Pruntrut hält der Flurname *Maletière* die Erinnerung an jenen Ort wach, wo nach 1454 das Leprosorium stand. Zu dieser Zeit erlaubt nämlich der Erzbischof von Besançon den Bürgern und dem Pfarrer von Pruntrut, ihr Siechenhaus an diesen Ort zu verlegen, und gewährt den Gläubigen, die beim Bau helfen, einen Ablass von 20 Tagen.[22] Dieses Hospiz (völlig getrennt vom Spital) befindet sich ausserhalb der Mauern, bei der Kirche Saint-Germain, unweit des Flusses und einer Strasse, die zu einem Stadttor führt; eine solche Lage ist häufig, denn sie erlaubt den Kranken, von den Reisenden Almosen zu empfangen.[23] Im

Prinzip ist es die Pfarrgemeinde, die aus ihrer Kirchenfabrik die Bau- und Reparaturkosten für dieses Gebäude deckt, so wie sie auch die Verfahrensgebühren für die «Prozesse» der Verdächtigen bezahlt. Aber auch wohltätige Menschen aus Pruntrut und der Region spenden dem Siechenhaus oft Geld und Naturalien, um den Unterhalt der Leprösen aufzubessern. Diese Vermögen werden investiert und werfen Zinsen ab, die vom Siechenhauspfleger verwaltet werden. Letzterer legt dem Bürgermeister von Pruntrut jedes Jahr seinen Rechenschaftsbericht vor. Die spärlichen Ausgaben lassen sich in drei grosse Posten aufteilen: Nahrung, Brennholz und Betriebs- oder Unterhaltskosten. Diese Abrechnungen sind von 1510 an erhalten und vermitteln ein lebendiges Bild vom Alltag der Kranken.[24] Die Ausgaben sind sehr gering, vor allem nachdem von den 1530er-Jahren an das Siechenhaus oft nicht mehr besetzt ist; dies erklärt das beachtliche Vermögen am Ende des 16. Jahrhunderts.[25] Das Siechenhaus von Pruntrut beherbergt unseres Wissens zwischen zwei und fünf Kranke (sogar null im 16. Jahrhundert). Diese stammen aus der Stadt selbst (aber wir wissen nicht, ob alle Aussätzigen darin Platz finden) oder den

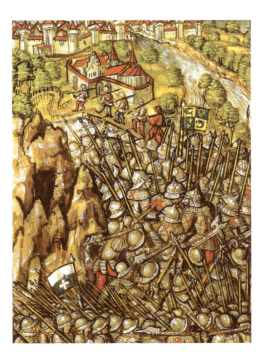

267 Ende 1476 kommen eidgenössische Truppen, die dem befreundeten Herzog von Lothringen zu Hilfe eilen (Schlacht von Nancy), an der Kapelle und am Siechenhaus St. Jakob vor den Toren Basels vorbei. *Luzerner Chronik* von Diebold Schilling, 1513.

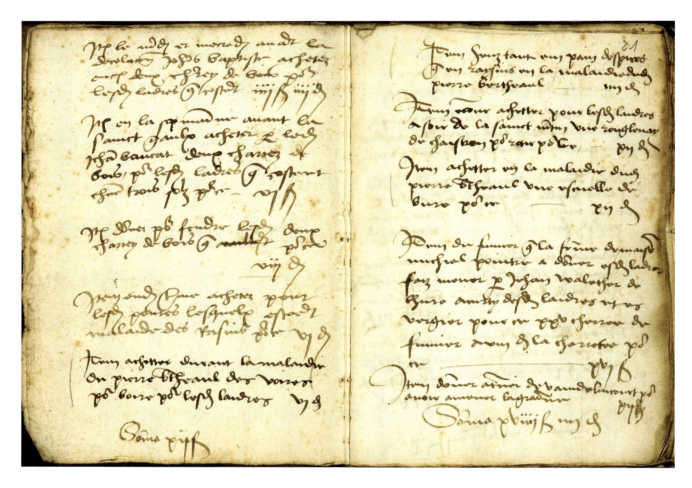

268 Rechnungsbuch des Siechenhauses von Pruntrut, 1512. Auf dieser Doppelseite werden mehrere Käufe aufgeführt: Brennholz, Trauben, Gläser, Lebkuchen (für einen Leprakranken) und auch Kalbfleisch für die Abendmahlzeit am Martinstag. Die Frau des Malers Michel Glaser schenkt 25 Karren Mist für den Gemüsegarten der Anlage (ABP).

umliegenden Dörfern; in diesem Fall bezahlen sie eine Aufnahmegebühr von zehn Pfund[26] – was nicht überrissen ist: Im Jahr 1500 bezahlt eine Frau, um ins Spital eintreten zu dürfen, dreissig Pfund plus Grundbesitz.[27] Diese zehn Pfund stellen nur einen Jahreszins von zehn Schilling dar, das heisst den zwölften Teil der jährlichen Kosten des Siechenhauses, und dies ohne den Aufwand für Bau und Mobiliar…

Innerhalb eines eingezäunten Areals verfügen die Aussätzigen über ein ziegelgedecktes Gebäude aus Stein,[28] einen Stall, einen Obst- und einen Gemüsegarten und eine Wiese. Über die Einteilung des Hauses wissen wir wenig, aber es umfasst eine Küche (mit Feuerstelle und Gerätschaften wie Blasebalg, Spiess, Bratpfanne und sogar Gläser) sowie einen mit einem Kachelofen beheizten Gemeinschaftsraum. Das Holz für den Ofen und die Küche wird vom Pfleger

gekauft, aber das Siechenhaus erhält auch welches umsonst, denn das Gericht schenkt ihm – schauriges Detail – nach der Hinrichtung der wegen Hexerei angeklagten Personen das übrig gebliebene Holz der Scheiterhaufen![29] Jeder Kranke logiert wahrscheinlich in einem Einzelzimmer mit Fenster und abschliessbarer Tür.[30] Er verfügt über ein Bett mit Leintüchern, einer Wolldecke, einem Kopfkissen, ja sogar einer Federdecke und einer Bank vor dem Bett.[31]

Die Rechnungsbücher geben auch wertvolle (wenn auch lückenhafte) Hinweise auf die Ernährung. Es sei jedoch vorausgeschickt, dass es uns nicht möglich ist, den Speisezettel der Leprösen von Pruntrut zu beschreiben, da zahlreiche Elemente fehlen: Wir wissen zwar, dass sie einen Gemüse- und einen Obstgarten nutzen, aber wir wissen nicht, was sie darin anbauen und in welcher Menge; bestimmt wirft ihr Gelände jedoch einen nennenswerten Ertrag an Gemüse und Obst ab, ja sogar Eier, wenn sie darauf Geflügel züchten. Zudem verfügen die Kranken über uns unbekannte persönliche Versorgungsquellen, sei es auf Grund ihrer eigenen Mittel[32] und der Hilfe ihrer Familie, sei es durch karitative Spenden. Wir wissen zum Beispiel, dass sie in der Stadt um Brot betteln, während die Kornzinsen, die dem Siechenhaus abgeliefert wurden, anscheinend ausschliesslich für den Verkauf bestimmt waren, und dass der Verwalter Brot nur in aussergewöhnlichen Situationen kauft.[33] Dagegen kommt eine jährliche Weinrente von 11,5 Eimer (ca. 550 Liter?) direkt den Kranken zu. Dieser Wein wird in einem Fass gelagert, aus dem man ihn den Aussätzigen jeweils am Sonntag ausschenkt: Vielleicht erhält jeder ungefähr drei Liter – was nach den Vorstellungen der Epoche kaum einer Tagesration entspricht![34] An bestimmten religiösen Festtagen oder zu Beginn der Fastenzeit kauft der Pfleger jedem eine Kanne Wein. Sonntags erhalten sie auch Fleisch (Stockfisch oder Hering in der Fastenzeit) zum gemeinsamen Mahl, ebenso an folgenden Feiertagen: *Brandons* (1. Fastensonntag), Gründonnerstag, Ostersonntag, Auffahrt, Pfingsten, Fronleichnam, Gedenktag des heiligen Germanus, Allerheiligen, Weihnachten, Mariä Lichtmess… Es handelt sich dabei um Kalb und Schaf (nie Schwein) oder Karpfen. Wenn die Leprösen sehr krank sind, gewährt ihnen der Verwalter eine Vorzugsbehandlung: Sie bekommen dann Leckereien, Feigen, Trauben, Weisszucker, Honigkuchen, eine Zulage an Butter, Fleisch oder Karpfen.[35] Im Falle der letzten Ölung erhalten jene, die drei Nächte Wache halten, Wein, Brot und Talgkerzen zur Beleuchtung.

Die soziale Ausgrenzung der Siechenhausbewohner ist nicht total. Gewiss erhalten sie bei ihrem Ausschluss die Attribute ihrer Krankheit, die sie gegenüber den Gesunden durch visuelle, akustische und symbolische Merkmale kenntlich machen sollen: das schwarze Gewand, die Klapper («Rätsche»), die Handschuhe und die Schale zum Trinken und Betteln.[36] Doch abgesehen vom Priester, der sich zumindest bei der Erteilung der heiligen

Sakramente mit ihnen befassen muss, sind die Aussätzigen in häufigem Kontakt mit dem Pfleger des Siechenhauses und allen Personen, die gelegentlich für sie arbeiten: mit den Leuten, die ihre Gebäude in Stand halten, Holz oder Wein für sie anliefern, den Gemüse- und den Obstgarten einzäunen usw.

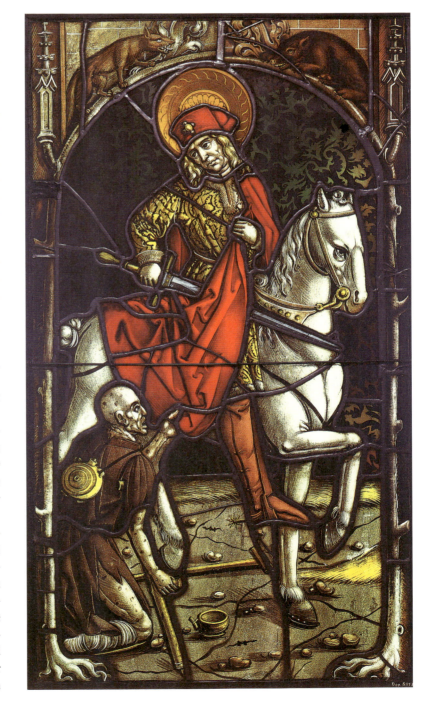

269 Der hl. Martin teilt seinen Mantel mit einem Leprakranken, Kirchenfenster aus Schwyz für die Kirche von Maschwanden. Schule Lukas Zeiner, um 1506 (SLM).

Andere Gesunde kommen in noch engere Berührung mit ihnen: Jene, die nach der letzten Ölung eines Sterbenden Wache halten, wenn kein Aussätziger für diese Aufgabe da ist, die seine Leiche in die Erde betten, das Siechenhaus reinigen oder die alten Kleider, das Bettzeug und das Leichentuch eines verstorbenen Kranken waschen und flicken! Zudem bewegen sich die Leprösen frei in der Stadt, um Almosen zu sammeln, und sie sind sicher an jenen Zeremonien beteiligt, an denen sie Spenden erhalten, zum Beispiel bei Bestattungen mit Brotverteilung am Grab.[37] Ausserdem besteht eine – allerdings schlecht dokumentierte – Geselligkeit unter den Aussätzigen selbst. Gewiss kommt es zu Konflikten (1510 prügeln sich zwei Lepröse derart, dass der eine dem Tod nahe ist),[38] aber die Kranken essen zusammen, zumindest an den Feiertagen, und knüpfen bestimmt enge Kontakte. Es ist sogar sehr wahrscheinlich, dass auch Verbindungen mit Leprösen von ausserhalb entstehen, denn Pruntrut ist gegenüber der Aufnahme fremder Siechen recht tolerant: Im Siechenhaus steht für sie mindestens ein Bett bereit,[39] und sie bekommen Gaben wie die Einheimischen (zu Lichtmess geweihte Kerzen, an Festen Anteile an Wein, Fleisch oder Fisch und Butter). So kommt eine Frau aus der Freigrafschaft mehrere Male nach Pruntrut und stirbt da auch. Im November 1526 logiert ein Auswärtiger im Stall, wo man ihn mit Kohle wärmt, denn er erträgt die Hitze des Ofens nicht mehr, so sehr ist er «verfault», und er stirbt hier. Zu Lichtmess 1525 (N.S.) pflegen und verbinden zwei fremde Sieche die beiden einheimischen und sehr kranken Aussätzigen.[40] Die Anwesenheit auswärtiger Lepröser ist hauptsächlich belegt an Festen (Karwoche, Gedenktag des heiligen Germanus, Lichtmess, Weihnachten und sogar Johannistag), was zeigt, dass Pruntrut liberaler ist als Besançon, wo die Anwesenheit fremder Aussätziger streng auf Weihnachten, Ostern und Allerheiligen sowie auf nicht mehr als drei Tage pro Aufenthalt beschränkt ist.[41]

Abschliessend können wir sagen, dass die Bewohner des Siechenhauses von Pruntrut eine recht günstige Behandlung erfahren und von der individuellen wie der kollektiven Freigebigkeit der Mitbürger profitieren. Aber Letztere ist doch recht karg bemessen (die jährlichen Ausgaben des Pflegers zu ihren Gunsten sind sehr niedrig) und kann weder den Verlust ihrer sozialen Stellung noch die Prekarität ihrer Lage vergessen lassen. Auch wenn ihr Lebensstandard vielleicht besser ist als jener der Ärmsten, so sind sie doch aufs Betteln angewiesen – mit manchmal dramatischen Risiken: 1513 muss ihnen der Pfleger Brot schicken, denn die Aussätzigen sterben vor Hunger wegen des Hochwassers, das sie am Betteln hindert.[42] Zudem erwartet man von den Leprösen, dass sie in religiöser Hinsicht ein Büsserleben, ja sogar ein vorbildliches Leben führen, wie die zwei folgenden Beispiele zeigen: Zu Beginn des 16. Jahrhunderts gehen sie zweimal jährlich zur Kommunion, was sonst nur die frömmsten Gläubigen tun, und bei der Ernährung müssen sie anscheinend strengere Vorschriften einhalten als die Gesunden: Zwar kommen in der Fastenzeit auch die Aussätzigen in den Genuss der päpstlichen Erlaubnis, Butter zu konsumieren, aber sie haben – im Widerspruch zu den allgemein für Kranke üblichen Vorschriften – absolut kein Anrecht auf Fleisch. Ihr Leiden gilt keineswegs als hinreichender Grund für diese Vorzugsbehandlung; sie entrinnen ihrer Schmalkost selbst dann nicht, wenn sie sehr leidend sind, ja sogar im Sterben liegen: kein Fleisch für sie in der Fastenzeit, sondern Karpfen.[43] Gemäss den Vorstellungen der Zeit müssen die Aussätzigen ihre Strafe ja auf Erden abbüssen.

DOROTHEE RIPPMANN

Die Anfänge der Verfolgung von «Hexen»

Seit dem frühen Mittelalter waren Praktiken der Magie bzw. des Zaubers gang und gäbe, ohne dass sie strafrechtlich geahndet wurden. Doch der Hexenglaube (anders gesagt der Hexenwahn) und die Verfolgung von so genannten Hexen waren eine Erscheinung der Neuzeit. Allerdings liegen die Anfänge im späten Mittelalter. Weil sich die Verfolgungen über Jahrhunderte hinzogen, ist eine pauschale Erklärung der grausamen Geschehnisse unmöglich.[1] Aussagen über die Konfliktsituationen in den betroffenen dörflichen Gemeinschaften und Stadtquartieren, über die Motivationen der Ankläger und Verfolger sind erst dann zu treffen, wenn der jeweilige soziale und politische Kontext analysiert wurde. Eines ist gewiss: Eine Sekte von «Hexen» gab es nicht. Hexenflug, Teufelspakt, Teufelsbuhlschaft und die Orgien auf dem Hexensabbat sind nicht dem Glauben des illiteraten Volks entsprungen. Vielmehr sind die Elemente der vollendeten Hexenvorstellung unter spezifischen historischen Bedingungen von Gelehrten, häufig Kleriker und Mönche, erfunden worden. Ihre Fantasien nahmen bei der Zauberei ihren Ausgang, sie entzündeten sich jedoch an den Feindbildern über Ketzer. Das betreffende Wissen wurde schliesslich von Heinrich Kramer in der Schrift *malleus maleficarum*, dem berüchtigten Hexenhammer, zusammengefasst und seit 1487 als Druckwerk durch viele Auflagen verbreitet.[2] Ältere Berichte über Zauberei und Hexerei stammen u. a. von Hans Fründ und von dem zeitweise im Basler Predigerkloster lebenden Dominikaner Johannes Nider. Er verfasste um 1438 den Traktat *Formicarius*.

In den 1420er-Jahren setzten im Alpenraum erste Verfolgungen von «Hexen» ein: in der Dauphiné, im Aostatal, im Wallis und bald darauf in der übrigen Westschweiz. Bei den ersten Prozessen in der Diözese Lausanne in den 1430er- und 1440er-Jahren spielten Dominikaner in ihrer Funktion als Inquisitoren eine wichtige Rolle. Sie wirkten zusammen mit anderen *litterati* und mit den weltlichen Verfolgungsbehörden an dem Konstrukt des «Hexers» und der «Hexe» mit; sie schufen das Kunstprodukt des Hexereidelikts. In der Erforschung dieser Zusammenhänge ist die Universität Lausanne führend; sie hat sich für die Schnittstelle der Ketzerverfolgung und der frühesten Hexenprozesse interessiert. Viele davon betrafen Männer, und nicht alle Verfahren endeten mit Todesurteilen. So ging dem ersten Prozess gegen angebliche «Hexen» auf der Freiburger Landschaft Jahre vorher ein Prozess gegen eine Gruppe der als Häretiker eingestuften Waldenser voraus; die Angeschuldigten beider Prozesse waren teilweise identisch!

Um Todesurteile juristisch zu legitimieren, genügte das Geständnis von Zauberei (Wettermachen, Schadenzauber an Menschen und Tieren) alleine nicht. Es bedurfte des neuartigen doppelten Delikts von Schadenzauber und Apostasie, des Abfalls von Gott. Bald fand auch der Teufel in Männer- oder Tiergestalt Eingang in die Erzählungen über die Delikte von Zauberern und in das vor den (geistlichen und weltlichen) Gerichtsinstanzen verhandelte dramatische Geschehen. Unter Anwendung der Folter pressten die Verhörrichter den angeblichen «Hexen» das

270 Erste Seite aus dem Urteils-
brief im Pratteler Prozess von
Gret Frölicherin und Verena
Simlerin im Jahre 1458. Der
Vorsitzende des Gerichts der
Herren von Eptingen in Pratteln
ist in diesem Falle der Landvogt
auf Birseck als bischöflicher
Amtmann (StABL, L. 72.507,
fol. 45v).

Geständnis ab, sie hätten sich mit dem Teufel eingelassen, mit ihm sexuell verkehrt und andere Begebenheiten mehr.

Von «Hexen» im Gebiet des Bistums Basel und in der Nordwestschweiz zeugen kurze Einträge in Rechnungsbüchern über die Kosten der Gerichtsverfahren und der Urteilsvollstreckungen. Während der erste Prozess in Saint-Ursanne erst 1520 stattfand, zeichnet sich in der Basler Gegend eine erste Verfolgungswelle schon im Jahr 1443/1444 ab: Sie betrifft die bischöfliche Vogtei Birseck, einschliesslich Schliengens, einer der rechtsrheinischen Gemeinden der bischöflichen Vogtei, sowie u. a. die Gerichtsherrschaften der Grafen von Tierstein und der Herren von Ramstein in den benachbarten Dörfern Gempen und Dornach, vermutlich zur selben Zeit auch in Büren und Augst, 1453 in Büsserach. Auch im Territorium der Stadt Basel, in Waldenburg, kam in jenem Jahr erstmals eine Frau auf den Scheiterhaufen, weitere Urteile an mindestens fünf Frauen und fünf Männern wurden 1449-1451 von den Basler Justizbehörden in Waldenburg und Arisdorf und 1482-1483 in Liestal und in den Ämtern Farnsburg und Waldenburg vollstreckt, 1492 eines in Muttenz.

Den krisenhaften Hintergrund der ersten Prozesse bildeten die Hungersnot von 1437/1438 und die Kriegsereignisse im Zusammenhang mit den Armagnakeneinfällen 1444. In Zeiten der Not waren unter Umständen schon geringe Konflikte unter Dorfbewohnern geeignet, Sündenböcke zu suchen. Es brauchte aber, wie der Prozess gegen zwei Frauen im eptingischen Dorf Pratteln 1458 beweist – es ist der erste gut dokumentierte Prozess in der Nordwestschweiz –, den Willen der Herrschaft, die Querelen ihrer Untertanen in einen Hochgerichtsprozess münden zu lassen. So hat die Forschung gezeigt, dass die mit vielen Problemen kämpfenden Herren wie etwa die Grafen von Tierstein und die Ritter von Eptingen die Gelegenheit nutzten, durch feierlich inszenierte Urteilsverkündungen und Hinrichtungen ihre Macht zu demonstrieren. Der Stadt ihrerseits ging es um die Festigung ihrer Herrschaft über die Landleute. Zwischen den erwähnten Gerichtsverfahren bestand ein per-

soneller Zusammenhang: Die Stadt Basel lieh den adeligen Gerichtsherren in der Nachbarschaft, die über keinen Justizapparat verfügten, den Henker und den Henkersknecht aus; wichtiger noch: Sie stellte ihren obersten Ratsknecht Peter zum Blech zur Verfügung, der die Folterverhöre führte, teilweise im Beisein des bischöflichen Kanzlers Wunnewald Heidelbeck. Es wurden Richter aus den benachbarten Herrschaften beigezogen, so führte in Pratteln 1458 der birseckische Vogt des Bischofs den Gerichtsvorsitz.

Peter zum Blech erlangte schon durch sein Wirken 1444 den zweifelhaften Ruf des Spezialisten in Sachen «Hexen». Dies und die Verbindungen des bischöflichen Kanzlers Heidelbeck zu Heidelberg, wo er an der Universität studiert hatte, führten dazu, dass Peter zum Blech vom Pfalzgrafen bei Rhein nach Heidelberg gerufen wurde, um Zauberinnen «fachgerecht» zu verhören. So stehen die Hexenverfolgungen im Basler Raum am Beginn der ersten bis heute bekannten Verfolgung von «Hexen» in Deutschland.

271 Hexen werden 1571 bei Genf verbrannt. Chronik des Chorherrn Johann Jakob Wick (ZB ZH, Wickiana, Ms. F 19, fol. 239).

LAURENT AUBERSON

«Ihr allein bleibt, taub und verstockt.»[1]
Die Lage der Juden im Wandel des Mittelalters

272 Holzstich mit der Darstellung von Juden, die eine Hostie schänden. Im Unterschied zu den meisten Bildern dieser Art tragen die Juden hier keinen Spitzhut. Ausschnitt aus *Die Geschichte der Jüden zu Sternberg im Lande zu Mecklenburg…* (UB BS).

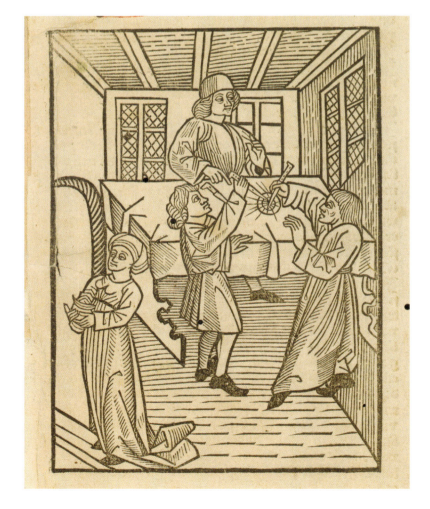

Ein Pamphlet gelangt nach Basel

Wir stehen im Oktober 1492, «in der Woche nach dem Fest der Elftausend Jungfrauen» (am 12. Oktober), das die Pfarreiangehörigen der Diözese Basel mit besonders guten Gründen feiern, verknüpft doch die Tradition die Elftausend Jungfrauen mit der Figur des Bischofs Pantalus.[2] Christoph Kolumbus ist gerade auf den Bahamas gelandet, was man allerdings im alten Europa noch nicht weiss. Im gleichen Jahr werden die Juden aus Spanien vertrieben. Paradoxerweise kündigt sich das Ende des Mittelalters, welches eine sehr reduzierende Vorstellung von Geschichte gern als den lang ersehnten Ausgang aus dem «finsteren Mittelalter» sehen möchte, in verschiedener Hinsicht als eine düsterere und härtere Zeit an als die vorangegangene. In diesem Monat Oktober werden in Sternberg, einer kleinen Stadt in Mecklenburg, die Juden beschuldigt, Hostien geschändet zu haben – das heilige Sakrament –, aus dem sie Blut gepresst hätten, nachdem sie sich sogar mit Geld den kostbaren Leib Christi beschafft hätten. Sternberg und Mecklenburg scheinen sehr weit von Basel entfernt zu sein, und doch sind sie auf eigenartige Weise nah, wie wir gleich sehen werden.

Im Jahr 1545 lässt ein Basler Gelehrter das *Narrenschiff* von Sebastian Brant, ein berühmtes Werk von frommer Weisheit, und ein Faszikel von vier Blatt mit dem ominösen Titel *Die Geschichte der Jüden zum Sternberg im Lande zu Mecklenburg die si begangen haben mit dem heiligen Sacrament* nebst ein paar anderen Werklein in ein und denselben Band zusammenbinden.[3] Dies bedeutet, dass das erzählte Ereignis aus Sternberg, das im Übrigen an mehr als hundert Orten im Mittelalter aufgeschrieben wird,[4] ein gewisses Echo gefunden haben muss oder dass zumindest die gedruckte Erzählung gelegen kam, um Vorurteile zu bestärken.

Es ist hier nicht der Ort, eine Rekonstruktion des Wegs zu versuchen, auf dem diese Flugschrift nach Basel gelangte. Viel wichtiger ist die Feststellung, dass in einer Stadt mitten im humanistischen Aufbruch die antijüdischen Vorurteile derart hartnäckig sind, dass so verleumderische Lügenmärchen Aufnahme finden. Ein Muster davon gibt unser mecklenburgisches Beispiel: Regelmässig werden die Juden angeklagt, die Hostien zu schänden. Nun ist die Hostie nach katholischer Auffassung der Leib Christi selbst, und Jean-Claude Rebetez hat die wachsende Bedeutung gezeigt, die dem heiligen Sakrament seit dem 11. Jahrhundert beigemessen wird. In Sternberg – wie anderswo auch – endet die Angelegenheit mit einer «Säuberung» nach allen Regeln der Kunst: Verbrennung für die Haupttäter, Vertreibung für die anderen.

Um die Bedeutung dieser Beschuldigung richtig zu verstehen, ist es wichtig, nach deren Ursprüngen zu suchen und dazu – sehr summarisch – die Grundzüge der sich wandelnden Beziehungen zwischen Juden und Christen im Mittelalter nachzuzeichnen. Denn auch in dieser Hinsicht bietet das Jahrtausend, das hier in Betracht gezogen wird, alles andere als ein monolithisches Bild.

Die Niederlassung der Juden im Gebiet der heutigen Westschweiz

Obwohl die Juden genau wie die ersten Christen, mit denen sie während mehrerer Generationen verwechselt wurden, von der ökonomischen und sozialen Mobilität im Römischen Reich ebenfalls erfasst werden, scheint sich der Beweis für ihre Präsenz auf dem Territorium der Schweiz und des Elsasses in der Römerzeit bis anhin auf einen bronzenen, mit einer Menora verzierten Ring zu beschränken, der in Kaiseraugst, am Rande des *Castrums* gefunden wurde. Das Objekt wird auf das 4. Jahrhundert datiert.[5] Auf der (imaginären) Karte, welche die Verteilung der konkreten Hinweise auf das alte Judentum zeigt, bildet Kaiseraugst einen einsamen Punkt zwischen Vienne und Trier.

Dann herrscht eine dokumentarische Lücke bis 1212/1213, dem Zeitpunkt der ersten bekannten Erwähnung von Juden in Basel.[6] Im Lauf des Mittelalters ist gewerbliche und landwirtschaftliche Arbeit in den Gemeinden der jüdi-

schen Diaspora zwar belegt, doch die Haupttätigkeit ist der Handel – dies der Grund, warum ihre Zunahme dem städtischen Aufschwung folgt. So entstehen im Verlauf des 13. Jahrhunderts zahlreiche Gemeinden, insbesondere in den Staaten der Grafen von Savoyen, welche die Kompetenzen der Juden im Finanz- und Verwaltungswesen nutzen.[7] Diese Staaten sind auch ein Zufluchtsort für die Juden, die in dieser Zeit in Frankreich und in anderen Königreichen unter den ersten schweren Repressionen zu leiden haben, die sie dann immer weiter in den Osten Europas treiben.

Der rechtliche Status der Juden unterscheidet sich erheblich von einem Staat zum anderen. Das römische Recht gesteht ihnen die volle Staatsbürgerschaft zu. In der Folge verschlechtert sich ihre Lage aber nach und nach durch immer weitere Einschränkungen (z.B. Verwehrung des Zugangs zu hohen Ämtern oder zu den Zünften, was den Rückzug auf das von der Kirche geächtete Geldgeschäft verstärkt) und endet schliesslich in einem Zustand der direkten Abhängigkeit von den lokalen Herrschern oder dem Kaiser. Diese Situation kann ihnen, je nach den Umständen, einen recht

273 Grabplatte des Rabbiners Jacob, Sohn des David. Basel, 14. Jh. (HMB).

wirksamen Schutz bieten oder sie aber der to-talen Willkür aussetzen.[8] In den Städten ist die Situation der Juden ebenso unterschiedlich. Der Ausdruck «geschlossenes Ghetto» ist für das Mittelalter nicht passend, wie dies Hans-Jörg Gilomen bewiesen hat.[9] Zutreffender ist es, von Zusammenschlüssen kleiner Gruppen in einigen Stadtvierteln zu sprechen (z.B. in Basel in der Pfarrei St. Leonhard), ein Vor-gang, der mehr von den Bedürfnissen nach einem Minimum an Gemeinschaftsleben als von einer obrigkeitlichen Entscheidung be-stimmt wird.

Im Hinterland des bischöflichen Herrschafts-gebiets ist die Präsenz der Juden ab dem 14. Jahrhundert nur sehr sporadisch belegt, zum Beispiel in einem Vermerk über einen Glaubenswechsel in Pruntrut.[10] Ein wenig frü-her sind sie in Biel bezeugt, wo am 26. Mai 1305 eine aus Bern zugezogene jüdische Fa-milie das Bürgerrecht erhält.[11]

274 Miserikordie des Chorgestühls im Basler Münster mit der Dar-stellung von Juden, die von einem Schwein gesäugt wer-den. Dieses groteske Bild zieht die Nahrungsvorschrif-ten der jüdischen Religion ins Lächerliche. Um 1380 (MKK).

Doktrinale Verhärtung und Volkszorn

Die relative Ruhe, welche die Juden im 13. Jahr-hundert im Reich geniessen (und durch die sich ihre Lage noch deutlich von jener ihrer Glaubensbrüder in Frankreich oder England unterscheidet) erweist sich dennoch als trü-gerisch. Für die Verschlechterung ihrer Situa-tion gibt es eine doppelte Erklärung, die Jean Delumeau sehr gut herausgearbeitet hat:[12] Auf der einen Seite verhärtet sich die Haltung der Kirche. Die theologische Tradition des Mittel-alters entwickelt wohl eine antijüdische Ar-gumentation, für die Tertullian mit dem *Ad-versus Judaeos* schon im 3. Jahrhundert das Fundament gelegt hat, doch ist dies lange vor allem ein höflicher Meinungsstreit unter Ge-lehrten, geprägt von einer redlichen Kenntnis der Tradition des Anderen (manche christli-che Theologen kennen den Talmud und die Werke der rabbinischen Tradition). Das karo-lingische Abendland hat keinen eigentlichen Antijudaismus gekannt. Die Verhärtung in der Haltung der Kirche wird – gewiss mit unter-schiedlicher Intensität je noch Ort und Zeit – von den Kreuzzügen an offenkundig. Das 4. Laterankonzil (1215) schreibt den Juden zum ersten Mal das Tragen einer unterschei-denden Bekleidung vor (Gelber Fleck oder Spitzhut), was beweist, dass sie bis dahin in-tegriert waren.

Zur Zeit des zweiten Kreuzzugs kommt zum ersten Mal der rituelle Kindsmord als Be-schuldigung auf, dann der Vorwurf der Hos-tienschändung, die ebenfalls einem Mord gleichkommt. Machtvoll unterstützt durch die Predigten der Bettelorden betonen das religi-öse Drama und die Kunst immer stärker die Konfrontation zwischen Jesus und den Juden (Streit mit den Schriftgelehrten, Vertreibung der Händler aus dem Tempel, Verrat des Judas usw.), obwohl man die Abstammung Jesu aus dem Stamme Davids anerkennt (Wurzel Jes-se, aus der der Stammbaum Jesu hervorgeht, als häufiges ikonographisches Thema). Man fabriziert buchstäblich den Juden, man fabri-ziert das Bild des Volkes, das Gott getötet hat. Das Bild wird zur Karikatur: Man greift zum Beispiel die Nahrungsvorschriften der jüdi-schen Religion an (Abb. 274). Der gnädigste

Fall ist noch die Allegorie, die von der Scholastik und den darstellenden Künsten verbreitet wird: Die blinde Synagoge wird von der Kirche besiegt, ein Bild, das im 13. Jahrhundert monumentale Form annimmt und die Portale vieler Kathedralen schmückt (z.B. in Paris, Strassburg oder Bamberg).[13]

Auf der anderen Seite ist in einer Gesellschaft, in der soziale und religiöse Gemeinschaft noch vollständig übereinstimmen, die Bevölkerung schnell bereit, denjenigen anzugreifen, der die Andersartigkeit verkörpert. Die Exzesse ereignen sich regelmässig bei Krisen, Epidemien oder Katastrophen jeglicher Art, nach denen der Andere zum Sündenbock gestempelt wird. Bis ins 11. Jahrhundert hat der Antijudaismus jedoch einen lokalen und spontanen Charakter. Erst während der grossen Pest in den Jahren 1348–1349 kommt es zur Eruption, die zur Vertreibung der Juden aus den meisten Städten des Abendlands führt. Man beschuldigt die Juden, die Brunnen zu vergiften und für die Epidemie verantwortlich zu sein, die sie ja auch trifft, wie Papst Clemens mahnt, der sich der Absurdität dieser Anklagen entgegenstellt.[14]

Die Basler Juden entgehen diesen heftigen Verfolgungen nicht: Am 16. Januar 1349 führt man alle, derer man habhaft werden kann, auf den Scheiterhaufen. Die Gemeinde ist vernichtet. Einige Jahrzehnte später bildet sie sich neu und verschwindet 1397 unter dem Druck mehrerer schikanöser und verleumderischer Massnahmen von neuem. Aus der Stadt verbannt, lassen sich die Juden in den Dörfern und der Landschaft der Oberrheingegend nieder.[15] Da sie das Geldgeschäft nicht mehr ausüben können, werden viele Viehhändler und begründen damit eine regionale Tradition, die bis ins 20. Jahrhundert ununterbrochen anhält.

Das Archiv des ehemaligen Fürstbistums Basel hat in seinen Beständen ein handgeschriebenes Heft von 1466, das die – vielleicht durch einen Priester in Pruntrut angefertigte – Abschrift eines Texts über den gebotenen Umgang mit den Juden enthält.[16] Dieses «Handbuch» listet die meisten diskriminierenden Verbote und Massnahmen auf, die damals im ganzen Abendland in Kraft sind: berufliche Einschränkungen; Verbot, die Dienste jüdischer Ärzte in Anspruch zu nehmen; Einhaltung der christlichen Feste; Ausgrenzung der Konvertiten; aber auch Einhaltung des Sabbat, an dem die Juden nicht vor Gericht geladen werden dürfen. Auch die im Jahr 1503 gedruckten Synodalstatuten der Diözese[17] betonen die wirtschaftliche und soziale Trennung (einschliesslich das Tragen der kennzeichnenden Kleidung). Keine Spur mehr von gesunder theologischer Polemik. Die Christen, welche die Verbote übertreten, werden mit dem Ausschluss von der Eucharistie, ja sogar mit der Exkommunikation bedroht.

Am Ende des 15. Jahrhunderts hat der Antijudaismus unter der vereinten Wirkung von Volkszorn und Kirchendoktrin einen theoretisch untermauerten und systematischen Charakter angenommen; seine Heftigkeit nimmt sogar noch weiter zu, obwohl die Juden aus vielen Regionen völlig verschwunden sind. Die Kirche (oder das christliche Abendland), die sich durch verschiedene Feinde bedroht fühlt – sie sind manchmal sehr konkret wie etwa die Türken –, befreit sich von ihren Ängsten, indem sie das (jüdische) Volk mit der «tief verwurzelten Verstocktheit» niederdrückt. Es sind vermutlich Ängste ähnlicher Natur, die genau zur gleichen Zeit die Hexenjagden auslösen. Schliesslich durchdringen sich die beiden Themen derart, dass die Umgangssprache ab dem 14. Jahrhundert den Sinn des Wortes «Sabbat» pervertiert: Der durch Gott geheiligte Ruhetag, Gegenstand des vierten der Zehn Gebote (2. Mose, 20) wird von da an mit dem Tanz der Hexen verschmolzen (Hexensabbat).

Bezeichnend ist, dass man sogar beginnt, den konvertierten Juden mit Misstrauen zu begegnen. Noch kurz zuvor glaubte man an die heilbringende Kraft des Weihwassers, mit dem man die Juden taufte – nach einer angemessenen religiösen Unterweisung, wie es ein Dekret des Konzils von Basel 1434 vorschreibt.[18] In Spanien gibt es nach 1492 keine Juden mehr. Da stürzt sich die Inquisition unerbittlich auf die Konvertiten, deren Aufrichtigkeit systematisch in Zweifel gezogen wird. In der Mitte des 16. Jahrhunderts wird der Talmud auf den Index gesetzt. Die theologische

275 Allegorie von der siegreichen Kirche und der gedemütigten Synagoge. Die beiden Tafeln gehörten zum Heilspiegelaltar von Konrad Witz (um 1435). Die Figur der Kirche hat eine würdige Haltung; ihr Mantel ist purpurrot – die Farbe des Triumphs. Sie hält ein Kreuz und trägt einen Kelch mit der Hostie darin. Die Augen der Synagoge sind mit einem kaum sichtbaren Schleier verbunden; ihr Mantel ist gelb (nicht golden) – die Farbe der Galle, der Falschheit, des Neids . Sie hält eine zerbrochene Lanze und trägt die in Unordnung geratenen Gesetzestafeln mit einem Text aus pseudohebräischen Buchstaben (Kunstmuseum Basel).

Argumentation ist nur noch ein Vorwand; der Hass auf die Juden äussert sich nicht mehr nur im Kampf gegen die Anhänger einer Religion, sondern gegen ein Volk oder das, was man als solches bezeichnet.

Dieser Wendepunkt markiert unzweideutig den Übergang vom Antijudaismus zum Antisemitismus, wie Jean Delumeau hervorgehoben hat,[19] auch wenn die Katastrophe des 20. Jahrhunderts nicht nur in der kirchlichen Doktrin des ausgehenden Mittelalters wurzelt, sondern auch und vielleicht hauptsächlich in pseudo-wissenschaftlichen, vom Positivismus des 19. Jahrhunderts abgeleiteten Vorstellungen. Dennoch erlässt im Jahr 1515 das Domkapitel der Kathedrale von Sevilla Statuten, in denen zum ersten Mal und im Zusammenhang mit dem Kampf gegen die Juden der Begriff der «Reinheit des Bluts» auftaucht.[20]

Der Humanismus und die ersten Vorbeben der Reformation bringen unbestreitbar eine gewisse Aufklärung, aber sie ist auf eine Elite von Gelehrten beschränkt, die sich für die Förderung des Hebräischstudiums (und auch des Griechischen) einsetzen, deren Aktivitäten aber die Vorurteile der Massen und der Obrigkeiten nicht abbauen. Paulus Scriptoris (um 1462-1505), ein deutscher Franziskanermönch, kommt im Jahr 1502 nach Basel, wo er sich einige Jahre aufhält. Er ist einer der Ersten, der sich in Europa Hebräischkenntnisse aneignet, und zählt Thomas Wyttenbach zu seinen Schü-

lern.[21] Luthers Haltung gegenüber den Juden, die von einer anfänglich wohlwollenden Einstellung schliesslich in eine brutale Ablehnung übergeht, ist dagegen äusserst komplex und wurde sehr gut untersucht.[22] Sie lässt sich sowohl mit einer christologischen Deutung des Alten Testaments erklären als auch mit einer protestantischen Übertragung des doktrinalen Hasses, der die katholische Kirche erfüllte: Der Jude ist jetzt eine Bedrohung genau wie der Papst. Oekolampad lernt ebenfalls Hebräisch und befreundet sich mit Johannes Reuchlin (1455-1522) aus Pforzheim, einem typischen Humanisten und gebildeten Hebraisten und Hellenisten. Die Kontroverse zwischen Reuchlin und dem konvertierten Juden Johannes

Pfefferkorn (um 1469-1522/1523) – in welcher Ersterer den Talmud verteidigt, während der Zweite mit dem ganzen Eifer des Konvertiten die rabbinische Literatur in Bausch und Bogen verurteilt – ist gewiss spektakulär,[23] scheint aber eher ein Einzelphänomen zu sein.

Kapitel 4

LA BIBLE

Qui est toute la Saincte escripture.
En laquelle sont contenus/le Vieil Testament
τ le Nouueau/translatez
en Francoys.
Le Vieil/ de Lebrieu:
τ le Nouueau/
du Grec.

KETZER UNTER DEM KRUMMSTAB

Glaubensspaltung im Bistum Basel

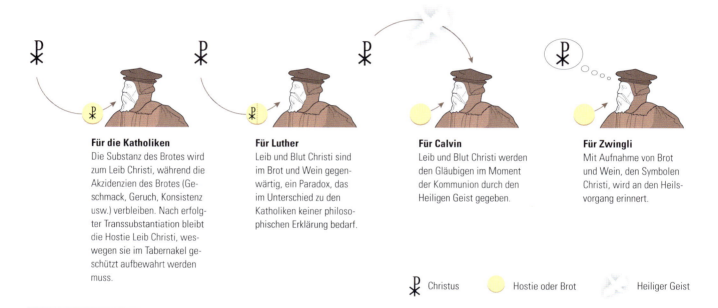

Für die Katholiken
Die Substanz des Brotes wird zum Leib Christi, während die Akzidenzien des Brotes (Geschmack, Geruch, Konsistenz usw.) verbleiben. Nach erfolgter Transsubstantiation bleibt die Hostie Leib Christi, weswegen sie im Tabernakel geschützt aufbewahrt werden muss.

Für Luther
Leib und Blut Christi sind im Brot und Wein gegenwärtig, ein Paradox, das im Unterschied zu den Katholiken keiner philosophischen Erklärung bedarf.

Für Calvin
Leib und Blut Christi werden den Gläubigen im Moment der Kommunion durch den Heiligen Geist gegeben.

Für Zwingli
Mit Aufnahme von Brot und Wein, den Symbolen Christi, wird an den Heilsvorgang erinnert.

Christus   Hostie oder Brot   Heiliger Geist

276 Die Präsenz Christi im Abendmahl.

PIERRE-OLIVIER LÉCHOT

Concordia discors.
Die theologische Botschaft
der Reformation zwischen
Übereinstimmungen und Uneinigkeiten[1]

Im Jahr 1583 erschien in Köln ein Werk des Bischofs von Roermond, Willem van der Lindt, mit dem Titel *Concordia discors* («Zwieträchtige Eintracht»), welches darauf abzielte, die angebliche Einheit der reformatorischen Bewegung als Schein zu entlarven.[2] Obwohl dieser Angriff nur die schon auf der Badener Disputation von 1526 geäusserten Vorhaltungen wiederholte, betonte das Werk doch, sogar bis in den Titel hinein, eines der Hauptprobleme der protestantischen Reform: ihre mehr oder weniger seit den Anfängen beschädigte Einheit. Es steht uns nicht zu, in den folgenden Zeilen zu allen Hintergründen und Weiterungen dieser immer noch heiklen historiographischen Frage[3] Stellung zu nehmen, aber es soll nachdrücklich darauf hingewiesen werden, dass diese von ausserhalb der Bewegung vorgebrachte Kritik doch hervorhob, dass da, wo zwar *Uneinigkeit* herrschte, auch *Übereinstimmung* vorhanden war. Und diese Übereinstimmung orteten die Theologen der katholischen Reform eindeutig in einem Namen, der gleichsam als Zündfunke die Explosion verursacht hatte, welche zum Bruch führte: Martin Luther – seinem Werk hatten sich alle Führer der reformatorischen «Bewegung» zu einem gewissen Zeitpunkt zugehörig gefühlt, von Huldrych Zwingli zu Martin Bucer und von Andreas Karlstadt zu Thomas Müntzer. Warum dieser Erfolg von Luthers Denken?

Bruder Martin[4]

Am Anfang des reformatorischen Wegs von Martin Luther (1483-1546) steht eine Erfahrung – *«sola experientia facit theologum»*, pflegte er zu sagen, «allein die Erfahrung macht den

Theologen». In seiner Jugend empfindet Luther in der Tat schmerzlich das Scheitern aller Bemühungen des Menschen, der göttlichen Strafe zu entrinnen und durch eigene Leistung vor einem als furchtbar und unversöhnlich wahrgenommenen Richtergott gerecht zu werden.

Aus dieser erdrückenden Realität zieht sich der junge Mönch Luther durch die Lektüre der Heiligen Schrift selbst heraus, insbesondere mit der Interpretation eines Satzes aus dem Brief an die Römer: «Der aus Glauben Gerechte wird leben.»[5] Da begreift Luther, dass die Gerechtigkeit Gottes, von der in der Bibel die Rede ist, nicht die des Richtergottes oder der menschlichen Verdienste ist, sondern das Werk Gottes, der den Menschen in seiner Sündhaftigkeit annimmt, die Rechtfertigung des Sünders durch Gott im Kreuzestod Jesu Christi. Diese Gerechtigkeit kommt also nicht vom Menschen und von den an-

«Als auch ich selbs bin zwentzig jar ein Mönch gewesen und mich gemartert mit beten, fasten, wachen und frieren… Was hab ich damit gesucht anders denn Gott? der da solt ansehen, wie ich meinen orden hielt und so streng leben füret… Denn ich gleubte nicht an Christum, sondern hielt ihn nicht anders denn für einen strengen, schrecklichen Richter, wie man ihn malet auff dem Regenbogen sitzend.»

(Luther, *Das XIV. und XV. Kapitel S. Johannis*, in *Luthers Werke*, Weimarer Ausgabe, Bd. 45, S. 482, 9-17)

277 Polychrome Kanzel der Blanche-Eglise in Neuenstadt, 1536. Zwar gibt es bereits Ende des Mittelalters Kanzeln in Kirchen, vor allem seit der Popularisierung der Predigt durch die Dominikaner, aber erst in den reformierten Kirchen erhalten sie eine wichtige Funktion im Gottesdienst und werden zu einem zentralen Element der Raumgestaltung.

gehäuften Verdiensten, mit denen er gerecht vor das Antlitz des Schöpfers treten möchte, sondern allein von Gott. Oder, um es mit den berühmten Worten der Reformation zu sagen: Christus allein (*Christus solus*) erwirkt das Heil Gottes allein durch die Gnade (*sola gratia*), das der Mensch allein durch den Glauben (*sola fide*) empfängt – einen Gottesglauben, der nicht mehr als Lehrgebäude verstanden

«Wenn ein man odder weib sich zum andern vorsicht lieb und wolgefallens, und das selb fest gleubt, wer lernet den selben, wie er sich stellen sol, was er thun, lassen, sagen, schweigen, gedencken sol? die eynige zuvorsicht leret ihn das alles und mehr dan not ist (…) Thut das gro, lang, vile so gerne, als das klein, kurtz, wenige, und widerumb, dartzu, mit frolichem, fridlichem, sicherem hertzen, und ist gantz ein frey geselle (…) Alzo einn Christen mensch, der in dieser zuvorsicht gegen got lebt, wei alle ding, vormisset sich aller ding, was zu thun ist, und thut alles frolich und frey, nit umb vil guter vordinst unnd werck zusamlen, sondern das ihm eine lust ist got also wolgefallen, und leuterlich umb sunst got dienet, daran benuget, das es got gefellet.»

(Luther, *Von den guten Werken*, 1520, in *Luthers Werke*, Weimarer Ausgabe, Bd. 6, S. 207, 16-30)

wird, dem man sich anzuschliessen hat, und von kultischen Praktiken, die es zu vollziehen gilt, sondern als persönliche, *vertrauensvoll* gelebte Beziehung. Aus diesem so verstandenen Glauben folgen für Luther alle guten Werke des Gläubigen.

Die reformatorische Botschaft und ihre Auswirkungen auf die Theologie und die Frömmigkeit im 16. Jahrbundert

Man kann sich leicht vorstellen, welche Konsequenzen eine solche Aussage in Anbetracht der aus dem Spätmittelalter stammenden theologischen und geistigen Vorstellungen über kurz oder lang haben musste, und die meisten Reformatoren zogen diese Konsequenzen in ihrem eigenen kirchlichen Leben auch bald selbst.[6] So stellte sich Luther in der Ablassfrage gegen die Kirche seiner Zeit und legte in den berühmten reformatorischen Hauptschriften des Jahres 1520 die Schlussfolgerungen aus seiner Theologie dar. Dies sollte im Januar 1521 zur Exkommunikation Luthers und seiner Mitstreiter führen.

Wer *Christus allein* sagte, postulierte damit eine direkte Beziehung des Gläubigen zu Gott durch Jesus Christus, eine Beziehung ohne jede menschliche Vermittlung, weder durch die Hierarchie der römischen Kirche (damals als «Hure Babylon» wahrgenommen) noch durch die Heiligen oder die Marientradition. Luthers Ideen führten also zu einem wahren Perspektivenwechsel: Anstelle des gestuften Zugangs zu Gott über eine Reihe diverser Vermittlungsinstanzen verkündete der Reformator die Unmittelbarkeit der Beziehung zwischen dem Gläubigen und Gott. Hier liegt der Kern dessen, was man als *allgemeines Priestertum* bezeichnet: nicht in der Äusserung, jeder könne den Platz eines Priesters einnehmen, predigen oder nach Belieben die Sakramente spenden, sondern darin, dass sich jeder Gläubige, wie die Priester des Alten Testaments, in direkter Verbindung mit Gott befinde.

Die Aussage, Gott allein sei im Heilsakt aktiv, führte zwingend zur grösseren Bedeutung von *Gnade und Vertrauen allein*, denn sie legte den Akzent auf die völlige Unreinheit des Menschen, sowohl in seinem Wesen wie in seinem

Handeln, und auf seine Unfähigkeit, durch sich selbst seine Gerechtigkeit vor Gott zu erlangen: Von dieser Gerechtigkeit konnte er nur die Früchte ernten, und zwar durch Glauben. Dies kam einer unmissverständlichen Ablehnung jeglicher Verdienstanhäufung durch den Menschen gleich, zu Gunsten des alleinigen Vertrauens auf Gott. Es hiess logischerweise auch, den freien Willen des Menschen bei der Erwirkung des Heils in Frage zu stellen.

Wie wir festgestellt haben, hatte Luther den Schlüssel zu dieser befreienden Botschaft des Evangeliums (*Evangelion* bedeutet im Griechischen «gute Nachricht») in der Bibel gefunden. Seine These, die Heilige Schrift sei der Massstab des Glaubens, war zwar eine vor Luthers Geburt zurückreichende Aussage der Kirche, aber diese ausschliessliche Betonung der *Schrift allein* durch den Reformator wurde zum eigentlichen Desakralisierungsprinzip für

278 Porträt des Reformators Oekolampad (1482-1531) von Hans Asper (Kunstmuseum Basel). Wie viele Renaissance-Gelehrte hellenisierte auch Johannes Husschin seinen Namen. Der Zürcher Maler Hans Asper spezialisierte sich auf Porträtmalerei von Reformatoren und Humanisten.

«Widerumb der mit got nit eins ist odder zweyfelt dran, der hebt an, sucht und forget, wie er doch wolle gnugthun und mit vil wercken got bewegen. Er leufft zu sanct Jacob [Compostela], Rom, Hierusalem, hier und dar, bettet sanct Brigitten gebet, dis und das, fastet den und disen tag, beicht da, fragt disen und jenen, und findet doch nit ruge [Ruhe] (…) Dan das heißet nit einen got habenn, so du eu erlich mit dem mund got nennest odder mit den knyen und geberden anbettest, sondern so du hertzlich ihm trauest und dich alles guttes, gnadenn unnd wolgefallhens zu ihm vorsichst, es sey in werckenn oder leidenn, in lebenn odder sterbenn, in lieb odder leydt…»

(Luther, *Von den guten Werken*, 1520, in *Luthers Werke*, Weimarer Ausgabe, Bd. 6, S. 207, 30-35 und S. 209, 27-31).

die Auslegungstradition der römischen Kirche:[7] Da wo in einer Streitfrage auf dem Gebiet der Bibelauslegung das letzte Wort der kirchlichen Lehrautorität zukam, beharrte Luther darauf, dass sich Denken und Handeln der Kirchenvertreter (Bischöfe, Päpste und Konzile) dem Kriterium der Heiligen Schrift zu unterziehen hätten, welche er für klar genug hielt, um Streitfragen zu entscheiden. Zwar behauptete Luther nicht, die Bibel *sei* wortwörtlich Gottes Wort, das folglich keiner Interpretation bedürfe, sondern sie *enthalte* es, insofern als sie die befreiende Botschaft des Evangeliums enthalte. Er behauptete zudem auch nicht, wie dies dann die liberalen Theologen des 19. Jahrhunderts taten, jeder Gläubige könne sich der freien Prüfung der Bibel hingeben, sondern betonte vielmehr, der Gläubige habe sich der Prüfung durch das in der Heiligen Schrift enthaltene Wort Gottes zu unterziehen. Kurz: Nicht mehr die Kirche begründet die Bibel, sondern die Bibel begründet die Kirche.

Diese Vorrangstellung der Heiligen Schrift wurde zum Beispiel manifest in der Art und Weise, wie Luther die Transsubstantiationslehre ablehnte, die mit philosophischen, teil-

weise aus dem aristotelischen Denken übernommenen Begriffen die Präsenz Christi in Brot und Wein des Abendmahls erklären soll. Dieser Auslegungstradition hielt Luther entgegen, es genüge zu glauben, was Christus uns in der Heiligen Schrift sagt, und seinem befreienden Wort zu vertrauen.

Genau diese exklusive Betonung der Schrift macht verständlich, warum es zu den kurz aufeinander folgenden Spaltungen innerhalb der Reformbewegung kam. Mit den Aussagen Luthers erhielt die Heilige Schrift nämlich automatisch den Status eines Texts, von dem mehrere Deutungen ausgehen konnten, wie der Humanist Erasmus von Rotterdam schon 1524 in seiner Polemik mit dem Reformator hervorhob.

Das Auseinanderbrechen der Einheit

Die Theologie Luthers hatte rasch beeindruckenden Erfolg, dies wohl wegen des «existentiellen» Charakters seiner Äusserungen, die dem offensichtlichen Hunger nach religiöser Nahrung zu Beginn des 16. Jahrhunderts entgegenkamen; doch dieser Erfolg bedeutete gleichzeitig auch die Entstehung unterschiedlicher Vorstellungen. Gewiss war man sich mehr oder weniger einig über die Einschätzung der Bibel (nicht aber über deren Auslegung!), die Kritik an der kirchlichen Institution und die Rechtfertigungslehre, so wie Luther sie predigte – der Einfluss des Letzteren wirkte sich bis auf Huldrych Zwingli aus, von dem manchmal zu schnell gesagt wird, er

«Fürwahr, wenn ich nicht begreifen kann, auf welche Weise das Brot der Leib Christi sein kann, will ich doch meinen Verstand gefangennehmen unter den Gehorsam Christi und schlicht bei seinen Worten bleiben, und glaube fest nicht allein, da der Leib Christi in dem Brot ist, sondern das Brot der Leib Christi ist.»

(Luther, *Von der babylonischen Gefangenschaft der Kirche (De captivitate Babylonica ecclesiae praeludium*, in *Luther deutsch*, hg. von Kurt Aland, Bd. 2, Göttingen, 1962, S. 182).

sei immer seinem eigenen theologischen Weg gefolgt.[8] Doch die Tatsache bleibt, dass die divergierenden Interpretationen der Lehre Luthers schliesslich dazu führten, dass eine Kirchengemeinschaft zwischen bestimmten Reformatoren völlig unmöglich wurde.

Es würde zu weit gehen, hier die Spaltungen, die zwischen den verschiedenen Strömungen der reformatorischen Bewegung stattfanden, alle vorstellen zu wollen. Es sei hier nur kurz auf den Bruch zwischen Luther und den «Schwärmern» hingewiesen, die in seinen Augen zu viel Gewicht auf die Rolle des Heiligen Geistes legten und jene der Schrift klein hielten; deren Anführer, Andreas Karlstadt (gest. 1541), war immerhin der Kollege Luthers an der Universität Wittenberg gewesen. Man kann auch an das Zerwürfnis zwischen Luther und dem Reformationsanhänger Thomas Müntzer (1490-1525) erinnern, den seine radikalen Ideen bald dazu trieben, die Befreiung des einfachen Volks von der politischen Unterdrückung durch die Fürsten zu predigen und damit den Aufstand der Bauern gegen die Obrigkeit, welcher im Bauernkrieg von 1525 blutig niedergeschlagen wurde. Auch in Zürich, wo Zwingli (1484-1531) seit 1519/1520

reformatorisch tätig war, führten auseinander gehende Ideen zum Bruch zwischen der Zürcher Kirche und jenen, die von ihren Gegnern als «Wiedertäufer» bezeichnet wurden, da sie die Taufe nur als gültig ansahen, wenn sie bei vollem Bewusstsein empfangen wurde, die Kindertaufe daher ablehnten und sich auch gegen die Beziehungen zwischen religiöser und staatlicher Macht stellten.[9] Die Vertreter der Bewegung wurden verfolgt, ausgewiesen und sogar hingerichtet: Der erste Märtyrer der Täufer, Felix Manz, wurde am 5. Januar 1527 auf Befehl der Obrigkeit in der Limmat ertränkt, weil er die Erwachsenentaufe vorgenommen hatte.

Der markanteste, da heftigste aller Brüche, was die gegenseitigen Verurteilungen und die theologischen Argumente betrifft, bleibt jener zwischen Luther und Zwingli. Trotz anfänglicher Übereinstimmung in einer ganzen Reihe von Punkten kam es in den Jahren 1524-1529 zum Streit in der Frage der Realpräsenz Christi beim Abendmahl. Da, wo Luther auf dem Vertrauen in Christi Worte «Dies ist mein Leib» beharrte, bestand Zwingli bald auf einer rein symbolischen Interpretation der Bibelstelle. Die Debatte führte rasch zu einer vergifte-

279 Die Bibel in der Übersetzung von Olivétan, 1535 gedruckt von Pierre de Vingle in Neuenburg. Es handelt sich nicht um die erste Bibelausgabe in Französisch, aber es ist die erste systematische Übersetzung, die von den reformierten Kirchen der Westschweiz angenommen wurde. Sie enthält ein umfangreiches Sachregister und eine lange Einleitung. In der «Apologie du translateur» erinnert Olivétan an den Sinn der Übersetzung laut der reformierten Lehre: «Da die Ausgaben des Alten und Neuen Testaments in lateinischer Sprache, die schon seit ewigen Zeiten zu unseren Handschriften gehören, nur einigen Menschen dienen, habt Ihr alle anderen Brüder aufgefordert zu Ehren Gottes und zum Wohle aller Christen, die der französischen Zunge mächtig sind, und um jegliche der Wahrheit abholde falsche Lehre zu vernichten: Es wäre äusserst dringend und notwendig, die Bibel auf Grundlage der griechischen und hebräischen Sprache zu reinigen und in die französische Sprache zu übertragen.»

ten Atmosphäre und schliesslich zum Bruch, weil hinter den Ansichten zum Abendmahl eigentlich stark voneinander abweichende Vorstellungen vom Menschen, von Christus und schliesslich auch vom Zugang zur Heilserfahrung standen. So führt Christus bei Luther – durch das Austeilen der Früchte seines Opfers im Abendmahl – das mit dem Kreuzestod begonnene Werk gleichsam bis in unsere Existenz hinein weiter, während das Abendmahl für Zwingli nur an die einmal vollbrachte göttliche Handlung «erinnert», diese also nur symbolisieren kann. Trotz der Versöhnungsversuche, insbesondere demjenigen von Marburg im Oktober 1529, kam es zwischen den beiden Männern und ihren Anhängern – darunter der Zwingli nahe stehende Basler Reformator Johannes Oekolampad (1482-1531) – zu gegenseitigen Ausschlüssen. Bei ihrem gescheiterten Treffen von 1529 sagte Luther schliesslich zu Zwingli, sie hätten nicht den gleichen Geist, und einige Tage später schrieb der Reformator von Wittenberg an Nikolaus Gerbel, dass jene, welche die leibliche Gegenwart Christi im Abendmahl nicht anerkannten, nicht zu den Gliedern am Leibe Christi gezählt werden könnten.[10] Deutlicher konnte man, vom Standpunkt der Kirchengemeinschaft aus betrachtet, den Bruch zwischen Zürich und Wittenberg nicht ausdrücken.

Vollzogener Bruch, Versöhnungsversuche und Wiederaufleben der Einheit

Dieser effektive Bruch zwischen mehreren Strömungen der protestantischen Reform dauerte an, trotz der Schritte, die der Strassburger Reformator Martin Bucer (1491-1551) unternahm, um Zwinglianer und Lutheraner wieder zusammenzubringen, und trotz der persönlichen Bemühungen des Reformators in Genf, Johannes Calvin (1509-1564), dessen theologisches Vorgehen in der Frage des Abendmahls zu Beginn wie ein Versuch verstanden werden kann, die beiden Tendenzen miteinander zu versöhnen. Statt ihr Ziel zu erreichen, verschlimmerten sie die Lage noch, indem Calvins Doktrin der doppelten Prädestination der zum Heil Auserwählten und der zur Verdammnis Verworfenen bald zu einem neuen

Stein des Anstosses wurde zwischen Lutheranern und Reformierten (die durch den *Consensus Tigurinus,* die «Zürcher Übereinkunft», von 1549 vereinigten Erben Zwinglis und Calvins). Von da an ging «die» Reformation von Verurteilungen über sukzessive Brüche weiter, und die Fermente der Spaltung, die sie mit sich führte, zeitigten mit den heftigen Verurteilungen zwischen Lutheranern und Reformierten am Ende des 16. Jahrhunderts bis zu den schismatischen evangelikalen Bewegungen des 19. und 20. Jahrhunderts ihre Wirkung. Wie Voltaire mit dem ihm eigenen sarkastischen Blick treffsicher sagte: «Man brachte sich [jetzt] für einen Bibelspruch um.» Auch die Anstrengungen zahlreicher Theologen der folgenden Jahrhunderte, wie etwa des Schotten John Dury (1596-1680), des Genfer Theologen Jean-Alphonse Turrettini (1671-1737) oder des bekannten Neuenburger Pfarrers Jean-Frédéric Ostervald (1663-1747) änderten daran nichts. Erst 1973 konnten sich Lutheraner, Reformierte und Methodisten[11] Europas, gestützt auf ihr gemeinsames Verständnis der Rechtfertigung durch den Glauben (die zentrale Aussage Luthers!) in der Leuenberger Konkordie als Kirche Jesu Christi gegenseitig anerkennen.

MARGRIT WICK-WERDER

Ketzerstadt zwischen Bischof und Bern

BIEL ZUR ZEIT DER REFORMATION UND GEGENREFORMATION

Voraussetzungen

Wann die Gegend von Biel in den Einflussbereich des Bistums Basel gelangte, lässt sich nicht genau ermitteln. Spätestens im 12. Jahrhundert bauten jedoch die Basler Bischöfe ihre Herrschaft südlich des Juras aus, wo sich gleichzeitig die Grafen von Fenis-Neuenburg-

Nidau anschickten, ihr Territorium zu sichern und um 1140 eine Burg in Nidau errichteten. Erstmals urkundlich fassbar wird Biel im Chartular der Prämonstratenserabtei Bellelay 1142, welche Reben bei Biel, *apud Belnam*, besass. Auch das Kloster Moutier-Grandval, das seit 999 dem Bischof von Basel gehörte,

280 Die Bieler Stadtkirche St. Benedikt, erbaut 1451-1470.

verfügte spätestens seit 1148 über Güter in Biel. Möglicherweise, die Nennungen lassen es vermuten, bestand in dieser Zeit an der Stelle der späteren Stadt bereits eine geschlossene Siedlung, ein Dorf. Für eine vorstädtische Siedlung spricht auch die Nennung der Kirche von 1228.[1]

Es war dann wohl Bischof Heinrich II. von Thun, der den Ort zwischen 1225 und 1230 zur Stadt erhob und damit definitiv seinen Fuss in die Schüssebene setzte; *urbs mea*, «meine Stadt» nannte er sie 1230. Neben der Stadt errichteten die Basler Bischöfe eine massive Steinburg. 1275 verlieh König Rudolf von Habsburg Biel das Stadtrecht, das gleiche wie Basel es innehatte, und 1296 stellte Bischof Peter Reich der Stadt den ersten Stadtfrieden (Handfeste) aus.

Auch wenn sich die Stadt politisch zunehmend emanzipierte, oberster Stadtherr blieb

281 St. Benedikt segnet den Leichnam des ungehorsamen Mönchs. Ausschnitt aus dem Benediktfenster im Chor der Stadtkirche Biel, 1457.

der Bischof von Basel, vertreten durch den Meier. Dieser hatte den Vorsitz, jedoch keine Stimme im Rat. Der Rat unter dem Vorsitz des Meiers war grundsätzlich auch das Gericht und richtete im Namen des Bischofs über Hoch- und Niedergerichtsfälle. Der Rat – später Kleiner Rat genannt – bestand aus zwei Kollegien, dem Alten und dem Jungen oder Neuen Rat, die sich jährlich abwechselten. Dem Meier von Biel unterstand auch das Meiertum, welches ursprünglich das ganze bischöfliche Gebiet südlich der Pierre Pertuis umfasste; 1368 wurde Neuenstadt als eigenes Meiertum herausgelöst. Im Erguel – im Tal der Schüss, in Tramelan und Pieterlen – übte die Stadt Biel das Bannerrecht (militärische Hoheit) aus. Seit dem 14. Jahrhundert besass Biel Mitspracherechte im Chorherrenstift von Saint-Imier und bei der Besetzung der dortigen Gerichte, und seit 1493 lag auch die Verwaltung der acht Pfarreien oder Meiereien des Erguel bei Biel.

Im 13. und 14. Jahrhundert schloss Biel eine Reihe von Burgrechtsverträgen mit verschiedenen Klöstern ab und verbündete sich mit mehreren Grafenhäusern und Städten (1279 Bern, 1311 Freiburg, 1334 Solothurn, 1342 Murten, 1395 Neuenstadt). Durch das Bündnis mit Bern, seit 1352 ein «ewiger Bund», war Biel in die Burgundische Eidgenossenschaft eingebunden. Die Bündnispolitik Biels war denn auch der Anlass zu einer Fehde mit Bischof Jean de Vienne, in deren Folge 1367 Stadt und Burg völlig niederbrannten. 1388 fiel Nidau an Bern, das fortan Biels unmittelbarer Nachbar war.

Wirtschaftliche Grundlage der Stadt waren der Rebbau und das städtische Handwerk. Um die Mitte des 13. Jahrhunderts bildeten sich Zünfte heraus; 1433 waren es acht Gesellschaften, später (1533) nach Zusammenlegungen noch sechs.

Kirchlich gehörte Biel stets zur Diözese Lausanne. Seit 1364 war die Stadt im Besitz des Patronatsrechts samt dem Kirchensatz; nach dem Stadtbrand von 1367 sah sie sich aber gezwungen, beide unter Wahrung gewisser Rechte der Benediktinerabtei St. Johann in Erlach zu verkaufen.

Verhältnisse um 1500

In der zweiten Hälfte des 15. Jahrhunderts konnte Biel seine Rechte weiter ausbauen und festigen. Verbündet mit Bern, Freiburg und Solothurn nahm es an den eidgenössischen Feldzügen teil und errang nach den Burgunderkriegen den Status eines Zugewandten Ortes der Eidgenossenschaft; allerdings verfügte es über keinen Bündnisvertrag, achtete aber darauf, dass es in den eidgenössischen Soldbündnissen und Friedensverträgen miteinbezogen wurde.

Die städtische Verwaltung wurde im 15. Jahrhundert weiter ausgebaut. Das Regiment lag nach wie vor in der Hand des Kleinen Rates.[2] Seit der Jahrhundertmitte trat an die Stelle der Gemeindeversammlung ein Grosser Rat, die Burger genannt, der unterschiedlich viele Mitglieder, meist zwischen 30 und 40, umfasste und in dem die Zünfte anteilmässig vertreten waren. Er wurde durch Meier und Rat einberufen und war nur gemeinsam mit dem kleinen Rat, als «Rät und Burger» handlungsfähig. An der Spitze der städtischen Hierarchie standen seit 1468 zwei Burgermeister.[3] Als der Bischof jedoch einen Bieler Burger als Meier einsetzen wollte, widersetzte sich der Rat und verweigerte die Huldigung; 1495 kam man schliesslich überein, dass entweder ein Stiftsedelmann oder ein Mitglied des Kleinen Rates als Meier gewählt werden könne.

Die Stadtanlage wurde erst Jahre nach dem Brand von 1367 im gleichen Umfang wieder aufgebaut. Der Bischof jedoch verzichtete auf den Wiederaufbau der Burg und schenkte das Areal 1489 der Stadt, womit der Stadtbezirk innerhalb der Mauern ganz in Händen der Bürgerschaft lag.

Die Stadtkirche wurde 1451-1470 neu erbaut (Abb. 280). 1517 bestanden in der Kirche neun Kapellen und dreizehn Altäre. Der Hauptaltar war der Jungfrau Maria, dem heiligen Kreuz, Johannes dem Täufer und dem Kirchenpatron, dem heiligen Benedikt, geweiht. Die Gottesdienstordnung wurde 1453 durch den Weihbischof von Lausanne neu geregelt.[4] Neben dem Pfarrer (Leutpriester) gab es mehrere Kapläne, auch Vikare und einen Frühmesser. Die Priester, unterstützt von einzelnen Stadtbürgern, bildeten fortan eine Bruderschaft (St. Benedikts-Bruderschaft), deren Statuten von 1470 Meier und Rat als Pfleger und Vögte der Kirche aufstellten.

1454 bewilligten Meier und Rat von Biel sowie die Stadtpfarrei St. Benedikt dem Johanniterkomtur von Küsnacht, Heinrich Staler, den Bau einer Kommende in der südöstlichen Ecke der Neustadt; 1464 erfolgte die Weihe der zugehörigen Kirche zu Ehren Johannes des Täufers durch den Bischof von Lausanne. Unter Komtur Stephan Lang (1467-1501?)[5] erlebte die Kommende ihre Blütezeit.

Neben den beiden Kirchen bestanden im Bereich der Stadt mehrere Kapellen. 1427 wurde eine Kapelle (Beinhauskapelle?) auf dem Friedhof erbaut. Die Wallfahrtskapelle zu Eh-

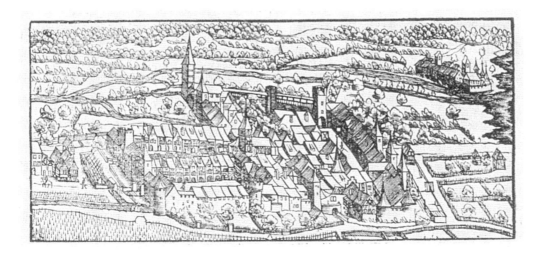

282 Biel im 16. Jh. Holzschnitt von Heinrich Vogther d.Ä. in der Schweizer Chronik des Johannes Stumpf, 1548 (Städtische Kunstsammlung Biel, Sammlung Museum Schwab).

283 Juliusbanner der Stadt Biel, 1512 (Städtische Kunstsammlung Biel, Sammlung Museum Schwab).

Aufbruch

Bald nach 1500 wurde auch in Biel, wie andernorts, Kritik laut an den kirchlichen Zuständen, am Pfründenwesen, am moralischen Zerfall des Klerus und am – nicht zuletzt von der römischen Kurie geförderten – Pensionenwesen.

Als 1507 der bisherige Leutpriester von Biel, Hans Wyshar (Wysard), resignierte und nach Basel wechselte, wurde der junge Thomas Wyttenbach zum Nachfolger gewählt. Wyttenbach, der einer angesehenen Bieler Familie der Stadt entstammte, hatte seine Studien in Tübingen absolviert und 1505 an die Universität Basel gewechselt, wo er als Sententiarius lehrte und Huldrych Zwingli und Leo Jud zu seinen Schülern zählte.

Der gelehrte Theologe sah sich in seiner Vaterstadt rasch in verschiedenste Rechtshändel mit dem Rat, seinen kirchlichen Vorgesetzten, dem Konvent der Abtei Erlach und anderen verstrickt; hartnäckig suchte er sich Recht zu verschaffen. Seine Unzufriedenheit mit den kirchlichen und obrigkeitlichen Behörden mag ein Abbild der politischen und moralischen Verhältnisse sein. Auch Kaplan Jakob Würben ermahnte den Rat, geeignete Geistliche und nicht bloss Messsänger anzustellen, als er 1515 sein Amt niederlegte.

Vergeblich hatte die Eidgenossenschaft mit dem Pensionenbrief von 1503 versucht, Reislaufen und Söldnerwesen ein Ende zu bereiten. Auch Wyttenbach trat vehement gegen fremden Solddienst und den Bezug von Pensionen auf, und vielleicht belegte 1511 der Rat unter seinem Einfluss das Reislaufen mit einer Strafe.

ren der Muttergottes von Falbringen, nahe des abgegangenen Dorfes Bittenach, war eine Stiftung der Abtei Bellelay. Das 1415 gestiftete Spital bei der Mühlebrücke enthielt eine Kapelle zu Ehren der heiligen Antonius und Niklaus (1420), später des heiligen Silvester (1519). Auch das Siechenhaus an der Strasse nach Bözingen besass eine eigene Kapelle,[6] und schliesslich hatten die Zünfte ihre eigenen kleinen Kapellen, diejenige der Metzger und Gerber befand sich vor dem Obertor, eine andere vor dem Nidautor.

1493 verzichtete das Kloster St. Johann von Erlach als Inhaber des Patronats und des Kirchensatzes gegen Entrichtung von jeweils zwei Mark Silber in Form von Bechern oder Schalen auf das Erbrecht gegenüber den Bieler Pfarrern. Jedoch wurde bestimmt, dass der Rat von Biel künftig jeden neugewählten Pfarrer in Erlach vorzustellen, der Abt aber das Präsentationsrecht gegenüber dem Lausanner Bischof habe.

Thomas Wyttenbach (1472?-1526)

Er stammte aus einer angesehenen Bieler Familie, 1496-1504 Studium in Tübingen (1498 *baccalaureus artium*; 1500 *magister artium*; 1504 *baccalaureus biblicus*). 1505 Fortsetzung der theologischen Studien und Professur an der Universität Basel. Zu seinen Schülern zählten Huldrych Zwingli und Leo Jud. 1507 Leutpriester in Biel, 1515 zum Doktor der Theologie promoviert. 1515-1520 Chorherr am Berner Münster. Ab 1523 Kritik an den kirchlichen Zuständen und Verkündigung des neuen Glaubens sowie Kampf gegen die Reisläuferei, das Trinken, Spielen und Tanzen. Nach seiner Heirat 1524 wurde er als Stadtpfarrer abgesetzt.

vgl. *Biel, Stadtgeschichtliches Lexikon*, S. 499.

Die Mailänderkriege waren zwar eine eidgenössische Angelegenheit, dienten aber letztlich dem Papst in seinem Kampf gegen Frankreich. Dankbar beschenkte deshalb Papst Julius II. die eidgenössischen Orte; auch Biel erhielt 1512 als Anerkennung für seine Teilnahme am Pavierzug von Kardinal Schiner ein prunkvolles Banner überreicht (Abb. 283).

Als Thomas Wyttenbach von 1515 bis 1520 am St. Vinzenzstift in Bern weilte, liess er sich in Biel durch Hans Rummel vertreten, ohne jedoch die Bieler Angelegenheiten ganz aus den Augen zu verlieren. Vehement verteidigte er weiterhin die Rechte Biels und seine eigenen Ansprüche gegenüber dem Abt von Erlach, einmal gar bis vor die römische Kurie. So sehr er auch das gelehrte Milieu seiner Berner Jahre schätzen mochte, in Biel wäre seine Anwesenheit dringend nötig gewesen, etwa als 1518 Bernhardin Samson[7] in der Gegend auftauchte, der für alle Sünden, die begangenen wie die noch zu begehenden, Ablassbriefe feil hielt.

Nachdem Wyttenbach schon 1518 versucht hatte, sich von seinem Amt in Bern dispensieren zu lassen, kehrte er 1520 endgültig nach Biel zurück. Inzwischen war sein ehemaliger Basler Schüler, Huldrych Zwingli, Leutpriester am Grossmünster in Zürich und hatte dort in seiner Neujahrspredigt 1519 erklärt, er wolle nicht mehr nach den kirchlichen Perikopen, sondern nach dem Evangelium predigen. Wyttenbach, der an den theologischen Diskussionen seiner Zeit rege Anteil nahm, war diese Wende gewiss nicht entgangen.

Die Vorgänge dieser Jahre gleichen denen in anderen Städten. Wyttenbach wusste bald eine beachtliche Anhängerschaft unter den Bürgern der Stadt hinter sich, nicht zuletzt seine einflussreichen Verwandten. Ebenso aber gab es Widersacher, die ihm mit Schmähungen und üblen Nachreden die Kanzel verleiden wollten. Tatsächlich trug sich Wyttenbach mit dem Gedanken, zusammen mit Berchtold Haller, seinem Nachfolger im Berner Stift, die Studien in Basel wieder aufzunehmen. Aufgemuntert von Zwingli blieb er aber in Biel, um «den Seinen das Licht der Wahrheit und die reine Lehre des Evangeliums mitzuteilen». Auch in ande-

rer Hinsicht folgte er Zwingli: Er heiratete im Sommer 1524.[8]

Seilziehen um die Macht

Mit der Verheiratung 1524 rief Wyttenbach seine Gegner erst recht auf den Plan, allen voran den Stadtschreiber Ludwig Sterner und den Meier Simon von Römerstal, natürlich auch den Bischof von Basel, der die Absetzung aller verheirateten Priester verlangte. Immerhin liess der mehrheitlich konservative Rat in Bern anfragen, wie dort die Priesterehe be-

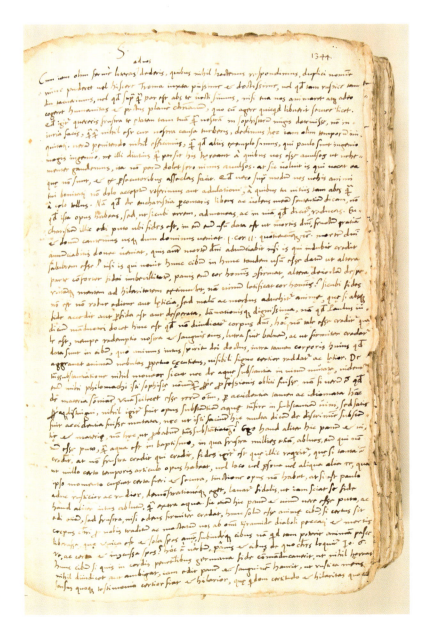

284 Brief von Huldrych Zwingli an Thomas Wyttenbach vom 15. Juni 1523. Aus diesem Antwortschreiben seines ehemaligen Schülers lassen sich Wyttenbachs theologische Ideen erschliessen (StAZH).

urteilt würde. Doch auch Bern verhielt sich in dieser Frage noch ablehnend; nur Zürich und Schaffhausen hatten sich bereits entschieden und die verheirateten Priester anerkannt. Am 13. Juli erhielt Biel ein Schreiben der Tagsatzung aus Zug, in dem die zehn Orte,[9] die am alten Glauben festhalten wollten, dazu aufriefen, die verheirateten Priester abzusetzen. Während sich der Kleine Rat den Neuerungen weiter entgegenstellte, fand Wyttenbach

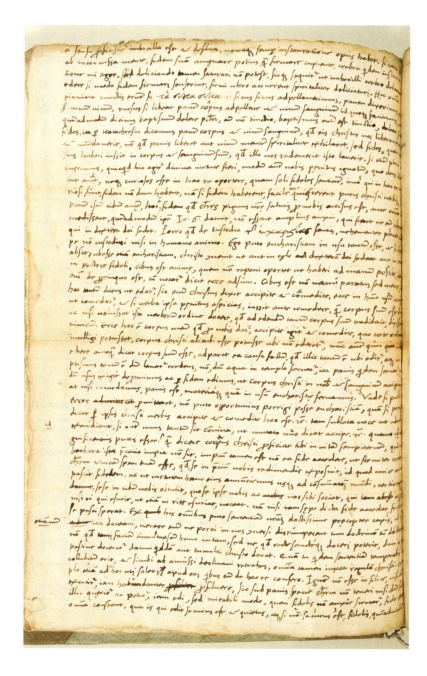

Unterstützung im Grossen Rat. Wyttenbachs Verteidigungsschreiben, das der Rat der versammelten Gemeinde in der Kirche vorlas, vermochte aber nicht zu überzeugen. Beeindruckt vom Bescheid aus Bern und dem Schreiben aus Zug, beschloss man die Absetzung aller verheirateten Priester. Am 1. August bedankten sich Meier und Rat bei der Tagsatzung und baten um Unterstützung für den Fall, dass die Anhänger des neuen Glaubens mit Gewalt ausgerottet werden müssten. Dieses Schreiben, so glaubten die Befürworter Wyttenbachs, sei ohne Auftrag des Rats von Stadtschreiber Sterner verfasst worden, und sie erhoben Klage gegen diesen. Als sich die Affäre immer mehr zuspitzte, stellte sich Sterner krank, liess sich gar die Sterbesakramente reichen, war dann aber trotzdem durchaus in der Lage, sich vor einer Ratsdelegation bis in die letzten Einzelheiten zu verteidigen. Und als sich der Rat schliesslich in der Angelegenheit an den Bischof in Basel und den Rat in Bern wandte, floh Sterner aus der Stadt. Nach gütlicher Vermittlung des Bischofs wurde er anfangs 1525 wieder in sein Amt eingesetzt. Doch die Uneinigkeit zwischen Rat und Bürgerschaft blieb bestehen.

Am 28. Mai 1525 legte Venner Niklaus Wyttenbach im Namen der Gemeinde dem Rat einen ganzen Katalog von Forderungen[10] vor:

Das Wort Gottes solle dem alten und neuen Testament gemäss lauter und rein gepredigt werden; der Kirchherr solle durch Handmehr gewählt werden und wenn er sich nicht christlich (d.h. im obigen Sinne) verhalte, wieder abgewählt werden; Doktor Wyttenbach solle an Sonntagen und anderen Feiertagen Gottes Wort verkünden; es solle ein geschickter Schulmeister angestellt werden, welcher die Kinder christlich lehre und aus den Pfründen oder aus der Bruderschaft bezahlt werde; es solle die Ordnung wider die Gotteslästerer, die Zutrinker, die Spieler und wider das öffentliche, üppige Tanzen an Sonntagen eingehalten werden; es sollen aus dem Spitalgut keine Zinsen mehr gekauft, sondern dieses zur Speisung und Tröstung der Armen verwendet und Überschüsse den Armen geliehen werden; es soll die Einhaltung der Jahrzeiten freigestellt werden; es sollen je vier Mitglieder der

Gesellschaften (Zünfte) den Rat der 24 wählen, der Junge und der Alte Rat aber aufgehoben werden; es sollen die Beschlüsse von Rat und Burger nur von Rat und Burger geändert werden dürfen; es sollen keine Jahrgelder von fremden Herren in den Stadtsäckel fliessen; es sollen die Mahlzeiten auf dem Rathaus eingestellt werden; es sollen die jährlichen Entschädigungen für den Rat auf 10 Pfund erhöht werden. (Es folgten noch einige polizeiliche Massnahmen betreffend die Müller, Pfister, Metzger und Fischer.)

Die Vermischung von kirchlichen Forderungen mit politischen Verfahrensfragen war der sichtbare Ausdruck der zugrunde liegenden Unmöglichkeit, fundamentale Glaubensfragen durch Kompromisse, durch Teilen zu entschädigen; nur das Ganze oder Nichts zählte, Sieg oder Niederlage, und dazu benötigte man die Macht. Die Glaubensfrage war eine Machtfrage.

Die Antworten des Rats vom 25. Juli widerspiegelten dessen Angst vor dem Machtverlust: Hinsichtlich der Verkündigung der Heiligen Schrift berief man sich auf die bernischen Mandate; die Pfarrwahl betrachtete man mit Hinweis auf einen früheren Beschluss als gegenstandslos; der Entscheid über die Wiedereinsetzung Wyttenbachs wurde aufgeschoben; auf den Schulmeister wurde gar nicht eingegangen; die Forderungen betreffend Spitalgut und Jahrzeiten wurden – mit recht fadenscheinigen Argumenten – abgelehnt, ohne Begründung diejenige den Wahlmodus betreffend.

Waren die Reformwilligen über den Ausgang der Beratungen enttäuscht, weil Kleinigkeiten bewilligt, die grossen Anliegen aber verschoben oder abgelehnt wurden, so waren die Verteidiger der alten Ordnung beunruhigt ob der Forderungen an sich und sie wandten sich erneut Hilfe suchend an die Eidgenossenschaft. Von Luzern aus ermahnten die eidgenössischen Boten am 6. Dezember den Fürstbischof, in Biel nach dem Rechten zu sehen und dafür zu sorgen, dass dort die guten alten Christen die Oberhand behielten.

Durch die Unruhen der Landbevölkerung im Laufental, in Elsgau, im Münstertal und in den Freibergen in Atem gehalten, hatte sich

der Bischof kaum mehr um die Ereignisse in Biel gekümmert; im Gegenteil, er war dankbar für den militärischen Zuzug aus Biel, der sein Schloss in Pruntrut vor den Angriffen der aufständischen Bauern schützte. Als das Schreiben aus Luzern nach Biel weitergeleitet wurde, flammte dort der alte Zwist wieder auf und Sterner geriet erneut ins Visier der Neugläubigen. Venner Wyttenbach reiste nach Freiburg und bat, Freiburg möge Biel in Luzern vertreten. Gleichzeitig trug aber eine

285 Siegel von Thomas Wyttenbach an einer Urkunde vom 15. Oktober 1520. Mit dem D im Wappen wollte sich der «Doctor» (unter dieser Bezeichnung erscheint er gelegentlich auch in den zeitgenössischen Quellen) wohl von seinen Familienangehörigen unterscheiden; ungeklärt ist das Zeichen über dem Wappenschild (StABE, Fach Erlach).

Ratsdelegation die Bieler Anliegen in Bern vor. Auf Berns Rat hin begab sich schliesslich eine Gesandtschaft von Biel nach Luzern, um sich bei der Tagsatzung zu entschuldigen; man glaube, nichts Unchristliches getan, sondern den bernischen Mandaten nachgelebt zu haben. Doch die Bieler Boten wurden in Luzern mit Vorwürfen geradezu überhäuft und eindringlich gemahnt, von der lutherischen oder zwinglischen Lehre und den ketzerischen Pfaffen abzustehen und die christlichen Ordnungen und Satzungen wieder zu respektieren. Die darob entstandene Verunsicherung nutzte die Gemeinde, um erneut eine Wahlrechtsreform zu beantragen. Sie forderte, dass der Grosse Rat von der Gemeinde und der Kleine Rat sodann vom Grossen Rat gewählt würde – ein Versuch zur direkten Bürgerherrschaft! Der Kleine Rat aber beharrte auf seinen Rechten und bat den Bischof und Bern zu vermitteln. Am 7. Januar 1526 kam es zur Einigung: Der Kleine Rat wurde in seiner bisherigen Regierungskompetenz bestätigt; was Räte und Bürger, d.h. Kleiner und Grosser Rat gemeinsam, beschliessen, könne von der Gemeinde nicht angefochten werden; Zusammenrottungen, Versammlungen und geheime Ratschläge wurden ausdrücklich verboten. Mit dieser Regelung waren den Neugläubigen in der Gemeinde die Hände gebunden. Die entlassenen Kapläne wurden durch neue ersetzt, welche die Messe lasen und sich an die alte Ordnung hielten. Nur das Amt des Leutpriesters blieb unbesetzt. Als Wyttenbach am 27. Mai 1526 sich anerbot, die Stadt an der eidgenössischen Disputation in Baden zu vertreten, wurde das als Anmassung empfunden; hingegen erreichte er endlich als Entschädi-

286 Schreiben von Thomas Wyttenbach an Meier und Rat von Biel, betreffend einen Streit mit dem Abt von St. Johann in Erlach wegen der Wahl eines Kirchherrn für die Stadtkirche Biel, 15. Juli 1515 (STAB, CXXX.120)

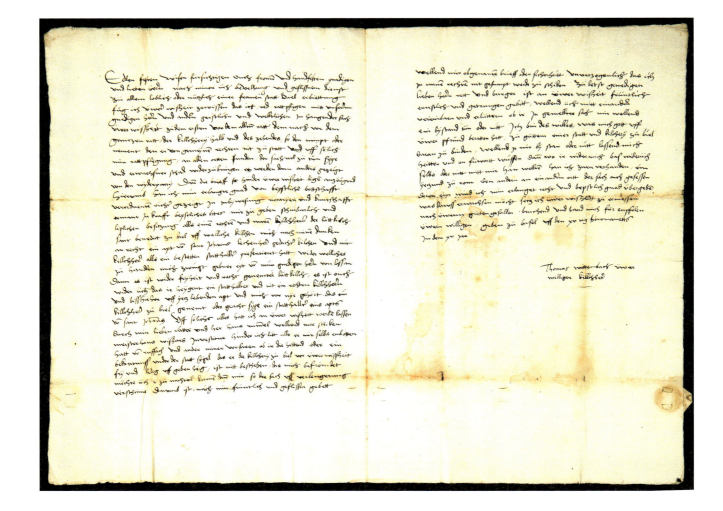

gung eine lebenslängliche Leibrente von 12 Gulden jährlich; sollte er innert 12 Jahren sterben, so würde diese für die verbleibende Restzeit an seine Erben fallen. Noch im gleichen Jahr – nach dem 21. September 1526 – starb Wyttenbach.

Biel wird reformiert

Das von katholischer Seite einberufene und dominierte Religionsgespräch in Baden[11] hatte die Vertreter der neuen Lehre auf den Plan gerufen. Dem Beispiel Zürichs folgend hatte St. Gallen unter Vadian (Joachim Watt) die Reformation durchgeführt. In Basel hatte Oekolampad (Johannes Husschin)[12] seine Stellung festigen können; schrittweise vollzog sich dort die Wende. Auch in anderen Städten, in Freiburg und sogar in Solothurn wurde nach der Schrift gepredigt. Alle Blicke waren nun auf Bern gerichtet, was dort entschieden würde. Bern hatte zwar mit dem einen oder anderen Mandat die alten Vorschriften gelockert, hielt aber im Wesentlichen an der alten Ordnung fest. Berchtold Haller, Leutpriester am Münster, der stark unter dem Einfluss Zwinglis stand, hatte sich geweigert, die Messe zu lesen und verlor damit seine Chorherrenpfründe, das Predigtamt aber konnte er behalten. Auch er fand Rückhalt vor allem in der von den Zünften organisierten Stadtgemeinde. Nach der Wahl von fünf Gesinnungsgenossen Hallers in den Kleinen Rat an Ostern 1527 und unter dem Druck der Zünfte schrieben Schultheiss und Räte am 17. November 1527 endlich eine Disputation aus. Eingeladen wurden die Bischöfe von Konstanz, Basel, Lausanne und Sitten, alle eidgenössischen und zugewandten Orte sowie Konstanz und andere Städte. Die Teilnahme war ausdrücklich freigestellt. Die fünf Orte (Uri, Schwyz Unterwalden, Zug und Luzern) und die Bischöfe lehnten ab, dafür erschienen Delegierte zahlreicher anderer Städte aus dem süddeutschen und elsässischen Raum. Vom 6. bis 26. Januar 1528 fand in der Berner Barfüsserkirche das für die Reformation in der Schweiz entscheidende Religionsgespräch statt. Biel, welches sich stets an die Kirchenmandate Berns hielt, folgte dem Aufruf selbstverständlich.

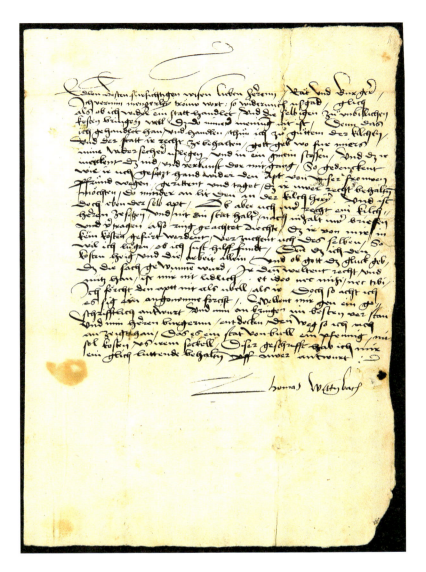

In Biel hatten sich Rat und Meier im Februar 1527 nochmals von den «geweibten Pfaffen» distanziert. Am 19. November 1527 war auf Empfehlung des Bischofs der Basler Chorherr Johannes Gebwyler zum Leutpriester gewählt worden.[13] Nach Bern jedoch entsandte Biel seinen Schulmeister und Verweser an der Stadtkirche, Jakob Würben. In seiner Begleitung befanden sich wohl noch weitere Personen.[14] Noch am 4. Januar hatte der Bischof davor gewarnt, den Neuerungen zuzustimmen. Gegenstand der Disputation in Bern waren zehn von Berchtold Haller und Franz Kolb im zwinglischen Sinn verfassten «Schlussreden» (Thesen). Noch während der Disputation brachte Würben seinen und sei-

287 Schreiben von Thomas Wyttenbach an Räte und Burger von Biel, betreffend einen Streit mit dem Abt von St. Johann in Erlach um die Rechte an der Stadtkirche von Biel, ohne Datum (STAB, CXXX.119).

nes Amtsbruders, Johannes Rummel, Standpunkt schriftlich ein und bekannte sich, mit gewissen Vorbehalten, zu den einzelnen Artikeln.

War die Badener Disputation zu Gunsten der katholischen Anliegen ausgefallen, so einigte man sich nun in Bern ganz auf die reformierten Anliegen. Schon am Tag nach der Disputation, am 27. Januar, beschlossen Räte und Burger von Bern, die Messe abzuschaffen und die Altäre und Bilder aus den Kirchen zu entfernen. Am 7. Februar erliessen sie, beraten von Zwingli, ein Mandat, das die Reformation in den bernischen Gebieten verordnete. Biel war schon vier Tage zuvor, am 3. Februar, aufgefordert worden, dem Beispiel Berns zu folgen; sollte Biel deswegen angegriffen werden, so sei die Hilfe Berns garantiert. Am 5. Februar ordneten Meier, Rat und Burger an, die Bilder aus der Kirche zu entfernen und sie auf den Estrich zu stellen. Stifter wurden ermächtigt, ihre Schenkungen an Bildern und Zierat zurückzunehmen. Damit die «Abschaffung des Götzenfluchs» ohne Tumult vonstatten gehe, wurde die Räumung von je vier Vertretern des Kleinen und des Grossen Rats sowie von Stadtschreiber Sterner bewacht; fünf Tage hat Letzterer dafür verrechnet.[15]

Dem Berner Reformationsmandat vom 7. Februar folgte am 9. Februar ein Schreiben von Schultheiss und Rat von Solothurn, welches vor übereilten Änderungen warnte und darum bat, von der Reformation abzustehen – vergeblich: Am 31. Juli 1528 wurde die Annahme der Reformation förmlich beschlossen und ein Ausschuss gebildet, der die Verteilung des Kirchengutes zu besorgen hatte.

Mit der Wahl Jakob Würbens zum «Kirchherrn und Seelsorger» am 14. März 1529 – er wurde noch in der herkömmlichen Weise dem Abt von St. Johann (Erlach) präsentiert – verfügte die Stadt endlich wieder über einen ordentlichen Pfarrer, den Ersten, der sich ganz dem neuen Glauben verpflichtete; ihm zur Seite stand Georg Stähelin als zweiter Pfarrer. Was Wyttenbach eingeleitet hatte, vollendeten Würben und Stähelin. Sie vollzogen die Reformation in Biel und begleiteten deren Einführung im kirchlichen Alltag.

Umbau und Festigung

Die Durchführung der Reformation war ein jahrelanger Prozess. Das Kirchenvolk, von tiefverwurzelten Formen der Frömmigkeit geprägt, hielt an überkommenen Vorstellungen fest; interessiert war es vor allem an der Befreiung

---

Jakob Würben

bis 1515 Kaplan in Biel; trat dann ins Barfüsserkloster in Basel ein; 1. Pfarrer in Diessenhofen (TG); 1526 erster Schulmeister in Biel; vertrat 1528 Biel an der Berner Disputation; am 26. März 1528 zusammen mit Jörg Stähelin in den Kirchendienst aufgenommen; am 14. März 1529 zum ersten reformierten Pfarrer von Biel ernannt und am 26. März ins Amt eingeführt; verfasste 1528 *Ein kurtzer bericht wider Ludwig Hätzers vorred in Baruch etc Und wider ettlich jnreden der widertöuffer*; scheint bis 1541 im Amt gewesen zu sein.

Georg Stähelin, genannt Chalybäus

aus Galgenen (SZ), 1518 Kaplan in Altendorf, 1520 von Zwingli als Helfer nach Zürich berufen, 1523 Pfarrer in Weiningen, wo er sich mit Katharina von Büttikon verheiratete. 1528 auf Empfehlung Zwinglis nach Biel berufen und zum 2. Pfarrer gewählt. Geriet wegen seines neuen Glaubens in Konflikt mit dem Meier, Simon von Römerstal. 1531 nach Zofingen berufen; 1543 wieder in Zürich, 1545 in Rüti (ZH), 1559-1560 in Turbenthal (ZH). † um 1573.

vgl. *Biel, Stadtgeschichtliches Lexikon*, S. 305, 426.

von kirchlichen Abgaben und an der Aussicht auf verbesserte soziale und wirtschaftliche Verhältnisse. In den Städten beanspruchte die Bürgerschaft eine bessere Beteiligung an der Macht und mehr Einfluss bei der Wahl der Regierung. Die etablierte regierende Oberschicht ihrerseits sah in den Forderungen einen Angriff auf ihre Macht und eine Gefährdung ihrer Privilegien.

Anfangs 1528 versammelten sich erstmals Anhänger der Täuferbewegung[16] ausserhalb der Stadt, beim grossen Stein im Eichenwald (Graustein?). Sofort entschieden Rat und Burger, sie zu vertreiben; unter Bussandrohung wurde verboten, Wiedertäufer zu beherbergen oder ihnen den Aufenthalt zu ermöglichen. Kurze Zeit hielten sie sich noch auf dem Büttenberg auf.

Als Ketzerstadt im Fürstbistum, als Verbündete der katholisch gebliebenen Städte Solothurn und Freiburg, war Biel vielleicht mehr denn je auf Bern angewiesen. Mit Unterstützung Berns trat Biel am 28. Januar 1529 dem Christlichen Burgrecht bei, das Zürich und Bern im Juni 1528 zum gegenseitigen Schutz geschlossen hatten und das allen Orten und Zugewandten, die sich zum neuen Glauben bekannten, offen stand (Abb. 289). Unter der Versicherung, dass dieses Bündnis sich niemals gegen den Bischof richten würde, willigte dieser ein, verlangte aber, sehr zum Missfallen Biels, das sich in seinen Freiheiten beschnitten fühlte, einen Revers von Bern. Der Bundesschwur vom 28. März fand dann tatsächlich im Sinne Biels allein unter den drei Städten statt. Nach der Aufnahme Basels in das Christliche Burgrecht schloss Biel auch mit der Rheinstadt den Burgrechtsvertrag ab (Abb. 290). Die Neuerungen im kirchlichen Alltag liessen sich nicht von einem Tag auf den anderen umsetzen, zumal viele Fragen noch offen waren, theologische Differenzen und Unsicherheiten auftauchten und noch lange bestanden. So wurden etwa verschiedene Feiertage beibehalten; das Ave-Maria-Läuten wurde erst 1530 abgeschafft. Umso strenger wurden die neuen Gebote gehandhabt; der Aufenthalt auf den Gassen während der Predigt war verboten, ebenso die Sonntagsarbeit für Handwerker und Fuhrleute. Als bei den Wahlen anfangs

1529 der Verdacht auftrat, einzelne Ratsmitglieder würden nach wie vor den Bildern dienen, verweigerte die Bürgerschaft die übliche Huldigung. Wieder fand durch Vermittlung Berns und des Bischofs eine Wahlreform statt; tatsächlich wurden unter der neuen Formel sechs altgläubige Mitglieder des Kleinen Rats abgewählt und durch andere ersetzt.

Besonders kompliziert gestaltete sich die Verteilung des Kirchengutes; an die Stelle der Johanniterbrüder und der Benediktsbruderschaft wurden Vögte eingesetzt, die die Pfründen verwalteten. Für die Rückgabe von Stiftungen mussten grosse Summen ausbezahlt werden. Das Kollaturrecht ging mit der Säkularisierung des Klosters St. Johann von Erlach an den Staat Bern über; 1530 wurde verein-

288 Die Stellungnahme von Jakob Würben für die Stadt Biel an der Berner Disputation. Ausschnitt aus der Edition von 1528, gedruckt bei Froschauer in Zürich (StABE).

bart, dass die von Biel gewählten Prädikanten in Bern präsentiert und auf die Reformation vereidigt werden sollten.

Das 1535 geschaffene Ehegericht, bestehend aus einem vom Rat gewählten Richter und sechs Beisitzern – den beiden Prädikanten, zwei Mitgliedern des Kleinen und zwei Mitgliedern des Grossen Rates –, wachte über die Einhaltung der moralischen Vorschriften und Sittenmandate.

Im Frühjahr 1536 versammelten sich in Basel Magistraten und Theologen der reformierten Orte Zürich, Bern, Basel, Schaffhausen, St. Gallen, Mülhausen, Konstanz und Biel zusammen mit Vertretern der lutherischen Glaubenslehre, um eine Verständigung mit den Lutheranern anzustreben. Das in 27 Artikeln

abgefasste Glaubensbekenntnis, die «*Confessio helvetica prior*», wurde von allen reformierten Ständen angenommen. Die Einigung mit den Lutheranern kam nicht zustande; das helvetische Bekenntnis blieb aber während drei Jahrzehnten richtungsweisend.

Die «Eroberung» des Erguel

Die Durchführung der Reformation im Erguel eröffnete Biel eine neue politische Dimension: die Errichtung eines eigenen Herrschaftsgebietes.

Die kirchlichen Verhältnisse im Erguel vor der Reformation waren recht komplex. Wie Biel gehörte das Erguel zur Diözese Lausanne. Mit dem Burgrechtsvertrag von 1335 erhielt der Rat von Biel das Kastvogteirecht über das Chor-

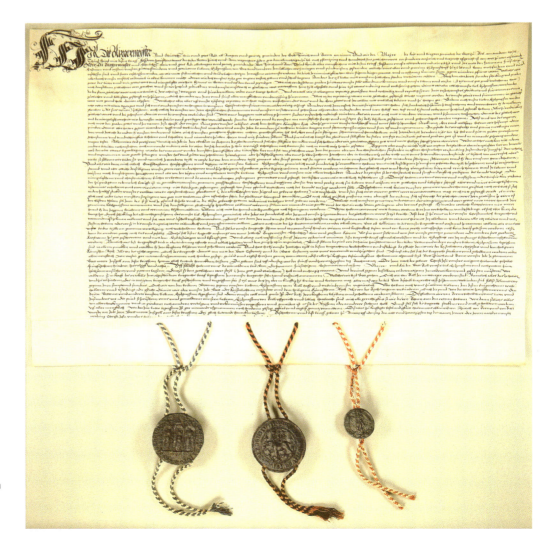

289 Christliches Burgrecht zwischen Zürich, Bern und Biel vom 28. Januar 1529 (STAB, CXXIX.20).

herrenstift Saint-Imier, welches die Kollatur der Kirchen von Serrières, Dombresson, Tramelan und Courtelary innehatte. Das Patronatsrecht über die Kirchen von Péry und Sombeval lag beim Kloster Moutier-Grandval, während Corgémont und Orvin abwechselnd von Moutier und vom Bischof besetzt wurden. Die Abtei Bellelay besass das Patronatsrecht in Pieterlen. Vauffelin wurde als bischöfliches Lehen von der Stadtkirche Biel versorgt. In allen Gemeinden wurden die neu zu wählenden Pfarrer vom bischöflichen Meier und zwei Bieler Ratsherren vorgeschlagen und eingesetzt; die Wahl musste aber vom Lausanner Bischof bestätigt werden.

Zu Beginn des 16. Jahrhunderts befand sich das Chorherrenstift Saint-Imier in desolatem Zustand.[17] 1512 verweigerten die Talleute die Fuhrungen für die Renovation des baufälligen Gotteshauses, solange einer der Chorherren seine Dirne bei sich habe; der Bischof von Lausanne sah sich veranlasst, Meier und Rat von Biel als Kastvögte des Stifts ihrer Unter-

haltspflicht zu mahnen. Ein Jahrzehnt später, in der Zeit der reformatorischen Umtriebe, hatte sich die Situation kaum verbessert, die Gebäude befanden sich nach wie vor in schlechtem Zustand, die Geistlichen hatten Konkubinen bei sich und vernachlässigten ihre religiösen Pflichten. Nun sah Biel eine Chance, seinen Einfluss im Erguel zu verstärken. Anlässlich der Jahrrechnung rügte Biel die Chorherren wegen der schlechten Haushaltung und der liederlichen Verwendung der Gelder. Das Kapitel seinerseits beklagte sich bei seinem Schirmherrn, dem Bischof von Basel, welcher den Bielern Amtsanmassung vorwarf. Biel berief sich auf ein Mandat des Bischofs von Lausanne und wollte den Stiftsschatz und das Archiv in Verwahrung nehmen; ausserdem verlangte es die Einhaltung der bernischen Mandate und die Vertreibung der Konkubinen. Abermals wandte sich der Propst an den Bischof von Basel, welcher daraufhin das Stift unter seinen besonderen Schutz nahm. Biel sah sich jedoch im Recht

290 Christliches Burgrecht zwischen Basel und Biel vom 8. Mai 1529 (STAB, CXXIX.22).

291 Titelblatt von Jakob Fünklins Spiel von der Auferstehung des Lazarus, gedruckt bei Froschauer in Zürich, 1552 (ZB ZH, 3.202/2).

und drohte, das Burgrecht mit dem Stift aufzuheben. Während die Propstei sich bereit zeigte, das Bündnis aufzulösen, sah sich der Statthalter des greisen Bischofs durch Falschaussagen des Stifts hintergangen. Der neue Bischof, Philipp von Gundelsheim, bestätigte schliesslich Biels Rechte und Freiheiten anlässlich der Huldigung 1527.

Nach dem Wahlsieg der Neugläubigen von 1529 riefen die Bieler Räte den Propst von Saint-Imier und sämtliche Pfarrherren des Erguel aufs Rathaus, um sie auf ihren Glauben hin zu prüfen. Alle kamen, nur der Propst liess sich wegen Krankheit entschuldigen, legte aber dar, wie wenig die Aufhebung des Stifts bringen würde, da die meisten Einkünfte an fremde Herren gingen. Auch Bern riet, die Sache nicht zu überstürzen. Die Durchführung der Reformation stiess denn auch auf Widerstand. In Saint-Imier kam es trotz ausdrücklichem Verbot und sehr zum Missfallen des Basler Bischofs zur mutwilligen Schändung des Sakraments und zur Zerstörung der Bilder durch Bieler Amtleute.

Im Oktober 1530 erliessen Rat und Burger eine Prädikantenordnung für Stadt und Landschaft Biel, ergänzt mit einer Regelung für das Kirchengut im Erguel und im Stift Saint-Imier, dessen reformwilligen Chorherren eine Pfründe versprochen wurde. Der Propst verliess das Stift, verlor dadurch aber jeden Anspruch auf Entschädigung. Eine Intervention der katholischen Gräfin von Valangin, welche alte Zehntrechte in Anspruch nehmen wollte und vom Bischof geschützt wurde, wies Biel mit der Hilfe Berns zurück. Der Konflikt konnte erst 1533 durch ein bernisches Schiedsgericht beigelegt werden. Auch die Auseinandersetzungen mit dem Propst von Saint-Imier zogen sich hin, nachdem dieser sich an die Eidgenossenschaft gewandt hatte; 1534 kam es durch Vermittlung von Bern und Basel und unter Aufsicht des Bischofs zum Vergleich. Erst als die Propstei ganz verwaist war, trat Ruhe ein.

In Anbetracht einer möglichen Aufhebung der mit Biel verburgrechteten Abtei Bellelay handelten Meier und Rat von Biel mit dem Bischof einen Eventualteilungsvertrag aus. Eine Drohgebärde Biels gegenüber dem neugewählten Abt verhallte allerdings; Biel erneuerte kurz darauf, im August 1530 den Burgrechtsvertrag in herkömmlicher Weise. Auch das Burgrecht mit Neuenstadt, wo Guillaume Farel erfolgreich gewirkt hatte und eine reformierte Mehrheit zustande kam, wurde im November 1530 erneuert.

Ihren Niederschlag fand die neue Ordnung 1537 in den Chorgerichtssatzungen, der so genannten «Reformation», die für die Stadt und das Erguel gleichermassen verbindlich war. Meier, Räte und Burger erliessen fortan die Kirchengesetze; ihnen war das Chorgericht unterstellt, Appellationsinstanz war der Kleine Rat.

Alles in allem verlief die Reformation im Erguel ganz zu Gunsten Biels, verfügte dieses nun doch über die bisher vom Lausanner Bischof ausgeübte kirchliche Gerichtsbarkeit. Mit dieser besass Biel neben dem Bannerrecht ein weiteres entscheidendes Machtinstrument in der «Herrschaft Biel», wie das Erguel fortan und mit Blick in die Zukunft oft genannt wurde. Dass aber die Errichtung einer solchen eigenen Landesherrschaft über das Erguel notwendig zum Konflikt mit dem Landesherrn, dem Bischof von Basel, führen musste, war den reformationsseligen Bielern wohl nur halb bewusst – dass sie diesen auch verlieren könnten, wie der Tauschhandel zeigen wird, schon gar nicht.

Hochmut kommt vor dem Fall

Um die Jahrhundertmitte war die Reformation etabliert, die Glaubensfrage war kein strittiges Thema mehr. Beflügelt von den kirchlichen Erfolgen, strebte Biel danach, seine militärischen und kirchlichen Zuständigkeiten im Erguel zur vollen politischen Herrschaft auszubauen.

Die Gelegenheit bot sich, als das Bistum nach dem Tod Bischof Philipps von Gundelsheim (1527-1553) in argen Geldnöten steckte; das Domkapitel sah sich nicht einmal mehr in der Lage einen neuen Bischof zu wählen. Grosszügig, aber mit Hintergedanken bot Biel seine finanzielle Hilfe an, indem es sich bereit erklärte, das Erguel ganz zu erwerben. Weil es sich beim Erguel um ein königliches Lehen handle, wollte Bischofsverweser Melchior von Lichtenfels darauf nicht eintreten. Hingegen verpfändete das Kapitel am 23. Oktober 1554 der Stadt Biel das Erguel um 7000 Kronen. Die Landleute im Erguel, beunruhigt durch diesen Handel, wollten darum den Treueid an Biel nur schwören, wenn sie ihre herkömmlichen Rechte bestätigt bekämen. Statt sich durch geschicktes Verhandeln das Vertrauen der Gemeinden im Erguel zu erwerben, beharrte Biel auf einer Huldigung «den Herren von Biel wie früher einem Fürsten von Pruntrut».[18] Dieses Machtgehabe verstärkte den Widerstand im Erguel natürlich erst recht. Unterstützung fand dieses bei Solothurn, mit dem es 1555 einen Burgrechtsvertrag abschloss.

Sehr zum Leidwesen Biels gelang es dem (inzwischen gewählten) Bischof bald darauf, das Pfand wieder auszulösen. Biel sah sich um Mühen und Kosten betrogen. Vergeblich versuchte es wenigstens einige Privilegien im Erguel zu retten; doch 1556 wurden die alten Verhältnisse mit geringen Anpassungen wieder hergestellt. Der Bischof jedoch konsolidierte seine Stellung, indem er das tat, was die Bieler versäumt hatten: Noch im gleichen Jahr verbriefte er die alten Freiheiten des Erguels in einem Landrechtsvertrag, den so genannten *Franchises d'Erguel*. Die Doppelstellung zwischen Bischof und Biel, in der sich das Erguel nun befand, versuchte dieses schon gleich darauf auszunutzen, indem es seine Bannerpflicht gegenüber Biel in Frage stellte. Erst auf Geheiss des Bischofs waren die Erguerer bereit, in herkömmlicher Weise zu schwören. Hingegen verweigerte nun die Stadt dem neuen Meier den Treueid, solange sie sich nicht im Besitz jener Freiheiten sah, um die sie sich durch die *Franchises d'Erguel* geschmälert sah.

Mit dem ungeschickten Pokerspiel um die Pfandschaft des Erguel hatte Biel eine grosse Chance verspielt und war selber zum Spielball im Kräftedreieck Bischof-Erguel-Solothurn bzw. eidgenössische Orte geworden; eine Rolle, die ihm Jahrzehnte später im *Tauschhandel* zum Verhängnis werden sollte.

«Das ganze Unternehmen scheiterte an der engherzigen Beschränktheit im Rathe und an dem erbärmlichen Spiessbürgergeiste in der Gemeinde», urteilt C. A. Bloesch (1855).[19] Und so ist es geradezu symbolisch zu werten, dass Bischof Melchior von Lichtenfels 1568 sein persönliches Wappen am fürstbischöflichen Haus neben dem Obertor anbringen liess.

292 Titelblatt von Jakob Fünklins Spiel von der Empfängnis und Geburt Jesu Christi, gedruckt bei Froschauer in Zürich, 1553 (ZB ZH, 3.202/3).

Im Schatten der politischen Querelen um das Erguel ordnete Biel immerhin seine kirchlichen Strukturen. Die Chor- oder Ehegerichtssatzungen wurden 1560 revidiert und auf das Erguel ausgedehnt (so genannte *Reformation auf dem Lande*). 1562 lud der Rat sämtliche Prädikanten zu einer Versammlung ein, auf der eine neue Kirchenordnung verabschiedet wurde, welche die Chorgerichtssatzung von 1530 und die Synodalstatuten von 1540 ersetzte. Oberstes Kirchenorgan des Dekanats Biel war die Synode, welcher der Kleine Rat, der Meier, die beiden Stadtpfarrer, ein Mitglied des Chorgerichts, der Schulmeister und der Pfarrer jeder Gemeinde angehörten. Die Synode fand einmal jährlich statt. Sie wählte den Dekan und hatte die Aufsicht inne über die Lehre, die Kirchengüter, das kirchliche Leben in den Gemeinden sowie über Leben und Wirken der Pfarrer und Schulmeister, welche sich alle drei Jahre einer Zensur unterziehen mussten.

Die Synode hatte ausserdem das Vorschlagsrecht für neue Pfarrer, welche vom Dekan examiniert und dann vom Rat bestätigt wurden. Die Pfarrer trafen sich zwei Mal jährlich zum Kapitel; Kapitel und Synode wurden vom Dekan einberufen und präsidiert.

1566 nahm die Synode die *Confessio helvetica posterior*, die von Bullinger redigierte, neue Fassung des schweizerischen Glaubensbekenntnisses, an.

Zu verdanken hat Biel diese Leistungen wohl weniger dem Rat, als vielmehr seinen kirchlichen Vertretern. Mit Jakob Fünklin und Ambrosius Blarer verfügte Biel um die Jahrhundertmitte über zwei hochangesehene Pfarrer, die das kulturelle Leben in der Stadt belebten und zu beachtlichen Leistungen anspornten.

Der Tauschhandel und seine Folgen

Ob der grossen finanziellen und politischen Probleme, die Bischof Lichtenfels in seiner Herrschaft zu bewältigen hatte, blieben die reformierten Teile des Bistums in religiöser Hinsicht völlig unbehelligt. Einzig das Burgrecht zwischen dem Erguel und Solothurn gab gelegentlich zu Befürchtungen Anlass, es könnte auch eine Rückkehr zum alten Glauben beabsichtigt sein.

Die Pattsituation änderte sich, als mit Jakob Christoph Blarer von Wartensee 1575 ein überzeugter Verteidiger des Katholizismus zum Bischof gewählt wurde. Hartnäckig verfolgte er das Ziel, die katholische Reform «an Haupt und Gliedern» konsequent durchzuführen. Auf Kosten Biels versuchte er das Erguel noch näher an sich zu binden. Deshalb versammelte Biel am 19. März 1582 die Gemeinden des Erguel und stellte die «Gretchenfrage»; die anwe-

---

Jakob Fünklin (Funkelin) (1522-1565)

von Konstanz, wo er bis zur Rekatholisierung als reformierter Pfarrer amtete, dann in Tägerwilen und ab 1550 1. Pfarrer in Biel. Verfasser von Kirchenliedern und mehreren geistlichen Theaterstücken, die er in Biel aufführte; Mitarbeit an den Bieler Schulordnungen. Sein Geschäft mit der Förderung ökonomischerer Heizmethoden führte ihn in den finanziellen Ruin. Starb am 3. November 1565 an der Pest.

Ambrosius Blarer (Blaurer) (1492-1564)

von Gyrsberg (Tägerwilen TG) stammend, Prior in Alpirsbach (Schwarzwald), wirkte als Reformator in Konstanz, im süddeutschen Raum und im Thurgau. Bedeutender Theologe eigener Ausprägung, Kirchenlieddichter, 1531-1559 2. Pfarrer in Biel, wo er den Kirchengesang wieder einführte, Verweser in Leutmerken (TG), gestorben 1564 in Winterthur.

vgl. *Biel, Stadtgeschichtliches Lexikon*, S. 150, 76.

senden Gemeindemeier versicherten, bei der evangelischen Religion bleiben zu wollen und sich weder durch den Fürstbischof noch durch irgendwelche Amtsleute davon abbringen zu lassen, vielmehr wollten sie ihre Gemeinden versammeln, sie belehren und ermahnen. Nun liess der Landesherr keine Gelegenheit mehr ungenutzt, die Stadt in ihren Gewohnheiten und Rechten zu beschneiden, ja gar zu beleidigen. Die Folgen zeigten sich rasch. Ausgelöst unter anderem durch die Frage des Reislaufens in die Hugenottenkriege, spaltete sich die Bürgerschaft 1587 in zwei Parteien. Die innere Schwäche Biels nutzend, beanspruchte Blarer schliesslich gar das Bannerrecht «zu Stadt und Land», sprach damit Biel sein wichtigstes Instrument im Erguel ab und setzte es auf die gleiche Stufe wie die anderen Städte des Bistums. Biel konnte diese Verletzung seiner Freiheiten keinesfalls akzeptieren und wandte sich Hilfe suchend an die verbündeten Städte Bern, Freiburg und Solothurn. Der Bischof seinerseits brachte die Angelegenheit vor die Tagsatzung.

Eine vierköpfige eidgenössische Schiedskommission legte im März 1594 einen gütlichen Spruch vor, der, wenn auch nicht in allen, so doch in den wesentlichen Punkten zu Gunsten Biels ausfiel. Bischof Blarer jedoch verweigerte die Annahme des Vergleichs.

Weil Biel darauf prompt den bischöflichen Amtsleuten den Gehorsam verweigerte und er von der Eidgenossenschaft keine Hilfe mehr erwarten konnte, musste Blarer nach neuen Wegen suchen. Da sich «das kranke und verseuchte Glied» nicht heilen liess, entschied er sich zur Amputation. 1596 nahm er geheime Verhandlungen mit Bern auf, in der Absicht, Biel gegen bernische Rechte abzutauschen. Am 27. September 1599 kam es zum Tauschvertrag: Bern sollte die bischöflichen Rechte in Biel und das Stadtgebiet bekommen, wobei Biels Rechte im Erguel stark beschnitten würden, wogegen Bern auf sein 1486 geschlossenes Burgrecht mit den Landleuten der Propstei Moutier-Grandval um 15 000 Kronen und gegen Garantie der Religionsfreiheit verzichtete.

293 Abendmahlbecher der Stadtkirche Biel, hergestellt vom Bieler Goldschmied Hans Heinrich Rother (1647-1702).

In Biel stärkte das die antibischöflichen Kräfte, und der bernfreundliche Burgermeister Hugi wurde abgesetzt und ausgewiesen. Schliesslich suchte Biel erneut den Schutz bei der Eidgenossenschaft. Diese stellte sich, wenn auch aus unterschiedlichen Interessen, zunächst geschlossen gegen Bern. Nach langem Hin und Her, Versprechungen und Zugeständnissen von allen Seiten, die in Biel mehr Verwirrung als Klarheit schufen, und nachdem Bern versichert hatte, Biels Privilegien zu wahren, stimmte die Tagsatzung 1601 dem Vertrag zu.

Doch dann traten neue Schwierigkeiten auf. In Biel gelang es dem Meier Thellung, die Bürgerschaft auf die Seite des Bischofs zu ziehen. Dieser seinerseits widerrief 1606 den Vertrag mit Bern und schloss einen neuen mit Biel, womit scheinbar alles wieder beim Alten war. Doch Biel fühlte sich getäuscht und Bern ebenso, sah dieses doch darin eine Verletzung von Biels Bundespflichten. Erneut kam der Handel vor die Tagsatzung, welche ein Schiedsgericht einsetzte. Im Vertrag von Baden vom 17. Mai 1610 wurde die Angelegenheit definitiv geregelt. Biel konnte seine Autonomie weitgehend behalten, blieb aber unter bischöflicher Hoheit. Das Erguel wurde vom Meiertum Biel losgelöst und in eine bischöfliche Landvogtei umgewandelt. Es bildete fortan auch ein eigenes Dekanat. Damit hatte Biel im Erguel bis auf das Bannerrecht seinen ganzen politischen und kirchlichen Einfluss verloren.

Der Vertrag von Baden hatte Biel zwar vor dem Abstieg in die vollständige Abhängigkeit eines Landesherrn (Bern oder Bischof) bewahrt, doch es sah sich um mühsam errungene Rechte betrogen. Der Weg zu einer reichsunabhängigen Stadt und zu einem vollwertigen Mitglied der Eidgenossenschaft mit dem Erguel als Hinterland war definitiv abgeschnitten. Geblieben waren dem halsstarrigen Ketzerstädtchen der Status als zugewandter Ort der Eidgenossenschaft, das Bannerrecht im Erguel – und seine evangelische Religion.

Grundlage des Bieler Machtstrebens im 16. Jahrhundert war eine erstaunliche wirtschaftliche Prosperität. Davon zeugen eine ganze Reihe wichtiger öffentlicher Bauten zwischen 1530 und 1600: das neue Rathaus in der ehemaligen Burg, das Pfarrhaus, das Zunfthaus der Waldleute, das Gasthaus Krone, das Zeughaus. Auf allen drei Plätzen errichtete die Stadt repräsentative Figurenbrunnen, der Friedhof wurde vor die Stadtmauern hinaus verlegt, der Ring gepflästert und die Häuser im Ring mit Laubenbogen versehen. Zahlreiche Privathäuser wurden um- und neu erbaut. Auch die Abtei von Bellelay erbaute ein neues Haus und Bischof Blarer erweiterte 1589 sein Haus an der Obergasse um einen Treppenturm.

Nach dem Badener Vertrag von 1610 jedoch begann die Stadt wirtschaftlich – analog zur allgemeinen Entwicklung – zu stagnieren. Politisch gebrochen, versuchte sie fast verzweifelt, zwischen dem Bischof und Bern lavierend, sich da und dort Vorteile zu erhaschen. Die Bürgerschaft war in ständige Parteihändel verstrickt und verlor sich in Kleinkrämerei. Die wenigen Höhepunkte ihrer Entwicklung im Ancien Régime hatte die Stadt aber nicht zuletzt evangelischen Immigranten zu verdanken.

MICHEL UMMEL

«Diese kamen heimlich zusammen in dem Eichhölzlein bey dem grossen Stein.»

Elemente aus Leben und Glauben der Täufer in Biel und Umgebung

Ende des Jahres 1527 und zu Beginn des folgenden Jahres spürt man in Biel einige Täufer auf. Die zivilen und kirchlichen Behörden zeigen sich beunruhigt und erklären sie als auf ihrem Territorium unerwünscht. Gegen Herbst 1528 veröffentlicht Jacob Würben, Nachfolger des Bieler Reformators Wyttenbach, eine kleine Schrift gegen den Täufer Hätzer, der kurz zuvor einige apokryphe Schriften ins Deutsche übersetzt hatte (Abb. 294). Biel ist keine Ausnahme: In den meisten Fällen stossen die Behörden überall dort, wo die reformatorischen Ideen diskutiert und durchgesetzt worden sind, auf Täufergruppen, welche die Kirche anders und oftmals radikaler umzugestalten trachten. Bevor auf das Täufertum in Biel und Umgebung näher eingegangen wird, sollen einige Betrachtungen zu Geschichte und Theologie der Täuferbewegung helfen, den «Fall Biel» in einem weiteren Kontext zu verorten.

Einige historische Elemente der Täuferbewegung

Zu Beginn der 1520er-Jahre kommt es in Europa zu einer breiten Hinterfragung der Kirche und damit auch der Gesellschaft. Die Theologen begeben sich auf Reisen, studieren an verschiedenen Universitäten; der Bieler Reformator Thomas Wyttenbach (1472?-1526)[1] studiert beispielsweise Theologie in Tübingen und lehrt danach in Basel, wo ein gewisser Huldrych Zwingli zu seinen Studenten gehört, und hält sich danach in Bern auf, wo es zu einer Begegnung mit dem Berner Reformator Berchtold Haller kommt. Aber vor allem sind die Theologen nun wie nie zuvor in der Lage, ihre Schriften, Abhandlungen, Kommentare, Übersetzungen oder Pamphlete zu veröffentlichen. Das Buch wird zum Instrument der Reformation.

Die Rückkehr zur Bibel als alleiniger Quelle gemäss dem Prinzip *Sola Scriptura* bildet ein weiteres wesentliches Element, wobei das Stu

294 «Ein kurtzer bericht wider Ludwigs Hätzers vorred in Baruch. Und wider ettlich jnreden der widertöuffer durch Jacob Wirben/ein armen diener Christi zů Biel», 1528 (Biel, Sammlung Maeder + Studer).

dium der Bibel in ihren Originalsprachen Griechisch und Hebräisch die Schriften der Kirchentradition, der bedeutenden Theologen und Kirchenväter, in den Hintergrund rücken lässt. Betrachtet man kirchliche Schulung, Leben und Praxis in dieser Perspektive, so drängen sich Reformen auf. Messe, Heiligen- und Bilderverehrung, priesterliches Zölibat (die Reformatoren, oftmals Priester, sind in der Regel verheiratet) – all diese Institutionen sollen neu definiert oder gleich abgeschafft werden. Und für einige gehört auch die Taufe, und dabei vor allem die Säuglingstaufe, zu den kritikwürdigen Punkten. Eine Reform der Taufe griff aber tief in die damalige gesellschaftliche Organisation ein.

Ein Verzicht auf die Kindertaufe bedeutet eine klare Trennung zwischen Kirche und Staat. Die kritischen Geister sind nämlich der Ansicht, dass nicht die Geburt in einer bestimmten Stadt oder in einem bestimmten Dorf Ausschlag geben könne für die Annahme der Religion der Eltern oder der Umgebung. Glaube sei eine persönliche Angelegenheit, eine persönliche Wahl, die erst mit Erreichen der Verständigkeit getroffen werden könne, und die Kirche sei ein Zusammenschluss von Personen, die sich frei und bewusst für die Nachfolge Christi entschlossen hätten. Ein solcher Ansatz musste zu jener Zeit zu gravierenden Spannungen führen. Die Behörden schreiten denn auch zu einer raschen Verbannung von Anhängern einer derartigen Ekklesiologie.

In Zürich trifft sich am 21. Januar 1525 nach mehreren privaten und öffentlichen Disputationen[2] ein gutes Dutzend Personen vermutlich im Hause von Felix Mantz.[3] Dort bittet Jörg Blaurock Conrad Grebel um die Taufe, und auch die anderen Anwesenden werden getauft – die Geburtsstunde des (Wieder-)Täufertums. Die Bezeichnung «Täufer» gilt von nun an für all jene, die ihre Säuglingstaufe nicht anerkennen. Sie halten diese für nichtig, weil sie diese nicht bewusst erleben.

Der Bruch ist vollzogen, die Beziehungen zwischen Zwingli und seinen Freunden Mantz und Grebel verschlechtern sich. Am 5. Januar 1527 wird Mantz in Zürich in der Limmat ertränkt.[4] Am 24. Februar versammeln sich etliche Täufer in Schleitheim unweit von Schaffhausen, um ihren Glauben in einem Bekenntnis mit sieben Artikeln festzuhalten: Taufe, Bann, Brechung des Brotes, Absonderung von Greueln, Hirten in der Gemeinde, Schwert (keine Beteiligung an bewaffneten Konflikten), Eid.[5] Am 20. Mai wird der vermutete Verfasser dieser Artikel, Michael Sattler, nach grausamen Folterungen auf dem Scheiterhaufen verbrannt, seine Frau ertränkt man zwei Tage später.[6]

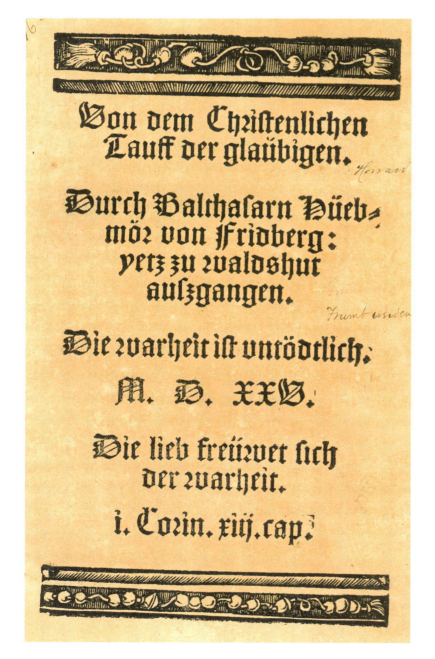

295 Titelseite *Von dem Christenlichen Tauff der gläubigen*, von Balthasar Hubmaier, 1525 (ABCMS).

Zwingli reagiert in seiner von vielen Kollegen erwarteten Schrift *In catabaptistarum strophas elenchus* heftig auf diese Artikel. Das Vorwort dieses Werks datiert vom 31. Juli 1527 und erscheint einige Wochen später. Die Reformatoren Ökolampad in Basel, Haller in Bern, Vadian in St. Gallen, Bucer und Capito in Strassburg kennen die Arbeit des Zürcher Reformatoren.[7]

Am 2. August desselben Jahres fordert Zürich Vertreter aus Bern, Basel, Schaffhausen, Chur, Appenzell und St. Gallen auf, Massnahmen gegen die Täufer zu ergreifen. Schliesslich verabschieden Zürich, Bern und St. Gallen am 14. August und 9. September ein offizielles Dokument.[8] Die Schlinge zieht sich zu. Wohin können Täufer nun noch gehen, ohne aufgespürt zu werden? 1528 und 1529 erlässt Kaiser Karl V. höchstpersönlich zwei Erlasse gegen sie.[9] Nun werden sie sowohl von katholischer wie von reformierter Seite her geächtet. Man darf dabei nicht vergessen, dass bei ihrem Auftauchen in Biel Ende 1527 weder in Bern noch in Biel der Übergang zur Reformation vollzogen ist (7. Februar 1528 bzw. 31. Juli 1528); Zürich hat die Messe bereits 1525 abgeschafft und sich von der bischöflichen Macht losgesagt. Ein ernsthafter Konflikt zwischen den reformierten und täuferischen «Brüdern» hätte den Katholiken in die Hände gespielt. Gegenseitiger Austausch und Kommunikation sind zudem gut organisiert. Die Städte, welche die Reformation einführen wollen, sprechen sich ab, organisieren und unterstützen sich, und Biel macht da keine Ausnahme. Als Dank für die Unterstützung bei der Durchsetzung der Reformation im Berner Oberland im Jahr 1529 – die nicht ohne Repression abging – verburgrechtet sich Bern mit Biel, so wie dies bereits mit Zürich geschehen war.[10]

Drei Zeugnisse täuferischer Theologie

Der erste der nachfolgend wiedergegebenen Texte bekräftigt den Verzicht auf Gewalt, wenn vom Evangelium die Rede ist. Das Schwert kann in keinem Fall zur Rechtfertigung irgendeines Vorhabens dienen, und vor allem nicht im Zusammenhang mit der Bibel. Diese Ermahnungen richten sich an den Reformator Thomas Müntzer (1490?-1525), der während der Zeit der Bauernkriege (1524-1525) höchst aktiv ist. Grebel enthebt die Taufe jeglicher magischen Bedeutung, betont aber deren symbolische Seite sowie den Glauben der Getauften und das Opfer Christi, das alleine die noch Ungetauften zu retten vermag. Die lutherische Auffassung von Taufe wie auch jene der Kirchenväter wird offen kritisiert.

Das zweite Zeugnis ist ein Brief, mit dem Mantz die Behörden bezüglich der Taufpraxis seiner Bewegung beruhigen will: Diese stelle keine Gefahr für die Gesellschaft dar. Seine zwei Jahre später erfolgte Verurteilung zum Tod durch Ertränken zeigt, dass die Behörden in diesem Punkt anderer Meinung waren.

Und schliesslich ein Auszug aus der Abhandlung von Balthasar Hubmaier (1480?-1528), in der er seine Überlegungen mit einer Bibelstelle begründet (Abb. 295). Hubmaier, aus Friedberg nahe Augsburg stammend und Verfasser vieler Abhandlungen, starb in Wien

Brief von Conrad Grebel und seinen Freunden an Thomas Müntzer (Zürich, 5. September 1524)

«Man soll ouch daß evangelium und sine annemer nit schirmen mit dem schwert oder sy sich selbs (…) Rechte gleubige Christen sind schaff mitten under den wölfen, schaff der schlachtung. (…) dass wasser den glouben nit befeste und mere, wie die glerten zů Wittembergsagend, und wie er ser fast tröste und die letst zůflucht in dem todtbett sye. Item dass ouch nit selig mache, wie Augustinus, Tertullianus, Theophylactus und Ciprianus zů schmach dem glouben und dem liden Christi an den erwachsnen, zů schmach dem liden an den ungetoufften kindlinen, gerlert habend.»[11]

Brief von Felix Mantz an den Rat der Stadt Zürich, verfasst zwischen 13. und 28. Dezember 1524

«Wil e[uwer] w[eissheit] ouch des vermandt haben, burgerliche und stattliche recht auß dem tauff nit geschweg[et] werden noch gebessert. (…) sömlichen kinder touff, von bäpsten erdacht, der da ouch wider erstlich baepst und ir constitution ist, als uß den historien kündtlich wirt, und von menschen uffgesetz und erdacht.»[12]

auf dem Scheiterhaufen. Der Täufer-Theologe analysiert verschiedene Bibelpassagen und macht am Rand einen Vermerk, wenn ihm etwas grundlegend wichtig erscheint. Die Taufe gehört nie zu den grundlegenden Punkten. Zwingli lässt diese Argumentation nicht gelten und antwortet einige Monate später mit seiner Schrift *Vber Doctor Balthazars Touffbuechlin, waarhafte, gründte antwurt*. Eines der wichtigsten Argumente des Zürcher Reformators ist der Vergleich zwischen Taufe und Beschneidung. Die Einheit und Kontinuität zwischen Altem und Neuem Testament ist damit gerettet, die Einheit von Kirche und Gesellschaft ebenfalls.

Die Täufer in der Region Biel

In seiner Geschichte zur Reformation in der Schweiz nennt J. C. Füssli die Präsenz von Täufern in der Region Biel für das Jahr 1528. Er stützt sich dabei zu einem guten Teil auf eine Handschrift des Schulmeisters Heinrich Nötzli,[14] der ab 1606 in Biel als Pfarrer wirkte. Über die Täufer sagte dieser Folgendes:

«Es sind auch die Wiedertäuffer in Biel eingeschlichen und diese nachbenandten verzeichnet worden: Bernhart Sager von Brengarten, Thomas Schmär von Neustadt aus Frankenland, Haußmann Seckler von Basel, Hans Meyer, genannt Pfister-Meyer von Arau, Heini Seiler von Arau, Hans Toblinger von Freyburg im Uechtland, Ulrich Uller von Brunnen, Georg vom Hause, Jacob von Chur, Ulrich Hänger von Bern. Diese kamen heimlich

zusammen in dem Eichhölzlein bey dem grossen Stein. Als sie vertrieben worden, zogen sie sich gen St. Bartholome in dem Bittenberge. Den 9. Merz 1528. wurde ihrentwegen geboten, wenn sie betreten würden, solte man sie des Landes verweisen. Es wurde auch öffentlich in der Kirche geboten, daß niemand Wiedertäuffer beherberge noch in einigen Weg aufhalte, bey hoher Straffe.»[15]

In seiner *Chronik von Biel* für das Jahr 1527, die auf dem Ratsprotokoll basiert, spricht Gustav Bloesch[16] von einem bewegten Jahr für die Eidgenossen bezüglich ihrer Beziehungen zu den Täufern.[17] Am 5. Januar wird Felix Mantz zum Tod verurteilt und in Zürich ertränkt.[18] In Basel verurteilt man die Täufer ebenfalls, in der Regel mit Wegweisung. In Biel verhaftet man am 17. Dezember (eher am 16. Dezember) neun Täufer. Zählt man aber in Füsslis Liste nach,[19] so kommt man auf deren zehn, gleich wie bei Nötzli[20] und im *Stadtgeschichtlichen Lexikon*.[21] Im Ratsprotokoll[22] sowie auf der Rückseite eines Briefs der Berner Behörden vom 23. Januar 1528[23] tauchen hingegen wiederum nur neun Namen auf. Hat Nötzli seine Leser in die Irre geführt? Vermutlich ist dies der Fall. Denn Georg vom Hause und Jacob von Chur sind in Wirklichkeit eine einzige Person: Jorg vom huß Jacob, genant Blawrok, von Cur.[24] Er war es, der im Januar 1525 vermutlich im Hause von Felix Mantz, einem seiner Freunde, Conrad Grebel, um die Taufe bat,[25] und dies entgegen des Bescheids der Zürcher Behörden. Am 18. November 1525 wird er verhaftet und gemeinsam mit Mantz und Grebel zu lebenslanger Haft verurteilt. Im März 1526 gelingt ihm die Flucht aus dem Gefängnis,[26] er wird im Oktober desselben Jahres aber erneut verhaftet. Anfangs Januar 1527 wird er verbannt.[27] In Biel findet man ihn wieder im Dezember 1527, danach an der Berner Disputation im Januar 1528.

Hans Rudolf Guggisberg erwähnt für die Zeit vom 1. November 1527 bis zum 9. März 1528 sechs Dokumente zu den Täufern.[28] Zwei stammen aus der Staatskanzlei Bern, drei aus den Bieler Ratsprotokollen und eines ist undatiert. Wie Guggisberg bemerkt, nimmt die Anzahl Täufer auf Berner Gebiet seit 1527 zu. Die Be-

---

Abhandlung von Balthasar Hubmaier zur Taufe: Von Christenlichen Tauff der glübigen (1525)

Matthe. am xxviij. cap. [V. 18 ff.]

«a Wort. b Glaub. c Tauff. d. Werck. Mir ist geben aller gwalt im hymmel vnd erden, darumb gand hyn vnd leerent alle völcker vnd täuffent sye inn dem nammen des Vatters vnd S_ns vnd des heyligen Geysts, vnd leerend sye halten alles, was ich eüch beuolhen hab. Eben disen Wassertauff find ich inn der gschrifft, den die Aposteln braucht haben, vnd sunst keyn andern. Nun mögen aber die kinder nit vor geleert werden, derhalb mag man sye mit dem Tauff nit täuffen. Das ist vest wie ein mur.»[13]

Die schrifften von dem
Tauff Christi.

Das fünfft Capitel.

Je bitte ich dich abermals lieber leser / das
du inn disem nach volgenden schrifften / von
dem Tauff Christi / eben warnemest in wor
ten vnd im verstandt / diser ordnung.

i. wort. ij. Gehör. iij. Glaub.
iiij. Tauff. v. werck.

Auß diser ordnung ergründest du gewißlich / ob man
die jungen kindlin täuffen solle.
Matthe. am. xxviij. cap.
Mir ist geben aller gwalt im hymmel vnd erden / dar
umb gand hyn / vnd ᵃleerent alle ᵇvölcker / vnd ᶜtäuf/
sent sye iñ dem nammen des Vatters / vnd Süns / vnd
des heyligen Geysts / vnd leerend sye ᵈhalten alles / was
ich eüch beuolhē hab.   Eben disen Wassertauff find
ich iñ der gschrifft / den die Aposteln braucht haben / vnd
sunst keyn andern / nun mögen aber die kinder nit vor ge
leert werden / derhalb mag man sye / mit dem Tauff nit
täuffen / das ist vest / wie ein mur.
Marc. am. xvj. cap.
Gand hyn iñ alle welt / vnd ᵃpredigend / das Euan/
gelion / allen ᵇcreaturen / Wer da ᶜglaubt / vnd ᵈtäufft
würdt / der würdt ᵉselig / Wer aber nit glaubt / der würt
verdampt werden.
Nun find ich aber keyn text / der da lautet / Gand hyn
f iij

a
i. wort.
b
ij. Glaub
c
iij. Tauff
d
iiij. werck

a
i. wort
b
ij. Gehör
c
iij. Glaub
d
iiij. Tauff
e
v. Selig/
keit.

296 Auszug aus Kapitel V von Hubmaiers Abhandlung; die verschiedenen Schritte, die der Taufe vorausgehen, sind am Rand vermerkt: «Wort, Glaub, Tauff, Werck» (ABCMS).

hörden befürchten, dass einmal vertriebene Täufer wieder zurückkehren, weshalb sie am 1. November 1527 und am 23. Januar 1528 den Bieler Behörden zwei Warnungen zukommen lassen. Zwar stimmt die Liste mit den Namen von Täufern im Bieler Ratsprotokollbuch mit derjenigen auf der Rückseite des Briefes der Berner Staatskanzlei vom 23. Januar 1528 über-

ein, aber die Tinte im Protokollbuch ist dunkler als jene, mit der die Ratssitzung an diesem Montag, dem 16. Dezember – es war die letzte Sitzung des Jahres – festgehalten wurde (Abb. 297). Der Text besagt, es seien Täufer gesehen worden, nicht aber, dass sie verhaftet worden wären: Wie also konnte man die Identität der fraglichen Personen so genau kennen? Und

weshalb steht die gleiche Liste auf der Rückseite des Briefes aus Bern? Sollte die Liste im
Protokollbuch erst im Nachhinein angefertigt
worden sein? Eine nähere Untersuchung der
Dokumente könnte vielleicht Aufschluss darüber geben, was wirklich geschah.

Die Berner Disputation vom 6. bis 26. Januar 1528

Zu dieser grossen Versammlung erscheint man
von überall her, einige lassen sich dabei wie
Zwingli sogar militärisch eskortieren.[29] Ein
Grüppchen von acht Täufern, die nach Bern

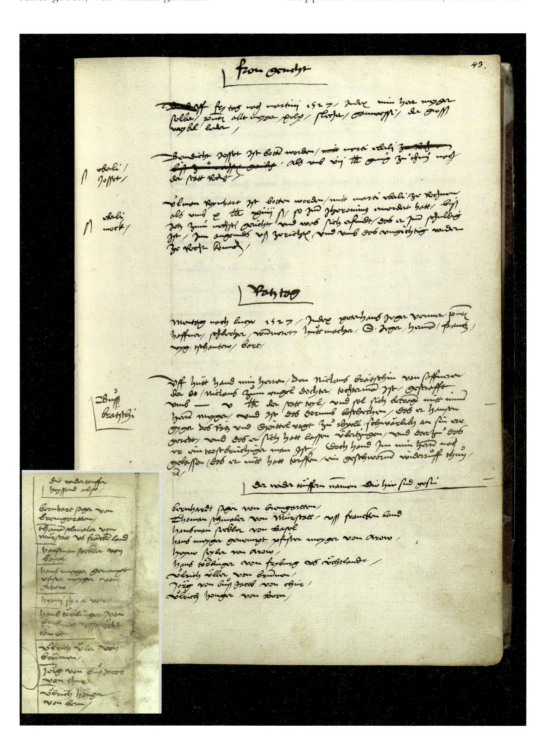

297 Auszug aus den Protokollen des Rats von Biel, Dezember 1527. Unten die Liste mit den neun Namen. Die Tinte der Liste ist eine andere als jene des Textes. Unten links die Rückseite des Briefes der Berner Behörden mit der gleichen Namensliste (STAB).

gereist sind, um an der Disputation teilzunehmen, wird rasch ausser Gefecht gesetzt: Man sperrt sie während der ganzen Dauer der Debatte ein.[30] Immerhin geruht man sie am 22. Januar anzuhören, als die offiziellen Diskussionen für einen Tag lang unterbrochen werden.[31] Dank dem Berner Chronisten Valerius Anshelm (1475-1547) verfügen wir über die Namen der acht täuferischen «Teilnehmer», es sind dies: «Uolrich Isler von Pitsch, zu Basel seshaft, Jörg Blawrock, nampt sich vom hus Jacob, von Kur, Hans Hasman, seckler von Basel, zu Bern gesessen – und da mit Treyern[32] und Hutmachern willig ertränkt – Hans Töblinger von Friburg in Uechtland, Thomas Maler von Merstat in Franken, Heini Seiler, ein hutmacher von Arow, Hans Pfistermeyer von Arow, ein gschikter gotsförchtiger man, in diser secte in fürnämer lêrer, nachmals ergriffen und hie bekêrt, und Centz Späting von Bern (…)».[33]

Laut Anshelm werden alle aus Bern verwiesen ausser Späting,[34] der begnadigt wird.[35] Von den neun Täufern, die sich im Dezember 1527 in Biel aufhalten, sind deren sechs[36] nach Bern gekommen, wo sie aber gleichermassen unerwünscht sind. An diesem und am folgenden Tag der unerwarteten Begegnung zwischen Anhängern der Reformation und Täufern sendet die Berner Staatskanzlei zwei sehr ähnliche Briefe oder vielmehr Erlasse zuerst an die Verbündeten Berns und am 23. Januar auch an die Stadt Biel. Die «sturen Sektierer» sollten schonungslos behandelt werden und bei Hartnäckigkeit seien sie «ane gnad ze ertrencken».[37]

Was mögen die Gründe für die Unnachgiebigkeit der Berner und Bieler gegenüber den Täufern gewesen sein? Das Bündnis, das Zürich, Bern und St. Gallen im September 1527 gegen sie schlossen,[38] vermag ihre Anzahl offenbar nicht zu verringern. Basel erlässt seinerseits ebenfalls eine Verfügung gegen die Täufer,[39] begnügt sich aber anschliessend mit der Beobachterrolle. Die katholische Bedrohung scheint noch nicht gebannt zu sein, deshalb sollen keine Kräfte für interne Querelen verschwendet werden. Die Solothurner haben 1526 ihr Bündnis mit Biel nicht erneuert, vermutlich eine Folge der Kritik an Messe, Fe

gefeuer und Priesterzölibat in der Stadt des Reformators Wyttenbach.[40] Hans Rudolf Lavater[41] sieht in der Berner Disputation in fünf der zehn Beschlusspunkte eine Reaktion auf jene von Baden aus dem Jahr 1526. Er erkennt darin auch die Voraussetzung zu den Diskussionen, die insbesondere zu den Fragen des Abendmahls und des Täufertums folgen sollten.

Das Gespräch mit den Täufern wird an den Disputationen fortgesetzt, aber dieses Mal sind die wichtigsten Betroffenen direkt anwesend. Pfistermayer, in Biel und in Bern 1527-1528 zugegen, äussert sich 1531 in Bern vor reformierten Pfarrern. Seine Niederlage muss offenkundig gewesen sein, denn etwas später findet man ihn im Reformiertenlager. Die Disputationen von Zofingen 1532 und von Bern 1538 vermögen die Täufer jedoch nicht davon zu überzeugen, von ihren «Irrtümern» abzulassen. Die «weiteren Bieler Freunde» von Pfistermayer entgehen der Todesstrafe nicht: Georg Blaurock[42] stirbt am 6. September 1529 in Clausen im Tirol nach erlittenen Folterungen auf dem Scheiterhaufen; Heini Seiler und Hans Seckler[43] werden im Juli 1531 in Bern ertränkt.

Was Biel angeht, so lässt sich noch feststellen, dass am 24. Februar 1528 der Rat kurz vor Erlass seiner Tanzverordnung die Bevölkerung vor den Täufern warnt:[44] Sie seien wegzuweisen. Die Befehle aus Bern haben Erfolg gezeitigt.

Im selben Jahr veröffentlicht Jakob Würben, Nachfolger Wyttenbachs und Gesandter der Stadt an der Berner Disputation einige Monate zuvor, kurz vor dem 5. September eine kleine Schrift gegen den Täufer Ludwig Hätzer.

Jakob Würben aus Biel gegen Ludwig Hätzer und die Täufer

In einem Schreiben vom 5. September 1528 an den St. Galler Reformator Vadian freut sich der Basler Marx Bertschi, dass mit Würbens Büchlein mit dem Titel *Ein kurtzer bericht wider Ludwigs Hätzers vorred in Baruch. Und wider ettlich jnreden der widertöuffer* nun ein Mittel gegen die «Täuferpest» gefunden sei.[45] Hätzers Standpunkt zugunsten der Apokryphen erscheint Würben gefährlich, der darin eine Unterstützung des katholischen Lagers sieht.[46] Guggisberg empfindet den Ton des Bieler Reformators gegenüber «Hetzer», der mit einer Verballhornung seines Namens auch «Ketzer» genannt wird, zwar entschieden, aber doch eher freundschaftlich.[47] Eine solche Haltung war selten, aber vielleicht bezeichnend für Biel, wo man die Täufer nicht wie in Zürich oder Bern bekämpfen musste.[48]

«Eine wertvolle Ergänzung der Reformation»

Die Geschichte zeigt uns das Täufertum mit verschiedenen Gesichtern: heftig und heroisch bei Thomas Müntzer, dramatisch in Münster (Westfalen) 1534-1535, als einige Schwärmer das neue Jerusalem auf Erden proklamieren, friedlich und radikal bei den Brüdern in Zürich.[49] Daher wäre es treffender, von mehreren Täuferbewegungen zu sprechen statt vom Täufertum als monolithischem Block. Und wie liesse sich die Täuferbewegung in Biel und Umgebung charakterisieren? Als eine zwar «sympathische» aber abzulehnende Bewegung? Als eine «wertvolle Ergänzung» wie Kurt Guggisberg meint?[50] In Biel und anderen Zentren zeigte das Täufertum die Grenzen der Reformation auf, mit dem Unterschied, dass hier die Repression nicht so heftig gewesen zu sein scheint wie anderswo. 1527 hatte das Täufertum wenig Aussichten, hier Wurzeln zu schlagen, selbst wenn wichtige Vertreter der Bewegung sich in Biel aufhielten. Wichtige Brüche hatten bereits in Zürich und vor allem in Schleitheim stattgefunden, und der Kampf gegen diese rasch als Sekte verschriene Bewegung hatte schon begonnen. Biel scheint mit den Anhängern einer radikaleren Reformation nicht einmal diskutiert und debattiert haben zu wollen. Bern und Zürich waren zu nah, Solothurn und Freiburg lagen auf der Lauer. Die Täufer zogen während Hunderten von Jahren von einem Fluchtort zum nächsten. Es gibt deren immer noch in Biel und auf den Jurahöhen. Nachdem sie von den Berner Behörden Ende des 17. Jahrhunderts vehement verjagt worden waren, erlaubten ihnen die Fürstbischöfe, da oben die Sonn-

und Schattenseiten zu bewirtschaften, allerdings nur oberhalb von 1000 Metern.[51] Die Zurückweisung scheint also stärker gewesen zu sein als die Sympathie, mindestens zu einer gewissen Zeit, und der Rückzug der Täufer in bergige Regionen markierte das Ende einer gewissen Duldung. Aber aus Gründen des wirtschaftlichen Überlebens kehrte im 20. Jahrhundert ein Teil der Täufer erneut in die Städte und Dörfer zurück.

IRENA BACKUS

Auf den Spuren des Denkers und Theologen Wyttenbach

Es ist nicht leicht, das Denken von Thomas Wyttenbach (1472?-1526) genauer zu charakterisieren, da uns kein theologisches Werk aus seiner Feder zur Verfügung steht. Immerhin lässt es sich in groben Zügen skizzieren anhand dessen, was wir von seinen Studien und von den Werken seiner Lehrer wissen.[1] 1496 immatrikulierte sich Wyttenbach an der geisteswissenschaftlichen Fakultät der Universität Tübingen, wo er 1498 den Grad eines Baccalaureus und 1500 den eines Magister artium erwarb. Nach Beendigung seines geisteswissenschaftlichen Studiums – dieses galt damals als Propädeutikum – begann er mit dem Studium der Theologie. 1504 bestand er das Examen zum «Baccalaureus biblicus» und musste für die Studenten die Bibel kommentieren. Im Jahr 1505 wechselte er an die Universität Basel, wo er mit der Aufgabe betraut wurde, die *Sentenzen* des Petrus Lombardus zu kommentieren, das theologische Standardwerk jener Zeit. Zu seinen Schülern gehörten Huldrych Zwingli und Leo Jud. 1507 übernahm er eine Pfarrstelle in Biel, setzte aber seine Studien fort und promovierte 1515 in Basel in Theologie. Am 16. August 1515 wurde er Chorherr des Kollegiatstifts St. Vinzenz in Bern; aber da er nicht imstande war, das Statutengeld von 100 Gulden zu bezahlen, gewährte man ihm einen Aufschub. An den Kapitelsitzungen beteiligte er sich allerdings nur sporadisch, und 1520 nahm der Berner Rat seinen Rücktritt an. Zurück in Biel unterstützte er 1523 öffentlich die Reformation. Nach seiner Heirat im Jahr 1524 wurde er aus seinem kirchlichen Amt entlassen und starb zwei Jahre später.

Wyttenbachs Denken lässt sich auf zwei Wegen rekonstruieren, zum einen anhand der intellektuellen und theologischen Ausrichtung seiner Tübinger Professoren und zum andern anhand der Antwort, die Zwingli 1523 auf eine Frage seines ehemaligen Lehrers zum Thema des Abendmahls gab.
Ende des 15. Jahrhunderts pflegte man an der Universität Tübingen hauptsächlich den Scotismus. Der Franziskaner Duns Scotus († 1308) sah im Unterschied zu Thomas von Aquin einen radikalen Unterschied zwischen Menschlichem und Göttlichem. Diese Auffassung führte ihn unter anderem zur Aussage, die Sakramente entbehrten jeglicher Verdienste, da deren Anerkennung vollständig vom

Thom. Wittenbach

298 Fantasieporträt des Reformators Thomas Wyttenbach. Stich von Heinrich Pfenninger (1749-1815). Es gib kein Bildnis von Wyttenbach zu Lebzeiten (Städtische Kunstsammlung Biel, Sammlung Museum Schwab).

guten Willen Gottes und dessen Gnade abhingen. Eine direkte Verbindung zwischen Scotismus und der Reformation des 16. Jahrhunderts herzustellen, ist schwierig. Aber mit der Betonung von Gottes freiem Willen trugen der Scotismus und die Spätscholastik im Allgemeinen mit Sicherheit zur Kritik an kirchlichen Institutionen bei. Zu Wyttenbachs Lehrern gehörten Paulus Scriptoris († 1505) und Konrad Summenhart († 1502), zwei Scotisten, die klerikalem Missbrauch kritisch gegenüberstanden. Scriptoris, der sowohl Ideen von Wilhelm von Ockham als auch von Duns Scotus vertrat, wird vom Reformator Konrad Pellikan in seinem *Chronikon* als Vorläufer von Luther genannt. Zu seiner Zeit war er bekannt für radikale Stellungnahmen, die ihn 1501 sein Amt in Tübingen kosteten. Er vertrat die Ansicht, der Papst und hohe Kleriker könnten sich in Fragen des Glaubens und der Moral irren, und stellte sich zudem gegen die Praxis der öffentlichen Busse. Im Übrigen war er einer der ersten deutschen Theologen, die Hebräisch lernten und eine Veröffentlichung der Bibel in dieser Sprache unterstützten. Nach der Abberufung von seinem Lehramt in Tübingen zog er nach Basel zu einer Zeit, als Wyttenbach in dieser Stadt Theologie studierte.

Summenhart war drei Mal Rektor der Universität Tübingen. Sein Denken kreist in starkem Masse um sozialethische Fragen. Im Gegensatz zur vorherrschenden Überzeugung der Epoche war für ihn der Zehnte einzig eine menschliche und keine göttliche Angelegenheit, was darauf hinaus lief, dass ein Unterlassen der Zahlung nicht als Sünde gelten konnte. Vom aufkommenden Humanismus Heinrich Bebels beeinflusst vertrat er zudem die Überlegenheit des Konzils über das Papsttum und war der Auffassung, ein Generalkonzil sei befugt, einen häretischen oder unwürdigen Papst zu entlassen. Summenhart verbrachte ebenfalls einige Zeit in Basel, als sich Wyttenbach in der Stadt aufhielt. Für das geistige Universum Wyttenbachs war also die radikale Unterscheidung zwischen göttlichem und menschlichem Bereich zentral; prägend war zudem die Kirchenkritik

im Kontext der Spätscholastik und des nördlich der Alpen aufkommenden Humanismus. Diese Spielform des Humanismus, christlicher als ihre Vorläuferform in Italien, wollte eine Rückkehr zur Theologie aus der Zeit der Apostel und zum Studium der Bibel in der Originalsprache.

Am 15. Juni 1523 antwortete Zwingli auf einen (heute verschollenen) Brief von Wyttenbach, in dem dieser gefragt hatte: Auf welche Weise nimmt man das Abendmahl richtig ein?[2] Damit hinterfragte er die Messeliturgie und die Transsubstantiationslehre (Verwandlung von Brot und Wein in Fleisch und Blut Christi). In seiner Antwort kritisierte Zwingli die Transsubstantiation und betonte, es sei der rechte Glaube, der über die Anwesenheit Christi entscheide. Seiner Aussage lagen folgende Annahmen zugrunde: Christus sitzt im Himmel seiner Menschennatur gemäss zur Rechten Gottes; er kann also nicht im Brot und auch nicht anderswo auf der Erde zugegen sein, wenn nicht allein im Herzen der Gläubigen. Zwingli schloss daraus: «Das Feuer ist nicht im Feuerstein ausser im Moment, wo es diesem in verschwenderischer Fülle entspringt; desgleichen ist Christ nicht im Brote enthalten es sei denn, der Glaube lasse ihn daraus entspringen. Dies geschieht aber durch ein Wunder und soll nicht vom Gläubigen untersucht werden.»

1523 verwarf Wyttenbach die Transsubstantiation. Vermutlich unterstützte er Zwinglis Auffassung, da er ja, gleich wie der Reformator, durch den Scotismus geprägt war, der jegliche Vermengung von Göttlichem und Menschlichem ablehnte, was aber gerade die Voraussetzung der Transsubstantiationslehre darstellte.

DAMIEN BREGNARD

Die Reformation in den südlichen Vogteien des Fürstbistums Basel

Die Tatsache, dass die Reformation in den südlichen Vogteien des Fürstbistums erfolgreich war, in den übrigen Regionen des Bistums hingegen nicht,[1] muss im Zusammenhang mit der Art der Verbindungen betrachtet werden (Verburgrechtungen),[2] die einige südliche Herrschaften mit Bern oder mit dessen Verbündeten, der Stadt Biel, unterhielten. Damit stellt sich die Frage nach dem inneren Ursprung und den äusseren Einflüssen der Reformation in dieser Region. Denn obwohl Bern bei der Reformation in den südlichen Vogteien eine bedeutende Rolle spielte, boten diese auch von sich aus ein gutes Terrain für das Aufkommen und die Verbreitung des neuen Glaubens.

Ein guter Boden für die Reformation
Materielle Angelegenheiten waren kein geringer Stein des Anstosses. Abgaben (Zehnten), Kirchensteuern (beispielsweise Bestattungskosten) und die von den Klöstern während Jahrhunderten angehäuften enormen Reichtümer führten zu öffentlichem Missfallen: Bereits 1525, im Zug des Bauernkriegs, rotten sich die Einwohner der Propstei Moutier-Grandval vor

299 Die Zisterzienserabtei Lützel verfügte im Elsass und im Bistum Basel über ausgedehnte Güter. Die Geistlichen, welche die knapp ein Dutzend zur Abtei gehörigen Pfarreien versorgten, wohnten in fünf oder sechs Klosterhöfen. 1526 kaufte die Abtei zusätzlich die Herrschaft Löwenburg und verdoppelte damit den Klosterbezirk. Im Zuge der Reformation verbrannten die Laufentaler die Bibliothek. Um 1780, unsigniert, François-Ignace Tavanne zugeschrieben (OCC JU).

den Abteien Bellelay und Moutier-Grandval zusammen.[3] 1530 sind die Einwohner von Tavannes überzeugt, sie würden dank der neuen Lehre am Tisch des Pfarrers essen und von seinen Gütern zehren können;[4] sie weigern sich, den Zehnten und die Pachtzinsen für kirchliche Grundstücke zu bezahlen.

Das Aufbegehren gegen die etablierte Ordnung bedeutete aber mehr als nur ein Versuch der Bauern, sich baldmöglichst der Chorherren und der Abgabenpflichten zu entledigen. Es hatte seinen Ursprung in einem viel tieferen Unbehagen, das zu erklären vermag, weshalb die Untertanen «bei der Stimme Farels erbeben»,[5] wie es Werner Bourquin farbig formulierte. Es handelte sich um eine eigentliche Glaubenskrise, welche die Institution Kirche, deren Verwaltung und die Sitten der Geistlichen betraf. «Der Klerus kannte die Bibel kaum mehr.»[6] Die Kompetenz und das Verhalten der Geistlichkeit wurden direkt in Frage gestellt. Im Erguel waren einige Priester offenbar nicht mehr fähig, das Wort Gottes zu verkünden.[7] In Bözingen und in Péry war die Kanzel nicht mehr besetzt,[8] hingegen wurde der Reliquienverehrung in der Stiftskirche von Saint-Imier stark zugesprochen.[9]

Auch die Verwaltung des Chorherrenstifts von Saint-Imier erwies sich als ungenügend. Die Buchführung erfolgte bestenfalls summarisch; war der Abschluss defizitär, so verkauften die Chorherren Boden und Pachtrechte; im umgekehrten Fall liess der Kassier den Saldo ab und zu in die eigene Tasche fliessen. Manchmal teilten sich die Chorherren das Geld, das für den Unterhalt der Stiftskirche vorgesehen war.[10] Auch in der Propstei Moutier-Grandval wurde die Klage laut, das Kapitel lasse Pfarreien verwaisen (Court, Sorvilier)[11] oder beschäftige unfähige Priester.

Eine weitere, häufig gehörte Beschwerde betraf die äusserst losen Sitten des Klerus. Den Chorherren von Saint-Imier wird vorgeworfen, sie hätten illegitime Kinder und sie würden «für eine Tochter sorgen» (1512).[12] 1527 gelangen die Bieler mit der Bitte an den Fürstbischof, er solle dafür sorgen, dass die Mitglieder des Klerus von Saint-Imier «ihre Konkubinen fortschicken und fortan ein anständiges Leben als

gute Priester und nicht als Wüstlinge führen.»[13] Im Münstertal verlangt Bern als Burgrechtsgeberin im Juli 1531 von den Chorherren, sie hätten die leichten Frauen zu entfernen, die in einem Gebäude des Klosters wohnten.[14] Der Aufforderung wird aber offenbar keine Folge geleistet, so dass Bern am 30. August erneut anordnet, die Frauen seien wegzuschaffen… oder bis spätestens am St. Michaelstag (29. September) zu heiraten![15]

Die Reformation im Erguel: der politische Einfluss Berns

Die Last der kirchlichen Abgaben und die Missbräuche durch die Geistlichkeit hätten alleine nicht zum Sturz der alten Kirche in den südlichen Vogteien des Fürstbistums geführt. Im Erguel lässt sich der Erfolg der neuen Ideen beispielsweise direkt auf die reformatorische Aktivität der Bieler zurückführen. Denn als die Stadt 1528 die Reformation übernommen hatte, musste sie als Schirmherrin des mit ihr im Burgrecht stehenden Kapitels von Saint-Imier befürchten, die religiösen Differenzen könnten zu einer Einbusse ihrer Autorität führen.[16] Zwar unterstand das Erguel politisch dem Bischof von Basel, aber Biel verfügte über das Bannerrecht, und in geistlicher Hinsicht gehörte die Herrschaft zur Diözese Lausanne mit Ausnahme der Pfarrei Tramelan, die dem Erzbischof von Besançon unterstellt war. Saint-Imier, das religiöse Zentrum des Tals, besass zwei Kirchen: Saint-Martin, die ältere, und die Stiftskirche, die später zur reformierten Kirche werden sollte. Spätestens ab 1177 gab es im Ort ein Chorherrenkapitel, dem während der Reformationszeit ein Propst vorstand, Jean Bellenay;[17] ein Vertreter des Bieler Rats war bei der Wahl der Chorherren jeweils zugegen.

Die Reformation im Erguel entwickelte sich in zwei Phasen: eine vor und eine nach Februar 1528, dem Zeitpunkt, als die Bieler die Reformation annahmen. Vor diesem Datum handelte es sich bloss um ein Geplänkel, das vorwiegend mittels Briefen stattfand. Auslöser der ersten Differenzen ist die Präsentation der mangelhaft geführten Rechnungsbücher im Jahr 1524, die zu scharfen Vorhaltungen von Seiten der Bieler führt. Der Rat von Biel ordnet dem

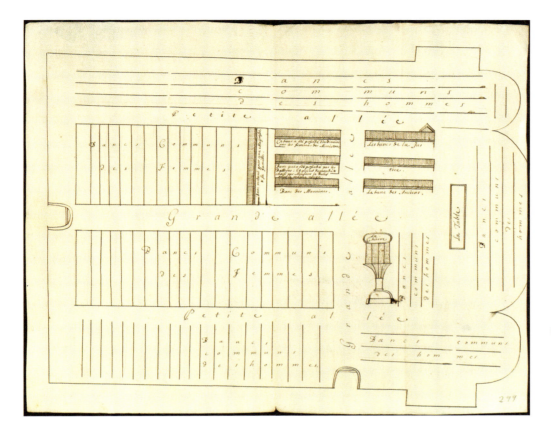

300 Plan der reformierten Kirche von Saint-Imier, der früheren Stiftskirche, 1713. Die Ausrichtung der Bänke zeigt, welche Bedeutung die Calvinisten der Predigt zumassen (AAEB).

Kapitel darauf einen weltlichen Kassier zu, Jean Houriet von Saint-Imier, der im September 1527 zum grossen Unwillen des Propstes die Verwaltung der Stiftskirche übernimmt.[18] Nachdem Biel einmal reformiert ist, nimmt die Stadt die Sache entschlossener und systematischer an die Hand.[19] Am 29. März 1529, einem Ostermontag, lässt der Rat die Priester aus dem Erguel nach Biel kommen, um zu prüfen, «welcherlei sie seien, ob sie noch der mönchischen Messe und andern dergleichen unnützigen Ceremonien anhingen.»[20] Anlässlich dieses Treffens ist die Aufhebung des Stifts offen ein Thema.[21] Jedoch entscheidet sich der Rat – noch – nicht, die Messe abzuschaffen. Offenbar hat er Mühe, sich einiger Personen mit bilderstürmerischen Absichten zu erwehren.[22] Im Juli wird das Volk zum Glaubenswechsel befragt – es spricht sich für die Beibehaltung des katholischen Glaubens aus.[23] Mit dem nahenden Winter beschleunigen sich die Dinge allerdings: Am St. Martinstag stellt Biel in Saint-Imier trotz der Ermahnung zu Vorsicht aus Bern und gegen den heftigen Protest des Fürst-

bischofs Philipp von Gundelsheim einen Prediger ein, Jean du Pasquier.[24] Rund zehn Tage später beschliesst die Stadt, sich Pieterlen vorzunehmen und dort eine Abstimmung durchzuführen (das «Mehr»), die zugunsten der Reformation ausgeht.[25] Im restlichen Gebiet des Erguel kommt es im März 1530 zu den entscheidenden Ereignissen. Die Stadt Biel sendet mit der Unterstützung von Bern[26] in die Pfarreien Delegierte, welche die Bevölkerung überzeugen sollen. Die Heiligenfiguren werden zerstört. Am 18. März meldet Biel nach Bern, im Erguel sei die Messe abgeschafft.[27] Das Kapitel wird anschliessend aufgelöst.

Der ganze Prozess geht allerdings nicht reibungslos über die Bühne. Die Bewohner des Erguel sind widerspenstig. Glaubt man einem Schreiben des Abtes von Bellelay an den Fürstbischof, so sollen die Leute von Saint-Imier erklärt haben, sie würden einen Prädikanten glatt an den Galgen schicken.[31] Am 8. Januar 1530 begeben sich die Abgesandten des Erguel nach Biel, um die Beibehaltung des katholischen Glaubens einzufordern.[32] Im

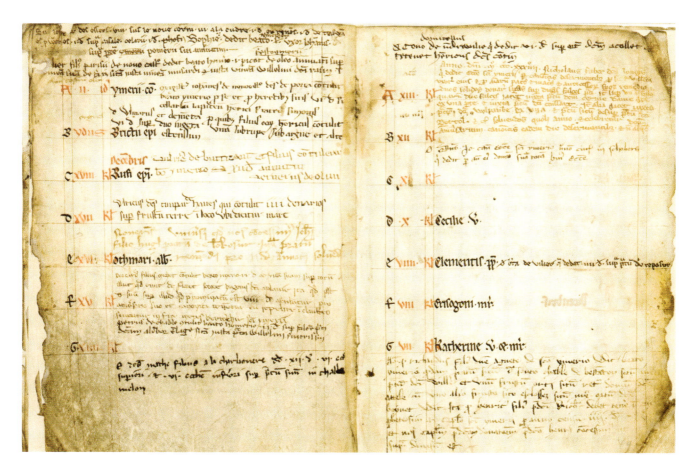

301 *Liber vitae* des Kapitels Saint-Imier. Es handelt sich um einen Kalender mit den Daten und einer Liste der Messstiftungen zugunsten des Kapitels. Hier hat z.B. Meister «Johannes von Novocastro» am Tag des hl. Himerius (12. November) dem Heiligen einen Jahresbetrag von sechs Pfennigen zugunsten des Weinkellers eines gewissen Henri bezahlt, um damit für denselbigen und dessen Angehörige eine Jahrestags- messe zu stiften. Die Reformier- ten waren gegen diese Art von Fürbitte der Heiligen im Him- mel (AAEB, B 187/1a, S. 48).

April haben sich laut dem Bischof erst sechs Gemeindemitglieder von Saint-Imier zum Pro- testantismus bekannt.[33] In Péry wollen die Gläubigen nichts von der neuen Lehre wis- sen, wie die Bieler Gesandten ihren Behör- den berichten. «Sie haben nichts begriffen, so dumm und sturschädelig sind sie.»[34] Die Be- völkerung ändert erst auf Verordnung durch den Rat ihre Meinung, denn sie hängt an ih-

ren fast neuen Heiligenfiguren, die viel Geld gekostet haben.[35]

Die Reformation auf dem Tessenberg: ein Werk Berns

Zur Reformationszeit bilden die vier Dörfer auf dem Tessenberg, Tess (Diesse), Lamlingen (Lamboing), Nos (Nods) und Prägelz (Prêles), eine einzige Pfarrei. Die dem heiligen Michael

Vom «Mehr» bis zur Entfernung der Heiligenfiguren im Erguel

«Der erste Magistrat von Biel kommt zu Pferd in die Dörfer des Tals. Er wird von einem Berater begleitet, vom Weibel, der die Farben der Stadt trägt, und von einer Eskorte stämmiger ‹Kumpanen›. Die Gemeindemitglie- der stimmen ab. Sodann hört man in den Kirchen einen Lärm von Äxten und Hacken, und bald darauf gehen im Freien die hölzernen Heiligen in Flammen auf.»[28]

Die handfeste Präsenz von «Kumpanen» deutet auf die Anwendung von Gewalt hin oder zumindest auf einen Einschüchterungsversuch. Der Venner Peter Hans Jeger, ein Burgervertreter, und Adam Pfyffer verbrennen die «Götzenbilder» im Tal von Saint-Imier.[29] Hans Tschantre, Hans Has (Dorfmeier) und Peter Eberli ver- brennen die Bilder in Orvin und Vauffelin.[30]

gewidmete Pfarrkirche steht in Diesse. Der Bischof von Basel und die Stadt Bern herrschen gemeinsam über das Gebiet und werden vom Stadtmeier von Biel, beziehungsweise vom Vogt von Nidau vertreten. Die Verbindungen, die der Tessenberg mit Neuenstadt pflegt (die Männer vom Tessenberg unterstehen der Bannerpflicht von Neuenstadt) stehen aber in keinem Zusammenhang mit der Reformation in Diesse, die von Bern gefördert wurde.

Gleich wie die anderen Pfarrer des Kantons wird auch der Pfarrer von Diesse, Jacques Boivin, 1528 zur Berner Disputation eingeladen und erklärt zu Beginn, den katholischen Glauben behalten zu wollen,[36] entscheidet sich aber dann doch für die Reformation, ohne jedoch die Messe und die Bilder abzuschaffen.[37] Bern, unzufrieden, weist den Vogt von Nidau an, am 6. August 1529[38] eine Abstimmung zur Glaubensfrage durchzuführen, deren Ergebnis negativ ausfällt.[39] Hartnäckig befehlen die Gnädigen Herren dem Vogt von Nidau darauf, eine zweite Abstimmung vorzunehmen.[40] Aber wie im Erguel erweist sich der Widerstand ge-

302 Siegel des Kapitels von Moutier-Grandval. Man sieht den hl. Germanus mit dem Krummstab der Abtei. Die im 7. Jh. gegründete Abtei wurde zu einem geistlichen und kulturellen Zentrum. König Rudolf III. von Burgund schenkte sie im Jahr 999 samt ihren Gütern Bischof Adalbero, und damit begann die weltliche Herrschaft der Bischöfe von Basel im Juragebiet. In der zweiten Hälfte des 11. Jh. oder jedenfalls vor 1120 wurde das Kloster in ein Chorherrenstift umgewandelt, an dessen Spitze ein Propst stand, Vasall des Bischofs von Basel und Herr über viele Güter und Rechte in der Region. Die Zwistigkeiten zwischen dem Bischof und dem Propst eröffneten Bern die Möglichkeit, sich in die Angelegenheiten der Region einzumischen und die Bevölkerung der Propstei in sein Burgrecht zu nehmen (1486) (23. Juni 1504, AAEB)

Die Reformation in Tavannes in den Augen eines Pfarrers aus dem 19. Jahrhundert

Tavannes ist die erste Pfarrei im Münstertal, die im Mai 1530 zum neuen Glauben übertritt. 350 Jahre später, zu einer Zeit, da die Wunden des Kulturkampfes noch nicht verheilt sind, verrät der Bericht von Louis Vautrey, Pfarrer und Dekan in Delsberg, die ganze Bitterkeit, die sich beim Gedenken an die Ereignisse einstellt.

«Tavannes folgte dem Beispiel von Biel. Damals nahm ein Geistlicher aus Bellelay, Jean Périne, das Pfarramt in dieser Pfarrei wahr. Der Abt [von Bellelay] Nicolas Schnell hegte einige Befürchtungen hinsichtlich der Neigung dieses Geistlichen und rief ihn deshalb ins Kloster zurück und ersetzte ihn durch den Subprior des Klosters, Jacques Maechler [Moeschler], der einen gefestigteren Eindruck machte. Doch dem war nicht so. Der neue Pfarrer von Tavannes war einer der ersten, der zum neuen Glauben überlief. Er ging sogar noch weiter: Er stiess sein Glaubens- und Enthaltungsgelübde weit von sich und heiratete öffentlich. Seine Nachkommen leben noch heute in Tavannes. Dieses verheerende Beispiel hatte den Abfall vom rechten Glauben der ganzen Pfarrei zur Folge. Bern förderte diese Bewegung und schickte Farel nach Tavannes, um die Reformation zu predigen. Bernische Kommissare begleiteten den feurigen Redner zu dessen Unterstützung. Der Abt von Bellelay wollte seine Rechte verteidigen und suchte die Berner Gesandten auf, die im Pfarrhaus logierten, das der Abtei gehörte. Dem Begehren von Nicolas Schnell wurde aber nicht statt gegeben und er musste in sein Kloster zurückkehren im schmerzlichen Wissen, diese wichtige Pfarrei und seinen Subprior verloren zu haben (1530).»

Vautrey, *Histoire*, Bd. 2, S. 105-106 (aus dem Französischen)

gen die neuen Ideen als heftig, was auch die Ereignisse vom 26. Dezember in der Kirche von Diesse bezeugen: Unterstützt von fünfzig bis sechzig Bewohnern unterbricht der Dorfvorsteher Pfarrer Boivin in seiner Predigt und zwingt ihn, von der Kanzel zu steigen und gegen seinen Willen die Messe zu lesen![41]

Die Haltung der Bewohner von Diesse hat auch andere Gründe als die Ablehnung des neuen Glaubens, denn Bern hat als Erbin des Klosters St. Johannsen in Erlach[42] die Interessen des Tessenbergs nicht immer so verteidigt, wie sich dies die Untertanen gewünscht hät-

ten, insbesondere bei Konflikten mit dem Kloster in Bezug auf Abgaben.[43] Nebst der Treue gegenüber alten Glaubensvorstellungen spielte bei der Ablehnung der neuen Lehre auf dem Tessenberg also auch ein politisch-wirtschaftlicher Faktor eine Rolle.

Die Arbeit der Berner ist am Ende aber doch erfolgreich, denn im März 1530 ergibt das zweite Mehr ein positives Ergebnis für die Reformation. Die Bilder werden aus der Kirche entfernt, jedoch nicht zerstört. Boivin wird der erste Pfarrer, was ihn jedoch nicht daran hindert, noch während mehr als 30 Jahren in seiner Pfarrei Gottesdienste *und* Messen abzuhalten. Der neue Glauben braucht auf dem Tessenberg also seine Zeit, bis er sich durchgesetzt hat. 1566 entlässt das Pfarrkapitel Nidau Boivin schliesslich aus seinem Amt.[44]

Die Reformation im Münstertal: Verweigerung der Abgaben

Auf dem Gebiet der Propstei standen sich in der Glaubensfrage die Bevölkerung der Propstei und die Chorherren von Moutier-Grandval gegenüber und damit indirekt Bern (mit der Bevölkerung seit 1486 verburgrechtet) und Solothurn, das mit dem Kapitel im Burgrecht stand. Wie Biel im Falle des Erguel wartet auch Bern den definitiven Siegeszug der Reformation in der eigenen Herrschaft ab, bevor es sich der Propstei Moutier-Grandval annimmt. Im Besitze eines Empfehlungsschreibens der Gnädigen Herren predigt Guillaume Farel im Mai 1530 in Tavannes die Reformation. Aus den bereits erwähnten Gründen (wozu insbesondere die Hoffnung der Bauern auf Befreiung von der Zehntenlast gehört) kommen die feurigen Predigten in der Propstei gut an, auch wenn die Bevölkerung der weiteren Umgebung nicht die gleiche Begeisterung zeigt (in Bellelay enden die Versuche des Reformators beispielsweise erfolglos).[45]

Im Sommer 1530 verlässt Farel das Fürstbistum. Einer seiner Mitstreiter, Claude de Glantinis, ein ehemaliger Priester aus Lausanne, führt seine Arbeit in Tavannes und Court fort.[46] Nach den ersten heftigen Äusserungen Farels in Tavannes müssen die Chorherren von Moutier-Grandval zu Beginn des Jahres 1531 um ihre

303 Zwanzig Jahre nach der Reformation wurden die alten Kapitelstatuten überarbeitet. Die Pfarrkirche Saint-Pierre von Moutier wird nun nicht mehr erwähnt, denn 1534 musste das Kapitel das reformierte Moutier verlassen und nach Delsberg flüchten (AAEB).

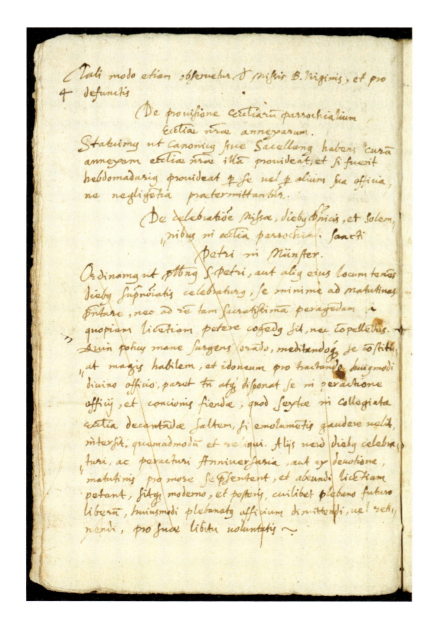

Einkünfte und um ihren religiösen Einfluss bangen. Die Macht des Bischofs scheint in der Propstei ernsthaft erschüttert zu sein. Auf Anraten Berns hin nimmt man in den Pfarreien Abstimmungen vor: Einige Pfarrgemeinden treten zur Reformation über (z.B. Court, Malleray, Sornetan am 22. und 23. Januar 1531), aber Moutier lehnt ab (am 22. Januar).[47] Da es die Anhänger des neuen Glaubens nicht dulden können, dass der Hauptort der Propstei katholisch bleibt, kommt es in Moutier am 12. März 1531 in Anwesenheit bernischer Delegierter zu einer zweiten Abstimmung. Dieses Mal wird die Reformation angenommen und man entfernt das Schmuckwerk aus der Pfarrkirche Saint-Pierre, worüber sich die Chorherren in Solothurn beklagen.[48] Am 15. Juli ist die Stiftskirche Saint-Germain an der Reihe: Bauern plündern sie, verbrennen Altäre und Bilder.[49] Bern verlangt vom Kapitel, die Stiftskirche der reformierten Bevölkerung der Pfarrei zu überlassen. Aber das von Solothurn unterstützte Kapitel – durch die Erneuerung des Burgrechts am 7. Juni 1531 ist die Beziehung wieder enger geworden – gibt sich nicht geschlagen: Es spielt auf Zeit, wenn es um die Besoldung des Pfarrers von Moutier, Alexandre Lebel, geht;[50] es sträubt sich, die Stiftskirche den Gläubigen abzutreten. Um die verfahrene Situation zu lösen, kommt es in Moutier, Biel und Bern zu verschiedenen Zusammenkünften, die mit dem Beschluss enden, die Stiftskirche sei mit Ausnahme von Chor und Sakristei der Pfarrei zur Verfügung zu stellen, die Untertanen hätten aber dem Kapitel alle Abgaben zu entrichten.[51] Schliesslich flüchtet das unter Druck geratene Kapitel am 22. Februar 1534 nach Delsberg und nimmt den Kirchenschatz mit, der bis zum Einmarsch der französischen Revolutionstruppen dort verblieben. Eine Minderheit der Gemeinden (der Teil der Propstei, der «sous les Roches» heisst und Courrendlin, Châtillon, Rossemaison, Vellerat, Corban, Courchapoix, Mervelier und Seehof umfasst) will den alten Glauben nicht aufgeben;[52] ein paar reformierte Familien verbleiben aber in diesem Gebiet bis zum Vertrag von Aarberg (1711), der – um es mit einem heutigen Ausdruck zu sagen – zu einer «konfessionellen Säu-

304 Die «edle und ehrenwerte Dame» Marie von Bassecourt rettet die Reliquien aus den Händen der «Lutheraner» von Neuenstadt. Es handelt sich um Fragmente des Heiligen Kreuzes, des Heiligen Grabes und des Gewandes von Maria, um Reliquien des hl. Petrus, der hl. Katharina, der hl. Maria Magdalena, der elftausend Jungfrauen, der Thebäer, des hl. Sebastian, des hl. Urs, des hl. Himerius und um ein Stück des Steins, auf dem der hl. Georg gemartert wurde. 14. September 1536 (AAEB).

berung» führt und die Familien zwingt, entweder in den protestantischen Teil der Propstei zu ziehen oder zu konvertieren (das Gleiche gilt umgekehrt für die katholisch gebliebenen Familien im Gebiete «sur les Roches»).

Die Reformation in Neuenstadt: Guillaume Farel am Werk

In Neuenstadt war der Abt von Bellelay Patronatsherr der Pfarrkirche Blanche-Église, die mehrere Verweser beschäftigte, während die Kapellen Sainte-Catherine und Saint-Joux über

305 Guillaume Farel (1489-1565), in Gap (Dauphiné) geboren, studierte an der Artistenfakultät in Paris und wurde Lehrer für Grammatik am Collège Cardinal-Lemoine; er war stark beeinflusst vom Humanisten Lefèvre d'Étaples. Eher Missionar denn Pfarrer wurde er zu einem überzeugten Botschafter des Evangeliums. Mit seinen Predigten wirkte er in den Diözesen Meaux (1521-1523) und Basel (1524), in Mömpelgard (1524), Strassburg und Metz (1525-1526). Oftmals gab er den ersten Anstoss und überliess es dann anderen, die Reformation organisatorisch durchzusetzen. Seine religiösen Überzeugungen glichen jenen von Zwingli. Mit der Unterstützung von Bern zog Farel von Aigle über Lausanne, Orbe, Grandson, Murten, Yverdon und Neuenburg bis nach Genf. Er wurde auch im Süden des Bistums Basel aktiv und predigte Ende 1529 das Evangelium in Neuenstadt und auf dem Tessenberg; um Ostern 1530 fand man ihn erneut in Neuenstadt, kurz bevor der reformierte Gottesdienst in der Kapelle Sainte-Catherine zugelassen wurde. Im Erguel verbrachte Farel zwischen dem 10. und 25. Mai 1530 rund zehn Tage; auf Bitte Biels hin unterstützte er hier die Bieler Prädikanten. Zur gleichen Zeit wirkte er zudem in Tavannes, das die Reformation übernahm. Farel kann als Reformator der südlichen Täler des Bistums Basel bezeichnet werden. Er beteiligte sich auch aktiv an der Reformation in Neuenburg, wo er die Niederlassung des ersten reformierten Verlegers aus Genf und der Waadt, Pierre de Vingle, bewerkstelligte. Anonymes Porträt von Guillaume Farel, Radierung (Städtische Kunstsammlung Biel, Sammlung Museum Schwab).

eigene Kaplane verfügten.[53] Zwar hatten die Neuenstädter gute Gründe, ihren Priestern, die durchwegs begierig auf Geld und gute Posten und nicht immer sehr pflichtbewusst waren,[54] nicht mit allzu viel Respekt zu begegnen, aber dennoch widersetzten sie sich lange aktiv der Reformation. Biel hatte ihnen ein Bild des Aufruhrs geliefert. Die kleine Stadt, die vom mit ihr verburgrechteten Bern oftmals als eine Art «Vasallin» behandelt wurde,

befürchtete, bei Übernahme des neuen Glaubens noch zusätzlich an Eigenständigkeit zu verlieren – hier kommt also ein politisches Motiv ins Spiel.

Um den neuenstädtischen Widerstand zu brechen, braucht es die Umtriebe eines Farel (er predigt zwischen 1529 und 1530 mehrere Male in der Stadt) sowie den wiederholten Druck aus Bern und, in geringerem Masse, aus Biel, welches droht, das Burgrecht nicht zu erneu-

Guillaume FAREL
Il naquit d'une Noble famille du Gap
encor en Dauphiné l'an 1489. il fut Ministre
à Geneve et mou rut agé de 76. ans.

Se vend Paris chez E. Desrochers rue du Foin pres la rue S. Iacq.

Äussere Einflüsse, Etappen der Reformation und Organisation der Kirche in den südlichen Vogteien des Fürstbistums Basel

Herrschaft	einflussneh-mende Stadt	Art der Verbindung mit der einflussnehmenden Stadt	Etappen bei der Übernahme der Reformation			Organisation der reformierten Kirche[68]
Erguel	Biel	Burgrecht mit dem Kapitel Saint-Imier, Bannerrecht über das Erguel	Juli 1529 (Ablehnung)	Pieterlen: Nov. 1529	Restliches Erguel: März 1530	Pfarrkapitel von Biel und Erguel (bis 1594) Kapitel vom Erguel ab 1594
Orvin	Biel	Bischöfl. Meier von Biel ist Vogt von Orvin		um 1530-1531		
Moutier-Grandval	Bern vs. Solothurn	Burgrecht mit den Einwohnern der Propstei Burgrecht mit dem Kapitel Moutier-Grandval	Tavannes: Mai 1530	Restliche Propstei «sur les Roches»: Jan. 1531 Moutier und Propstei «sous les Roches»: Ablehnung	Moutier: März 1531	Pfarrkapitel von Nidau (BE)
Diesse	Bern	Gemeine Herrschaft von Bern und dem Fürstbischof von Basel	August 1529 (Ablehnung)	Ende März 1530		Pfarrkapitel von Nidau (BE)
Neuenstadt	Bern Biel (weniger Einfluss)	Burgrecht Burgrecht	April 1530 (Ablehnung)	Dezember 1530		relativ unabhängige Organisation: Berner Reformationsedikt (1528) aber eigene Verordnungen (1537)

Blau: Daten der Annahme der Reformation
Rot: Daten der Ablehnung

ern, wenn Neuenstadt nicht zur Reformation übertrete.[55] Am Ende gibt aber zweifellos die Tatsache den Ausschlag, dass ein Priester nach dem anderen vom alten Glauben abfällt – die Predigten Farels haben ihre Wirkung getan. Dies überzeugt auch die letzten Anhänger des katholischen Glaubens, sich der reformatorischen Bewegung anzuschliessen.

Mehr noch als von Seiten des Fürstbischofs erwächst der Widerstand zuerst vom Rat, der Farel im Oktober 1529 wegweist, ohne dass er eine Predigt halten kann. Einige Wochen später, als der Prediger mit Empfehlungen aus Bern erneut auftaucht, beschimpft ein Ratsmitglied die Gnädigen Herren öffentlich. Und noch im Frühling des folgenden Jahres, als der Priester Jean Bosset bereits zum Protestantismus konvertiert ist, spricht sich die Bevölkerung für die Beibehaltung des katholischen

Glaubens aus.[56] Aber nun gibt es einen protestantischen Kern, der zur Osterzeit des Jahres 1530 die Bilder aus der Blanche-Église verbrennt und mit der Unterstützung aus Bern die Erlaubnis für Jean Bosset erhält, das Abendmahl in der von allem katholischen Schmuckwerk befreiten Kapelle Sainte-Catherine auszuteilen.[57] Der Rat lässt jedoch nicht nach, entfernt Bosset und ersetzt ihn durch Jean de Mett, der schliesslich auch zum neuen Glauben übertritt.[58] Damit wird die Lage für die Katholiken unhaltbar, und im Dezember 1530 geht das in Anwesenheit von Berner Gesandten durchgeführte «Mehr» zugunsten der Reformation aus.[59] Die Messe wird abgeschafft – sie hat sich immerhin während ganzer sieben Monate neben dem Gottesdienst halten können.

Opposition und Beständigkeit

Auch wenn die Annahme der Reformation formell von einem punktuellen Volksentscheid abhängt (dem berühmten «Mehr»), so darf man sich nicht vorstellen, eine ganze Region habe sozusagen über Nacht den Glauben gewechselt. Messe und Gottesdienst bestehen in Neuenstadt während sieben Monaten nebeneinander; der Pfarrer von Diesse liest die Messe nach Einführung der Reformation noch während einiger Jahrzehnte, und im Münstertal leben katholische und protestantische Familien bis 1711 in den gleichen Gemeinden. Die Reformation setzt sich also nicht auf einen Schlag durch, sondern stösst zum Teil auf erbitterten Widerstand, der manchmal gewaltsame Formen annimmt und bis in die kirchlichen Innenräume reichen konnte.

Im Süden des Bistums bedeutet die Reformation zwar das Ende des Katholizismus, sie wirft aber nicht die ganze bestehende Ordnung über den Haufen: Die Bevölkerung bleibt dem Fürstbischof von Basel untertan. Damit wird eine Hoffnung der Bauern aus der Propstei nicht erfüllt: Politisch ist Moutier-Grandval nach wie vor dem Fürstbischof unterstellt und bleibt Bern verbunden. Das Kapitel erhebt Pachtzinsen und Zehnten nun von Delsberg her. Einige Pfarrer werden immer noch von den Katholiken ernannt und

306　1528 zwang die Reformation den Basler Fürstbischof Philipp von Gundelsheim (1487-1553), seinen Sitz nach Pruntrut zu verlegen. Das Kapitel ging nach Freiburg im Breisgau, das Offizialat nach Altkirch. Der Fürstbischof wehrte sich vergeblich gegen die Reformation, die das bereits hoch verschuldete Fürstbistum finanziell noch zusätzlich schwächte. Anonym, nach 1782 (OCC JU).

besoldet – noch zweihundert Jahre später wird Théophile-Rémy Frêne als Pfarrer von Tavannes vom Abt von Bellelay bestimmt.[60] In Neuenstadt führt die Reformation immerhin zu mehr Autonomie, da nunmehr die Räte (und weder der Abt von Bellelay noch Bern) die Pfarrer ernennen.[61]

Trotz dem Willen zu Veränderungen hätte sich die Reformation im Süden des Bistums nicht – oder zumindest nicht so rasch – durchgesetzt, wäre sie nicht massiv von aussen unterstützt worden: Bern war in allen Herrschaften aktiv (insbesondere im Münstertal und auf dem Tessenberg), Biel wirkte im Erguel, und beide Städte stützten sich dabei auf die unermüdliche Arbeit Farels. Die Reformation war nicht nur geistlich motiviert, sondern hatte auch eine eminent politische Seite: Biel versucht – während einer gewissen Zeit mit Erfolg – seinen Zugriff auf das Hinterland des Erguel zu verstärken; Bern will in den drei mit ihm verburgrechteten Herrschaften, im Münstertal, in Neuenstadt und auf dem Tessenberg, seinen Einfluss verstärken, um damit die Macht des Fürstbischofs zu schwächen.

Ein andere Tatsache mag den Übertritt der Bevölkerung zur Reformation erleichtert und deren Widerstand geschwächt haben: Oftmals sind die ersten Pfarrer ehemalige Priester, die den neuen Glauben übernehmen,[62] so Jean Muriset in Courtelary, Hugues Girard in Corgémont und danach in Sombeval,[63] Jacques Boivin in Diesse, Jacques Moeschler in Tavannes, Pourcelet in Orvin;[64] Wilhelm Schaller, Chorherr von Moutier-Grandval, wird Pfarrer in Grandval.[65] Wenn der eigene Priester zum neuen Glauben übertritt, warum sollten die Gemeindemitglieder ihm dann nicht gleichtun?

Der Bischof von Basel, Philipp von Gundelsheim, musste sich gegen den zunehmenden Erfolg der Reformationsbewegung wehren. Er beklagt sich gegenüber den Berner Behörden, ein gewisser Farel ziehe durch seine Herrschaft und beschimpfe ihn heftig, was dieser gewiss nicht im Evangelium gelernt habe.[66] Wie Margrit Wick-Werder schreibt,[67] ist die Konfessionsfrage eine Machtfrage, und der Fürstbischof ist nicht so mächtig, als dass er sich dem Willen

Berns und einer Bewegung widersetzen könnte, die um 1530 in der Schweiz bereits ziemlich erfolgreich ist. Zudem ist Gundelsheim in geistlicher Hinsicht nicht zuständig für die Untertanen im Süden des Fürstbistums. Der Einschnitt, den die Reformation darstellte, trug mit Sicher-heit dazu bei, die Distanz zwischen den Untertanen und ihrem Bischof noch zu erhöhen, ein Prozess, der sich bereits mit den Burgrechts-verbindungen abzeichnete, mit denen die Bevölkerung ein Gegengewicht zur Macht des Bischofs in die Hände erhalten hatte.

307 Die Reformation im Fürstbistum Basel.

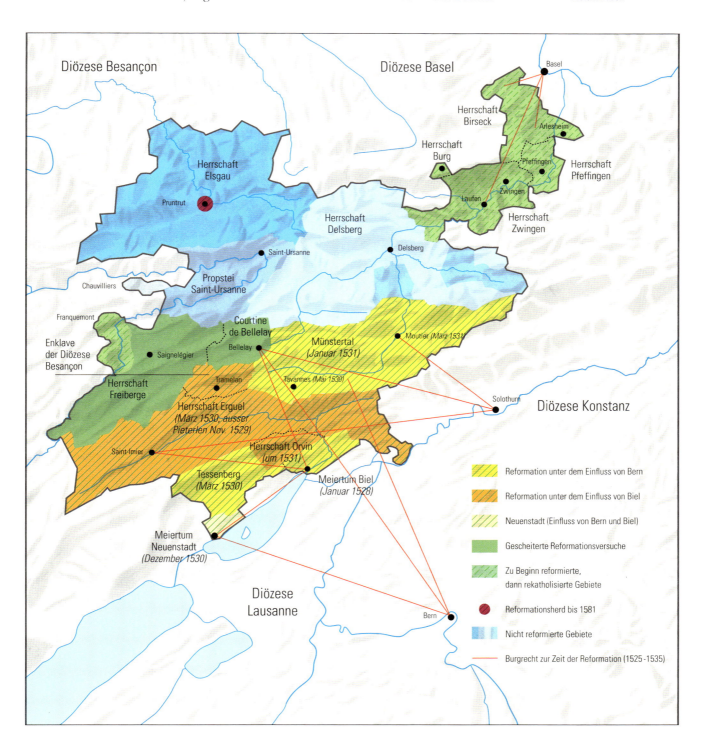

PIERRE-OLIVIER LÉCHOT

Zwischen Bern, Genf und Pruntrut: die Entwicklung der reformierten Kirchen im alten Bistum Basel

Von Farel und seinen Mitstreitern zwischen 1530 und 1560 gepredigt und von den Behörden der Städte Bern und Biel verordnet, konnte sich die Reformation im alten Bistum Basel nur nach den Regeln eines Mächtespiels entwickeln, das sich aus der Lage des Gebiets als «Pufferzone» zwischen Frankreich, der Eidgenossenschaft und dem Heiligen Römischen Reich deutscher Nation ergab.[1] Vor diesem Hintergrund lässt sich mit der Beschreibung dreier spezifischer Situationen der Zustand der reformierten Kirche im Bistum charakterisieren – einer Kirche, die Ende des 16. Jahrhunderts noch nicht als *die eine* protestantische Kirche gelten kann.

Unter dem Blick der Berner: Tessenberg und das Münstertal

Im Münstertal wurde die Leitung der lokalen Kirche von nur vier Pfarrern wahrgenommen, da die Gelder für die Besoldung dieser Ämter damals an allen Ecken und Enden fehlten.[2] Natürlich konnten diese vier Amtsträger kein eigenes Pfarrkapitel bilden, weswegen sie dem Kapitel von Nidau zugeschlagen wurden, das seinerseits direkt den Berner Behörden unterstand. Diese Situation musste sich als heikel erweisen, als der Fürstbischof Jakob Christoph Blarer von Wartensee versuchte, seine protestantischen Untertanen zu «rekatholisieren». Weitgehend isoliert und aufgrund der geringen Anzahl anfällig, waren die ersten protestantischen Pfarrer der Propstei tatsächlich stärker als andere von gegenreformatorischen Umtrieben bedroht. Als 1580 die Weisung des Fürsten an seine protestantischen Untertanen erging, sich wieder der rö-

mischen Kirche zuzuwenden, reagierten die Herren von Bern unverzüglich mit der Schaffung des Amtes eines Pfarreiinspektors für das Münstertal. In der Regel waren es die französischsprachigen Pfarrer von Ligerz und Diesse, die sich dieser Aufgabe annahmen und über die Durchführung der protestantischen Gottesdienste wachten; sie informierten die Berner Behörden regelmässig über die Lage in der Gegend und bezeugten damit in den Augen des Fürstbischofs, wie sehr sich die Gnädigen Herren aus Bern für ihre Glaubensbrüder in Moutier-Grandval interessierten. Auf dem Tessenberg, wo die lokale Kirche gleichermassen isoliert war, ordnete man den Ortspfarrer ebenfalls dem Kapitel von Nidau zu. Die Gnädigen Herren führten auf dem Tessenberg das Reformationsedikt sowie den Berner Synodus von 1532 ein, und nach der Eroberung der Waadt im Jahr 1536 galt auf dem Gebiet der Propstei das Reformationsedikt von 1536. Ab diesem Datum wurden die Erlasse der Berner Behörden zu Religionsfragen auf dem Tessenberg und im Münstertal von Gesetzes wegen bekannt gemacht und vollzogen; der lokale Klerus hatte in theologischen Fragen und bezüglich der Gottesdienstordnung seine Autonomie weitgehend eingebüsst.

Relative Unabhängigkeit: Neuenstadt

Neuenstadt, auf Grund seiner geografischen und politischen Lage (die Stadt war mit Bern verbündet) am Rand des Bistums gelegen, befand sich in einer ganz anderen Situation als der benachbarte Tessenberg.[3] Nach der Durchsetzung der Reformation schloss die Stadt aus eigener Initiative ein Abkommen mit dem Abt von Bellelay (zu dessen Stift sie in geistlicher Hinsicht früher gehört hatte), mit dem der Prälat die Reformation der Stadt anerkannte und sich bereit erklärte, den neuen Pfarrer zu bezahlen (1532). In der Folge musste die Stadt die reformatorische Kirchenordnung der Berner von 1528 annehmen, beeilte sich aber, ein eigenes Organisationsreglement zu erlassen (1537). Bezüglich Lehre und Kirchenordnung relativ unabhängig, nahm die Stadt von da an ihre eigene kirchliche Entwicklung. Ihre Unabhängigkeit bewies sie im Jahr 1655, als der schottische Pastor John Dury (1596-1680), ein

Gesandter Cromwells, durch die Schweiz reiste, um die Zustimmung der eidgenössischen Kirchen zu seinem Plan einer Einigung aller Protestanten zu erhalten: Die Pfarrer von Neuenburg suchten den Schotten bei seiner Durchreise in Erlach alleine auf, um sich in völliger Unabhängigkeit dessen Anliegen anzuhören.[4]

Eine zweischneidige Situation: Biel und das Erguel

Nach der Aufhebung des alten Chorherrenkapitels von Saint-Imier (vgl. den Beitrag von

308 Die 1832 erbaute protestantische Kirche von Sonvilier (BE) weist einen quer gerichteten Grundriss auf (hier ein längliches Achteck), wie er seit spätestens dem 17. Jh. für reformierte Kirchen typisch ist.

Margrit Wick-Werder)[5] sicherten sich die Bieler Behörden die Chorherrenrechte über den regionalen Klerus und nahmen das *Reformationsbuch* an, was zur Bildung des Pfarrkapitels von Biel und Erguel führte. Dieses Reglement blieb bis 1562 in Kraft. Konflikte bezüglich der Lehre führten aber dazu, dass dem Pfarrkapitel ein neues Reglement vorgeschrieben wurde, das ihnen strengere dogmatische Vorschriften machte. Dass Geistliche danach nur noch nach eingehender Prüfung ihrer theologischen Überzeugungen in den Klerus aufgenommen wurden, kann als Beweis für diese doktrinäre Verhärtung gelten. Die Struktur des Pfarrkapitels von Erguel-Biel blieb unverändert bis ins Jahr 1610 bestehen. Der Badener Vertrag entzog der Stadt Biel zu diesem Zeitpunkt aber die weltlichen und geistlichen Rechte über das Erguel. Diese Änderung war ebenfalls eine Folge der gegenreformatorischen Politik von Fürstbischof Jakob Christoph Blarer von Wartensee. Aufgrund der Regel, dass der Grundherr bei Untertanen ohne Nachkommen erbberechtigt wird, hatte der Fürstbischof seit den 1590er-Jahren Anspruch auf die früher im Besitze der Chorherren von Saint-Imier liegenden Rechte erhoben und sie dem Kleinen Rat von Biel abgesprochen. Das Urteil eines eidgenössischen Schiedsgerichts von 1594 erging zu Gunsten des Fürstbischofs und übertrug ihm die weltlichen und kirchlichen Rechte am Erguel. Dieser Beschluss ze-

mentierte mit der gegenseitigen Anerkennung der beiden Konfessionen nicht nur die Glaubensspaltung innerhalb des Bistums, sondern hatte direkt auch die Trennung der Kirche von Biel von den Pfarreien des Erguel zur Folge; Letztere gerieten nun unter die Aufsicht von Pruntrut, wo fortan auch die regionalen Pfarrer ernannt wurden. Das Kapitel mit sieben Geistlichen (acht ab 1679)[6] und einem Diakon war in jenen Kirchgemeinden zuständig, die ihm der Badener Vertrag zugestand: Haut-Vallon und Bas-Vallon von Saint-Imier sowie Tramelan, Orvin, Vauffelin und Pieterlen. Die Trennung von Biel hatte aber auch einen günstigen Effekt insofern, als das Kapitel sich nun nur noch vor einem einzigen Herrscher verantworten musste, dem Fürstbischof von Basel, der sich als Katholik wenig um Disziplin und Ausrichtung der Lehre bei seinen protestantischen Untertanen scherte. Die Pfarrer von Erguel verfügten bei ihrer Amtsausübung mithin über einen gewissen Handlungsspielraum, eingeschränkt allerdings durch die Kontrolle, die der Fürstbischof bei politischen Geschäften im Erguel walten liess, und durch die Präsenz der Berner Behörden, die bei dogmatischen Fragen sichergehen wollten, dass die Reformation unbehelligt von schädlichen Einflüssen aus der Region blieb.

Kulturelle Differenzen

Die statutarischen Differenzen zwischen den protestantischen Kirchen des alten Bistums zeigten sich auch deutlich bei der Organisation des Gottesdienstes. 1530 verlangten die Bieler von Guillaume Farel das Liturgiebuch in deutscher Sprache, das «Agendbüchli», das die Berner ihm gegeben hatten, damit er es zur Verwendung in der Vogtei Aigle auf Französisch übersetze. Der Text wurde in der französischen Fassung in den Pfarreien von Erguel eingesetzt, bevor er in Neuenburg vom Drucker Pierre de Vingle unter dem Titel *Manière et fasson* (1533) verlegt wurde. Diese Liturgie mit einer sehr einfachen Gottesdienstordnung wurde bald durch eine ausgereiftere Fassung ersetzt, die Johannes Calvin 1542 nach seiner Rückkehr aus Strassburg veröffentlichte: *La forme des prières et chants ecclésiastiques*

309 Die protestantische Kirche von Chaindon (Reconvilier BE) hat wie viele reformierte Kirchen zwei Eingänge auf der Längsseite. Nach der Reformation ist die Kirche nicht mehr Ort vielfacher religiöser Handlungen während des ganzen Tages, sondern ein Raum, in dem sich die Gläubigen zu einem bestimmten Zeitpunkt zur Predigt einfinden. Deshalb werden mehr Türen eingeplant.

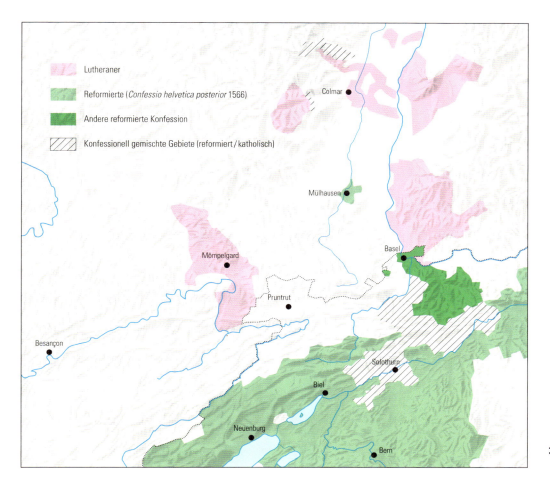

310 Die Konfessionen im späten 16. Jahrhundert.

(Form der kirchlichen Gebete und Gesänge). Die Kirchenbehörden von Biel-Erguel und Neuenstadt begrüssten diese Gottesdienstordnung und wandten sie aufgrund ihrer Unabhängigkeit rasch in ihren Pfarreien an, während im Münstertal und auf dem Tessenberg die 1552 auf Französisch übersetzte Berner Gottesdienstordnung durchgesetzt wurde, ein Beweis für den Einfluss, den die Gnädigen Herren aus Bern punkto Lehre in diesen Pfarreien ausübten.

Die Heterogenität der reformierten Kirche in der Region Ende des 16. Jahrhunderts lässt sich mit unterschiedlichen politischen, theologischen oder kirchlichen Treuepflichten erklären. Konnte Neuenstadt auf seine relative Unabhängigkeit bauen, um eigene Wege zu gehen, so hatten sich das Münstertal und der Tessenberg den Weisungen aus Bern zu unterziehen. Die Kirche im Erguel hingegen, ob unter Aufsicht der Bieler oder nicht, verfügte über einen zwiespältigen Status: Im – dornenvollen – Bereich der Pfarrerernennung dem katholischen Fürstbischof unterstellt, musste sich das lokale Pfarrkapitel auch gegenüber den Bernern loyal verhalten, um ein Gegengewicht zur Macht des Fürstbischofs herzustellen, wenn es zu einem Streit mit diesem kam.[7] Diese Situation des Erguel als Region «zwischen den Fronten», die gegenüber beiden in Religionsfragen vor Ort aktiven Mächten Kompromisse eingehen musste, zeugt von einer komplexen regionalen Identität bedingt durch verschiedene Treuepflichten und unterschiedliche ideologische Ausrichtungen.

JEAN-PIERRE RENARD

Die Reform des Katholizismus in der Diözese Basel im 16. und 17. Jahrhundert. Ein historiographischer Abriss

Im kirchlichen Umfeld der Schweiz und anderswo benützt man zur Beschreibung der Umwälzungen in Europa zu Beginn des 16. Jahrhunderts für gewöhnlich die Begriffe «Reformation» und «Gegenreformation». Die Reformation ist protestantisch und löst eine rein defensive Reaktion der römischen Kirche aus, die katholische Gegenreformation. Diese Begrifflichkeit hat ihren Ursprung in der Debatte der deutschen Historiographie zur Zeit des Kulturkampfes. Das zugunsten des Protestantismus monopolisierte Konzept der Reformation erfuhr durch die Schaffung des von katholischen Historikern häufig verwendeten Ausdrucks «Gegenreformation» eine Verstärkung. Einer der Ersten, die das Verhältnis dieser beiden Begriffe umkehrte, war ein protestantischer Historiker, Wilhelm Maurenbrecher († 1930), dessen Werk *Geschichte der katholischen Reformation* (1880) zur Verbreitung des Konzepts der «katholischen Reform»

311 Porträt von Bischof Christoph Blarer von Wartensee (OCC JU).

beitrug, das danach allmählich an Boden gewann, vor allem mit den Arbeiten des katholischen Historikers Hubert Jedin zum Konzil von Trient.[1] Dabei wurden jedoch die polemischen Aspekte, die beide Reformbewegungen gemeinsam haben, auch berücksichtigt.[2]

Die stark herbeigesehnte und im 16. Jahrhundert eingeleitete Reform der katholischen Kirche konnte sich erst Ende des 16. Jahrhunderts und oftmals erst im 17. Jahrhundert in der Folge des Konzils von Trient durchsetzen, dieser bewegten Versammlung mit manchen unerwarteten Wendungen, man denke nur an die vielen Unterbrüche (1545-1547, 1552-1553, 1562-1563).

Ein aktuelles Werk befasst sich mit der Frage der katholischen Reform: *La Réforme du catholicisme (1480-1620).*[3] Es stammt aus der Feder des Dominikaners Guy Bedouelle, Titularprofessor für Kirchengeschichte an der Universität Freiburg (Schweiz), Verfasser vieler Arbeiten zur Bibel im 16. Jahrhundert und zum Humanismus. Auf 160 Seiten gelingt ihm eine spannende Synthese, die der interessierten Leserschaft einen Überblick über diese entscheidende Epoche der Kirchengeschichte gibt und überdies einen Abriss der Forschungsergebnisse der letzten zwanzig Jahre liefert. Zudem erhält man eine Bibliographie mit den zentralen Werken zu den wichtigsten Entwicklungen.

Pater Bedouelle geht auf kritische Distanz zu einer eingeschränkten Gegenüberstellung von Reformation und Gegenreformation, darauf deutet bereits das Datum von 1480 im Titel seines Buches hin. Er zeigt auf, dass die «katholische Reformation» als Ende einer Serie von Reformen gelten kann, die mit mehr oder weniger Erfolg der protestantischen Reformation vorausgingen. Unter Berücksichtigung ihrer Prämissen (die verkündete, geforderte, vorbereitete, eingeleitete Reform) wird die katholische Reform anschliessend anhand des wichtigsten Anlasses, des Konzils von Trient, beschrieben (der Schlüssel zur Reform, die Konzilreform) und es werden ihre verschiedenen Elemente und Folgen ausgeführt: Instrumente, Strukturen, Persönlichkeiten und «Personal» der Reform, Rückeroberungen und Erneuerung.

Auch in der Diözese Basel zeigten sich Fortschritte hinsichtlich der geistlichen und intellektuellen Situation des Klerus und der vom Konzil geforderten Schulung der Gläubigen

312 Für die katholische Reform war der Unterricht eines der wichtigsten Reforminstrumente. Gründungsurkunde von Bischof Blarer von Wartensee vom 9. Mai 1591 für das Jesuitenkolleg in Pruntrut. Der Text drückt die grosse Besorgnis des Bischofs angesichts der Zustände aus: «…vor allem in diesen Zeiten der grossen Not und Gefahr, wenn das Münster und alle anderen Kirchen der Stadt Basel und in vielen anderen Orten unserer Diözese von Häretikern besetzt und entwürdigt werden…» (AAEB).

erst Ende des 16. und im 17. Jahrhundert. Dieser langsame und schwierige Prozess setzte recht eigentlich erst mit Bischof Jakob Christoph Blarer von Wartensee († 1608) ein, einem Pionier der katholischen Reform, dem Wilhelm Brotschi und André Chèvre einige ihrer Arbeiten aus den Jahren 1956 und 1963 gewidmet haben.[4] Sein Nachfolger, Wilhelm Rinck von Baldenstein († 1628), führte das Werk seines Onkels energisch weiter, wie sein Hirtenbrief von 1611 bezeugt, eine überarbeitete und erweiterte Fassung der von seinem Vorgänger verfassten Schrift. Johann Heinrich von Ostein, 1628 bis 1646 Bischof von Basel, dessen Regentschaft in die Zeit des Dreissigjährigen Kriegs fiel, fand in der Person von Thomas Henrici, den er 1635 zu seinem Generalvikar machte, einen Mitarbeiter ersten Ranges: Trotz der widrigen politischen Umstände führte Henrici die als Folge des Konzils von Trient begonnene katholische Reform von Klerus und Gläubigen fort.[5]

Wer sich für die Geschichte der Diözese Basel interessiert, insbesondere für das 16. und 17. Jahrhundert, ist gut beraten, die Artikel des neuen *Historischen Lexikons der Schweiz* zur Diözese und zum Bistum Basel zu konsultieren,[6] ebenso *Das Bistum Basel in seiner Geschichte. Beginn der Neuzeit, 16.-18. Jahrhundert, und während der Revolution*[7] und auch den Beitrag zur Diözese Basel in *Die Bistümer des Heiligen Römischen Reiches von ihren Anfängen bis zur Säkularisation.*[8] Eine breitere Perspektive ergibt die aufschlussreiche Synthese zu den dreizehn Orten der alten Eidgenossenschaft und ihren Verbündeten, den Zugewandten Orten (dazu gehörte auch das Fürstbistum Basel), die von Hans Berner, Ulrich Gäbler und Hans Rudolf Guggisberg aus protestantischer und aus katholischer Sicht geliefert wird.[9] Empfehlenswert ist sodann Band I/1 von *Helvetia Sacra:*[10] Hier finden sich biographische Hinweise zu Bischöfen, Hilfsbischöfen, General- und Offizialvikaren und zu anderen Würdenträgern des Domkapitels der Diözese Basel[11] sowie eine Bibliographie mit Angaben zu interessanten, ja spannenden Arbeiten für die Zeit nach der Reform, so etwa Arbeiten von André Chèvre, Hans Foerster und André Schaer.[12] Das Domkapitel der Diözese, das 1529 nach der Einführung der protestantischen Reformation in Basel nach Freiburg im Breisgau flüchten musste, ist ebenfalls Gegenstand einer jüngeren Untersuchung.[13]

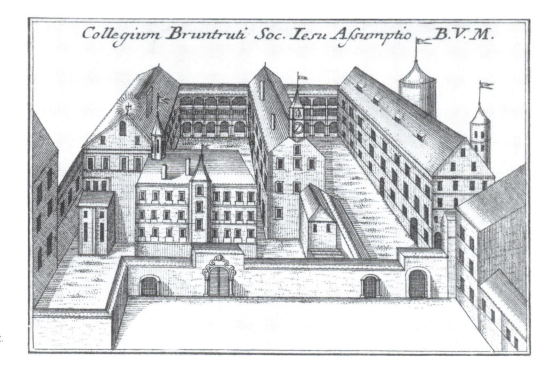

313 Das Jesuitenkolleg von Pruntrut. Stich von 1685 (MHD).

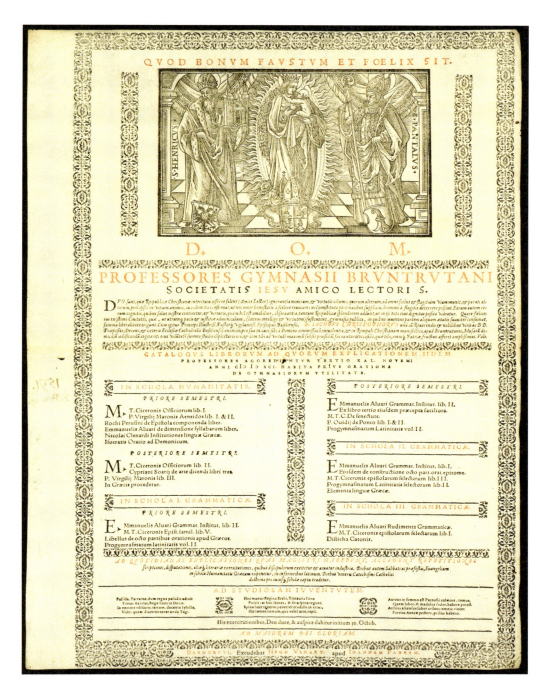

314 Der erste Lehrplan für das Jesuitenkolleg in Pruntrut. Das Bild mit Maria, Schutzpatronin der Diözese, zusammen mit dem hl. Heinrich, Kaiser und Wohltäter des Münsters, und dem hl. Pantalus, (angeblich) erster Bischof von Basel, zeigt deutlich, in welche Tradition Blarer sich einreihen wollte (AAEB).

Schliesslich sei noch auf einige Artikel hingewiesen, die sich durch ihre Anschaulichkeit auszeichnen. Sie befassen sich mit der Situation, wie sie sich Ende des 16. und zu Beginn des 17. Jahrhunderts in den verschiedenen Pfarreien der Diözese präsentiert (Betragen der Priester, Sitten der Gläubigen, Zustand der Kirchen usw.). Hier findet man die Visitationsprotokolle der Bischöfe[14] oder auch die Berichte, welche die Bischöfe im Rahmen ihrer Pflichtbesuche in Rom abgeben mussten, die in der Regel alle vier Jahre stattfanden (*visitatio ad limina Apostolorum*», wörtlich «Besuch der Schwelle [der Gräber] der Apostelfürsten»).[15]

Anhang

Anmerkungen

JEAN-CLAUDE REBETEZ
EINLEITUNG. DIE KIRCHE VON BASEL: FÜRSTBISTUM UND DIÖZESE - S. 10

1 Vgl. z.B. die Streitigkeiten mit den Habsburgern über die kirchliche Rechtsprechung: AAEB, 39 J 28.
2 Zur karolingischen Kirche: *Geschichte des Christentums,* Bd. 4, S. 686-768.
3 Vgl. Rebetez 2002a, S. 31-45, mit Bibliographie.
4 Leo Santifaller, *Zur Geschichte des ottonischen-salischen Reichskirchensystems,* Wien, 1964; Rudolf Schieffer, «Der ottonische Reichsepiskopat zwischen Königtum und Adel», in *Frühmittelalterliche Studien* 23, 1989, S. 291-302; Parisse 2002.
5 Rebetez 2002a, S. 45-57 und Rebetez 2002b, S. 133-137, mit Bibliographie.
6 Meyer 1995.
7 Weissen 2002.
8 Barras 2002, S. 141.
9 Fünfte Sitzung des Konzils zu Konstanz, 6. April 1415.
10 Pfaff 2002.
11 Ein Dokument detailliert die Art und Weise, wie diese Summe ausgegeben wurde: Es ist ein wahres politisch-religiöses Programm! (AAEB, Comptes de la cour, 16, Heft 1577-1608).
12 Vgl. Rebetez 2001.
13 Liste der Basler Bischöfe: HS I/1; unterschiedlicher, aber aussergewöhnlicher Fall in Genf: Binz 1973, S. 104.
14 Zur Entwicklung des Kapitels: Rebetez 2001 (mit bibliographischen Angaben); dazu Vregille 1999, S. 111: *«penes nos sub regula claustralis disciplinae conuersatus».*
15 HS I/1, S. 134.
16 Hieronimus 1938, S. 13-16.
17 Bekannt für den Beginn des 16. Jh. durch einen Text des Kaplans Brillinger (Ausgabe: Hieronimus 1938).

18 HS I/1, S. 226, HS I/4, S. 198.
19 HS I/1, S. 235-241; AAEB, A 85/33, 1483 (Trouillat, 5, S. 574, Teilausgabe); AAEB, A 107. Nach der Wahlkapitulation von 1335 lehnt das Kapitel die Kumulation von weltlichen und religiösen Verantwortlichkeiten ab.
20 Schönes Beispiel in Trouillat, 1, Nr. 235, S. 357-358 (1175; Rück 1966, S. 119).
21 Karl Mommsen, «Das Basler Kanzleiwesen des Spätmittelalters», BZGA 74, 1974, S. 159-188.
22 Trouillat, 2, Nr. 481, S. 621-625.
23 Visite 1453.
24 Statuten von 1297 (Trouillat, 2, Nr. 506, S. 660; zu den Landkapiteln: Burklé 1935; vgl. auch Pfleger 1936.
25 AAEB, A 104/1a, Statuten von 1503, fol. IV, Buchst. f.
26 Wildermann 1993, S. 32-33.
27 AAEB, A 104/2 (um 1452, den Dekan des Kapitels, Archidiakon des Sundgaus, betreffend); A 109a/14: Fragelisten für den Besuch des Salsgaus, in der Zuständigkeit des Archidiakons von Moutier-Grandval: 1493, um 1500; vgl. auch die Richtlinien von Surgant, *Manuale curatorum,* Ausg. 1520, fol. 105 ff.
28 AAEB, A 109a/14: *Memoriale* für die Visitation von 1496. Immerhin stammt das Dokument vom Archidiakon Johannes Olpe, Domkaplan, Sekretär des päpstlichen Legaten Raymond Peraudi (1502-1504) und bekannten Herausgebers u.a. des *Narrenschiffs* von Sebastian Brant: vgl. Prongué 2000, S. 294, mit Angaben.
29 Trouillat, 5, Nr. 162, S. 465-470 (unter dem Datum von 1463); AAEB, A 55/21; gleicher Fall für die Freiberge: Prongué 2000, S. 292.

RETO MARTI
DIE ANFÄNGE DES BISTUMS: EINE GESCHICHTE IN FRAGMENTEN - S. 28

1 Frank 1993.
2 Jäggi 1996; für Kaiseraugst speziell Kob 2000; Schwarz 2002.
3 Zur Verflechtung von Staat und Kult in der Spätantike: Demandt 1998.
4 Berger 1998.
5 Reto Marti, «Ein neues Zeitalter – das frühe Mittelalter», in Salathé 2005 (im Druck).
6 Marti 2000 A, S. 295 ff.; Berger 2000.
7 Marti 2000 A, S. 151 ff.; R. Marti, in: Salathé 2005 (im Druck).
8 Bonnet 1993; Bonnet 2002.
9 Bruckner 1972, bes. S. 163 ff.
10 Marti 2000 A, S. 297 f.
11 Berger 2000, bes. S. 33 f.

12 Marti 2000 B, S. 92 ff., S. 112.
13 Marti 2000 A, S. 166 ff.; *Jahrbuch der Schweizerischen Gesellschaft für Ur- und Frühgeschichte* 87, 2004, S. 422.
14 Marti 2000 A, S. 276 ff.

RETO MARTI
KIRCHE UND RAUM: BASEL UND DIE CHRISTIANISIERUNG DES HINTERLANDES - S. 46

1 Martin 1992; Windler 1994, S. 56; Friedli 2000; Guex 2001; Treffort 2002.
2 Zur Diskussion um die Wahl Bischof Johannes' von Konstanz: Keller 1976, S. 24 ff.; Keller 2001, S. 262 ff.; noch anders Maurer 1993, S. 238 ff.
3 Marti 2000, S. 297 ff. und S. 327 ff. (mit weiterführenden Überlegungen).
4 Wilsdorf 1965.
5 Borgolte 1981, bes. S. 15 f.; Büttner 1991, S. 107 f.
6 Wilsdorf 1975; den Stand der Archäologie zusammenfassend: Helmig 1991.
7 Beitrag von S. Stelzle-Hüglin im *Jahresbericht der Archäologischen Bodenforschung Basel-Stadt* 2004 (im Druck).

8 Sennhauser 1983; Sennhauser 1991; Schwinn Schürmann 2000; Schwarz 2001.
9 Zusammenfassend für die Region: Marti 2000, S. 193 ff.
10 Châtelet 2004.
11 Hartmann 1982.
12 Zuletzt: Marti 2000, bes. S. 271 ff.; Wittmer-Butsch 1995; Wittmer-Butsch (in Vorb.).
13 Marti 2000, bes. S. 156 ff.
14 Burnell 1998; Marti 2000, bes. S. 162 ff.
15 Treffort 1996, besonders S. 137 ff.; Hassenpflug 1999.
16 Marti 2000, S. 146 ff.

JÜRG TAUBER
KIRCHE UND RAUM: KIRCHLICHE ORGANISATION UND LANDESAUSBAU - S. 64

1 SUB I, Nr. 79 und 80.
2 Rück 1966, S. 76.
3 Dass diese mögliche Absicht in Vergessenheit geriet, zeigt die Tatsache, dass 1189 eine Neugründung nötig wurde (SUB I, Nr. 235) und sich die Frohburger nicht in Schöntal, sondern in der Kirche von Zofingen bestatten liessen.
4 SUB I, Nr. 77. Es handelt sich bei dieser Urkunde, in der Bischof Ortlieb die Schenkung bestätigt, um eine Abschrift Bischof Imers von Ramstein von 1387.
5 Siehe den Beitrag von R. Marti «Das Bistum Basel von den Anfängen bis zum Mittelalter». Für die folgenden Ausführungen stütze ich mich auf verschiedene zusammenfassende Aufsätze (Rebetez 2001; Rebetez 2002a und 2002b; Jäggi 1999).
6 Eine umfassende Analyse dieses Ereignisses sowie der Verhältnisse in der Region finden sich in verschiedenen Aufsätzen in *Donation de 999*.
7 Zur Altartafel, siehe Gude Suckale-Redlefsen, «Die goldene Altartafel und ihre kunsthistorische Einordnung», in *Münsterschatz*, S. 293-303; zum Kreuz, siehe Lothar Lambacher, «Reliquienkreuz, so genanntes Heinrich-Kreuz», in *Münsterschatz*, S. 19-24.

8 Die mittelalterliche «familia» umfasst viel mehr als die Familie im heutigen Sinn. Sie bezeichnet oft den Personenverband einer Grundherrschaft, also nicht nur den Grundherrn und seine Verwandten, sondern auch alle Knechte und Mägde am Herrenhof und selbst das Personal der abhängigen Bauernstellen.
9 Siehe unten den Beitrag von L. Auberson, «Formen mönchischen Lebens».
10 Eschenlohr 2001, S. 141 f.
11 SUB I, Nr. 77.
12 Trouillat I, Nr. 176.
13 ULB I, Nr 28.
14 SUB I, Nr. 235. Es handelt sich dabei allerdings um eine Fälschung von 1218 (Rück 1966, S. 151 ff.).
15 SUB I, Nr. 331.
16 Gilomen 1977.

JÜRG TAUBER
KIRCHE UND MACHT: POLITIK UND WIRTSCHAFT - S. 76

1 Ein Überblick über die Grabungsresultate bei Tauber 1998a.
2 Jürg Ewald et al., *Die römische Wasserleitung von Liestal nach Augst* (Archäologie und Museum 36), Liestal, 1997.
3 Ausführliche Vorstellung bei Marti 2000.
4 Siehe Beitrag von R. Marti («Christianisierung») in diesem Band.
5 Wittmer-Butsch 2001, S. 221.
6 Eschenlohr 2001, S. 141 f.
7 Meyer 1992.
8 Gilomen 1977, S. 52 ff.
9 Gilomen 1977.

10 BUB 1, Nr. 33.
11 Im Folgenden stütze ich mich vor allem auf die Forschungen von Eschenlohr 2001.
12 Trouillat I, Nr. 176.
13 Tauber 1998b.
14 ULB 1, Nr. 4.
15 Tauber 1998c.
16 SUB 1, Nr. 403.

LAURENT AUBERSON
FORMEN MÖNCHISCHEN LEBENS IN DER DIÖZESE BASEL WÄHREND DES MITTELALTERS - S. 90

1 Es gibt in den meisten Religionen asketische Strömungen und dies auch schon zu Zeiten Jesu, der sich nach der Begegnung mit Johannes dem Täufer ja selber auch in die Wüste zurückzog (z.B. Markus 1,1-13).

2 Eine sehr schöne Untersuchung zu den Wüsteneremiten stammt von Jacques Lacarrière: *Les hommes ivres de Dieu*, Paris, 1975.
3 Moyse 2001.

4 Hier und im Folgenden sei auf die Bände von *Helvetia Sacra* verwiesen (Bd. I/1 zum Bistum Basel und die folgenden Bände zu den verschiedenen Orden und Kongregationen; der Band zu den Kartausen erscheint Ende 2006). Band I/1 enthält auch eine vollständige Liste der Klöster und Stifte der Diözese (einschliesslich jener im Elsass) sowie eine Karte.

5 *Vita Patrum Jurensium* 5: «secretis heremi delectatus» («angezogen von der Abgeschiedenheit der Wüste») (Hg. F. Martine, Paris, 1968).

6 Es gibt auch eine monastische Gebirgswüste, der die Kartäuser des 11. Jahrhunderts eine äusserst authentisch gelebte Bedeutung verliehen.

7 Das Römische Reich existierte seit 476 rechtlich nicht mehr, trotz formeller Wiederherstellungsversuche unter dem fränkischen Königtum.

8 Moyse 1973, S. 92 (Kritik an der bisherigen Datierung); Rebetez 2002a; Pradié 2001, S. 40 (nach der *Vita Wandregisili*).

9 Die Sorge um das Seelenheil wurde mit der Erneuerung der Spiritualität im 12. Jahrhundert und der «Erfindung» des Fegefeuers sowie der «Handelbarkeit» von Heil mittels Werken sehr viel dringlicher.

10 Büttner 1991, S. 45.

11 Burg 1987, S. 48-49; Burg 1946, S. 40-48.

12 Wildermann 1986, S. 284. Rebetez 1999 und 2002a.

13 Wildermann 1986, S. 302-303. Rebetez 1999.

14 Auberson 1999.

15 Moyse 1984; Auberson 2002.

16 Für diese Zeit berufen wir uns hauptsächlich auf die *Geschichte des Christentums*, IV, S. 698-702.

17 *Geschichte des Christentums*, IV, S. 699 f.

18 Mit der *Admonitio generalis* von 789.

19 Büttner 1991, S. 119. Art. «Murbach», in LThK.

20 Vgl. *The Moutier-Grandval Bible. Exhibition Notes. The British Library*, London, 1984.

21 Art. «Murbach», in LThK.

22 Rebetez 2002, S. 23.

23 Locatelli 1984.

24 Um 1030 führte Abt Odilon den Allerseelentag am 2. November ein: Iogna-Prat 2002, S. 8.

25 Gilomen 1977, S. 35-44.

26 Zu Hintergrund und Wirken des hl. Bernhard vgl. Duby 1976.

27 Überblick von André Chèvre in HS III/3, S. 290-311.

28 Art. «Chanoines», in *Catholicisme Hier – Aujourd'hui – Demain*, Bd. 2, Paris, 1949, Sp. 900-918.

29 Kundert 1972, S. 273; Rebetez 2001.

30 Der erste Propst des Kapitels Saint-Imier war auch Chorherr der Kathedrale von Lausanne.

31 Rebetez 1999 und 2002a.

32 Zur Geschichte der Abtei Bellelay, welche die Reformation überlebte, während die meisten der ihr unterstellten Pfarreien protestantisch wurden, vgl. nebst dem Artikel in *Helvetia Sacra* (Jean-Claude Rebetez und Cyrille Gigandet) auch Gigandet 1986.

33 Petit 1981, S. 119.

34 Hauzenberger 1997. Die Kartause von Köln hatte eine vergleichbare Ausstrahlung.

35 Ausführliche Studie zu diesem Werk: Berkemeier 2004.

BRIGITTE DEGLER-SPENGLER
DIE KLÖSTER DER STADT BASEL - S. 105

1 Für ausführliche Darstellungen der Basler Klöster sei verwiesen auf die entsprechenden Bände der *Helvetia Sacra*, die mit dem Band III/4 (Kartäuser) Ende 2006 abgeschlossen sein wird, und auf die *Kunstdenkmäler* des Kantons Basel-Stadt.

JEAN-CLAUDE REBETEZ
ENTSTEHUNG UND ENTWICKLUNG DER HEILIGENVEREHRUNG - S. 112

1 Für das Pontifikat Johannes Paul II. vgl. Website des Vatikans www.vatican.va, Suche unter «Heilige». Für die früheren Pontifikate gibt es Statistiken seit Clemens VIII. in: Barnay 2004, S. 153; Listen: Index 1999.

2 Zu Heiligen: Eine kurze, vorbildliche Einführung: Barnay 2004; für umfassendere Studien: Beaujard 2000; Vauchez 1994; «Canonisation dans l'Eglise romaine», DTC, 2, Sp. 1620-1659.

3 Seit Ende der 1960er-Jahre gilt die Märtyrer- und anschliessend die Heiligenverehrung, gestützt auf die Arbeiten von Peter Brown, als entscheidendes Merkmal des ursprünglichen Christentums und als wichtigster Ausdruck von Frömmigkeit. Diese Sicht wird heute etwas relativiert; einen kurzen kritischen Überblick zu dieser Frage gibt: Duval 2004, S. 17-39, insbes. S. 18-21.

4 Jurot 1999, S. 131-141.

5 LMA, 1, 148 (mit Bibliographie) und 4, 2015.

6 LMA, 4, 2015.

7 *Vie* anonym um 1430, Verehrung 1629 bewilligt. ABP, VI, 1511, S. 39: Prozession.

8 Zum Beispiel: Hefele, V, S. 89, Nr. 42 (Synode von Aix-la-Chapelle, 789); 116, Nr. 42 (Synode von Frankfurt, 794); 170, Nr. 17 (Kapitular Karls des Grossen, 806).

9 Vauchez, 1994, S. 13-67; insbes. S. 24-25.

10 *Conciles œcuméniques* 1994, 2, 1, S. 561, Nr. 62.

11 LMA, 7, 1735-1736; Barnay 2004, S. 54.

12 *Conciles œcuméniques* 1994, 2, 2, Referenzen im Index, S. 2419; vgl. insbes. die Sitzung XXV, 3.-4. Dez. 1563 (S. 774-776).

13 Barnay 2004, S. 62-63; Verfahren beschrieben auf S. 75. Heilige, die zwar seit langem verehrt, aber nie mit einem regulären Verfahren heilig gesprochen wurden, werden einem Spezialverfahren unterzogen, dem so genannten Gleichrangigkeitsverfahren (ebd., 63). Das heutige Verfahren zur Heiligsprechung ist in der Apostolischen Konstitution *Divinus perfectionis magister* geregelt, die 1983 von Johannes Paul II. erlassen und in der Folge des *Kodex für kanonisches Recht* publiziert wurde.

JEAN-CLAUDE REBETEZ
ABLÄSSE: VON DER GEMEINSCHAFT DER HEILIGEN BIS ZUR HANDELSWARE - S. 116

1 «Indulgences», *The Catholic Encyclopedia*, New York, 1910, Bd. VII; «Ablass», LexMA, 1, Sp. 43-46; LThK, 1, Sp. 46-54.
2 Gervais Dumeige (Hg.), *La foi catholique. Textes doctrinaux du Magistère de l'Eglise, traduits et présentés par Gervais Dumeige*, Paris, 1961, S. 457-464.

3 Pater Roland Trauffer OP, Generalvikar der Diözese Basel, Text vom 8. März 1999 (Original Französisch) (www.bistum-basel. ch).
4 ABP, Ablass: III T6; Rechnungsbücher: ABP, III T 23.
5 Stundenbuch der Diözese Besançon, 15. Jh., Spezialsammlung; Ref. in Gamper Jurot 1999, S. 131-134, insbes. S. 133.

JEAN-CLAUDE REBETEZ
INSZENIERTE FRÖMMIGKEIT - S. 124

1 Zu Bischof Christoph von Utenheim, einem Freund von Erasmus, der zugleich seine geistliche und humanistische Verantwortung wahrnehmen wollte, vgl. *Biographisch-Bibliographisches Kirchenlexikon*, Bd. XII, 1997, Sp. 988-989.
2 *Statuta synodalia episcopatus Basiliensis*, AAEB, A104/1 (1503); allerdings waren nicht alle Exemplare mit diesem Bild ausgestattet.
3 Für die wertvollen Hinweise danke ich Professor François Boespflug von der Marc-Bloch-Universität Strassburg, Spezialist für religiöse Ikonographie.

4 Die Bildlegende bestätigt dies im Übrigen deutlich.
5 Natürlich kann die Darstellung nicht nur auf diese Weise gedeutet werden: Wie bei allen Abbildungen sind verschiedene Lesarten möglich. Maria Magdalena, reuige Sünderin, gemahnt beispielsweise auch an das irdische Wirken von Jesus und an die Bekehrungen, die er bewirkt.

JEAN-CLAUDE REBETEZ
WALLFAHRTEN - S. 126

1 Zu Pilgerreisen (ausser einem kleinen Überblick: Sigal 1971): Branthomme/Chélini 1982; Labande 2004.
2 Kapitular von Haito, cap. 18: Trouillat, 1, Nr. 50, S. 99-100; Basler Statuten von 1503, fol. 5.
3 Als Beispiel: Ein Hausangestellter und ein Koch des Bischofs Johann von Venningen (1458-1478) brechen im März 1466 bzw. im März 1467 zu einer Pilgerfahrt nach Santiago auf; der Bischof gibt ihnen vor ihrer Abreise ein Almosen (AAEB, Comptes de la cour 1458-1478, S. 312 und 341).

4 Barth 1948; Heider 1991, 1, S. 32-40 (bes. S. 33-34). Die Pilger kamen aus Nordeuropa, aus England und Schlesien. Wie die Reliquien von Thann verehrt wurden: Surgant 1502, l.2, cons. 18, fol. 102r-v.
5 Moosbrugger-Leu 1985; Tremp 2002.
6 Kurzer Forschungsüberblick: Vincent 2003.

MIREILLE OTHENIN-GIRARD
DIE JERUSALEMFAHRT DES HANS BERNHARD VON EPTINGEN - S. 128

1 Christ 1992.

FRANCIS RAPP
DIE MARIENWALLFAHRTEN IM OBERELSASS - S. 130

1 Statuts 1503, fol. IIII.
2 Das Werk von Joseph Lévy 1929 kommt auf eine grössere Anzahl; hier wurden nur jene einbezogen, bei denen die Frequentierung im Mittelalter bezeugt ist. Siehe auch Rapp 2003 (a).

3 Rapp 2003 (b); Lorentz/Rapp 2004.

JEAN-CLAUDE REBETEZ
DER HEILIGENHIMMEL DER BASLER DIÖZESE - S. 133

1 *Jura, Treize siècles*, S. 122-123 (gleicher Stich von 1779, Kalender von 1791); vgl. auch Ackermann 1999, S. 52-63.
2 *Kunstdenkmäler Basel-Stadt*, 2, S. 29-44; Pfaff 1963; Rebetez 2002a.
3 Stefan Weinfurter, *Heinrich II. Herrscher am Ende der Zeiten*, Regensburg, 1999, S. 11-13, 269-273.
4 Köstliche Darstellung in Walzer 1979, S. 38-84; vgl. auch Vautrey, *Histoire*, I, S. 23-29.
5 *Münsterschatz*, S. 64-67.
6 Jurot 1989, S. LXXIII.
7 Vautrey, *Histoire*, I, S. 36.
8 Walzer 1979, S. 349-355; HS I/1, S. 167.
9 Vgl. zum Fall von Besançon: Bernard de Vregille, *Hugues de Salins, Archevêque de Besançon (1031-1066)*, Besançon, 1981.

10 *Biographisch-Bibliographisches Kirchenlexikon*, Bd. IV, 1992, Sp. 1443-1448; *Nouveau dictionnaire de biographie alsacienne*, Nr. 23, Strassburg, 1994, S. 2296-2299.
11 Jean-Claude Rebetez, «Le diocèse de Bâle au milieu du XIᵉ siècle», in Vorb. in den *Actes du colloque international Léon IX et son temps*, organisiert in Strassburg vom 20.-22. Juni 2002 durch die Université Marc-Bloch.
12 Nicolas Gerung, *Chronica episcoporum Basiliensium*, in *Scriptores rerum Basiliensium minores*, Bd. 1, Basel, 1752, S. 322.
13 Christian Wilsdorf, «Morand, saint», *Dictionnaire de biographie alsacienne*, Heft 27, Strassburg, 1996, S. 2702, mit Bibliographie.
14 Jurot 1989, S. LXVIII; fehlt auch im Kalender des 1515 gedruckten Basler Messbuchs.

15 Marguerite Parayre-Kuntzel, *L'Eglise et la vie quotidienne au Moyen Age*, Strassburg, 1975, S. 43-44.

16 Jean Zimmermann, *Saint Morand du Sundgau, le saint – son sanctuaire*, [Lyon], 1981, S. 29-30.

17 Parayre-Kuntzel, op. cit. (Anm. 15), S. 28-43, bes. S. 30.

18 Zum Folgenden vgl.: Tremp 2002. Rebetez 2002a, Auberson 2002, mit Bibliographie.

19 Dieses Thema kehrt häufig wieder. Vgl. z.B. die 1706 und 1714 geschriebenen Bücher von einem Stiftsherrn von Moutier-Grandval, der damit den Germanus-Kult, der bei der Bevölkerung mangels wirksamer Wunder des Heiligen ein wenig in Vergessenheit geraten ist, «wieder in Mode bringen» will (der Stiftsherr rechtfertigt das Ausbleiben der Wunder mit dem Umstand, dass die Leute sich derer nicht würdig erweisen – ein immer wieder auftretendes Argument): Anonym, *La vie de s. Germain, et de s. Randoald, martyrs, et patrons de l'Insigne Eglise Collégiale de Moutier-Grandval. Ecrite par Bobolène, Prêtre et religieux du Monastère du même Lieu. Nouvellement traduite en françois*, 1706, s.l., und *Réflexions spirituelles sur la vie et les vertus des glorieux martyrs saint Germain et s. Randoald, patrons de l'insigne Eglise Collégiale de Moutier-Grandval*, Porrentruy, 1714 (in einen Band gebunden, MJAH).

20 Integration des Sankt-Randoaldus-Altars der Stiftskirche von Moutier-Grandval in den neuen Sankt-Oswald-Altar, 13. Juni 1361, (Trouillat, 4, Nr. 69, S. 177-178).

21 Zu zwei unterschiedlichen Sichtweisen: Moyse 1984, Tremp 2002.

22 Die *Vita* von Himerius wurde untersucht und publiziert von Marius Besson (Besson 1908), aber das Thema sollte wieder aufgegriffen werden; zur *Vita* von Ursicinus, vgl. Vregille.

23 Gerber 1928, bes. S. 30-31.

24 Etwa Exvotos, aber sie sind sehr spärlich und späteren Datums oder wurden zerstört; es seien hier auch die verschiedenen «Germanussteine» oder die Bäume erwähnt, die aus ihren Stöcken sprossen, wie in Saint-Ursanne.

25 Chèvre 1887, S. 291.

26 Vgl. Besson 1908.

27 Walzer 1979, mit Bibliographie.

28 Walzer 1979, S. 157 (nach Walzer befindet sich die Eiche bei der Kapelle auf Beridiai).

29 Visitation 1606, S. 211-212. Die Gebeine des Heiligen befinden sich in einem Behältnis aus Holz, sein Kopf ist in einem andern, bemalten Gehäuse auf dem Altar aufgestellt.

30 Walzer 1979, S. 239-240.

PIERRE-ALAIN MARIAUX
RELIQUIENVEREHRUNG UND DER KIRCHENSCHATZ VON MOUTIER-GRANDVAL - S. 145

1 Jean-Claude Rebetez, Konservator des Archivs des alten Bistums Basel, hat den Autor selbstlos mit seinem fundierten Wissen unterstützt; dafür gebührt ihm warmer Dank. Allfällige Irrtümer gehen natürlich zu Lasten des Autors.

2 Brief der Kirche von Smyrna an die Philippiner, XVIII.2, in *Die Apostolischen Väter*, gr.-deutsch, hrsg. und üb. A. Lindemann/ H. Paulsen, Tübingen, 1992.

3 *Historicum insignis ecclesiae collegiatae monasterii Grandis Vallis*, BiCJ.

4 Herrmann-Mascard 1975, S. 191.

5 Daucourt 1900, S. 15-16.

6 Auberson 2002, S. 305.

7 Tremp 2002.

8 Protokoll wiedergegeben in Tremp 2002, S. 279. Es werden nur Gebeine genannt.

9 Protokoll von Georges Belorsier, wiedergegeben in Tremp 2002, S. 280-281. Für die Offenbarung des heiligen Himerius am 17. Oktober 1490 siehe AAEB, B 187/1.

10 Vgl. den Beitrag von E. Helfenstein.

11 Zu den 1499 Moutier-Grandval gewährten Ablässen siehe Urkundio, II, S. 123-128; vgl. AAEB, A 55/12.

12 AAEB, A 55/3.

13 AAEB, A 55/3.

14 Bobolenus, Vita, cap. 12.

15 AAEB, A 55/12, verschiedene Dokumente.

16 AAEB, A 55/47.

17 Heute British Library, Handschrift Add. 10546.

18 AAEB, A 55/12, 1 Dokument.

19 Vgl. den Beitrag von R. Schorta.

20 Stückelberg 1905.

21 Vita sancti Himerii, S. 177. Gemäss Marius Besson ist die Erzählung dieser Reise eine Interpolation, «eine vollkommen phantastische Erfindung» (S. 95).

22 Frêne, *Journal*, Bd. III, 1685.

23 Stékoffer 1996.

24 Bobolenus, Vita, cap. 15. Tremp 2002 überinterpretiert, wenn er behauptet (S. 243), der Gürtel hänge im Chor gemeinsam mit anderen Erinnerungsstücken von Germanus, darunter der Krummstab.

25 In Wirklichkeit handelte es sich nicht mehr um den Kelch von Germanus.

REGULA SCHORTA
TEXTIL- UND LEDERRELIQUIEN AUS DER KIRCHE SAINT-MARCEL IN DELSBERG - S. 155

1 AAEB, A55/47, Register. – Ein von Trouillat, Bd. 1, S. 55, Anm. 1, dann von Quiquerez, 1866, S. 3-4 und anderen gedrucktes Reliquienverzeichnis angeblich von 1530 scheint nach Jean-Claude Rebetez nie existiert zu haben und am ehesten auf einer Quelle des ausgehenden 17./frühen 18. Jahrhunderts zu beruhen.

2 AAEB, A55/12, 1. Urkunde. Es handelt sich um einen Anhang an eine Abschrift der *Vita s. Germani*.

3 Zu Desiderius: *Passio Desiderii episcopi et Reginfridi diaconi martyrum Alsegaudensium*, ed. Wilhelm Levinson, *MGH SS rer Mer* 6 (1913), S. 55-63; AASS Septembris, Bd. 5, S. 788-792; LThK, III, Sp. 251 («Desiderius»; Andreas M. Burg).

4 Von Liebenau 1897, Anm. 2 auf S. 100; Stückelberg 1902, S. XLIII. Nach Luzern gelangten die Desiderius-Reliquien wohl, wie nach Moutier-Grandval, über Murbach. – Ob unter *caligula* Strumpf oder Schuh zu verstehen ist (das lateinische Wort lässt beide Übersetzungen zu), konnte bisher nicht nachgeprüft werden. Von Liebenau 1897, S. 103, spricht allerdings von einem *calceus*, Schuh, der das Gegenstück zu jenem in Delsberg sein soll.

5 Von Liebenau 1897, S. 108; Walzer 1979, S. 332 (mit verschiedenen Fehlern).

6 Braun 1907, S. 384-424, bes. S. 388-391, 398-399.

7 Schmedding 1978, Nr. 94, S. 96-99; Schorta 2001, Kat. Nr. 76-77, S. 220-222. Dort auch webtechnische Angaben zu den verschiedenen Stoffen.

8 Zu den Mustern der beiden Seidengewebe: Schorta 2001, S. 78-80, 136-137.

9 Schmedding 1978, Nr. 95, S. 99-100.

10 Zur Technik: Hald 1980, S. 285-312; Hansen 1990, S. 21-27. – Bei der Schlingenart der Germanus-Strümpfe handelt es sich gemäss der Notation nach Hansen um den Typ IV oouu/oouuu b2.

11 Schorta 2001, S. 179. Es handelt sich um das gleiche Muster wie dort Kat. Nr. 27, S. 144, 179-180. – Gemusterter Samit in Köper 1/2 S-Grat auf der Vorderseite. Kettverhältnis 2:1; Haupt- und Bindekette Seide, Z-Drehung, beigebraun; Stufung 1 Hauptkettfaden; ca. 32 Haupt- und 16 Bindekettfäden/cm. Schussfolge 1 Schuss I zu 1 Schuss II; jede zweite Passée mit umgekehrter Schussfolge (I-II-II-I). Schuss I und II Seide, ohne erkennbare Drehung, rot, dunkelgrün; Stufung 2 Passées; Dichte ca. 40 Passées/cm.

12 Schmedding 1978, Nr. 96, S. 100-101.

13 Zunächst wurden in Kettenstich und mit Z-gedrehter, weisser Seide die Musterkonturen gearbeitet, dann die Lederriemchen dazwischengelegt und mit rotem, ungedrehtem Seidenfaden in Leinwandbindung durchwoben, wobei dieser «Schuss»faden jeweils um die Kettenstich-Kontur verankert wurde. Nur die feinen Musterelemente auf den seitlichen Laschen sind in gewöhnlicher Anlegetechnik gearbeitet.

14 Schmedding 1978, Nr. 97, S. 101-102.

15 Laporte 1988, S. 102-113.

16 Heute vermutlich verschollen. – Braun 1907, S. 395-396; Laporte 1988, S. 113, Abb. 27bis B.

17 Ca. 34 cm langer Abschnitt einer Gewebebahn, ca. 48 cm breit, zu einem Paket von ca. 24 x 9,5 cm gefaltet. Es handelt sich um ein ungemustertes, weisses Halbseidengewebe in 5-bindigem Atlas mit Steigungszahl 3. Kette: Seide, sehr schwache S-Drehung, weiss, ca. 56 Kettfäden/cm. Schuss: Leinen, Z-Drehung, weiss, ca. 28 Einträge/cm. Webkanten in Köper 4/1 S-Grat; Seide, S-Drehung, von aussen nach innen 19 Kettfäden grün (die 7-9 äussersten Fäden doppelt), 15 Kettfäden rosa.

18 So schon Stückelberg 1892, S. 10.

19 Schlauchgewebe aus 48 Hanffäden, Zwirn S aus 2 Fäden Z-Drehung, ungebleicht, durchwebt in Leinwandbindung (an einer Stelle binden zwei Fäden parallel) mit einem Schussfaden des gleichen Materiales. Umfang ca. 3,2 cm, ca. 1 Schusseintrag pro cm.

20 *Vita Germani abbatis Grandivallensis auctore Boboleno presbytero*, ed. Bruno Krusch, *MGH SS rer Mer* 5 (1910), S. 25-40.

21 *Vita Germani*, S. 39-40.

22 ETH Zürich, Labor Nr. 30851; AMS-^{14}C Altersbestimmung (y BP): 850 ± 45; δ^{13}C [‰]: -26.5 ± 1.1; kalibriertes Alter [AD], 2δ-Bereich (Wahrscheinlichkeitsgrad 95%): 1040-1098 (16.3%), 1116-1141 (7.9%), 1152-1277 (75.8%).

23 Schleiergewebe 1: Leinwandbindung; Kette Seide, Z-Drehung, ungefärbt (gelblich), sehr fein, ca. 120 Kettfäden/cm; Schuss Seide, ohne erkennbare Drehung, ungefärbt (gelblich), sehr fein, ca. 15 Einträge/cm. – Schleiergewebe 2: Leinwandbindung (Crêpe); Kette und Schuss Seide, sehr starke Z-Drehung, ungefärbt (gräulich), fein; ca. 36-40 Kettfäden/cm, ca. 35 Einträge/cm.

EVA HELFENSTEIN
DAS BÜSTENRELIQUIAR DES HEILIGEN URSICINUS - S. 161

1 Ausstellungen: Kat. *Spätgotik am Oberrhein, Meisterwerke der Plastik und des Kunsthandwerks 1450-1530*, Karlsruhe, 1970, Nr. 228; Kat. *Jura, Treize siècles de civilisation chrétienne*, Delémont, 1981, S. 106/107; Kat. *Schätze der Basler Goldschmiedekunst 1400-1989: 700 Jahre E.E. Zunft zu Hausgenossen*, 4 Hefte, Basel, 1989, a2 Nr. 5.

2 SERVAVIT RENOVAVITQUE ALOYSIVS DE BILLIEUX HUJUS ECCLESIAE CUSTOS ET CANONICUS UNICUS SUPERSTES. MDCCCXV. Die Inschrift ist in kleinen Majuskeln auf der rückwärtigen Seite des Nimbus angebracht. Eine technologische Untersuchung der Büste steht noch aus, so dass die Tragweite des Eingriffes unklar bleibt. Unter «renovatio» kann im 19. Jh. sowohl eine oberflächliche Reinigung und Neuvergoldung wie auch eine komplette Erneuerung des Objektes gemeint sein. Es ist jedenfalls festzuhalten, dass die Büste für ihr Alter aussergewöhnlich gut erhalten ist.

3 Vgl. Tremp 2002, mit Edition des Protokolls der Graböffnung S. 279-281 sowie Angaben zur Korrektur der Datierung der Graböffnung, welche in der älteren Literatur mit 1505 angegeben wird, auf 1507.

4 «Indultum Leonis summi pontificis aperiendi sepulcrum s. Ursicini et reliquias includendi» etc. Nr. 10, Littera M (AAEB, A 112/1, Archivrepertorium, *Bullae summorum pontificum*). Beim genannten Papst kann es sich nur um Leo X. (1513-1521) handeln; Leo XI. amtierte während nur 26 Tagen im Jahr 1603. Ich danke Jean-Claude Rebetez für diese wertvollen Hinweise.

5 Man vergleiche z.B. das Büstenreliquiar des hl. Placidus in Chur (Konstanz, um 1480); Abb. in Kat. *Spätgotik am Oberrhein*, Nr. 225.

6 Vgl. Annie Kaufmann-Hagenbach, *Die Basler Plastik des fünfzehnten und frühen sechzehnten Jahrhunderts* (Basler Studien zur Kunstgeschichte, Bd. 10), Teildruck Diss. Basel, 1938, Basel, 1952, S. 40/41, welche gar an ein hölzernes Modell denkt.

7 Kat. *Sammeln in der Renaissance. Das Amerbach-Kabinett. Die Basler Goldschmiederisse*, Basel, 1991, Nr. 60/61.

8 Im Zeitraum von 1450-1530 sind in Basel rund 80 Goldschmiedemeister nachweisbar; vgl. Johann Michael Fritz, *Goldschmiedekunst der Gotik in Mitteleuropa*, München, 1982, S. 224; zur Ursicinus-Büste S. 284. Siehe auch Kat. *Schätze der Basler Goldschmiedekunst 1400-1989: 700 Jahre E.E. Zunft zu Hausgenossen*, Basel, 1989, Heft 3, mit Listen der Basler Goldschmiede.

9 Eine überwältigende Anzahl von spätgotischen Goldschmiedearbeiten im heutigen Jura wurde nachweislich in Basel hergestellt; vgl. das Vortragekreuz und die Monstranz von Jörg Schongauer (s. im nächsten Kapitel den Beitrag von M.-Cl. Berkemeier).

10 Die Büste gelangte nach der Aufhebung des Klosters 1848 in den Kunsthandel und tauchte 1851 an einer Auktion in Paris auf, aus deren Katalog die Lithographie stammt. Vgl. Dora Fanny Rittmeyer, «Von den Kirchenschätzen der Klöster St. Urban und Rathausen und ihren Irrfahrten», in: *Geschichtsfreund*, 93 (1938), S. 226-308, bes. S. 270-273; vgl. auch *Kunstdenkmäler der Schweiz* (KdM), Kanton Luzern, Bd. V, S. 413-421. Zum Vergleich der beiden Büsten siehe die Einträge in den Ausstellungskatalogen *Spätgotik am Oberrhein*, Nr. 228 und *Jura, Treize siècles*, S. 106/107.

11 Vgl. Emil Major, *Urs Graf. Ein Beitrag zur Geschichte der Goldschmiedekunst im 16. Jh.* (Studien zur deutschen Kunstgeschichte, Bd. 77), Diss. Basel, Strassburg, 1907, S. 111-123. Diese Information stammt aus einer schriftlichen Quelle des 17. Jh. aus St. Urban, es existiert keine Rückansicht der Büste.

12 Schweizerisches Landesmuseum, Zürich; British Museum, London. Siehe Emil Major, *Urs Graf. Ein Beitrag zur Geschichte der Goldschmiedekunst im 16. Jh.* (Studien zur deutschen Kunstgeschichte, Bd. 77), Diss. Basel, Strassburg 1907, S. 111-123; zu den Platten im Landesmuseum zuletzt Kat. *Silberschatz der Schweiz, Gold- und Silberschmiedekunst aus dem Schweizerischen Landesmuseum*, Karlsruhe, 2004, S. 44/45.

13 Kat. *Sammeln in der Renaissance. Das Amerbach-Kabinett. Die Basler Goldschmiederisse*, Basel, 1991, Nr. 32.

LAURENT AUBERSON
HEILIGE UND RAUBTIERE: EIN VOLKSKUNDLICHES ELEMENT DER HAGIOGRAPHIE - S. 165

1 Für die allgemeine Bibliographie sei auf den Beitrag von J.-Cl. Rebetez weiter oben verwiesen («Der Heiligenhimmel der Basler Diözese»).
2 Walzer 1979, S. 164.
3 Reinle 1989, S. 420-423.
4 Lapaire 1960, S. 155-159.
5 Vgl. insbes. die Aufsatzsammlung von Jacques Berlioz und Marie Anne Polo de Beaulieu (Hgg.), *L'animal exemplaire au Moyen Age, V^e-XVe siècles*, Rennes, 1999.

JEAN-CLAUDE REBETEZ
PFARREIEN, PATRONATSHERREN UND PRIESTER - S. 170

1 Prongué 2000, S. 215-228. Für das Frühmittelalter vgl. Kapitel 1.
2 Weissen 1994, S. 192-193.
3 Vgl. weiter unten den Beitrag von B. Degler-Spengler.
4 ULB, II, 2, S. 1058, Nr. 903.
5 Pégeot 1982, S. 143, 232-233, 295; Pégeot 1984, S. 41; Bairoch 1988, S. 67; vgl. auch Prongué 2002, S. 449-450.
6 Pégeot 1982, S. 299; zudem werden zwei nahe gelegene Dörfer, Cœuve und Courchavon, der Pfarrei Pruntrut zugeteilt.
7 Trouillat, 5, S. 81-82, nach dem *Liber Marcarum*.
8 AAEB, B 133/9, 1343.
9 Wackernagel 1957, S. 58.
10 ABLN, T 26a, S. 23.
11 Trouillat, 5, Nr. 97, S. 197-198.
12 Vgl. weiter unten den Beitrag von J.-P. Prongué, «Unterschiedliche Sitten und Gebräuche beim Pfarrklerus im 15. Jahrhundert».
13 Binz 1973, S. 496.
14 AAEB, A 85/33, Heft [1483], insbes. S. 4-8; Trouillat, 5, Nr. 198, S. 574 ff. gibt nur eine partielle Edition; vgl. auch die bischöflichen Statuten von Johann von Fleckenstein, um 1434, *Liber Marcarum*, S. 78; Trouillat 5, Nr. 99, S. 318-319.
15 Trouillat, 4, S. 772-773; vgl. auch Binz 1973, S. 338-358, insbes. S. 352-353.
16 Bücking 1971.
17 Binz 1973, S. 355.
18 Surgant: vgl. Konzili 1975-1977; Roth 1956.
19 ABLN, T 26a; zu Graumeister: Leisibach 1977 und Krieg 1935.
20 ABLN; es gibt auf jeden Fall eine Handschrift in der Universitätsbibliothek von Freiburg (Leisibach 1977) und vielleicht weitere anderswo.
21 *Trésors du patrimoine*, S. 40-43 und Jurot 1999b, S. 16-18.

JEAN-PAUL PRONGUÉ
UNTERSCHIEDLICHE SITTEN UND GEBRÄUCHE BEIM PFARRKLERUS IM 15. JAHRHUNDERT - S. 177

1 Vgl. insbesondere Pégeot/Prongué 1989; Prongué 2000, S. 242-271.

JEAN-PAUL PRONGUÉ
DIE *FABRICA ECCLESIAE* VON PRUNTRUT VON 1473 BIS 1524 - S. 180

1 Zur Kirchenfabrik von Pruntrut vgl. Pégeot 2002, der für diesen Artikel äusserst dienlich war.
2 ABP, VI 135-139, VI 158-161.
3 Zum kleinen Kreis der gebildeten Geistlichen zu Beginn des 16. Jh. vgl. Pégeot 2002, S. 340 und Jurot 1999b, S. 16, Nr. 24.
4 ABP, VI 159-160.
5 Die genannten Beträge werden immer in Basler Währung angegeben. Ein Pfund hat 20 Schilling und ein Schilling 12 Pfennige. Ein Goldtaler entsprach damals rund 25 Basler Schillingen.
6 Altes Hohlmass mit einem Volumen von 0,25 bis 0,5 Liter.
7 Vgl. den Beitrag von M.-Cl. Berkemeier, «Zwei Meisterwerke von Jörg Schongauer».
8 Vgl. den Beitrag von J.-Cl. Rebetez, «Die Aussätzigen».
9 Bannwart = Feldhüter.

JEAN-CLAUDE REBETEZ
MESSE UND EUCHARISTIE - 188

1 Vgl. den Aufsatz von M.-Cl. Berkemeier weiter unten.
2 Lubac 1949 und Rubin 1992; eine gute Zusammenfassung findet sich in Baschet 2004, S. 339-346.
3 Beim letzten gemeinsamen Mahl fordert Jesus seine Jünger auf, dieses Mahl in seinem Angedenken zu wiederholen: z.B. Lukas, 22,19-20.
4 Denzinger 1996, 690; diese Auffassung ging ins Kanonische Recht ein (Gratian, *Decretum*, III, Dist. II, C; XLII).
5 Baschet 2004, S. 341; in der Literatur gibt es unzählige Geschichten, die um die Hostien kreisen.
6 Vgl. Toussaert 1963, S. 192 (Verbot der Kommunion nach sexueller Aktivität).
7 AAEB, *Liber marcarum* (Cod. 326), Bl. 12, Art. 112; andere Version: AAEB, A 104/1a, 1. Heft, S. 13.
8 ABP, Rechnungsbücher der Kirchenfabrik, passim, z.B. ABP VI/159.
9 AAEB, *Liber marcarum*, fol. 6, Art. 88-100; solche Bestimmungen gibt es in allen Diözesen; sie sind nicht spezifisch für Basel.
10 Hefele 1873, Bd. IX, S. 96 (um 1280).

11 1296 in Saint-Ursanne eingeführt (Trouillat, 3, S. 677; in Basel um die gleiche Zeit: Bloesch 1975, 1, S. 250). Im Jahr 1416/1417 nennen in der Diözese Lausanne 85% der Pfarreienritualien Fronleichnam; 1453 beinahe 100%, vgl. Visite 1453, S. 13. Ein Beispiel für die Prunkentfaltung anlässlich dieses Festtags in Basel: Hieronymus 1938, S. 218-225; zu Fronleichnam gewährte Ablässe: Statuten 1503, fol. VI, lit. E.

12 *Liber marcarum*, fol. 7, Art. 113-114; Statuten 1503, fol. VIIv.

13 Hieronymus 1938, S. 480-484.

14 AAEB, A 55/12, 18. August 1503.

15 Quiquerez 1982, S. 255-256; Visite 1606, S. 190.

16 J.H. Emminghaus, «Altar», LMA, 1, 1999, Sp. 461-464. Die Einsetzungszeremonie für einen tragbaren Altar ist im Pontifikale des Erzbischofs von Besançon, Charles de Neufchâtel (1463-1498), beschrieben; BiCJ, ms. 10, fol. 156v-172r; aufgenommen und erweitert von Guillaume Durand (Gamper/Jurot 1999, S. 71).

17 Bei seinen Besuchen der Kirchen der Ajoie im Jahr 1606 verlangte der Vertreter des Erzbischofs von Besançon häufig die Anbringung eines fixen Tabernakels auf dem Altar (Visite 1606, z.B. Courchavon, S. 201 oder Courgenay, S. 203); im Gegensatz dazu sehen die Basler Statuten Ende des 16. Jh. weiterhin die Verwendung des herkömmlichen Wandtabernakels vor (Statuten 1583, S. 146).

MARIE-CLAIRE BERKEMEIER
ZWEI MEISTERWERKE VON JÖRG SCHONGAUER - S. 194

1 ABP, E III 8.

2 Maurer 1961, S. 351.

3 ABP, VI 159, S. 55; Bezahlung am Folgetag und Rest im November (ebd., E III 8). Der Vertrag sah den 24. Juni als Abgabetermin vor: Schongauer hatte also einen Monat Verspätung.

4 1 Mark = ½ Pfund = 234,29 g (Basler Silbergewicht: 10 Mark = 2,343 kg). Das Gewicht ohne Fuss betrug schliesslich 10 Mark 3 Unzen (ABP, VI 159, S. 55).

5 Zur Goldschmiedetechnik vgl. Sauter 2001.

6 In jeder Kapsel steht auf einem Zettelchen *(schedula)* der Name des Heiligen geschrieben, von dem die Reliquie stammt. Die Schrift *«[s] albuini ep[s]»* auf dem Zettel an einem runden Päckchen, das vielleicht einen Zahn enthält, datiert aus dem 15. Jh., und das bestickte Täschchen (4 x 3,5 cm), in dem es steckt, stammt aus dem 14. oder 15. Jh. Die Schrift *«stae iucundinae»* datiert vermutlich aus dem 17. Jh.; diese Reliquie ist vom gleichen roten Stoff umhüllt wie der Rand des Deckels, der durch das Glas der Kapsel sichtbar ist.

7 Amweg 1941, S. 95 zitiert die Namen der Heiligen, von denen die beiden Reliquien in den Kapseln stammen, und fügt hinzu, dass die Medaillons mit den Heiligen Germanus und Petrus oben und unten auf dem Kreuz auch welche enthielten. Dies ist nicht möglich, da diese Medaillons direkt auf dem Kreuz angebracht sind.

8 ABP, VI/160, S. 17, 24, 25. Der erste Fuss des Kreuzes war vielleicht der vier Pfund schwere Zinnfuss, der von einem Handwerksmeister aus Pruntrut, Jean le Clochetier, für die bescheidene Summe von 12 Schillingen angefertigt worden war (ABP, VI 159, S. 56); diese Lösung konnte nur eine provisorische sein. Ich danke Jean-Claude Rebetez dafür, dass er mich auf diese Quelle hingewiesen hat.

9 Kupferstichkabinett des Kunstmuseums Basel, Inv.Nr. U.XIII.94 und U.XIII.95. Falk 1979 Nr. 542 und 543 und Abb.

10 Kupferstichkabinett des Kunstmuseums Basel, Inv.Nr. U.XIII.50 und U.XII.22; Falk 1979 Nr. 544 und 546 und Abb.

11 Die alte Bezeichnung «Monstranz von Murten» ist irreführend. Weder Hans Rutenzwigs Monstranz von 1477 noch diejenige von Schongauer aus dem Jahr 1487 wurden aus der Burgunderbeute finanziert.

18 Visite 1453, 1, S. 12, und 2, passim. Zu bemerken ist dabei, dass in der Stiftskirche von Saint-Imier (die von der Pfarrkirche zu unterscheiden ist, die nur 1453 besucht wurde) die Eucharistie-Reserve im Jahr 1461 offenbar auf den Hauptaltar platziert wurde (AAEB, B 181/1a, sub dato, Zeile 28), aber 1493 liessen die Chorherren einen «Schrank zur Aufbewahrung der Sakramente hinter dem Grab des Hl. Himerius» anfertigen, der sich hinter dem grossen Altar befand (AAEB, B 187/1a, grosser Band, S. 50).

19 *Liturgia* 1947, S. 224. Visite 1453, 2, S. 183: in Saint-Imier muss die *piscina* ausgebessert und mit einem Becken und einem Tuch versehen werden.

20 Ebd., 1, S. 13; jener der Kirche von Pieterlen muss neu gemacht werden und enthält die *piscina* (ebd., 2, S. 124).

21 Ebd., 1, S. 10-13.

12 ABP, E III 8, 31. Juli 1487. Der Vertrag ist ediert bei Rais/Reinhardt 1946 und Rais 1962. Die Abrechnungen im Zusammenhang mit dem Diebstahl sind aufbewahrt in ABP, VI 159, S. 51-54.

13 Der Vertrag vom 12. März 1477 ist ediert bei Trouillat, 5, S. 524, Nr. 179 (er ist seither verschwunden). Rechnungen: ABP, VI 159, 1477 und 1479.

14 Nach Martin Sauter, Restaurator der Edelmetallobjekte im Historischen Museum Basel, setzt sich die Monstranz aus 25 auseinander zu nehmenden Einzelteilen zusammen.

15 1 Mark = ½ Pfund = 234,29 g (Basler Silbergewicht). Die Monstranz von Schongauer wog schliesslich 15 Mark, 11 Lot und 1 Quintlein (ohne Glas) = 3 kg 679 g. Heute wiegt sie 4 kg 474 g mit dem Glas und einem neuen Fuss, der offensichtlich schwerer ist als der frühere.

16 Für die Vergoldungen: 1 Dukat; für das Glas (sehr wahrscheinlich aus Kristall): 1 Gulden.

17 ABP, E III 8; Lieferung am Vorabend von Fronleichnam 1488 (4. Juni 1488).

18 Unter dem Fuss eingraviert: *«Pied Renouvellé l'An 1763»* (Fuss erneuert im Jahr 1763). Vgl. Amweg 1941, S. 92, Foto der Monstranz mit barockem Fuss und Strahlenkranz; S. 93 Foto der Monstranz ohne Strahlenkranz und mit dem neuen Fuss.

19 Gemäss Inventarkarte des Musée de l'Hôtel-Dieu. Foto vgl. Anm. 18.

20 Die Nr. 39 des *Journal du Jura* (25.9.1830) zeigt die Verhaftung des Diebs an. Im *Almanach catholique du Jura,* 1932 (S. 119-122), erzählt ein Artikel von Gustave Amweg den Diebstahl: *«Un sacrilège à l'église Saint-Pierre de Porrentruy, il y a un siècle»* (Freveltat in der Kirche Saint-Pierre in Pruntrut vor einem Jahrhundert).

21 Amweg schreibt – zu Unrecht –, der Fuss sei zu diesem Zeitpunkt neu gemacht worden.

22 Kleine Monstranz, Basel 1493; Strahlenkranz Ende 17. Jh.; Silber, teilweise vergoldet; Höhe 60 cm, Musée de l'Hôtel-Dieu, Inv.Nr. 197. Nur belegt durch eine Notiz in den Rechnungsbüchern, die beweist, dass sie in Basel angefertigt und 1493 geliefert wurde (ABP, Aufträge der Kirchenfabrik VI 159, S. 74); in Anbetracht der früheren Aufträge für Pruntrut und des Stils der Monstranz ist die Urheberschaft Jörg Schongauers sehr wahrscheinlich.

23 HMB, Inv.Nr. 1955.330., um 1490 (Basler Münsterschatz).
24 HMB, Inv.Nr. 1882.80., um 1490 (Basler Münsterschatz).

25 Kemperdick 2004 (die jüngste, auf Quellenforschungen beruhende Publikation über die Familie Schongauer).

JEAN-CLAUDE REBETEZ
DER KALENDER UND DIE CHRISTLICHE PRÄGUNG - S. 206

1 Bernard Merdrignac, André Chédeville, *Les sciences annexes en histoire du Moyen Age*, Rennes, 1998, S. 17-45, insbes. S. 27-33.
2 In Pruntrut, wo man zwar dem Osterstil folgt, wird dennoch der 1. Januar «erster Tag des Jahres» genannt, an dem besondere Festlichkeiten stattfinden (Beispiel: ABP, III T 23, S. 1258, Umzug mit den Fahnen der Stadtknechte am 1. Januar 1526; vgl. auch die Seitenwand des Chorgestühls von Basel, die in Bezugnahme auf die Beschneidung Christi ein Jesuskind darstellt mit der Aufschrift «gut selig jor»).

JEAN-CLAUDE REBETEZ
DIE FESTE DES KIRCHENJAHRS - S. 210

1 Gilles Dorival, Jean-Paul Boyer (Hg.), *La nativité et le temps de Noël. Antiquité et Moyen Age*, Aix-en-Provence, 2003, S. 9.
2 AAEB, A 85/33, Statuta curie Basiliensis, 1483, S. 8.
3 Zum Kirchenjahr und zum liturgischen Kreis: Mgr A.-G. Martimort (Hg.), *L'Eglise en Prière*, Bd. 4: *La liturgie et le temps*, Paris, 1984; M. Metzger, «Année, ou bien cycle liturgique?», in *Revue des Sciences religieuses* 67, 1993, S. 85-96.
4 Zum Beispiel: AAEB, A 104/1a, Heft, Statuten aus dem 14. Jh., fol. 21v.
5 ABLN, T 22, fol. 2.
6 ABP, VI 159, 1473, S. 10 (Barfüsser aus dem Kloster Rougemont).
7 ABP, VI 159, 1504, S. 47.
8 Ebd., passim, z.B.: erstes Heft, S. 10 (11. Januar 1474, N.S.).
9 Z.B.: Weihnachtstag 1482 (ABP VI 46, 1482, S. 17).
10 Z.B: 1482-1483 (ebd., 1482, S. 21-22) oder 1503-1504, (ABP VI 47, S. 1-2). Ab 1507 wird die Abrechnung nicht mehr allen Burgern vorgelegt, aber auf das Bankett wird nicht verzichtet… (ebd., S. 146).
11 ABP, III T 23, passim.
12 Ebd., S. 1258-1259 (1525-1526) oder 1090-1091 (1519-1520): fahrende Sänger und Angaben zu den Speisen.
13 ABP, III SM 23, Abrechnung von 1486-1487, fol. 37; ABP, VI 47, S. 2-3; ABP VI 46, 1483, S. 22 und 1496, S. 2; VI 47, S. 437-438.
14 ABP, VI 47, S. 437-438; 473.
15 ABP, VI 46, 1487, S. 97 und 101, III SM 23, 1486/1487, f. 38v.
16 *Bildersturm*, S. 224-225, mit Bibliographie; Hieronimus 1938, S. 141.
17 Hieronimus 1938, S. 141.
18 ABP, VI 159, passim.; ebd., 1490, S. 3 und 1503, S. 27 und 30.
19 Zu den gängigen Praktiken vgl. Hieronimus 1938, *Bildersturm*, S. 218-241.
20 Hieronimus 1938, S. 152-155 (insbes. 152).
21 Sébastien Gaudelus, *Les offices des Ténèbres en France. 1650-1790*, Paris, 2005.

22 *Bildersturm*, S. 219; Hieronimus 1938, S. 166-170; Beispiel aus einer Pfarrei: ABLN, T 26b, fol. 23.
23 ABP, VI 136 passim (Einnahmen der Kirchenfabrik).
24 ABP, VI 160, 1514, S. 5 und 7, 1519, S. 36.
25 *Conciles œcuméniques* 1994, Bd. 2, 1, S. 566-567 (Art. 68); AAEB, A 104/2 (eine Abhandlung zum Umgang mit den Juden), S. 101.
26 *Bildersturm*, S. 218-243; Rapp 1974 (vgl. zum Beispiel Geiler von Kaisersberg, Angabe im Register).
27 Leisibach 1977, S. 193.
28 ABP, VI 160, 1509, S. 13; Pégeot 2002, S. 345.
29 Jäggi 1999, S. 24-25.
30 Statuten von 1503, fol. IV; vgl. auch Konzili 1976.
31 ABP, VI 159, 1492, S. 49; 1493, S. 70 und 73.
32 Ebd., 1499, S. 20-26.
33 Hieronimus 1938, S. 218-225.
34 ABP, VI 46, 1492, fol. 34.
35 Ebd., passim, insbes. 1488, fol. 2; 1501, fol. 89.
36 Jurot 1999a, S. 438.
37 ABP, III E 8, Bewilligung des Erzbischofs, diese Reliquien zu zerschneiden, 1459, 12. Februar (N.S.).
38 ABP, VI 159, 1502, S. 22.
39 ABP, VI 136, passim (unpaginierte Hefte); vgl. z.B. die Jahre 1473, 1488 und 1509.
40 Weitere allgemeine Jahrestagsmessen werden in Pruntrut zelebriert: der Tag nach Mariä Lichtmess; für die Mitglieder der von der Weberzunft unterstützten Bruderschaft die allgemeine Jahrestagsmesse im Spital (ABP, Rechnungsbücher des Spitals, passim) usw.
41 ABP, VI 160, 1509, S. 30.
42 ABP, VI 159, 1473, S. 19; 1474, S. 20 usw.
43 ABP, III T 23, S. 1115.
44 Ebd., passim, z.B. S. 999, 1090 oder 1116.
45 Vgl. etwa die Bestimmungen des Basler Konzils oder die Statuten von 1503.

YANN DAHHAOUI
DER «KINDERBISCHOF»: EIN KNABE AN DER SPITZE DER KIRCHE! - S. 220

1 Zum Thema allgemein, s. Taddei 1991, Mezger 1990, Grinberg 1993, Humphrey 2001, Dahhaoui 2005.

2 ABP, VI 46, 1492, S. 45 (freundliche Mitteilung von Jean-Claude Rebetez).

DOMINIK WUNDERLIN
SPUREN EINES SPÄTMITTELALTERLICHEN FASTNACHTGESCHEHENS - S. 222

1 Nachfolgende Zusammenfassung der Fastnachtsforschung folgt teilweise: Andreas C. Bimmer: «Brauchforschung», in Rolf W. Brednich, Hg., *Grundriss der Volkskunde*, Berlin, 2. Aufl. 1994, 375 ff.; sowie: Hermann Bausinger, «Etappen der Fastnachtsforschung», in *Zur Geschichte der organisierten Fastnacht*, hg. von der Vereinigung Schwäbisch-Alemannischer Narrenzünfte. Vöhrenbach, 1999, S. 145 ff.
2 Bausinger (wie Anm. 1), S. 148 f.
3 Mezger 1999, S. 8.
4 Marti Laurence 1998.
5 Lovis 1991, S. 181.
6 Zimmer 2005, S. 25; vgl. auch: Trouillat 4, S. 43, Nr. 14; S. 217, Nr. 93; S. 218, Nr. 94.
7 Bruckner, Beschreibung, 3. Stück (1749), S. 204.
8 Mezger 1991, S. 17.
9 Zimmer 2005, S. 26.
10 Strübin 1991, S.69 ff.
11 StABS Mandate (Biblioth. Bf 1).

12 Eduard Hoffmann-Krayer, *Kleine Schriften zur Volkskunde*, hg. von Paul Geiger, Basel, 1946, S. 42.
13 Zimmer 2005, S. 67.
14 Ebd., S. 47.
15 Zu den im mittelalterlichen Basel bekannten Maskentypen vgl. Zimmer 2005, S. 29 ff.
16 Dominik Wunderlin, «Feuerzauber in der Regio», in Wunderlin 2005, S. 125 ff.
17 Hans Trümpy, «Fastnachtsfeuer im alten Basel», in *Schweizer Volkskunde*, 57, 1967, S. 28.
18 Arthur Daucourt, «Traditions populaires jurassiennes», in *Schweizerisches Archiv für Volkskunde* 7, 1903, S. 180.
19 Ebd.
20 AAEB B 225/1 Nr. 56 B. – Vgl. ausserdem: Theodor Bühler, «Die Mandate der Basler Fürstbischöfe als volkskundliche Quelle», in *Schweizerisches Archiv für Volkskunde* 64, 1968, S. 135 ff.
21 Mezger 1999, S. 107.

JEAN-CLAUDE REBETEZ
VON DER GEBURT BIS ZUM TODE: DIE SAKRALISIERUNG DER LEBENSÜBERGÄNGE - S. 227

1 Laut dem hl. Augustin kommt das Kind in die Hölle. Im 12. Jh. wird jedoch die Vorhölle «erfunden», denn die Vorstellung der Verdammnis eines unschuldigen Wesens verletzt die Empfindung der Menschen.
2 Die Übersetzung der Formel «Ego baptizo te in nomine patris et filii et spiritus sancti, amen» muss ihnen vom Priester beigebracht werden (Basler Synodalstatuten aus dem 14 Jh., AAEB, A 104/1a, Heft, fol. 9v; Denis Brun, *Les statuts synodaux du diocèse de Besançon au Moyen Age (1281-1481)*, Magisterarbeit Univ. Besançon, 1979, S. 226-231, insbes. S. 231).
3 Vgl. unter anderem das Pontifikale von Erzbischof Charles de Neufchâtel (Hs. 10, BiCJ, fol. 42v-43r) oder das *Manuale* von Lausanne (ABLN, T 10, fol. 13r), beide Ende des 15. Jh.
4 AAEB, A 104/1a, Heft, fol. 10; zu den Abgaben für Wöchnerinnen und deren Aussegnung: Pfarreiregister von Pruntrut (Trouillat 5, mit Datum von 1404, A.S., Nr. 37, S. 200) oder von Vermes (AAEB, A 27/23, 1554, 25. März).
5 Vgl. insbes. Gutscher et al. 1999.
6 Pégeot 1984.
7 Archives de la République et Canton du Jura, Register, S. 86.
8 Ebd., S. 7.
9 Diese Angaben zu den Vornamen sind vorläufig; eine Studie des Verfassers zu diesem Thema ist in Vorbereitung.
10 Brun 1979 (wie Anm. 2), S. 234-235.
11 Ebd.

12 Z.B.: AAEB, A 104/1a, Heft, Statuten des 14. Jh., fol. 19-19v.
13 Ebd., fol. 10v.
14 ABP, VI 159 und 160 (1478, 1488 und 1495).
15 AAEB, unter anderem: A 104/2, Text zu den Visitationen im Sundgau, um 1452; A 109a/14, Formular von 1493 und um 1500; vgl. auch die Übersetzung des Formulars bei Surgant (Pfleger 1936, S. 464).
16 Surgant 1503, vgl. Konzili 1976, S. 310-334; zur Heirat im Allgemeinen: Jean-Claude Bologne, *Histoire du mariage en Occident*, Paris, 1995.
17 Brun 1979 (wie Anm. 2), S. 280; Statuts 1503, fol. XI.
18 ABP, VI 159 und 160.
19 Das Zeremoniell kann variieren, vgl. z.B. das *Manuale* von Lausanne vom Ende des 15. Jh. (ABLN, T 10, S. 55).
20 Trouillat 5, Nr. 37, S. 199.
21 Z.B.: Statuts 1503, fol. XXII.
22 Eine aussergewöhnliche Beschreibung eines Todeskampfes in Prongué 2000, S. 280-282.
23 Brun 1979 (wie Anm. 2), S. 287-291; AAEB, A 104/1a, Heft, Statuten des 14. Jh., fol. 20-20v.
24 Surgant, Ausgabe von 1520, fol. 77.
25 Ein Beispiel in Pruntrut: ABP, VI 159, 1493, S. 73: zwei bemalte Holzkreuze, die vor dem Verstorbenen her getragen werden.
26 Prongué 2000, S. 278.

JEAN-CLAUDE REBETEZ
DIE PFLICHTEN DES GUTEN CHRISTEN - S. 234

1 Liste der obligatorischen Bücher in den Statuten von 1503 (fol. 20v); Beispiel eines Buchs aus dem Besitz eines Priesters (der Stiftsherr von Saint-Imier, Nicolas Raguet, Pfarrer von Dombresson): drei Abhandlungen über die Beichte, gedruckt am Ende des 15. Jh. und zusammengebunden (BiCJ, Ink. 28; Jurot 2000, Nr. 9, 64, 200).
2 Statuten von 1503; zum Einfluss von Wimpfeling, vgl. Rapp 1974, S. 160-169 (bes. S. 162-163).

3 Jacqueline Baumeler, *Aspects de la sorcellerie dans les Franches-Montagnes et à Saint-Ursanne au XVIe siècle*, Liz. Universität Neuenburg, 1986, Bd. 2, S. 53.
4 Statuten von 1503, bes. fol. 5 und 6.
5 Alle Städte sind betroffen; für die Dörfer vgl. z.B. Sissach im Jahr 1479 (Jäggi 1999, S. 23).
6 Vautrey, *Notices*, Bd. III, S. 3.
7 Zu den Stundenbüchern: Peter Jezler (Hg.), *Himmel, Hölle, Fegefeuer. Das Jenseits im Mittelalter*, Zürich, 1994, S. 91-101.

8 AAEB, A74/6, 22. August 1509.
9 Vautrey, *Notices*, Bd. III, S. 3-4; ABP, III T 23, passim; Abrechnung über die Ablässe ab 1500 (S. 609, 614).
10 Christine Baralis, «L'évolution du nombre des jours fériés dans la province ecclésiastique de Sens à la fin du Moyen Age», in Vorb. in *den Actes du 129ᵉ Congrès des Sociétés historiques et scientifiques* (CTHS), abgehalten in Besançon 2004.
11 «Fasten», LexMA, 3, S. 304-307, bes. 306.
12 Dorothee Rippmann, «Das tägliche Brot und der Festbraten», *Nah dran,* 2. S. 71-82, bes. S. 72-73.
13 Privileg von 1463: Wirz 1912, 2, S. 109; Buttergebühr: AAEB, A 85/40 (1464-1465); A 58/1.

JEAN-CLAUDE REBETEZ
DIE AUSSÄTZIGEN - S. 242

1 Tabuteau 2000; Brocard 1998; Touati/Bériac 1998; Straub 1988; Sutter 1996; Borradori 1992; Rippmann 2001.
2 Vgl. auch das Gleichnis vom reichen Mann und vom armen Lazarus, dem Leprösen, der im Totenreich von Abraham aufgenommen wird (Lk 16,19-31). Im Verlauf des Mittelalters ergab sich eine Vermischung zwischen Lazarus dem Aussätzigen (oben) und Lazarus, dem Bruder von Martha und Maria, der an einer unbestimmten Krankheit stirbt und von Jesus wieder zum Leben erweckt wird (Joh 11,1-44). Es ist dieser Letztere, der von der katholischen Kirche heilig gesprochen wurde.
3 Morard 1981; zum Reglement von Besançon, Brocard 1998.
4 ABP, Rechnungsbücher der Kirchenfabrik, VI 159-160.
5 Beispiel: ABP, VI 178, S. 122, 168 und 215: vier Aussätzige zur Fastenzeit 1518, fünf an Lichtmess 1522 (N.S.), zwei (schwer kranke) 1524. Wir danken Nicole Brocard für ihre Informationen zu Besançon.
6 Doch der Argwohn ist weiterhin vorhanden: Am 25. Mai 1574 untersuchen vier Chirurgen vier Verdächtige, aber keiner von ihnen hat die Lepra (ABP, VI 178, S. 710).
7 Vautrey, *Notices* II, S. 313-317, bes. S. 317.
8 Instruktionen aus dem Ende des 15. Jh. z.Hd. der Dekane für die Pfarreivisitationen: AAEB, A 104/2, Heft um 1542, Einzelblatt; für das Dekanat des Salsgaus: AAEB, A 109⁴/14; Kirchenrodel: z.B. AAEB, A 27/1 (Freiberge).
9 Insbes. 3. Mose 13,44-45; 3. Mose 14,2-3.
10 ABP, VI 159, 1477, S. 79-81.
11 Ebd., 1490, S. 9; 1491, S. 27, S. 41-42; 1492, S. 44 (Jehan Henri d'Ocourt, als gesund anerkannt und für seine Kosten entschädigt).
12 Vgl. z.B. die Basler Synodalstatuten: AAEB.
13 Isolierungsreglement für die Leprösen von Besançon, Archives départementales du Doubs, G 49 (Hinweis von Nicole Brocard).
14 Prongué 2000, S. 280.
15 Das ist in Basel der Fall oder in Besançon (wo der Kirchendienst des Leprosoriums von einem Pfarrer und einem assistierenden Kleriker versehen wird, Bibliothèque municipale de Besançon, ms. M 1046); in Leprosorien können auch Zeremonien stattfinden, die auch von den Gesunden sehr gut besucht werden: Tabuteau 2000.
16 ABP, VI 159, 1486, S. 36 und 40; 1564 wird dieses Häuschen wieder in Stand gestellt.
17 Kommunion an Fronleichnam ab 1517 jedenfalls (ABP, VI 178, S. 99). Die grosse Mehrheit der Gläubigen geht nur einmal jährlich zur Kommunion.
18 Beispiel: ABP, VI 136, 1481 und 1490 (Cuenat der Kranke und Bourcard Chapoutot).
19 ABP, VI 178, S. 183.
20 Prongué 2000, S. 279-280.

14 *L'encadrement religieux des fidèles au Moyen Age jusqu'au concile de Trente. 109ᵉ Congrès national des sociétés savantes, Dijon, 1984,* I, Paris, 1985, insbes.: Nicole Lemaître, «L'éducation de la foi dans les paroisses du XVIᵉ siècle», S. 429-440.
15 Pfaff 2002, S. 320-322.
16 AAEB, A 109/14.
17 Rapp 1974, S. 165-166.

21 Zum Siechenhaus von Delsberg: Daucourt 1900, S. 73-74.
22 ABP, Urkunde (1454, 14. Juni).
23 Borradori 1992, S. 16.
24 ABP, VI 178.
25 Ebd., S. 712: positiver Saldo von 745 Pfund 19 Schilling 10 Pfennig im Jahr 1574!
26 ABP, VI 136: 1477 (Courgenay), 1479 (unbekannter Ort), 1480 (Bonfol). Dagegen haben wir von 1473-1492 keinen Hinweis auf die Bezahlung einer Aufnahmegebühr durch die Bewohner von Pruntrut gefunden.
27 ABP, Abrechnungen des Spitals, 1500, S. 90; im gleichen Jahr wird ein Paar für 50 Pfund aufgenommen (ebd.).
28 ABP, VI 159, 1504, S. 38-40: Maurerarbeit für Fenster; Bsp. für die Ziegel: ebd., 1482, S. 124 ff.
29 ABP VI 178, S. 2 (1510), S. 13? (1511), S. 14 (1511), S. 117 (1518), S. 162 (1521, drei Frauen).
30 ABP, VI 159, 1504, S. 38-40; zu beachten ist, dass die Komfortkriterien zu dieser Zeit nicht die gleichen sind wie heute: Man legt nicht so viel Wert auf die Möglichkeit, seine Privatsphäre mit einem Zimmer «für sich» zu wahren.
31 ABP, VI 178, 1513, S. 26, 28; 1519, S. 133.
32 Die Aussätzigen können ihre Renten behalten (Bsp.: ebd., S. 7).
33 Ebd., S. 30, S. 215.
34 Ebd., S. 6, 14, 64; in Besançon wird Wein an religiösen Festen und täglich während des Advents und der Fastenzeit ausgeschenkt (Bibliothèque municipale de Besançon, BB 2, fol. 242v).
35 Ebd., S. 20, 21, 95, 96 etc.
36 ABP, 159-160, passim. Nicht jedes Mal werden alle Attribute abgegeben, aber sie werden immer von der Kirchenfabrik bezahlt.
37 ABP, Abrechnungen von Saint-Michel III SM 23.
38 ABP, S. 178, S. 4.
39 Ebd., S. 28.
40 Ebd., S. 215
41 Bibliothèque municipale de Besançon, ms. M 1046, fol. 9v, Anweisung für die Aussätzigen (Auskunft von Nicole Brocard).
42 ABP, 178, S. 30.
43 Ebd., passim. Es ist gut möglich, dass sie auch an andern Wochentagen zum Fasten angehalten wurden, etwa am Samstag (vgl. z.B. ebd., S. 132).

DOROTHEE RIPPMANN
DIE ANFÄNGE DER VERFOLGUNG VON «HEXEN» - S. 249

1 Literatur zum Thema: Schillinger 1891; Kocher 1943; Behringer 1988; Keller 1989; Blauert 1990; Levack 1991; Schnyder 1993; Weissen 1994; Ostorero 1995; Ostorero/Paravicini Bagliani/Utz Tremp 1999; Utz Tremp 1999; Rippmann 1996, 1998, 2002; Schmidt 2000; Prongué 2000; *Nah dran, weit weg* 2001; Jerouschek 2001; Guggenbühl 2002.

2 Ein Exemplar der Erstausgabe befindet sich in der Universitätsbibliothek Basel.

LAURENT AUBERSON
DIE LAGE DER JUDEN IM WANDEL DES MITTELALTERS - S. 252

1 Petrus Venerabilis (12. Jh.), Abhandlung *Gegen die eingewurzelte Verstocktheit der Juden (Adversus Judaeorum inveteratam duritiem)* (zitiert nach Dahan 1991, S. 61).
2 Walzer 1979, S. 39-84.
3 Das Werk wird im alten Bestand der Universitätsbibliothek von Basel, unter der Signatur A i II, 22b aufbewahrt.
4 Delumeau 1978, S. 273-304.
5 *Imperium Romanum*, S. 267.
6 Meyer 2005 (mit ausführlicheren Literaturangaben).
7 Morerod 1997.
8 Dahan 1991, S. 24-27.
9 Gilomen 1999, bes. S. 92-95.
10 Im Jahr 1455 wird ein Jude auf Befehl des Kastlans von Pruntrut in der Kirche Saint-Pierre getauft: ABP, C-VI-44, 1455, fol. 134. Ich danke Jean-Claude Rebetez für den Hinweis auf dieses und andere wichtige Dokumente, die in den AAEB und den ABP aufbewahrt sind. Zur regionalen Dokumentation vgl. auch Karl Hotz, *Die Geschichte der Juden in Stadt und Fürstbistum Basel*, Lizentiatsarbeit, Universität Zürich, 1972.

11 *Biel, Stadtgeschichtliches Lexikon*, Art. «Juden», S. 207-208.
12 Delumeau 1978.
13 Art. «Ecclesia et Synagoge», in LexMA 3, Sp. 1536-1538.
14 Dahan 1991, S. 22.
15 Meyer 2005, S. 44-47.
16 AAEB, A 104/2.
17 AAEB, A 104/1, fol. XVI, tit. XXV, De Judeis.
18 Delumeau 1978, S. 292. Einen Widerhall davon findet man in einem Kapitel des Handbuchs von 1466 (AAEB, A 104/2, S. 111-116).
19 Delumeau 1978, S. 298.
20 Zitiert von Delumeau 1978, S. 302.
21 Vgl. im folgenden Kapitel den Beitrag von I. Backus über Wyttenbach.
22 Kaennel 1997.
23 Zusammenfassung in Kaennel 1997, S. 29.

PIERRE-OLIVIER LÉCHOT
CONCORDIA DISCORS. DIE THEOLOGISCHE BOTSCHAFT DER REFORMATION ZWISCHEN ÜBEREINSTIMMUNGEN UND UNEINIGKEITEN - S. 260

1 Diese Zeilen verdanken ihre Entstehung zu einem erheblichen Teil den Lehrveranstaltungen der Professoren Gottfried Hammann und Matthieu Arnold an der Theologischen Fakultät in Neuenburg. Beiden sei an dieser Stelle für ihr Engagement und ihr *feu sacré* herzlich gedankt.
2 Van der Lindt (Lindanus) 1583.
3 Zu dieser Frage vgl. Hamm et al. 1995, dem wir in den weiteren Ausführungen öfters gefolgt sind.
4 Für die folgenden Elemente stützen wir uns v.a. auf Lienhard 1998.
5 Röm 1,17.
6 Zum «Neuartigen» in den Aussagen Luthers im Vergleich zum «traditionellen» Glauben vgl. Hamm et al. 1995, S. 26.

7 Ebd. S. 80.
8 Vgl. dazu Hamm 1988.
9 Siehe dazu den Beitrag von M. Ummel.
10 *«Sane denuntiatum est eis, nisi hoc articulo respiscant, charitate quidem nostra posse eos uti, sed in fratrum et Christi membrorum numero a nobis censeri non posse.»* Luther an N. Gerbel, 4.10.1529, zitiert in Hamm et al. 1995, S. 42.
11 Der Methodismus, eine im 18. Jh. von John Wesley gegründete, aus dem Protestantismus hervorgegangene Erweckungsbewegung, wurde bald zu einer neuen Kirche innerhalb der reformierten Gemeinschaften.

MARGRIT WICK-WERDER
KETZERSTADT ZWISCHEN BISCHOF UND BERN - S. 267

1 Im Chartular der Diözese Lausanne.
2 1491-1525 wurde der Alte und der Neue Rat nicht mehr gewechselt, sondern beibehalten und bestätigt; der Alte Rat hatte jedoch mehr Gewicht und höheres Ansehen.
3 1542 wurden die beiden Burgermeister aufgeteilt in das Amt des Burgermeisters (Siegel und Schlüssel) und dasjenige des Seckelmeisters (Finanzen).
4 Türler 1902, S. 150.
5 Vgl. M. Wick-Werder, «Kommende Biel», in HS IV/7, S. 127-134.

6 Sie wurde 1619 neu erbaut, diente später dem französischen Gottesdienst, wurde 1798 säkularisiert und 1810 abgebrochen.
7 Der Minorit Bernhardin Samson war 1518/1519 in der Schweiz als päpstlicher Ablasshändler tätig und löste damit eine harsche Ablasskritik durch Zwingli, Bullinger und andere aus.
8 Der Name seiner Frau, einer Bielerin, ist unbekannt; der in der älteren Literatur vorkommende Name Glaudo Klenk ist nicht zutreffend, vgl. Bourquin 1928a, Anm. 35.
9 Neben Zürich und Schaffhausen fehlte Appenzell, wo sich die Landsgemeinde am 24.4.1524 zum Schriftprinzip im Sinne der Reformation bekannt hatte.

10 STAB CXXIX, 2, 7, 58; Bloesch, *Geschichte* II, S. 89 f.

11 Badener Disputation, 21. Mai bis 8. Juni 1526.

12 Oekolampad hatte in Baden die reformierte Seite verteidigt, da Zwingli aus Sicherheitsgründen fern geblieben war.

13 Laut Lohner 1865, S. 472, wurde Gebwyler nach einer Probezeit von drei Monaten wieder entlassen. Laut Bourquin, *Reformation in Biel*, S. 383, ist nicht sicher, ob er die Stelle angetreten hat oder ob er die Wahl überhaupt angenommen hat.

14 Lohner 1865 nennt Zimbert Vogther; ob auch Würbens Amtskollege, Schulmeister Hans (Johannes) Rummel, in Bern war, ist fraglich.

15 Erst später wurden die Statuen und Bilder verbrannt.

16 Siehe unten den Beitrag von M. Ummel.

17 Bloesch, *Geschichte* II, S. 67 f.; Gerber 1928, S. 29-32; Zaeslin 1977, S. 435.

18 StAB, XXIV.86; Bloesch, *Geschichte* II, S. 155.

19 Bloesch, *Geschichte* II, S. 189.

MICHEL UMMEL
ELEMENTE AUS LEBEN UND GLAUBEN DER TÄUFER IN BIEL UND UMGEBUNG - S. 285

1 *Biel, Stadtgeschichtliches Lexikon*, Art. «Wyttenbach», S. 499.

2 Die während der Reformation in der Schweiz organisierten Disputationen laufen anders ab als jene des Mittelalters. Einberufen werden sie von der Obrigkeit einer Stadt und nicht von der Kirche oder von einer Universität. Sie werden in der Landessprache durchgeführt. «Es wurde gefordert, dass einzig aufgrund der Heiligen Schrift argumentiert werden müsse. Keine Kirchenväter, keine Konzilien, keine päpstlichen Erlasse, keine scholastischen Theologen oder sonstige Überlieferungen waren zur Beweisführung zugelassen.» *Ökumenische Kirchengeschichte der Schweiz*, S. 111. Harder SSA, S. 334. Sechs private Disputationen: Frühling 1524, 11.8.1524, 6.12.1524, 13.12.1524, 7.2.1525, 16.3.1525. Vier öffentliche Disputationen: 17.1.1525, 20.3.1525, 6.11.1525, 5.3.1526.

3 Harder SSA, S. 338-342.

4 TQ, Zürich, Nr. 204, S. 224-226, «Urteil des Rates über Manz».

5 Baecher 2002, S. 25-26.

6 Ebd., S. 18.

7 U. Zwingli, *Uldreich Zwinglis sämtliche Werke, Corpus Reformatorum*, Bd. XCIII, pars I, Band VI,1 Werke Juli 1527 bis Juli 1528, S. 2-3.

8 TQ, Ostschweiz, Nr. 1, S. 1-7, «Abschied der Städte Zürich Bern und St. Gallen wegen der Täufer».

9 Ebd., Nr. 532, S. 435 und Nr. 540, S. 439.

10 *Biel, Stadtgeschichtliches Lexikon*, Art. «Reformation», S. 327-328.

11 TQ, Zürich, Nr. 14, S. 17-18. Séguy 1977, S. 303.

12 TQ, Zürich, Nr. 16, S. 27. Baecher 1998 (Brief von Felix Mantz, verfasst zwischen dem 13. und 18. Dezember 1524), S. 94.

13 B. Hubmaier, *Schriften* (*Von der christlichen Taufe der Gläubigen* S. 116-163), Gütersloh, 1962, S. 146.

14 *Biel, Stadtgeschichtliches Lexikon*, Art. «Nötzli», S. 288.

15 Füssli 1742, S. 316-317.

16 *Biel, Stadtgeschichtliches Lexikon*, Art. «Bloesch», S. 79.

17 Bloesch 1875, S. 33.

18 TQ, Zürich, insbes. S. 224-226, wo sich auch das Urteil des Rats von Zürich zu Felix Mantz findet: «Umb sollich sin, des genanten Felix Mantzen, […] der im sin hänn binden, in ein schiff setzen, zu dem niôderen hütly füren und uff däm hütly die händ gebunden uber die knüw abstreyfen und ein knebel zwüschent den arman und schenklen durhin stoßen unnd in also gebunden inn das wasser werfen und in dem wasser sterben und verderben lassen und er damit dem gricht und recht büßt habenn solle», S. 226.

19 Füssli 1742, S. 316-317.

20 H. Nötzli, *Geschichte der Reformation in Biel und im Erguel*, Hs. (STAB), S. 53-54. In den Handschriften der BBB findet man die Passage zu den Täufern im Dokument mit der Signatur Mss. Hist. Helv. VII 11, S. 85-86, und im Dokument Mss. Hist. Helv. VII 3, S. 47-48 (Original unpaginiert). Das *Stadtgeschichtliche Lexikon* nennt im Artikel «Nötzli», S. 288, zusätzlich zu den Handschriften aus dem STAB und der BBB eine vierte Handschrift in der ZB ZH mit der Signatur Ms. F 213, S. 208.

21 *Biel, Stadtgeschichtliches Lexikon*, Art. «Täufer», S. 439.

22 STAB: Protokoll des Montags nach der hl. Lucia 1527, d.h. vom 16. Dezember.

23 STAB: Brief der Berner Behörden an die Bieler vom 23.1.1528.

24 Nötzli, STAB, S. 54. Man findet hier Jacob von Chur sowie Ulrich Uller von Brunnen und Geörg von Hus. Das *Stadtgeschichtliche Lexikon* redet von «Jörg von Buos» (Art. «Täufer», S. 439). Vgl. dazu auch Guggisberg 1973, Anm. 30, S. 579. Guggisberg war sich ebenfalls bewusst, dass Jörg von Buß und Jacob von Chur identisch waren.

25 Harder SSA, S. 338-342.

26 Ebd., S. 529-530.

27 TQ Zürich, Nr. 205, S. 227-228, «Urteil des Rates über Blaurock».

28 Guggisberg 1973, S. 578-580, resp. STAB, XVIII (1. November 1527), STAB, CXXIX.59 undatiert, STAB, Ratsprotokoll vom 16. Dezember 1527, STAB, XVIII.193 (23. Januar 1528), STAB, Ratsprotokoll vom 1. März 1528, STAB, Ratsprotokoll vom 9. März 1528.

29 Locher 1980, S. 145. Man darf nicht vergessen, dass Zwingli an der Badener Disputation von 1526 (Eröffnung am 19. Mai) nicht dabei war. Seine Schriften waren als ketzerisch verurteilt und verbrannt worden, in Luzern hatte man sogar ein Bildnis von ihm angezündet. Vgl. von Muralt 1925, S. 34.

30 Gerber 1980, S. 258: «Als die Berner Disputation 1528 stattfand, wurde vorher der Befehl erlassen, die Täufer einzukerkern und ‹sy nit haruss lassen, byß das die disputatz volendet.›» (StABE, A II 96, S. 29).

31 von Muralt 1933.

32 Seckler und Träyer waren nach dem Schreiben der Berner Behörden an die Bieler vom 1. November 1527 bereits verbannt worden (STAB, 188).

33 Anshelm, *Chronik*, Bd. V, S. 238.

34 Späting war Mitglied des Berner Grossen Rates (vgl. Gerber 1980, S. 258).

35 Anshelm, *Chronik*, V, S. 239. Das *Rathsmanual* (StABE) erwähnt einzig vier Namen von Täufern, darunter Blaurock und Pfistermeyer (A II, 96, S. 82).

36 Jörg Blawrock, Hans Hasman, Seckler von Basel, Hans Töblinger, Thomas Maler von Merstat in Franken, Heini Seiler, Hans Pfistermeyer.

37 StABE A III, 19, S. 333b und Steck/Tobler 1923, Nr. 1481, S. 606-607 (Brief vom 22. Januar 1528); StABE A III, 19, S. 333 und Steck/Tobler 1923, Nr. 1483, S. 607 (Brief vom 23. Januar 1528).

38 TQ Ostschweiz, Nr. 1, S. 1-7.
39 TQ Ostschweiz, Nr. 1, S. 1, Anm. 1.
40 *Biel, Stadtgeschichtliches Lexikon*, Art. «Reformation», S. 327.
41 Lavater 1980, S. 84-85.
42 *Mennonite Encyclopedia*, I, S. 359. Sein Name findet sich in *Martyrs Mirror*, S. 430-432 und in *Ausbund*, einem Gesangsbuch, in dem zwei Choräle von ihm aufgenommen sind, Nr. 5, S. 35-41 und Nr. 30, S. 186-190.
43 Ebd., IV, S. 498.
44 *Rechtsquellen Biel*, S. 205.
45 Guggisberg 1973, S. 570.
46 Goeters 1957, S. 132.
47 J. Wirben (Würben), *Ein kurtzer bericht wider Ludwig Hätzers vorred in Baruch. Und wider ettlich jnreden der widertöuffer*, Basel, 1528, S. A IIIJ v.
48 Guggisberg 1973, S. 590.
49 Die beiden Vorworte, ein historisches von C. A. Snyder und ein theologisches von N. Blough, in Yoder 2004 liefern überzeugende historiographische Elemente zur Erfassung des Täufertums oder vielmehr dessen verschiedenen Strömungen.
50 Guggisberg 1958, S. 225.
51 Suratteau 1964, S. 32.

| IRENA BACKUS
AUF DEN SPUREN DES DENKERS UND THEOLOGEN WYTTENBACH - S. 293

1 Biographisches in *Biel, Stadtgeschichtliches Lexikon*, Art. «Wyttenbach», S. 499.
2 Die lateinisch verfasste Antwort von Zwingli in *Huldreich Zwinglis Sämtliche Werke* (Corpus Reformatorum, Volumen XCIV), Leipzig, 1911, Nr. 305, S. 84 ff.

| DAMIEN BREGNARD
DIE REFORMATION IN DEN SÜDLICHEN VOGTEIEN DES FÜRSTBISTUMS BASEL - S. 295

1 Der Misserfolg war zu Beginn sehr relativ, denn das Laufental, Pfeffingen und Birseck traten zur Reformation über und ein erheblicher Teil der Bürger von Pruntrut sprach ebenfalls den neuen Ideen zu. Vgl. hierzu den Beitrag von P.-O. Léchot, «Zwischen Bern, Genf und Pruntrut».
2 Zu Bedeutung und Tragweite der Burgrechtsverbindungen vgl. Barras 2002.
3 Bourquin 1928a, S. 15. Auch das Laufental, das Elsgau und die Freiberge sind von vergleichbaren, manchmal gewalttätigen Unruhen betroffen.
4 Bericht des Vogts von Nidau an die Berner Behörden, 18. Juli 1530, Herminjard 1965, S. 285, Anm. 2, zitiert von Bourquin 1928b, S. 115.
5 Ebd., S. 127.
6 Gerber 1928, S. 29.
7 AAEB, B 138/6, 26: Brief des Abtes von Bellelay an den Fürstbischof, 10. November 1529.
8 STAB, XLVI.62, 1. Oktober 1539, und CXXIX.56, 4. Mai 1540, zit. in Gerber 1928, S. 29.
9 Es wurde ein Inventar dieser Reliquien erstellt (STAB, CXXXI 56, S. 231-233); eine partielle Abschrift findet sich in Besson 1908, S. 122-123, vollständiger in Gerber 1928, S. 30-31; Stückelberg 1905, S. 343-346, gibt eine umfassende Abschrift.
10 Gerber 1928, S. 31.
11 Bourquin 1928b, S. 113-114 mit Zitat Steck/Tobler 1923, S. 269.
12 Gerber 1928, S. 32. Vgl. auch den Beitrag von J.-P. Prongué in diesem Band («Unterschiedliche Sitten und Gebräuche beim Pfarrklerus im 15. Jahrhundert»).
13 Gerber 1928, mit Zitat Füssli 1742, S. 308.
14 Steck/Tobler 1923, S. 1360.
15 Herminjard 1965, S. 359.
16 Gerber 1928, S. 33.
17 Biographische Notiz in Mulinen 1867, S. 128, und Zaeslin 1977, S. 441.
18 Gerber 1928, S. 33-34.
19 Ebd., S. 33.
20 STAB, Ratsprotokolle VII, S. 130, zit. in Bloesch, *Geschichte*, S. 123.
21 STAB, CXXVI.85, Brief des Propstes nach Biel, 2. April 1529.
22 Brief des Stadtmeiers Simon von Römerstal an den Fürstbischof, 1.7.1529, AAEB, B 138/6, Nr. 24: «Sie machen alles unter sich aus, ohne sich um die Missbilligung des Rats zu kümmern.» (Gerber 1928, S. 36). Ähnlich in Basel: 1529 gibt «Johannes Kechtler, Sekretär des Domkapitels von Basel, (…) die Intervention einer Ratsgesandtschaft beim Kapitel wieder und schreibt: ›Als die Rede auf die Plünderung der Klöster kam, erklärte sie [die Gesandtschaft], diese seien ohne Wissen des Rats geschehen‹» (Burkart 2001, S. 128 mit Zitat Roth/Dürr 1921-1950, Bd. 3, S. 280).
23 Vautrey, *Histoire*, Bd. 2, S. 99.
24 STAB, CCXXXI.104 (Abrechnung der Einnahmen von Saint-Imier), S. 2 (Paginierung von Gerber), und XXII 29, Brief des Fürstbischofs an Biel, 14. November 1529, zit. nach Gerber 1928, S. 62, Anm. 22 und 23.
25 Gerber 1928, S. 37. Man stimmte mit absoluter Mehrheit ab, was bei knappem Ausgang zu einer soliden Minderheit führen konnte.
26 Vautrey, *Histoire*, Bd. 2, S. 99.
27 Füssli 1742, S. 323.
28 Gerber 1928, S. 42.
29 STAB, CCXC S. 8, Abrechnung von 1530.
30 Ebd., S. 9.
31 AAEB, B 138/6, Nr. 26, 10. November 1529.
32 AAEB, B 138/6, Nr. 29.
33 STAB, XXII 32, Brief vom 21. April 1530 an den Rat.
34 STAB, CXXIX.29, 6. März 1530, zit. nach Gerber 1928, S. 41.
35 Ebd.
36 Steck/Tobler 1923, Nr. 1465.
37 Simon 1928, S. 74.
38 Steck/Tobler 1923, Nr. 2463.
39 Simon 1928, S. 74.
40 Strickler 1879, Nr. 993, 20. Dezember 1529.
41 Bericht des Vogtes von Nidau an den Rat von Bern, 28. Dezember 1528, transkribiert von Steck/Tobler 1923, Nr. 2683, zit. nach Simon 1928, S. 75.
42 Seit der Säkularisierung der Klöster (1528) besitzt Bern die weltlichen Rechte an der ehemaligen Abtei der Insel St. Johannsen in Erlach und die Bewohner der Pfarrei Diesse müssen der Abtei Abgaben entrichten (Herminjard 1965, S. 227, Anm. 1).
43 Simon 1928, S. 75, mit Zitat Steck/Tobler 1923 Nr. 668, 675, 679, 694, 873, 880, 920.
44 Ebd., S. 77-78.
45 Vautrey, *Histoire*, Bd. 2, S. 106.

46 Bourquin 1928b, S. 115-116.
47 Ebd., S. 117.
48 Ebd., S. 121.
49 Steck/Tobler 1923, S. 1357, zit. nach Bourquin 1928b, S. 122.
50 Bourquin 1928b, S. 120, 30. August 1531.
51 Amtliche Sammlung der ältern Eidgenössischen Abschiede, IV 1c, S. 113, 1. Juli 1533.
52 Quiquerez 1878, S. 115.
53 Simon Sohn 1928, S. 84.
54 Ebd., S. 85.
55 Ebd., S. 94.
56 Brief des Kaplans von Neuenstadt an den Abt von Bellelay, 23. April 1530 (AAEB, B 251/18).
57 Simon Sohn 1928, S. 90-91.
58 Kopie des Briefs des Rats von Bern an den Rat von Neuenstadt, 26. November 1530 (AAEB, B 251/18), zit. nach Simon Sohn, S. 95 und Anm. 25.
59 Simon Sohn 1928, S. 95.
60 Frêne, *Journal*, Bd. 1, 5. Mai 1763, S. 378 des Originals.
61 Simon Sohn 1928, S. 97.
62 Für André Chèvre drückt sich darin das Bedürfnis nach Reformen des katholischen Klerus aus (Chèvre 1984, S. 100).

63 Gerber 1928, S. 54-55. Allerdings werden zu Letzterem Klagen laut: Ab und an lässt er die Predigt ausfallen; er hält eine Taufe in einer Weise ab, dass er sichtlich «noch den Papst im Herzen» hat (STAB, CXXIX.56, Bericht des Pfarrkapitels, 4. Mai 1540).
64 Michaud, 1923, S. 50-51.
65 Vautrey, *Histoire*, Bd. 2, 1886, S. 104. In Saint-Imier konvertiert der Chorherr Guillaume Gallon, bevor er in den Schoss der Kirche zurückkehrt (Gerber 1928, S. 50-51).
66 Brief des Fürstbischofs an den Rat von Bern, 29. Juli 1530. Er hat bereits am 10. Dezember 1529 an den Rat von Bern geschrieben, um gegen die Predigten Farels in Neuenstadt und in den benachbarten Regionen zu protestieren (Original im Staatsarchiv Bern, wiedergegeben in Herminjard 1965, Nr. 271). Nachdem die Bieler in Saint-Imier die Heiligenfiguren verbrannt haben, droht der Fürstbischof dem Rat von Biel, seine Beschwerden den Eidgenossen vorzutragen (STAB, XXII.30, zit. nach Vautrey, *Histoire*, Bd. 2, 1886, S. 100, und nach Gerber 1928, S. 44).
67 Vgl. weiter oben ihren Beitrag «Ketzerstadt zwischen Bischof und Bern».
68 Vgl. den Beitrag von P.-O. Léchot in diesem Band: «Zwischen Bern, Genf und Pruntrut».

PIERRE-OLIVIER LÉCHOT
ZWISCHEN BERN, GENF UND PRUNTRUT: DIE ENTWICKLUNG DER REFORMIERTEN KIRCHEN IM ALTEN BISTUM BASEL - S. 306

1 Vgl. Simon 1951, S. 45-83.
2 Simon 1951, S. 52.
3 Simon 1951, S. 49-52.
4 Léchot (erscheint demnächst).
5 Vgl. zur Entwicklung des Pfarrkapitels im Erguel vom 16. bis 19. Jh. auch Léchot 2002.

6 Bei der Schaffung der Pfarrei von Renan: Simon 1951, S. 157.
7 Wie etwa 1731, als der Fürstbischof beim Erstellen eines neuen Kirchenreglements mitreden wollte.

JEAN-PIERRE RENARD
DIE REFORM DES KATHOLIZISMUS IN DER DIÖZESE BASEL IM 16. UND 17. JAHRHUNDERT. EIN HISTORIOGRAPHISCHER ABRISS - S. 310

1 Gemäss Bedouelle 2002, S. 13-21 (*Les mots des historiens*) und S. 157 (*Bibliographie essentielle sur le concept de Réforme catholique*).
2 Zinguer 2004; die beiden ersten Teile tragen die Titel *Réforme et Contre-Réforme militantes*.
3 Paris, Editions du Cerf, 2002. – ders.: *Dictionnaire d'histoire de l'Eglise*, Chambray, 1994; *Grosse illustrierte Kirchengeschichte*, Freiburg i. Br., 2005 (reich bebildert) sowie ders., *Die Geschichte der Kirche*, Paderborn, 2000 (in verschiedene Sprachen übersetzt). Vgl. auch: Guy Bedouelle und François Walter (Hg.), *Histoire religieuse de la Suisse: la présence des catholiques*, Fribourg, 2000.
4 Wilhelm Brotschi, *Der Kampf Jakob Christoph Blarers von Wartensee um die religiöse Einheit im Fürstbistum Basel (1575-1608)*, Freiburg/Schweiz, 1956; André Chèvre, *Jacques-Christophe Blarer de Wartensee, prince-évêque de Bâle*, Delsberg, 1963.
5 Erscheint demnächst: Jean-Pierre Renard, *Thomas Henrici (1597-1660). Le journal raisonné d'un vicaire général du diocèse de Bâle dans la première moitié du XVIIe siècle*.
6 Deutsche Version: HLS 1, 2001, S. 740-743 (Markus Ries: *Basel, Diözese*) und S. 744-754 (Jean-Paul Prongué, Jean-Claude Rebetez, Philippe Froidevaux, André Bandelier, François Noirjean: *Basel, Bistum*).
7 Erschienen in Deutsch (Strassburg, 2003): Jean-Claude Rebetez, unter der Mitarbeit von Philippe Froidevaux, Jean-Luc Eichenlaub, Benoît Jordan et al.
8 *Bistümer* (Freiburg im Breisgau, 2003), S. 82-101 (Rainald Becker, *Bistum Basel*) mit einer aktuellen Bibliographie.
9 Schindling/Ziegler 1993, S. 278-323 (*Schweiz*).

10 Zu dieser Institution, deren Publikationen bald vollständig vorliegen sollen (25 Bände von 27 sind erschienen; ein Indexband für das Gesamtwerk mit 950 untersuchten kirchlichen Institutionen und 25 000 biographischen Artikeln zu Bischöfen, Äbten usw. von Diözesen und Klöstern in der Schweiz oder in der Verbindung mit der Schweiz) vgl. Petra Zimmer, «Helvetia Sacra. Arbeitsbericht», in *Schweizerische Zeitschrift für Geschichte* 55, 2005, S. 215-222.
11 HS I/1, S. 127-362 (Das alte Bistum Basel) und S. 363-436 (Das neue Bistum Basel). Für Bischöfe und Hilfsbischöfe vgl. die aktuelleren Werke von Erwin Gatz (Hg.), *Die Bischöfe des Heiligen Römischen Reiches, 1448 bis 1648. Ein biographisches Lexikon*, Berlin, 1966; Erwin Gatz (Hg.), *Die Bischöfe des Heiligen Römischen Reiches, 1648 bis 1803. Ein biographisches Lexikon*, Berlin, 1990.
12 HS I/1, S. 152 und 156 (Chèvre), S. 152 (Foerster), S. 157 (Schaer).
13 Eisele 2004.
14 Bücking 1971; Bücking 1968; Perrin 1975.
15 Chèvre 1946; Perrin 1966.

Zeittafel

Allgemeine und Schweizer Geschichte

297	Neuorganisation der Provinzen des Römischen Reichs: Die Nordwestschweiz wird Teil der Provinz *Maxima Sequanorum*
313	Toleranzedikt von Mailand (Religionsfreiheit und Gleichberechtigung des Christentums)
391	Das Christentum wird römische Staatsreligion
430	Tod des heiligen Augustinus
443	Die Burgunder sind in der Westschweiz und in Savoyen angesiedelt
476	Untergang des Weströmischen Reichs. Zeit der Völkerwanderung
499	Taufe des Frankenkönigs Chlodwig. Die Franken werden allmählich Christen
534	Eingliederung des Königreichs Burgund (mit der Westschweiz) ins Frankenreich
537	Expansion der Franken in alamannisches Siedlungsgebiet
um 540	Benediktinerregel
um 590	Der heilige Columban gründet das Kloster Luxeuil
um 600	Gründung des alamannischen Bistums Konstanz
711	Islamische Araber und Berber erobern die iberische Halbinsel
752-768	Regentschaft Pippin des Jüngeren. Die Karolinger lösen die Merowinger ab
768-814	Regentschaft Karls des Grossen. 800 krönt ihn der Papst in Rom zum Kaiser
843	Vertrag von Verdun, Teilung des Frankenreichs in Westfranken, Ostfranken und Lotharingien
888	Gründung des Zweiten Königreichs Burgund. Es umfasst die Westschweiz bis und mit Basel
910	Gründung des Klosters Cluny im Burgund
962	Otto der Grosse wird vom Papst in Rom zum Kaiser gekrönt
1032	Ende des Königreichs Burgund. Es wird Teil des Heiligen Römischen Reichs
1049-1054	Pontifikat des elsässischen Papstes Leo IX.
1054	Beginn des grossen Morgenländischen Schismas (Spaltung zwischen Ost- und Westkirche)
1073-1085	Pontifikat Papst Gregors VII. Er ist die wichtigste Kraft der sog. Gregorianischen Reform
1075-1122	Investiturstreit
1098	Robert von Molesme gründet das Kloster Cîteaux
1099	Eroberung Jerusalems (erster Kreuzzug)
1122	Konkordat von Worms (Ende des Investiturstreits)
1123	I. Laterankonzil. Die Gregorianische Reform und das Wormser Konkordat werden bestätigt, Simonie und Nikolaitismus bekämpft
1139	II. Laterankonzil. Papst Innozenz II. wird anerkannt, Priesterehen werden für ungültig erklärt
1191	Herzog Berchtold von Zähringen gründet Bern
um 1200	Der St. Gotthard wird zu einem bedeutenden Verkehrsweg
13. Jh.	Stadtentwicklung
1204	Der vierte Kreuzzug gerät von seinem ursprünglichen Ziel Jerusalem ab und erobert Konstantinopel
1215	IV. Laterankonzil. Verurteilung der Katharer, Bestimmungen gegen Juden, Einführung des Begriffs der «Transsubstantiation» bei der Eucharistie, Predigtorganisation, obligatorische Jahreskommunion und Jahresbeichte
1221	Tod des hl. Dominikus, Gründer des Predigerordens (Dominikaner)
1226	Tod des hl. Franziskus, Gründer der franziskanischen Bewegung
1250	Tod Kaisers Friedrich II.
1266	Thomas von Aquin beginnt seine *Summa theologica*
1273	Rudolf von Habsburg wird zum Römischen König gewählt. Ende des «Interregnums»
1291	Bündnis zwischen Uri, Schwyz und Unterwalden
1309	Papst Clemens V. lässt sich in Avignon nieder. Die Stadt wird bis 1378 Papstsitz
1311-1312	Konzil von Vienne. Verbietet den Templerorden, verurteilt die Irrtümer, die Peter Johannes Olivi, den Begarden und Beginen sowie den franziskanischen Spiritualen angelastet werden
1315	Schlacht bei Morgarten
1332	Luzern tritt der Eidgenossenschaft bei
1337	Der Hundertjährige Krieg bricht aus

1348-1350	Schwarze Pest in ganz Europa. Juden werden ermordet
1351-1352-1353	Zürich, Zug, Glarus und Bern treten der Eidgenossenschaft bei: Acht alte Orte
1378-1418	Grosses Abendländisches Schisma. Gleichzeitige Wahl von zwei, später drei Päpsten
1386	Schlacht bei Sempach
1414-1418	Konzil von Konstanz. Das grosse Schisma wird beendet, Rücktritt oder Absetzung der drei rivalisierenden Päpste, Wahl Papst Martins V., Billigung der eucharistischen Kommunion unter einerlei Gestalt des Brotes
1415	Die Eidgenossen erobern den Aargau
1431-1449	Konzil von Basel. Es soll die Häretikerfrage beenden (Hussiten), den Frieden innerhalb der Christenheit bewahren und die Kirche reformieren. Die konziliaristischen Thesen führen zur Wahl des Gegenpapstes Felix V.
1444	Schlacht bei St. Jakob an der Birs
1453	Ende des Hundertjährigen Kriegs. Die Türken erobern Konstantinopel, Ende des Byzantinischen Reichs
1455	Gutenberg druckt in Mainz die erste Bibel
1474-1477	Burgunderkriege
1481	Stanser Verkommnis. Beitritt von Freiburg und Solothurn zur Eidgenossenschaft
1487	Tod des Niklaus von Flüe
1492	«Reconquista» der iberischen Halbinsel durch die Katholischen Könige. Christoph Kolumbus entdeckt Amerika
1498	Vasco da Gama entdeckt den Seeweg nach Indien
1499-1501	Schwabenkrieg, Frieden von Basel zwischen den Eidgenossen und dem Reich, Beitritt von Basel und Schaffhausen zur Eidgenossenschaft
1511	Erasmus: *Lob der Torheit*
1512-1517	V. Laterankonzil. Verurteilung der konziliaristischen Thesen, Ansätze zur Reform von Kurie und Klerus, Gesetze zum Buchdruck
1515	Eidgenössische Truppen unterliegen bei Marignano dem französischen Feind
1517	Luther greift das Ablasswesen an und schlägt seine 95 Thesen in Wittenberg an
1519	Karl V. wird Kaiser
1524-1525	Bauernkriege im Reich
1525-1535	Eidgenossenschaft: Bauernunruhen in Basel, Bern, Solothurn, Zürich, Schaffhausen, St. Gallen
1525	Reformation in Zürich (Zwingli)
1527-1530	Reformation in St. Gallen, Bern (1528), Basel (1529), Schaffhausen, Thurgau, Graubünden, Neuenburg (1530)
1529	Erster Kappeler Landfrieden (zu Gunsten der Protestanten)
1530	Clemens VII. krönt Karl V. zum Römischen Kaiser (letzte Kaiserkrönung durch einen Papst)
1531	Zweiter Kappeler Landfrieden (zu Gunsten der Katholiken)
1535	Olivétan erstellt die erste französische Fassung einer protestantischen Bibel (Neuenburg)
1536	*Confessio Helvetica prior* (Zweites Basler Bekenntnis): erstes gemeinsames Glaubensbekenntnis der deutschsprachigen reformierten Eidgenossenschaft
1536	Die Berner erobern die Waadt. Calvin beginnt in Genf mit seinem reformatorischen Wirken
1537	Der Papst genehmigt das Grundstatut des Jesuitenordens
1545-1563	Konzil von Trient. Programm für die seit langem geforderte Kirchenreform, Beginn einer echten katholischen Erneuerungsbewegung
1555	Augsburger Religionsfrieden zwischen Katholiken und Lutheranern. Beginn der religiösen Teilung des Reichs nach dem Grundsatz *cujus regio, ejus religio*
1563-1598	Religionskriege in Frankreich
1566	*Confessio Helvetica posterior* (Zweites Helvetisches Bekenntnis), von Bullinger verfasst und von allen reformierten Kirchen der Schweiz angenommen mit Ausnahme von Basel, das unter Einfluss der Lutheraner steht
1582	Julianische Kalenderreform (von den Protestanten abgelehnt), Beginn des heutigen Gregorianischen Kalenders
1592	Papst Clemens VIII. veröffentlicht in Rom die authentische Ausgabe der Vulgata (lateinische Bibel)

Geschichte der Diözese und des Bistums

um 290	Die Römer errichten am Rheinufer das Militärkastell *Castrum Rauracense* (Kaiseraugst)
343	Erste Erwähnung eines Bischofs von Kaiseraugst mit Namen Justinian
374	Erste Nennung von Basel
401	Der Rhein wird als *limes* aufgegeben. Für die Römer bleibt Basel ein Vorposten
5.-8. Jh.	Keine Quellen oder Dokumente zur Diözese. Einzig anfangs des 8. Jh. wird ein Bischof (Ragnachar) erwähnt
7. Jh.	Erste ländliche Kirchen in der Region Basel
um 600	Heilige Eremiten im Jura: Himerius, Ursicinus
um 640	Gründung des Klosters Moutier-Grandval, Tochterabtei von Luxeuil (hl. Germanus)
675	Gründung der Benediktinerabtei Münster
anfangs 8. Jh.	(Wieder)Errichtung der Diözese Basel
727	Der heilige Pirmin gründet das Kloster Murbach
vor 805 bis 823	Episkopat des Bischofs Haito, Abt von Reichenau, Verfasser der ersten Synodalstatuten
870	Bei der Teilung des fränkischen Reiches zwischen Karl dem Kahlen und Ludwig dem Deutschen wird Basel als Besitz Ludwigs erwähnt
884	Das Elsass wird in zwei Grafschaften geteilt, in den Nordgau und den Sundgau
888	Gründung des Zweiten Königreichs Burgund. Es umfasst die Westschweiz bis und mit Basel

917	Die Ungaren zerstören Basel. Bischof Rudolf II. wird getötet
922	Basel unter burgundischer Herrschaft
925	Unter Heinrich I. fällt das Elsass an das deutsche Reich (Herzogtum Schwaben)
999	Rudolf III., letzter König von Burgund, schenkt das Kloster Moutier-Grandval dem Bistum. Beginn der weltlichen Herrschaft der Kirche Basel im jurassischen Raum
11.-13. Jh.	Lehenswesen und ländliche Herrschaften. Wirtschaftliches und demographisches Wachstum, Aufschwung auf dem Land
11. Jh.	Die Bischöfe von Basel erwerben die weltlichen und geistlichen Rechte der Abtei Saint-Ursanne (Diözese von Besançon)
1004	König Heinrich IV. tritt den Hardtwald nahe Mülhausen an den Bischof von Basel ab
1019	Weihe des neuen Basler Münsters im Beisein Kaiser Heinrichs II.
1032	Nach dem Tod König Rudolfs III. werden Basel und der Jura Teil des Heiligen Römischen Reichs
1072-1107	Episkopat des Burkhard von Fenis, Parteigänger des Kaisers im Investiturstreit
um 1080	Der Bischof von Basel vergrössert und befestigt die Stadt
1083	Gründung des Klosters St. Alban (Basel)
um 1100	Gründung des Klosters Beinwil
1124	Gründung der Abtei Lützel
um 1125	Die Habsburger erwerben den Titel der Landgrafen von Elsass
1133-1179	Die Froburger besetzen den Bischofssitz
um 1140	Gründung der Abtei Bellelay
1225	Erste Brücke über den Rhein in Basel (die einzige während 600 Jahren)
um 1230	Gründung von Olsberg, dem ersten Zisterzienserinnenkloster auf dem Gebiet der heutigen Schweiz
1231	In Basel lassen sich Franziskaner nieder
1232	Gründung des Dominikanerklosters in Basel
1234	Berthold von Neuenburg tritt dem Bischof von Basel seine Vogteirechte über Biel ab
1263-1274	Episkopat Heinrichs III. Der ausgeprägte Machtpolitiker vergrössert den politischen Einfluss des Bistums
1271/1278	Das Bistum Basel erwirbt die Kastvogtei Delsberg
1271-1273	Konflikt zwischen Rudolf von Habsburg und dem Bischof von Basel
1273	Rudolf von Habsburg, elsässischer Landgraf, wird zum deutschen König gewählt
1283	Mit militärischer Hilfe von König Rudolf bringt der Bischof von Basel Pruntrut und den Elsgau unter Kontrolle
1275-1338	Entwicklung des städtischen Bürgertums. Stadtrechte (Biel 1275, Pruntrut 1283, Delsberg 1289, Laufen 1296, Neuenstadt 1312, Saint-Ursanne 1338)
1296	Schlacht von Coffrane. Der Graf von Neuenburg besiegt den Bischof von Basel. Die Grenze des Bistums wird bei Neuenstadt festgelegt
1297-1299	Bischof Peter von Aspelt erlässt Synodalstatuten
1312	Gründung von Neuenstadt als Stützpunkt gegenüber den Grafen von Neuenburg
1349	Vernichtung der Basler Judengemeinde, Pest im Bistum
1356	Basel wird von einem Erdbeben zerstört. Viele Kirchen und Burgen in der Diözese werden beschädigt
1373	Basel erwirbt vom Bischof das Münz- und Zollrecht
1376-1396	Der schuldengeplagte Bischof von Basel muss die Propstei Saint-Ursanne (1376), die Herrschaft Delsberg (1389) und den grösseren Teil des Elsgaus (1396) verpfänden
1400	Der Bischof von Basel verkauft die Vogteien Liestal, Homburg und Waldenburg an die Stadt Basel
1426	Bern und Biel kaufen dem Bischof von Basel die Landgrafschaft Buchsgau ab
1431-1449	Konzil von Basel. Es soll die Häretikerfrage beenden (Hussiten), den Frieden innerhalb der Christenheit bewahren und die Kirche reformieren. Die konziliaristischen Thesen führen zur Wahl von Gegenpapst Felix V.
1434	Die Bevölkerung der Kastvogtei Delsberg und des Münstertals muss das Burgrechtsbündnis, das sie mit der Stadt Basel verbindet, brechen
1439	Die Vogtei Birseck, während Dutzenden von Jahren verpfändet, kommt in die Hände des Bischofs von Basel zurück
1444	Erste Hexenhinrichtungen in der Region Basel
1451, 1463, 1474/1475, 1494	Pest im oberrheinischen Gebiet
1460	Gründung der Universität Basel
1461	Bischof Johann von Venningen kauft den Elsgau zurück
1462	Der Bischof von Basel bringt die Herrschaft Zwingen erneut in seinen Besitz
1486	Burgrecht zwischen Bern und dem Münstertal
1491	Tod des Malers Martin Schongauer
1491	Sebastian Brant veröffentlicht das *Narrenschiff*
1502-1527	Episkopat des Bischofs Christoph von Utenheim, Humanist
1503	Synode von Basel. Bischof Utenheim versucht, mit Diözesanstatuten eine Reform der lokalen Kirche zu bewirken
1515	Mülhausen verbündet sich mit der Eidgenossenschaft
1521	Beginn der Reformation im Elsass
1525	Bauernaufstände, hauptsächlich im Elsgau und im Laufental
1528	Bischof Philipp von Gundelsheim (1527-1553) zieht von seinem Basler Sitz nach Pruntrut, in die neue bischöfliche «Hauptstadt»
1528	Reformation in Biel (Wyttenbach)
1529	Die Reformation setzt sich in Basel endgültig durch. Erasmus verlässt die Stadt
1529	In Strassburg und Mülhausen wird der katholische Gottesdienst abgeschafft
1530-1531	Reformation in den südlichen Vogteien des Bistums

1554-1575	Herrschaft des Fürstbischofs Melchior von Lichtenfels
1554	Verpfändung des Erguel an Biel. Aufhebung des Vertrags im folgenden Jahr durch die Verburgrechtung des Erguel mit Solothurn
1555	Burgrecht zwischen Basel und Delsberg und den Freibergen
1575-1608	Fürstbischof Jakob Christoph Blarer von Wartensee treibt die katholische Reform in der Diözese voran und restauriert das Fürstbistum
1579	Bündnis mit den katholischen Kantonen
1581	Synode von Delsberg (die letzte) und Diözesanstatuten (1583)
1581	Jesuiten lassen sich in Molsheim nieder
1585	Badener Vertrag: Basel muss dem Fürstbischof 200 000 Pfund Entschädigung zahlen und auf die Burgrechtsverbindungen mit seinen Untertanen verzichten (Rekatholisierung des Birsecks und des Laufentals)
1591	Jesuitenkolleg in Pruntrut
1592	Erste Druckerei in Pruntrut
1610	Badener Vertrag: Biel verliert alle kirchlichen und weltlichen Rechte im Erguel

Glossar

Abendmahl: Im protestantischen Gebrauch bezeichnet das Abendmahl, das an die letzte Mahlzeit Christi erinnert, die Feier der Kommunion (unter beiderlei Gestalt); vgl. auch Eucharistie.

Ablass: Erlass einer zeitlichen Strafe für Sünden, die durch die reuige Beichte schon getilgt sind. In der Tat wird durch das Sakrament der Busse nur die Schuld und die ewige Verdammnis für Todsünden vergeben, aber die göttliche Gerechtigkeit verlangt noch eine zeitliche Sündenstrafe, die im Diesseits oder im Fegefeuer verbüsst werden muss. Nur die Bischöfe, die Kardinäle und vor allem der Papst können Ablässe gewähren. Die Kirche begründet die Möglichkeit eines Straferlasses mit dem Prinzip der Gemeinschaft der Heiligen und dem durch diese und Christus angehäuften Schatz an Verdiensten, über den die Kirche zugunsten der einfachen Gläubigen zu verfügen beansprucht. Der Ablass, der sich zunächst im Zusammenhang mit besonderen Ereignissen, z.B. den Kreuzzügen oder den Jubeljahren entwickelt, wird bald auf alle möglichen Situationen ausgedehnt, um auf die wachsenden Ängste der Gläubigen, aber auch die finanziellen Bedürfnisse der Kirche reagieren zu können. Er verbreitet sich so umfänglich, dass die Beichte in den Augen der «gewöhnlichen Leute» bald zu einer reinen Formalität wird, die Bezahlung des Ablasses hingegen zum Wesentlichen – daher der berühmte Satz: «Wenn das Geld im Kasten klingt, die Seele in den Himmel springt». Luther beginnt sein reformatorisches Werk mit dem Kampf gegen den Ablassmissbrauch.

Ablutionswein: Wein, der den Gläubigen nach der Kommunion abgegeben wird, um zu vermeiden, dass ein eventuell im Mund verbliebenes Krümchen der Hostie durch einen Hustenanfall oder irgendeinen anderen unbeabsichtigten Vorfall ausgestossen wird.

Absolution: Am Ende der Beichte verleiht der Priester dem reuigen Sünder die Absolution, die ihn mit Gott versöhnt und vor der Verdammnis rettet, ihn aber nicht von der Strafe für seine Sünden befreit (Busse in dieser Welt und/oder im Fegefeuer).

Abstinenz: Form der freiwilligen oder verpflichtenden Busse, die darin besteht, dass man an bestimmten Tagen des Jahres bestimmte Nahrungsmittel meidet. Die Kirche untersagt den Genuss von Fleisch am Freitag (in Erinnerung an die Leiden Christi) und am Vorabend gewisser Feste. Während der Fastenzeit sind Fleisch, Milchprodukte und Eier verboten, ausser es liege eine Dispens wie die «Butterbriefe» vor, die gestatten, mit Butter und nicht mit Olivenöl zu kochen.

Altaraufsatz: Senkrechte Tafel oder Konstruktion auf oder hinter einem Altar, mit gemaltem oder geschnitztem Dekor.

Ambo: In den Kirchen des Frühmittelalters kleine, leicht erhöhte Kanzel, oft mit einer Vorderseite aus behauenem Stein.

Anachorese, anachoretisch: Bezeichnung für die eremitische Lebensweise von Mönchen, die sich in die Einsamkeit zurückziehen und dort ganz ohne gemeinschaftliche Organisation leben (Das Wort kommt aus dem Griechischen und bedeutet «Rückzug, Zurückgezogenheit»); vgl. auch koinobitisch.

Archidiakonat: Teil einer Diözese, die einem Archidiakon untersteht, der darin das Visitationsrecht ausübt; in der Diözese Basel stimmen die Grenzen der Dekanate mit jenen der Archidiakonate überein.

Aussegnung: Reinigungs- und Segnungszeremonie, nach der die Mutter nach ihrer Niederkunft wieder in der Kirche zugelassen ist.

Banner (oder Panner): Militärisches Aufgebot eines Fürsten, einer Stadt oder eines Stadtgebiets, eines Landstädtchens oder einer Region, das vom Bannerherr oder Venner (regionaler Ausdruck) angeführt wird; der Fahnenträger übt manchmal auch politische Funktionen aus. Im ehemaligen Fürstbistum Basel ist das Banner(recht) im Allgemeinen an die Herrschaften gebunden, für die es ein Element der Machtausübung über die benachbarten Herrschaften darstellt; so kann Biel, kraft seines Bannerrechts über das Erguel und Orvin, dort Truppen ausheben, und darum marschieren die Männer des Tessenbergs unter dem Banner von Neuenstadt.

Bauernkrieg: Bauernrevolte, die das Reich von 1524 bis 1526 in Brand setzt. Dieser Aufstand, eine Mischung aus religiösen, mit der Reformation verknüpften Forderungen und sozio-ökonomischen Veränderungswünschen, betrifft auch das Elsass (Massaker von Zabern) und wird im Blut ertränkt (mehrere Zehntausende von Toten) – aber nicht das Bistum Basel.

Beichte: Geständnis der Sünden, das ein Gläubiger gegenüber seinem Priester ablegt, um darauf die Absolution zu erhalten; die jährliche Beichte ist verpflichtend.

Bettelorden: Bezeichnung für die Mönchsorden, die zu Beginn des 13. Jahrhunderts vor allem in den Städten auftraten und deren Regel jegliche Form von Besitz, auch gemeinschaftlichem, untersagt. Die Bettelmönche leben daher von Almosen und bestimmten Diensten, die sie der Bevölkerung anbieten (v.a. Totenmessen oder Jahrzeiten). Die wichtigsten Bettelorden sind die Franziskaner (oder Barfüsser) und die Dominikaner (oder Predigermönche).

Bulle: Bleisiegel der Päpste; infolge der Übertragung des Begriffs auf den versiegelten Gegenstand bezeichnet man damit gewisse Urkunden des Papstes.

Burgrecht: Das Burgrecht, eine Besonderheit der Schweiz, ist ein Bündnis oder ein Vertrag, durch den eine Stadt ihr Stadtrecht auf eine andere Stadt, ein Kloster, eine Privatperson oder eine Gruppe ausdehnt.

Diese Bewilligung kann immerwährend oder zeitlich begrenzt (und erneuerbar) sein. Der Verburgrechtete kommt dadurch in den mehr oder weniger eingeschränkten Genuss der den Bürgern vorbehaltenen Privilegien: militärischer oder rechtlicher Schutz, Zugang zu den Märkten, während er der Stadt Truppen, Einnahmen usw. bringt. Die Burgrechte haben den Anschluss zahlreicher Territorien an die Eidgenossenschaft gebracht.

Calvinismus: Lehre des Reformators Johannes Calvin (1509-1564), der sich von Luther vor allem durch seine Auffassung vom Abendmahl unterscheidet sowie durch den Glauben an die doppelte Prädestination, die radikal die Erwählten und die Verworfenen trennt (Frankreich, Schweiz, Schottland). Calvin hat die Vorstellung eines christlichen Staates unter dem «Gesetz des Evangeliums» entwickelt.

Chorgestühl: Mit Schnitzereien verzierte Holzsitze im Chor einer Kirche, die im Prinzip dem Klerus vorbehalten sind, der in einer Stiftskirche oder einer Kathedrale den Gottesdienst versieht.

Chorschranke: Niedrige Abschrankung, die das Laienschiff vom Chor der frühmittelalterlichen Kirche trennt. Sie wird später durch den monumentaleren Lettner ersetzt.

Chrisam: Mit Balsam vermischtes Olivenöl, das vom Bischof am Gründonnerstag gesegnet wird und zur Verleihung der nicht wiederholbaren Sakramente (Taufe, Firmung, Weihe) und für die Einsegnung von Altären und Kirchen verwendet wird.

Dekanat, Dekan: Territoriale Unterteilung der Diözese. Der Dekan ist ein Pfarrer, der nebst seinem Amt im Dekanat die Visitationen im Namen des Bischofs oder des Archidiakons durchführt, den regionalen Klerus überwacht und das Landkapitel leitet, zu dem sich der Klerus versammelt.

Dekretale: Brief, mit dem der Papst eine Regel rechtlichen oder kanonischen Inhalts erlässt. Die Dekretale kann sowohl ein allgemeines Thema als auch einen Einzelfall betreffen; als Antwort auf eine Anfrage steht sie dem päpstlichen Dekret gegenüber, das der Papst aus eigener Initiative erlässt.

Diözesansynode: Durch den Bischof einberufene Versammlung der Priester einer Diözese zur Besprechung kirchlicher Angelegenheiten und zur Annahme sinnvoller Reglemente.

Disputation: Die universitäre Debatte zwischen zwei Parteien wird in der Reformation zu einem Mittel, die neuen Ideen darzulegen (Luther 1519 in Leipzig). In der Schweiz sollen die durch Zwingli angeregten öffentlichen Kontroversen, die zwecks besserer Verständlichkeit für das Volk auf Deutsch stattfinden, die Gegner von der Notwendigkeit überzeugen, die Kirche zu reformieren.

Eigenkirche: Zur Zeit der Christianisierung im Frühmittelalter ausgebildetes System, das dem weltlichen Herrscher das volle Eigentum über eine Kirche und ihre Einkünfte gibt sowie das Recht, den Pfarrer einzusetzen. Von der karolingischen Zeit an versucht die Kirche, diesem System und seinen Missbräuchen ein Ende zu setzen, aber es gelingt ihr erst mit der Gregorianischen Reform.

Erbsünde: Jeder Mensch ist bei seiner Geburt mit der von Adam und Eva begangenen Erbsünde behaftet. Die Leiden Christi haben die Menschen von dieser Sünde erlöst; jeder ist durch die Taufe davon gereinigt.

Eucharistie: Sakrament, durch welches das Opfer Christi weitergegeben wird. In der katholischen Messe findet eine Umwandlung des Brots und des Weins in Leib und Blut Christi statt (Transsubstantiation).

Exkommunikation: Die schwerste der drei kirchlichen Strafen (vgl. Interdikt und Suspension), die den Schuldigen von der Gemeinschaft der Gläubigen ausschliesst: Vorbehaltung der Sakramente, Bestattung ausserhalb des Friedhofs. Die Exkommunikation wird durch die Kirchenobern ausgesprochen und erfolgt in gewissen Fällen automatisch (Häresie, Gottesschändung, Verletzung des Beichtgeheimnisses usw.). Am Ende des Mittelalters nehmen die Exkommunikationen (automatische oder nicht automatische) zu, sogar bei geringen Vergehen (Nichtbezahlung des Zehnten, Ungehorsam usw.).

Fastenzeit: Vierzigtägige Abstinenz, vom Aschermittwoch bis Ostern.

Fastnacht, Fasnacht, Karneval: Periode volkstümlicher Belustigungen und fröhlichen Überbordens, die der Fastenzeit vorangeht; die Fasnacht dauert unterschiedlich lang und endet am *Mardi gras,* dem Vortag von Aschermittwoch.

Fegefeuer: Ort, an dem die Seelen der Toten, die nicht verdammt sind, ihre Läuterung vollbringen, bevor sie ins Paradies gelangen; das Fegefeuer wird am Ende des 12. Jahrhunderts «erfunden» und fehlt in der protestantischen Theologie.

Filioque: Lateinischer Ausdruck mit der Bedeutung «und der Sohn», der um das 6. Jahrhundert herum nur in der Westkirche als Zusatz zum Credo üblich wird («Ich glaube an den Heiligen Geist, der aus dem Vater ‹und dem Sohn› ausgeht»), von der Ostkirche (und den heutigen Orthodoxen) aber abgelehnt wird.

Fiscus: Im Frühmittelalter bezeichnet der Fiscus die gesamten königlichen Güter und Einkünfte. Die Bedeutung überträgt sich dann auch auf den Besitz anderer Herrscher, weltlicher oder geistlicher.

Freier Wille: Nach den (katholischen) Vertretern des freien Willens hat der Mensch die Wahl, ob er zu seinem Seelenheil beitragen will oder nicht, auch wenn seine Willensfreiheit durch den Sündenfall geschwächt ist; seine Frömmigkeit, seine guten Werke werden im Jenseits beurteilt werden. Die von den Reformatoren vertretene Gnadenlehre weist die These vom freien Willen zurück, die von Luther als pure dialektische Fiktion bezeichnet wird: Allein Gott kann den Menschen zur Gnade bestimmen. Diese Frage steht im Zentrum der Kontroverse zwischen Luther und Erasmus von 1524-1525.

Fronleichnam: Bewegliches Fest (zweiter Donnerstag nach Pfingsten) zu Ehren des Altarsakraments; eine geweihte Hostie wird den Gläubigen zur Anbetung dargeboten.

Funkensonntag: Sonntag Invocavit (der erste am Anfang der Fastenzeit). Aschermittwoch (Beginn der Fastenzeit) liegt in der vorausgehenden Woche.

Fürbitte: Bitte zugunsten der Lebenden oder der Toten, die über die Vermittlung durch Christus, Maria oder Heilige an Gott gerichtet wird.

Fürsprecher: Bezeichnung für einen Heiligen, der die göttliche Barmherzigkeit für die Lebenden oder die Seelen im Fegefeuer erfleht.

Gebetsbruderschaft: Gegenseitige Unterstützung, welche die Klöster einander seit dem Frühmittelalter im Bereich der Liturgie und der Armenpflege versprechen, z.B. bei den Messen und Gebeten zum Gedenken der Verstorbenen.

Gegenpapst: So bezeichnet die Kirche 37 «Päpste», deren Wahl sie für ungültig hält; der letzte Gegenpapst war Felix V. (Amadeus VIII. von Savoyen), der 1439 vom Konzil von Basel gewählt wurde.

Gestalten der Eucharistie: Hostie und Wein, die in der katholischen Messe geweiht werden.

Glorie: Heiligenschein, der den ganzen Körper Christi umgibt.

Gnade: vgl. Prädestination.

Gregorianische Reform: Im 11./12. Jahrhundert erfolgt eine Rückbesinnung auf die kanonischen Grundlagen der kirchlichen Organisation: Unabhängigkeit der Kirche von weltlichen Herren (Kampf gegen den weltlichen Zugriff auf die Pfarrkirchen oder die Bestimmung der Bischöfe durch die Herrscher, Investiturstreit), Überhöhung der Funktion des Klerus, die auch über die Bestrafung seiner «Fehler» führt (Kampf gegen den Nikolaitismus und die Simonie). Der Begriff geht auf Papst Gregor VII. (1073-1085) zurück, den Urheber einer theokratischen Doktrin, die zu einem Zusammenprall mit den deutschen Kaisern führt.

Grosse reformatorische Schriften: Die von Luther 1520 veröffentlichten Schriften, die am Anfang der lutherischen Reform stehen. Es sind dies hauptsächlich: *Von dem Papsttum zu Rom, Von den guten Werken, An den christlichen Adel deutscher Nation, Von der Babylonischen Gefangenschaft der Kirche, Von der Freiheit eines Christenmenschen.*

Grundzins: Entgelt für die Nutzung eines Grundstücks oder für das Kapital einer investierten oder geliehenen Geldsumme.

Gute Werke: Fromme Taten (Nächstenliebe, Messen, Wallfahrten, Fasten usw.), die in der Hoffnung vollbracht werden, dadurch in den Himmel zu gelangen. Dies führt zu zahlreichen Stiftungen und Schenkungen und stellt die Hauptmotivation für die Herstellung sakraler Kunst im Mittelalter dar. Die Reformatoren verneinen den Nutzen der guten Werke für das Seelenheil, das vielmehr durch die Gnade Gottes erlangt wird.

Heilige Öle: Vom Bischof am Gründonnerstag gesegnetes Öl, das für die wiederholbaren Sakramente, etwa die Krankensalbung, verwendet wird.

Hostie: Kleine Scheibe ungesäuerten Brotes, die während der Messe geweiht wird (Eucharistie).

Hyperdulie: Die Dulie (vom Griechischen *doulos,* der Diener) anerkennt, dass die Heiligen gute Diener Gottes waren. Die Hyperdulie ist der Kult, den die Katholiken und die Orthodoxen speziell Maria widmen wegen ihrer einzigartigen Stellung unter den Heiligen (Gnadenfülle, Gottesmutterschaft, Reinheit).

Immunität: In der Karolingerzeit bestimmten grossen Abteien gewährtes Privileg, wodurch sie vom administrativen Zugriff der Grafen befreit und direkt der königlichen Macht unterstellt sind, mit dem Recht, Steuern zu erheben und auf ihren Ländereien Recht zu sprechen.

Incarnat: hellrosa, fleischfarben.

Indult: Päpstliche Bewilligung, die in Abweichung zum Allgemeinen Recht gewährt wird.

Invocavit: vgl. Funkensonntag.

Interdikt: Kirchenstrafe, die einer Privatperson oder vor allem einer Gemeinschaft (Dorf, Region, Land) das Recht entzieht, die Segnungen der religiösen Feiern in Anspruch zu nehmen oder gewisse, eventuell sogar alle Sakramente zu empfangen.

Investiturstreit (1075-1122): Im 10. und im 11. Jahrhundert werden die Bischöfe durch die Könige ernannt (vgl. Reichskirchensystem). 1059 lehnt sich Papst Nikolaus II. dagegen auf; zwischen Papst Gregor VII. (vgl. Gregorianische Reform) und Kaiser Heinrich IV. verschärft sich der Konflikt zum Investiturstreit, der erst 1122 im Wormser Konkordat beigelegt wird.

Jahrzeit: Feier, die am Jahrestag des Todes eines Gläubigen begangen wird, um Gottes Vergebung seiner Sünden und seine Aufnahme ins Paradies zu erlangen (vgl. Nekrologium).

Kapitel: Gemeinschaft von Chorherren (geistlichen oder weltlichen), die in einer Stiftskirche oder einer Kathedrale den Gottesdienst versehen.

Kastvogt, Kastvogtei (auch Schirmvogt, Vogtei): Laie, der mit der Vertretung der weltlichen Interessen eines Klosters oder eines Kapitels betraut ist. Die Kastvogtei gestattet dem Inhaber, die Finanzen der Klöster zu kontrollieren und in deren innere Angelegenheiten einzugreifen, z.B. bei der Wahl der Klosterobern. Während der Reformation gelingt es den weltlichen Obrigkeiten leicht, die Klöster zu säkularisieren, über die sie die Kastvogtei ausüben (Beispiel: die Stadt Biel und das Chorherrenstift von Saint-Imier).

Katholische Reform: Reformbewegung innerhalb der katholischen Welt, die ansatzweise schon vor der protestantischen Reformation begann, aber systematisch erst im Konzil von Trient (1545-1563) zur Theorie ausgebildet und dann nur langsam umgesetzt wird.

Kelch: Heiliges Gefäss, in dem die Verwandlung des Weins während der Messe stattfindet.

Kirchenfabrik: Gesamtheit der Güter und Einkünfte einer Pfarrkirche, die von einem aus Laien bestehenden Rat verwaltet werden. Dieser Rat erhebt die Einnahmen (Grundzins, Gebühren, Schenkungen usw.) und bezahlt die Ausgaben (Wohnung und Gehalt des Pfarrers, Unterhalt der Kirche, Kosten für die Beleuchtung usw.).

Koadjutor: Stellvertreter oder Helfer eines Bischofs, der ebenfalls mit der Bischofswürde bekleidet ist.

Koinobitisch: Begriff (bedeutet im Griechischen «Leben in der Gemeinschaft»), der die Gemeinschaftsorganisation der ersten christlichen Klöster bezeichnet. Das Werk von Johannes Cassianus *Über die Grundsätze der Koinobiten und die acht Hauptlaster* (um 420) hat viel zur Verbreitung dieses Modells im Abendland beigetragen. Dieser Lebensweise steht die anachoretische gegenüber.

Kollaturrecht (Patronatsrecht, Patronatsherr): Der Bischof hat im Prinzip das Recht auf die Nutzniessung seiner Diözese, d.h. er ernennt die Amtsinhaber; doch oft hat er keine freie Wahl, weil diese in den Kompetenzbereich anderer Personen, geistlicher oder weltlicher, gehört, und der Bischof kann dann die Wahl nur bestätigen.

Konziliarismus: Auffassung der Kirche, nach der das ökumenische Konzil über dem Papst steht; der Konziliarismus dominiert zwischen dem Konzil von Konstanz (1414-1418) und dem Konzil von Basel (1431-1442). Obwohl der Papst schliesslich die Oberhand gewinnt und sich 1439 die Vormachtstellung Roms wieder durchsetzen kann, verschwinden die konziliaristischen Ideen nie ganz.

Korporale: Geweihtes weisses Tuch, auf das der Priester während der Messe – vom Opfergebet bis zur Brechung – den Kelch und die Patene mit der geweihten Hostie darin stellt. Es dient auch zur Einhüllung der geweihten Hostien, die in der Pyxis aufbewahrt werden.

Landkapitel: (vgl. Dekanat) Die Priester jedes Landdekanats müssen sich theoretisch regelmässig zu einem vom Dekan geleiteten Kapitel versammeln, um dort die Instruktionen der Kirchenobern in Empfang zu nehmen, die Synodalstatuten zu studieren, heikle Punkte zu diskutieren und zusammen zu beten.

Legat: Offizieller Repräsentant des Heiligen Stuhls.

Letzte Ölung: Den Sterbenden verabreichtes Sakrament; Salbung der mit Sünde behafteten Körperteile (Augen, Ohren, Nase, Mund, Hände, Füsse, Lenden) mit dem heiligen Öl, das die lässlichen Sünden tilgt.

Liber marcarum: Verzeichnis der kirchlichen Pfründen der Diözese Basel, die als Basis für die Festsetzung der bischöflichen Steuern dient. Dieses Verzeichnis steht in einem kostbaren Manuskript von 1441, das auch eine Abschrift der Synodalstatuten der Diözese enthält.

Lunula: Mondsichelförmige Vorrichtung, welche die Hostie in der Mitte einer Monstranz festhält.

Luthertum: Lehre des deutschen Reformators Martin Luther (1483-1546), die auf der Vorrangstellung der Schrift über der Tradition beruht *(Sola Scriptura)* und die Rechtfertigung allein durch den Glauben und die Gnade verkündet. Luther verwirft die katholische Lehre von der Transsubstantiation, welche die Präsenz Christi in der Eucharistie erklärt (vgl. Protestantismus).

Mariä Heimsuchung: 2. Juli: Fest (seit 1389 der Universalkirche) zum Gedenken an den Besuch, den Maria, die mit Christus schwanger ging, ihrer Base Elisabeth abstattete, die Johannes den Täufer erwartete (Lk 1,39-56).

Mariä Himmelfahrt: Wundersame Entrückung Marias durch die Engel nach ihrem Tod am 15. August; ihr Leichnam wird so vor dem Zerfall gerettet.

Mehr: Zur Zeit der Reformation die Bezeichnung für die Abstimmung unter den Gemeindemitgliedern – mit absolutem Mehr – zur Bestimmung ihrer Konfession. In den südlichen Gebieten des Fürstbistums wird das Mehr sehr oft auf die Anregung einer Stadt hin organisiert, die der reformatorischen Bewegung angehört (Biel, Bern) und deren Vertreter bei der Abstimmung anwesend sind. Fällt das Resultat zu Ungunsten der neuen Religion aus, wird der Vorgang nach einiger Zeit erneut durchgeführt.

Menora: Meist siebenarmiger Leuchter, identitätsstiftendes Symbol im Bewusstsein des jüdischen Volkes seit dem Altertum (s. 2. Mose 25,31-38).

Metropolit: Erzbischof an der Spitze einer Kirchenprovinz der abendländischen Kirche. Die Diözese Basel untersteht dem Erzbischof von Besançon.

Monstranz: Sakrale Goldschmiedearbeit, die dazu dient, den Gläubigen die geweihte Hostie oder manchmal eine Reliquie zur Anbetung darzubieten.

Mysterienspiel: Mittelalterliche Theatergattung, die religiöse Themen darstellt. Die Aufführungen finden gewöhnlich auf dem Kirchenvorplatz oder auf dem Friedhof statt.

Nekrologium (auch Jahrzeitbuch, Obituarium): Verzeichnis einer Kirche oder eines Klosters mit der chronologischen Liste der Jahrtage, die im Laufe des Jahres für die Seelenruhe der eingeschriebenen Verstorbenen gefeiert werden.

Nikolaitismus: Verletzung des Zölibats- oder Keuschheitsgelübdes des Priesters. Die gregorianische Reform setzt im 11. Jahrhundert den kirchlichen Zölibat definitiv durch.

Nothelfer: Für eine besondere Hilfeleistung angerufene und durch ein Attribut gekennzeichnete Heilige. Darunter gibt es eine Gruppe von vierzehn, die ab dem 14. Jahrhundert zunächst in Süddeutschland kollektiv verehrt wird: Achatius, Barbara, Blasius, Katharina von Alexandria, Christophorus, Cyriacus, Dionysius von Paris, Erasmus, Eustachius, Georg, Ägidius (Abt und einziger Nicht-Märtyrer), Margareta, Pantaleon, Vitus. Andere Heilige können je nach regionaler Tradition an die Stelle des einen oder andern treten oder dazukommen.

Offizial: Kirchlicher Richter, der im Namen des Bischofs handelt und dem Gericht der Diözese, dem Offizialat, vorsteht. Er ist zuständig für die von Klerikern oder in Kirchen begangenen Delikte oder für solche, die in den Zuständigkeitsbereich der kirchlichen Gerichtsbarkeit fallen (Eheangelegenheiten, Gotteslästerungen, Zehnten usw.).

Oktave: Zeitspanne von acht Tagen, während der eine grosse Feier begangen wird. Ebenfalls Bezeichnung für den achten Tag nach der Feier.

Ökumenisches Konzil: Konzilsversammlung, die theoretisch alle Bischöfe der Christenheit versammelt und vom Kaiser, ab dem 1. Laterankonzil (1123) vom Papst einberufen wird. Die orthodoxe Kirche und die Protestanten anerkennen nur die ersten acht Konzile, von Nikäa (325) bis Konstantinopel IV (869), als ökumenische.

Palla: Geweihtes gestärktes Stoffstück in quadratischer Form, mit dem der Priester den Kelch und die Patene während der Messe bedeckt.

Passion Christi: Leiden Christi von seiner Gefangennahme am Fuss des Ölbergs bis zu seinem Tod.

Patene: Runder, vom Bischof geweihter Teller (wie auch der Kelch), der zur Darreichung der Hostie während der Messe dient.

Patronatsrecht, Patronatsherr: vgl. Kollaturrecht.

Perikope: Gewählter Ausschnitt aus der Heiligen Schrift zu einem bestimmten liturgischen Zweck.

Perizonium: Lendentuch, das um die Hüfte des gekreuzigten Christus geschlungen ist.

Pfarrkapitel: In der reformierten Kirche bezeichnet der Begriff das Organ, das aus den Pfarrern und in gewissen Fällen den Diakonen und Schulmeistern einer bestimmten Region besteht. Die Pfarrkapitel standen an der Spitze der verschiedenen Westschweizer Kirchen von der Reformation bis zum 19. Jahrhundert und fassten die Beschlüsse, die heute in die Kompetenz der Synoden fallen.

Pfarrvisitation: Inspektion durch den Bischof (oder einen Bevollmächtigten) aller Pfarreien seiner Diözese; sie bezieht sich theoretisch auf die Örtlichkeiten (Kirchen, Sakristei, Kapellen, Friedhof), die liturgischen Geräte und die Personen (Fähigkeit und Eifer des Klerus, sittliche Verfassung der Bevölkerung und der Geistlichen).

Pfründe: Festes Einkommen, das an ein kirchliches Amt, insbesondere das des Chorherrn, geknüpft ist. Die Missbräuche (Kumulation, Absentismus usw.) haben dem Begriff eine abwertende Nuance verliehen.

Pontifikale: Liturgisches Buch mit Anleitungen und Texten für Rituale, die von einem Bischof (oder dem Papst) durchgeführt werden.

Prädestination (doppelte): Von Calvin entwickelte Theorie, die auf der Betonung der Gnade beruht: Allein Gott erwirkt das Heil des Menschen, der dazu selbst nicht in der Lage ist. Calvin geht schliesslich noch weiter mit der Lehre von der doppelten Prädestination der zum Heil Erwählten und der zur ewigen Verdammnis Verworfenen. Diese These sollte heftige Debatten mit den Lutheranern auslösen, aber auch innerhalb der calvinistischen Reformation (Bruch mit den Arminianern).

Propst: Vorsteher eines Kapitels, z.B. eines Chorherrenstifts.

Protestantismus: Gesamtheit der protestantischen Kirchen, die sich, ausgehend von Luther, von der römischen Kirche abgespalten haben und zumindest die Ablehnung gewisser Teile der katholischen Theologie gemeinsam haben: die Rechtfertigung durch Werke, den Heiligen- und Reliquienkult, die Messe, die meisten Sakramente, den Priesterzölibat, das Mönchstum (vgl. Luthertum, Zwinglianismus, Calvinismus).

Pyxis: Dose zur Aufbewahrung der heiligen Öle, der geweihten Hostien oder der Reliquien.

Reformation: vgl. Protestantismus.

Reichskirchensystem: Politisches System des Deutschen Reichs, in dem der Herrscher die Macht und den Reichtum der Prälaten erhöht (Vergabe von Einkünften, Abtretung von Regalien), aber deren Ernennung kontrolliert und sie dadurch in die Abhängigkeit von seiner Macht bringt. Das von Otto I. (936-973) begründete Regierungssystem stösst später mit der Gregorianischen Reform zusammen und löst den Investiturstreit aus.

Reliquiar: Schrein, Täschchen oder Figur, die Reliquien enthält; das Reliquiar kann durch seine äussere Form jene des verehrten Objekts nachbilden, das es enthält oder enthalten soll: Armreliquiar, Fussreliquiar, Büstenreliquiar usw.

Reliquie: Physischer Überrest eines Heiligen oder eines Objekts, das mit einem Heiligen, mit Maria oder Christus in Berührung kam (echte Berührungsreliquien: von einem Heiligen verwendete Objekte oder Instrumente seines Martyriums; mittelbare Berührungsreliquien: Grab, Leibwäsche, mit den Überresten des Heiligen in Kontakt gekommene Objekte). Die Reliquien verkörpern in den Augen der Gläubigen die Macht der Fürbitte durch die Heiligen bei Gott; ihre Verehrung ist im Mittelalter zentral und ruft viele Missbräuche und unerlaubten Handel hervor.

Rodel: Dokument, das ursprünglich aus zusammengenähten und aufgerollten Pergamenten bestand. Übertragung der Form auf den Text des Dokuments: Im Pfarrrodel sind die Regeln niedergelegt, welche die Organisation und das Funktionieren einer Pfarrei bestimmen.

Sakrament: Von der Kirche verabreichtes, für das Heil unerlässliches Ritual, da es in den Seelen die göttliche Gnade hervorruft oder vermehrt (für die Katholiken: Taufe, Firmung, Eucharistie, Ehe, Letzte Ölung, Weihe, Busse; die Protestanten anerkennen nur die durch Christus eingeführten Sakramente der Taufe und des Abendmahls).

Schisma: Abtrennung eines Teils der Gläubigen nicht aus Gründen des Dogmas, sondern der Disziplin oder der Hierarchie. *Grosses Abendländisches Schisma:* Spaltung der katholischen Kirche zwischen Päpsten und Gegenpäpsten von 1378 bis 1417; das Konzil von Konstanz setzt dem Grossen Schisma mit der Wahl von Papst Martin V. (1417) ein Ende.

Siechenhaus: Einstiges Hospiz vor allem für Aussätzige.

Simonie, simonisch: Unerlaubter Handel mit einem Sakrament – das unentgeltlich sein soll – oder mit einem kirchlichen Amt, das ein geregeltes Einkommen bringt, z.B. einer Pfründe.

Suffragan: Meist der Koadjutor, d.h. der Weihbischof, dem im Fall einer Vakanz die Nachfolge gesichert wird.

Sünde: Verstoss gegen die religiösen Gesetze. Hauptsünden: Habgier, Zorn, Neid, Unmässigkeit, Unkeuschheit, Hochmut, Trägheit. Die Todsünde führt zur Verdammnis, wenn sie nicht gebeichtet wird (im Unterschied zur lässlichen Sünde).

Suspension: Kirchliche Strafe für Priester, denen dadurch die Einkünfte aus ihrer Pfründe entzogen werden sowie das Recht, ihr Amt auszuüben und die Sakramente zu verabreichen.

Synodalstatuten: Durch den Bischof nach einer Diözesansynode erlassene Gesetzgebung, die vor allem Fragen der Disziplin und der Liturgie betrifft.

(Wieder-)Täufer: Radikale religiöse Strömung, die aus der Reformation heraus entstanden ist und sich durch die Ablehnung der Kindertaufe und ein demokratisches Gemeinschaftsleben am Rande des Staats auszeichnet; von diesem fordern die Vertreter totale Unabhängigkeit für die Kirche. Sie entscheiden sich sehr bald für eine pazifistische Haltung, sind aber selbst Opfer von heftigen Verfolgungen.

Transsubstantiation: In der katholischen Kirche die reale Umwandlung von Brot und Wein in Leib und Blut Christi während der Eucharistie; die Orthodoxen teilen diese Vorstellung (ohne allerdings das Wort zu benützen), während die Protestanten sie ablehnen.

Unbefleckte Empfängnis: 1854 verkündetes Dogma mit mittelalterlichem Hintergrund, wonach Maria zwar von ihren Eltern empfangen und geboren wurde, aber dank der vorausgreifenden Erlösung vom Makel der Erbsünde bewahrt blieb, mit der die Menschen sonst behaftet sind (die «Makulisten» vertreten die gegenteilige Meinung, etwa Thomas von Aquin).

Vorhölle: Gemäss katholischer Lehre der unbestimmte Aufenthaltsort jener Kinder, die ungetauft gestorben sind; sie leiden nicht, können aber die Segnungen der Erlösung, die den Menschen durch das Opfer Christi geschenkt worden ist, nicht erhalten und daher nicht ins Paradies eingehen.

Wormser Konkordat (1122): Übereinkunft zwischen dem Papst und dem Kaiser, die dem Investiturstreit ein Ende setzt. Von jetzt an werden die Bischöfe des Deutschen Reichs nicht mehr vom Kaiser eingesetzt, sondern erhalten zwei verschiedene Investituren: eine geistliche, von der Kirche erteilte – ein anderer Bischof übergibt dem Neugewählten Stab und Ring, die Symbole seiner religiösen Befugnisse – und eine weltliche, vom Kaiser gewährte, die ihm die weltlichen Rechte verleiht. Das gleiche Verfahren war schon in Frankreich und in England üblich.

Zehnt: Die Kirchensteuer, deren Erhebung ab dem 5. Jahrhundert belegt ist und die sich auf Gepflogenheiten stützt, die im Alten Testament beschrieben werden (z.B. 1. Mose 14,20). Der Zehnt wird nach unterschiedlichen Steuersätzen auf den Ernten und den Erzeugnissen der Viehzucht erhoben; die Einnahmen werden theoretisch zwischen den Priestern, dem Bischof und den Armen geteilt, aber sie gelangen oft in private, weltliche oder geistliche Hände (Abteien usw.).

Zeitrechnungsstile: Im Mittelalter beginnt das Jahr nicht überall zum gleichen Zeitpunkt: Unser Circumcisionsstil (1. Januar) ist in den Dokumenten selten; die häufigsten Stile sind: Osterstil (Jahresanfang an Ostern, z.B. Diözese Besançon, Frankreich), Annunziationsstil (25. März, z.B. Diözese Lausanne, Florenz), Nativitätsstil (25. Dezember, z.B. Diözese Basel, kaiserliche Kanzlei).

Ziborium: Sakrales Gefäss von unterschiedlicher Form (Taube, Pyxis, Turm, Kelch mit Deckel) zur Aufbewahrung der geweihten Hostien.

Zwinglianismus: Lehre des Zürcher Reformators Huldrych Zwingli (1484-1531), die sich vom Luthertum in der Frage des Abendmahls unterscheidet (für Zwingli nur ein gemeinsames Gedenken) sowie durch die Verbannung von Bildern und die Form des – in der Schweiz sehr nüchternen – Gottesdienstes.

Abkürzungen

Archive und andere Institutionen

AAEB	Archives de l'ancien Evêché de Bâle (Pruntrut)
ABCMS	Archives et Bibliothèque de la Conférence mennonite suisse (Le Jean Gui/Tramelan)
ABLN	Archives de la Bourgeoisie de La Neuveville
ABP	Archives de la Bourgeoisie de Porrentruy
BBB	Burgerbibliothek Bern
BHM	Bernisches Historisches Museum
BiCJ	Bibliothèque cantonale jurassienne (Pruntrut)
BSB	Bayerische Staatsbibliothek (München)
CJBA	Collection jurassienne des beaux-arts
GLAK	Generallandesarchiv (Karlsruhe)
HMB	Historisches Museum Basel
MCAH	Musée cantonal d'archéologie et d'histoire (Lausanne)
MHD	Musée de l'Hôtel-Dieu (Pruntrut)
MJAH	Musée jurassien d'art et d'histoire (Delsberg)
MKK	Museum Kleines Klingental (Basel)
OCC JU	Office cantonal de la culture, République et Canton du Jura (Pruntrut)
SLM	Schweizerisches Landesmuseum (Zürich)
STAB	Stadtarchiv Biel
StABE	Staatsarchiv des Kantons Bern
StABL	Staatsarchiv des Kantons Basel-Landschaft (Liestal)
StABS	Staatsarchiv des Kantons Basel-Stadt
StAZH	Staatsarchiv des Kantons Zürich
UB BS	Universitätsbibliothek Basel
ZB ZH	Zentralbibliothek Zürich

Die bibliographischen Abkürzungen befinden sich im Literaturverzeichnis.

Literaturverzeichnis

AASS
Acta Sanctorum, Paris, 1643ff., Venedig, 1734 ff., Paris, 1863 ff.

Ackermann 1999
Felix Ackerman, *Arlesheim als Residenz des Basler Domkapitels*, Arlesheim, 1999.

Amweg 1941
Gustave Amweg, *Les Arts dans le Jura bernois et à Bienne*, Bd. II, *Arts appliqués*, Porrentruy, 1941.

Angenendt 1997
Arnold Angenendt, *Geschichte der Religiosität im Mittelalter*, Darmstadt, 1997.

Anshelm, Chronik
Valerius Anshelm, *Die Berner-Chronik*, hg. vom Historischen Verein des Kantons Bern, Bern, 1986.

ASJE
Actes de la Société jurassienne d'Emulation.

Auberson 1999
Laurent Auberson, «Esquisse historique», in Laurent Auberson, Peter Eggenberger et al., *Saint-Imier. Ancienne église Saint-Martin. Fouilles archéologiques de 1986/1987 et 1990*, Berne, 1999, S. 13-23.

Auberson 2002
Laurent Auberson, «Les premiers établissements religieux du Jura septentrional», in *Donation de 999*, S. 243-286.

Ausbund
Ausbund da ist: Etliche Schöne Christliche Lieder, Lancaster County, PA, [13]1987.

Baecher 1998
Claude Baecher, «Protestation et défense», in *Souvenance anabaptiste* 17, 1998, S. 86-96.

Baecher 2002
Claude Baecher, *Michaël Sattler. La naissance d'Eglises de professants au XVIe siècle*, Cléon d'Andran, 2002.

Bairoch 1988
Paul Bairoch et al., *La population des villes européennes. Banques de données et analyse des résultats de 800 à nos jours*, Genève, 1988.

Barnay 2004
Sylvie Barnay, *Les Saints. Des êtres de chair et de ciel*, Paris, 2004.

Barras 2002
Nicolas Barras, «Des combourgeoisies dans l'ancien Evêché de Bâle», in *Donation de 999*, S. 139-159.

Barth 1948
Médard Barth, «Zur Geschichte der Thanner Theobalduswallfahrt», in *Annuaire de la Société d'histoire des régions de Thann-Guebwiller*, 1948, S. 19-82.

Barth 1989
Ulrich Barth, *Schätze der Basler Goldschmiedekunst*. Ausstellung im Historischen Museum Basel, Basel, 1989.

Baschet 2004
Jérôme Baschet, *La civilisation féodale. De l'an mil à la colonisation de l'Amérique*, Paris, 2004.

Beaujard 2000
Brigitte Beaujard, *Le culte des saints en Gaule. Les premiers temps. D'Hilaire de Poitiers à la fin du VIe siècle*, Paris, 2000.

Bedouelle 2002
Guy Bedouelle, *La Réforme du catholicisme (1480-1620)*, Paris, 2002.

Behringer 1988
Wolfgang Behringer (Hg.), *Hexen und Hexenprozesse in Deutschland* (dtv dokumente), München, 1988.

Berger 1998
Ludwig Berger, *Führer durch Augusta Raurica*, August, [6]1998.

Berger 2000
Ludwig Berger, «Testimonien für die Namen von Augst und Kaiseraugst von den Anfängen bis zum Ende des ersten Jahrtausends», in Peter-Andrew Schwarz und Ludwig Berger (Hg.), *Tituli Rauracenses 1: Testimonien und Aufsätze* (Forschungen in Augst 29), Augst, 2000, S. 13-39.

Berkemeier 2004
Marie-Claire Berkemeier-Favre, *Die Votivtafel der Herzogin Isabella von Burgund* (Basler Kostbarkeiten 25), Basel, 2004.

Besson 1908
Marius Besson, *Contribution à l'histoire du diocèse de Lausanne sous la domination franque, 534-888*, Fribourg, 1908.

Biel, Stadtgeschichtliches Lexikon
Werner Bourquin, Marcus Bourquin, *Biel. Stadtgeschichtliches Lexikon. Von der Römerzeit (Petinesca) bis Ende der 1930er Jahre. His-

torisch, biographisch, topographisch. Mit Ergänzungen für den Zeitraum bis 1999, Biel, 1999.

Bildersturm
Bildersturm. Wahnsinn oder Gottes Wille?, Ausstellungskat. Bern-Strassburg, Zürich, 2000.

Binz 1973
Louis Binz, *Vie religieuse et réforme ecclésiastique dans le diocèse de Genève pendant le Grand Schisme et la crise conciliaire, 1378-1450,* Bd. 1 (Mémoires et documents publiés par la Société d'histoire et d'archéologie de Genève XLVI), Genève 1973.

Biographisch-bibliographisches Kirchenlexikon, hg. von Friedrich Wilhelm Bautz, Hamm/Herzberg, 1975 f.

Bistümer
Erwin Gatz (Hg.), *Die Bistümer des Heiligen Römischen Reiches von ihren Anfängen bis zur Säkularisation,* Freiburg i. Br., 2003.

Blauert 1990
Andreas Blauert (Hg.), *Ketzer, Zauberer, Hexen. Die Anfänge der europäischen Hexenverfolgungen,* Frankfurt, 1990.

Bloesch, Geschichte
Caesar Adolf Bloesch, *Geschichte der Stadt Biel und ihres Panner-Gebietes,* Biel, 1855-1856.

Bloesch 1875
Gustav Bloesch, *Chronik von Biel von den ältesten Zeiten bis zu Ende 1873,* Biel, 1875.

Bloesch 1975
Paul Bloesch, *Das Anniversarbuch des Basler Domstifts (Liber vite Ecclesie Basiliensis) 1334/1338-1610,* (Quellen und Forschungen zur Basler Geschichte 7), Bd. 1: *Kommentar,* Bd. 2: *Text,* Basel, 1975.

Bobolenus, Vita
Bobolenus, *Vita Germani Abbatis Grandivallensis auctore Boboleno presbytero,* hg. von B. Krusch, in MGH, Scriptorum Rerum Merovingicarum, Bd. 5, S. 25-40.

Bonnet 1993
Charles Bonnet, *Les fouilles de l'ancien groupe épiscopal de Genève (1976-1993)* (Cahiers d'archéologie genevoise 1), Genève, 1993.

Bonnet 2002
Charles Bonnet, «Topographie chrétienne et développement urbain», in «Villes et villages. Tombes et églises. La Suisse de l'Antiquité tardive et du haut Moyen Age. Actes du colloque tenu à l'Université de Fribourg (27-29 septembre 2001)», in *Revue suisse d'art et d'archéologie* 59/3, 2002, S. 143-152.

Boppert 2000
Walburg Boppert, «Formularuntersuchung zu lateinischen Grabinschriften aus Augusta Raurica», in Peter-Andrew Schwarz und Ludwig Berger (Hg.), *Tituli Rauracenses* 1: *Testimonien und Aufsätze* (Forschungen in Augst 29), Augst, 2000, S. 107-117.

Borgolte 1983
Michael Borgolte, «Die Geschichte der Grafengewalt im Elsass von Dagobert I. bis Otto dem Grossen», in *Zeitschrift für die Geschichte des Oberrheins,* 1983, S. 3-54.

Borgolte 1985
Michael Borgolte, «Stiftergrab und Eigenkirche, ein Begriffspaar der Mittelalterarchäologie in historischer Kritik», in *Zeitschrift für Archäologie des Mittelalters* 13, 1985, S. 27-38.

Borradori 1992
Piera Borradori, *Mourir au monde. Les lépreux dans le Pays de Vaud (XIIIᵉ-XVIIᵉ siècle)* (Cahiers lausannois d'histoire médiévale 6), Lausanne, 1992.

Bourquin 1928a
Werner Bourquin, «Die Reformation in Biel», in *Gedenkschrift zur Vierhundertjahrfeier der Bernischen Kirchenreformation,* Bd. 1, Bern, 1928, S. 347-388.

Bourquin 1928b
Werner Bourquin, «La Réformation dans la Prévôté de Moutier-Grandval», in *Quatrième centenaire de la Réformation bernoise 1928. Etudes historiques,* Bd. 3: *La Réformation dans le Jura bernois,* Berne, 1928, S. 109-154.

Branthomme/Chélini 1982
Henry Branthomme und Jean Chélini, *Les chemins de Dieu: histoire des pèlerinages chrétiens des origines à nos jours,* Paris, 1982.

Braun 1907
Joseph Braun, *Die liturgische Gewandung im Occident und Orient. Nach Ursprung und Entwicklung, Verwendung und Symbolik,* Freiburg i. Br., 1907.

Brocard 1998
Nicole Brocard, *Soins, secours et exclusion. Etablissements hospitaliers et assistance dans le diocèse de Besançon, XIVᵉ et XVᵉ siècles* (Annales littéraires de l'Université de Besançon 670), Paris, 1998.

Brotschi 1956
Wilhelm Brotschi, *Der Kampf Jakob Christoph Blarers von Wartensee um die religiöse Einheit im Fürstbistum Basel (1575-1608),* o.O., 1956.

Bruckner 1972
Albert Bruckner et al., «Das alte Bistum Basel», in *Helvetia Sacra* 1/1, Bern, 1972, S. 127-222.

Bruckner, Beschreibung
Daniel Bruckner, *Versuch einer Beschreibung historischer und natürlicher Merkwürdigkeiten der Landschaft Basel,* Basel, 1748-1763.

BUB
Rudolf Wackernagel und Rudolf Thommen (Hg.), *Urkundenbuch der Stadt Basel,* 11 Bde., Basel, 1890-1910.

Bücking 1968
Jürgen Bücking, «Die Visitationen im Bistum Basel am Ende der Regierungszeit von Bischof Jakob Christoph Blarer (1602-1604)», in *ZSKG* 62, 1968, S. 361-369.

Bücking 1971
Jürgen Bücking, «Das Visitationsprotokoll über die Teilvisitation des Basler Klerus von 1586», in *Archives de l'Eglise d'Alsace,* 1971, S. 127-209.

Burg 1946
André-Marcel Burg, *Histoire de l'Eglise d'Alsace,* Colmar, [1946].

Burg 1987
André-Marcel Burg, *Le duché d'Alsace au temps de sainte Odile*, Paris, 1987.

Burkart 2001
Lucas Burkart, «Aus der Fasnacht in den Bildersturm: Knaben und junge Männer schänden und verbrennen das Kruzifix aus dem Basler Münster», in *Bildersturm*, S. 128.

Burklé 1935
Jean Burklé, *Les chapitres ruraux des anciens évêchés de Strasbourg et de Bâle*, Colmar, 1935.

Burnell 1998
Simon Burnell, *Die reformierte Kirche von Sissach BL. Mittelalterliche Kirchen und merowingerzeitliche «Stiftergräber»* (Archäologie und Museum 38), Liestal, 1998.

Büttner 1991
Heinrich Büttner, *Geschichte des Elsass* I: *Ausgewählte Beiträge zur Geschichte des Elsass im Früh- und Hochmittelalter*, Sigmaringen, 1991.

BZGA
Basler Zeitschrift für Geschichte und Altertumskunde.

Châtelet 2004
Madeleine Châtelet, *Eine frühmittelalterliche Töpferwerkstatt. Die archäologischen Funde von Oberwil (BL), Lange Gasse* (Archäologie und Museum 47), Liestal, 2004.

Chèvre 1887
Mgr Fidèle Chèvre, *Histoire de Saint-Ursanne, du Chapitre, de la Ville et de la Prévôté*, Porrentruy, 1887.

Chèvre 1946
André Chèvre, «La première visite ad limina des évêques de Bâle après le concile de Trente», in *RHES* 40, 1946, S. 81-100.

Chèvre 1963
André Chèvre, *Jacques-Christophe Blarer de Wartensee, prince-évêque de Bâle*, Delémont, 1963.

Chèvre 1973
André Chèvre, *Lucelle. Histoire d'une ancienne abbaye cistercienne*, [Delémont], 1973.

Chèvre 1984
André Chèvre, «De la principauté médiévale à l'Etat moderne», in *Nouvelle Histoire du Jura*, Porrentruy, 1984, S. 94-113.

Christ 1992
Dorothen A. Christ, *Das Familienbuch der Herren von Eptingen. Kommentar und Transkription* (Quellen und Forschungen zur Geschichte und Landeskunde des Kantons Basel-Landschaft 41), Liestal, 1992.

Conciles œcuméniques 1994
Giuseppe Alberigo (Hg.), *Les conciles œcuméniques*, Bd. 2-1: *Les décrets. Nicée I à Latran V*, t. 2-2: *Les décrets. Trente à Vatican II*, Paris, 1994 (Originaltexte mit frz. Übersetzung).

Cuenin 1950
Chanoine G. Cuenin, «Autour du culte de saint Germain martyr, premier Abbé de Moutier-Grandval», in *ZSKG*, 1950, S. 233-246.

Dahan 1991
Gilbert Dahan, *La polémique chrétienne contre le judaïsme au Moyen Age*, Paris, 1991.

Dahhaoui 2005
Yann Dahhaoui, «Enfant-évêque et fête des fous: un loisir ritualisé pour jeunes clercs?», in *Freizeit und Vergnügen vom 14. bis zum 20. Jahrhundert*, hg. von Hans-Jörg Gilomen, Beatrice Schumacher und Laurent Tissot (Schweizerische Gesellschaft für Wirtschafts- und Sozialgeschichte 20), Zürich, 2005, S. 33-46.

Daucourt 1900
Arthur Daucourt, *Histoire de la ville de Delémont*, Porrentruy, 1900.

Delsalle 2004
Paul Delsalle, «L'alimentation pendant le Carême en Franche-Comté aux XVᵉ, XVIᵉ et XVIIᵉ siècles», in *Mémoires de la Société d'Emulation du Doubs*, 2004, S. 107-138.

Delumeau 1978
Jean Delumeau, *La Peur en Occident (XIVᵉ-XVIIIᵉ siècles). Une cité assiégée*, Paris, 1978.

Demandt 1998
Alexander Demandt, *Geschichte der Spätantike. Das Römische Reich von Diocletian bis Justinian 284-565 n. Chr.*, München, 1998.

Demarez 2005
Jean-Daniel Demarez, «Die Rauriker: ein Stamm, eine civitas, ein Bistum», in *Archäologie der Schweiz* 28/2, 2005, S. 25-34.

Denzinger 1996
Heinrich Denzinger und Joseph Hoffmann, *Enchiridion symbolorum definitionum et declarationum de rebus fidei et morum / Symboles et définitions de la foi catholique*, Paris, 1996.

Donation de 999
Jean-Claude Rebetez (Hg.), *La donation de 999 et l'histoire de l'ancien Evêché de Bâle*, Porrentruy, 2002.

DTC
Dictionnaire de théologie catholique: contenant l'exposé des doctrines de la théologie catholique, leurs preuves et leur histoire, 33 Bde., Paris, 1903-1972.

Duby 1976
Georges Duby, *Saint Bernard. L'art cistercien*, Paris, 1976.

Duval 2004
Yvette Duval, «Les saints protecteurs d'ici bas et dans l'au-delà. L'intercession dans l'Antiquité chrétienne», in Jean-Marie Moeglin (Hg.), *L'intercession du Moyen Age à l'Epoque moderne. Autour d'une pratique sociale*, Genève, 2004, S. 17-39.

Ehrensperger 1973
Ingrid Ehrensperger, «Die Bieler Altartafel», in *Neues Bieler Jahrbuch*, 1973, S. 31-37.

Eisele 2004
Nicola Eisele, *Das Basler Domkapitel im Freiburger Exil (1529-1628)*, Freiburg/München, 2004.

Eschenlohr 2001
Ludwig Eschenlohr, *Recherches archéologiques sur le district sidérurgique du Jura central suisse* (Cahiers d'archéologie romande 88), Lausanne, 2001.

Ewald/Tauber 1998
Jürg Ewald und Jürg Tauber, *Tatort Vergangenheit. Ergebnisse aus der Archäologie heute*, Basel, 1998.

Falk 1979
Tilman Falk, *Katalog der Zeichnungen des 15. und 16. Jahrhunderts im Kupferstichkabinett Basel*, Teil I: *Hans Holbein der Ältere und Jörg Schweiger, die Basler Goldschmiederisse*, Basel, 1979.

Frank 1993a
Karl Suso Frank, *Geschichte des christlichen Mönchtums*, Darmstadt, ⁵1993.

Frank 1993b
Karl Suso Frank, *Grundzüge der Geschichte der alten Kirche*, Darmstadt, 1993.

Frêne, Journal
Théophile Rémy Frêne, *Journal de ma vie*, hg. von André Bandelier, Cyrille Gigandet und Pierre-Yves Moeschler, in Zusammenarbeit mit Violaine Spichiger, 5 Bde., Porrentruy-Bienne, 1993-1994.

Friedli 2000
Vincent Friedli, «Les indices archéologiques de la christianisation du Jura», in *ASJE* 103, 2000, S. 219-234.

Fritz 1982
Johann Michael Fritz, *Goldschmiedekunst der Gotik in Mitteleuropa*, München, 1982.

Füssli 1742
Johann Conrad Füssli, *Beyträge zur Erläuterung der Kirchen-Reformations-Geschichten des Schweitzerlandes*, Bd. 2, Zürich, 1742.

Gamper/Jurot 1999
Rudolf Gamper und Romain Jurot, *Catalogue des manuscrits médiévaux conservés à Porrentruy et dans le canton du Jura*, Dietikon-Zurich, 1999.

Gerber 1928
Robert Gerber, «La Réformation dans l'Erguël», in *Quatrième centenaire de la Réformation bernoise 1928. Etudes historiques*, Bd. 3: *La Réformation dans le Jura bernois*, Berne, 1928, S. 25-69.

Gerber 1980
Ulrich Gerber, «Die Reformation und ihr ‹Originalgwächs›: die Täufer», in *450 Jahre Berner Reformation. Beiträge zur Geschichte der Berner Reformation und zu Niklaus Manuel* (Archiv des Historischen Vereins des Kantons Bern 64-65), Bern, 1980, S. 248-269.

Geschichte des Christentums
Jean-Marie Mayeur, Charles und Luce Pietri, André Vauchez, Marc Venard (Hg.), *Die Geschichte des Christentums*, Freiburg i. Br./Basel/Wien; insbes.:
Bd. 1: *Die Zeit des Anfangs (bis 250)* (Luce Pietri, Hg.), 2003
Bd. 2: *Das Entstehen der einen Christenheit (250-430)* (Charles und Luce Pietri, Hg.), 1996
Bd. 3: *Der lateinische Westen und der byzantinische Osten (431-642)* (Luce Pietri, Hg.), 2001
Bd. 4: *Bischöfe, Mönche und Kaiser (642-1054)* (Gilbert Dagron, Pierre Riché und André Vauchez, Hg.), 1993
Bd. 5: *Machtfülle des Papsttums (1054-1274)* (André Vauchez, Hg.), 1994
Bd. 6: *Die Zeit der Zerreissproben (1274-1449)* (Michel Mollat du Jourdin und André Vauchez, Hg.), 1991
Bd. 7: *Von der Reform zur Reformation (1450-1530)* (Marc Venard, Hg.), 1995.

GHMR 2003
Groupe d'histoire du Mont-Repais, *Le fer dans le Jura*, Bassecourt, 2003.

Gigandet 1986
Cyrille Gigandet, «Les Prémontrés à Bellelay», in *Intervalles*, n° 15, juin 1986, S. 9-154.

Gilomen 1977
Hans-Jörg Gilomen, *Die Grundherrschaft des Cluniazenser-Priorates St. Alban in Basel* (Quellen und Forschungen zur Basler Geschichte 9), Basel, 1977.

Gilomen 1986
Hans-Jörg Gilomen, «Kirchliche Theorie und Wirtschaftspraxis. Der Streit um die Basler Wucherpredigt des Johannes Mulberg», in *Itinera* 4, 1986, S. 34-62.

Gilomen 1999
Hans-Jörg Gilomen, «Spätmittelalterliche Siedlungssegregation und Ghettoisierung, insbesondere im Gebiet der heutigen Schweiz», in *Stadt- und Landmauern*, Bd. 3: *Abgrenzungen – Ausgrenzungen in der Stadt und um die Stadt* (Veröffentlichungen des Instituts für Denkmalpflege an der ETH Zürich 15.3), Zürich, 1999, S. 85-106.

Goeters 1957
Johann Friedrich Gerhard Goeters, *Ludwig Hätzer (ca. 1500 bis 1529). Spiritualist und Antitrinitarier. Eine Randfigur der frühen Täuferbewegung*, Gütersloh, 1957.

Grinberg 1993
Martine Grinberg, «L'*Episcopus puerorum*», in *Infanzie, Funzioni di un gruppo liminale dal mondo classico all'Età moderna*, a cura di Ottavia Niccoli, Firenze, 1993, S. 144-158.

Guex 2001
François Guex, «Hoffnung auf ewiges Leben – auf dem Gürtel getragen», in *Freiburger Hefte für Archäologie* 3, 2001, S. 14-21.

Guggenbühl 2002
Dietegen Guggenbühl, *Mit Tieren und Teufeln. Sodomiten und Hexen unter Basler Jurisdiktion in Stadt und Land 1399-1799* (Quellen und Forschungen zur Geschichte und Landeskunde des Kantons Basel-Landschaft 79), Liestal, 2002.

Guggisberg 1958
Kurt Guggisberg, *Bernische Kirchengeschichte*, Bern, 1958.

Guggisberg 1973
Hans Rudolf Guggisberg, «Jakob Würben von Biel, ein besonnener Mahner wider Ludwig Hätzer und die Täufer», in *Zwingliana* 13, 1973, S. 570-590.

Gutscher et al. 1999
Daniel Gutscher, Susi Ulrich-Bochsler, Kathrin Utz Tremp, «‹Hie findt man gesundheit des libes und der sele› – Die Wallfahrt im 15. Jahrhundert am Beispiel der wundertätigen Maria von Oberbüren», in *Berns grosse Zeit. Das 15. Jahrhundert neu entdeckt*, Bern, 1999, S. 380-392.

Hald 1980
Margrethe Hald, *Ancient Danish Textiles from Bogs and Burials. A Comparative Study of Costume and Iron Age Textiles* (The National Museum of Denmark, Archaeological-Historical Series 21), Copenhague, 1980.

Hamm 1988
Berndt Hamm, *Zwinglis Reformation der Freiheit*, Neukirchen, 1988.

Hamm 1995
Berndt Hamm et al., *Reformations-Theorien. Ein kirchenhistorischer Disput über Einheit und Vielfalt der Reformation*, Göttingen, 1995.

Hansen 1990
Egon H. Hansen, «Nålebinding: definition and description», in Penelope Walton und John-Peter Wild (Hg.), *Textiles in Northern Archaeology. NESAT III: Textile Symposium in York 6-9 May 1987* (North European Symposium for Archaeological Textiles, Monograph 3), London, 1990, S. 21-27.

Harder SSA
Leland Harder, *The Sources of Swiss Anabaptism*, Scottdale, PA/Kitchener, Ont., 1985.

Hartmann 1982
Wilfried Hartmann, «Der rechtliche Zustand der Kirchen auf dem Lande: die Eigenkirchen in der fränkischen Gesetzgebung des 7. bis 9. Jahrhunderts», in *Settimane di Studi sull'Alto Medioevo* 28, 1, Spoleto, 1982, S. 397-441.

Hassenpflug 1999
Eyla Hassenpflug, *Das Laienbegräbnis in der Kirche. Historisch-archäologische Studien zu Alemannien im frühen Mittelalter* (Freiburger Beiträge zur Archäologie und Geschichte des ersten Jahrtausends 1), Leidorf, 1999.

Hauzenberger 1997
Hans Hauzenberger, «Vorreformatorische Bibelhandschriften und Bibeldrucke in Basel», in Schweizerische Bibelgesellschaft (Hg.), *Die Bibel in der Schweiz. Ursprung und Geschichte*, Basel, 1997, S. 123-132.

HBLS
Historisch-biographisches Lexikon der Schweiz, 7 Bde. + Suppl., Neuenburg, 1921-1934.

Hefele
Mgr Charles-Joseph Héfélé [= Hefele], *Histoire des conciles d'après les documents originaux* (trad. fr. par l'abbé Delarc), 12 Bde., Paris, 1869-1878.

Heider 1991
Christine Heider, *La paroisse de Thann (1389-1789)*, 2 Bde., Strasbourg, 1991.

Helmig 1991
Guido Helmig et al., «Ausgrabungen im Umkreis des Basler Münsters», in *Jahresbericht der Archäologischen Bodenforschung des Kantons Basel-Stadt*, 1991, S. 34-72.

Herminjard 1965
Aimé-Louis Herminjard, *Correspondance des réformateurs dans les pays de langue française, recueillie et publiée avec d'autres lettres relatives à la Réforme et des notes historiques et biographiques*, Nieuwkoop, 1965, Bd. 2: 1527-1532.

Herrmann-Mascard 1975
Nicole Herrmann-Mascard, *Les Reliques des saints. Formation coutumière d'un droit,* Paris, 1975.

Hieronimus 1938
Konrad W. Hieronimus, *Das Hochstift Basel im ausgehenden Mittelalter (Quellen und Forschung)*, Basel, 1938 (darin enthalten eine Edition des *Ceremoniale* von Brilinger, S. 108-320).

HLS
Historisches Lexikon der Schweiz, Basel, 2002 ff.

HS
Helvetia Sacra, Bern dann Basel, Frankfurt a. M., Abt. I-IX, 1972 ff.

Humphrey 2001
Chris Humphrey, *The Politics of Carnival*, Manchester, 2001.

Imperium Romanum
Imperium Romanum. Römer, Christen, Alamannen. Die Spätantike am Oberrhein, Ausstellungskat. Badisches Landesmuseum Karlsruhe, Stuttgart, 2005.

Index 1999
Index ac status causarum, Congregation de Causis Sanctorum, Vatican, 1999.

Iogna-Prat 2002
Dominique Iogna-Prat, «L'essor de Cluny aux Xe et XIe siècles», in *Dossiers de l'archéologie*, n° 269, janvier 2002, S. 6-11.

Jäggi 1996
Carola Jäggi, «Vom römischen Pantheon zur christlichen Kirche», in Andreas Furger et al., *Die Schweiz zwischen Antike und Mittelalter*, Zürich, 1996, S. 61-125.

Jäggi 1999
Gregor Jäggi OSB, *Das Bistum Basel in seiner Geschichte. Mittelalter*, Strassburg, 1999.

Jerouschek 2001
Günter Jerouschek (Hg.), *Heinrich Institoris: Der Hexenhammer*, München, 2001.

Jura, Treize siècles
Jura, Treize siècles de civilisation chrétienne. Le livre de l'exposition de Delémont, du 16 au 20 septembre 1981, Delémont, 1981.

Jurot 1989
Romain Jurot, *Le missel bâlois d'après le Ms. 5, vers 1300, du fonds ancien de la Bibliothèque cantonale jurassienne à Porrentruy*, mém. de licence université de Fribourg, 1989.

Jurot 1999a
Romain Jurot, *L'ordinaire liturgique du diocèse de Besançon (Besançon, Bibl. Mun., ms 101). Texte et sources* (Spicilegium Friburgense 38), Fribourg, 1999.

Jurot 1999b
Romain Jurot, *Au berceau de l'imprimerie. Incunables; imprimés du XVe siècle témoins de la vie culturelle dans l'ancien Evêché de Bâle*, Porrentruy, 1999.

Jurot 2000
Romain Jurot, *Catalogue des incunables du Fonds ancien de la Bibliothèque cantonale jurassienne à Porrentruy*, Dietikon - Zurich - Porrentruy, 2000.

Kaennel 1997
Lucie Kaennel, *Luther était-il antisémite?*, Genève, 1997.

Keller 1976
Hagen Keller, «Fränkische Herrschaft und alemannisches Herzogtum im 6. und 7. Jahrhundert», in *Zeitschrift für Geschichte des Oberrheins* 124 (NF 85), 1976, S. 1-30.

Keller 1989
Martin Keller, «·Hexenwerk· in Schliengen», in *Das Markgräflerland*, 1989, 2, S. 24-59.

Keller 2001
Hagen Keller, «Germanische Landnahme und Frühmittelalter (3. Jh.-700)», in *Handbuch der baden-württembergischen Geschichte*, Bd. 1, Stuttgart, 2001, S. 191-296.

Kemperdick 2004
Stephan Kemperdick, *Martin Schongauer. Eine Monographie*, Petersberg, 2004.

Kistler 1914
Pius Kistler, «Das Burgrecht zwischen Bern und dem Münstertal», in *Schweizer Studien zur Geschichtswissenschaft* 6, 1914, S. 413-785.

Kleinert 1914
Eduard Kleinert, *Der Bieler Tauschhandel 1594-1608*, Zürich, 1914.

Kob 2000
Karin Kob, «Christen in Augusta Raurica: Ein weiterer Nachweis aus Kaiseraugst und eine Bestandesaufnahme», in *Jahresberichte aus Augst und Kaiseraugst*, 21, 2000, S. 119-125.

Kocher 1943
Ambros Kocher, «Regesten zu den Solothurnischen Hexenprozessen», in *Jahrbuch für Solothurnische Geschichte*, 1943, S. 121-140.

Körntgen 2002
Ludger Körntgen, «König und Priester. Das sakrale Königtum der Ottonen zwischen Herrschaftstheologie, Herrschaftspraxis und Heilssorge», in K.G. Beuckers, J. Cramer, M. Imhof (Hg.), *Die Ottonen. Kunst, Architektur, Geschichte*, Petersberg, 2002, S. 51-61.

Konzili 1975-1977
Jürgen Konzili, «Studien über Johann Ulrich Surgant (ca. 1450-1503)», in *ZSKG*, 1975, S. 265-309; *ZSKG*, 1976, S. 107-167; *ZSKG*, 1976, S. 308-388; *ZSKG*, 1977, S. 332-392.

Krieg 1935
Ernest Krieg, «La bibliothèque de Guillaume Grimètre de La Neuveville. Incunables et manuscrits du XVᶜ siècle», in *ASJE*, 1935, S. 73-81.

Kundert 1972
Werner Kundert, «Das Domstift Basel», in *Helvetia Sacra*, I/1: Schweizerische Kardinäle. Das Apostolische Gesandtschaftswesen in der Schweiz. Erzbistümer und Bistümer 1, Bern, 1972, S. 272-315.

Kunstdenkmäler
Die Kunstdenkmäler der Schweiz. Insbes.: *Die Kunstdenkmäler des Kantons Basel-Stadt*, Bde. 3-5: *Die Kirchen, Klöster und Kapellen*, Basel, 1941 (Neudruck 1987), 1961, 1966.

Labande 2004
Edmond-René Labande, *Pauper et peregrinus. Problèmes, comportements et mentalités du pèlerin chrétien*, Turnhout, 2004.

Lanz/Berchtold 1963
Eduard Lanz, Hans Berchtold, *500 Jahre Bieler Stadtkirche*, Biel, 1963.

Lapaire 1960
Claude Lapaire, *Les constructions religieuses de Saint-Ursanne*, thèse, Lausanne, 1960.

Laporte 1988
Jean-Pierre Laporte, *Le trésor des saints de Chelles*, Chelles, 1988.

Lavater 1980
Hans Rudolf Lavater, «Zwingli und Bern», in *450 Jahre Berner Reformation. Beiträge zur Geschichte der Berner Reformation und zu Niklaus Manuel* (Archiv des Historischen Vereins des Kantons Bern 64-65), Bern, 1980, S. 60-103.

Léchot 2002
Pierre-Olivier Léchot, «La Vénérable Classe d'Erguël durant le XVIIIᶜ siècle: mutations et crispations d'une Eglise réformée pendant les Lumières», in *ASJE*, 2002, S. 213-246.

Léchot (erscheint demnächst)
Pierre-Olivier Léchot, «De la circonspection à l'indifférence: jalons pour une étude de la réception des projets iréniques de John Dury en Suisse et dans la principauté de Neuchâtel», in Jean-Daniel Morerod et al. (Hg.), *Cinq siècles d'histoire religieuse neuchâteloise. Approches d'une tradition protestante*, erscheint demnächst.

Leisibach 1977
Joseph Leisibach, «Das Missale des Wilhelm Graumeister», in *ZSKG* 71, 1977, S. 141-199.

Levack 1991
Brian P. Levack, *La grande chasse aux sorcières en Europe aux débuts des Temps modernes* (aus dem Englischen übers. von Jacques Chiffoleau), Seyssel, 1991.

Lévy 1929
Joseph Lévy, *Die Wallfahrten der Mutter Gottes im Elsass*, Colmar, 1929.

Von Liebenau 1897
Theodor von Liebenau, «Der Kult der Heiligen Desiderius und Reginfried in Luzern», in *Katholische Schweizer Blätter und Archiv für schweizerische Reformationsgeschichte*, 1897, S. 100-108.

Lienhard 1998
Marc Lienhard, *Martin Luther: un temps, une vie, un message*, Genève, ²1998 (1. Ausg. 1983).

Van der Lindt (Lindanus) 1583
Gulielmus Lindanus, *Concordia discors, sive Querimonia catholicae Christi Jesu Ecclesiae*, Colonia, 1583.

Liturgia 1947
Abbé René Aigrin (Hg.), *Liturgia. Encyclopédie populaire des connaissances liturgiques*, Paris, 1947.

LexMA
Lexikon des Mittelalters, 10 Bde., München-Zürich, 1980-1999.

Locatelli 1984
René Locatelli, «Politique et religion dans l'ancien pays d'Ajoie (XIIᶜ-XIIIᶜ siècles)», in *Le Pays de Montbéliard et l'ancien Evêché de Bâle dans l'histoire*, Actes du colloque franco-suisse 1983, Montbéliard-Porrentruy, 1984, S. 47-69.

Locatelli 1992
René Locatelli, *Sur les chemins de la perfection. Moines et chanoines dans le diocèse de Besançon vers 1060-1220*, Saint-Etienne, 1992.

Locher 1980
Gottfried W. Locher, «Die Berner Disputation 1528», in *450 Jahre Berner Reformation. Beiträge zur Geschichte der Berner Reformation und zu Niklaus Manuel* (Archiv des Historischen Vereins des Kantons Bern 64-65), Bern, 1980, S. 138-155.

Lohner 1865
Carl Friedrich Ludwig Lohner, *Die reformirten Kirchen und ihre Vorsteher im eidgenössischen Freistaate Bern, nebst den vormaligen Klöstern*, Thun, [1865].

Lorentz/Rapp 2004
Philippe Lorentz und Francis Rapp, «Un chantier de décoration picturale à la fin du Moyen Age. Le pèlerinage de Dusenbach (1498-1492)», in *Bibliothèque de l'Ecole des chartes*, 2004, S. 217-220.

Lovis 1991
Gilbert Lovis, *Saulcy. Histoire d'une communauté jurassienne*, Porrentruy, 1991.

LThK
Lexikon für Theologie und Kirche, Freiburg i. Br., 10 Bde., 1957-1967.

Lubac 1949
Henri de Lubac, *Corpus mysticum. L'Eucharistie et l'Eglise au Moyen Age*, Paris, ²1949.

Marti 1998
Reto Marti, *Frühmittelalterliche Grabfunde beim Bad Bubendorf* (Archäologie und Museum 11), Liestal, 1998, S. 5-27.

Marti 2000
Reto Marti, *Zwischen Römerzeit und Mittelalter. Forschungen zur frühmittelalterlichen Siedlungsgeschichte der Nordwestschweiz (4.-10. Jahrhundert)* (Archäologie und Museum 41 A und B), Liestal, 2000.

Marti Laurence 1998
Laurence Marti et al., *Carimentran. Le Carnaval franc-montagnard*, Aubonne, 1998.

Martin 1992
Max Martin, «Zur Interpretation des Gräberfeldes und seiner Funde», in Hans-Jörg Brem, Jost Bürgi und Katrin Roth-Rubi, *Arbon-Arbor Felix. Das spätrömische Kastell* (Archäologie im Thurgau 1), Frauenfeld, 1992, S. 161-171.

Martyrs Mirror
Thielemann Braght, *The Bloody Theater, or Martyrs Mirror of the Defenseless Christians*, Scottdale, PA/Kitchener, Ont., ⁵1950.

Maurer 1961
François Maurer, *Die Kunstdenkmäler der Schweiz, Basel-Stadt*, Bd. IV, Basel, 1961.

Maurer 1993
Helmut Maurer, «Das Bistum [Konstanz] bis zum 12. Jahrhundert», in *HS* I/2, 1993, S. 85-92.

Membrez 1954
Albert Membrez, *Le trésor de l'église St-Pierre à Porrentruy*, Porrentruy, 1954.

Mennonite Encyclopedia
Mennonite Encyclopedia, hg. von Harold S. Bender, C. Henry Smith, 4 Bde., Scottdale, Pennsylvania, 1955-1959; Bd. 5: *A Comprehensive Reference Work of the Anabaptist-Mennonite Movement*, hg. von Cornelius J. Dyck, Dennis D. Martin, 1990.

Meyer 1992
Werner Meyer, «Der Zusammenschluss von Gross- und Kleinbasel im Spätmittelalter», in Brigitte Meles, Beat von Wartburg (Hg.), *Leben in Kleinbasel 1392, 1892, 1992. Das Buch vom Jubiläum «600 Joor Glai- und Groossbasel zämme»*, Basel, 1992, S. 12-36.

Meyer 1995
Werner Meyer, «Spielball der Mächtigen. Bischöfliche Territorialpolitik und Stadtgründung», in Daniel Hagman, Peter Hellinger (Hg.), *700 Jahre Stadt Laufen*, Basel, 1995, S. 19-34.

Meyer 2005
Werner Meyer, «Benötigt, geduldet, verachtet und verfolgt. Zur Geschichte der Juden in Basel zwischen 1200 und 1800», in Heiko Haumann (Hg.), *Acht Jahrhunderte Juden in Basel. 200 Jahre Israelitische Gemeinde Basel*, Basel, 2005, S. 13-56.

Mezger 1990
Werner Mezger, «Sankt Nikolaus zwischen Katechese, Klamauk und Kommerz. Zu den Metamorphosen eines populären Brauchkomplexes», in *Schweizerisches Archiv für Volkskunde* 86, 1990, S. 62-92; 178-201.

Mezger 1991
Werner Mezger, *Narrenidee und Fastnachtsbrauch*, Konstanz, 1991.

Mezger 1999
Werner Mezger, *Das grosse Buch von der schwäbisch-alemannischen Fasnet*, Stuttgart, 1999.

MGH
Monumenta Germaniae Historica.

Moosbrugger-Leu 1985
Rudolf Moosbrugger-Leu, *Die Chrischonakirche von Bettingen. Archäologische Untersuchungen und baugeschichtliche Auswertung*, Basel, 1985.

Morard 1981
Nicolas Morard, «A propos d'une charte inédite de l'évêque Pierre d'Oron: lépreux brûlés à Lausanne en 1321», in *RHES*, 1981, S. 231-238.

Morerod 1997
Jean-Daniel Morerod, «Les Juifs et leurs communautés (XIIIᵉ-XVᵉ siècle)», in Agostino Paravicini Bagliani et al. (Hg.). *Les pays romands au Moyen Age*, Lausanne, 1997, S. 446-450.

Moyse 1973
Gérard Moyse, «Les origines du monachisme dans le diocèse de Besançon (Vᵉ-Xᵉ siècles)», in *Bibliothèque de l'Ecole des Chartes*, 1973, S. 21-104; 369-485.

Moyse 1984
Gérard Moyse, «A propos de Saint-Imier en 884. Le Jura septentrional dans la perspective du monachisme occidental avant l'an mille», in *ASJE*, 1984, S. 9-38.

Moyse 2001
Gérard Moyse, «Les Pères du Jura. Une ‹préhistoire› monastique pour Romainmôtier?», in Jean-Daniel Morerod et al. (Hg.), *Romainmôtier. Histoire de l'abbaye* (Bibliothèque historique vaudoise 120), Lausanne, 2001, S. 13-24.

Mulinen 1867
Egbert-Frédéric de Mulinen, «Notice historique sur le chapitre de Saint-Imier dans l'Erguël», in *ASJE*, 1867, S. 107-132.

Münsterschatz
Der Basler Münsterschatz. Ausstellungskatalog Historisches Museum Basel, Basel, 2001.

von Muralt 1925
Leonhard von Muralt, *Die Badener Disputation*, Leipzig, 1925.

von Muralt 1933
Leonhard von Muralt, «Das Gespräch mit den Wiedertäufern am 22. Januar 1528 zu Bern», in *Zwingliana*, V/9, 1933, S. 409-413.

Nah dran
Nah dran, weit weg. Geschichte des Kantons Basel-Landschaft, Bd. 2: *Bauern und Herren. Das Mittelalter*, Liestal, 2001.

Ökumenische Kirchengeschichte der Schweiz
Ökumenische Kirchengeschichte der Schweiz, hg. von Lukas Vischer, Lukas Schenker, Rudolf Dellsperger, Freiburg-Basel, 1994.

Ostorero 1995
Martine Ostorero, *Folâtrer avec les démons. Sabbat et chasse aux sorciers à Vevey (1448)* (Cahiers lausannois d'histoire médiévale 15), Lausanne, 1995.

Ostorero/Paravicini Bagliani/Utz Tremp 1999
Martine Ostorero, Agostino Paravicini Bagliani, Kathrin Utz Tremp (Hg.), *L'imaginaire du sabbat. Edition critique des textes les plus anciens (1430 c.-1440 c.)* (Cahiers lausannois d'histoire médiévale 26), Lausanne, 1999.

Parisse 2002
Michel Parisse, *Allemagne et Empire au Moyen Age*, Paris, 2002.

Pastoureau 1986
Michel Pastoureau, «Les couleurs médiévales: système de valeurs et modes de sensibilité», in *Figures et couleurs. Etude sur la symbolique et la sensibilité médiévales*, Paris, 1986, S. 35-49.

Pégeot 1982
Pierre Pégeot, *Le pays de Montbéliard et la région de Porrentruy au Moyen Age*, thèse, Nancy, 1982.

Pégeot 1984
Pierre Pégeot, «Les enseignements d'un des plus anciens registres de baptême: Porrentruy 1482-1500», in *ASJE*, 1984, S. 39-50.

Pégeot 2002
Pierre Pégeot, «La vie d'une fabrique: Porrentruy (XVᶜ-début XVIᶜ siècle), in *Donation de 999*, S. 339-345.

Pégeot/Prongué 1989
Pierre Pégeot und Jean-Paul Prongué, «Contribution à l'étude du clergé paroissial rural à la fin du Moyen Age: les prêtres du Sundgau (1441-1500)», in *Revue d'Alsace* 115, 1989, S. 3-36.

Pèlerinages alsaciens
André Marcel Burg (Hg.), *Pèlerinages alsaciens de la Vierge Marie/ Elsässische Marienwallfahrten*, Strassburg, 1954.

Perrin 1966
Jean Perrin, «Le diocèse et la principauté épiscopale de Bâle après la guerre de Trente ans d'après les rapports des évêques à Rome», in *RHES* 60, 1966, S. 255-274, 356-367.

Perrin 1975
Jean Perrin, «Une visite pastorale de l'évêque de Bâle en Haute-Alsace en 1654», in *Archives de l'Eglise d'Alsace* 38, 1975, S. 171-206.

Petit 1981
François Petit, *Norbert et l'origine des Prémontrés*, Paris, 1981.

Pfaff 1963
Carl Pfaff, *Kaiser Heinrich. Sein Nachleben und sein Kult im mittelalterlichen Basel*, Basel-Stuttgart, 1963.

Pfaff 2002
Carl Pfaff, «Le concile et l'Evêché de Bâle», in *Donation de 999*, S. 309-324.

Pfister, Kirchengeschichte
Rudolf Pfister, *Kirchengeschichte der Schweiz*, 3 Bde., Zürich, 1964-1985.

Pfleger 1936
Luzian Pfleger, *Die elsässische Pfarrei, ihre Entstehung und Entwicklung. Ein Beitrag zur kirchlichen Rechts- und Kulturgeschichte*, Strassburg, 1936.

Pradié 2001
Pascal Pradié OSB, «Saint Wandrille à Romainmôtier», in Jean-Daniel Morerod et al. (Hg.), *Romainmôtier. Histoire de l'abbaye* (Bibliothèque historique vaudoise 120), Lausanne, 2001, S. 39-49.

Prongué 2000
Jean-Paul Prongué, *La Franche Montage de Muriaux à la fin du Moyen Age*, Porrentruy, 2000.

Prongué 2002
Jean-Paul Prongué, «Evolution démographique de la prévôté de Saint-Ursanne (1440-1510)», in *Donation de 999*, S. 419-454.

Quiquerez 1866
Auguste Quiquerez, «Objets d'antiquité provenant de l'abbaye de Moutiers-Grand-Val», in *Bulletin de la Société pour la conservation des Monuments historiques d'Alsace* 4 (2ᶜ série), 1866, S. 1-13 (Sonderdruck).

Quiquerez 1878
Auguste Quiquerez, «Moutier-Grandval. Réformation», in *ASJE*, 1878, S. 83-131.

Quiquerez 1982
Auguste Quiquerez, *Ville et château de Porrentruy*, Delémont, 1870, Neudruck Porrentruy, 1982.

Quiquerez 1983
Auguste Quiquerez, *Monuments de l'ancien Evêché de Bâle. Eglises* (Handschrift zwischen 1853 und 1876 verfasst), Neuallschwil/Bâle, 1983, S. 52-64.

Rais 1962
André Rais, «L'histoire du Grand Ostensoir gothique de Porrentruy, œuvre de Georges Schongauer», in *Revue suisse d'art et d'archéologie* 49, 1962, S. 73-80, Taf. 22-23.

Rais/Reinhardt 1946
André Rais und Hans Reinhardt, «Neue Beiträge zu einigen Stücken des Basler Münsterschatzes», in *Jahresberichte und Rechnungen des Historischen Museums Basel*, 1946, S. 27-39.

Rapp 1974
Francis Rapp, *Réformes et Réformation à Strasbourg. Eglise et société dans le diocèse de Strasbourg, 1450-1525* (Collection de l'Institut des hautes études alsaciennes 23), Paris, 1974.

Rapp 2003a
Francis Rapp, «Les pèlerinages mariaux en Alsace à la fin du Moyen Age», in *Religion et mentalités au Moyen Age. Mélanges en l'honneur d'Hervé Martin*, Rennes, 2003, S. 387-394.

Rapp 2003b
Francis Rapp, «Le pèlerinage de Dusenbach et Maximilien de Ribeaupierre», in *Revue d'Alsace*, 2003, S. 193-203.

Rebetez 1999
Jean-Claude Rebetez, «La donation de l'abbaye de Moutier-Grandval en 999 et ses suites jusqu'à la fin du XIIᵉ siècle. Essai de synthèse sur des questions controversées de diplomatique et d'histoire politique», in *ASJE*, 1999, S. 197-262.

Rebetez 2001
Jean-Claude Rebetez, «Fürstbistum und Diözese», in *Münsterschatz*, S. 200-210.

Rebetez 2002a
Jean-Claude Rebetez, «Signification et contexte du don de l'abbaye de Moutier-Grandval par le roi Rodolphe III», in *Donation de 999*, Porrentruy, 2002, S. 11-57.

Rebetez 2002b
Jean-Claude Rebetez, «L'intégration du chapitre et de la prévôté de Moutier-Grandval dans la seigneurie épiscopale», in *Donation de 999*, Porrentruy, 2002, S. 101-137.

Rechtsquellen Biel
Die Rechtsquellen der Stadt Biel mit ihren «Äusseren Zielen» Bözingen, Vingelz und Leubringen, bearbeitet von Paul Bloesch (Sammlung Schweizerischer Rechtsquellen, II. Abteilung: *Die Rechtsquellen des Kantons Bern*, 1. Teil: *Stadtrechte*, 13. Band), Basel, 2003.

Reinle 1989
Adolf Reinle, «Die Tiere der Heiligen», in *Unsere Kunstdenkmäler* 40, 1989, 4, S. 420-433.

Reymond 1997
Bernard Reymond, *Temples de Suisse romande. A la découverte d'un patrimoine*, Yens, 1997.

RHES
Revue d'histoire ecclésiastique suisse.

Rippmann 1991
Dorothee Rippmann, «Zur Geschichte des Dorfs im Mittelalter am Beispiel des Kantons Baselland», in Jürg Tauber (Hg.), *Methoden und Perspektiven der Archäologie des Mittelalters* (Archäologie und Museum 20), Liestal, 1991, S. 31-56.

Rippmann 1996
Dorothee Rippmann, «Hexen im 15. und 16. Jahrhundert», in Dorothee Rippmann, Katharina Simon-Muscheid, Christian Simon, *Arbeit – Liebe – Streit. Texte zur Geschichte des Geschlechterverhältnisses und des Alltags, 15. bis 18. Jahrhundert* (Quellen und Forschungen zur Geschichte und Landeskunde des Kantons Basel-Landschaft 55), Liestal, 1996, S. 159-226.

Rippmann 1998
Dorothee Rippmann, «Unbotmässige Dörfler im Spannungsverhältnis zwischen Land und Stadt: Pratteln im 15. und zu Beginn des 16. Jahrhunderts», in *Itinera 19: Stadt und Land in der Schweizer Geschichte: Abhängigkeiten – Spannungen – Komplementaritäten*, 1998, S. 110-156.

Rippmann 2001
Dorothee Rippmann, «Randständige: Beargwöhnt – Abgesondert – Ausgestossen – Verfolgt», in *Nah dran, weit weg. Geschichte des Kantons Basel-Landschaft*, Bd. 2, *Bauern und Herren. Das Mittelalter*, Liestal, 2001, S. 183-196.

Rippmann 2002
Dorothee Rippmann, «Hexenverfolgungen und soziale Unrast. Der Forschungsstand zum Basler Raum (Nordwestschweiz) im Spätmittelalter», in *Schweizerische Zeitschrift für Geschichte* 52, 2002, S. 151–156.

Roth 1956
Dorothea Roth, *Die mittelalterliche Predigttheorie und das* Manuale Curatorum *des Johann Ulrich Surgant*, Basel, 1956.

Roth/Dürr 1921-1950
Paul Roth, Emil Dürr (Hg.), *Aktensammlung zur Geschichte der Basler Reformation in den Jahren 1519 bis Anfang 1534*, 6 Bde., Basel, 1921-1950.

Rubin 1992
Miri Rubin, *Corpus Christi. The Eucharist in Late Medieval Culture*, Cambridge, 1992.

Rück 1966
Peter Rück, *Die Urkunden der Bischöfe von Basel bis 1213* (Quellen und Forschungen zur Basler Geschichte 1), Basel, 1966.

Salathé (im Druck)
René Salathé (Hg.), *Augst und Kaiseraugst. Zwei Dörfer, eine Geschichte.*

Sauter 2001
Martin Sauter, «Beobachtungen zu Technik und Oberflächenbearbeitung von Goldschmiedearbeiten», in *Der Basler Münsterschatz*, Historisches Museum Basel, Basel, 2001, S. 286-292.

Sbalchiero 2002
Patrick Sbalchiero (Hg.), *Dictionnaire des miracles et de l'extraordinaire chrétiens*, Paris, 2002.

Schifferdecker 1987
François Schifferdecker, «La nécropole mérovingienne de Bonfol, 100 ans après sa découverte», in *Archéologie suisse* 10/2, 1987, S. 74-81.

Schillinger 1891
Josef Schillinger, «Die Hexenprozesse im ehemaligen Fürstbistum Basel», in *Vom Jura zum Schwarzwald*, Bd. 8, 1891, S. 1-33.

Schindling/Ziegler 1993
Anton Schindling, Walter Ziegler (Hg.), *Die Territorien des Reichs im Zeitalter der Reformation und Konfessionalisierung. Land und Konfession 1500-1650*, (Katholisches Leben und Kirchenreform im Zeitalter der Glaubensspaltung 53), Bd. 5, *Der Südwesten*, Münster, 1993.

Schmedding 1978
Brigitta Schmedding, *Mittelalterliche Textilien in Kirchen und Klöstern der Schweiz. Katalog* (Schriften der Abegg-Stiftung Bern 3), Bern, 1978.

Schmidt 2000
Jürgen Michael Schmidt, *Glaube und Skepsis. Die Kurpfalz und die abendländische Hexenverfolgung 1446-1685* (Hexenforschung 5), Bielefeld, 2000.

Schnyder 1993
André Schnyder (Hg.), *Malleus Maleficarum von Heinrich Institoris (alias Krämer) unter Mithilfe Jakob Sprengers aufgrund der dämonologischen Tradition zusammengestellt. Kommentar zur Wiedergabe des Erstdrucks von 1487 (Hain 9238)*, Göppingen, 1993.

Schorta 2001
Regula Schorta, *Monochrome Seidengewebe des hohen Mittelalters. Untersuchungen zu Webtechnik und Musterung*, Berlin, 2001.

Schubiger
Benno Schubiger, «Das künstlerische und kunsthandwerkliche Umfeld der spätgotischen Turm-Monstranzen», in *Münsterschatz*, S. 280-285.

Schwarz 2001
Peter-Andrew Schwarz, *Die archäologische Informationsstelle «Aussenkrypta» unter der Pfalz des Basler Münsters*, Basel, 2001.

Schwarz 2002
Peter-Andrew Schwarz, «Zur ‹Topographie chrétienne› von Kaiseraugst (AG) im 4. bis 9. Jahrhundert», in «Villes et villages. Tombes et églises. La Suisse de l'Antiquité tardive et du haut Moyen Age. Actes du colloque tenu à l'Université de Fribourg (27-29 septembre 2001)», in *Zeitschrift für Schweizerische Archäologie und Kunstgeschichte* 59/3, 2002, S. 153-168.

Schwin Schürmann 2000
Dorothea Schwin Schürmann, *Das Basler Münster* (Schweizerische Kunstführer GSK 679/680), Bern, 2000.

Séguy 1977
Jean Séguy, *Les assemblées anabaptistes-mennonites de France*, Paris-La Haye, 1977.

Sennhauser 1983
Hans-Rudolf Sennhauser, «Das Münster des Bischofs Haito», in Peter Heman (Hg.), *Bodenfunde aus Basels Ur- und Frühgeschichte*, Basel, 1983, S. 79-82.

Sennhauser 1991
Hans-Rudolf Sennhauser, «Basel-Münster», in Werner Jacobsen, Leo Schaefer und Hans Rudolf Sennhauser, *Vorromanische Kirchenbauten. Katalog der Denkmäler bis zum Ausgang der Ottonen*, Nachtragsband, München, 1991, S. 44-46.

Sigal 1974
Pierre André Sigal, *Les marcheurs de Dieu. Pèlerinages et pèlerins du Moyen Age*, Paris, 1974.

Simon 1928
Charles Simon (Vater), «La Réformation à la Montagne de Diesse», in *Quatrième centenaire de la Réformation bernoise 1928. Etudes historiques*, Bd. 3: *La Réformation dans le Jura bernois*, Berne, 1928, S. 71-79.

Simon Sohn 1928
Charles Simon (Sohn), «La Réformation à La Neuveville», in *Quatrième centenaire de la Réformation bernoise 1928. Etudes historiques*, Bd. 3: *La Réformation dans le Jura bernois*, Berne, 1928, S. 81-107.

Simon Sohn 1949
Charles Simon (Sohn), «Les rivalités de co-souveraineté à la Montagne de Diesse sous le régime des princes-évêques», in *ASJE*, 1949, S. 73-82.

Simon 1951
Charles-Alphonse Simon, *Le Jura protestant de la Réforme à nos jours*, Bienne, 1951.

Spätgotik am Oberrhein
Spätgotik am Oberrhein. Meisterwerke der Plastik und des Kunsthandwerks 1450-1530. Ausstellungskatalog, Badisches Landesmuseum Karlsruhe, 1970.

Statuts 1503
Statuta synodalia Basiliensi. Christophori episcopi Basieliensis ad clerum suum oratio. Inventarium in statute et alia nonnulla ecclesiarum rectoribus ceterisque clericis, o.O., 1503 [AAEB, A 104/1].

Statuts 1583
Statuta Basiliensia in synodo Thelspergiensi praesidente Reverendiss. in Christo patre et Domino D. Iacobo Christophoro Episcopo Basiliensi, anno Domini M.D.LXXXI. in non. april. publicata et nunc tandem edita, Freiburg i. Br., 1583 [AAEB, BK 10/80 und Z 58].

Steck/Tobler 1923
Rudolf Steck, Gustav Tobler (Hg.), *Aktensammlung zur Geschichte der Berner Reformation 1521-1532*, 2 Bde., Bern, 1923.

Stékoffer 1996
Sarah Stékoffer, *La crosse mérovingienne de saint Germain, premier abbé de Moutier-Grandval* (Cahier d'archéologie jurassienne 6), Porrentruy, 1996.

Straub 1988
Bernhard Straub, *Wirtschaftliche und soziale Lebensbedingungen der Leprosen im spätmittelalterlichen Basel*, Lizenziatsarbeit, Basel, 1988.

Strickler 1879
Johannes Strickler, *Actensammlung zur Schweizerischen Reformationsgeschichte in den Jahren 1521-1532 im Anschluss an die gleichzeitigen Abschiede*, Bd. 2 (1529-1530), Zürich, 1879.

Strübin 1991
Eduard Strübin, *Jahresbrauch im Zeitenlauf. Kulturbilder aus der Landschaft Basel*, Liestal, 1991.

Stückelberg 1891
Ernst Alfred Stückelberg, «Das älteste pedum der Schweiz», in *Anzeiger für Schweizerische Altertumskunde* 24, 1891, S. 430-432.

Stückelberg 1892
Ernst Alfred Stückelberg, «Die Reliquien der Heiligen Germanus, Randoaldus und Desiderius», in *Anzeiger für Schweizerische Altertumskunde* 25, 1892, S. 8-13.

Stückelberg 1902
Ernst Alfred Stückelberg, *Geschichte der Reliquien in der Schweiz* (Schriften der Schweizerischen Gesellschaft für Volkskunde 1), 2 Bde. in einem, Zürich, 1902.

Stückelberg 1903
Ernst Alfred Stückelberg, «Der heilige German», in *Die schweizerischen Heiligen des Mittelalters*, Zürich, 1903, S. 54-56.

Stückelberg 1905
Ernst Alfred Stückelberg, «Mémoire sur les reliques de saint Imier», in *Bulletin de la société nationale des antiquaires de France*, 1905, S. 341-346.

SUB
Solothurner Urkundenbuch, hg. von Ambros Kocher, 3 Bde., Solothurn, 1952-1981.

Suratteau 1964
Jean-René Suratteau, *Le Département du Mont-Terrible sous le régime du Directoire (1795-1800)*, Paris, 1964.

Surgant 1503
Johann Ulrich Surgant, *Manuale curatorum predicandi prebes modum…*, Basilea, 1503.

Sutter 1996
Pascale Sutter, *«Arme Siechen». Das St. Galler Siechenhaus Linsebühl im Spätmittelalter und in der frühen Neuzeit* (St. Galler Kultur und Geschichte 26), St. Gallen, 1996.

Tabuteau 2000
Bruno Tabuteau (Hg.), *Lépreux et sociabilité du Moyen Age aux Temps modernes*, Rouen, 2000.

Taddei 1991
Ilaria Taddei, *Fête, jeunesse et pouvoirs. L'Abbaye des Nobles Enfants de Lausanne* (Cahiers lausannois d'histoire médiévale 5), Lausanne, 1991.

Tauber 1998a
Jürg Tauber, «Lausen – Bettenach – ein Sonderfall», in Ewald/Tauber 1998, S. 221-240.

Tauber 1998b
Jürg Tauber, «Die Eisenwerker im Röserntal», in Ewald/Tauber 1998, S. 241-266.

Tauber 1998c
Jürg Tauber, «Das Mittelalter – Siedlungsgeschichte und Herrschaftsbildung», in Ewald/Tauber 1998, S. 481-531.

Touati/Bériac 1988
François-Olivier Touati und Françoise Bériac, *Histoire des lépreux au Moyen Age. Une société d'exclus*, Paris, 1988.

Toussaert 1963
Jacques Toussaert, *Le sentiment religieux en Flandre à la fin du Moyen Age*, Paris, 1963.

TQ
Quellen zur Geschichte der Täufer in der Schweiz, hg. von Leonhard von Muralt, Walter Schmid et al., Zürich, 1952-1974.

Treffort 1996
Cécile Treffort, *L'église carolingienne et la mort* (Collections d'histoire et d'archéologie médiévale 3), Lyon, 1996.

Treffort 2002
Cécile Treffort, «Vertus prophylactiques et sens eschatologique d'un dépôt funéraire du haut Moyen Age: les plaques boucles rectangulaires burgondes à inscription», in *Archéologie médiévale* 32, 2002, S. 31-53.

Tremp 2002
Ernst Tremp, «Heilige Menschen – heilige Stätten. Die jurassische Wallfahrt im Mittelalter», in *Donation de 999*, S. 243-285.

Trésors du patrimoine
Romain Jurot und Benoît Girard (Hg.), *Trésors du patrimoine intellectuel du Moyen Age jurassien: les manuscrits du fonds ancien de la Bibliothèque cantonale à Porrentruy*, Porrentruy, 1999.

Trouillat
Joseph Trouillat, *Monuments de l'histoire de l'ancien Evêché de Bâle*, Porrentruy, 5 Bde. (Bd. 5 von Louis Vautrey herausgegeben), Porrentruy, 1852-1867.

Türler 1902
Heinrich Türler, «Kirchliche Verhältnisse in Biel vor der Reformation», in *Berner Taschenbuch*, 1902, S. 136-189.

Türler 1927
Heinrich Türler, «Dr. Thomas Wyttenbach, 1472-1526», in *Bieler Jahrbuch*, 1927, S. 107-129.

ULB
Urkundenbuch der Landschaft Basel, hg. von Heinrich Boos, 2 Teile in 3 Bden., Basel, 1881-1883.

Urkundio
Urkundio. Beiträge zur vaterländischen Geschichtsforschung, vornämlich aus der nordwestlichen Schweiz, hg. vom Geschichtsforschenden Verein des Kantons Solothurn, 2 Bde., Solothurn, 1895.

Utz Tremp 1999
Kathrin Utz Tremp, *Waldenser, Wiedergänger, Hexen und Rebellen. Biographien zu den Waldenserprozessen von Freiburg im Üchtland (1399 und 1430)*, Freiburg, 1999.

Valentin 2001
Jean-Marie Valentin, *Luther et la Réforme: du Commentaire de l'«Epître aux Romains» à la «Messe allemande»*, Paris, 2001.

Vauchez 1987
André Vauchez, *Laïcs au Moyen Age: pratiques et expériences religieuses*, Paris, 1987.

Vauchez 1994
André Vauchez, *La sainteté en Occident aux derniers siècles du Moyen Age d'après les procès de canonisation et les textes hagiographiques*, Rome, 1994.

Vautrey, Histoire
Louis Vautrey, *Histoire des évêques de Bâle*, 2 Bde., Einsiedeln, New-York, Cincinnati, St-Louis, 1884-1886.

Vautrey, Notices
Louis Vautrey, *Notices historiques sur les villes et les villages catholiques du Jura. District de Porrentruy*, 2 Bde., Porrentruy-Delémont, 1863-1878; *District de Delémont*, Fribourg, 1881; *District des Franches-Montagnes*, Fribourg, 1881 (Neudruck 1979).

Vincent 2003
Catherine Vincent, «Du nouveau sur les pèlerinages médiévaux?», in Sophie Cassagnes-Brouquet et al. (Hg.), *Religion et mentalités au Moyen Age. Mélanges en l'honneur d'Hervé Martin*, Rennes, 2003, S. 379-386.

Visite 1453
La visite des églises du diocèse de Lausanne en 1453, hg. von Ansgar Wildermann (Mémoires et Documents publiés par la Société d'histoire de la Suisse romande, 3ᵉ série, t. 19), Lausanne, 2 Bde., 1993.

Visite 1606
[Lucien Lièvre], «Visite de la ville de Porrentruy et du pays d'Ajoie par Monseigneur de Corinthe dans les terres de l'évêque de Bâle, le 24 septembre 1606», in *ASJE*, 1927, S. 173-222.

Vita sancti Himerii
Vita sancti Himerii confessoris, hg. von Marius Besson, in Besson 1908, S. 164-178.

Vregille 1999
Bernard de Vregille, «Un document inédit sur la promotion de Burchard de Fénis à l'évêché de Bâle (1072)», in *RHES*, 1999, S. 107-120.

Wackernagel 1957
Hans Georg Wackernagel, «Die Stadt Basel in der sakralen Welt des Mittelalters», in *Basel. Denkschrift zur Erinnerung an die vor 2000 Jahren erfolgte Gründung der Colonia Raurica, 44 v. Chr. – 1957 n. Chr.*, Basel, 1957, S. 55-64.

Walzer 1979
Pierre-Oliver Walzer, *La vie des saints du Jura. Avec une prière pour chacun d'eux*, Réclère, 1979.

Weissen 1994
Kurt Weissen, ›*An der stuer ist ganz nuett bezalt‹. Landesherrschaft, Verwaltung und Wirtschaft in den fürstbischöflichen Ämtern in der Umgebung Basels (1435-1525)* (Basler Beiträge zur Geschichtswissenschaft 167), Basel/Frankfurt a. M., 1994.

Weissen 2002
Kurt Weissen, «Die weltliche Verwaltung des Fürstbistums Basel am Ende des Spätmittelalters und der Ausbau der Landesherrschaft», in *Donation de 999*, S. 213-240.

Wildermann 1986
Ansgar Wildermann, «Moutier-Grandval», «Saint-Imier», «Saint-Ursanne», in *Helvetia Sacra* III/1, Bern 1986, S. 283-288; 302-303; 321-323.

Wilsdorf 1965
Christian Wilsdorf, «Remarques à propos de Walaus, évêque de Bâle», in *Basler Zeitschrift für Geschichte und Altertumskunde* 65, 1965, S. 133-136.

Wilsdorf 1975
Christian Wilsdorf, «L'évêque Haito reconstructeur de la cathédrale de Bâle», in *Bulletin monumental* 133, 1975, S. 175-181.

Windler 1994
Renata Windler, *Das Gräberfeld von Elgg und die Besiedlung der Nordostschweiz im 5.-7. Jahrhundert* (Zürcher Denkmalpflege, Archäologische Monographien 13), Zürich/Egg, 1994.

Wirz 1912
Caspar Wirz (Hg.), *Regesten zur Schweizergeschichte aus den päpstlichen Archiven. 1447-1513*, Bd. 2, Bern, 1912.

Wittmer-Butsch 1995
Maria Wittmer-Butsch, «Hypothesen zur Deutung ausgewählter Quellenfragmente», in *Ländliche Siedlungen zwischen Spätantike und Mittelalter. Beiträge zum Kolloquium in Liestal, Schweiz, vom 13. bis 15. März 1995* (Archäologie und Museum 33), Liestal, 1995, S. 45-56.

Wittmer-Butsch (erscheint demnächst)
Maria Wittmer-Butsch, *Besitzverhältnisse der Kirche St. Nikolaus zu [Lausen-]Bettenach*, ms., Liestal, 1997.

Wittmer-Butsch 2001
Maria Wittmer-Butsch, «Herrschaftsbildung und früher Adel», in *Nah dran, weit weg. Geschichte des Kantons Basel-Landschaft*, Bd. 1, *Zeit und Räume. Von der Urgeschichte zum Mittelalter*, Liestal, 2001, S. 205-236.

Wunderlin 2005
Dominik Wunderlin (Hg.), *Fasnacht, Fasnet, Carnaval im Dreiland*, Basel, 2005.

Wyss 1919
Jakob Wyss, *Das Bieler Schulwesen von seinen Anfängen bis zur Vereinigung der Stadt mit dem Kanton Bern 1269-1815*, Biel, 1919.

Yoder 2004
John Howard Yoder, *Anabaptism and Reformation in Switzerland: an historical and theological analysis of the dialogues between Anabaptists and Reformers*, Kitchener, Ont., 2004.

Zaeslin 1977
Peter L. Zaeslin, «Saint-Imier», in *Helvetia Sacra* II/2, Bern, 1977, S. 434-441.

Zimmer 2005
Katja Zimmer, *in Bökenwise und in tüfels hüten. Fasnacht im mittelalterlichen Basel*, Basel, 2005.

Zinguer 2004
Ilana Zinguer et al. (Hg.), *Les deux réformes chrétiennes: propagation et diffusion* (Studies in the History of Christian Traditions 114), Leiden, 2004.

ZSKG
Zeitschrift für Schweizerische Kirchengeschichte.

Abbildungsnachweis

Abbaye de Saint-Maurice: 161

Abegg Stiftung, Riggisberg (Foto Christoph von Viràg): 165, 166, 167, 168, 169, 170, 171

Archäologie Baselland: 27, 39, 40, 44 (R. Marti); 36, 37, 43, 78 (Th. Strübin); 41 (J. Ewald); 45 (Muttenz); 47 (C. Spiess); 53, 73, 79, 96 (M. Eckling); 59 (J. Tauber); 68, 70 (R. Schelker); 74, 77, 83, 84, 85, 95, 97, 264

Archäologische Bodenforschung Basel-Stadt: 55, 87

Archäologischer Dienst des Kantons Bern, Christophe Gerber: 177

Archiv der Antiquarischen Gesellschaft in Zürich (J.J. Neustück, 1843): 33

Charles Ballif, La Neuveville: 181, 277

Basler Denkmalpflege (Basel-Stadt): 90, 113, 274 (Foto Erik Schmidt), 117, 232

Jonas Battensweiler, Zug: 25

Bayerische Staatsbibliothek München: 2

Jacques Bélat, Porrentruy: 3, 4, 7, 8, 9, 11, 12, 15, 16, 17, 18, 20, 102, 103, 104, 120, 122, 123, 124, 126, 127, 131, 132, 141, 143, 145, 146, 147, 148, 149, 150, 151, 152, 153, 154, 155, 156, 159, 162, 172, 173, 174, 176, 178, 182, 184, 185, 186, 187, 188, 199, 203, 204, 205, 210, 211, 212, 214, 215, 216, 217, 220, 221, 222, 223, 225, 226, 227, 228, 229, 230, 231, 235, 236, 238, 239, 240, 246, 247, 248, 249, 251, 253, 255, 256, 257, 258, 259, 260, 261, 265, 266, 268, 299, 300, 301, 302, 303, 304, 306, 311, 312, 314

Bibliothèque cantonale et universitaire, Lausanne: 278 (L. Dubois)

Bibliothèque Humaniste, Sélestat (Laurent Naas): 139

Bibliothèque municipale, Besançon: 241

Burgerbibliothek Bern: 6, 10 (Mss.h.h.I.2, S. 7), 189 (Mss.h.h.I.16, S. 539)

Büro Cortesi, Biel: 283

Denkmalpflege des Kantons Basel-Landschaft: 262

nach Noël Duval, Hg., *Les premiers monuments chrétiens de la France*, 1, 1995 (S. 262): 61

Fibbi-Aeppli, Grandson: 250

M. Fluri, Biel: 286, 287, 289, 290, 297

Fricktaler Museum, Rheinfelden: 243

nach Friedli 2000 (Abb. 1.1): 46 (Bassecourt)

H. Frutig, Bern: 285, 288

Groupe d'histoire du Mont-Repais/J. Tauber: 93

G. Helmig/R. Marti: 54 (nach Helmig 1991, Abb. 1)

nach P. Heman, Hg., *Bodenfunde aus Basels Ur- und Frühgeschichte*, 1983 (S. 78): 52

Historisches Museum Basel: 19, 112, 197, 200, 201, 202, 207, 252, 261 (P. Portner); 34, 130, 157, 219, 233 (M. Babey); 109, 242, 273

Historisches Museum Bern: 198 (Foto Yvonne Hurni)

Gerhard Howald, Kirchlindach: 101, 116, 234, 281

nach Henri Hymans, *Die Servatius-Legende. Ein niederländisches Blochbuch*, Berlin, Cassirer, 1911: 160

Institut d'histoire de l'art et de muséologie de l'Université de Neuchâtel: 158

Inventaire général: 128 (ADAGP 1992, Foto Jean Erfurth); 129 (ADAGP 1995, Foto Claude Menninger); 135 (ADAGP 1974, Foto Jean-Claude

Stamm); 140 (Reproduktion)

Kantonsarchäologie Aargau, Ausgrabungen Kaiseraugst: 26, 28, 30, 32

Korporation Luzern: 105, 254, 267

Kunstmuseum Basel: 275; 278 (Foto M. Bühler)

Kupferstichkabinett Basel (Kunstmuseum): 218

Landesarchiv Baden-Württemberg, Generallandesarchiv Karlsruhe: 5

Reto Marti: 24 (Marti 2000, A, Abb. 84), 35 (nach M. Martin), 38 (Marti 2000 B, Taf. 86.3-6), 46 (Therwil: Marti 2000 B, Taf. 286,8), 48 (Marti 2000 B, Taf. 8, 17, 4), 50 (Marti 2000 B, Taf. 3), 58 (Marti 2000 A, Abb. 167, 168, 170), 60 (Marti 2000 A, Abb. 88), 62 (Marti 2000 A, Abb. 91), 63 (Marti 2000 B, Taf. 272, 273), 64 (Marti 2000 B, Taf. 274), 65 (Marti 2000 A, Abb. 10), 66 (Marti 2000 A, Abb. 114), 67 (Marti 2000 A, Abb. 113), 68 (Marti 2000 A, Abb. 89)

nach Max Martin, *Das spätrömisch-frühmittelalterliche Gräberfeld von Kaiseraugst*, 1991 (Abb. 123): 45 (Kaiseraugst); *Das fränkische Gräberfeld von Basel-Bernerring*, 1976 (Taf. 13,2): 51

Pierre Montavon, Delémont: 164, 179, 196, 206, 208, 209, 224, 260

Daniel Müller, Biel: 280, 293

Musée cantonal d'archéologie et d'histoire, Lausanne (Foto Fibbi-Aeppli, Grandson): 133

Musée de l'Hôtel-Dieu, Porrentruy: 193, 194, 195, 313

Office de la culture de la République et Canton du Jura, Section d'archéologie et de paléontologie: 91, 92

Öffentliche Kunstsammlung Basel, Kupferstichkabinett: 42, 114

(www.)romancoins.info: 22

Bernard Reymond, Pully: 308, 309

Römermuseum Augst (H. Weber): 21

Römerstadt Augusta Raurica/R. Marti: 23

Klaus Rossa, Berlin: 86

Martin Sauter, Basel: 213

nach Schifferdecker 1987 (Abb. 6): 49

Erik Schmidt, Basel: 13, 56, 76, 115, 118, 119, 134, 192, 263

Schweizerisches Institut für Kunstwissenschaft, Zürich: 107, 108

Schweizerisches Landesmuseum, Zürich: 269

nach Sennhauser 1983 (Abb. 81): 57

Service cantonal d'archéologie, Genève/M. Berti/R. Marti: 31

Staatsarchiv des Kantons Basel-Landschaft: 136, 137 (F. Gysin); 270

Staatsarchiv des Kantons Basel-Stadt: 72, 82, 110, 111, 121, 237

Staatsarchiv des Kantons Zürich: 284

Städtische Kunstsammlung Biel: 282, 298, 305

Stichting Schatkamer St. Servaas, Maastricht: 163

Stiftsbibliothek Benediktinerabtei Einsiedeln: 125

Daniel Studer: 294, 295, 296

Jürg Tauber: 71, 75, 81

Universitätsbibliothek Basel: 14, 106, 244, 245, 272

Vermessungsamt Baselland: 99

Margrit Wick-Werder, Biel: 291, 292

Zentralbibliothek Zürich: 271

Das Buch und die Ausstellungen Pro Deo wurden unterstützt von:

Lotteriefonds Basel-Landschaft
Lotteriefonds Basel-Stadt
Lotteriefonds Kanton Bern
Délégation jurassienne à la Loterie romande

Stadt Biel
Stadt Delsberg
Stadt Pruntrut

Affolter Pignons SA, Malleray
Aluminium Laufen AG, Liesberg
Banque cantonale du Jura, Porrentruy
Berner Kantonalbank, Bern
BKW/FMB Energie AG, Bern
Burgergemeinde Bern, Bern
Ciments Vigier SA, Péry-Reuchenette
Clientis Bank Jura Laufen, Delsberg
Clientis Caisse d'Epargne de Courtelary, Courtelary
Compagnie des Montres Longines Francillon SA, Saint-Imier
Donzé-Baume SA, Les Breuleux
Emil & Rosa Richterich-Beck Stiftung, Laufen
Editions D+P SA, Delémont, et Imprimerie du Démocrate SA, Delémont
Etablissement cantonal d'assurance immobilière et de prévention, Saignelégier
Freiwillige Akademische Gesellschaft, Basel
Giuseppe Gerster, Architekt, Laufen
Joseph Baume SA, Le Noirmont
Jubiläumsstiftung der Schweizerischen Mobiliar, Bern
Keramik AG Laufen, Laufen
Lamineries Matthey SA, La Neuveville
Lions Club Biel-Bienne, Biel
Minerva, manufacture de chaussures SA, Pruntrut
Novartis International AG, Basel
Novi SA, fabrique d'horlogerie, Les Genevez
Omega SA, fabrique d'horlogerie, Biel
Orolux SA, boîtes de montres et galvanoplastie, Le Noirmont
Otto Gamma-Stiftung (Zürcher Kantonalbank), Zürich
Paratte Horlogerie Sàrl, Les Reussilles
Rotary Club Angenstein
Sonceboz SA, Sonceboz
W. Gassmann AG Druck u. Verlag (Journal du Jura), Biel

Ehrenkomitee

Herr Bundesrat Pascal Couchepin, Präsident Ehrenkomitee

Herr Regierungsrat Mario Annoni (Kanton Bern)
Frau Regierungsrätin Elisabeth Baume-Schneider (Kanton Jura)
Herr Regierungsrat Christoph Eymann (Kanton Basel-Stadt)
Herr Regierungsrat Urs Wüthrich (Kanton Basel-Landschaft)
Herr Stéphane Boillat, Gemeindepräsident Saint-Imier
Frau Brigitte Bos, Gemeindepräsidentin Laufen
Frau Raymonde Bourquin, Stadtpräsidentin La Neuveville
Frau Patricia Cattin, Gemeinderätin Delsberg
Herr René Girardin, Gemeindepräsident Saignelégier
Herr Gérard Guenat, Stadtpräsident Pruntrut
Herr Hans Stöckli, Stadtpräsident Biel
Herr Karl-Heinz Zeller, Gemeindepräsident Arlesheim
Herr Maxime Zuber, Stadtpräsident Moutier

Herr Botschafter Jean-Didier Roisin (französische Botschaft in der Schweiz)
Herr Adrien Zeller, Präsident des Regionalrats Elsass, Strassburg
Herr Yves Ackermann, Präsident des «Conseil général du Territoire de Belfort», Belfort
Herr Charles Buttner, Präsident des «Conseil général du Haut-Rhin», Colmar

Herr Andres Furger, Direktor des Schweizerischen Landesmuseums
Herr Burkard von Roda, Direktor des Historischen Museums Basel
Herr Peter Jezler, Direktor des Historischen Museums Bern
Frau Catherine Nicoletta, Kuratorin am Museum Unterlinden, Colmar

Herr Prof. Francis Rapp, Universität Marc Bloch, Strassburg
Herr Prof. Guy P. Marchal, Universität Luzern
Herr Prof. Rémy Scheurer, Universität Neuenburg

Herr Bischof Kurt Koch, Bischof von Basel, Vizepräsident der Schweizer Bischofskonferenz (SBK)
Herr Bischof Fritz-René Müller, Bischof der Christkatholischen Kirche der Schweiz,
Präsident der Arbeitsgemeinschaft christlicher Kirchen in der Schweiz (AGCK)
Herr Pfarrer Thomas Wipf, Präsident des Schweizerischen Evangelischen Kirchenbunds (SEK)
Herr Alfred Donath, Präsident des Schweizerischen Israelitischen Gemeindebunds (SIG)

Inhalt

Gedruckt im Mai 2006
von der Imprimerie du Démocrate SA,
in Delsberg.